헌법총론

GENERAL INTRODUCTION TO the CONSTITUTION,

국가조직 및 기능론

ORGANIZATION & FUNCTIONS OF the GOVERNMENT

DAIWHAN KIM

박영사

서 문

[시리즈의 구성] 현행 대한민국헌법은 전문, 본문 10개의 장(130개 조), 부칙 6개 조로 이루어져 있다. 일반적으로 헌법을 2권으로 나누어 기술할 경우에는 제2장 국민의 권리와 의무 부분(제10조~제39조)을 기본권론으로, 나머지는 국가조직론(전통적으로는 통치구조론이라고 불렀고 여기에 헌법총론이 포함되었다)으로 다루어 왔다. 그런데 1988년 헌법재판소가 출범한 이래로 발전적인 헌법판례가 비약적으로 축적됨에 따라 헌법재판론이 별도로 다루어지고 있는 추세다.

이 헌법기본서 시리즈는 이러한 추세에 따라 헌법총론·국가조직 및 기능론, 기본권론, 헌법재판 및 위헌심사기준론의 3권으로 구성되어 있다. 3권의 시리즈로 발간하게 된 것은 우선, 헌법판례의 축적으로 인한 그동안의 헌법학의 발전을 한 권에 반영하기에는 분량이 매우 방대해졌다는 점과 법학과나 로스쿨의 교과과정에서는 헌법이 일반적으로 2개 학기 또는 3개 학기에 걸쳐서 편성되어 있어 헌법과목을 수강하는 학생들이 매학기 달라질 수 있다는 점 그리고 경찰공무원과 같이 일정한 국가공무원임용시험에서는 헌법의 어느 일정 부분만을 그 출제의 범위로 하고 있다는 점 등을 고려하여 학생이나 수험생들의 부담을 줄여 교재 선택의 폭을 보장하려는 의도에서 비롯되었다.

[책의 내용과 특징] 헌법총론·국가조직 및 기능론은 전문과 제1장 총강 및 제10장 헌법개정을 중심으로 하고 제7장 선거관리, 제8장 지방자치, 제9장 경제, 부칙까지 포함하는 헌법총론 부분과 제3장 국회, 제4장 정부, 제5장 법원을 다루는 국가조직 및 기능론 부분으로 구성되어 있다. 특히 **선거관리, 지방자치, 경제의 장은** 단순히 입법·집행·사법의 한 조직으로 편성하기 어려울 뿐만 아니라, 민주적 선거제도, 지방자치제도, (사회적) 시장경제질서 등 자유민주적 기본질서 내지 사회국가원리라는 헌법원리가 구현된 중요한 구성부분이므로 **헌법총론에 포함**하였다.

기본권론은 총론에서 기본권일반이론을 체계화하여 기술하고, 개별기본권은 해당 기본권의 주체와 보장의무자, 내용(보호영역), 제한과 제한의 한계를 **인적·물적 보장내용과 위헌심사기준의 적용문제로 단순화·체계화**하여 방대한 기본권론을 일목요연하게 이해할 수 있도록 하였다.

헌법재판 및 위헌심사기준론에는 기존 교과서들에서 다루고 있는 헌법재판소의 조직과 기능이라는 헌법재판의 하드웨어뿐만 아니라, 헌법재판의 소프트웨어로서 **위헌심사기준론이라는 별도의 장을 편성하였다는 점**이 특징이다. 기존에 산재해서 다루어지던 위헌심사기준들을 체계화하여 한 번에 조망할 수 있게 함으로써 헌법판례에 대한 독자의 이해도를 높이고자 함이다. 그동안 필자가 로스쿨에서 강의를 해오면서 느낀 바, 헌법실무의 핵심은 결국 위헌심사기준을 어떻게 선정하여 어떤 방식으로 적용할 것인가의 문제라고 본다. 변호사시험과 같은 사례문제의 해결을 준비하는 사람이라면 특히 이 부분을 필독할 것을 권한다.

[집필의 방향] 이 헌법기본서 시리즈는 로스쿨 학생으로서 변호사시험을 준비하는 사람을 비롯하여 로스쿨 진학을 염두에 두고 헌법과목을 수강하는 학부생 및 각종 공무원시험 수험생뿐만 아니라 헌법에 처음 입문하는 사람도 그 대상으로 한다. 판례를 대폭 생략한 훨씬 간략한 이론서가 필요할 경우도 없지는 않겠으나, 오늘날은 헌법재판소의 결정을 빼고는 결코 헌법을 이야기할 수 없게 되었다는 점에서 판례를 대폭 축소한 이론 중심의 교재는 그만큼 실용성이 떨어질 뿐만 아니라 이해도 어렵다는 생각이 이 헌법기본서 시리즈의 중요한 집필방향이 되었다.

[감사의 인사] 이 책은 많은 분들의 학은에서 비롯되었다. 먼저 이 시리즈의 출간을 누구보다 기뻐하셨을 은사 금랑 김철수 교수님과 권영성 교수님의 영전에 바치고 두 분의 후생선처를 기념한다. 그리고 필자를 헌법의 새로운 지평으로 인도해 주신 최대권 교수님과 안경환 교수님, 양건 교수님, 독일헌법학의 깊은 의미를 일깨워주신 허영 교수님, 지금까지도 학자로서 선배로서 격려를 아끼지 않으시는 정재황 교수님의 은혜는 결코 잊을 수 없다. 특히 김효전 교수님께서는 당신의 학문성과를 기꺼이 공유해 주시며 늘 용기를 북돋워주셨다. 또한 오래된 선배학자이신 전광석 교수님, 이명웅 변호사님께는 학문적으로나 인격적으로나 신세진 바가 적지 않다.

필자는 초학자시절부터 공법이론과판례연구회의 뜰에서 자랐는데, 연구회의 박용상 명예회장님을 비롯하여 조병윤 교수님, 홍정선 교수님, 김문현 교수님, 성낙인 교수님, 권형준 교수님, 김영천 교수님, 이헌환 교수님, 송기춘 교수님, 황도수 교수님, 김수갑 교수님 등 많은 선배교수님들과 박홍우 변호사님, 한위수 변호사님의 가르침에 깊은 감사의 마음을 전한다. 작고하신 장명봉 교수님도 나의 머리에서 늘 떠나지 않는 분이다. 그 외에도 필자에게 많은 영감과 시사를 준 사단법인 한국공법학회의 선배교수님들과 동료학자들의 성함을 일일이 열거하지 못함을 송구하게 생각하며 이 자리를 빌려 감사와 존경의 말씀을 전한다.

더불어 늘 필자의 곁에서 힘이 되어 주는 사랑하는 아내(이정희)와 두 딸, 건강하신 어머님과 장모님, 누나와 매형 그리고 조카들과 함께 출간의 기쁨을 함께 하고자 한다.

끝으로 책이 출판될 수 있게 도와주신 박훈 교무처장님과 서울시립대학교출판부(출판부장 김혁)에 고마움을 표하고, 어려운 여건에서도 출판을 떠맡아 주신 박영사 안종만 회장님과 안상준 대표님, 조성호 이사님, 손준호 과장님 그리고 한여름의 폭우와 찌는 더위 속에서 편집에 노고를 아끼지 않으신 장유나 편집부 차장님께 깊은 감사의 인사를 올린다.

2023. 8. 1.

김 대 환

차 례

제1장 총론

제2장 국가조직 및 기능론

제1장

총론

제1절

헌법의 개념, 특성·기능, 분류, 근거·법원

제1항 헌법의 개념

I. 학설

헌법의 개념과 관련하여 학설에서는 구분기준에 따라서 달리 파악한다.

존재와 당위의 측면에서는 사실(事實)적 의미의 헌법과 규범적 의미의 헌법으로 구분한다. 사실적 의미의 헌법은 사회학적으로 바라본 헌법개념이고, 규범적 의미의 헌법은 법학적 관점에서 본 헌법이다. 사실적 의미의 헌법은 국가의 정치적 통일 및 사회질서의 구체적 상태를 헌법으로 이해하는 것이고, 규범적 의미의 헌법은 국가적 현실을 규제하는 당위를 헌법으로 이해하는 것이다.

형식과 실질이라는 측면에서는 형식적 의미의 헌법과 실질적 의미의 헌법으로 구분한다. 형식적 의미의 헌법이란 최고규범이 헌법전이라는 형식으로 존재하는 경우를 말하고, 실질적 의미의 헌법은 헌법이 어떤 형식으로 존재하든 그 내용이 국가통치의 기본법인 경우를 말한다. 흔히 '영국에는 헌법이 없다'고 할 때 이 헌법은 형식적 의미의 헌법을 말하고, 반대로 '영국에는 헌법이 있다'고 할 때 이 헌법은 실질적 의미의 헌법을 말한다.

역사적 발전 단계의 측면에서는 고유한 의미의 헌법, 근대 입헌주의적 헌법, 현대 사회국가적 헌법으로 구분한다. 고유한 의미의 헌법이란 역사성을 배제한, 국가의 근본조직 · 구조 · 체계에 관한 법을 지칭하는 것이고, 근대 입헌주의적 헌법 또는 시민국가적 헌법은 18~19세기 권리개념이 정착된 후 성립한 헌법으로서 국민주권, 기본권보장, 법치국가, 대의민주주의, 권력분립, 성문헌법, 경성헌법 등을 그 특징으로 하는 헌법을 말한다. 이에는 1787년 미국헌법, 1791년 프랑스헌법 등이 속한다. 현대 사회국가적 헌법은 사회적 기본권의 규정, 실질적 법치주의, 사회적 시장경제질서, 행정국가 · 계획국가화 경향, 헌법재판제도, 민주적 선거제도, 국제평화, 기후변화 등 환경문제의 대두, 인권의 국제화 경향 등을 그 특징으로 한다. 1919년 독일바이마르헌법을 비롯한 현대 서구헌법들이 이에 속한다.

II. 판례

헌법재판소는 헌법의 개념을 당위적 관점, 사실적 관점, 기능적 관점 등 다양한 관점에서 설명하고 있다.

당위적 관점에서는 최고규범성, 도덕규범성, 가치규범성을 강조하여 "헌법은 국민적 합의에 의해 제정된 국민생활의 최고 도덕규범이며 정치생활의 가치규범으로서 정치와 사회질서의 지침을 제공하고 있기 때문에 민주사회에서는 헌법의 규범을 준수하고 그 권위를 보존하는 것을 기본으로 한다."[1]라고 판시하고 있다.

사실적 관점에서는 헌법은 국민의 결단 내지 합의의 결과임을 강조하여 "국민투표에 의하여 확정된 현행 헌법의 성립과정과 헌법 제130조 제2항이 헌법의 개정을 국민투표에 의하여 확정하도록 하고 있음에 비추어, 헌법은 그 전체로서 주권자인 **국민의 결단 내지 국민적 합의의 결과**라고 보아야 할 것……."[2]이라고 판시하고 있다.

기능적 관점에서는 하위규범의 효력 및 해석근거가 됨을 강조하여 "국가의 법질서는 헌법을 최고법규로 하여 그 가치질서에 의하여 지배되는 통일체를 형성하는 것이며 그러한 통일체내에서 상위규범은 하위규범의 효력근거가 되는 동시에 해석근거가 된다."[3]라고 판시하고 있다.

---

1) 헌재 1989.9.8. 88헌가6, 국회의원선거법 제33조, 제34조의 위헌심판(헌법불합치).
2) 헌재 1995.12.28. 95헌바3, 국가배상법 제2조 제1항 등 위헌소원(합헌, 각하).
3) 헌재 1989.7.21. 89헌마38, 상속세법 제32조의2의 위헌여부에 관한 헌법소원(한정합헌).

III. 결론

1. 개념 이해의 전제

최고의 규범으로서 헌법은 국가마다 그 내용을 달리하는 국지법(局地法)이다. 그러므로 특정 국가의 헌법을 떠나서 보편적 내용을 갖는 헌법 개념을 도출하는 데는 한계가 있다. 따라서 우리로서는 규범적 의미의 헌법개념을 우선 '대한민국헌법'의 구성을 분석함으로써 고찰할 수 있다. 물론 EU헌법논쟁에서 본 바와 같이 최근에는 국가를 초월한 차원에서의 헌법개념의 성립 가능성이 논의되기도 했지만 2004년 EU헌법 제정이 좌초되면서 논의가 수면 밑으로 가라앉고 말았다.[4)]

2. 대한민국헌법의 내용에 따른 헌법개념

규범적 의미의 대한민국헌법은 1948년에 제정되고 1987년에 개정된 헌법전을 가지고 있으므로 형식적 의미의 헌법에도 해당할 뿐만 아니라 국가적 공동생활의 기본적 사항을 규정하고 있다는 점에서 실질적 의미의 헌법에도 해당한다.

대한민국헌법은 전문과 총강, 국민의 권리와 의무, 국가조직 부분으로 구성되어 있다. 각각의 내용을 보면 다음 표와 같다.

구성	내용
전문 · 총강	이념과 기본원칙, 지도원리
국민의 권리와 의무	기본권의 보장, 기본적 의무
국가조직	국가권력의 분리와 견제 · 균형

대한민국헌법의 구성과 내용에 따를 때 헌법이란 "**국민의 기본권** 보장과 주요 **국가기관의 조직 및 권한의 배분과 견제 · 균형의 체계**를 규정한 **국가의 최고규범**"이라고 할 수 있다.[5)]

4) 국제법, 유럽연합법, 헌법의 상호관계에 대한 논의는 Christian Starck, Woher kommt das Recht?, Mohr Siebeck, 2015, S. 337 ff. 참조.

5) 독일에서는 "정치적 일원체로서 공동체의 법적 기본질서(die rechtliche Grundordnung des Gemeinswesens als einer politischen Einheit)라고 개념하기도 한다(Christoph Degenhart, Staatsrecht I - Staatsorganisationsrecht, 23 Aufl., 2007, Rn. 13; 콘라드 헷세(계희열 역), 통일 독일헌법원론, 제20판, 2001, 방주 17 참조).

이러한 헌법개념은 비교헌법적으로 볼 때 어느 정도 보편성을 가지고 있다고 할 수 있다.

제2항 헌법의 특성 · 기능

I. 헌법의 특성

헌법의 특성은 크게 내용적 특성과 규범 구조적 특성으로 구분할 수 있다.

1. 내용적 특성

내용적 특성은 규범으로서의 특성과 사실로서의 특성으로 나누어 볼 수 있다. 규범으로서 헌법은 최고규범성, 기본권보장규범성, 조직규범성, 수권규범성 및 권력통제규범성을 그 특성으로 하고, 사실로서의 헌법은 정치성, 이념성, 역사성을 그 특성으로 한다.

가. 규범적 특성

먼저 헌법의 최고규범성[6]과 관련하여 보면 헌법에 따라서는 헌법이 최고규범임을 직접 규정하고 있는 경우도 있다(미국헌법 제6조 제2항[7]과 일본헌법 제98조[8]), 남아프리카공

6) 헌법의 최고규범성에 대해서는 Rainer Wahl, Der Vorrang der Verfassung, Der Staat 20, 1981, S. 485 이하 참조.

7) 미국헌법 제6조 제2항: "이 헌법, 이 헌법에 준거하여 제정되는 미국의 법률; 미국의 권한에 의하여 그리고 체결되었거나 체결될 모든 조약은 국가의 최고법이다; 그리고 어느 주의 헌법이나 법률 중에 이에 배치되는 규정이 있을지라도 이 헌법에 구속된다."(Article. Ⅵ. (2) This Constitution, and the Laws of the United States which shall be made in Pursuance thereof; and all Treaties made, or which shall be made, under the Authority of the United States, shall be the su-preme Law of the Land; and the Judges in every State shall be bound thereby, any Thing in the Constitution or Laws of any state to the Contrary notwithstanding.) 그런데 이 규정은 헌법 외에 법률과 조약 등도 최고법규임을 선언하고 있다. 미국에서 오늘날 의미에서 헌법이 최고규범인 것은 Marbury v. Madison (1803) 사건에서 비롯되었다.

8) 일본헌법 제98조 (헌법의 최고법규성과 조약 및 국제법규의 준수) ① 헌법은 국가의 최고법규로서, 이에 반하는 법률, 명령, 조칙 및 국무에 관한 그 밖의 행위 전부 또는 일부는 그 효력이 없다(この憲法は、國の最高法規であつて、その條規に反する法律、命令、詔勅及び國務に關するその他の行爲の全部又は一部は、その效力を有しない).

화국헌법 제1조[9] 및 제83조[10]). 그런데 헌법의 최고규범성을 선언하고 있지 않은 헌법의 경우에는 더욱 그러하지만 헌법이 왜 최고규범으로서 효력을 가지는가에 대해서는 학설이 대립한다(소위 헌법관 논쟁[11]). 헌법이 최고규범인 것은 무엇보다도 주권자인 국민이 직접 제정하였다는 사실에서 나온다.[12] 최고규범이기 때문에 법률의 제·개정절차에 비하여 까다롭고(경성헌법. 제128조 이하), 헌법에 반하는 법률이나 명령은 위헌으로서 무효가 된다(위헌법령심사. 제111조). 국가원수인 대통령의 취임 시에 헌법준수를 선서하게 하고 있다(제69조). 헌법을 최고규범으로서 존중하여야 하는 것은 원칙적으로 국가에 대한 명령이다. 따라서 소위 기본권의 대사인적 효력의 근거로서 최고규범성을 제시하는 것은 적절하다고 할 수 없다.

헌법이 기본권보장규범이라는 점은 헌법 제10조를 비롯한 제2장 국민의 권리와 의무에서 기본권의 보장을 선언하고 있다는 점에서 찾을 수 있다.

또한 입법권은 국회(제40조), 행정권은 대통령을 수반으로 하는 정부(제66조 제4항), 사법권은 법원(제101조 제1항), 헌법재판권은 헌법재판소(제111조), 선거관리는 선거관리위원회(제114조), 지방자치는 지방자치단체(제117조)에게 권한을 부여하고 있다는 점에서 조직·수권규범으로서의 특성이 드러나고, 이러한 입법, 사법, 행정, 헌법재판 상호간의 견제와 균형을 정하고 있는 다수의 헌법규정은 헌법이 권력제한규범임을 잘 드러내고 있다.

나. 사실적 특성

헌법의 사실적 특성과 관련하여 보면 국가형태(공화제/군주제, 대통령제/의원내각제) 및 경제질서의 선택(자유 시장경제/사회적 시장경제/계획경제)은 국가적 공동체의 정치적 결단에 해당하고, 개인의 자유 보장을 원칙으로 하는 민주주의를 채택할 것인가 아니

---

9) 남아프리카공화국헌법 제1조 (남아프리카공화국) 남아프리카공화국은 다음의 가치에 기초한 단일 주권 민주주의 국가이다. … c. 헌법의 최고성과 법치주의 ….

10) 남아프리카공화국헌법 제83조 (대통령) 대통령은 a. 국가의 원수이자 행정부의 수반이다. b. 헌법을 공화국의 최고법으로서 지지, 옹호 및 존중해야 한다.

11) 헌법의 최고규범성의 근거에 관한 학설로서는 한스 켈젠(H. Kelsen)의 규범주의(Normativismus), 칼 슈미트(C. Schmitt)의 결단주의(Dezisionismus), 루돌프 스멘트(R. Smend)의 통합과정론(Integrationsprozess)이 소개되고 있다. 이에 대해 자세한 것은 허영, 헌법이론과 헌법(상), 박영사, 1984 참조.

12) 국민이 제정하였다는 사실이 최고규범성의 근거가 된다고 보면 사실에 대해 규범적 효력을 부여하는 것이 된다.

면 프롤레타리아 독재 내지 생산수단의 공유를 기반으로 하는 사회주의를 채택할 것인가에서 이념성을 드러난다. 그리고 헌법은 이념이나 가치를 선택함에 있어서 특정한 역사적 조건에 지배된다는 점에서 역사성을 갖는다고 할 수 있다. 그러나 헌법이 역사성을 갖는다고 해서 반드시 상대적 가치나 이념만을 지향한다고 할 수는 없다. 예컨대 인간의 존엄과 가치는 초역사성을 갖는 가치로 볼 수 있다.

2. 규범 구조적 특성

규범으로서 헌법은 추상성, 불확정성 · 개방성, 간결성, 미완성성을 특징으로 한다. 헌법규범은 인간의 존엄, 행복, 공공복리 등 그 주요 사용 개념이 추상적이며, 많은 경우에는 제한이나 내용의 형성이 법률에 위임되어 있다는 점에서 불확정적 · 개방적이며, 구체화를 필요로 한다는 점[13]에서 간결성을 특징으로 하고, 역사성에 따른 유연성의 확보 및 타협의 가능성을 두고 있다는 점에서 미완성적인 것을 그 특징으로 한다.

이상을 표로 나타내면 다음과 같다.

<table>
<tr><th colspan="2">특성</th><th>내용</th><th>설명</th></tr>
<tr><td rowspan="4">내용적
특성</td><td rowspan="3">규범적
특성</td><td>최고규범성</td><td>주권자인 국민이 제정
최고규범성은 원칙적으로 국가에 대한 명령
경성헌법
위헌법령심사
대통령의 헌법존중과 선서</td></tr>
<tr><td>기본권보장규범성</td><td>헌법 제10조</td></tr>
<tr><td>조직 · 수권규범성
권력제한규범성</td><td>입법권(제40조), 행정권(제66조), 사법권(제101조 제1항), 헌법재판권(제111조), 선거관리(제114조), 지방자치(제117조), 입법 · 사법 · 행정 · 헌법재판권 상호간의 견제와 균형에 대한 다수의 헌법규정</td></tr>
<tr><td>사실적
특성</td><td>정치성</td><td>국가형태의 선택(공화제/군주제; 대통령제/의원내각제)
경제질서의 선택 내지는 사유재산제도 인정여부(자유시장경제/계획경제)</td></tr>
</table>

13) 헌법은 행정법으로 구체화된다. 이 점에서 프리츠 베르너(F. Werner)는 행정법은 헌법의 구체화라고 표현하였다(Fritz Werner, Verwaltungsrecht als konkretisiertes Verfassungsrecht, DVB1. 1959, S. 527~533).

		이념성	민주주의-개인적 자유의 보장 사회주의-프롤레타리아 독재 · 생산수단의 공유
		역사성	시대사상, 이념, 가치 등
규범 구조적 특성		추상성	인간의 존엄, 행복
		불확정성 · 개방성	법률위임
		간결성	구체화의 필요성
		미완성성	역사성에 따른 유연성의 확보, 타협의 가능성

II. 헌법규범의 효력상 단계구조

헌법규범의 효력상 단계구조 문제는 "헌법규정 상호간에는 효력의 우열이 존재하는가?" 또는 "헌법의 개별 규정에 대한 위헌여부심사는 가능한가?"라는 질문으로 대체할 수 있다.

칼 슈미트가 헌법규범을 헌법(Verfassung)과 헌법률(Verfassungsgesetz)로 구분하는 것은 헌법규범의 단계구조를 인정한 대표적인 입장이다.[14) 헌법재판소의 다수의견은 헌법규정 상호간의 이념적 · 논리적 우열을 인정하면서도, 어떤 규정이 다른 규정의 효력을 배제하는 의미의 효력상의 우열은 인정하고 있지 않다.[15)

그러나 소위 기본권 충돌의 경우에 헌법재판소는 효력상 우열을 인정하여 예컨대 흡연권은 혐연권을 침해하지 않는 한에서 인정하고 있다. 혐연권은 사생활의 자유뿐만 아니라 생명권에까지 연결되는 것인 데 반하여, 흡연권은 사생활의 자유를 실질적 핵으로 하는 기본권이기 때문에 혐연권은 흡연권에 대하여 효력상 상위의 기본권이라고 하고 있다.[16)

14) C. Schmitt(김기범 역), 헌법이론, 교문사, 1976, 41쪽 이하(Carl Schmitt, Verfassungslehre, 1928, S. 20 ff.).

15) 헌재 1995.12.28. 95헌바3, 국가배상법 제2조 제1항 등 위헌소원(합헌, 각하, 9인 재판관의 일치된 의견); 2001.2.22. 2000헌바38, 국가배상법 제2조 제1항 단서 등 위헌소원(합헌, 각하, 하경철 재판관 1인을 제외한 8인 재판관의 일치된 의견).

16) 헌재 2004.8.26. 2003헌마457, 국민건강증진법시행규칙 제7조 위헌확인(기각).

III. 헌법의 기능

헌법의 규범적 특성과 관련하여 보면 최고규범으로서의 헌법은 법질서창설기능을 수행하고, 기본권보장규범으로서 헌법은 기본권 보장을 통하여 공익과 사익을 조화시키는 기능을 한다. 조직 · 수권규범 및 권력제한규범으로서 헌법은 권력통제기능을 한다. 이러한 헌법의 제 기능은 궁극적으로는 국가통합기능과 평화유지기능으로 수렴된다.

이를 표로 나타내면 다음과 같다.

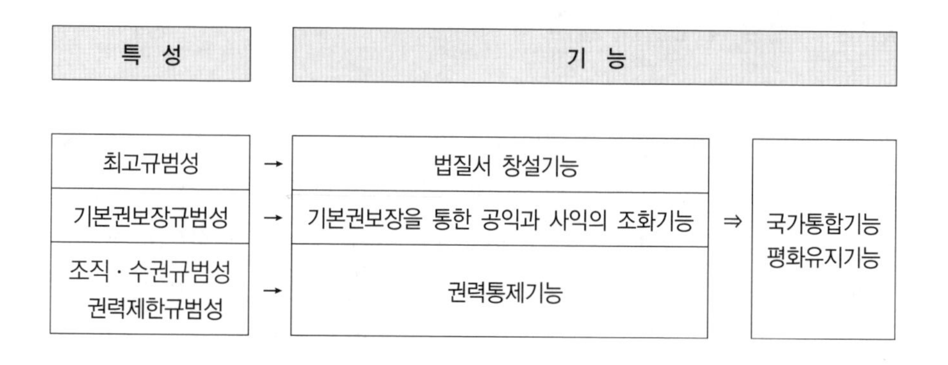

제3항 헌법의 분류

헌법은 성문화 여부에 따라서 성문헌법과 불문헌법으로, 개정절차가 법률개정절차보다 까다로운지 여부에 따라서 연성헌법(flexible constitution)과 경성헌법(rigid con-stitution)으로, 제정주체에 따라서 흠정헌법(1814년 프랑스헌법, 1848년과 1850년의 프로이센헌법, 1889 일본메이지헌법), 민정헌법(공화국헌법), 협약헌법(1830, 프랑스헌법), 국약헌법(1992, CIS헌법)으로 구분할 수 있다.

학설에서는 위어(Kenneth Clinton Wheare)는 국가전체의 정부와 지방정부간의 정치권력 배분방법에 따라서 연방국가헌법, 단일국가헌법, 국가연합헌법으로, 정부내부의 기관과 조직의 권력 배분방법에 따라서 대통령제헌법, 의원내각제헌법, 의회정부제헌법(회의제헌법)[17]으로 분류하였고,[18] 뢰벤슈타인(Karl Loewenstein)은 독창성여부에 따라서 독창적 헌법(창조적헌법. 미국헌법, 독일헌법, 유신헌법)과 모방적 헌법(전래적 헌법)으로, 효력여하(존재론적 분류)에 따라서 규범적 헌법(normative Verfassung), 명목적 헌법(nominalistische Verfassung. 이름만 있고 헌법으로서 기능을 발휘하지 못하는 헌법), 장식적 헌법(semantische Verfassung. 통치의 수단과 도구에 불과한 헌법. 북한헌법, 구 동유럽헌법)으로 분류하였다.[19)]

제4항 헌법의 근거 · 법원

실질적 의미의 헌법은 형식적 의미의 헌법(헌법전에 규정된 것) 외에 법률 등의 형식으로도 존재할 수 있다. 그러나 실질적 의미의 헌법이라고 하여 반드시 헌법적 효력을 가지는 것은 아니다. 어떤 규범이 헌법적 효력을 가지려면 원칙적으로 형식적 의미의 헌법에 규정되어 있어야 한다. 어떤 규범이 헌법의 근거 또는 법원(法源)이라고 하는 경우에 이는 위헌심사의 기준이 될 수 있다는 의미다. 헌법전이 아닌 법률 등 하위규범에 규정된 이상 원칙적으로 헌법적 효력은 인정되지 않으므로 위헌심사의 기준이 될 수는 없다. 다만, 다음과 같은 예외적인 경우들이 있다.

I. 헌법에 의해 체결 · 공포된 조약 내지 일반적으로 승인된 국제법규

헌법 제6조 제1항에 의하면 '헌법에 의해 체결 · 공포된 조약'과 '일반적으로 승인된 국제법규'는 국내법적 효력을 갖는다.

그런데 여기서 국내법적 효력이 단순히 법률적 효력을 말하는지 아니면 헌법적 효력 내지 행정협정에 불과한 효력까지도 포함하는지가 문제된다. 국제법의 다층구조를 인정하는 입장(=국내법적 효력에는 법률적 효력뿐만 아니라 헌법적 효력 등도 포함된다고 보

---

17) 스위스의 정부형태. 총선 후 양원합동회의에서 연방행정부가 선출되고 하원의원의 임기동안만 재임한다.

18) Kenneth Clinton Wheare, Modern Constitution, 4 ed., 1978, Oxford Press(이준구 역, 현대헌법론, 학연사, 1984) 참조.

19) Carl Schmitt, Verfassungslehre, 1959(김기범 역, 현대헌법론, 교문사, 1973) 참조.

는 입장)에서는, 조약 또는 국제법규라고 하더라도 헌법적 내용을 갖는 것으로 평가되는 실질적인 헌법사항인 경우에는 헌법적 효력을 인정하여 국내 법률의 위헌여부를 심사하는 근거 내지 법원이 될 수 있다고 본다. 특히 인권보장을 규정한 조약이나 국제법규가 이에 속한다. 그런데 헌법재판소는 국제법의 헌법적 효력을 인정하는 것에 대해서는 신중하다.[20)]

일반적으로 승인된 국제법규에는 국제관습법도 포함된다.

Ⅱ. 관습헌법

형식적 의미의 헌법 외에도 위헌심사의 근거가 되는 것으로는 헌법재판소가 인정하고 있는 관습헌법이 있다. 헌법재판소의 결정에 따르면 관습헌법은 법률의 위헌여부 심사의 기준이 된다. 헌법새판소 결정의 구체적인 내용을 분설하면 다음과 같다.

헌재 2004.10.21. 2004헌마554, 신행정수도의건설을위한특별조치법위헌확인(위헌)	
관습헌법의 의의 및 인정가능성	"우리나라는 성문헌법을 가진 나라로서 기본적으로 우리 헌법전(憲法典)이 헌법의 법원(法源)이 된다. 그러나 성문헌법이라고 하여도 그 속에 모든 헌법사항을 빠짐없이 완전히 규율하는 것은 불가능하고 또한 헌법은 국가의 기본법으로서 간결성과 함축성을 추구하기 때문에 형식적 헌법전에는 기재되지 아니한 사항이라도 이를 불문헌법(不文憲法) 내지 관습헌법으로 인정할 소지가 있다. 특히 헌법제정 당시 자명(自明)하거나 전제(前提)된 사항 및 보편적 헌법원리와 같은 것은 반드시 명문의 규정을 두지 아니하는 경우도 있다. 그렇다고 해서 헌법사항에 관하여 형성되는 관행 내지 관례가 전부 관습헌법이 되는 것은 아니고 강제력이 있는 헌법규범으로서 인정되려면 엄격한 요건들이 충족되어야만 하며, 이러한 요건이 충족된 관습만이 관습헌법으로서 성문의 헌법과 동일한 법적 효력을 가지는 것이다."
관습헌법의 헌법적 근거	"헌법 제1조 제2항은 '대한민국의 주권은 국민에게 있고, 모든 권력은 국민으로부터 나온다.'고 규정한다. 이와 같이 국민이 대한민국의 주권자이며, 국민은 최고의 헌법제정권력이기 때문에 성문헌법의 제 · 개정에 참여할 뿐만 아니라 헌법전에 포함되지 아니한 헌법사항을 필요에 따라 관습의 형태로 직접 형성할 수 있는 것이다. 그렇다면 관습헌법도 성문헌법과 마찬가지로 주권자인 국민의 헌법적 결단의 의사의 표현이며 성문헌법과 동등한 효력을 가진다고 보아야 한다. 이와 같이 관습에 의한 헌법적 규범의 생성은 국민주권이 행사되는 한 측면인 것이다. 국민주권주의 또는 민주주의는 성문이든 관습이든 실정법 전체의 정립에의 국민의 참여를 요구한다고 할 것이며, 국민에 의하여 정립된 관습헌법은 입법권자를 구속하며 헌법으로서의 효력을 가진다."

20) 자세한 것은 후술하는 평화국가원리 부분 참조.

관습헌법의 대상	"관습헌법이 성립하기 위하여서는 먼저 관습이 성립하는 사항이 단지 법률로 정할 사항이 아니라 반드시 헌법에 의하여 규율되어 법률에 대하여 효력상 우위를 가져야 할 만큼 헌법적으로 중요한 기본적 사항이 되어야 한다. 일반적으로 실질적인 헌법사항이라고 함은 널리 국가의 조직에 관한 사항이나 국가기관의 권한 구성에 관한 사항 혹은 개인의 국가권력에 대한 지위를 포함하여 말하는 것이지만, 관습헌법은 이와 같은 일반적인 헌법사항에 해당하는 내용 중에서도 특히 국가의 기본적이고 핵심적인 사항으로서 법률에 의하여 규율하는 것이 적합하지 아니한 사항을 대상으로 하는 것이다."[21]
관습헌법의 대상이 되는 기본적 헌법사항 해당 여부의 판단방법	"일반적인 헌법사항 중 과연 어디까지가 이러한 기본적이고 핵심적인 헌법사항에 해당하는지 여부는 일반추상적인 기준을 설정하여 재단할 수는 없는 것이고, 개별적 문제사항에서 헌법적 원칙성과 중요성 및 헌법원리를 통하여 평가하는 구체적 판단에 의하여 확정하여야 한다."
관습헌법의 성립요건 (=효력유지요건)	"관습헌법이 성립하기 위하여서는 관습법의 성립에서 요구되는 일반적 성립 요건이 충족되어야 한다. 이러한 요건으로서 첫째, 기본적 헌법사항에 관하여 어떠한 관행 내지 관례가 존재하고, 둘째, 그 관행은 국민이 그 존재를 인식하고 사라지지 않을 관행이라고 인정할 만큼 충분한 기간 동안 반복 내지 계속되어야 하며(반복 · 계속성), 셋째, 관행은 지속성을 가져야 하는 것으로서 그 중간에 반대되는 관행이 이루어져서는 아니 되고(항상성), 넷째, 관행은 여러 가지 해석이 가능할 정도로 모호한 것이 아닌 명확한 내용을 가진 것이어야 한다(명료성). 또한 다섯째, 이러한 관행이 헌법관습으로서 국민들의 승인 내지 확신 또는 폭넓은 컨센서스를 얻어 국민이 강제력을 가진다고 믿고 있어야 한다(국민적 합의). 이와 같이 관습헌법의 성립을 인정하기 위해서는 이러한 요건들이 모두 충족되어야 한다."[22]

21) ① 수도를 어디에 둘 것인가가 관습헌법의 대상이 되는 기본적 헌법사항인지의 여부: "헌법기관의 소재지, 특히 국가를 대표하는 대통령과 민주주의적 통치원리에 핵심적 역할을 하는 의회의 소재지를 정하는 문제는 국가의 정체성(正體性)을 표현하는 실질적 헌법사항의 하나이다. 여기서 국가의 정체성이란 국가의 정서적 통일의 원천으로서 그 국민의 역사와 경험, 문화와 정치 및 경제, 그 권력구조나 정신적 상징 등이 종합적으로 표출됨으로써 형성되는 국가적 특성이라 할 수 있다. … 수도를 설정하거나 이전하는 것은 국회와 대통령 등 최고 헌법기관들의 위치를 설정하여 국가조직의 근간을 장소적으로 배치하는 것으로서, 국가생활에 관한 국민의 근본적 결단임과 동시에 국가를 구성하는 기반이 되는 핵심적 헌법사항에 속하는 것이다. 이와 같이 수도의 문제는 내용적으로 헌법사항에 속하는 것이며 그것도 국가의 정체성과 기본적 조직 구성에 관한 중요하고 기본적인 헌법사항으로서 국민이 스스로 결단하여야 할 사항이므로 대통령이나 정부 혹은 그 하위기관의 결정에 맡길 수 있는 사항이 아니다."
② 기타 관습헌법의 대상이 되는 기본적 헌법사항의 예들: "국명(國名)을 정하는 것, 우리말을 국어(國語)로 하고 우리글을 한글로 하는 것, 영토를 획정하고 국가주권의 소재를 밝히는 것 등이 국가의 정체성에 관한 기본적 헌법사항이 된다고 할 것이다."

22) ① 우리나라에 수도에 관한 관습헌법이 존재하는지 여부: "우리 헌법전상으로는 '수도가 서울'이라는 명문의 조항이 존재하지 아니한다. 그러나 서울은 사전적 의미로 바로 '수도'의 의미를 가지고 있다. 1392년 이성계가 조선왕조를 창건하여 한양을 도읍으로 정한 이래 600여 년 간 전통적으로

관습헌법의 개정	"어느 법규범이 관습헌법으로 인정된다면 그 필연적인 결과로서 개정가능성을 가지게 된다. 관습헌법도 헌법의 일부로서 성문헌법의 경우와 동일한 효력을 가지기 때문에 그 법규범은 최소한 헌법 제130조에 의거한 헌법개정의 방법에 의하여만 개정될 수 있는 것이다. 따라서 재적의원 3분의 2 이상의 찬성에 의한 국회의 의결을 얻은 다음(헌법 제130조 제1항) 국민투표에 붙여 국회의원 선거권자 과반수의 투표와 투표자 과반수의 찬성을 얻어야 한다(헌법 제130조 제3항). 다만 이 경우 관습헌법규범은 헌법전에 그에 상반하는 법규범을 첨가함에 의하여 폐지하게 되는 점에서, 헌법전으로부터 관계되는 헌법조항을 삭제함으로써 폐지되는 성문헌법규범과는 구분되는 것이다. …… 우리나라와 같은 성문의 경성헌법 체제에서 인정되는 관습헌법사항은 하위규범형식인 법률에 의하여 개정될 수 없다. 영국과 같이 불문의 연성헌법 체제에서는 법률에 대하여 우위를 가지는 헌법전이라는 규범형식이 존재하지 아니하므로 헌법사항의 개정은 일반적으로 법률개정의 방법에 의할 수밖에 없을 것이다. 그러나 우리 헌법의 경우 헌법 제10장 제128조 내지 제

현재의 서울 지역은 그와 같이 일반명사를 고유명사화하여 불러 온 것이다. 따라서 현재의 서울 지역이 수도인 것은 그 명칭상으로도 자명한 것으로서, 대한민국의 성립 이전부터 국민들이 이미 역시적, 전통적 시실로 의식적 혹은 무의식적으로 인식하고 있었으며, 대한민국의 건국에 즈음하여서도 국가의 기본구성에 관한 당연한 전제사실 내지 자명한 사실로서 아무런 의문도 제기될 수 없었던 것이었다. 따라서 제헌헌법 등 우리 헌법제정의 시초부터 '서울에 수도(서울)를 둔다.'는 등의 동어반복적인 당연한 사실을 확인하는 헌법조항을 설치하는 것은 무의미하고 불필요한 것이었다. 그 후에도 수차의 헌법개정이 있었지만 우리 헌법상으로 수도에 관한 명문의 헌법조항은 설치된 바가 없으나, 그렇다고 하여 우리나라의 역사적, 전통적, 문화적 상황에 비추어 수도에 관한 헌법관습 자체가 존재하지 않는 것은 결코 아니다. 서울이 바로 수도인 것은 국가생활의 오랜 전통과 관습에서 확고하게 형성된 자명한 사실 또는 전제된 사실로서 모든 국민이 우리나라의 국가구성에 관한 강제력 있는 법규범으로 인식하고 있는 것이다."

② 수도 서울의 관습헌법성 여부: "우리나라에서 수도가 서울인 점의 관습헌법성 인정 여부를 판단하기 위해서는 무엇보다도 서울이 우리나라의 수도로 설정되고 수도로서의 역할을 계속하여온 역사적 경위를 실증적으로 확인하여야 할 것이다. … (중략) … 이상에서 살펴본 바와 같이 수도가 서울로 정하여진 것은 비록 헌법상 명문의 조항에 의하여 밝혀져 있지는 아니하나, 조선왕조 창건 이후부터 경국대전에 수록되어 장구한 기간 동안 국가의 기본법규범으로 법적 효력을 가져왔던 것이고, 헌법제정 이전부터 오랜 역사와 관습에 의하여 국민들에게 법적 확신이 형성되어 있는 사항으로서 제헌헌법 이래 우리 헌법의 체계에서 자명하고 전제된 가장 기본적인 규범의 일부를 이루어 왔기 때문에 불문의 헌법규범화된 것이라고 보아야 한다. 이를 보다 구체적으로 앞서 본 관습헌법의 요건의 기준에 비추어 보면, 서울이 우리나라의 수도인 것은 서울이라는 명칭의 의미에서도 알 수 있듯이 조선시대 이래 600여 년 간 우리나라의 국가생활에 관한 당연한 규범적 사실이 되어 왔으므로 우리나라의 국가생활에 있어서 전통적으로 형성되어 있는 계속적 관행이라고 평가할 수 있고(계속성), 이러한 관행은 변함없이 오랜 기간 실효적으로 지속되어 중간에 깨어진 일이 없으며(항상성), 서울이 수도라는 사실은 우리나라의 국민이라면 개인적 견해 차이를 보일 수 없는 명확한 내용을 가진 것이며(명료성), 나아가 이러한 관행은 오랜 세월 간 굳어져 와서 국민들의 승인과 폭넓은 컨센서스를 이미 얻어(국민적 합의) 국민이 실효성과 강제력을 가진다고 믿고 있는 국가생활의 기본사항이라고 할 것이다. 따라서 서울이 수도라는 점은 우리의 제정헌법이 있기 전부터 전통적으로 존재하여 온 헌법적 관습이며 우리 헌법조항에서 명문으로 밝힌 것은 아니지만 자명하고 헌법에 전제된 규범으로서, 관습헌법으로 성립된 불문헌법에 해당한다고 할 것이다."

	130조는 일반법률의 개정절차와는 다른 엄격한 헌법개정절차를 정하고 있으며, 동 헌법 개정절차의 대상을 단지 '헌법'이라고만 하고 있다. 따라서 관습헌법도 헌법에 해당하는 이상 여기서 말하는 헌법개정의 대상인 헌법에 포함된다고 보아야 한다. 이와 같이 헌법의 개정절차와 법률의 개정절차를 준별하고 헌법의 개정절차를 엄격히 한 우리 헌법의 체제 내에서 만약 관습헌법을 법률에 의하여 개정할 수 있다고 한다면 이는 관습헌법을 더 이상 '헌법'으로 인정한 것이 아니고 단지 관습'법률'로 인정하는 것이며, 결국 관습헌법의 존재를 부정하는 것이 된다. 이러한 결과는 성문헌법체제하에서도 관습헌법을 인정하는 대전제와 논리적으로 모순된 것이므로 우리 헌법체제상 수용될 수 없다."
관습헌법의 폐지	"한편 이러한 형식적인 헌법개정 외에도, 관습헌법은 그것을 지탱하고 있는 국민적 합의성을 상실함에 의하여 법적 효력을 상실할 수도 있다. 관습헌법은 주권자인 국민에 의하여 유효한 헌법규범으로 인정되는 동안에만 존속하는 것이며, 관습법의 존속요건의 하나인 국민적 합의성이 소멸되면 관습헌법으로서의 법적 효력도 상실하게 된다. 관습헌법의 요건들은 그 성립의 요건일 뿐만 아니라 효력 유지의 요건인 것이다."

NOTE 헌법사항은 반드시 헌법적 효력을 가지는가?

"헌법재판소는 "실질적인 헌법사항이라고 함은 널리 국가의 조직에 관한 사항이나 국가기관의 권한 구성에 관한 사항 혹은 개인의 국가권력에 대한 지위를 포함하여 말하는 것"이라고 하였다.[23] 이와 관련하여 헌법재판소는 국적에 대해 다음과 같이 판시한 바가 있다. "국적은 국가와 그의 구성원 간의 법적유대이고 보호와 복종관계를 뜻하므로 이를 분리하여 생각할 수 없다. 즉 국적은 국가의 생성과 더불어 발생하고 국가의 소멸은 바로 국적의 상실 사유인 것이다. 국적은 성문의 법령을 통해서가 아니라 국가의 생성과 더불어 존재하는 것이므로, 헌법의 위임에 따라 국적법이 제정되나 그 내용은 국가의 구성요소인 국민의 범위를 구체화, 현실화하는 헌법사항을 규율하고 있는 것이다."[24] 이에 따르면 국적은 헌법에서 직접 규정하지 않고 비록 법률로 규정되어 있다고 하더라도 헌법사항이다. 헌법 제2조 제1항은 국적에 대한 모든 사항을 전적으로 법률에 위임하고 있기 때문에 헌법사항을 포함하여 모든 국적사항은 법률개정의 대상이 된다. 국적에 관한 사항은 헌법에서 직접 법률에 위임하는 근거조항을 가지고 있을 정도로 그 내용은 헌법적으로 중요한 사항임은 부인할 수 없으나 헌법사항이라고 하여 반드시 모두 헌법 개정을 통해서만 개정되는 것은 아니다. 그렇게 보면 헌법재판소가 헌법사항이라고 한 수도를 정하는 문제가 "국가의 기본적이고 핵심적인 사항으로서 법률에 의하여 규율하는 것이 적합하지 아니한 사항"[25]에 해당하는 것인지도 불명확하지만, 과연 비록 헌법에 명문으로 규정되어 있지 않더라도 법률로

23) 헌재 2004.10.21. 2004헌마554등, 신행정수도의건설을위한특별조치법위헌확인(위헌).
24) 헌재 2000.8.31. 97헌가12, 국적법 제2조 제1항 제1호 위헌제청(헌법불합치, 일부각하).
25) 헌재 2004.10.21. 2004헌마554등, 신행정수도의건설을위한특별조치법위헌확인(위헌). 그런데 본문과 같이 이해하면 관습헌법을 포함한 불문헌법의 성립요건과 실질적 헌법내용의 성립요건이 다르게 된다.

정하는 것이 적합하지 아니하여서 관습적인 헌법으로 볼 수밖에 없는 경우라는 것이 존재하는지도 의문이다. 모든 헌법사항이 헌법적 효력을 가지는 것은 아니다. 헌법사항이라도 법률에 위임되어 있는 경우에는 원칙적으로 법률적 효력을 가진다. 따라서 어떤 법률규정이 국적법과 충돌하는 경우에는 신법우선의 원칙이나 특별법우선의 원칙이 적용되는 것이지, 국적법에 헌법적 효력을 부여하여 언제나 국적법이 우선적 효력을 부여하는 것은 아니다. 반대로 법률사항이라도 헌법에 규정되는 경우에는 원칙적으로 헌법적 효력을 가져서 위헌심사기준으로 기능한다.

Ⅲ. 헌법의 일반원칙

헌법의 일반원칙도 헌법의 법원이 된다. 헌법의 일반원칙은 소위 보편적인 헌법원리를 말하는 것으로서 헌법조리법이라고도 한다. 이에는 평등원칙, 법치국가원리, 비례성원칙, 포괄위임금지원칙, 신뢰보호원칙, 명확성원칙 등이 속한다.

헌법의 일반원칙이 헌법상 명문의 근거를 가지지 않는 경우에도 헌법적 효력을 가지고 위헌심사의 기준으로 되기 위해서는 무엇보다도 헌법재판소의 결정에 의해 그 효력이 인정되지 않으면 안 된다. 헌법적 효력을 갖는 헌법의 일반원칙이 법률에도 규정되어 있는 경우에는 법률적 효력 외에 여전히 헌법적 효력도 가진다.[26)]

Ⅳ. 헌법재판소 판례의 법원성 여부

우리나라는 판례법국가가 아니기 때문에 원칙적으로 헌법의 법원(法源)은 형식적 의미의 헌법에 한정된다. 특히 명문의 근거가 없는 관습헌법이나 원리 · 원칙이 헌법적 효력을 가지는 것은 그것이 헌법적 효력이 인정됨을 헌법재판소가 확인하였기 때문이지 헌법재판소의 선례에 해당하기 때문은 아니다. 헌법재판소가 "헌법에는 헌법재판소의 결정에 의하여 형성되어 확립된 불문헌법도 포함된다."[27)]고 한 것도 이러한 의미다.[28)]

---

26) 예컨대 비례성원칙이 경찰관련 법률에 규정되어 있다고 하더라도 헌법적 효력을 갖는 원칙으로서 비례성원칙이 부인되는 것은 아니라는 의미다. 이 경우에는 헌법적 원칙으로서의 비례성원칙 외에 경찰법상의 비례성원칙이 동시에 존재하게 된다.
27) 헌재 2004.5.14. 2004헌나1, 대통령(노무현) 탄핵(기각).
28) 이를 헌법재판소가 스스로 판례의 법원성을 인정하고 있는 것으로 보는 견해로는 정재황, 신헌법입문, 박영사, 2012, 28쪽 참조.

제2절

계수법국가의 헌법방법론, 헌법의 해석, 헌법의 제정과 개정

제1항 계수법국가에 있어서 헌법방법론

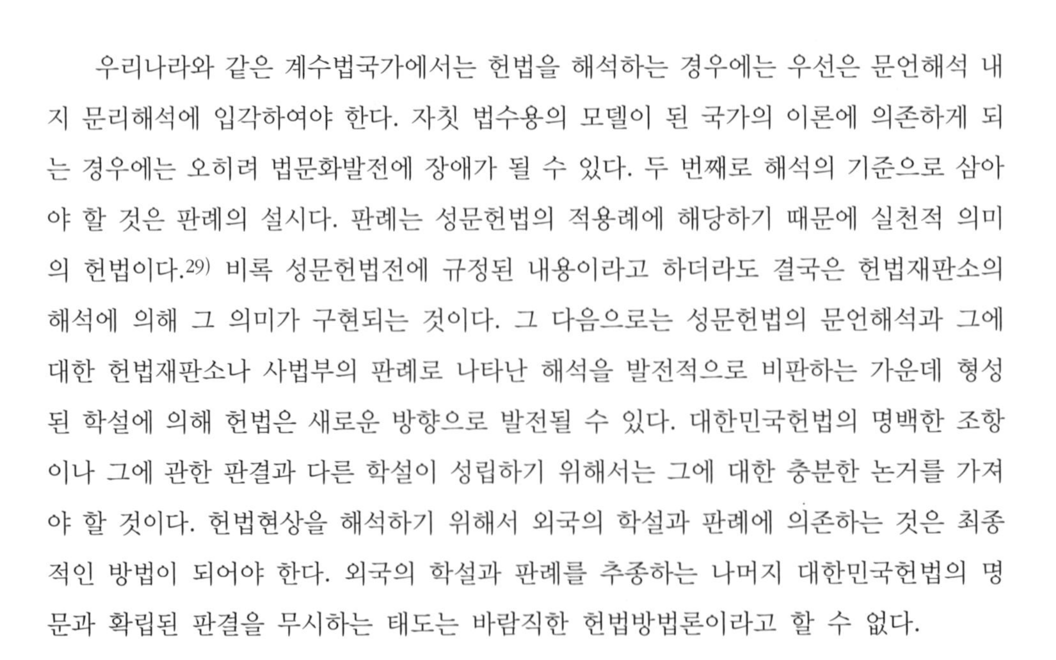

우리나라와 같은 계수법국가에서는 헌법을 해석하는 경우에는 우선은 문언해석 내지 문리해석에 입각하여야 한다. 자칫 법수용의 모델이 된 국가의 이론에 의존하게 되는 경우에는 오히려 법문화발전에 장애가 될 수 있다. 두 번째로 해석의 기준으로 삼아야 할 것은 판례의 설시다. 판례는 성문헌법의 적용례에 해당하기 때문에 실천적 의미의 헌법이다.[29] 비록 성문헌법전에 규정된 내용이라고 하더라도 결국은 헌법재판소의 해석에 의해 그 의미가 구현되는 것이다. 그 다음으로는 성문헌법의 문언해석과 그에 대한 헌법재판소나 사법부의 판례로 나타난 해석을 발전적으로 비판하는 가운데 형성된 학설에 의해 헌법은 새로운 방향으로 발전될 수 있다. 대한민국헌법의 명백한 조항이나 그에 관한 판결과 다른 학설이 성립하기 위해서는 그에 대한 충분한 논거를 가져야 할 것이다. 헌법현상을 해석하기 위해서 외국의 학설과 판례에 의존하는 것은 최종적인 방법이 되어야 한다. 외국의 학설과 판례를 추종하는 나머지 대한민국헌법의 명문과 확립된 판결을 무시하는 태도는 바람직한 헌법방법론이라고 할 수 없다.

29) 그런 의미에서 루돌프 스멘트는 헌법재판소가 선언한 내용이 헌법이라고 한 바가 있다.

헌법 이해 방법의 순서		
① 헌법해석방법에 있어서 문언·문리해석의 우선 ② 판례분석(판례의 주문과 이유) ③ 학설분석 ④ 외국의 학설과 판례	⇒	고유한 헌법문화의 발전

제2항 헌법의 해석

I. 헌법해석의 종류

헌법을 해석하는 방법과 관련하여 헌법에 특유한 해석방법이 존재한다는 견해가 있다.[30] 그러나 전통적인 법률해석방법이 헌법해석에 있어서도 여전히 중요한 의미를 갖는 해석방법으로 인정되고 있다.

1. 해석의 구속력에 따른 분류

헌법해석은 구속력 여부에 따라 유권해석과 무권해석으로 분류될 수 있다.

법적 근거를 가진 해석기관의 해석을 유권해석이라고 한다. 이에는 입법해석, 행정해석, 사법해석이 있다.

입법해석이란 입법부가 하는 해석으로서 법률은 원칙적으로 모두 헌법에 대한 해석이 된다. 따라서 입법부의 헌법해석인 법률에 대해서는 합헌성 추정의 원칙이 인정된다. 그러나 이러한 합헌성의 추정도 위헌법률심판에 의해 깨어지기도 한다. 왜냐하면 잘못된 헌법해석은 수정의 기회가 보장되어야 하기 때문이다.

행정청이 행하는 법집행은 헌법 해석의 결과로 볼 수 있으며, 행정행위에는 공정력이 인정되고 따라서 원칙적으로 집행부정지원칙이 적용된다(행정소송법 제23조 제1항). 그러나 행정해석도 행정소송에 의해 무효나 취소로 될 수 있다. 행정행위의 무효나 취

---

30) 정신과학적 해석방법, 엠케(Ehmke)의 문제변증론적 헌법해석, 해벌레(Häberle)의 다원적·과정적 해석, 뮐러(Müller)의 규범구성적 방법, 크릴레(Kriele)의 이성법적 (해석)방법 등을 소개하고 있는 계희열, 헌법의 해석, 고려대학교 출판부, 1993 참조.

소도 헌법에 합치하는 해석을 위해 인정되는 것이다.

사법부의 판결도 사법부의 권한에 따른 헌법의 해석이라고 할 수 있다. 따라서 법원의 판결은 확정력을 가지며 재심의 사유가 존재하지 않는 한 다시 심판하지 아니한다. 그런데 법원의 재판을 헌법재판소법 제68조 제1항에 따라 헌법소원의 대상에서 제외하고 있기 때문에 사법해석을 수정할 수 있는 기회가 없게 되는 것은 문제다. 헌법해석은 '법률'을 해석하는 것이 아니라 '헌법'의 진정한 의미를 해석하는 것이므로, 법원의 재판을 헌법소원의 대상으로 삼더라도 헌법이 보장하는 법원의 법률해석권을 침해하는 것이라고 할 수는 없다.

법적 근거를 가지지 아니한 해석자에 의한 해석은 무권해석이라고 하는데 이에는 학리해석이 있다. 학리해석이라고 하는 것은 법학자들이 학자적 관점에서 행하는 해석이므로 해석의 결과가 어떤 법적 구속력을 가지는 것은 아니나, 학문적 방법론에 입각한 해석이므로 유권해석을 비판·수정하며 새로운 해석방법을 제시하기도 한다는 점에서 법 발전을 위해서 중요한 의미를 갖는다.

2. 전통적 해석방법

전통적 헌법해석방법은 사비니(Friedrich Carl von Savigny, 1779.2.21.－1861.10.25.)로부터 비롯되는 전통적인 법률해석방법에서 유래한다. 이러한 해석방법에는 문리(문법)해석, 논리(체계적)해석, 목적론적 해석, 역사적 해석이 있다.

문리해석(grammatical interpretation)이란 헌법전 자구의 문언적 의미에 따른 해석을 말하고, 논리해석(systematic interpretation)은 헌법 개별 조항 자체 및 관련 조항과의 논리성 및 헌법전 전 체계에서 가지는 의미 등을 고려한 해석을 말한다. 목적론적 해석(teleological interpretation)은 헌법조항이 지향하는 목적을 고려한 해석을 말하고, 역사적 해석(historical interpretation)은 헌법제정자나 개정자의 원래적 의도를 찾아가는 작업이다. 그런데 헌법해석은 헌법제정권자나 헌법개정권자의 '객관적 의지'를 밝히는 것이기 때문에 제정자의 의도를 탐구하는 역사적 해석은 결정적 해석이 될 수 없다.[31] 역사적 해석의 기능은 다른 해석의 정당성을 확인하거나 다른 해석방법으로 명백한 결과를 얻을 수 없을 때 동원된다.

---

31) BVerfGE 95, 64, 95.

II. 헌법해석의 원칙

헷세의 논의를 빌리면 헌법해석의 원칙으로는 ① 헌법규범의 통일성의 원칙, ② 실제적 조화의 원칙, ③ 기능적 정당성의 원칙, ④ 헌법의 규범력 확보의 원칙을 들 수 있다.[32)]

1. 헌법규범의 통일성의 원칙

모든 헌법규범은 다른 헌법규범과 모순이 생기지 않도록 해석되어야 한다는 원칙이다. 헌법의 근본결단과 일치하고, 일방적으로 어느 한 측면에 기울어지지 않는 그러한 문제해결만이 헌법의 통일성의 원칙에 부합한다.

하나의 헌법적 가치가 일방적으로 다른 헌법적 가치를 지배하거나 배제하지 않고 오히려 양가치가 상호 한계로 작용함으로써 적절한 효력을 전개해 나갈 때 헌법의 통일성은 실현될 수 있다.[33)]

NOTE **헌법재판소 결정 사례(헌법규범의 통일성의 원칙)** 

"헌법은 전문과 단순한 개별조항의 상호관련성이 없는 집합에 지나지 아니하는 것이 아니고 하나의 통일된 가치체계를 이루고 있으며 헌법의 제규정 가운데는 헌법의 근본가치를 보다 추상적으로 선언한 것도 있고 이를 보다 구체적으로 표현한 것도 있으므로, 이념적·논리적으로는 헌법규범상호간의 가치의 우열을 인정할 수 있을 것이다. 그러나 이때 인정되는 헌법규범상호간의 우열은 추상적 가치규범의 구체화에 따른 것으로서 헌법의 통일적 해석을 위하여 유용한 정도를 넘어 헌법의 어느 특정규정이 다른 규정의 효력을 전면 부인할 수 있는 정도의 효력상의 차등을 의미하는 것이라고는 볼 수 없다."[34)]

2. 실제적 조화의 원칙

실제적 조화의 원칙(Der Grundsatz der praktischen Konkordanz)은 두 법익이 충돌하는 경우 충돌하는 어느 하나의 법익을 소멸시키기 보다는 양 법익의 조화를 도모하는

---

32) 이하의 내용은 콘라드 헷세(계희열 역), 통일 독일헌법원론, 박영사, 2001, 40쪽 이하 참조.

33) Spyridon Vlachopoulos, Kunstfreiheit und Jugendschutz(SÖR 698), Duncker & Humblot, 1996, S. 153도 참조.

34) 헌재 1996.6.13. 94헌마118등, 헌법 제29조 제2항 등 위헌확인, 헌법 제29조 제2항 등 위헌소원(기각, 각하) 참조.

해석방법을 말한다. 따라서 양 법익을 형량하여 우위를 결정하고 그에 따라 우월적 지위에 있는 법익이 열등한 지위에 있는 법익에 우선하여 적용되는 방법을 의미하는 법익형량의 원칙과는 구별된다. 이 원칙은 충돌의 경우 가능한 한 최적의 효용을 갖도록 헌법규범을 해석한다는 데 의의가 있다.

NOTE **헌법재판소 결정 사례(실제적 조화의 원칙)** 

"집회의 자유는 현대 대의민주국가에서 민주적 공동체의 필수적 구성요소이기 때문에 고도로 보장되어야 할 기본권이지만, 다른 한편, 집회의 자유는 다수인이 집단적 형태로 의사를 표현하는 것이므로 공공의 질서 내지 법적 평화와 마찰을 일으킬 가능성이 상당히 높은 것이어서, 집회의 자유에 대한 일정 범위내의 제한은 불가피할 것인바, 그러한 경우에는 헌법이 직접 금지하고 있는 허가제 이외의 방법으로 관련 법익들을 비교형량하여 그러한 법익들이 실제적 조화의 원칙에 따라 모두 동시에 최대한 실현될 수 있도록 정리·정돈되어야 할 것이다. 또한, 특별히 강조되어야 할 점은, 우리 헌법상 집회의 자유에 의하여 보호되는 것은 오로지 '평화적' 또는 '비폭력적' 집회에 한정되는 것이므로 집회의 자유를 빙자한 폭력행위나 불법행위 등은 헌법적 보호범위를 벗어난 것인 만큼, '집회 및 시위에 관한 법률', 형법, 국가보안법, '폭력행위 등 처벌에 관한 법률', 도로교통법 등에 의하여 형사처벌되거나 민사상의 손해배상책임 등에 의하여 제재될 수 있을 것임은 말할 나위가 없는 것이다."[35]

3. 기능적 정당성의 원칙

기능적 정당성(funktionelle Richtigkeit)의 원칙이란 헌법이 규정한 기능을 해석을 통하여 변경시켜서는 안 된다는 원칙을 말한다.

헷세는 "헌법이 국가기능담당자의 그때그때의 임무와 협동작용을 일정한 방법으로 규정하면, 해석 기관은 자기에게 배정된 기능의 범주 내에 머물러야 하고 해석적 방법과 결론에 따라 당해 기능의 분배를 변경시켜서는 안 된다. 이는 특히 입법자와 헌법재판소의 관계에 해당된다. 즉 헌법재판소는 입법자에 대하여 통제적 기능만을 부여받고 있기 때문에 헌법이 획정한 한계를 넘어서 입법자의 형성의 자유의 범위를 좁히거나 재판소 스스로가 형성적 해석을 하는 것은 허용되지 않는다."고 설명하고 있다.[36]

---

35) 헌재 2009.9.24. 2008헌가25, 집회 및 시위에 관한 법률 제10조 등 위헌제청(헌법불합치).
36) 슈타르크는 이를 질서의 틀(Rahmenordnung)이라고 표현한다(Christian Starck, Woher kommt das Recht?, 2015, S. 283).

4. 헌법의 규범력 확보의 원칙

헌법의 규범력을 가장 잘 구현할 수 있는 방법으로 헌법을 해석하여야 한다는 원칙을 말한다. 헷세에 따르면 헌법 실현의 역사적 가능성과 조건들은 변천하는 것이기 때문에 헌법적 문제의 해결에 있어서는 그때그때의 여러 조건하에서 헌법규범에 최적의 작용력을 얻게 하는 데 기여하는 그러한 관점을 우선 시켜야 한다.

제3항 합헌적 법률해석의 문제

I. 개념

합헌적 법률해석(verfassungskonforme Auslegung) 또는 법률의 합헌적 해석은 "헌법의 최고규범성에서 나오는 법질서의 통일성에 바탕을 두고, 법률이 헌법에 조화하여 해석될 수 있는 경우에는 위헌으로 판단하여서는 아니 된다는 것"을 뜻한다.[37] 이 원칙은 미국의 법률의 합헌성 추정의 원칙(doctrine of presumption of constitutionality)을 수용하여 독일연방대법원이 발전시킨 해석원칙으로 알려져 있다.

합헌적 법률해석의 경우에도 헌법해석과 법률해석이 모두 일어나야 하나 단순히 헌법조항을 대상으로 헌법적 의미를 궁구하는 것이 아닌 법률조항의 해석을 궁극적인 목적으로 한다는 점에서 단순한 헌법해석과 구분된다.

II. 근거

합헌적 법률해석은 국회가 제정한 법률을 가능한 한 위헌무효로 하지 않기 위한 것이라는 점(입법권 존중)에서 민주주의에 기여하는 해석방법이고, 헌법을 정점으로 하는 법질서의 통일성을 유지하여 법적 안정성에 기여한다. 헌법재판소의 결정에서도 합헌적 법률해석을 "권력분립과 입법권을 존중하는 정신에 그 뿌리를 두고 있다."고 판시하고 있다.[38]

---

37) 헌재 1989.7.14. 88헌가5, 사회보호법 제5조의 위헌심판제청(위헌, 합헌).
38) 헌재 1989.7.14. 88헌가5.

III. 한계

합헌적 법률해석의 한계와 관련하여 헌법재판소는 다음과 같이 판시하고 있다. "법률 또는 법률의 … 조항은 원칙적으로 가능한 범위 안에서 합헌적으로 해석함이 마땅하나 그 해석은 법의 문구와 목적에 따른 한계가 있다. 즉, 법률의 조항의 문구가 간직하고 있는 말의 뜻을 넘어서 말의 뜻이 완전히 다른 의미로 변질되지 아니하는 범위 내이어야 한다는 문의적 한계와 입법권자가 그 법률의 제정으로써 추구하고자 하는 입법자의 명백한 의지와 입법의 목적을 헛되게 하는 내용으로 해석할 수 없다는 법목적에 따른 한계가 바로 그것이다. 왜냐하면, 그러한 범위를 벗어난 합헌적 해석은 그것이 바로 실질적 의미에서의 입법작용을 뜻하게 되어 결과적으로 입법권자의 입법권을 침해하는 것이 되기 때문이다."[39]

말하자면 합헌적 법률해석이 가능하기 위해서는 법률 또는 법률조항의 의미·취지가 합헌적 해석을 허용하는 경우여야 한다.[40]

---

39) 헌재 1989.7.14. 88헌가5, 사회보호법 제5조의 위헌심판제청(위헌, 합헌).

40) [합헌적 법률해석의 한계를 벗어난 해석례 – 헌재 1989.7.14. 88헌가5등 결정에서의 법무부장관의 해석방법] 헌재 1989.7.14. 88헌가5등 결정에서 법무부장관은 구 사회보호법 제5조 제1항은 합헌적 해석이 가능하다는 견해를 주장하였다. 그러나 이러한 법무부장관의 견해에 대해서 헌법재판소는 문의적 한계와 법목적상 한계에 따라 합헌적 해석이 불가능하다는 결정을 내렸다. 이 결정의 심판대상조항과 헌법재판소의 판단에 나타난 법무부장관의 합헌적 해석의견 및 이에 대한 헌법재판소의 판단을 보면 다음과 같다.

[심판대상조항] 사회보호법 제5조 ① 보호대상자가 다음 각 호의 1에 해당하는 때에는 10년의 보호감호에 처한다. 다만, 보호대상자가 50세 이상인 때에는 7년의 보호감호에 처한다.

1. 동종 또는 유사한 죄로 3회 이상 금고 이상의 실형을 받고 형기 합계 5년 이상인 자가 최종형의 전부 또는 일부의 집행을 받거나 면제를 받은 후 3년 내에 다시 사형·무기 또는 장기 7년 이상의 징역이나 금고에 해당하는 동종 또는 유사한 죄를 범한 때
2. 보호감호의 선고를 받은 자가 그 감호의 전부 또는 일부의 집행을 받거나 면제를 받은 후 다시 사형·무기 또는 장기 7년 이상의 징역이나 금고에 해당하는 동종 또는 유사한 죄를 범한 때 [판단] "사회보호법 제5조 제1항은 헌법 제12조 제1항 후문에 정한 적법절차에 위반됨은 물론 헌법 제37조 제2항에 정한 과잉금지원칙에 위반된다고 할 것이며, 나아가 법원의 판단재량의 기능을 형해화(形骸化)시켜 헌법 제27조 제1항에 정한 국민의 법관에 의한 정당한 재판을 받을 권리를 침해하였다 할 것이다. … 법무부장관은 법 제5조 제1항의 규정취지는 재범의 위험성 없이도 동조항의 요건에 해당하면 반드시 보호감호를 선고하도록 한 것으로는 볼 수 없고, 동조항의 요건에 해당되면 일응 재범의 위험성이 의제된다는 것에 불과하므로 **법원은 동조항의 요건에 해당된다고 하더라도 재범의 위험성이 인정되지 아니한 때에는 감호청구를 기각할 수 있다고 하는 합헌적 해석이 가능한 것이라고 주장**한다. … 법 제5조 제1항은 재범의 위험성을 보호감호의 명문의 요건으로 하지 않는 보호감호를 규정하고 있고, 법 제20조 제1항 다만 이하 부분은 법원에게 법 제5조 제1항 각호의 요건에 해당하는 한 보호감호를 선

IV. 영향

합헌적 법률해석은 헌법재판소의 변형결정(한정합헌결정 또는 한정위헌결정)의 근거가 된다. 실제로 합헌적 법률해석이 헌법재판소의 결정 유형에 미친 영향을 보면 다음과 같다.

변형결정 유형	해석대상규정의 문언	합헌적 법률해석 후의 의미
한정합헌 결정	개정 전 「국가보안법」 제9조(편의제공) ② 이 법의 죄를 범하거나 범하려는 자라는 정을 알면서 금품 기타 재산상의 이익을 제공하거나 잠복·회합·통신·연락을 위한 장소를 제공하거나 기타의 방법으로 편의를 제공한 자는 10년 이하의 징역에 처한다. 다만 본범과 친족관계에 있는 때에는 그 형을 감경 또는 면제할 수 있다.	"개정 전 「국가보안법」(1980.12.31. 법률 제3318호) 제9조 제2항은 그 소정행위가 국가의 존립·안전을 위태롭게 하거나 자유민주적 기본질서에 위해를 줄 명백한 위험이 있을 경우에 한하여 적용된다고 할 것이므로 이러한 해석하에 헌법에 위반되지 아니한다."(헌재 1992.4.14. 90헌바23 결정의 주문) → 이 규정은 이후 결정의 내용에 따라 개정되었다.[41]
한정위헌 결정	구 소득세법(1982.12.21. 법률 제3576호로 개정된 후 1990.12.31. 법률 제4281호로 개정되기 전의 것) 제23조(양도소득) ④ 양도가액은 그 자산의 양도당시의 기준시가(基準時價)에 의한다. 다만, 대통령령이 정하는 경우에는 그 자산의 실지거래가액(實地去來價額)에 의한다.	"구 소득세법 제23조 제4항 단서, 제45조 제1항 제1호 단서(각 1982.12.21. 법률 제3576호로 개정된 후 1990.12.31. 법률 제4281호로 개정되기 전의 것)는 실지거래가액에 의할 경우를 그 실지거래가액에 의한 세액이 그 본문의 기준시가에 의한 세액을 초과하는 경우까지를 포함하여 대통령령에 위임한 것으로 해석하는 한 헌법에 위반된다."(헌재 1995.11.30. 94헌바40 결정의 주문)

고하도록 규정하고 있다. 이에 반하여, 법 제5조 제2항은 재범의 위험성을 보호감호의 법정요건으로 명문화하고 있고, 법 제20조 제1항 본문에서는 이유없다고 인정할 때에는 판결로써 청구기각을 선고하여야 한다고 규정하고 있을 뿐이다. 따라서 법 제5조 제1항의 요건에 해당되는 경우에는 법원으로 하여금 감호청구의 이유 유무, 즉 재범의 위험성의 유무를 불문하고 반드시 감호의 선고를 하도록 강제한 것임이 위 법률의 조항의 문의임은 물론 입법권자의 의지임을 알 수 있으므로 **위 조항에 대한 합헌적 해석은 문의의 한계를 벗어난 것**이라 할 것이다."

41) 헌법재판소는 개정된 법률에 따라 대한민국의 존립·안전이나 자유민주적 기본질서를 위태롭게 한다는 정을 알면서 발언하였거나 청구인이 발언한 것만으로는 대한민국의 존립·안전이나 자유민주적 기본질서에 실질적 해악을 끼칠 명백한 위험성이 있는 정도에 이르렀다고 인정되기 어려움에도 「국가보안법」위반(찬양·고무등), 명예훼손 혐의를 인정한 검찰의 기소유예처분을 평등권과 행복추구권 침해로 취소하고 있다[헌재 2021.9.30. 2015헌마349, 기소유예처분취소(인용(취소))

	헌법재판소법 제68조(청구사유) ① 공권력의 행사 또는 불행사로 인하여 헌법상 보장된 기본권을 침해받은 자는 법원의 재판을 제외하고는 헌법재판소에 헌법소원심판을 청구할 수 있다.	"헌법재판소법 제68조 제1항 본문의 '법원의 재판'에 헌법재판소가 위헌으로 결정한 법령을 적용함으로써 국민의 기본권을 침해한 재판도 포함되는 것으로 해석하는 한도 내에서, 헌법재판소법 제68조 제1항은 헌법에 위반된다." (헌재 1997.12.24. 96헌마172 결정의 주문)

그러나 잠정적용 또는 계속적용을 명하는 헌법불합치결정은 합헌적 법률해석의 결과라기보다는 법적 공백을 방지하는 등 현실적인 정책적 고려에서 나온 것으로 보아야 한다.

제4항 헌법의 제정과 개정

I. 헌법제정권력

1. 연혁

프랑스혁명기에 시에예스(Emanuel Joseph Sieyès, 1748－1836)[42]는 "제3신분이란 무엇인가"라는 소책자에서 제3신분(국민)이 헌법제정권력의 주체라고 선언하였다.[43] 또한 헌법제정권력은 시원적 권력으로서 자기정당화 권력으로 보았다.

안쉬츠(Gerhard Anschütz, 1867－1948) 등 독일의 법실증주의자들은 헌법제정권력은 규범적 성격이 아니라고 보아서 이를 부인하였다. 법실증주의자들은 헌법제정권력을 헌법개정권력과도 구분하지 않는다. 그러나 칼 슈미트(Carl Schmitt)는 헌법제정권력에서 헌법개정권력이 나오고 헌법개정권력에서 입법권이 나오는 것을 보아서 헌법제정권력을 최상위의 권력으로 인정하였다. 그는 헌법제정권력은 주권과 같은 의미이며(독일의 다수견해), 헌법개정권력은 헌법제정권력에 의해 창설된 권력이라고 하였고, 입법권과 집행권, 사법권을 포괄하는 것을 의미하는 통치권과도 구분된다고 보았다.[44]

－ 재미교포 '토크콘서트' 북한 여행기 발언 사건].

42) 아베 쉬에예스(Abbé Sieyès)라고도 함. Abbé는 목사나 신부(독일어로는 Pfarrer)를 의미한다.

43) E. J. 시에예스(박인수 옮김), 제3신분이란 무엇인가, 책세상, 2003 참조.

44) C. Schmitt(김기범 역), 헌법이론, 교문사, 1976, 96쪽 이하 참조.

2. 본질(성격)

헌법제정권력은 실정 헌법 이전에 존재하는 것이므로 헌법해석 이전의 문제로서 국가론의 주요 관심사가 된다. 따라서 헌법제정권력을 제도화하더라도 궁극적으로는 제도에 매이지 않는다. 그러므로 헌법제정권력은 그 한계와 더불어 제정된 헌법의 정당성(Legitimität)의 문제로 귀착하는 개념이다.

헌법제정권력은 모든 규범적 권력의 최상위에 있는 권력으로서 모든 하위권력의 정당성의 근거가 된다. 이러한 헌법제정권력은 **사실성**을 근본으로 하면서도 **규범성**도 갖는 것으로 평가된다. 그 외에 헌법제정권력은 모든 국가권력의 근원이 된다는 점에서 **시원성**과 **자율성**을 갖고, 하나의 권력으로서 하나의 헌법을 전제로 하면 더 이상 나눌 수 없는 권력으로서 **단일불가분성**을 가지며, 자결적 국가의 권력으로서는 타에 양도할 수 없다는 점에서 **불가양성**(不可讓性)을 가지고, 헌법이 존속하는 한 계속된다는 점에서 **항구성**을 갖는다.

3. 주체

1787년 미국헌법과 1789년 프랑스 대혁명을 기점으로 18~19C 유럽과 미국에서는 국민이 헌법제정권력자라고 하는 인식이 보편화되었다. 우리나라도 이러한 세계적 전통의 연장선에 있다. 헌법재판소는 다음과 같이 이를 잘 설명하고 있다. "헌법 제1조 제2항은 '대한민국의 주권은 국민에게 있고, 모든 권력은 국민으로부터 나온다.'고 규정한다. 이와 같이 국민이 대한민국의 주권자이며, 국민은 최고의 헌법제정권력이기 때문에 성문헌법의 제·개정에 참여할 뿐만 아니라 헌법전에 포함되지 아니한 헌법사항을 필요에 따라 관습의 형태로 직접 형성할 수 있는 것이다."[45]

헌법제정권력의 주체를 누구로 볼 것인가에 따라서 헌법제정의 절차가 결정된다. 국민을 헌법제정권력자로 보는 경우에 헌법제정을 위한 기구의 설치는 국민의 자유, 평등, 보통, 비밀, 직접선거에 의해 구성될 것이다.

---

45) 헌재 2004.10.21. 2004헌마554, 신행정수도의건설을위한특별조치법위헌확인(위헌).

4. 행사방법

헌법제정권력이 행사되는 방식으로는 국민이 직접 참여하는 직접민주주의 방식, 헌법제정국민회의와 같은 기구를 통하여 간접적으로 참여하는 대의민주주의 방식, 양자를 결합한 방식이 있을 수 있다. 연방국가인 경우에는 주 의회의 의결을 거치는 방식을 취할 것이다.

5. 한계

헌법제정권력은 시원적인 것으로서 어떠한 것에 의해서도 정당화가 필요 없다는 점에서 그 권력행사의 내용에 있어서 한계가 없다는 견해도 있으나, 대체적인 학설과 판례는 헌법제정권력의 행사에도 일정한 내용적, 역사적, 도덕적 한계가 있는 것으로 본다.

일반적으로 거론되는 헌법제정권력의 한계로는 우선은 **국민적 합의**를 들 수 있다. 헌법제정권력이라고 하더라도 국민적 합의를 거스를 수는 없다. 그런데 주권국가에서는 국민이 헌법제정권력이므로 사실상 국민적 합의를 위배한다는 것은 상상하기 어렵다. 인권, 권력분립, 민주주의와 법치주의와 같은 **보편적 헌법원리**나 초국가적이고 초실정법적인 **자연법상의 원리** 등도 헌법제정권력의 한계가 된다. 그런데 헌법제정권력은 사실상으로는 국제법적으로도 일정한 제약을 받게 되는 경우도 있다(**국제법적 한계**). 예컨대 제2차 세계대전 후 일본의 평화헌법과 같이 패전국이 헌법을 제정할 경우에는 제정될 헌법내용에 대해 국제조약에서 사실상 또는 명시적으로 일정한 조건을 부기하는 경우가 있을 수 있는 것이다.

II. 헌법의 개정

1. 헌법해석 및 헌법변천과의 관계

헌법이 구체적으로 적용되기 위해서는 일정한 해석이 필요하다. 헌법조항의 문언대로의 집행도 헌법해석의 결과라고 보는 것이다.

헌법변천이란, 헌법의 문언을 통해 해석의 방법으로는 이끌어 내기 곤란한 내용을 변천이라는 것을 이유로 도출해 내는 것이기 때문에, 헌법해석의 범주를 넘어서게 된다. 헌법변천을 인정한다는 것은 헌법전의 문언과 다른 헌법현실의 존재를 인정하는 것이다. 따라서 헌법문언으로부터 해석적 방법으로 도출할 수 있는 내용은 헌법변천의 결과로 볼 수 없다. 헌법변천을 부인하는 견해도 있다. 그러나 헌법의 충실한 해석과 흠결을 보충하기 위한 변천은 허용하여야 한다는 견해도 있다.

헌법변천의 사례로는 우선 미국연방대법원이 헌법해석을 통해서 미국헌법에 명시되어 있지 않은 위헌법률심판권을 확립한 경우를 들 수 있다. 마버리 대 매디슨 사건(Marbury v. Madison, 5 U.S. 137 (1803)[46])에서 미연방대법원은 법원이 직무집행영장(wirts of mandamus)을 발부할 수 있음을 규정하고 있는 법원법[The Judiciary Act (1789)] 제13조는 법원의 권한을 규정한 헌법 제3조 제2항[47]에 위반된다고 판결함으로

---

46) Marbury v. Madison 판결: 제퍼슨 대통령(Thomas Jefferson) 및 공화당이 이끄는 의회와 연방대법원 사이에 심화되고 있던 갈등은 국무장관 매디슨이 제퍼슨 대통령의 지시에 따라 윌리엄 마버리(William Marbury)에 대한 임명(1801.3.2.). 사령(辭令)을 보류함으로써 절정에 이르렀다. 미국의 제2대 존 애덤스(John Adams) 대통령이 재임 마지막 날 마버리를 콜럼비아지구의 치안판사로 임명하였지만, 아직 국무장관인 마샬(John Marshall)이 서명은 하였으나 임명장을 수여하지 않고 있는 상황에서, 새로운 제3대 대통령인 제퍼슨이 이 임명은 아직 집행된 것이 아니므로 무효라고 판단하였다. 이에 마버리가 새로운 국무장관인 매디슨(James Madison)을 상대로 임명장의 교부청구소송을 제기하였다. 1789년의 법원법(Judiciary Act) Section 13은 대법원에게 직무집행영장을 발부할 수 있는 권한을 부여하고 있었다. "The supreme court shall also have appellate juris-diction from the circuit courts, and courts of the several states, in the cases herein after spe-cially provided for; and shall have power to issue writs of prohibition to the district courts, when proceeding as courts of admiralty and maritime jurisdiction; and ***writs of mandamus, in cases warranted by the principles and usages of law,*** to any courts appointed, or per-sons holding office, under the authority of the United States." 마샬 대법원장은 법원법 제13조는 미국헌법 제3조 제2항을 위반하여 법원의 권한을 확장하고 있는 것이라고 보았다. 그리고 헌법과 법률이 충돌할 경우에는 법원은 당연히 법률을 무효로 하지 않으면 안 된다고 판단하였다. *"It is emphatically the province and duty of the judicial department to say what the law is.* Those who apply the rule to particular cases, must of necessity expound and inter-pret that rule. If two laws conflict with each other, the courts must decide on the operation of each. So if a law be in opposition to the constitution; if both the law and the constitution apply to a particular case, so that the court must either decide that case conformably to the law, disregarding the constitution; or conformably to the constitution, disregarding the law; the court must determine which of these conflicting rules governs the case. This is of the very essence of judicial duty. *If then the courts are to regard the constitution; and the constitution is superior to any ordinary act of the legislature; the constitution, and not such ordinary act, must govern the case to which they both apply."*

47) 미국헌법 제3조 제2항: "대사와 그 밖의 외교사절 및 영사와 관계되는 사건과 주가 당사자인 사건은 연방대법원이 제1심의 재판관할권을 가진다. …"(In all Cases affecting Ambassadors, other public Ministers and Consuls, and those in which a State shall be Party, the supreme Court shall have original Jurisdiction. …).

써 헌법의 최고규범성을 확보하는 계기를 만든 것이다. 그 외에도 미국헌법 제2조의 대통령 간선규정을 사실상 직선으로 운용하는 것이라든가,[48] 일본의 평화헌법조항 제9조[49]에도 불구하고 자위대(경찰예비대가 자위대로 됨)를 증강함으로써 사실상 군사 보유국화 하고 있는 현실을 헌법변천의 예로 드는 경우가 있다.

헌법변천을 부득이 인정하더라도 헌법의 해석을 통해서 도달할 수 없는 내용 그리고 헌법변천으로서도 도저히 수용하기 곤란한 내용을 헌법적으로 실현하고자 하는 경우에는 헌법개정을 하여야 한다. 헌법개정은 동일한 헌법 하에서 변화하는 헌법현실을 가장 종국적으로 헌법에 수용하는 방법이다.

2. 헌법개정권력

가. 개념

헌법개정권력의 개념과 관련하여서는 헌법제정권력과의 구분이 문제된다. 규범주의 또는 법실증주의적 관점에서 보면 헌법제정권력과 헌법개정권력은 모두 사실적 개념으로서 구별이 되지 않는다. 그리고 그 권력행사의 범위가 어떻게 되는지는 규범적으로 확정할 수 없기 때문에 법실증주의의 관심의 대상이 아니다.

그러나 사실적 권력도 권력으로 인정하고 다만 그 정당성을 문제시 하는 자연법론과 같은 입장에서는 헌법개정권력을 헌법제정권력과 구별한다.

헌법개정권력과 헌법제정권력의 개념적 차이는 헌법개정권력이 헌법제정권력에 의해서 만들어진 실정 헌법에 의해 창조된 권력이라는 점에 있다. 다시 말하면 헌법개정권력의 행사로 헌법이 개정되었으나 구헌법과의 동일성이 인정될 수 없는 정도로 개정된 경우에는, 그 개정권력은 더 이상 헌법개정권력이라고 할 수 없고 헌법제정권력이라고 보아야 하는 것이다. 여기에서 헌법개정의 한계가 도출된다.

48) 미국헌법 제2조에서는 주 의회가 정하는 바에 따라 대통령선거인을 임명하도록 하고 있으나, 1828년 이후에는 대통령 선거인을 일반국민이 선출하게 되면서 대통령의 선출이 사실상 일반 유권자들의 투표로 결정되게 되었다. 이로써 간접선거가 직접선거로 변천하게 된 것이다.

49) 일본국헌법 제9조: 제1항 "일본국민은 정의와 질서에 기초하는 국제평화를 성실하게 희구하며, 국권의 발동으로서 전쟁과 국제분쟁해결의 수단으로서 무력을 사용한 위협을 영구히 포기한다." 제2항 "전항의 목적을 달성하기 위하여 육해공군 및 기타의 전력은 보유하지 않는다."

나. 주체

역사적으로 국가의 최고 권력이 왕에게서 귀족으로 그리고 시민으로 이전되는 가운데 1787년 미국에서 현대적 의미의 헌법이 탄생하면서 헌법제정권력도 자연스럽게 국민에게 귀속하게 되었다. 이후 현대 민주적 헌법국가에서는 국민이 헌법개정의 주체다. 대한민국헌법에서도 이를 명확히 하고 있다(헌법 전문, 제10장 참조).

3. 헌법개정의 방법과 절차

가. 방법

헌법개정의 방법에는 ① 의회의 결의로 개정하는 방법, ② 국민투표로 개정하는 방법, ③ 대표자의 헌법회의를 통하여 개정하는 방법, ④ 의회의 의결 후 특별한 기관의 동의(예컨대, "대통령이 제안한 헌법개정안은 국민투표로 확정되며, 국회의원이 제안한 헌법개정안은 국회의 의결을 거쳐 통일주체국민회의의 의결로 확정된다."고 규정한 1972년 헌법 제124조 제2항), ⑤ 연방의 경우 주나 지방국의 동의를 요건으로 하는 방법(미국헌법)이 있다.

대한민국헌법은 헌법개정의 방법과 절차를 제10장에서 규정하고 있는데, 이에 따르면 국회의 의결을 거쳐 국민투표로 개정하는 방법을 채택하고 있다.

나. 절차

1) 개정절차

헌법개정은 "제안 → 공고 → (국회)의결 → 국민투표 → 공포 → 발효"의 순으로 이루어진다. 헌법개정은 국회재적의원 과반수 또는 대통령의 발의로 제안된다(제128조 제1항).[50] 제안된 헌법개정안은 대통령이 20일 이상 공고하여야 한다(제129조). 국회는 헌법개정안이 공고된 날로부터 60일 이내에 의결하여야 하며, 이때 국회의 의결은 재적의원 3분의 2 이상의 찬성을 얻어야 한다(제130조 제1항). 헌법개정안은 국회가 의결한 후 30일 이내에 국민투표에 붙여 국회의원선거권자 과반수의 투표와 투표자 과반수의 찬성을 얻어야 한다(제130조 제2항). 헌법개정안이 국민투표에서 찬성을 얻은 때에는 헌법개정은 확정되며, 대통령은 즉시 이를 공포하여야 한다(제130조 제3항).

---

50) 이에 대하여는 광장민주주의를 투표민주주의로 전환한다는 차원에서 2020.3.6. 국회의원 148인이 제안하여 국회의원 선거권자 100만인 이상을 제안자로 추가하자는 원포인트 개헌안이 의안(의안번호 2024795)으로 제출된 바 있다.

그런데 대통령의 임기연장 또는 중임변경을 위한 헌법개정은 그 헌법개정 제안 당시의 대통령에 대하여는 효력이 없다(제128조 제2항). 이 조항은 1980년 개정된 제8차 개정헌법에서 처음으로 규정된 조항으로서, 박정희 대통령 시해로 제4공화국이 막을 내렸으나 군부세력이 다시 집권하면서 군부장기집권에 대한 국민적 우려를 불식하기 위한 방편으로 도입되었다.

2) 헌법개정에 대한 이의제기 절차

국민투표법에서는 헌법개정 국민투표를 포함한 국민투표에 대한 이의제기 절차를 규정하고 있다.

헌법개정 국민투표의 효력에 관하여 이의가 있는 투표인은 투표인 10만인 이상의 찬성을 얻어 중앙선거관리위원회위원장을 피고로 하여 투표일로부터 20일 이내에 대법원에 제소할 수 있다(국민투표법 제92조). 그런데 국민투표에 관하여 「국민투표법」 또는 「국민투표법」에 의하여 발하는 명령에 위반하는 사실이 있는 경우라도 국민투표의 결과에 영향이 미쳤다고 인정하는 때에 한하여 국민투표의 전부 또는 일부의 무효를 판결하도록 하고 있다(국민투표법 제93조).

4. 헌법조문의 개정방식

헌법조문을 개정하는 방식에는 우리나라와 같은 개정(Rivision)방식이 있고 미국과 같은 증보(Amendment)방식[51]이 있다. 개정방식은 조문의 문언을 수정하여 고치는 방식으로서 법조문은 간명하지만 개정연혁을 알 수 없다는 단점이 있는 반면에, 증보방식은 기존의 조문은 그대로 두고 수정된 내용을 뒤에 따로 보완하는 방식으로서 폐지되거나 수정된 조항이 있는 경우 그 조항이 그대로 존재하기 때문에 규정의 개정 연혁을 알 수 있다는 장점이 있으나 일견하여 규정내용을 명확히 알 수 없는 단점이 있다.

---

51) 미국헌법은 최초에 모두 7개의 조문(Article Ⅰ~Ⅶ)이었으나 Article Ⅶ 다음에는 Amendment Ⅰ부터 시작하여 2021년 현재 Amendment ⅩⅩⅦ까지 덧붙여져 있다.

5. 헌법개정의 한계

가. 학설

1) 무한계설

개념적으로 볼 때 헌법제정권력은 헌법 밖에 존재하는 권력이기 때문에 헌법 내에서 헌법개정권력을 제한할 수 없을 뿐만 아니라, 사회현상의 변화에 따라 헌법도 변화하여야 하므로 헌법 개정에 한계가 있을 수 없다는 관점이다. 이미 존재하는 조항을 어디까지 개정할 수 있는가라는 문제와 관련하여서는 모든 헌법조항은 효력에 있어서 우열이 있을 수 없기 때문에 한계가 없다는 견해도 있다.

2) 한계설

한계설의 근거는 무엇보다도 헌법개정권력은 헌법제정권력과 구분되는 개념으로서 헌법제정권력의 결단을 침해해서는 안 된다는 것과, 헌법규범에는 기본적 가치질서 규정과 기타의 규정과 같이 위계질서가 있다는 것을 전제로 한다. 또 헌법개정에도 불구하고 구헌법과의 동일성이 유지되어야 하고, 인권보장 등 헌법의 기본원리에 역행하는 개정은 허용되지 않는다는 점에서도 헌법개정의 한계를 인정한다.

나. 판례

헌법재판소는 무한계설의 입장이다. 헌법재판소는 다음과 같이 판시하고 있다. “이른바 헌법제정권력과 헌법개정권력을 준별하고, 헌법의 개별규정 상호간의 효력의 차이를 인정하는 전제하에서 헌법제정규범에 위반한 헌법개정에 의한 규정, 상위의 헌법규정에 위배되는 하위의 헌법규정은 위헌으로 위헌심사의 대상이 된다거나, 혹은 헌법규정도 입법작용이라는 공권력 행사의 결과이므로 헌법재판소법 제68조 제1항에 의한 헌법소원의 대상이 된다는 견해가 있을 수는 있다. 그러나 우리나라의 헌법은 제헌헌법이 초대국회에 의하여 제정된 반면 그 후의 제5차, 제7차, 제8차 및 현행의 제9차 헌법 개정에 있어서는 국민투표를 거친 바 있고, 그간 각 헌법의 개정절차조항 자체가 여러 번 개정된 적이 있으며, 형식적으로도 부분개정이 아니라 전문까지를 포함한 전면개정이 이루어졌던 점과 우리의 현행 헌법이 독일기본법 제79조 제3항[52]과 같은 헌법

52) 연방제, 사회적 법치국가, 기본권의 존중 등 기본원칙은 개정불가함을 선언한 규정이다.

개정의 한계에 관한 규정을 두고 있지 아니하고, 독일기본법 제79조 제1항 제1문과 같이 헌법의 개정을 법률의 형식으로 하도록 규정하고 있지도 아니한 점 등을 감안할 때, 우리 헌법의 각 개별규정 가운데 무엇이 헌법제정규정이고 무엇이 헌법개정규정인지를 구분하는 것이 가능하지 아니할 뿐 아니라, 각 개별규정에 그 효력상의 차이를 인정하여야 할 형식적인 이유를 찾을 수 없다. 이러한 점과 앞에서 검토한 현행 헌법 및 헌법재판소법의 명문의 규정취지에 비추어, 헌법제정권과 헌법개정권의 구별론이나 헌법개정한계론은 그 자체로서의 이론적 타당성 여부와 상관없이 우리 헌법재판소가 헌법의 개별규정에 대하여 위헌심사를 할 수 있다는 논거로 원용될 수 있는 것이 아니다."[53]

다. 결론

법 논리적으로는 헌법제정권력과의 구별이나 헌법의 동일성의 문제 등을 고려할 때 개정한계설이 타당하다. 그러나 헌법개정권력이 헌법제정권력과 모두 국민으로 동일한 경우에는 사실상 충돌의 문제는 없다는 점에서 이때는 제정의 형식을 취할 것인지 아니면 개정의 형식을 취할 것인지의 문제만이 남게 된다.

구체적인 헌법 개정의 한계로는 일반적으로 개념 내재적 한계와 내용적 한계, 형식적 또는 절차적 한계, 개정 시기에 따른 한계로 구분할 수 있다.

1) 개념 내재적 한계

헌법개정은 기본적으로 새로운 헌법의 제정이 아니라 헌법의 동일성이 유지되는 내에서의 개정이라는 점에서 한계가 있다.

2) 내용적 한계

가) 헌법원리적, 자연법적 한계

기본권보장 등 민주적 헌법국가의 기본적인 헌법원리나 자연법원리 등과 같은 초헌법적, 초실정법적 한계가 있다.

---

53) 헌재 1995.12.28. 95헌바3, 국가배상법 제2조 제1항 등 위헌소원(합헌. 재판관 9인의 의견). 그 외 헌재 1996.6.13. 94헌마118등, 헌법 제29조 제2항 등 위헌확인, 헌법 제29조 제2항 등 위헌소원(기각, 각하); 1996.6.13. 94헌바20, 헌법 제29조 제2항 등 위헌소원(합헌, 각하); 2001.2.22. 2000헌바38, 국가배상법 제2조 제1항 단서 등 위헌소원(합헌, 각하) 등도 참조.

나) 실정 헌법상 내용적 한계

실정 헌법에서 일정한 내용의 개정을 금지하는 경우가 있다. 예컨대 공화제를 개정하는 것을 금지한 이탈리아헌법 제139조,[54] 프랑스 1958년 헌법(현행),[55] 연방제 기본원칙 등 개정을 제한하고 있는 독일기본법 제79조 제3항[56] 등을 들 수 있다. 1954년의 제2차 개정헌법 제98조 제6항에서도 "제1조,[57] 제2조,[58] 제7조의2[59]의 규정은 개폐할 수 없다"고 규정하였다.

3) 형식 또는 절차적 한계

헌법개정은 형식적 또는 절차적 한계가 있다. 이는 개념적으로 실정 헌법 내에서의 한계로서 헌법개정은 우선은 헌법에 규정된 개정 절차를 따라야 한다. 실정 헌법에 따라서는 헌법개정의 빈도를 제약하는 경우가 있고,[60] 명시적 개정만 허용하고 우회적 개정을 금지하는 경우(독일기본법 제79조 제1항[61]) 등이 있다.

4) 개정 시기에 따른 한계

비상사태 하에서의 개정, 외국군대의 점령 하에서의 개정과 같은 경우에는 헌법개정에 일정한 한계가 있을 수 있다.

5) 개정금지조항의 개정가능성

위에서 본 바와 같이 헌법에 따라서는 헌법규정에 일정한 헌법개정의 한계를 설정하고 있는 경우가 있다. 이 개정한계 규정은 그러한 규정을 헌법에 둔 헌법제정권력 또

---

54) "공화국의 국가형태는 헌법개정의 대상이 될 수 없다."
55) "공화국의 국가형태는 헌법개정의 대상으로 할 수 없다."
56) "연방의 주로의 편성, 입법에서 주의 원칙적 협력이나 제1조와 제20조에 규정된 원칙에 대한 기본법의 개정은 허용되지 않는다."
57) "대한민국은 민주공화국이다."
58) "대한민국의 주권은 국민에게 있고 모든 권력은 국민으로부터 나온다."
59) "대한민국의 주권의 제약 또는 영토의 변경을 가져올 국가안위에 관한 중대사항은 국회의 가결을 거친 후에 국민투표에 부(付)하여 민의원의원선거권자 3분지 2이상의 투표와 유효투표 3분지 2이상의 찬성을 얻어야 한다. 전항의 국민투표의 발의는 국회의 가결이 있은 후 1개월이내에 민의원의원선거권자 50만인이상의 찬성으로써 한다. 국민투표에서 찬성을 얻지 못한 때에는 제1항의 국회의 가결사항은 소급하여 효력을 상실한다. 국민투표의 절차에 관한 사항은 법률로써 정한다."
60) 포르투갈헌법 제284조 제1항: "공화국의 국회는 개정 법률 공포 후 5년이 경과한 후에 헌법을 개정할 수 있다)." 참고로 포르투갈은 헌법개정을 법률의 형식으로 하고 있다(포르투갈헌법 제286조 제2항).
61) "기본법은 기본법의 문언을 명시적으로 개정 또는 보완하는(ändert oder ergänzt) 법률에 의해 개정될 수 있다."

는 헌법개정권력의 취지를 고려할 때 개정할 수 없다고 보는 것이 타당하다.

그러나 대한민국헌법 제128조 제2항은 개정한계조항이 아니라 개정의 효력제한규정이다. 따라서 개정은 가능하나 그 개정의 효력이 제한되게 된다.

6. 대한민국헌법의 개정 한계

제1항 대한민국헌법에서 민주공화국, 국민주권, (자유)민주적 기본질서, 기본적 인권의 보장, 국제평화주의, 복수정당제도, 사유재산제도, (사회적)시장경제질서 등 국가의 구조를 형성하는 원리는 수정 · 보완 할 수는 있어도 개정 · 폐지할 수는 없다고 보아야 한다.

제3절

헌법의 수호(보장, 보호)

제1항 의의와 헌법수호제도

I. 개념

헌법의 수호란 국가의 최고규범으로서 헌법의 효력을 유지·존속하여 헌법의 규범력을 지키는 것을 의미하며, 헌법의 보장 또는 헌법의 보호라고도 한다.

II. 헌법수호자 논쟁

1. 칼 슈미트와 한스 켈젠의 헌법수호자 논쟁

1931년에 칼 슈미트와 한스 켈젠(H. Kelsen)은 헌법수호자 논쟁을 벌였다.[62] 칼 슈미트는 헌법의 수호자는 대통령이라고 보았는데, 그것은 대통령이 국민에 의해 선출된 중립적 권력이기 때문이라고 하였다. 그에 반하여 한스 켈젠은 대통령, 의회, 헌법재판소 모두를 헌법의 수호자로 보았다. 헌법위반의 법률을 저지하기 위한 수단이 헌법의 보장이므로 대통령뿐만 아니라 의회, 헌법재판소도 모두 헌법의 수호자라고 본 것이다.

62) 두 사람의 논쟁을 번역한 책자로는 김효전 역, 헌법의 수호자 논쟁, 교육과학사, 1991 참조.

2. 최후의 헌법수호자

대한민국헌법상으로는 대통령과 국회의원 모두 국민에 의해 직접 선출되고 있다는 점과 공무원은 국민전체에 대한 봉사자이며, 국민에 대하여 책임을 지고(제7조 제1항), 공무원의 신분과 정치적 중립성은 법률이 정하는 바에 의하여 보장된다(제7조 제2항)는 규정과 특히, 국회의원은 국가이익을 우선하여 양심에 따라 직무를 행하고(제46조 제2항), 대통령은 국가의 독립·영토의 보전·국가의 계속성과 헌법을 수호할 책무를 지며(제66조 제2항), 대통령은 취임에 즈음하여 "나는 헌법을 준수하고 국가를 보위하며 조국의 평화적 통일과 국민의 자유와 복리의 증진 및 민족문화의 창달에 노력하여 대통령으로서의 직책을 성실히 수행할 것을 국민 앞에 엄숙히 선서합니다."(제69조)라고 선서를 하는 점, 헌법재판소는 법률의 위헌여부를 심판할 뿐만 아니라 중요공무원이 헌법이나 법률에 위배한 때에는 탄핵심판을 통해 파면할 수 있고, 목적이나 활동이 민주적 기본질서에 위배되는 정당에 대해서는 심판을 통해 해산을 결정할 수 있다는 점(제111조 제1항) 등을 고려해 볼 때, 대통령뿐만 아니라 국회와 헌법재판소도 헌법의 수호자라고 보아야 한다. 그 외에도 헌법이 직접적인 수호자라는 규정하지는 않고 있지만 법원이나 감사원 등 헌법기관 및 기타 공권력을 집행하는 국가기관도 그 기능적 측면에서는 간접적인 헌법수호기관이다.

제2항 그러나 헌법은 최종적으로는 콘라드 헷세의 말대로 "헌법실현 의지"(Wille zur Verfassung)[63]를 가진 국민에 의해 보장되는 것이라고 할 수밖에 없다. 여기서의 국민은 관념적 크기의 국민이 아니라 개개의 국민이다.[64]

III. 헌법수호제도

대한민국헌법상 헌법수호제도는 평상적인 제도와 비상적인 제도로 구분해 볼 수 있는데, 각각의 대표적인 제도들을 열거해 보면 다음의 표와 같다.

---

63) 계희열 역, 헌법의 기초이론, 삼영사, 1985, 31-36쪽; Konrad Hesse, Die normative Kraft der Verfassung, in: Krüper/Payandeh/Sauer (Hrsg.), Konrad Hesses normative Kraft der Verfassung, 2019, S. 1 ff.

64) 이로부터 체계적인 헌법교육의 필요성이 나타난다.

대분류	소분류	제도
평상적 헌법수호제도	사전 예방적 헌법수호제도	1. 헌법의 최고규범성의 선언 2. 헌법준수의무의 선서 3. 권력분립제도 4. 경성헌법제도 5. 공무원의 정치적 중립성 보장 6. 방어적 민주주의제도의 채택
	사후 교정적 헌법수호제도	1. 위헌법령심사제 2. 탄핵제도 3. 위헌정당해산제도 4. 국무위원 해임건의제 5. 책임공무원제(예컨대 징계책임)
비상적 헌법수호제도		1. 국가긴급권제도 2. 저항권의 인정

이하에서는 이상의 헌법수호제도들을 차례로 살펴본다.

제2항 위헌법령심사제도

I. 위헌법률심사제도

1. 의의와 연혁

가. 의의

위헌법률심사제도는 무엇이 헌법인가를 독립기관이나 법원이 최후적으로 선언하는 제도로서, 헌법에 위배되는 법률에 대해 위헌·무효를 선언함으로써 헌법의 최고규범성을 확보하는 데에 그 의의가 있다.[65]

---

65) Steven L. Emanuel, Constitutional Law, emanuel law outlines, inc., 1995, p. 8 참조.

나. 연혁

위헌법률심사제도는 미국연방대법원의 Marbury v. Madison (1803) 판결로 거슬러 올라간다. 이 판결은 법원에 의한 위헌법률심사의 전형이 되었다.

1919년의 독일 바이마르헌법의 국사법원(Staatsgericthshof)이 있기는 하였지만 이를 헌법재판의 전형으로 보기는 어렵고, 오스트리아의 1920년 소위 켈젠헌법에 규정된 헌법재판제도가 최초의 독자적인 헌법재판의 전형으로 알려져 있다.

대한민국은 해방 이후 헌법개정으로 헌법위원회제도와 헌법재판소제도 그리고 일반법원형 등을 도입한 바 있지만, 1987년 헌법 개정으로 오스트리아나 독일의 예와 같이 독립된 헌법재판소제도를 채택하고 있다. 제도의 연혁은 다음 표와 같다.

공화국별 제도유형	특성
제1공화국 - 헌법위원회제도 (탄핵재판소제도)	정치적 타협기구로 구성
제2공화국 - 헌법재판소제도	5·16군사쿠데타로 설치되지 못함.
제3공화국 - 일반법원형 (탄핵위원회제도)	활성화되지 못함. 군인 등 이중배상금지규정 위헌결정 이후에는 사법파동이 일어남.
제4공화국 - 헌법위원회제도	한 건의 위헌심판결정도 없었음.
제5공화국 - 헌법위원회제도	
현행 헌법 - 헌법재판소제도	1988년 헌법재판소 설립

2. 유형

위헌법률심사제도는 위에서 살펴본 바와 같이 심사기관에 따라서 일반법원형과 헌법재판소형으로 구분하는 외에 심사방식 내지 심사범위 및 심사 시기에 따라 다음과 같이 구분할 수 있다.

분류기준	유형	채택국가	비고
심사 기관	헌법재판소형	대한민국, 독일	

	일반법원형	미국, 일본	
	혼합형	1976년 포르투갈	법원은 위헌법률의 적용을 거부할 수 있고, 이에 불복하는 경우에는 헌법위원회에 최종결정을 요구할 수 있다.
심사 방식 내지 범위	구체적 규범통제만을 행하는 국가	대한민국, 미국	
	추상적 규범통제만을 행하는 국가	프랑스(2008.7. 헌법 개정 이전부터)	
	구체적·추상적 규범통제 모두 행하는 국가	독일, 이탈리아, 프랑스(2008.7. 개정으로 도입)	
심사 시기	사전적·예방적 위헌법률심사제	프랑스(2008.7. 헌법 개정 이전부터)	
	사후적 위헌법률심사제	독일, 대한민국, 프랑스(2008.7. 개정으로 도입)	

대한민국헌법상 위헌법률심사제도는 위의 기준에 따라 보면 헌법재판소형, 구체적 규범통제형, 사후적 위헌법률심사제로 분류된다.

헌법 제107조 제1항에서는 법률이 헌법에 위반되는 여부가 재판의 전제가 된 경우에는 법원은 헌법재판소에 제청하여 그 심판에 의하여 재판하도록 하고 있고, 제111조 제1항 제1호는 법원의 제청에 의한 법률의 위헌여부심판을 헌법재판소의 관장사항으로 규정하고 있다. 이는 구체적·사후적 규범통제제도를 의미한다.

추상적 규범통제제도 및 사전적 규범통제제도를 규정한 헌법조항은 존재하지 않는다. 대한민국헌법상 법률에 대한 추상적·사전적 규범통제제도의 도입이 가능한지에 대해서는 논의가 있으나, 헌법에서는 구체적·사후적 규범통제제도를 규정하고 있지만, 추상적·사전적 규범통제제도를 부인하고 있지도 않기 때문에 법률상 도입이 부인되는 것으로 보기는 어렵다고 볼 수도 있다. 헌법재판소의 관장사항은 헌법 제111조에 따로 열거되어 있기 때문에 구체적 규범통제 외에 추상적·사전적 규범통제를 시행할 경우 심사기관은 법원이 될 수밖에 없는데, 그렇게 되면 규범통제제도가 헌법재판소와 법원으로 이원화되어서 바람직하지 않다. 결국 헌법개정을 통해 도입하는 것이 바람직할 것이다.

3. 입법부의 입법형성의 자유와 헌법재판소의 통제강도

민주주의, 권력분립 등에 근거하는 입법부의 입법형성의 자유에 대하여 헌법재판소가 어느 정도까지 통제 가능할 것인가는 특히 법치국가의 관점에서 중요한 문제다. 이것은 특히 비례성원칙의 적용에 있어서 통제강도와 관련된다.

4. 근거

위헌법률심사제도에 관한 헌법적 근거는 헌법 제111조 제1항 제1호다. 여기서는 법원의 제청에 의한 법률의 위헌여부 심판은 헌법재판소의 관장사항이라고 선언하고 있다.

법률상의 근거로는 위헌법률심판에 대해 규정하고 있는 헌법재판소법 제41조에서 제47조까지의 조문을 들 수 있다. 헌법재판소법은 위헌법률심판을 특별심판절차의 하나로 규정하고 있다.

5. 내용

법률이 헌법에 위반되는 여부가 재판의 전제가 된 때에는 당해 사건을 담당하는 법원(군사법원 포함)은 직권 또는 당사자의 신청에 의한 결정으로 헌법재판소에 위헌여부의 심판을 제청하고(헌법재판소법 제41조 제1항), 헌법재판소는 제청된 법률 또는 법률조항의 위헌여부만을 결정하도록 하고 있다. 물론 법률조항의 위헌결정으로 인하여 당해 법률 전부를 시행할 수 없다고 인정될 때에는 그 전부에 대하여 위헌의 결정을 할 수 있다(헌법재판소법 제45조). 위헌여부만을 결정할 수 있도록 법률이 규정하고 있으므로 위헌결정 합헌결정 이외에 변형결정은 할 수 없다고 하는 의견도 있으나, 헌법재판소는 변형결정도 하고 있다. 위헌으로 결정된 법률 또는 법률의 조항은 그 결정이 있는 날로부터 효력을 상실한다. 다만, 형벌에 관한 법률 또는 법률의 조항은 소급하여 그 효력을 상실한다(헌법재판소법 제47조 제2항). 이러한 헌법재판소의 법률의 위헌결정은 법원 기타 국가기관 및 지방자치단체를 기속한다(헌법재판소법 제47조 제1항).

Ⅱ. 위헌 명령·규칙 심사제도

대한민국헌법상 명령·규칙에 대한 심사권은 원칙적으로 법원의 권한에 속한다(제107조 제2항). 말하자면 규범통제제도에 있어서 그 대상이 법률인 경우에는 헌법재판소의 관장사항에 속하고 명령·규칙인 경우에는 법원의 관할에 속하는 이원주의를 취하고 있다.

그러나 헌법재판소는 명령·규칙이 **직접적으로 헌법상 기본권을 침해**하는 경우에는 보충성 원칙의 예외로 인정하고 헌법소원을 허용함으로써 명령·규칙심사권을 확대하고 있다. 이러한 헌법재판소의 태도는 법원으로부터 많은 반발을 사고 있다.

제3항 탄핵제도

Ⅰ. 의의

탄핵제도란 통상의 징계절차로 처벌하기 곤란한 고위공무원 등에 대하여 일정한 절차에 따라 그 직에서 파면하는 제도이다.

탄핵제도의 유용성에 대한 많은 회의에도 불구하고 미국, 프랑스, 독일, 일본 등 다수의 국가가 채택하고 있다. 탄핵제도는 중요공무원에 대해서 헌법과 법률을 준수할 것을 요구하는 위하적 효과를 가짐과 동시에, 탄핵의 요건에 해당하는 비위가 있는 고위공무원에 대해서는 실제로 탄핵절차에 돌입함으로써 헌법을 수호하는 제도로서의 기능을 갖는다.

Ⅱ. 탄핵의 절차

탄핵절차는 크게 탄핵소추절차와 탄핵심판절차로 나눌 수 있다.

1. 탄핵소추절차

탄핵소추기관은 국회다. 탄핵을 소추하기 위해서는 국회재적의원 3분의 1 이상의 발의가 있어야 하며, 그 의결은 국회재적의원 과반수의 찬성이 있어야 한다. 다만, 대통령에 대한 탄핵소추는 국회재적의원 과반수의 발의와 국회재적의원 3분의 2 이상의 찬성이 있어야 한다(제65조 제2항).

탄핵심판의 대상은 대통령·국무총리·국무위원·행정각부의 장·헌법재판소 재판관·법관·중앙선거관리위원회 위원·감사원장·감사위원 기타 법률이 정한 공무원이다(제65조 제1항). 따라서 헌법에서 정한 공무원 외에 개별 법률에서 탄핵대상 해당여부를 정할 수 있다.

제4항 탄핵소추의 의결을 받은 자는 탄핵심판이 있을 때까지 그 권한행사가 정지된다(제65조 제3항).

2. 탄핵심판절차

탄핵심판기관은 헌법재판소다(제111조 제1항 제2호). 헌법재판소에서 탄핵의 결정을 하려면 재판관 6인 이상의 찬성이 있어야 한다(제113조 제1항).

제5항 탄핵이유는 공무원이 직무집행에 있어서 헌법이나 법률을 위배한 때이다(제65조 제1항). 헌법이나 법률을 위배한 때라는 것을 헌법재판소는 중대한 법위반의 때를 의미하는 것으로 판시하고 있다.66)

탄핵결정은 공직으로부터 파면함에 그친다. 그러나 탄핵으로 파면되었더라도 민·형사상 책임이 있는 경우에는 이를 물을 수 있다(제65조 제4항).

제4항 위헌정당해산제도

정당의 목적이나 활동이 민주적 기본질서에 위배될 때에는 정부는 헌법재판소에 그 해산을 제소할 수 있고, 정당은 헌법재판소의 심판에 의하여 해산된다(제8조 제4항).

---

66) 헌재 2004.5.14. 2004헌나1, 대통령(노무현)탄핵(기각) 참조.

정당해산조항은 1960년 제3차 개정헌법에서 정당조항을 헌법에 처음 도입할 때 함께 규정되었다.

제5항 국무총리 · 국무위원 해임건의제

국회는 재적의원 3분의 1 이상의 발의와 재적의원 과반수의 찬성으로 국무총리 또는 국무위원의 해임을 대통령에게 건의할 수 있다(제63조). 해임건의에 불과하므로 국회의 해임건의에 대통령은 구속되지 않는다.

제6항 국가긴급권

I. 필요성 및 유형

국가긴급권은 국가 위기 시에 이에 대처하기 위한 권한을 말한다. 국가긴급권은 예기치 못한 비상사태의 발생에 대처하기 위한 제도이기 때문에 헌법기관의 예견된 부재나 장애를 의미하는 헌법장애상태와는 구별된다.[67]

국가긴급권은 헌법효력의 정지에까지 이르지 않는 경우와 헌법효력의 정지를 가져오지만 이를 헌법이 예견하고 있는 경우가 있고, 나아가서는 헌법이 예정하고 있지 않은 초헌법적 국가긴급권을 상정할 수 있다. 헌법 제76조의 대통령의 긴급재정경제처분 · 명령권과 긴급명령권은 헌법의 효력정지에까지는 이르지 않는 국가긴급권을 규정한 경우이고, 제77조의 대통령의 계엄권은 헌법이 예정하고 있는 헌법 일부의 일시적인 정지상태를 규정한 경우이다. 초헌법적 국가긴급권의 인정여부에 대해서는 찬반이 있을 수 있으나 부정하는 것이 타당하다.

67) 콘라드 헷세(계희열 역), 통일독일헌법원론, 박영사, 2001, 429쪽 이하.

II. 한계

제7항 국가긴급권은 헌법에 **명시된 목적**을 위해서만 발동이 가능하고, 시간적으로는 **잠정적**이어야 하며, 그로 인한 기본권제한의 정도에 있어서는 **과잉금지원칙을 준수**하여야 하며, 국가 긴급 상태에 대처할 **다른 수단이 없는 경우**에 발동할 수 있다(보충성의 원칙).

III. 통제

국가긴급권의 통제와 관련하여서는 우선 입법적 통제를 들 수 있다. **입법적 통제**란 긴급권의 목적, 내용 등이 헌법과 법률에 명시되어 있어야 한다는 것을 말한다. 이러한 국가긴급권은 국회나 국민에 의한 통제 하에 놓이기도 하는데 이를 **정치적 통제**라고 한다. 그런데 법원이 국가긴급권을 통제하는 것과 관련하여서는 통치행위의 문제가 제기되는데 사실상 사법적 통제는 쉽지 않다. 그러나 국민의 기본권을 침해하는 경우에는 **사법적 통제**가 이루어져야 한다.

IV. 대한민국헌법상 국가긴급권

1972년 헌법에서는 계엄선포권, 긴급조치권(제53조 제2항)을 규정하였고, 1980년 헌법에서는 긴급조치권을 폐지하고 비상조치권(제51조)을 규정하였다. 그러나 사실상 양자는 유사한 내용이다. 현행 헌법인 1987년 헌법에서는 긴급명령, 긴급재정경제처분·명령, 계엄제도를 규정하고 있다. 계엄규정은 1972년 헌법, 1980년 헌법, 1987년 헌법 모두 동일하다.

제7항 저항권

I. 서론

1. 연혁

토마스 아퀴나스(Thomas Aquinas, 1225–1274)와 알투지우스(J. Altusius, 1557–1638)가 주장한 폭군방벌론(暴君放伐論, Monarchomachi), 존 로크(John Locke, 1632–1704)의 사회계약론에서 이미 저항권(right of resistance, right to resist, Widerstandsrecht)을 인정하고 있었다.[68] 현대와 같은 제도적 통제가 확립되지 아니한 중세에는 저항권이 정의에 반하는 통치자의 판결과 칙령에 대한 주된 견제수단이었다.[69]

2. 법적 성격

저항권을 실정권으로 볼 것인가 자연권으로 볼 것인가에 대해서는 다툼이 있다. 실정권설은 저항권은 헌법에 규정되어 있어야 보장된다는 견해다. 그러나 저항권은 자연법상의 권리로 보아 실정법에 규정되어 있지 않더라도 인정되는 것으로 보는 것이 타당하다.[70]

---

68) 토마스 홉스도 사회계약론자이지만 인민의 모든 권리를 지배자에게 양도하였다고 보아 저항권을 부인하였다고 한다[권형준, 저항권에 관한 고찰, 현대헌법학의 이론적 전개와 조망(금석 권형준교수 정년기념논문집), 2013, 281쪽 이하; 허영, 한국헌법론, 박영사, 2011, 87쪽 참조].

69) Rawls, John, A Theory of Justice, 1971, p. 385 참조.

70) 칼 슈미트는 1928년 그의 저서에서 저항권의 성격을 다음과 같이 정의하였다. "개인의 저항권은 가장 극단적인 보호수단이고 불가양의 권리이지만, 조직될 수 없는 권리이기도 하다. 그것은 본질적으로 진정한 기본권에 속한다."[C. SChmitt(김기범 역), 헌법이론, 1976, 185쪽]. 칸트, 피히테, 헤겔은 실정법의 구속력을 인정하고 저항권을 부인한다(Bernhard Jakl, Human dignity as a fundamental right to freedom in law, in: Winfried Brugger/Stephan Kirste, Human Dignity as a Foundation of Law, 2013, p. 101).

II. 입법례 및 각국의 태도

1. 영국

영국의 1215년 마그나 카르타(대헌장, Magna Carta)에서는 왕이 법적 의무를 지키지 않는 경우에는 귀족들이 저항할 수 있는 권리를 인정하였다. 대헌장 제61조에는 위법행위를 한 왕이 40일 이내에 시정하지 않을 때에는 귀족 25인 위원회가 온 나라 사람들과 함께 그들이 할 수 있는 모든 방법으로, 즉 성 · 토지 · 재산의 압류, 왕과 왕비 그리고 왕자의 신체를 제외하고 다른 방법으로 시정이 이루어질 때까지 왕을 견제하고 억제할 수 있음을 선언하고 있다.[71)]

미국 독립선언 10여년 전에 영국의 윌리엄 블랙스톤은 압제가 헌법을 와해하거나 정부의 근간을 무너뜨리면 이는 위헌적 억압으로서 국민은 저항할 권리를 갖는다고 보았다.[72)]

2. 미국

버지니아 권리장전(Virginia Bill of Rights, 1776) 제3조에서는 정부가 공공의 복리와 인민과 국가 또는 공동체의 보호와 안전과 같은 목적에 적합하지 않거나 반하는 경우에는 공동체의 다수 인구는 정부를 개혁하고 변경하거나 없애버릴 수 있는 권리를 갖는 것은 의심할 여지가 없고 이러한 권리는 불가양이고 파기할 수 없다고 규정하였다. 이어서 한 달도 지나지 않아 공표된 독립선언(Virginia Bill of Rights, 1776)에서도 모든 인간은 평등하게 창조되었다는 것, 창조주에 의해 불가양의 권리를 부여받았다는 것, 그것은 바로 생명, 자유 그리고 행복의 추구라는 것, 이러한 권리를 확보하기 위해서 정부는 창설되었으며 정부의 권력은 피통치자들의 동의로부터 나온다는 것, 어떠한 정부도 이러한 목적을 파괴하는 경우에는 정부를 바꾸거나 없애는 것 그리고 그러한 원리들 위에 기초하고 정부의 권력을 그러한 형태로 조직하고 그들의 안전과 행복을 가장 효과 있게 만드는 것으로 보이는 새로운 정부를 창설할 권리를 갖는다고 함으로써 저항권을 긍정하고 있다.

---

71) 마그나 카르타의 번역본은 나종일, 자유와 평등의 인권선언 문서집, 한울, 2012, 1쪽 이하(특히 53쪽) 참조.

72) Dieter Grimm, Constitutionalism, 2016, p. 92 참조.

그러나 1787년 제정된 미국헌법에서는 명시적으로 저항권을 규정하고 있지는 않다. 다만, "잘 훈련된 민병대는 자유 국가의 안전을 위하여 필요하므로 무기를 소지할 국민의 권리는 침해되어서는 안 된다."고 규정하고 있는 미국 수정헌법 제2조(1789년 제안, 1791년 시행)가 저항의 정신을 기초로 하고 있는 것으로 일반적으로 이해되고 있다.[73]

3. 프랑스

1789년 「인간과 시민의 권리선언」 제2조에서도 "모든 정치적 결합의 목적은 자연적이고 불가양의 인권의 유지에 있다. 이 권리는 자유, 재산, 안전 그리고 억압에 대한 저항이다"라고 규정하여 저항권을 인정하였다.

4. 독일

1949년 독일기본법의 최초규정에는 저항권을 규정하지 않았다. 그러나 1968년 기본법개정에서 국가긴급권규정(기본법 제87a조)을 개정하면서 그에 대응하여 저항권을 제20조 제4항에 추가하였다. 제20조는 제1항에서 독일이 민주적 그리고 사회적 연방국가임을 선언하고, 제2항에서는 모든 국가권력은 국민으로부터 나온다는 것을 명시하고 있으며, 제3항에서는 입법은 헌법질서에, 행정과 사법은 법질서에 기속됨을 선언하고 있는데 여기에 추가된 제4항은 다음과 같은 내용으로 저항권을 규정하고 있다. "이 질서를 폐지하려고 시도하는 모든 자에 대해서 모든 독일인은 다른 구제수단이 불가능한 경우에 한하여 저항할 권리(Recht zum Widerstand)를 가진다."

III. 저항권 행사의 요건

독일연방헌법재판소의 판례[74]에 따르면 저항권을 행사하려면 다음과 같은 요건이 요구된다고 한다. 즉, 저항권은 법질서 유지 또는 회복을 위한 것이어야 하고(소극성),

---

73) Shalhope, Robert E., The Ideological Origins of the Second Amendment, The Journal of American History, Dec., 1982, Vol. 69, No. 3 (Dec., 1982), pp. 599−614. 저항권에 대한 비교법적 고찰은 Tom Ginsburg, Daniel Lansberg−Rodriguez, and Mila Versteeg, When to Overthrow your Government: The Right to Resist in the World's Constitutions, 60 U.C.L.A. L. Rev. p. 1184 (2013) 참조.

74) BVerfGE 5, 85, 95.

저항을 하고자 하는 공권력의 불법이 명백하여야 하며(명백성), 저항권을 행사하는 이외에 다른 법적 구제수단이 없어야 하고(보충성 또는 최후수단성), 저항권 행사의 결과가 성공가능 하여야 한다(성공가능성).

IV. 대한민국헌법의 저항권

1. 근거

대한민국헌법에서 모든 국민은 기본권으로서 저항권을 가진다는 것을 직접적 · 명시적으로 규정하고 있지는 않다. 다만, 전문에서 "불의에 항거한 4 · 19민주이념을 계승하고"라고 규정하여 저항권을 행사한 1960년 4 · 19 민주이념의 연장선상에 현행 헌법이 있음을 밝히고 있어서, 저항권이 헌법적으로 인정되는 것인지 여부에 대해서 논의가 일어나고 있다.

4 · 19가 헌법에 처음 규정된 것은 1962년 제5차 개정헌법에서였다. 여기서는 제3공화국이라는 새로운 민주공화국이 4 · 19의거와 함께 5 · 16혁명이념에 입각하고 있음을 밝히고 있다. 4 · 19의거라는 문구는 1980년 제8차 개정헌법에서는 삭제되었다가[75] 현행 헌법에서 4 · 19 민주이념이라는 용어로 다시 규정되었다.

2. 저항권의 개념

1997년 결정에서 헌법재판소는 저항권의 개념을 다음과 같이 정의하였다. "저항권은 국가권력에 의하여 헌법의 기본원리에 대한 중대한 침해가 행하여지고 그 침해가 헌법의 존재 자체를 부인하는 것으로서, 다른 합법적인 구제수단으로는 목적을 달성할 수 없을 때에 국민이 자기의 권리 · 자유를 지키기 위하여 실력으로 저항하는 권리"이다.[76]

헌법재판소의 이 결정은 재판의 전제성 요건을 갖추지 못하여 각하함으로써 저항권의 헌법적 문제를 실체적으로 판단하는 데까지는 이르지 못했으나, 저항권의 개념을 자연법적으로 정의한 데에 의의가 있다.

75) 5 · 16혁명이념이라는 용어도 제8차 개정헌법에서부터는 사라졌다.
76) 헌재 1997.9.25. 97헌가4, 노동조합및노동관계조정법 등 위헌제청(각하).

3. 저항권의 인정여부

가. 판례

헌법재판소의 명시적인 판결은 아직 없으나 대법원은 저항권을 부인하고 있다. 주요한 판결로는 민청학련 사건 판결과 김재규 사건 판결을 들 수 있다.

1) 민청학련 사건 판결

1974년 4월초 긴급조치 제4호가 발표되고 전국민주청년학생연맹(민청학련)을 중심으로 유신 반대투쟁이 거세지자 정부는 그 배후에 인혁당 재건위가 있음을 지목하였다. 인민혁명당은 1964년에 적발되어 반공법 위반으로 기소된 바 있다. 주동자로 지목된 8명이 사형선고를 받고 이듬해인 1975년 4월 8일 대법원에서 상고기각되자 그 다음날인 9일 사형이 전격적으로 집행되어 국제 인권단체들로부터 많은 비난을 받았다. 이 사건을 조사한 의문사진상규명위원회는 2002년에 인혁당 재건위 사건은 중앙정보부에 의해서 조작된 사건임을 밝혔다.

상고를 기각하는 대법원 판결에서는 저항권의 인정여부에 대해 다음과 같이 판시하면서 저항권을 부인하고 있다.

> "상고이유 중 피고인 등의 행위는 위법성이 없는 행위라고 주장하므로 이 부분을 요약하면 피고인 등의 행위는 민주수호행위로서 정당성이 있는 것이고, 애국적 민주운동인 학생운동으로서 민주적 당연성과 역사적 진실성 있는 정당한 투쟁행위인 것이며, 또 이는 소위 「저항권」에 의한 행위이므로 위법성이 없다는데 귀론되는 것이므로 이 점에 대하여 판단한다.
>
> 살피건대 어떤 행위가 범죄의 구성요건에 해당하는 경우에는 형법이 규정한 위법성조각사유에 해당하지 아니하는 한 위법성이 있는 것으로 보아야 하는 것인바 논지가 주장하는 위법성이 없다는 것이 구체적으로 형법소정의 어떠한 위법성 조각사유에 해당하는지 분명하지 않는바 그 주장자체로 보아서는 초법규적인 위법성 조각사유를 주장하는 것으로 이해할 수밖에 없다.
>
> 그러나 논지가 주장하는 위법성조각사유는 실정법질서 내에서만 허용되는 것으로 여기서 일탈하는 행위는 위법성의 조각사유가 될 수 없으며 또 피고인들의 이에 해당하는 행위들이 형법 제20조의 어느 것에도 해당한다고 보여지지 아니하며 소위 「저항권」에 의한 행위이므로 위법성이 조각된다고 하는 주장은 그 **「저항권」 자체의 개념이 막연**할 뿐 아니라 논지에 있어서도 구체적인 설시가 없어 주장의 진의를 파악하기 어려우나 이 점에 관한 극 일부 소수의 이론이 주장하는 개념을 살핀다면 그것은 **실존하는 실정법적 질서를 무시한 초실정법적인 자연법질서 내에서의 권리주장**이며 이러한 전제하에서의 권리로써 실존적 법

질서를 무시한 행위를 정당화하려는 것으로 해석되는 바, 실존하는 헌법적 질서를 전제로 한 실정법의 범주 내에서 국가의 법적 질서의 유지를 그 사명으로 하는 사법기능을 담당하는 재판권행사에 대하여는 실존하는 헌법적 질서를 무시하고 초법규적인 권리개념으로써 현행실정법에 위배된 행위의 정당화를 주장하는 것은 그 자체만으로서도 이를 받아드릴 수 없는 것이고(참조 1975.1.28. 선고 74도3498 판결) 이와 같은 취지로서 심판한 원심과 제1심판결은 논지가 지적하는 바와 같은 잘못이 없다. 따라서 위와 같은 행위의 위법성이 없다는 논지는 이유 없다."[77]

2) 김재규 사건 판결

1979년 중앙정보부장 김재규가 대통령 박정희를 시해한 사건의 대법원 판결에서도 다음과 같이 저항권문제가 다루어 졌으나 역시 부인되고 있다.

"(1) 「저항권」이론

상고이유 중의 많은 학자들에 의하여 자연법적으로 논의되어 오다가 이제 그 실정적인 근거까지 찾아볼 수 있는 등 현대헌법이론이 일반적으로 인정하고 있는 「저항권」은 헌법에 규정되어 있고 없음을 가림이 없이 당연한 권리로 인정되어야 하고, 자유민주주의의 헌법질서 유지와 기본적인권의 수호를 위하여 수동적 저항이든 능동적 저항이든 폭력적 저항이든 비폭력적 저항이든 가리지 않고 다른 권리구제방법이 없을 때 최종적으로 적용되는 권리인바, 이 사건에 있어서 유신체제는 그 성립과 운영에 있어서 반민주적법질서와 반인권적체제이어서 이를 회복함에 있어서는 제도적으로나 실제에 있어서 다른 합법적 구제절차가 불가능하였으므로 피고인 김재규, 박선호의 이 사건 범행을 위 「저항권」을 행사한 경우에 해당함에도 불구하고 원심이 그 적용을 배척하였음은 저항권과 형법 제20조가 정한 정당행위에 관한 법리를 오해한 위법이 있고, 그리고 이점에 관한 대법원 1975.4.8. 선고 74도3323 판결은 변경되어야 한다는 주장에 대하여 판단한다.

살피건대 당원은 일찍이 "소위 저항권의 주장은 실존하는 실정법질서를 무시한 초실정법적인 자연법질서 내에서의 권리주장이며 이러한 전제하에서의 권리로써 실존적법질서를 무시한 행위를 정당화하려는 것으로 해석되는바 실존하는 헌법적 질서를 전제로 한 실정법의 범위 내에서 국가의 법질서유지를 그 사명으로 하는 사법기능을 담당하는 재판권행사에 대하여는 실존하는 헌법적 질서를 무시하고 초법규적인 권리개념으로써 현행실정법에 위배된 행위의 정당화를 주장하는 것은 받아들일 수 없다."는 취지로 판시한바 있다.

한편 생각하건대 현대 입헌 자유민주주의국가의 헌법이론상 자연법에서 우러나온 자연권으로서의 소위 저항권이 헌법 기타 실정법에 규정되어 있든 없든 간에 엄존하는 권리로 인정되어야 한다는 논지가 시인된다 하더라도 그 저항권이 실정법에 근거를 두지 못하고 오직

77) 대법원 1975.4.8. 74도3323 판결(인혁당 재건단체 및 민청학련 사건).

자연법에만 근거하고 있는 한 법관은 이를 재판규범으로 원용할 수 없다. 더구나 오늘날 저항권의 존재를 긍인하는 학자사이에도 그 구체적 개념의 의무내용이나 그 성립요건에 관해서는 그 견해가 구구하여 일치된다 할 수 없어 결국 막연하고 추상적인 개념이란 말을 면할 수 없고, 이미 헌법에 저항권의 존재를 선언한 몇 개의 입법례도 그 구체적 요건은 서로 다르다 할 것이니 헌법 및 법률에 저항권에 관하여 아무런 규정도 없는(**소론 헌법 전문 중 "4.19의거운운"은 저항권 규정으로 볼 수 없다**) 우리나라의 현 단계에서는 더욱이 이 저항권이론을 재판의 준거규범으로 채용 적용하기를 주저 아니 할 수 없다. 따라서 위 당원의 판례를 변경할 필요를 느끼지 아니한다 할 것이어서 원심에 이 점에 관한 법리오해 있다는 논지는 받아들일 수 없다."[78]

이 사건 판결에서 대법원판사 임항준은 다음과 같이 저항권을 긍정하는 의견을 내고 있다.

"(2) 저항권문제

다수의견은 이 문제에 관하여 실정법에 위배된 행위에 대하여 초법규적인 권리 개념인 저항권을 내세워 이를 정당화하려는 주장은 받아들일 수 없다는 당원의 1975.4.8. 선고 74도3323의 판례를 그대로 유지한다고 설시하고 있는 바, 위 당원의 판례가 우리나라에 있어서 저항권자체의 존재를 부정하는 것인지 저항권을 재판규범으로는 적용할 수 없다는 취지인지 분명하지 아니하나 이 사건에 있어서 피고인 김재규 등의 행위는 그 범행내용으로 보아 이를 저항권의 행사라고는 볼 수 없다할 것이므로 이 사건과 관련하여 저항권 문제를 논할 필요는 없다하겠으나 일반적인 문제로 우리나라에서 저항권의 존재를 부정하거나 이를 재판규범으로 적용할 수 없다는 판단에서 이를 그대로 수긍하기 어려운 다음과 같은 의문점이 있음을 지적해 두고저 한다.

우리나라에 있어서의 정치의 기본질서인 인간존엄을 중심 가치로 하는 민주주의 질서에 대하여 중대한 침해가 국가기관에 의하여 행하여 져서 민주적 헌법의 존재 자체가 객관적으로 보아 부정되어 가고 있다고 국민 대다수에 의하여 판단되는 경우에 그 당시의 실정법상의 수단으로는 이를 광정할 수 있는 방법이 없는 경우에는 국민으로서 이를 수수방관하거나 이를 조장할 수는 없다 할 것이므로 이러한 경우에는 인권과 민주적 헌법의 기본 질서의 옹호를 위하여 최후의 수단으로서 형식적으로 보면 합법적으로 성립된 실정법이지만 실질적으로는 국민의 인권을 유린하고 민주적 기본 질서를 문란케 하는 내용의 실정법상의 의무 이행이나 이에 대한 복종을 거부하는 등을 내용으로 하는 저항권은 헌법에 명문화 되어 있지 않았더라도 일종의 자연법상의 권리로서 이를 인정하는 것이 타당하다 할 것이고 이러한 저항권이 인정된다면 재판규범으로서의 기능을 배제할 근거가 없다고 할 것이다.

위와 같은 저항권의 존재를 부정할 수 없는 근거로는 4.19 의거의 이념을 계승하여…… 새로운 민주공화국을 건설한다고 선언하여 4.19 사태가 당시의 실정법에 비추어 보면 완전한 범법행위로 위법행위임에도 불구하고 이를 우리나라의 기본법인 헌법의 전문에서 의

---

78) 대법원 1980.5.20. 80도306 판결.

거라고 규정짓고 그 의거의 정신을 계승한다고 선언하고 있어 위 헌법 전문을 법률적으로 평가하면 우리나라 헌법은 4.19의 거사를 파괴되어가는 민주질서를 유지 또는 옹호하려는 국민의 저항권 행사로 보았다고 해석할 수밖에 없는데 우리나라 헌법이 인정한 것으로 보여지는 저항권을 사법적 판단에서는 이를 부정할 수가 있을는지 의문이고 또 저항권이 인정되는 이상 재판규범으로는 적용될 수 없다고 판단하여 그 실효성을 상실시킬 합리적 이유가 있다고 볼 수도 없다. 다수의견은 저항권이 실정법에 근거를 두지 못하고 있어서 이를 재판규범으로 적용할 수 없다는 취지로 설시하고 있으나 자연법상의 권리는 일률적으로 재판규범으로 기능될 수 없다는 법리도 있을 수 없거니와 위에 적시한 우리나라 헌법의 전문은 저항권의 실정법상의 근거로 볼 수도 있다고 할 것이다."

나. 저항권행사의 법률상 인정

판례에서는 저항권을 부인하고 있음에도 불구하고 입법에 있어서는 저항권의 행사로 볼 수 있는 민주화운동 관련자에 대한 명예회복 등이 이루어지고 있다.

1) 「민주화운동관련자 명예회복 및 보상 등에 관한 법률」의 시행

민주화운동과 관련하여 희생된 자와 그 유족에 대하여 국가가 명예회복 및 보상을 행함으로써 이들의 생활안정과 복지향상을 도모하고, 민주주의의 발전과 국민화합에 기여함을 목적으로 2007년 시행된 「민주화운동관련자 명예회복 및 보상 등에 관한 법률」에서는 민주화운동을 "1964년 3월 24일 이후[79] 자유민주적 기본질서를 문란하게 하고 헌법에 보장된 국민의 기본권을 침해한 권위주의적 통치에 항거하여 헌법이 지향하는 이념 및 가치의 실현과 민주헌정질서의 확립에 기여하고 국민의 자유와 권리를 회복·신장시킨 활동"(제2조 제1호)이라고 규정하고 함으로써 저항권 행사에 따른 명예를 회복하고 그 피해를 보상하고 있다.

---

79) 날짜를 이렇게 정한 것은 6·3학생운동에 참여한 사람들까지 포함하기 위함이다. 한일국교정상회담은 1951년부터 1964년에 걸쳐 7차 개최되었고, 1965.6.22. 「대한민국과 일본국 간의 기본관계에 관한 조약」을 체결하여 국교정상화가 이루어졌다. 이 기본조약에서는 4개의 부속협정(청구권·경제협력에 관한 협정, 재일교포의 법적지위와 대우에 관한 협정, 어업에 관한 협정, 문화재·문화협력에 관한 협정)과 협정부속서 2개, 교환공문 9개, 의정서 2개, 구술서 4개, 합의의사록 4개, 토의기록 2개, 계약서 2개, 왕복서간 1개 등 총 25개의 문서가 포함되어 있다. 조약 체결과정에서 조약 체결 1년 전인 1964년 3월 24일부터 이듬해인 1965년 9월까지 350여만 명으로 추산되는 전국의 대학생과 시민들이 굴욕적 한일회담과정과 체결에 반대하여 대규모 시위를 벌였다. 시위 과정에서 3명이 사망하고 수백 명이 부상을 당하였다. 이 시위는 1964년 6월 3일 서울에서 대규모 시위가 일어남으로써 정점에 이르렀는데 이에 정부는 비상계엄령을 선포하여 시위를 무력으로 진압하였다. 이 계엄은 7월 29일 해제되었다. 이후 이 사건은 '6·3 학생운동'으로 불리게 되었다.

2) 「5 · 18민주화운동등에관한특별법」의 시행[80)]

1979년 12월 12일과 1980년 5월 18일을 전후하여 발생한 헌정질서파괴범죄행위에 대한 공소시효정지등에 관한 사항 등을 규정함으로써 국가기강을 바로잡고 민주화를 정착시키며 민족정기를 함양함을 목적으로 「5 · 18민주화운동등에관한특별법」이 1995년 제정 · 시행되었다. 이 법은 2021년 개정에서 5 · 18민주화운동의 개념을 정의한 조항이 신설되었는데, "5 · 18민주화운동"이란 1979년 12월 12일과 1980년 5월 18일을 전후하여 발생한 헌정질서 파괴범죄와 반인도적 범죄에 대항하여 시민들이 전개한 민주화운동을 말한다."라고 규정한 이 법 제1조의2 제1항은 저항권을 명시적으로 인정하고 있는 것으로 볼 수 있다.

이 특별법에서는 1979년 12월 12일과 1980년 5월 18일을 전후하여 발생한 헌정질서파괴범죄의공소시효등에관한특례법 제2조의 헌정질서파괴범죄행위에 대하여 국가의 소추권행사에 장애사유가 존재한 기간은 공소시효의 진행이 정지된 것으로 보고 있다. 여기서 "국가의 소추권행사에 장애사유가 존재한 기간"이라 함은 당해 범죄행위의 종료일부터 1993년 2월 24일(노태우 대통령 퇴임일)까지의 기간을 말한다(5 · 18민주화운동등에관한특별법 제2조).

NOTE 「5 · 18민주화운동등에관한특별법」 제2조의 위헌여부

「5 · 18민주화운동등에관한특별법」 제2조에 대해서는 위헌논의가 있었다. 쟁점은 처분적 법률(개별사건법률)로서 위헌인지 여부와 형벌불소급의 원칙에 위배되는지 여부다.

5 · 18민주화운동등에관한특별법 제2조(공소시효의 정지) ① 1979년 12월 12일과 1980년 5월 18일을 전후하여 발생한 헌정질서파괴범죄의공소시효등에관한특별법 제2조의 헌정질서파괴범죄행위에 대하여 국가의 소추권행사에 장애사유가 존재한 기간은 공소시효의 진행이 정지된 것으로 본다.
② 제1항에서 "국가의 소추권행사에 장애사유가 존재한 기간"이라 함은 당해 범죄행위의 종료일부터 1993년 2월 24일까지의 기간을 말한다.

80) 현재는 「5 · 18민주화운동 등에 관한 특별법」으로 개정되었다. 이 법률과 관련하여서는 헌재 1995.1.20. 94헌마246, 불기소처분취소(소위 12 · 12사태 불기소처분취소, 내란수괴죄, 내란목적살인죄, 내란목적살인미수죄는 각하, 나머지는 기각) 및 헌재 1995.12.14. 95헌마221등, 5 · 18사건 불기소처분 헌법소원[판결선고전 취하에 따라 심판절차종료결정함. 반대의견(김진우, 이재화, 조승형)은 종국결정을 요구함] 등 참조.

〈참조〉 헌정질서파괴범죄의공소시효등에관한특례법 [법률 제5028호, 1995.12.21. 제정, 1995.12.21. 시행]
제1조 (목적) 이 법은 헌법의 존립을 해하거나 헌정질서의 파괴를 목적으로 하는 헌정질서파괴범죄에 대한 공소시효의 배제등에 관한 사항을 규정함으로써 헌법상 자유민주적 기본질서를 수호함을 목적으로 한다.
제2조 (용어의 정의) 이 법에서 "헌정질서파괴범죄"라 함은 형법 제2편 제1장 내란의 죄, 제2장 외환의 죄와 군형법 제2편 제1장 반란의 죄, 제2장 이적의 죄를 말한다.

① 처분적 법률로서 위헌인지 여부와 관련하여서 헌법재판소는 개별사건법률로서 처분적 법률임은 인정하고 있으나 그 실질적 내용으로 볼 때 위헌이 아니라고 판단하였다.81)

81) "(1) 청구인들은 이 법률조항이 "1979.12.12.과 1980.5.18.을 전후하여 발생한 헌정질서파괴범죄행위"라고 특정함으로써 청구인 등이 범하였다는 이른바 12·12 군사반란행위와 5·18 내란행위를 지칭하는 것이 명백하여 특별법은 결국 청구인 등 특정인의 특정사건에 대하여 국가형벌권이 특정기간동안 연장하는 것을 규정하고 있어 '개인대상법률'이며 '개별사건법률'이므로 헌법상 평등의 원칙에 반할 뿐만 아니라 나아가 권력분립의 원칙과 무죄추정의 원칙에 반하여 헌법에 위반된다고 주장한다. 그러므로 먼저 이 법률조항이 개별사건법률이기 때문에 헌법에 위반되는 것인지의 여부에 관하여 판단한다. 특별법 제2조는 제1항에서 "1979년 12월 12일과 1980년 5월 18일을 전후하여 발생한…… 헌정질서파괴행위에 대하여…… 공소시효의 진행이 정지된 것으로 본다."라고 규정함으로써, 특별법이 이른바 12·12 사건과 5·18 사건에만 적용됨을 명백히 밝히고 있으므로 다른 유사한 상황의 불특정다수의 사건에 적용될 가능성을 배제하고 오로지 위 두 사건에 관련된 헌정질서파괴범만을 그 대상으로 하고 있어 특별법 제정당시 이미 적용의 인적범위가 확정되거나 확정될 수 있는 내용의 것이므로 개별사건법률임을 부인할 수는 없다. (필자 주: 이상 개별사건법인지 여부에 대판 판단).
(2) (필자 주: 이하는 개별사건법률이 위헌인지 여부에 대한 것임) 그러나 우리 헌법은 개별사건법률에 대한 정의를 하고 있지 않음은 물론 개별사건법률의 입법을 금하는 명문의 규정도 없다. 개별사건법률금지의 원칙은 "법률은 일반적으로 적용되어야지 어떤 개별사건에만 적용되어서는 아니 된다."는 법원칙으로서 헌법상 평등원칙에 근거하고 있는 것으로 풀이되고, 그 기본정신은 입법자에 대하여 기본권을 침해하는 법률은 일반적 성격을 가져야 한다는 형식을 요구함으로써 평등원칙위반의 위험성을 입법과정에서 미리 제거하려는 데 있다 할 것이다.
개별사건법률은 개별사건에만 적용되는 것이므로 원칙적으로 평등원칙에 위배되는 자의적인 규정이라는 강한 의심을 불러일으킨다. 그러나 개별사건법률금지의 원칙이 법률제정에 있어서 입법자가 평등원칙을 준수할 것을 요구하는 것이기 때문에, 특정규범이 개별사건법률에 해당한다 하여 곧바로 위헌을 뜻하는 것은 아니다. 비록 특정법률 또는 법률조항이 단지 하나의 사건만을 규율하려고 한다 하더라도 이러한 차별적 규율이 합리적인 이유로 정당화될 수 있는 경우에는 합헌적일 수 있다. 따라서 개별사건법률의 위헌 여부는, 그 형식만으로 가려지는 것이 아니라, 나아가 평등의 원칙이 추구하는 실질적 내용이 정당한지 아닌지를 따져야 비로소 가려진다.
(3) 이른바 12·12 및 5·18 사건의 경우 그 이전에 있었던 다른 헌정질서파괴범과 비교해보면, 공소시효의 완성 여부에 관한 논의가 아직 진행 중이고, 집권과정에서의 불법적 요소나 올바른 헌정사의 정립을 위한 과거청산의 요청에 미루어볼 때 비록 특별법이 개별적사건법률이라고 하더라도 입법을 정당화할 수 있는 공익이 인정될 수 있다고 판단된다. 따라서 이 법률조항은 개별사건법률에 내재된 불평등요소를 정당화할 수 있는 합리적인 이유가 있으므로 헌법에 위반되지 아니한다."[헌재 1996.2.16. 96헌가2등, 5·18민주화운동등에관한특별법 제2조 위헌제청 등(합헌)].

② 형벌불소급의 원칙에 위배되는지 여부와 관련하여서는 공소시효의 정지규정을 과거에 이미 행한 범죄에 대하여 적용하도록 하는 법률이라도 이것만으로 형벌불소급의 원칙에 위배되는 것으로 볼 수 없기 때문에 위헌이라고 볼 수 없다고 하였다. 왜냐하면 형벌불소급의 원칙은 형벌의 가벌성에 관한 것인데 공소시효에 관한 규정은 형벌의 가벌성에 관한 규정이 아니기 때문이라는 것이다.[82]

다. 저항권의 대상

앞에서 기술한 바와 같이 헌법재판소에 따르면 저항권이란 "국가권력에 의하여 헌법의 기본원리에 대한 중대한 침해가 행해지고 그 침해가 헌법의 존재 자체를 부인하는 것으로서 다른 합법적인 구제수단으로는 목적을 달성할 수 없을 때 국민이 자기의 권리·자유를 지키기 위하여 실력으로 저항하는 권리"이기 때문에, 저항권 행사의 대상은 헌법의 존재 자체를 부인하는 국가권력에 의한 헌법의 기본원리에 대한 중대한 침해행위다.

---

82) "이 법률조항에 의한 공소시효의 정지 곧 결과적으로 그 기간을 연장하는 것이 헌법 제12조 제1항 후단과 제13조 제1항 전단의 죄형법정주의에 위반되는지를 살펴보기로 한다.
(1) 헌법 제12조 제1항 후단은 "……법률과 적법한 절차에 의하지 아니하고는 처벌·보안처분 또는 강제노역을 받지 아니한다."라고 규정하고, 제13조 제1항 전단은 "모든 국민은 행위시의 법률에 의하여 범죄를 구성하지 않는 행위로 소추되지 아니하며……"라고 하여 죄형법정주의와 형벌불소급의 원칙을 규정하고 있다. 헌법 제12조 제1항과 제13조 제1항의 근본 뜻은 형벌법규는 허용된 행위와 금지된 행위의 경계를 명확히 설정하여 어떠한 행위가 금지되어 있고, 그에 위반한 경우 어떠한 형벌이 정해져 있는가를 미리 개인에 알려 자신의 행위를 그에 맞출 수 있도록 하자는데 있다. 이로써 위 헌법조항은 실체적 형사법 영역에서의 어떠한 소급효력도 금지하고 있고, "범죄를 구성하지 않는 행위"라고 표현함으로써 절대적 소급효금지의 대상은 "범죄구성요건"과 관련되는 것임을 밝히고 있다.
헌법이 위 조항에서 비록 범죄구성요건만을 언급하고 있으나, 책임없는 형벌을 금하고 행위의 불법과 행위자의 책임은 형벌과 적정한 비례관계를 유지하여야 한다는 적법절차의 원칙과 법치주의 원칙에서 파생되는 책임원칙에 따라 범죄구성요건과 형벌은 불가분의 내적인 연관관계에 있기 때문에, 결국 죄형법정주의는 이 두 가지 요소로 구성되는 "가벌성"을 그 내용으로 하고 있는 것이다. 즉 가벌성의 조건을 사후적으로 변경할 것을 요구하는 공익의 요청도 개인의 신뢰보호와 법적 안정성에 우선할 수 없다는 것을 명백히 규정함으로써, 위 헌법조항은 ① 소급적인 범죄구성요건의 제정과 ② 소급적인 형벌의 가중을 엄격히 금하고 있다.
(2) 그러므로 우리 헌법이 규정한 형벌불소급의 원칙은 형사소추가 "언제부터 어떠한 조건하에서" 가능한가의 문제에 관한 것이고, "얼마동안" 가능한가의 문제에 관한 것은 아니다. 다시 말하면 헌법의 규정은 "행위의 가벌성"에 관한 것이기 때문에 소추가능성에만 연관될 뿐, 가벌성에는 영향을 미치지 않는 공소시효에 관한 규정은 원칙적으로 그 효력범위에 포함되지 않는다. 행위의 가벌성은 행위에 대한 소추가능성의 전제조건이지만 소추가능성은 가벌성의 조건이 아니므로 공소시효의 정지규정을 과거에 이미 행한 범죄에 대하여 적용하도록 하는 법률이라 하더라도 그 사유만으로 헌법 제12조 제1항 및 제13조 제1항에 규정한 죄형법정주의의 파생원칙인 형벌불소급의 원칙에 언제나 위배되는 것으로 단정할 수는 없다(이상 80-85)."[헌재 1996.2.16. 96헌가2등, 5·18민주화운동등에관한특별법 제2조 위헌제청 등(합헌)].

따라서 「국회법」이 정한 개의시간과 관련하여 협의 없이 개의시간을 변경하고 회의일시를 통지하지 아니한 입법과정의 하자는 저항권의 대상이 아니라 관계 법률의 해석과 개별사례에서의 적용에 관한 문제로서 법원이 판단할 문제라고 보았다.[83)]

제8항 방어적 민주주의

I. 의의

칼 뢰벤슈타인(K. Loewenstein)이 최초로 주창[84)]한 방어적 민주주의이론은 투쟁적 민주주의이론이라고도 한다. 방어적 민주주의이론은 민주주의의 이름으로 민주주의를 공격하거나 자유의 이름으로 자유 그 자체를 말살하려는 헌법질서의 적을 효과적으로 방어하고 그와 투쟁하기 위한 이론으로서,[85)] 독일의 헌정 경험에서 비롯되어 구성된 이론이다. 나치의 전체주의를 경험한 후 독일은 기본법을 제정하면서 1919년 바이마르 헌법의 원론적인 가치중립적 태도를 버리고 방어적 민주주의이론을 도입했다.[86)] 이는 민주주의의 상대적 가치중립성에 대한 자제론 내지 한계론이다.

방어적 민주주의의 목적을 달성하기 위해서는 민주주의의 적에 대해서는 정치적 활동의 자유를 제약할 필요가 있다. 다른 정치적 견해에 대한 **관용**과 국가질서의 불가침적 기본가치의 **수호** 간에는 긴장과 함께 조화가 요구된다.

II. 입법례

독일기본법에서는 방어적 민주주의 제도로서 기본권실효제도와 위헌정당해산제도를 도입하고 있다.[87)]

---

83) 헌재 1997.9.25. 97헌가4, 노동조합및노동관계조정법 등 위헌제청(각하).
84) Karl Loewenstein, “Militant Democracy and Fundamental Rights”, in: American Political Science Review 31, 1937, S. 417-433, S. 638-658.
85) 허영, 헌법이론과 헌법, 박영사, 1985, 123쪽.
86) Deutsches Rechtslexikon, Bd. 3, C.H.Beck, 2. Aufl., 1992, S. 575 참조.
87) 헌법개정 한계조항인 독일기본법 제79조를 방어적 민주주의를 구현한 조항이라고 보는 견해도 있

1. 기본권실효제도

독일기본법 제18조는 "의사표현의 자유, 특히 출판의 자유(제5조 제1항), 교수의 자유(제5조 제3항), 집회의 자유(제8조), 결사의 자유(제9조), 서신 · 우편 · 전신의 비밀(제10조), 재산권(제14조) 또는 망명권(제16a조)을 자유민주적 기본질서를 공격하기 위해 남용하는 자는 이 기본권들을 상실한다. 그 상실과 정도는 연방헌법재판소가 선고한다"라고 규정하여 기본권실효(Verwirkung der Grundrechte)제도를 두고 있다. 그러나 기본권실효를 선언한 판례는 아직 없다.[88]

2. 위헌정당해산제도

독일기본법 제21조 제2항에서는 "그 목적과 당원의 행동이 자유민주적 기본질서를 침해 또는 제거하거나, 독일연방공화국의 존립을 위협하는 정당은 헌법에 위반된다. 위헌성여부에 대해서는 연방헌법재판소가 결정한다."라고 규정하여 위헌정당해산제도를 도입하고 있다.

Ⅲ. 기능

제1항 방어적 민주주의는 상대주의적 가치관을 배제하고 헌법이 지향하는 특정한 가치관을 유지 · 존속하려는 의도에서 만들어진 이론이므로 이를 통해 종국적으로는 사전 예방적으로 헌법을 수호하는 것을 기능으로 하고 있다.

Ⅳ. 한계

방어적 민주주의제도는 다원적 민주주의 사회에서 자칫 반대할 자유를 억누르는

다(김종현, 우리헌법상 방어적 민주주의의 독자적 인정가능성과 존재의의, 공법연구 48－3, 87쪽 참조).

88) 기본권 실효와 관련한 청구의 예로는 연방정부는 1952년 4월 28일 피청구인에 대해서 기본법 제18조에 따라 의사표현의 자유와 집회 · 결사의 자유를 일정기간 제한하고, 이 기간 동안 공직선거권과 공무담임권을 박탈할 것을 연방헌법재판소에 청구한 것을 들 수 있다. 이 청구의 이유는 피청구인이 사회주의제국당의 두 번째 의장으로서 1950년과 1951년에 다수의 공공 선동연설에서 의사표현의 자유와 집회 · 결사의 자유를 남용하여 자유민주적 기본질서에 대항하는 투쟁의 수단으로 사용하였다는 것이었다(BVerfGE 11, 282). 그러나 이 청구는 증거불충분으로 기각되었다.

역기능을 할 수 있으므로 이에 주의하여야 한다. 방어적 민주주의는 민주주의를 수호하는 **소극적 방어적 기능**을 하는 데 치중하여야 하고 적극적 공격을 위한 것이 아니다.

V. 대한민국헌법상 방어적 민주주의

대한민국헌법에서는 기본권실효제도는 도입하지 않고 정당 강제해산제도만을 규정하고 있다. 헌법 제8조 제4항에서는 "정당의 목적이나 활동이 민주적 기본질서에 위배될 때에는 … 해산된다."고 규정하고 있다.

민주적 기본질서의 위배가 헌법 제37조 제2항의 일반적 법률유보조항의 질서유지에 포함됨에도 불구하고 민주주의의 역설(paradox of democracy)을 고려하면 방어적 민주주의이론은 독자적 성격을 갖는다는 견해[89]가 있다. 질서유지라는 공익을 위배하는 경우에는 법률로써 제한할 수 있으나, 다수의 유권자가 반민주적인 국회를 선택하는 것이 현실적으로 가능하다는 것을 말한다. 이 견해는 현실정치의 측면을 지적한 것이라고 할 수 있다. 그러나 다른 관점에서 보더라도 방어적 민주주의는 독자적 의미가 있다. 예컨대 규범적 측면에서 보더라도 일반적 법률유보조항은 자유와 권리의 본질적 내용은 침해할 수 없는 한계(정당의 해산은 정당의 자유의 본질을 침해하는 것일 수 있다)가 있는 데 반하여, 헌법 제8조 제4항은 민주적 기본질서에 위배되는 정당은 강제 해산될 수 있음을 헌법이 직접 규정하고 있다는 점에서 확연한 차이가 있음을 주목할 필요가 있다.[90]

---

89) 김종현, 우리헌법상 방어적 민주주의의 독자적 인정가능성과 존재의의, 공법연구 48-3, 94쪽 이하 참조.

90) 정당강제해산이 결사의 자유의 본질적 내용의 침해가 될 수 있다는 점을 고려할 때, 국회입법의 법률로는 자유와 권리의 본질적 내용은 어떠한 경우에도 침해할 수는 없지만 헌법이 직접 규정하는 경우에는 그 본질적 내용도 제한이 가능함을 알 수 있다. 이러한 관점에서 법률로는 제한할 수 없는 내용의 자유와 권리도 제한할 수 있도록 하기 위한 이론으로서 내재적 한계이론이 타당한 근거를 얻을 수 있게 된다.

제4절

대한민국헌법사

제1항 전 헌법시대

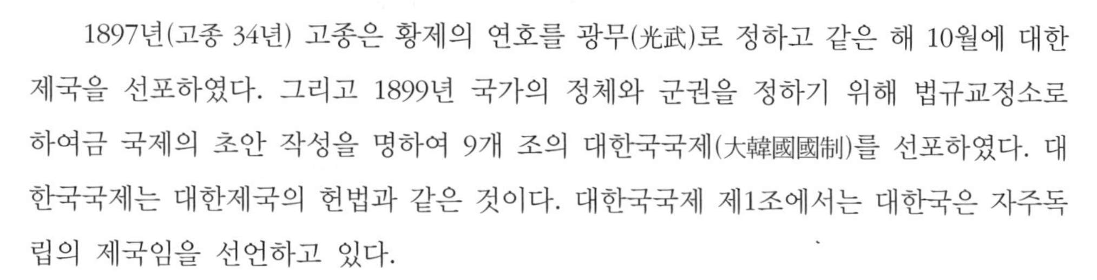

1897년(고종 34년) 고종은 황제의 연호를 광무(光武)로 정하고 같은 해 10월에 대한제국을 선포하였다. 그리고 1899년 국가의 정체와 군권을 정하기 위해 법규교정소로 하여금 국제의 초안 작성을 명하여 9개 조의 대한국국제(大韓國國制)를 선포하였다. 대한국국제는 대한제국의 헌법과 같은 것이다. 대한국국제 제1조에서는 대한국은 자주독립의 제국임을 선언하고 있다.

第一條 大韓國은 世界萬國의 公認되온바 自主獨立ᄒᆞ온 帝國이니라.
第二條 大韓帝國의 政治ᄂᆞᆫ 由前則五百年傳來ᄒᆞ시고 由後則亘萬世不變ᄒᆞ오실 專制政治이니라.
第三條 大韓國皇帝게옵셔ᄂᆞᆫ 無限ᄒᆞ온 君權을 享有ᄒᆞ옵시ᄂᆞ니 公法에 謂ᄒᆞᆫ바 自立政體이니라.

제2항 대한민국헌법의 정신적 기초로서 3 · 1독립선언서

제3항 오늘날 대한민국헌법 정신의 뿌리는 1919.3.1. 민족대표 33인이 선언한 3 · 1독립선언서에서 찾을 수 있다. 이 선언서는 본문과 함께 행동강령을 선언한 공약 3장

그리고 33인의 명단으로 이루어져 있다.

3·1독립선언서에 나타난 정신의 기초는 정의, 인도, 생존, 존영에 기초한 인류공존이며 세계평화이다. 이 정신은 임시헌장에 그대로 승계되었다.

> 吾等은 玆에 我 朝鮮의 獨立國임과 朝鮮人의 自主民임을 宣言하노라. 此로써 世界 萬邦에 告하야 人類 平等의 大義를 克明하며 此로써 子孫萬代에 誥하야 民族 自存의 正權을 永有케 하노라. (중략) 今日 吾人의 朝鮮 獨立은 朝鮮人으로 하야금 正當한 生榮을 遂케 하는 同時에 日本으로 하야금 邪路로서 出하야 東洋 支持者인 重責을 全케 하는 것이며, 支那로 하야금 夢寐에도 免하지 못 하는 不安 恐怖로서 脫出케 하는 것이며, 또 東洋平和로 重要한 一部를 삼는 世界平和 人類幸福에 必要한 階段이 되게 하는 것이라. (중략) 吾等이 玆에 奮起하도다. 良心이 我와 共存하며 眞理가 我와 竝進하는도다.
>
> 公約 三章
>
> 一, 今日 吾人의 此擧는 正義, 人道, 生存, 尊榮을 爲하는 民族的 要求ㅣ니, 오즉 自由的 精神을 發揮할 것이오 決코 排他的 感情으로 逸走하지 말라.
>
> 一, 最後의 一人까지 最後의 一刻까지 民族의 正當한 意思를 快히 發表하라.
>
> 一, 一切의 行動은 가장 秩序를 尊重하야 吾人의 主張과 態度로 하야금 어대까지던지 光明正大하게 하라.

제3항 대한민국 임시헌법

I. 대한민국 임시헌장(1919.4.11. 대한민국 원년)

민족자주, 주권회복과 함께 국민주권의 국가를 선언한 1919년 3·1 독립선언 후 상하이에서 1919년 4월 11일 제정·공포된 대한민국 임시헌장은 전문으로 볼 수 있는

선포문과 함께 모두 10개의 조항으로 구성되어 있다.[91)]

大韓民國臨時憲章宣布文

“神人一致로 中外協應하야 漢城에 起義한지 三十有日에 平和的 獨立을 三百餘州에 光復하고 國民의 信任으로 完全히 다시 組織한 臨時政府는 恒久完全한 自主獨立의 福利로 我子孫黎民에 世傳키 위하야 臨時議政院의 決議로 臨時憲章을 宣布하노라.”

大韓民國臨時憲章

第1條 大韓民國은 民主共和國로 함

第2條 大韓民國은 臨時政府가 臨時議政院의 決議에 依하야 此를 統治함

第3條 大韓民國의 人民은 男女貴賤及 貧富의 階級이 無하고 一切 平等임

第4條 大韓民國의 人民은 信敎·言論·著作·出版·結社·集會·信書·住所·移轉·身體及 所有의 自由를 享有함

第5條 大韓民國의 人民으로 公民資格이 有한 者는 選擧權及 被選擧權이 有함

第6條 大韓民國의 人民은 敎育 納稅及 兵役의 義務가 有함

第7條 大韓民國은 神의 意思에 依하야 建國한 精神을 世界에 發揮하며 進하야 人類의 文化及 平和에 貢獻하기 爲하야 國際聯盟에 加入함

第8條 大韓民國의 舊皇室을 優待함

第9條 生命刑 身體刑及 公娼制를 全廢함

第10條 臨時政府난 國土恢復後 滿 一個年內에 國會를 召集함

주목할 만한 것은 **세계 최초로 민주공화국임을 선언**하고 있다는 점과 평등권을 자유권에 앞서 선언함으로써 현행 헌법 체계의 선구가 되었다는 점이다. 그리고 평등권 중에서도 남녀평등이 가장 먼저 선언되었는데, 이로부터 조선이 버리지 못한 구습인 여성에 대한 차별로부터의 단호한 단절의 의지를 찾아 볼 수 있다. 또 자유권 중에서는 종교의 자유를 가장 먼저 선언하고 있는 점도 주목할 점인데, 이는 국가가 무너진 상태에서 당시 독립운동이 인민들의 신앙의 힘에 의존하고 있었던 상황

91) 행정자치부 국가기록원, 기록으로 보는 대한민국헌정, 2015, 16－17쪽.

이 반영된 것으로 볼 수 있다.[92]

특기할 만한 것은 이 본문 10개 조 뒤에 다음과 같은 선서문이 부기되어 있다는 점이다. 이는 조국의 독립을 위해 동포가 함께 일어서고야 말겠다는 결연한 의지를 표명한 것이다.

> "尊敬하고 熱愛하난 我二千萬同胞國民이어 民國元年三月一日 我大韓民族이 獨立을 宣言함으로브터 男과 女와 老와 少와 모든 階級과 모든 宗派를 勿論하고 一致코 團結하야 東洋의 獨逸인 日本의 非人道的 暴行下에 極히 公明하게 極히 忍辱하게 我民族의 獨立과 自由를 渴望하난 實思와 正義와 人道를 愛好하난 國民性을 表現한지라 今에 世界의 同情이 翕然히 我國民에 集中하였도다. 此時를 當하야 本政府-全國民의 委任을 受하야 組織되었나니 本政府-全國民으로 더불어 專心코 戮力하야 臨時憲法과 國際道德의 命하난 바를 遵守하야 國土光復과 邦基確國의 大使命를 果하기를 玆에 宣誓하노라.
> 同胞國民이어 · 奮起할지어다 · 우리의 流하난 一滴의 血이 子孫萬代의 自由와 福樂의 價—요 神의 國의 建設의 貴한 基礎이니라 · 우리의 人道-마침내 日本의 野蠻을 敎化할지오 우리의 正義-마침내 日本의 暴力을 勝할지니 同胞여 起하야 最後의 一人까지 鬪할지어다."[93]

II. 대한민국임시헌법(제1차 개헌, 1919.9.11.)

대한민국 임시헌장을 기본으로 하여 새로이 임시헌법으로 개정하였다. 이 임시헌법은 전문과 함께 제1장 총령, 제2장 인민의 권리와 의무, 제3장 임시대통령, 제4장 임시의정원, 제5장 국무원, 제6장 법원, 제7장 재정, 제8장 보칙의 8개장 58개 조로 구성되어 있다.

---

92) 이는 독립선언 당시 서명한 33인 중 다수의 인사가 종교적 배경을 가진 것에서도 나타난다. 미국 필라델피아 한인들이 발간한 잡지 한국평론(KOREA REVIEW)의 부제가 "대한민국의 정치적 자유와 **종교**적 자유를 위한 월간지"(A Monthly Journal devoted to the Cause of Political and Religious Freedom for Korea)로 되어 있는 점도 주목할 필요가 있다(강조는 필자가 한 것임).

93) 행정자치부 국가기록원, 기록으로 보는 대한민국헌정, 2015, 16－17쪽.

이 제1차 개정으로 제2조에서 대한민국의 주권은 대한인민 전체에 있음을 선언하고 있다. 이로써 현행 헌법의 제1조의 형태의 원형이 갖추어 졌다.

전문에서는 임시헌장을 기본으로 하여 임시헌법을 제정한다고 하고 있듯이, 내용적으로 볼 때 사실상 제정이라고 볼 수 있다.

Ⅲ. 대한민국임시헌법(제2차 개헌, 1925.4.7. 시행. 대한민국 7년)

제2차 개헌으로 제1차 개정헌법은 폐지되었다(제35조). 제2차 개정헌법은 제1장 대한민국, 제2장 임시정부, 제3장 임시의정원, 제4장 광복운동자, 제5장 회계, 제6장 보칙으로 구성되었고 모두 35개 조다.

Ⅳ. 대한민국임시약헌(제3차 개헌, 1927.3.5. 시행. 대한민국 9년)

제4항 제1장 총강, 제2장 임시의정원, 제3장 임시정부, 제4장 회계, 제5장 보칙으로 구성되어 있고 모두 50개 조문이다.

제3차 개헌은 제2조에서 "대한민국은 민주공화국이며 국권은 인민에게 있다. 단, 광복완성 전에는 국권(國權)은 광복운동자 전체에게 있는 것으로 한다"고 함으로써 광복운동자가 전 인민을 대표한다고 선언하고 있는 점이 눈에 띈다.

Ⅴ. 대한민국임시헌장(제4차 개헌, 1940.10.9. 대한민국 22년)

제1장 총강, 제2장 임시의정원, 제3장 임시정부, 제4장 회계, 제5장 보칙으로 구성되어 있고 모두 42개 조문이다.

이 개정에서 가장 눈에 띄는 것은 대한민국의 주권은 국민에게 있음을 선언하면서도 광복완성 전에는 광복운동자 전체에게 있음을 선언하고 있는 제1조다.

VI. 대한민국임시헌장(제5차 개헌, 1944.4.12. 대한민국 26년)

전문 외에 제1장 총강, 제2장 인민의 권리와 의무, 제3장 임시의정원, 제4장 임시정부, 제5장 심판원, 제6장 회계, 제7장 보칙으로 구성되어 있고 모두 62개 조문이다.

주권이 인민 전체에 있음을 선언하면서도 국가가 광복되기 전에는 주권이 광복운동자 전체에 있음을 선언하고 있던 제1조는 제4조에서 그대로 유지되고 있다. 이 개정은 무엇보다도 전문에서 3·1운동을 3·1대혁명으로 선언하고 있다는 점에서 중요한 의의를 가진다.

제4항 대한민국헌법의 제정

대한민국헌법은 1948년 7월 12일 제정되어 7월 17일 공포·시행되었다. 이 헌법은 일반적으로 제헌헌법[94]이라고도 한다.

1945년 8월 15일 해방을 맞이하고 3년 뒤인 1948년 5월 10일 전국적으로 국회의원선거가 실시되어 198명으로 구성된 대한민국국회가 출범하였다. 초대 국회의장에는 이승만(1875~1965), 부의장에는 신익희(1892~1956)와 김동원(1884~1951)이 선출되었다. 국회에서는 헌법 및 정부조직법 기초위원을 선임하여 제정될 헌법의 초안을 마련하였다.

기초위원들은 유진오 안을 원안으로 하고 권승렬(1895~1980) 안을 참고안으로 하여 논의하였다. 유진오(1906~1987) 원안은 양원제·의원내각제의 정부형태였으나, 이승만(1875~1965)[95]의 의견에 따라 단원제·대통령중심제로 변경하는 기초안이 마련되었다. 이 기초안은 1948년 7월 12일 국회 본회의에서 3독회 후 헌법전문에 대해서 전원기립 찬성 표시함으로써 통과되었고, 7월 17일 국회의장이 서명·공포하였다. 제정헌법은 공포한 날부터 시행되었다(제정헌법 제99조).

제정헌법은 언급한 바와 같이 국회는 단원제, 정부형태는 대통령 중심제로서 대통

---

94) 제헌국회가 만든 헌법이라는 의미에서 제헌헌법이라고 할 수는 있으나, 언어적 의미로는 헌법을 만든 헌법이라는 의미가 되어 부적절한 명칭으로 보인다. 따라서 이하에서는 특별한 경우가 아닌 한 제정헌법 또는 1948년 헌법이라는 용어를 사용한다.

95) 재임기간: 제1대(1948~1952), 제2대(1952~1956), 제3대(1956~1960).

령은 국회에서 간선하고 4년 임기에 1차 중임이 가능하도록 하였다.

후술하는 바와 같이 대한민국헌법은 이래 9차에 걸쳐 개정하였는데, 특히 제5차 개정헌법부터 현행 헌법인 제9차 개정헌법까지는 국민투표절차를 거쳐 개정하였다는 점이 공통적이다.

NOTE 이승만 의장의 대한민국헌법 공포사(公布詞)

"삼천만 국민을 대표한 대한민국 국회에서 헌법을 제정하야 삼독(三讀) 토의로 정식 통과하야 오날 이 자리에서 나 이승만은 국회의장의 자격으로 이 간단한 예식으로 서명하고 이 헌법이 우리 민국의 완전한 국법임을 세계에 선포합니다.
지금부터는 우리 전 민족이 고대 전제나 압제 정체를 다 타파하고 평등 자유의 공화적 복리를 누릴 것을 이 헌법이 담보하는 것이니 일반 국민은 이 법률로써 자기 개인 신분상 자유와 생명 재산의 보호와 또는 국권 국토를 수호하는 것이 이 헌법을 존중히 하며 복종하는 데서 생길 것을 각오하는 것이 필요하니 일반 남녀가 각각 이 헌법에 대한 자기 직책을 다함으로 자기도 법을 위반하지 않으려니와 남들도 법을 위반하는 사람이 없도록 노력할진대 우리 전 민족뿐 아니라 우리 후세 자손이 같은 자유 복리를 누릴 것이니 이날 이때에 우리가 여기서 행하는 일이 영원한 기념일이 될 것을 증명하여 모든 인민이 각각 마음으로 선서하야 잊지 말기를 부탁합니다.
이때에 우리가 한 번 더 이북 동포에게 눈물로써 고하고자 하는 바는 아모리 아프고 쓰라린 중이라도 좀더 인내해서 하로바삐 기회를 얻어서 남북이 동일한 공작(工作)으로 이 헌법의 보호를 동일히 받으며 이 헌법에 대한 직책을 우리가 다 같이 분담해서 자유 활동에 부강 증진을 같이 누리도록 되기를 간절히 바라며 축도합니다."

제5항 대한민국헌법의 개정연혁

I. 제1차 개정헌법(1952년 헌법, 발췌개헌)

1948.7.20. 국회에서 이승만을 대통령으로 이시영(1868~1953)을 부통령으로 선출함에 따라 이승만은 7.24. 대한민국의 초대대통령으로 취임하였다. 1950년 6·25가 발발하고 국회가 부산으로 이전한 가운데 이승만 대통령이 전시특별법령을 양산하는 등 비

상계엄 통치를 계속하면서 이시영 부통령이 1951.5.9. 사임하였다.

이에 국회에서의 간선을 통해서는 재선이 어려울 것으로 판단한 이승만은 대통령 직선제를 주요 내용으로 하는 개헌안을 제출하였다. 그러나 이 정부개헌안은 부결되었고, 오히려 1952년 4월 17일 다수의석의 야당이 의원내각제를 제안하였다. 이에 이승만은 5월 14일 부결된 대통령 직선제의 개헌안을 다시 국회에 제출한 뒤, 이를 통과시키기 위해 땃벌대, 백골단 등의 폭력배를 동원하여 국회에 공포분위기를 조성하였다. 이에 국내·외적으로 비난이 일자 정부는 야당이 제안한 국무원불신임제(의원내각제 요소)와 정부가 제안한 대통령 직선제를 발췌하여 안을 만들고 이를 1952년 7월 4일 전원위원회에서 통과시켰다. 이런 연유에서 제1차 개헌을 **발췌개헌**(拔萃改憲)이라고도 한다. 이 개정안은 3일 뒤인 7월 7일 공포·시행되었다.

이 개헌은 대통령과 부통령의 직선제, 국회 양원제, 국회의 국무원불신임권 등이 주요한 개정내용이다. 1952.8.5. 대통령직선이 실시되어 이승만이 제2대 대통령으로 당선되었다.

발췌개헌은 개헌안을 심야에 통과시키면서 공고·토론을 하지 않았기 때문에 절차상 하자가 있는 개헌으로 평가된다.

II. 제2차 개정헌법(1954년 헌법, 사사오입개헌)

1948년 헌법 이래 대통령과 부통령은 임기 4년으로 1차에 한하여 중임이 가능하였다. 그런데 1954년 국회의원선거에서 이승만 대통령의 자유당이 다수를 차지하게 되자, 정부는 초대대통령에 한하여 3선 제한을 철폐하는 내용의 개헌안을 제출하였다. 헌법개정의 의결은 국민투표 없이 양원에서 각각 재적의원의 3분의 2 이상의 찬성이 있어야 했으므로(제1차 개정헌법 제98조 제4항) 국회 재적의원 203명의 3분의 2 이상이 되려면 136명이 되어야 하나, 1954.11.27 표결에서 135명만이 찬성하여 개헌안이 부결되었다. 그러나 국회는 다음 날 사사오입이라는 수학 계산방법으로 부결결의를 번복하여 통과시켰다. 따라서 이를 일명 **사사오입개헌**(四捨五入改憲)이라고도 부른다. 사사오입개헌은 표결 2일 뒤인 11월 29일 공포·시행되었다.

이 개정헌법은 부칙에서 대통령의 직은 1차에 한하여 중임할 수 있도록 한 제55조

제1항 단서를 제2차 개정헌법 공포당시의 대통령에 대해서는 적용하지 않는다고 규정함으로써 대통령의 3선이 가능하도록 하였다. 또 국무총리제도를 폐지하여 순수 미국식 대통령제를 도입하였다. 1956.5.15. 실시된 제3대 대통령 선거에서 이승만이 대통령으로 선출되었다.[96]

사사오입개헌은 의결정족수 부족으로 개정절차에 하자가 있는 것으로 평가된다.

Ⅲ. 제3차 개정헌법(1960년 헌법)

이승만 대통령은 3선에 만족하지 아니하고 네 번째 집권을 꿈꾸고 있었다. 조병옥(1894~1960) 후보[97]의 급사로 단독으로 치르게 된 1960년 3월 15일의 정·부통령 선거에서 엄청난 부정을 저질러 부통령 후보인 이기붕(1896~1960)과 함께 마침내 당선되었다. 그러나 전국에서는 부정선거를 규탄하는 시위가 일어나기 시작해서, 4월 11일 마산상고 입학생 김주열(1944~1960)의 시신이 마산 앞바다에 떠오르면서 시위는 점점 격화되어 4월 19일 혁명으로 발전되었다. 4월 26일 이승만 대통령이 하야의사를 밝히고 다음날인 27일 마침내 사임하였고, 5월 2일 허정(1896~1988) 과도 정부가 수립되었다.

과도 정부 하에서 민주당 주도로 제출된 의원내각제 개헌안이 1960년 6월 15일 국회에서 찬성 208표 반대 3표로 가결되어 같은 날 공포·시행되었다. 민의원과 참의원의 합동회의에서 선거를 통하여 8월 12일 당선된 윤보선(1897~1990)이 다음날 제4대 대통령(1960.8.12.~1962.3.22.)으로 취임하고 19일 장면(1899~1966)이 국무총리가 되어 새로운 정부가 출범하였다.

이 개정헌법의 가장 큰 특징은 정부형태를 **의원내각제**로 하였다는데 있다. 내각수반은 국무총리로 하고, 국회는 민의원과 참의원의 양원으로 구성하였다. 국무총리와 국무위원의 과반수는 국회의원이어야 하고(제69조 제6항), 민의원은 국무원을 불신임할 수 있으며 국무원은 민의원을 해산할 수 있도록 하였다(제71조 제1항). 그리고 **헌법재판소**를 설치하는 근거를 마련하였다(제83조의2 이하).

---

96) 야당인 민주당의 대통령 후보는 신익희, 부통령 후보는 장면이었다. 그런데 선거유세 중이던 1956.5.5. 신익희는 강경과 이리 사이로 달리던 기차 안에서 심장마비로 사망하고 말았다. 그러나 장면은 이기붕과의 대결에서 부통령으로 당선되었다. 이승만은 야당 부통령을 매우 홀대했다.

97) 부통령 후보는 장면이었다.

Ⅳ. 제4차 개정헌법(1960년 헌법)

제4차 개정헌법(1960.11.29. 개정 · 공포 · 시행)은 헌법부칙에 3 · 15 부정선거를 한 자와 그 부정행위에 대항하는 국민에 대하여 살상 기타의 부정행위를 한 자를 처벌하고, 이승만 대통령이 하야의사를 밝힌 4월 26일 이전에 반민주행위를 한 자의 공민권을 제한하며, 4월 26일 이전에 지위 또는 권력을 이용하여 부정한 방법으로 재산을 축적한 자에 대한 행정상 또는 형사상 처리하기 위한 특별소급입법의 근거를 마련하는 개정이었다. 이를 근거로 「**반민주행위자공민권제한법**」과, 「**부정선거관련자처벌법**」이 제정되었다.

Ⅴ. 제5차 개정헌법(1962년 헌법)

1961년 5월 16일 군부세력이 쿠데타를 통하여 국가재건최고회의를 설치하여 국회 등 헌법기관을 해산하고 헌정을 중단시켰다. **국가재건최고회의는** 「**국가재건비상조치법**」을 제정 · 시행(1961.6.6.)하여 입법 · 집행 · 사법의 삼권을 장악하고, 2년 7개월에 걸친 군정이 시작되었다.

1961년 8월 12일 박정희(1917~1979)가 1963년 여름에 정권을 민정이양할 것을 약속하고, 헌법개정특별심의위원회를 만들어 헌법개정을 논의하였다. 개정안은 국가재건최고회의 위원 25명 중 22명이 찬성하여 통과되었다. 국가재건최고회의는 12월 17일 국민투표를 실시하기로 하였고, 국민투표를 통하여 12월 26일 확정 · 공포되었다. 개정헌법의 시행은 헌법에 의한 국회가 처음으로 집회한 날부터 시행한다는 부칙 제1조 제1항에 따라 이듬해인 1963년 12월 17일부터 시행되었다. 이 개정헌법은 절차상으로는 **국민투표에 의해 확정된 최초의 헌법**이다.

제5차 개정헌법의 주요내용은 대통령 임기를 4년으로 하고 1차에 한하여 중임이 가능하도록 하여 미국식 대통령제를 지향하였다는 점과 정당제도를 강화하고 있다는데 특징이 있다. 1963.10.15. 대통령선거를 통해 박정희가 제5대 대통령(1963.12.17.~1967.6.30.)으로 당선되었고, 1967.5.3.에는 제6대 대통령(1967.7.1.~1971.6.30.)으로 당선되었다.

Ⅵ. 제6차 개정헌법(1969년 헌법)

제6차 개정헌법의 주요 내용은 다음과 같다. 우선 제5차 개정헌법 제69조 제3항에서 "대통령은 1차에 한하여 중임할 수 있다"라고 규정하였던 것을 개정하여 "대통령의 계속 재임은 3기에 한한다"라고 개정하여(제6차 개정헌법 제69조 제3항) 대통령의 연임제한을 완화하였다.

또 이때까지 탄핵소추는 국회의원 30인 이상의 발의와 국회 재적의원 과반수의 찬성으로 하도록 되어 있었으나(제5차 개정헌법 제61조 제2항), 이 조항에 "다만, 대통령에 대한 탄핵소추는 국회의원 50인 이상의 발의와 재적의원 3분의 2이상의 찬성이 있어야 한다"라는 단서를 부기하여 대통령에 대한 탄핵소추를 엄격히 하였다. 제7차 개정헌법에서부터는 대통령 탄핵소추의 발의요건이 현재와 같이 국회재적의원 과반수로 개정되게 된다.

제5차 개정헌법 제39조에서는 "국회의원은 대통령 · 국무총리 · 국무위원 · 지방의회의원 기타 법률이 정하는 공사의 직을 겸할 수 없다"라고 함으로써 국회의원이 국무위원을 겸하는 것을 금지하였던 것을, "국회의원은 법률이 정하는 공사의 직을 겸할 수 없다"고 개정함으로써 **국회의원이 장관을 겸**할 수 있게 되었다.

제6차 개정헌법은 1969년 10월 17일 국민투표를 거쳐 21일 확정 · 공포되었다.

Ⅶ. 제7차 개정헌법(1972년 헌법, 유신헌법)

박정희 대통령은 개정헌법에 따라 1971.4.27. 제7대 대통령(1971.7.1. ~ 1972.12.26.) 선거에서 3선에 성공하였다. 그러나 대통령 선거 다음 달 치러진 국회의원선거에서 야당이 약진하여 여야의 대결이 심화되자, 남북 간의 긴장 완화를 명분으로 1971년 12월 6일 비상사태를 선포하고 27일 「**국가보위에관한특별조치법**」을 통과시켰다. 이어 1972년에는 7 · 4남북공동성명을 발표하여 남북긴장이 완화되는 듯하였으나, 10월 17일 소위 **10월 유신**을 단행하였다.[98] 이를 통해 전국에 비상계엄을 선포하고 특별법상의 비상조

98) 10월 17일의 대통령특별선언을 말한다: "… 나는 평화통일이라는 민족의 염원을 구현하기 위하여 우리 민족진영의 대동단결을 촉구하면서 오늘의 이 역사적 과업을 강력히 뒷받침해 주는 일대 민족주체세력의 형성을 촉성하는 대전기를 마련하기 위해 다음과 같은 약 2개월간의 헌법일부조항의 효력을 중지시키는 비상조치를 국민 앞에 선포하는 바입니다.

치에 따라 헌법일부조항의 효력 중지, 국회해산(비상국무회의로 대체), 정당 등의 정치활동을 중지시켰다. 국회를 대신한 비상국무회의는 10월 26일 헌법개정안을 의결하고, 11월 21일 국민투표를 통해 12월 27일 개정헌법이 공포·시행되었다.

유신헌법은 **한국적 민주주의의 토착화**라는 미명하에 국민의 주권적 수임기관이라는 **통일주체국민회의**를 설치하였다(제35조). 또 헌법위원회를 설치하여 이전에 법원에 속하였던 위헌법률심사권을 부여하였다. 통일주체국민회의에서는 대통령과 국회의원 정수의 3분의 1을 선출하였다. 이 국회의원을 유신정우회(維新政友會) 국회의원이라고 한다. 통일주체국민회의에서 박정희가 1972.12.23.과 1978.7.6. 각각 제8대 대통령(1972.12.27.~1978.12.26.), 제9대 대통령(1978.12.27.~1979.10.26.)으로 선출되었다.

유신헌법의 긴급조치(제1호~제9호)를 발동하여 정부는 국민의 자유와 권리를 탄압하고 독재를 강화해 갔다. 이에 대해 국민의 저항은 점점 커져 갔고, 1979년에는 부마항쟁[99](10.16.~10.20.)이 발생했으며 결국은 10·26사태를 초래하게 되었다.[100]

VIII. 제8차 개정헌법(1980년 헌법)

1979년 10월 26일 김재규 중앙정보부장이 박정희 대통령을 암살하는 사건이 발생함에 따라 통일주체국민회의의 보궐선거에서 국무총리 최규하(1919~2006)가 통일주체국민회의에서 제10대 대통령(1979.12.6.~1980.8.16.)으로 당선되었다. 이로써 오랜 독재를 종결하고 새로운 민주주의의 시대가 도래하는 듯했다(소위 서울의 봄).

12월 12일 전두환(1931~2021) 보안사령관의 군사반란으로 신군부세력이 등장한

---

1. 1972년 10월 17일 19시를 기하여 국회를 해산하고 정당 및 정치활동의 중지 등 현행헌법의 일부조항 효력을 정지시킨다.
2. 일부효력이 정지된 헌법조항의 기능은 비상국무회의에 의하여 수행되며 비상국무회의의 기능은 현행헌법의 국무회의가 수행한다.
3. 비상국무회의는 1972년 10월 27일까지 조국의 평화통일을 지향하는 헌법개정안을 공고하며 이를 공고한 날로부터 1개월 이내에 국민투표에 붙여 확정시킨다.
4. 헌법개정안이 확정되면 개정된 헌법절차에 따라 늦어도 금년 년말이전에 헌정질서를 정상화시킨다. …"

99) 유신체제에 대한 항쟁이다. 부산에서 시작되어 마산으로 시위가 확산되었다고 하여 부마항쟁이라고 한다.

100) 유신헌법에 대한 간결하고도 의미있는 평가로는 김효전, 유신 헌법 50년의 회고, 대한민국학술원 통신 제350호(2022.9.1.), 17-22쪽 참조. 여기서는 유신의 유산으로는 비밀, 폭력, 민주주의의 왜곡과 남용의 3가지를 들고 있다.

가운데 정국은 개헌논의에 들어갔으나, 신군부는 1980년 5월 17일 비상계엄을 전국으로 확대하고 국회를 봉쇄하여 정치활동 등을 금지시켰으며, 5월 18일 광주에서 발생한 민주화운동을 진압한 후 6월에는 **국가보위비상대책위원회**를 설치하여 사실상 정권을 탈취했다. 1980년 8월 16일 최규하 대통령이 사임하고 8월 27일 통일주체국민회의에서 신군부의 수장인 전두환 장군을 제11대 대통령(1980.8.27.~1981.2.24.)으로 선출하였다. 이윽고 헌법개정(제8차 개정헌법 1980.10.27. 공포 · 시행)을 통해 통일주체국민회의에 의한 대통령 간선을 대통령선거인단에 의한 간선으로 바꾸었고, 1981년 2월 25일 대통령선거인단에 의한 간접선거로 전두환 장군이 제12대 대통령(1981.2.25.~1988.2.24.)으로 취임하였다.

제8차 개정헌법의 가장 큰 특징 중의 하나는 대통령의 임기를 **7년의 단임제**(제45조)로 하고 **중임금지**조항(제129조 제2항)을 도입하였다는 점이다. 이 중임금지조항을 개정하는 경우에는 당시의 대통령에 대해서는 효력이 없게 하였다. 또 통일주체국민회의를 폐지하고 국회의 국정조사권을 신설(제97조)하였다.

IX. 제9차 개정헌법(1987년 헌법, 현행 헌법)

전두환 대통령의 권위주의 정부를 거치면서 대통령 직선에 대한 열망이 날로 커져갔다. 1985년 국회의원 선거에서는 야당이 승리하면서 1987년에는 전두환 대통령의 4 · 13 호헌 조치에 대항하여 6월에는 전국적으로 직선쟁취 항쟁이 일어났다. 마지못해 민주정의당 노태우(1932~2021) 대표가 대통령 직선을 받아들이는 6 · 29 선언을 하게 되었다. 이에 따라 9월 18일 여야 공동으로 헌법개정안을 국회에 발의하여 27일 국민투표로 확정하고 29일 공포하고, 개정헌법은 부칙에 따라 이듬해인 1988년 2월 25일부터 시행되었다.

주요 내용으로는 대통령을 국민이 직접 선출하게 했고, 임기는 5년으로 단축하면서 제8차 개정헌법에서와 마찬가지로 중임할 수 없게 했다. 또 헌법위원회제도가 폐지되고 **헌법재판소제도**를 도입함으로써 이후 대한민국 입헌주의 실현에 획기적인 계기를 마련하게 되었다.

NOTE 대통령 당선/헌법 제 · 개정 일자 · 주체 · 내용

일자	대통령 당선/헌법 제·개정	대통령 선출기관/헌법 제 · 개정주체	헌법 제 · 개정의 주요내용
1948.7.12.	대한민국헌법 제정(1948. 7.17. 공포 · 시행)	국회	대통령제, 단원제
1948.7.24.	이승만 대통령(초대) 취임	국회	
1952.7.4.	제1차 개정헌법 확정 (1952.7.7. 공포 · 시행)	국회	대통령 · 부통령 직선, 국무원불신임 가능, 양원제
1952.8.5.	이승만 대통령(2대) 당선	국민	
1954.11.28.	제2차 개정헌법 확정(1954. 11.29. 공포 · 시행)	국회	대통령 3선 제한 철폐
1956.5.15.	이승만 대통령(3대) 당선	국민	
1960.3.15.	이승만 대통령 당선	국민	(1960.4.19. 의거, 1960. 4.27. 사임서 국회 제출 · 수리)
1960.6.15.	제3차 개정헌법 확정(개정날 공포 · 시행)	국회	의원내각제
1960.8.12.	윤보선 대통령(4대) 당선	양원합동회의	
1960.11.29.	제4차 개정헌법 확정(개정날 공포 · 시행)	국회	반민주행위자공민권제한법 및 부정선거관련자처벌법 제정근거 마련
1961.5.16.			(5 · 16 쿠데타)
1962.12.26.	제5차 개정헌법 확정(개정날 공포, 1963.12.17. 시행)	국민투표(최초)	대통령제, 단원제
1963.10.15.	박정희 대통령(5대) 당선	국민	
1967.5.3.	박정희 대통령(6대) 당선	국민	
1969.10.21.	제6차 개정헌법 확정(개정날 공포 · 시행)	국민투표	대통령 계속 재임을 3기까지 할 수 있게 함.

1971.4.27.	박정희 대통령(7대) 당선	국민	
1972.11.21.	제7차 개정헌법 확정(1972. 12.27. 공포 · 시행)	국민투표	영도적 대통령제, 통일주체국민회의
1972.12.23.	박정희 대통령(8대) 당선	통일주체국민회의	
1978.7.6.	박정희 대통령(9대) 당선	통일주체국민회의	
1979.12.6.	최규하 대통령(10대) 당선	통일주체국민회의	
1980.8.27.	전두환 대통령(11대) 당선	통일주체국민회의	
1980.10.22.	제8차 개정헌법 확정(1980. 10.27. 공포 · 시행)	국민투표	대통령선거인단에 의한 대통령 간선, 대통령중임 및 임기연장 개정조항의 한계 규정
1981.2.25.	전두환 대통령(12대) 당선	대통령선거인단	
1987.10.27	제9차 개정헌법 확정(1987. 10.29. 공포, 1988.2.25. 시행)	국민투표	대통령직선, 대통령 임기단축, 헌법재판소 설치
1987.12.16.	노태우 대통령(13대) 당선[101]	국민	

제6항 공화국의 구분

헌법 전문의 연혁을 보면 1948년 제정헌법으로부터 제4차 개정헌법까지는 "이제 민주독립국가를 재건함에 있어서"라고 규정하였다가, 제5차 개정헌법에서 새로운 민주공화국의 건설을 선언한 후, 제8차 개정헌법에 이르러서는 제5민주공화국이라고 명시

101) 노태우 대통령(1988.2.25.~1993.2.24.) 이후로는 김영삼 제14대 대통령(1993.2.25.~1998.2.24.), 김대중 제15대 대통령(1998.2.25.~2003.2.24.), 노무현 제16대 대통령(2003.2.25.~2004.5.14., 2004.3.12.~2004.5.14.은 고건 국무총리가 권한대행), 이명박 제17대 대통령(2008.2.25.~2013.2.24.), 박근혜 제18대 대통령(2013.2.25.~2017.3.10., 2016.12.9.~2017.3.10. 황교안 국무총리가 권한대행), 문재인 제19대 대통령(2017.5.10.~2022.5.9.), 윤석열 제20대 대통령(2022.5.10.~2027.5.9.)이다.

적으로 규정하였다. 이러한 전문의 규정으로 볼 때 분명한 것은, 1948년 헌법의 제정으로 제1공화국이 수립된 후 제5차 개정헌법으로 새로운 공화국이 성립되었고, 제8차 개정헌법으로 제5공화국이 수립되었다는 점이다.

그런데 1960년 4·19혁명으로 새로운 민주정부가 수립되고 의원내각제가 채택되었는데 이를 일반적으로 제2공화국이라고 부른다. 그렇다면 1961년 5·16쿠데타로 대통령제로 회귀하면서 명시적으로 새로운 공화국이 출범되었음을 선언한 제5차 개정헌법의 공화국이 제3공화국이 된다. 이후 1972년 유신헌법(제7차 개정헌법)의 출범 이후를 일반적으로 제4공화국이라 명명하였다. 이상과 같은 일반적인 공화국 구분을 헌법에서는 명시적으로 수용하고 있는데 이는 제8차 개정헌법에서 스스로 제5공화국이라고 선언하고 있는 것에서 나타난다.

그런데 대통령 직접선거라는 국민적 요구를 수용한 1987년 제9차 개정헌법을 제6공화국헌법이라고 부르면서 공화국 명명에 대한 논의가 일어났다. 제9차 개정헌법의 전문에서는 공화국이라는 용어를 사용하고 있지 않기 때문에, 새로 출범하는 정부를 제5공화국의 연장으로 볼 것인지 아니면 새로운 공화국으로 볼 수 있을 것인지가 문제가 된 것이다.

새로운 제9차 개정헌법은 대통령직선제를 채택하였기 때문에 실질적인 주권의 회복이라는 점을 평가하여 언론이나 학계에서는 제6공화국으로 부르기도 하였지만, 당시 노태우 정부는 전두환 정부의 제5공화국과의 결별을 의도하여 스스로 새로운 공화국으로 명명하기를 원하기도 했다. 그러나 이에 대해서는 새로운 공화국 명명의 기준으로 ① 집권이데올로기의 변화, ② 헌정의 단절, ③ 새로운 공화국으로 명명하는 것에 대한 국민적 합의의 존재를 제시하고, 이를 충족하지 못하는 1987년 헌법은 제5공화국헌법의 연장선상으로 이해하는 견해가 제시되었다.[102]

노태우 정부 이후로는 더 이상 논쟁을 유발하는 새로운 공화국으로 명명하지 않고 추구하는 핵심적 가치에 따라서 김영삼 정부는 문민정부, 김대중 정부는 국민의 정부, 노무현 정부는 참여정부로 명명하였다. 그러나 이명박 대통령 이후에는 이러한 정부 명칭도 더 이상 사용하지 않고 대통령의 이름을 붙여서 이명박 정부, 박근혜 정부, 문재인 정부, 윤석열 정부라고 명명하였다. 현행 헌법을 제6공화국헌법으로 보든 제5공화

102) 허영, 한국헌법론, 박영사, 1987년판 서문 참조.

국헌법의 연장으로 보든, 현재의 민주적인 문민정부가 신군부와 같은 공화국에 속해 있다는 것이 아이러니하다.

제5절

대한민국의 구성요소

대한민국은 하나의 국가다. 이것은 헌법 제1조 제1항에 명백히 규정되어 있다.[103) 게오르그 옐리네크(G. Jellinek)는 국가의 '지배'적 특성을 다음과 같이 설명하였다. "자신의 의지를 다른 의지에 반하여 무조건적으로 관철할 수 있는 힘은 국가만이 가진다. 국가는 자신에 내재하는 시원적이고, 법적으로 어떠한 다른 권력으로부터도 유래되지 않는 바의 힘으로 지배하는 유일한 단체이다."[104) 이로부터 그는 국가를 다음과 같이 정의한다. 즉, **"국가란 시원적 지배권을 가진 정주하는 인간의 집단체**이다."[105) 옐리네크에 따르면 국가를 구성하는 3가지 요소는 국민(Staatsvolk), 국가권력(Staatsgewalt),[106) 영토(Staatsgebiet)이다.[107)

103) 독일의 경우에도 명문이 있다. 독일기본법 제20조 제1항: "독일연방공화국은 민주적 및 사회적 연방국가이다."(Die Bundesrepublik Deutschland ist ein demokratischer und sozialer Bundesstaat.)

104) "Die Macht unbedingter Durchsetzung des eigenen Willens gegen anderen Willen hat nur der Staat. Er ist der einzige kraft ihm innewohnender ursprüglicher, rechtlich von keiner anderen Macht abgeleiteter Macht herschende Verband."(G. Jellinek, Allgemeine Staatslehre, 1900, 180 ff.)

105) "Der Staat ist die mit ursprünglicher Herschermacht ausgerüstete Verbandseinheit seßhafter Menschen."(G. Jellinek, Allgemeine Staatslehre, 1900, 180 f.).

106) 우리에게 국가의 3요소는 국민, 주권, 영토로 알려져 있다. 그러나 옐리네크는 '주권'이 아니라 '국가권력'이라고 하였다는 점을 주의할 필요가 있다.

107) G. Jellinek, Allgemeine Staatslehre, 1900, 394 ff.

제1항 국민

I. 국민의 개념

국민은 국가의 3대 구성요소 중의 하나다. 국가의 인적 구성요소가 국민인 것이다. 국민이 되는 자격이나 신분을 국적이라고 하고 대한민국 국적을 보유하고 있는 사람을 국민이라고 한다. 국민이 아닌 자를 외국인이라고 한다(국적법 제3조 제1항). 복수국적자는 대한민국의 법령 적용에서는 대한민국 국민으로만 처우한다(국적법 제11조의2 제1항). 국민은 항구적 소속원이므로 어느 곳에 있던지 그가 속하는 국가의 통치권에 복종할 의무를 부담하고, 다만, 국외에 있을 때에는 예외적으로 거주국의 통치권에 복종하여야 한다.[108)]

II. 국적의 개념

국적은 국민이 되는 요건이다(제2조 제1항, 국적법 제1조). 국적과 국가는 불가분의 관계다. 따라서 국가가 소멸하면 국적은 상실된다. 국적은 법률에 의해서 부여되는 것이 아니라 국가와 함께 존재하는 것이므로 비록 법률로 국적을 정하도록 하고 있다고 하더라도 국민의 범위를 구체화, 현실화하는 국적은 **실질적 헌법사항**이다.[109)] 그러나 실질적 헌법사항이라고 하더라도 국적법이 위헌심사의 기준이 된다는 의미는 아니다. 국적법은 헌법 하위의 법률로서 위헌심사의 대상이 될 뿐이다.

III. 대한민국 국민의 요건

1. 근거조항

헌법 제2조 제1항에서는 "대한민국의 국민이 되는 요건은 법률로 정한다"라고 하여 국민요건을 법률에 위임하고 있고, 이에 따라 제정된 국적법이 국적과 관련된 전반적 사항을 규정하고 있다.

---

108) 헌재 2000.8.31. 97헌가12, 국적법 제2조 제1항 제1호 위헌제청(헌법불합치, 일부각하).
109) 헌재 2000.8.31. 97헌가12.

2. 입법례

국적관련 입법례는 입법형식에 따라서 국적헌법주의와 국적법률주의로 나눌 수 있고, 취득원인에 따라 혈통주의(속인주의), 출생지주의(속지주의), 절충주의로 나눌 수 있다. **국적법률주의**는 다시 국적민법주의와 국적단행법주의로 나눌 수 있다. 우리나라는 국적법이 별도로 마련되어 있으므로 **국적단행법주의**를 취하고 있고, 취득원인과 관련하여서는 **절충주의**를 취하고 있다.

국적헌법주의는 브라질, 칠레, 코스타리카, 엘살바도르 등의 국가가 취하고 있다. 국적민법주의는 벨기에,[110] 국적단행법주의는 우리나라 외에 일본, 독일, 헝가리, 이집트 등에서 취하고 있는 방식이다.

속인주의 또는 혈통주의(Ius sanguinis, Recht des Blutes)는 독일, 호주, 스위스, 일본 등이 취하고 있고, 출생지주의(Ius soli, Recht des Bodens)는 남아메리카 제국에서 취하고 있는 방식이다. 절충주의는 혈통주의를 원칙으로 하고 출생지주의를 보충적으로 적용하는 방식과 반대로 출생지주의를 원칙으로 하고 혈통주의를 보충적으로 적용하는 방식이 있다. 전자는 우리나라를 비롯하여 프랑스, 벨기에, 네덜란드 등이 취하고 있고, 후자는 영국, 미국 등이 취하고 있는 방식이다.

위에서 살펴본 바와 같이 국민이 되는 요건은 국가마다 다르기 때문에 다국적주의자가 발생할 수 있다. 그러나 각국은 이를 가능하면 회피하려고 하고 있다.

3. 대한민국 성립 이전의 국민의 국적보유 문제

1948년 대한민국헌법 성립 이전의 국민의 국적보유에 대해서는 경과규정이 없어 논쟁의 여지가 있다.

이 문제와 관련한 대법원[111]의 논리는 다음의 두 단계를 거친다.[112] ① 우선 「국적에관한임시조례」(남조선과도정부법률 제11호, 1948.5.11. 제정 · 시행) 제2조 제1호는 조선인을 부친으로 하여 출생한 자는 조선의 국적을 가지는 것으로 규정하고 있으므로 조선인은 모두 해방 후 조선의 국적을 가지게 된다.[113] ② 1948년의 제정헌법은 제3조에

110) 벨기에헌법 제8조 제1항: "벨기에 국민의 국적은 민사법이 규정하는 바에 따라 취득, 유지, 상실된다."

111) 대법원 1996.11.12. 96누1221 판결.

112) 헌법재판소는 이에 대해 적극적으로 판단하지 않으면서 대법원의 판결을 그대로 채용하고 있다 [헌재 2000.8.31. 97헌가12, 국적법 제2조 제1항 제1호 위헌제청(헌법불합치, 일부각하)].

113) 국적에관한임시조례 제2조는 다음과 같다.

서 대한민국의 국민되는 요건을 법률로써 정한다고 규정하면서, 제100조에서 현행 법령은 이 헌법에 저촉되지 아니하는 한 효력을 가진다고 규정하고 있기 때문에 위 ①에서 조선국적을 취득한 자는 헌법을 공포·시행한 날인 1948.7.17.부터 대한민국 국적을 취득한 것으로 본다.

4. 북한주민과 중국동포의 국적

가. 북한주민을 대한민국 국민으로 볼 수 있는지 여부

대법원과 헌법재판소의 판결에 따르면 북한주민은 대한민국 국민이다. 대법원의 구체적인 입장을 보면 다음과 같다. "남조선과도정부법률 제11호「국적에관한임시조례」제2조 제1호는 조선인을 부친으로 하여 출생한 자는 조선의 국적을 가지는 것으로 규정하고 있고, 제헌헌법은 제3조에서 대한민국의 국민되는 요건을 법률로써 정한다고 규정하면서 제100조에서 현행 법령은 이 헌법에 저촉되지 아니하는 한 효력을 가진다고 규정하고 있는바, 원고는 조선인인 위 소외 1을 부친으로 하여 출생함으로써 위 임시조례의 규정에 따라 조선국적을 취득하였다가 1948.7.17. 제헌헌법의 공포와 동시에 대한민국 국적을 취득하였다 할 것이고, 설사 원고가 북한법의 규정에 따라 북한국적을 취득하여 1977.8.25. 중국 주재 북한대사관으로부터 북한의 해외공민증을 발급받은 자라 하더라도 북한지역 역시 대한민국의 영토에 속하는 한반도의 일부를 이루는 것이어서 대한민국의 주권이 미칠 뿐이고, 대한민국의 주권과 부딪치는 어떠한 국가단체나 주권을 법리상 인정할 수 없는 점에 비추어 볼 때 이러한 사정은 원고가 대한민국 국적을 취득하고, 이를 유지함에 있어 아무런 영향을 끼칠 수 없다고 판단하였다."[114]

헌법재판소도 위 대법원의 판례를 그대로 따르고 있다.[115]

북한주민의 법적 지위를 어떻게 파악할 것인가의 문제는 헌법 제3조 및 제4조 그

제2조 좌의 1에 해당하는 자는 조선의 국적을 가짐.
1. 조선인을 부친으로 하야 출생한 자.
2. 조선인을 모친으로 하야 출생한 자로서 그 부친을 알 수 없거나 또는 그 부친이 아무 국적도 가지지 않은 때.
3. 조선 내에서 출생한 자로서 그 부모를 알 수 없거나 또는 그 부모가 아무 국적도 가지지 않은 때.
4. 외국인으로서 조선인과 혼인하야 처가 된 자. 단, 혼인 해소에 의하야 외국에 복적한 자는 제외함.
5. 외국인으로서 조선에 귀화한 자. 단, 귀화의 요건 급 귀화인의 권한은 별로 법률로서 정함.

114) 대법원 1996.11.12. 96누1221 판결.

115) 헌재 2000.8.31. 97헌가12, 국적법 제2조 제1항 제1호 위헌제청(헌법불합치, 일부각하).

리고 남북한 간의 특수한 관계, 남북한이 갖는 국제법적 지위 등과 관련된다. 이러한 모든 관점에서 충족될 수 있기 위해서는 북한 주민을 '사실상 국가인 북한(국)적 소유자인 준외국인이면서 잠재적인 대한민국 국적 소유자'로 보고, 우리나라의 배타적인 관할권 하에 들어오는 시점에 이중적인 지위에서 벗어나 대한민국 국적을 실효적으로 취득하게 된다고 해석하는 견해가 있다.[116)]

나. 중국동포[117)]가 대한민국 국민인지 여부

1992년 8월 24일 한중수교가 이루어지기 이전인 1988년 노태우 대통령의 이른바 '7·7선언'을 계기로 1980년대 후반 무렵부터 극소수이지만 독립유공자 후손을 비롯한 일부 중국동포들의 한국방문 또는 영주귀국이 이루어지기 시작하였다. 당시는 중국과 정식으로 수교가 이루어지지 않아서 중국 국적을 인정할 수 없었던 관계로 한국으로 입국하는 중국동포들에 대하여는 중국여권이 아닌 우리 정부가 발급한 "여행증명서"로 입국하도록 하였고, 영주를 목적으로 귀국한 독립유공자 후손들에 대하여 한국국적을 부여함에 있어서는 중국국적을 전제로 한 국적변경절차 대신 한국 국적을 계속 보유하고 있던 자로서 "국적판정"을 하는 등 당시 시대상황에 따라 예외적 조치를 취하였다.

그러다가 1992년 한중수교에 따라 중국동포를 중국 국적을 보유한 중국공민으로 보게 되었다. 이와 같이 현재 정부는 출입국관리사무나 국적사무와 관련하여 중국 국적 동포들을 중국 국적만을 보유한 중국인으로 취급하고 있다.[118)]

대법원과 헌법재판소 판례도 정부의 입장과 마찬가지로 중국동포를 중국국적을 보유한 외국인으로 본다. 예컨대 대법원은 중화인민공화국 흑룡강성에서 거주하다가 국내에 입국한 조선족에 대하여 일시적으로 국내에 체류한 후 장래 출국할 것이 예정되어 있는 외국인이라고 판시한 바 있다.[119)] 헌법재판소도 중국동포들은 중국국적의 "외국인"이라는 점을 전제로 판단하였다.[120)]

---

116) 이규창, 남북한 특수 관계와 북한 주민의 법적 지위, 2021 남북 평화당사자 법제의 현안과 전망(2021.11.15. 한국법제연구원－평화법제포럼 공동학술대회 발표자료집), 34쪽 참조.

117) 예컨대 1938.2.28. 부산에서 출생한 후 중국으로 이주하여 흑룡강성 연수현에서 생활하다가 1992년경 대한민국에 입국한 이래 현재까지 불법체류중인 중국동포에 대한 사례[헌재 2006.3.30. 2003헌마806, 입법부작위 등 위헌확인(각하, 일부반대의견 있음)].

118) 이상 헌재 2006.3.30. 2003헌마806 결정에서 인용.

119) 대법원 1998.9.18. 98다25825 판결.

120) 헌재 2001.11.29. 99헌마494, 재외동포의출입국과법적지위에관한법률 제2조 제2호 위헌확인(헌법

그런데 해방 전에 조선인을 부친으로 하여 출생한 중국동포에게 국적선택의 기회를 부여할 입법의무가 존재하는지 여부가 문제된 바가 있는데, 이에 대해서 헌법재판소는 1997년 국적법의 개정으로 국적판정제도가 법률상 규정되었기 때문에(구 국적법 제20조) 그 후로는 국적판정을 신청할 수 있었다고 보아야 하고, 그 외에 특별법을 제정할 의무가 존재한다고 할 수는 없다는 입장이다.[121]

5. 대한민국 국적의 취득과 상실

가. 국적의 취득

1) 선천적 취득

국적법 제2조에서는 출생에 의한 국적 취득을 규정하고 있다. 여기서는 부모양계혈통주의(속인주의)를 원칙으로 하고 속지주의를 보충적으로 규정하고 있다. 이를 표로 나타내면 다음과 같다.

국적법 제2조	원칙
① 다음 각 호의 어느 하나에 해당하는 자는 출생과 동시에 대한민국 국적을 취득한다.	속인주의(혈통주의) 부모양계혈통주의
1. 출생 당시에 부 또는 모가 대한민국의 국민인 자	
2. 출생하기 전에 부가 사망한 경우에는 그 사망 당시에 부가 대한민국의 국민이었던 자	
3. 부모가 모두 분명하지 아니한 경우나 국적이 없는 경우에는 대한민국에서 출생한 자	보충-속지주의
② 대한민국에서 발견된 기아는 대한민국에서 출생한 것으로 추정한다.	

불합치, 별개의견 · 반대의견 있음); 2006.3.30. 2003헌마806, 입법부작위 등 위헌확인(각하, 일부 반대의견 있음).

121) 헌재 2006.3.30. 2003헌마806, 입법부작위 등 위헌확인(각하).

부계혈통주의를 규정한 구 국적법 제2조 제1항 제1호가 헌법에 합치하는지 여부를 쟁점에 따라 판단하고 그 이유를 제시하시오.

구 국적법(1997.12.13. 전문개정되기 전의 것, 즉 1976.12.12. 개정된 법률) 제2조 ① 다음 각호의 1에 해당하는 자는 대한민국의 국민이다.
1. 출생한 당시에 부가 대한민국의 국민인 자
(이하 생략)

A

헌법 제11조의 일반적 평등원칙과 제36조 제1항의 가족생활에 있어서 양성평등원칙을 위배한 것으로서 헌법에 위반된다.[122]

※ 법무부장관의 주장과 이에 대한 헌법재판소의 판단

① 헌법 제2조에 의하여 입법자는 국민의 요건을 결정함에 있어서 광범한 재량권이 있으므로 출생지주의를 택할 것인지 혈통주의에 의할 것인지는 입법재량 영역이고, 혈통주의를 택하는 경우에도 출생의 장소나 부모쌍방이 대한민국 국민인지, 출생에 의하여 이중국적자가 될 것인지의 여부 또한 입법재량 문제라는 법무부장관의 주장에 대하여 헌법재판소는, 헌법의 위임에 따라 국민되는 요건을 법률로 정할 때에는 인간의 존엄과 가치, 평등원칙 등 헌법의 요청인 기본권 보장원칙을 준수하여야 하는 입법상의 제한을 받기 때문에, 국적에 관한 모든 규정은 정책의 당부 즉 입법자가 합리적인 재량의 범위를 벗어난 것인지 여부가 심사기준이 된다는 법무부장관의 주장을 배척하고 있다(판례집 12-2, 179-180).

② 구법은 출생 시의 적출자는 부의 국적을, 비적출자[123]는 모의 국적을 기준으로 각 국적을 취득할 수 있게 한 것이므로 남녀를 차별하는 것이 아니고, 외국인 부의 적출자는 통상 그 부의 국적을 취득하게 되므로 부계혈통주의는 이중국적 방지를 위한 합리성이 있다는 법무부장관의 주장에 대하여 헌법재판소는, 구법조항이 자녀와 국가의 관계에서 이중국적을 방지하는 데 기여한다는 사유로도 위와 같은 차별이 정당한 것으로 되는 것은 아니고, 자녀의 입장에서 볼 때, 이중국적으로 인한 불이익은 추가로 모의 국적을 취득함으로써 얻는 이익보다 더 크지 않고 그 자녀가 국가공동체에 들어오는 것을 막아야 할 절대적인 공익이 있는 것도 아니라고 보아 법무부장관의 주장을 배척하였다(판례집 12-2, 184).

2) 후천적 취득

후천적 취득의 요인으로는 인지, 귀화, 수반취득, 국적회복, 국적재취득 등이 있다.

가) 인지에 의한 국적 취득(국적법 제3조 제1항)

인지에 의한 국적 취득의 요건을 갖춘 자는 법무부장관에게 신고함으로써 국적을 취

---

122) 헌재 2000.8.31. 97헌가12, 국적법 제2조 제1항 제1호 위헌제청(각하, 헌법불합치).
123) 부가 분명하지 않은 경우를 말한다(필자 주).

득할 수 있다. 인지에 의한 국적 취득은 다음의 요건을 모두 갖추어야 한다.

① 대한민국의 민법상 미성년일 것

② 출생 당시에 부 또는 모가 대한민국의 국민이었을 것

③ 대한민국의 국민인 부 또는 모의 인지가 있을 것

인지에 의한 국적 취득의 신고 절차와 그 밖에 필요한 사항은 대통령령으로 정한다(국적법 제3조).

나) 귀화에 의한 국적 취득(국적법 제4조~제7조)

대한민국 국적을 취득한 사실이 없는 외국인은 귀화[124]를 통해서 국적을 취득할 수 있다. 귀화에는 일반귀화, 간이귀화, 특별귀화 등이 있다.

(1) 일반귀화(국적법 제5조)

외국인이 귀화허가를 받기 위하여서는 간이귀화나 특별귀화의 요건에 해당하는 경우 외에는 다음의 요건을 모두 갖추어야 한다.

① 5년 이상 계속하여 대한민국에 주소가 있을 것(제1호)

② 대한민국에서 영주할 수 있는 체류자격을 가지고 있을 것(제1의2호)[125]

③ 대한민국의 민법상 성년일 것(제2호)

④ 법령을 준수하는 등 법무부령으로 정하는 품행 단정의 요건을 갖출 것(제3호)[126]

⑤ 자신의 자산이나 기능에 의하거나 생계를 같이하는 가족에 의존하여 생계를 유지할 능력이 있을 것(제4호)

⑥ 국어능력과 대한민국의 풍습에 대한 이해 등 대한민국 국민으로서의 기본 소양을 갖추고 있을 것(제5호)

⑦ 귀화를 허가하는 것이 국가안전보장 · 질서유지 또는 공공복리를 해치지 아니한다고 법무부장관이 인정할 것(제6호)

---

124) 국회도서관의 한 조사관에 따르면 귀화라는 용어는 일제 강점기 "천황의 덕을 흠모하여 스스로 복속되어 귀의하다."라는 의미로 쓰였고, 귀화인이란 줄곧 천황의 덕을 흠모하여 일본으로 건너온 한반도인들을 지칭하는 일본 중심적 용어라고 한다(소준섭, 법률신문 2020.12.28.자 11면 참조).

125) 제1의2호는 2017.12.19. 개정된 내용으로서 불법체류자의 귀화신청을 사실상 불가능하게 만들기 위한 조항이다.

126) 소극적 국적회복 요건을 규정한 「국적법」 제9조 제2항에서는 단순히 "품행이 단정하지 못한 사람"(제2호)으로 규정하고 있으나, 국적법 시행규칙 제5조의2에서는 품행단정의 요건을 상세히 규정하고 있다.

(2) 간이귀화(국적법 제6조)

국적법 제6조에서는 대한민국에 3년 이상 계속하여 주소가 있는 외국인(제1항)과 배우자가 대한민국의 국민인 외국인(제2항)에 대하여는 절차를 간소화하고 있다.

첫째, 외국인 중에서도 **대한민국에 3년 이상 계속하여 주소가 있는 외국인**은 일반귀화에서 요구하는 5년 이상의 주소 보유요건과 영주체류자격이 없는 경우라도 ① 부 또는 모가 대한민국의 국민이었던 사람(제1호), ② 대한민국에서 출생한 자로서 부 또는 모가 대한민국에서 출생한 사람(제2호), ③ 대한민국 국민의 양자로서 입양 당시 대한민국의 민법상 성년이었던 사람(제3호) 중의 어느 하나에 해당하면 귀화허가를 받을 수 있다. 법의 취지는 자연적·법적 혈통을 가진 사람에게는 일반귀화에 비해 거주기간을 2년 단축한다는 데 있다.

둘째, **배우자가 대한민국의 국민인 외국인**으로서 일반귀화에서 요구하는 5년 이상의 주소 보유요건과 영주체류자격이 없더라도 ① 그 배우자와 혼인한 상태로 대한민국에 2년 이상 계속하여 주소가 있는 사람(제1호), ② 그 배우자와 혼인한 후 3년이 지나고 혼인한 상태로 대한민국에 1년 이상 계속하여 주소가 있는 사람(제2호), ③ 위 ①이나 ②의 기간을 채우지 못하였으나, 그 배우자와 혼인한 상태로 대한민국에 주소를 두고 있던 중 그 배우자의 사망이나 실종 또는 그 밖에 자신에게 책임이 없는 사유로 정상적인 혼인 생활을 할 수 없었던 자로서 위 ①이나 ②의 잔여기간을 채웠고 법무부장관이 상당하다고 인정하는 사람(제3호), ④ ①이나 ②의 요건을 충족하지 못하였으나, 그 배우자와의 혼인에 따라 출생한 미성년의 자를 양육하고 있거나 양육하여야 할 사람으로서 ①이나 ②의 기간을 채웠고 법무부장관이 상당하다고 인정하는 사람(제4호) 중의 어느 하나에 해당하면 귀화허가를 받을 수 있다.[127)]

(3) 특별귀화(국적법 제7조)

부 또는 모가 대한민국의 국민인 외국인(다만, 양자로서 대한민국의 민법상 성년이 된

---

127) [간이귀화요건의 개정취지] 이전에 시행된 「국적법」에서는 "처가 대한민국의 국민인 자"(제6조 제2호)에 대해서는 간이귀화가 가능하도록 했고, "대한민국의 국적을 취득한 자의 처로서 대한민국의 국적을 취득하지 못한 자"(제7조 제1항 제3호)에 대해서는 대한민국에 주소가 있기만 하면 귀화할 수 있게 하였던 것을, 1997년 개정을 통하여 남녀불문하고 제6조 제2항 제1호와 제2호의 간이귀화 요건을 갖추어야 귀화할 수 있게 했다. 이는 외국인노동자와 결혼이주여성의 증가에 따라 대한민국국민과 결혼한 외국인노동자의 귀화요건을 까다롭게 하기 위한 것이었다. 국적법 제6조 제2항 제3호와 제4호는 2008.3.14. 개정에서 신설된 내용으로서 다문화가족의 보호를 위해 개정된 내용이다.

후에 입양된 사람은 제외), 대한민국에 특별한 공로가 있는 외국인, 또는 과학·경제·문화·체육 등 특정 분야에서 매우 우수한 능력을 보유한 사람으로서 대한민국의 국익에 기여할 것으로 인정되는 외국인으로서, 대한민국에 주소가 있는 외국인은 앞의 일반귀화의 요건 중 ①, ②, ③, ⑤의 요건을 갖추지 않아도 귀화허가를 받을 수 있다. 이를 특별귀화라고 한다.

다) 수반취득(국적법 제8조)

외국인의 자로서 대한민국 민법상 미성년인 사람은 부 또는 모가 귀화허가를 신청할 때 함께 국적 취득을 신청할 수 있고, 부 또는 모가 대한민국 국적을 취득한 때에 함께 대한민국 국적을 취득한다. 수반취득의 신청절차와 그 밖에 필요한 사항은 대통령령으로 정한다.

라) 국적회복(국적법 제9조)

대한민국의 국민이었던 외국인은 국적회복허가를 받아 대한민국의 국적을 취득할 수 있다(제1항). 그러나 ① 국가나 사회에 위해를 끼친 사실이 있는 사람, ② 품행이 단정하지 못한 사람,[128] ③ 병역을 기피할 목적으로 대한민국 국적을 상실하였거나 이탈하였던 사람, ④ 국가안전보장·질서유지 또는 공공복리를 위하여 법무부장관이 국적회복을 허가하는 것이 적당하지 아니하다고 인정하는 사람은 국적회복을 허가하지 않는다(제2항). 이는 과거 대한민국 국민이었던 점을 고려하여 위 4가지 요건에 해당하는 경우에만 국적회복을 허가하지 않도록 하고 있는 것으로서, 외국인의 귀화와 비교하여 볼 때 현저히 그 실체적 요건을 완화하고 있는 것으로 볼 수 있다.[129] 거짓이나 그 밖의 부정한 방법으로 국적회복허가를 받은 경우에는 허가를 취소할 수 있다(국적법 제21

---

128) 품행이 단정하지 못한지 여부의 판단에 있어서는 행정청에 재량이 인정되는 영역이라고 볼 수 없다(대법원 2017.12.22. 2017두59420 판결). 국적회복의 품행 단정의 의미를 일반귀화에 있어서 품행 단정의 의미보다 완화해서 이해하려고 하는 견해에 대해서는 동일한 용어는 원칙적으로 동일한 의미를 갖는 것으로 보아야 한다는 점에서 타당한 주장으로 보기 어렵다. 대법원에서는 ""품행이 단정하지 못한 자"란 **'국적회복 신청자를 다시 대한민국의 구성원으로 받아들이는 데 지장이 없을 정도의 품성과 행실을 갖추지 못한 자'**를 의미하고, 이는 국적회복 신청자의 성별, 나이, 가족, 직업, 경력, 범죄전력 등 여러 사정을 종합적으로 고려하여 판단하여야 할 것이다. 특히 범죄전력과 관련하여서는 단순히 범죄를 저지른 사실의 유무뿐만 아니라 범행의 내용, 처벌의 정도, 범죄 당시 및 범죄 후의 사정, 범죄일로부터 처분할 때까지의 기간 등 여러 사정을 종합적으로 고려하여야 한다"라고 판시하고 있다(대법원 2017.12.22. 2017두59420 판결; 2005.7.14. 2005두2483 판결).

129) 서울행정법원 2007.8.22. 2007구합2258 판결.

조 제1항). 이에 대해서는 무국적상태가 되는 당사자의 불이익이 매우 중대함에도 일체의 고려 없이 취소할 수 있도록 하고 있어서 과잉금지원칙에 위배된다는 주장이 있었으나 헌법재판소는 합헌으로 판단하였다.[130]

국적회복허가를 받은 사람은 법무부장관 앞에서 국민선서를 하고 국적회복증서를 수여받은 때에 대한민국 국적을 취득한다. 다만, 법무부장관은 연령, 신체적·정신적 장애 등으로 국민선서의 의미를 이해할 수 없거나 이해한 것을 표현할 수 없다고 인정되는 사람에게는 국민선서를 면제할 수 있다(제3항). 국적회복허가의 경우 외국인의 자(子)는 신청에 의하여 수반취득을 할 수 있다(제6항).

마) 국적 취득자의 외국 국적 포기 의무 및 국적의 재취득

(1) 국적 취득자의 외국 국적 포기 의무(국적법 제10조)

대한민국 국적을 취득한 외국인으로서 외국 국적을 가지고 있는 자는 대한민국 국적을 취득한 날부터 1년 내에 그 외국 국적을 포기하여야 한다.

특히 다음의 ① ~ ⑤ 중 어느 하나에 해당하는 자는 대한민국 국적을 취득한 날부터 1년 내에 외국 국적을 포기하거나, 법무부장관이 정하는 바에 따라 대한민국에서 외국 국적을 행사하지 아니하겠다는 뜻을 법무부장관에게 서약하여야 한다.

① 귀화허가를 받은 자로서 ㉮ 그 배우자와 혼인한 상태로 대한민국에 2년 이상 계속하여 주소가 있는 사람(제6조 제2항 제1호), ㉯ 그 배우자와 혼인한 후 3년이 지나고 혼인한 상태로 대한민국에 1년 이상 계속하여 주소가 있는 사람(제6조 제2항 제2호), ㉰ 대한민국에 특별한 공로가 있는 사람(제7조 제1항 제2호), ㉱ 과학·경제·문화·체육 등 특정 분야에서 매우 우수한 능력을 보유한 사람으로서 대한민국의 국익에 기여할 것으로 인정되는 사람 중에 어느 하나에 해당하는 사람.

② 국적회복허가를 받은 자로서 ㉮ 대한민국에 특별한 공로가 있는 사람 또는 ㉯ 과학·경제·문화·체육 등 특정 분야에서 매우 우수한 능력을 보유한 자로서 대한민국의 국익에 기여할 것으로 인정되는 자라고 법무부장관이 인정하는 사람.

③ 대한민국의 민법상 성년이 되기 전에 외국인에게 입양된 후 외국 국적을 취득하고 외국에서 계속 거주하다가 국적회복허가를 받은 자.

④ 외국에서 거주하다가 영주할 목적으로 만 65세 이후에 입국하여 국적회복허가

130) 헌재 2020.2.27. 2017헌바434, 국적법 제21조 위헌소원(합헌).

를 받은 자.

⑤ 본인의 뜻에도 불구하고 외국의 법률 및 제도로 인하여 대한민국의 국적을 취득한 날부터 1년 내에 그 외국국적을 포기하기 어려운 자로서 대통령령으로 정하는 자.131)

(2) 국적의 재취득(국적법 제11조)

대한민국의 국적을 취득한 날부터 1년 내에 외국국적으로 포기하지 않거나 위 서약요건에 해당하는 자가 서약을 하지 아니한 때에는 그 기간이 지난 때에 대한민국 국적을 상실한다(국적법 제10조 제3항). 이렇게 하여 국적을 상실한 자가 1년 내에 그 외국국적을 포기하고 법무부장관에게 신고하면 신고한 때에 대한민국 국적을 재취득할 수 있는데(국적법 제11조 제1항과 제2항), 국적재취득의 신고 절차와 그 밖에 필요한 사항은 대통령령으로 정한다.

나. 국적의 상실

국적상실사유로는 위에서 설명한 **국적취득자의 외국국적 포기의무 미이행**(국적법 제10조 제3항) **외에 국적이탈, 외국국적 취득** 등이 있다. 대한민국 국적을 상실한 자는 국적을 상실한 때부터 대한민국 국민만이 누릴 수 있는 권리를 누릴 수 없다(국적법 제18조 제1항). 대한민국 국민만이 누릴 수 있는 권리 중, 대한민국 국민이었을 때 취득한 것으로서 양도할 수 있는 것은 그 권리와 관련된 법령에서 따로 정한 바가 없으면 3년 내에 대한민국 국민에게 양도하여야 한다(국적법 제18조 제2항).

1) 국적이탈(국적법 제14조)

무국적의 자유는 인정되지 아니한다.132) 따라서 국적이탈은 복수국적자가 외국국

131) 대통령령에서는 ㉮ 외국의 법률 및 제도로 인하여 외국 국적의 포기가 불가능하거나 그에 준하는 사정이 인정되는 사람이나 ㉯ 대한민국 국적을 취득한 후 지체 없이 외국 국적의 포기절차를 개시하였으나 외국의 법률 및 제도로 인하여 대한민국의 국적을 취득한 날부터 1년 내에 국적포기 절차를 마치기 어려운 사정을 증명하는 서류를 법무부장관에게 제출한 사람으로 정하고 있다(국적법 시행령 제13조).

132) 일반적인 견해다. 이에 대해서는 김대환, 기본권론, 박영사, 2023, 486쪽 참조. 따라서 입법례에 따라서는 당사자의 의사에 반한 국적의 박탈은 그로써 무국적이 되지 않는 경우에 한하여 허용됨을 규정한 헌법이 있다(예컨대 독일기본법 제16조 제1항). 무국적이 발생하게 되는 경우는 여러 가지 원인이 있으나 특히 난민의 경우가 문제되고 있다(이철우, 무국적의 세계적 실태와 대응, 한국이민학 1－1, 2010, 49쪽 이하 참조). 무국적자에 대해서는 무국적자의 지위에 관한 협약(Convention relating to the Status of Stateless Persons)이 1962.9.8. 체결되었고 우리나라에 대

적을 선택하고 대한민국의 국적을 이탈하는 경우를 말한다. 외국국적을 선택하기 위해서는 외국에 주소가 있어야 한다(국적법 제14조 제1항 본문).[133] 직계존속이 외국에서 영주할 목적 없이 체류한 상태에서 출생한 자는 현역·상근예비역·보충역 또는 대체역으로 복무를 마치거나 마친 것으로 보게 되는 경우, 전시근로역에 편입된 경우, 병역면제처분을 받은 경우에만, 즉 병역의무를 해소한 경우에만 국적을 이탈할 수 있다(국적법 제12조 제3항).[134]

복수국적자는 외국의 주소지 관할 재외공관장을 거쳐 법무부장관에게 국적의 이탈을 신고할 수 있고(국적법 제14조 제1항 본문), 법무부장관이 수리한 때에 국적을 상실하게 된다(국적법 제14조 제2항).

NOTE 국적이탈 신고가능시점과 신고기한

국적이탈 신고에는 사유에 따라 신고가능시점과 신고기한이 다르다. ① 원칙적으로 복수국적자는 복수국적자의 국적선택의무에 따라 만 20세가 되기 전에 복수국적자가 된 자는 만 22세가 되기 전까지, 만 20세가 된 후에 복수국적자가 된 자는 그 때부터 2년 내에 하나의 국적을 선택하여야 한다(국적법 제12조 제1항 본문). 「국적법」에서는 위 ①의 예외로서 ② 「병역법」 제8조에 따라 병역준비역[135]에 편입된 자는 편입된 때부터 3개월 이내에 신고할 수 있고, ③ 직계존속이 외국에서 영주할 목적 없이 체류한 상태에서 출생한 자로서 ㉮ 현역·상근예비역 또는 보충역으로 복무를 마치거나 마친 것으로 보게 되는 경우나 ㉯ 전시근로역에 편입된 경우 또는 ㉰ 병역면제처분을 받은 경우에는 각 해당 사유가 발생한 때부터 신고가 가능하고(국적법 제14조 제1항 단서), 각 해당 사유가 발생한 때부터 2년

해서는 같은 해 11.20.부터 발효되어 있다.

133) 이에 대해서는 합헌결정이 있었다[헌재 2023.2.23. 2020헌바603, 국적법 제14조 제1항 위헌소원(합헌)].

134) 이 「국적법」 제12조 제3항에 대해서는 명확성원칙과 과잉금지원칙 위배여부를 검토하였으나 합헌 결정이 있었다[헌재 2023.2.23. 2019헌바462, 국적법 제12조 제3항 위헌소원(합헌)].

135) 대한민국 국민인 남자는 18세가 되는 해의 1월 1일부터 병역의무가 발생하여 병역준비역에 편입되어, 병적관리가 시작된다(병역법 제8조, 제2조 제2항). 「병역법」에서는 병역준비역을 병역의무자로서 현역, 예비역, 보충역, 전시근로역 및 대체역이 아닌 사람으로 정의하고 있다(병역법 제5조 제1항 제4호). 복수국적자가 국적이탈 신고기한 내에 신고하지 않으면 법무부장관은 1년 내에 국적선택을 명하여야 하지만, 병역준비역에 편입된 사람에 대해서는 실무적으로는 국적선택명령을 하지 않는다고 한다[헌재 2020.9.24. 2016헌마889(헌법불합치, 기각) – 병역준비역에 편입된 복수국적자 국적이탈 제한 사건 참조]. 따라서 직계존속이 외국에서 영주할 목적 없이 체류한 상태에서 출생한 자인 복수국적자는 만 18세가 되는 1월 1일부터 3개월이 되는 3월 31일까지 대한민국 국적을 포기할 수 있고, 이 기간 내에 국적을 포기하지 않는 경우에는 병역의무가 해소되기 전가까지는 국적이탈 신고를 할 수 없다(병역법 제12조 제2항, 제3항).

이내까지 신고할 수 있다(국적법 제14조 제1항 단서, 제12조 제2항 본문 및 제3항) 그런데 이 ②와 ③의 각 신고기한을 정하고 있는 「병역법」 제12조 제2항 본문[136]에 대해서 헌법재판소는 그 기간 내에 국적이탈 신고를 하지 못한 데 대하여 사회통념상 책임을 묻기 어려운 사정(정당한 사유)이 존재하고 병역의무 이행의 공평성 확보라는 입법목적을 훼손하지 않음이 객관적으로 인정하는 경우에는 예외적으로 기간 경과 후에도 국적이탈을 허가하는 방안을 마련할 필요가 있다는 점에서 과잉금지원칙을 위배하여 국적이탈의 자유를 침해한다는 취지로 기존의 합헌 결정[137]을 변경하여 헌법불합치 결정을 하였다.[138]
이 헌법재판소의 헌법불합치 결정에 따라 「국적법」 제12조 제2항 본문 및 제14조 제1항 단서에도 불구하고, ① 외국에서 출생한 사람(직계존속이 외국에서 영주할 목적 없이 체류한 상태에서 출생한 사람은 제외한다)으로서 출생 이후 계속하여 외국에 주된 생활의 근거를 두고 있는 사람(제1호 가목)이나 ② 6세 미만의 아동일 때 외국으로 이주한 이후 계속하여 외국에 주된 생활의 근거를 두고 있는 사람(제1호 나목)으로서, 「국적법」 제12조 제2항 본문 및 제14조 제1항 단서에 따라 병역준비역에 편입된 때부터 3개월 이내에 국적이탈을 신고하지 못한 정당한 사유가 있을 경우(제2호)에는, 「병역법」 제8조에 따라 병역준비역에 편입된 때부터 3개월 이내에 대한민국 국적을 이탈한다는 뜻을 신고하지 못하였다 하더라도 법무부장관에게 대한민국 국적의 이탈 허가를 신청할 수 있고 법무부장관이 허가하면 대한민국 국적을 상실한다는 취지의 제14조의2가 신설되었다.

2) 외국국적 취득(국적법 제15조)

자진하여 외국 국적을 취득한 자는 그 **외국 국적을 취득한 때에 대한민국 국적을 상실**한다(제1항). 그러나 국적법이 정하는 일정한 자[139]의 경우에는 외국국적을 취득한 때부터 6개월 내에 법무부장관에게 대한민국의 국적을 보유할 의사가 있음을 신고하면 대한민국 국적을 계속하여 보유할 수 있고, 신고하지 아니하면 외국 국적을 취득한 때로 소급하여 대한민국 국적을 상실한 것으로 본다(제2항).

---

136) 국적법 제12조 제2항: “제1항 본문에도 불구하고 「병역법」 제8조에 따라 병역준비역에 편입된 자는 편입된 때부터 3개월 이내에 하나의 국적을 선택하거나 제3항 각 호의 어느 하나에 해당하는 때부터 2년 이내에 하나의 국적을 선택하여야 한다.”

137) 헌재 2015.11.26. 2013헌마805등, 국적법 제12조 제2항 위헌확인(기각).

138) 헌재 2020.9.24. 2016헌마889, 국적법 제12조 제2항 본문 등 위헌확인(헌법불합치, 기각, 2인 재판관의 반대의견) – 병역준비역에 편입된 복수국적자 국적이탈 제한 사건.

139) 다음 중 어느 하나에 해당하는 자를 말한다. ① 외국인과의 혼인으로 그 배우자의 국적을 취득하게 된 자(제1호), ② 외국인에게 입양되어 그 양부 또는 양모의 국적을 취득하게 된 자(제2호), ③ 외국인인 부 또는 모에게 인지되어 그 부 또는 모의 국적을 취득하게 된 자(제3호), ④ 외국국적을 취득하여 대한민국 국적을 상실하게 된 자의 배우자나 미성년의 자로서 그 외국의 법률에 따라 함께 그 외국 국적을 취득하게 된 자(제4호)(국적법 제15조 제2항 각 호).

다. 복수국적자에 대한 취급

복수국적자란 출생이나 그 밖에 국적법에 따라 대한민국 국적과 외국 국적을 함께 가지게 된 사람을 말한다(국적법 제11조의2 제1항). 여기서 "그 밖에 국적법에 따라" 복수국적자가 되는 경우는 다음과 같은 경우가 있다.

① 국적법 제10조 제2항에 따라 외국국적불행사서약을 한 경우.

② 대한민국의 국민으로서 국적법 제15조 제2항에 따라 외국 국적을 취득하게 된 후 6개월 내에 법무부장관에게 대한민국 국적의 보유 의사를 신고한 경우.

③ 국적법 부칙 제2조 제1항(법률 제10275호 국적법 일부개정법률)에 따라 법무부장관에게 외국국적불행사서약을 하고 대한민국 국적을 재취득하거나, 같은 조 제2항에 따라 외국 국적을 재취득한 후 외국국적불행사서약을 한 경우.

1) 원칙(국적법 제11조의2)

첫째, 복수국적자는 대한민국의 법령 적용에서 대한민국 국민으로만 처우한다(제1항).

둘째, 복수국적자가 관계 법령에 따라 외국 국적을 보유한 상태에서 직무를 수행할 수 없는 분야에 종사하려는 경우에는 외국 국적을 포기하여야 한다(제2항).

셋째, 중앙행정기관의 장이 복수국적자를 외국인과 동일하게 처우하는 내용으로 법령을 제정 또는 개정하려는 경우에는 미리 법무부장관과 협의하여야 한다(제3항).

넷째, 출생에 의하여 대한민국 국적을 취득한 자를 제외하고는 복수국적자가 ① 국가안보, 외교관계 및 국민경제 등에 있어서 대한민국의 국익에 반하는 행위를 하는 경우에 해당하거나 ② 대한민국의 사회질서 유지에 상당한 지장을 초래하는 행위로서 대통령령으로 정하는 경우[140]에 해당하여서, 대한민국의 국적을 보유함이 현저히 부적합하다고 인정하는 경우에는 청문을 거쳐 대한민국 국적의 상실을 결정할 수 있다(국적법 제14조의4).

다섯째, 공무원이 그 직무상 복수국적자를 발견하면 지체 없이 법무부장관에게 그 사실을 통보하여야 한다. 공무원이 그 직무상 복수국적자 여부를 확인할 필요가 있는 경우에는 당사자에게 질문을 하거나 필요한 자료의 제출을 요청할 수 있다(국적법 제14조의5).

---

140) 살인죄, 강간죄 등 법무부령으로 정하는 죄명으로 7년 이상의 징역 또는 금고의 형을 선고받아 그 형이 확정된 경우를 말한다(국적법 시행령 제18조의5 제2항). 법무부령인 국적법 시행규칙 제12조의4 각 호에서는 다음의 죄명으로 정하고 있다. 1. 「형법」 제2편 제24장 살인의 죄, 제32장 강간과 추행의 죄 또는 제38장 절도와 강도의 죄 중 강도의 죄, 2. 「성폭력범죄의 처벌 등에 관한 특례법」 위반의 죄, 3. 「마약류관리에 관한 법률」 위반의 죄, 4. 「특정범죄 가중처벌 등에 관한 법률」 제5조의2, 제5조의4, 제5조의5 제5조의9 또는 제11조 위반의 죄, 5. 「폭력행위 등 처벌에 관한 법률」 제4조 위반의 죄, 6. 「보건범죄단속에 관한 특별조치법」 위반의 죄

2) 복수국적자의 국적선택의무(국적법 제12조)

가) 선택기간의 원칙과 예외

(1) 원칙

만 20세가 되기 전에 복수국적자가 된 자는 만 22세가 되기 전까지, 만 20세가 된 후에 복수국적자가 된 자는 그때부터 2년 내에 대한민국 국적의 선택 절차를 규정한 「국적법」 제13조와 대한민국 국적의 이탈 요건 및 절차를 규정한 제14조에 따라 하나의 국적을 선택하여야 한다. 다만, 「국적법」 제10조 제2항에 따라 법무부장관에게 대한민국에서 외국 국적을 행사하지 아니하겠다는 뜻을 서약한 복수국적자는 제외한다.

(2) 예외

「병역법」 제8조에 따라 병역준비역에 편입된 자는 편입된 때부터 3개월 이내에 하나의 국적을 선택하거나, ① 현역·상근예비역 또는 보충역으로 복무를 마치거나 마친 것으로 보게 되는 경우 또는 ② 전시근로역에 편입된 경우 또는 ③ 병역면제처분을 받은 경우 중 어느 하나에 해당하는 때에는 해당하는 때부터 2년 이내에 하나의 국적을 선택하여야 한다. 다만, 「국적법」 제13조에 따라 대한민국 국적을 선택하려는 경우에는 위 ①~③ 중 어느 하나에 해당하기 전에도 할 수 있다(이상 국적법 제12조 제2항).

Q 병역과 관련하여 국적 선택의 자유를 제한하고 있는 다음 국적법 단서조항이 내포하고 있는 헌법적 쟁점을 적시하고 그 합헌성 여부를 검토하시오.

국적법 제12조(이중국적자의 국적선택의무) ① 출생 기타 이 법의 규정에 의하여 만 20세가 되기 전에 대한민국의 국적과 외국 국적을 함께 가지게 된 자(이하 "이중국적자")는 만 22세가 되기 전까지, 만 20세가 된 후에 이중국적자가 된 자는 그 때부터 2년 내에 제13조 및 제14조의 규정에 의하여 하나의 국적을 선택하여야 한다. 다만, 병역의무의 이행과 관련하여 대통령령이 정하는 사유에 해당하는 자는 그 사유가 소멸된 때부터 2년 내에 하나의 국적을 선택하여야 한다.

A ① 단서규정이 소멸사유를 대통령령에 위임하고 있는 것이 문제이기 때문에 헌법적 쟁점은 포괄위임금지의 원칙 위배여부가 될 것이다. ② 대통령령으로 정할 사유는 이중국적자의 병역의무의 이행과 관련될 것임을 충분히 예측할 수 있으므로 결론적으로 포괄위임금지의 원칙에 위배되지 않는다.[141)]

141) 헌재 2004.8.26. 2002헌바13, 국적법 제12조 제1항 단서 위헌소원(합헌).

3) 국적선택 명령(국적법 제14조의3)

법무부장관은 복수국적자로서 국적법 소정의 국적선택기간 내에 국적을 선택하지 아니한 자에게 1년 내에 하나의 국적을 선택할 것을 명하여야 한다. 법무부장관은 대한민국에서 외국 국적을 행사하지 아니하겠다는 뜻을 서약한 자가 '그 뜻에 현저히 반하는 행위'를 한 경우에는 6개월 내에 하나의 국적을 선택할 것을 명할 수 있다. 서약에 현저히 반하는 행위의 유형은 대통령령으로 정하도록 하고 있는데, 대통령령에서는 ① 반복하여 외국 여권으로 대한민국에 출국 · 입국한 경우(제1호), ② 2. 외국 국적을 행사할 목적으로 외국인등록 또는 거소신고를 한 경우(제2호), ③ 정당한 사유 없이 대한민국에서 외국 여권 등을 이용하여 국가 · 지방자치단체, 공공기관, 공공단체 또는 교육기관 등에 대하여 외국인으로서의 권리를 행사하거나 행사하려고 한 경우(제3호)로 규정하고 있다(국적법 시행령 제18조의4 제4항 각 호).

국적선택의 명령을 받은 자가 대한민국 국적을 선택하려면 외국 국적을 포기하여야 하고, 국적선택의 명령을 받고도 이를 따르지 아니한 자는 그 기간이 지난 때에 대한민국 국적을 상실한다.

라. 국적판정제도(국적법 제20조)

대한민국 국적의 취득이나 보유 여부가 분명하지 아니한 자에 대하여 법무부장관은 이를 심사한 후 국적을 판정할 수 있다. 국적 판정의 심사 및 판정의 절차와 그 밖에 필요한 사항은 대통령령으로 정한다. 국적판정을 받기 위해서는 신청서를 작성하여 제출하여야 한다(국적법 시행령 제23조 제1항).

외국인이 특정 국가의 국적을 선택할 수 있는 권리를 헌법상 권리로 인정할 수 있는가?

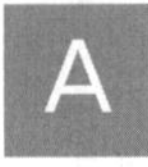

외국인인 개인이 특정한 국가의 국적을 선택할 헌법상 권리라는 것은 인정되지 않는다.[142)]

마. 국적심의위원회(국적법 제22조)

특별귀화 및 국적이탈 허가에 관한 사항(제1호 및 제2호), 국적의 상실 결정에 관한

142) 헌재 2006.3.30. 2003헌마806, 입법부작위 등 위헌확인(기각).

사항(제3호), 그 밖에 국적업무와 관련하여 법무부장관이 심의를 요청하는 사항(제4항)을 심의하기 위하여 법무부장관 소속으로 국적심의위원회를 둔다(국적법 제22조 제1항). 위원회는 위원장 1명을 포함하여 30명 이내의 위원으로 구성하고(국적법 제23조 제1항), 위원장은 법무부차관으로 한다(국적법 제23조 제2항).

위 「국적법」 제22조 제1항 제1호 및 제2호 그리고 제3호의 심의사항은 법무부장관의 허가 또는 결정 전에 반드시 위원회의 심의를 거쳐야 한다(필요적 심의사항). 다만, 요건을 충족하지 못하는 것이 명백한 경우 등 대통령령으로 정하는 사항은 그러하지 아니하다(국적법 제22조 제2항).

NOTE **「국적법」 제22조 제1항 단서의 의미** 

「국적법」 제22조 제2항 단서의 "요건을 충족하지 못하는 것이 명백한 경우 등 대통령령으로 정하는 사항"이란 첫째, 과학·경제·문화·체육 등 특정 분야에서 매우 우수한 능력을 보유한 사람으로서 대한민국의 국익에 기여할 것으로 인정되는 사람에 해당하는 특별귀화의 허가와 관련된 사항과 둘째, 국적의 이탈 허가 관련 사항의 2가지가 있다(국적법 시행령 제28조). 첫 번째의 특별귀화의 허가 관련 사항으로서 ① 특별귀화 대상자가 대한민국에 주소를 두고 있지 않은 경우, ② 법령을 준수하는 등 법무부령으로 정하는 품행 단정의 요건을 갖추지 못하거나, 국어능력과 대한미국의 풍습에 대한 이해 등 대한민국 국민으로서의 기본 소양을 갖추고 있지 못하거나, 귀화를 허가하는 것이 국가안전보장·질서유지 또는 공공복리를 해치지 아니한다고 법무부장관이 인정할 수 없는 것이 명백한 경우, ③ 국적법 제6조 제2항 각 호에 해당하는 사실을 입증하는 자료를 제출하지 않은 경우, 즉 배우자가 대한민국 국민인 외국인으로서 ㉠ 그 배우자와 혼인한 상태로 대한민국에 2년 이상 계속하여 주소가 있는 사람이거나, ㉡ 그 배우자와 혼인한 후 3년이 지나고 혼인한 상태로 대한민국에 1년 이상 계속하여 주소가 있는 사람이거나, ㉢ 제1호나 제2호의 기간을 채우지 못하였으나, 그 배우자와 혼인한 상태로 대한민국에 주소를 두고 있던 중 그 배우자의 사망이나 실종 또는 그 밖에 자신에게 책임이 없는 사유로 정상적인 혼인 생활을 할 수 없었던 사람으로서 제1호나 제2호의 잔여기간을 채웠고 법무부장관이 상당(相當)하다고 인정하는 사람이거나, ㉣ 제1호나 제2호의 요건을 충족하지 못하였으나, 그 배우자와의 혼인에 따라 출생한 미성년의 자(子)를 양육하고 있거나 양육하여야 할 사람으로서 제1호나 제2호의 기간을 채웠고 법무부장관이 상당하다고 인정하는 사람에 해당하는 사실을 입증하는 자료를 제출하지 않은 경우에는 법무부장관의 허가 또는 결정 전에 위원회의 심의를 거치지 않아도 된다.

위원회는 「국적법」 제22조 제1항 각 호의 사항을 효과적으로 심의하기 위하여 필요하다고 인정하는 경우 관계 행정기관의 장에게 자료의 제출 또는 의견의 제시를 요청하거나 관계인을 출석시켜 의견을 들을 수 있다(국적법 제22조 제3항). 위원회의 위원 중 공무원이 아닌 사람은 「형법」 제127조 및 제129조부터 제132조까지의 규정을 적용할 때에는 공무원으로 본다(국적법 제27조).

6. 국가의 재외국민 보호의무

가. 법적 근거

헌법 제2조 제2항에서는 "국가는 법률이 정하는 바에 의하여[143] 재외국민을 보호할 의무를 진다."라고 규정하여 국가의 재외국민 보호의무를 헌법상 의무로 하고 있다. 재외동포의 출입국과 대한민국 안에서의 법적 지위를 보장하기 위해 「재외동포의 출입국과 법적 지위에 관한 법률」(이하 '재외동포법')이 마련되어 있다.

나. 재외동포법의 내용

1) 재외동포, 재외국민, 외국국적동포의 개념(재외동포법 제2조)

재외동포는 재외국민과 외국국적동포를 포함하는 개념이다. **재외국민**이란 대한민국의 국민으로서 외국의 영주권을 취득한 자 또는 영주할 목적으로 외국에 거주하고 있는 자를 말한다. **외국국적동포**란 대한민국의 국적을 보유하였던 자(대한민국정부 수립 전에 국외로 이주한 동포를 포함한다) 또는 그 직계비속으로서 외국국적을 취득한 자 중 대통령령으로 정하는 자를 말한다.

재외동포 = 재외국민 + 외국국적동포

2) 재외동포에 대한 보호

가) 재외국민과 외국국적동포에 공통된 보호내용

(1) 금융거래

주민등록을 한 재외국민과 국내거소신고를 한 외국국적동포는 ① 예금·적금의 가입, 이율의 적용, 입금과 출금 등 국내 금융기관을 이용할 때 자본거래의 신고 등에 관

143) 헌법규정에 자주 등장하는 '법률이 정하는 바에 의하여'라는 문구는 입법재량처럼 읽힐 수 있으므로 '법률로써'로 변경하는 것이 좋을 것으로 보인다.

한 「외국환거래법」 제18조의 경우를 제외하고는 「외국환거래법」상의 거주자인 대한민국 국민과 동등한 권리를 가진다(재외동포법 제12조)

(2) 외국환거래

재외국민은 ① 외국에 거주하기 전부터 소유하고 있던 국내 부동산을 매각하거나 수용으로 처분하였을 경우 그 매각 또는 처분대금이나 ② 외국에서 국내로 수입하거나 국내에 지급한 지급수단을 수출하거나 외국에 지급하는 경우 「외국환거래법」 제15조(지급절차 등)와 제17조(지급수단 등의 수출입 신고)를 적용할 때 외국국적동포와 동등한 대우를 받는다(재외동포법 제13조).

(3) 건강보험

주민등록을 한 재외국민과 국내거소신고를 한 외국국적동포가 90일 이상 대한민국 안에 체류하는 경우에는 건강보험 관계 법령으로 정하는 바에 따라 건강보험을 적용받을 수 있다(재외동포법 제14조).

나) 외국국적동포에 대한 보호내용

(1) 재외동포 체류자격 부여(재외동포법 제5조, 제10조)

법무부장관은 대한민국 안에서 활동하려는 외국국적동포에게 신청에 의하여 재외동포체류자격을 부여할 수 있다. 그러나 외국국적동포가 ① 현역·상근예비역·보충역 또는 대체역으로 복무를 마치거나 마친 것으로 보게 되는 경우나 전시근로역에 편입된 경우 또는 병역면제처분을 받은 경우 중 어느 하나에도 해당하지 아니한 상태에서 대한민국 국적을 이탈하거나 상실하여 외국인이 된 남성의 경우나[144] ② 대한민국의 안전보장, 질서유지, 공공복리, 외교관계 등 대한민국의 이익을 해칠 우려가 있는 경우에 해당할 때에는 재외동포체류자격을 부여하지 않는다. 다만, 위 ①에 해당하는 외국국적동포가 41세가 되는 해 1월 1일부터는 체류자격을 부여할 수 있다. 이는 병역의무를 기피하기 위해 국적이탈을 한 사람에 대한 인도적 차원에서의 조치로 이해할 수 있다.

체류기간은 최장 3년으로 하고 연장허가를 할 수 있다(재외동포법 제10조 제1항 및 제2항). 재외동포체류자격을 부여받은 외국국적동포의 취업이나 그 밖의 경제활동은 사회질서 또는 경제안정을 해치지 아니하는 범위에서 자유롭게 허용된다(재외동포법 제10조 제5항).

---

144) "대한민국 남자가 병역을 기피할 목적으로 외국국적을 취득하고 대한민국 국적을 상실하여 외국인이 된 경우"라는 소위 가수 유승준 사태의 영향으로 규정된 요건은 2017.10.31. 개정에서 삭제되었다.

(2) 국내거소신고

재외동포체류자격으로 입국한 외국국적동포는 재외동포법의 적용을 받기 위해 필요하면 대한민국 안에 거소를 정하여 그 거소를 관할하는 출입국관리사무소장 또는 출입국관리사무소출장소장에게 국내거소신고를 할 수 있다(재외동포법 제6조 제1항).[145] 이렇게 하여 국내거소신고증이나 국내거소신고 사실증명으로 법령에 규정된 각종 절차와 거래관계 등에서 주민등록증, 주민등록표 등본·초본, 외국인등록증 또는 외국인등록 사실증명이 필요한 경우 그에 갈음할 수 있다(재외동포법 제9조).

(3) 부동산거래 등

국내거소신고를 한 외국국적동포는「부동산 거래신고 등에 관한 법률」제9조 제1항 제1호(「군사기지 및 군사시설 보호법」제2조 제6호에 따른 군사기지 및 군사시설 보호구역, 그 밖에 국방목적을 위하여 외국인등의 토지취득을 특별히 제한할 필요가 있는 지역으로서 대통령령으로 정하는 지역)에 따른 경우 외에는 대한민국 안에서 부동산을 취득·보유·이용 및 처분할 때에 대한민국의 국민과 동등한 권리를 갖는다. 다만,「부동산 거래신고 등에 관한 법률」제3조 제1항 및 제8조에 따른 신고를 하여야 한다.

(4) 보훈급여금수령권

외국국적동포는「국가유공자 등 예우 및 지원에 관한 법률」또는「독립유공자예우에 관한 법률」에 따른 보훈급여금을 받을 수 있다(재외동포법 제16조).

Q 주민등록이 되어 있는 선거권자를 조사하여 선거인명부를 작성하게 함으로써 국내 주민등록이 되어 있지 않은 재외국민에 대해 선거권, 피선거권을 제한한 「공직선거법」 조항이 헌법에 위반되는지 여부를 검토하시오.

A 선거권의 행사에 대한 제한은 특별히 엄격한 과잉금지원칙에 따라 심사되어야 한다. 그에 비추어 볼 때 심판대상조항은 주민등록법상 주민등록을 할 수 없었던 재외국민의 선거권 행사를 전면적으로 부정하고 있기 때문에 헌법에 합치하지 아니한다(이는 1999년 판례를 변경한 결정이다).[146]

---

145) 물론 2014년 개정된「주민등록법」에 따라 재외국민용 주민등록 제도가 마련되어 재외국민은 주민등록도 할 수 있다.「해외이주법」제12조에 따른 영주귀국의 신고를 하지 아니한 재외국민은 ① 이미 주민등록이 말소된 경우에는 귀국 후 재등록 신고를 할 수 있고, ② 주민등록이 없었다면 귀국 후 최초로 주민등록 신고를 할 수 있다(주민등록법 제6조 제1항 참조).

146) 헌재 2007.6.28. 2004헌마644등, 공직선거및선거부정방지법 제15조 제2항 등 위헌확인 등(헌법불합치).

Q **다음 재외동포법 적용대상에서 재외동포법 시행령 제3조 제2호가 정부수립이 전 이주동포 중 대부분의 중국동포와 구 소련동포 등을 제외한 것이 평등원칙에 위반되는지 여부를 검토하고 그 이유를 제시하시오.**

재외동포의출입국과법적지위에관한법률(1999.9.2. 법률 제6015호로 제정된 것. 이하 재외동포법이라 한다.) 제2조(정의) 이 법에서 "재외동포"라 함은 다음 각 호의 1에 해당하는 자를 말한다.
1. 대한민국의 국민으로서 외국의 영주권을 취득한 자 또는 영주할 목적으로 외국에 거주하고 있는 자(이하 "재외국민"이라 한다)
2. 대한민국의 국적을 보유하였던 자 또는 그 직계비속으로서 외국국적을 취득한 자 중 대통령이 정하는 자(이하 "외국국적동포"라 한다)
재외동포법 시행령 제3조(외국국적동포의 정의) 법 제2조제2호에서 "대한민국의 국적을 보유하였던 자 또는 그 직계비속으로서 외국국적을 취득한 자 중 대통령령이 정하는 자"라 함은 다음 각 호의 1에 해당하는 자를 말한다.
1. 대한민국 정부수립 이후에 국외로 이주한 자 중 대한민국의 국적을 상실한 자와 그 직계비속
2. 대한민국 정부수립 이전에 국외로 이주한 자 중 외국국적 취득 이전에 대한민국의 국적을 명시적으로 확인받은 자와 그 직계비속

A 중국과 국교수립은 1992년이고 소련과 국교수립은 1990년이었다. 그러므로 중국동포, 소련동포는 그전에는 대한민국의 국적을 명시적으로 확인 받을 수 없었다. 따라서 재외동포법 시행령 제3조 제2호는 중국이나 소련동포를 합리적인 이유 없이 차별하는 자의적인 입법이어서 헌법에 위반된다.[147)]

NOTE 재외동포법의 문제점

① 현재 일본에 거주하는 7만여 명의 조총련계는 국적이 조선으로 되어 있다. 해방 이후 북한이나 대한민국으로 국적을 변경하지 않고 조선적을 그대로 두고 있는 사람들이다. 그런데 재외동포법의 재외동포에 속하기 위해서는 재외국민이 아니면 외국의 국적을 가지고 있도록 하고 있기 때문에 이들은 재외동포법의 재외동포의 개념에는 속하지 않게 되어 있다. 이것은 문제로 보인다.

② 재외동포법 시행령 제3조에서는 외국국적동포의 정의를 출생에 의하여 대한민국의 국적을 보유하였던 사람(대한민국정부 수립 이전에 국외로 이주한 동포 포함)으로서 외국국적을 취득한 사람(제1호)이나, 이들의 직계비속으로서 외국국적을 취득한 사람(제2호)으로 하고 있다. 제2호는 2019.7.2. 개정된 조항이다. 구법은 부모의 일방 또는 조부모의 일방이 대한민국의 국적을 보유하였던 자로서 외국국적을 취득한 자로 되어 있어 3세까지만 재외동포법의 적용을 받을 수 있었고 4세가 제외되는 문제가 있었으나 이 개정조항으로

147) 헌재 2001.11.29. 99헌마494, 재외동포의출입국과법적지위에관한법률 제2조 제2호 위헌확인(개정시까지 계속적용 헌법불합치).

해결하고 있다.

③ 재외동포법 제5조는 재외동포체류자격의 부여에 관해 규정하고 있는데, 같은 조 제4항에서는 "재외동포체류자격의 취득 요건과 재외동포체류자격을 취득한 자의 활동 범위는 대통령령으로 정한다"고 하고 있고, 대통령령인 재외동포법 시행령 제4조 제4항에서는 "출입국관리법 시행령 제12조 및 제23조의 규정은 재외동포체류자격의 취득요건 및 활동범위에 관하여 이를 준용한다"고 하고 있다. 그런데 구 출입국관리법 시행령 제12조는 별표 1의2에서 외국인의 장기체류자격을 규정하면서 26. 재외동포(F-4) 체류자격에서는 「재외동포의 출입국과 법적 지위에 관한 법률」 제2조제2호에 해당하는 사람(단순 노무행위 등 이 영 제23조제3항 각 호에서 규정한 취업활동에 종사하려는 사람은 제외한다)"이라고 하고 있었고, 외국인의 취업과 체류자격을 정한 구 출입국관리법 시행령 제23조에서는 그 제3항에서는 "별표 1의2 중 26. 재외동포(F-4) 체류자격을 가지고 있는 사람은 제1항[148]에도 불구하고 다음 각 호의 어느 하나에 해당하는 경우를 제외하고는 별표 1 및 별표 1의2의 체류자격 구분에 따른 활동의 제한을 받지 아니한다. 다만, 허용되는 취업활동이라도 국내 법령에 따라 일정한 자격이 필요할 때에는 그 자격을 갖추어야 한다. 1. 단순노무행위를 하는 경우, 2. 선량한 풍속이나 그 밖의 사회질서에 반하는 행위를 하는 경우, 3. 그 밖에 공공의 이익이나 국내 취업질서 등을 유지하기 위하여 그 취업을 제한할 필요가 있다고 인정되는 경우"라고 규정하여 단순노무행위를 위해서는 비자를 발급하지 않도록 하고 있는데, 이것은 중국이나 소련의 동포가 재외동포가 된 역사적 사실을 고려할 때 타당하다고 보기 어려운 면이 있었다.

그러나 2023.1.1. 출입국관리법 시행령 개정을 통하여 별표 1의2 26. 재외동포(F-4) 체류자격에서 괄호안의 제한을 삭제하여 "「재외동포의 출입국과 법적 지위에 관한 법률」 제2조제2호에 해당하는 사람"으로 개정하고, 출입국관리법 시행령 제23조 제3항 제1호의 "단순노무행위를 하는 경우"도 "단순노무행위를 하는 경우. 다만, 「국가균형발전 특별법」 제2조제9호에 따른 인구감소지역에서 거주하거나 취업하려는 사람으로서 법무부장관이 인정하는 사람은 제외한다."라고 개정하여, 적어도 인구감소지역에서 거주하거나 취업하려는 재외동포로서 법무부장관이 인정하는 사람은 재외동포비자(F-4)를 받고 취업활동으로 단순노무행위도 할 수 있게 되었다.

148) 제1항에서는 취업을 할 수 있는 체류자격을 정하고 있는데 여기에는 재외동포(F-4)는 포함되어 있지 않다.

제2항 주권

I. 주권의 개념과 변천

1. 주권의 개념

헌법 제1조 제2항은 "대한민국의 주권은 국민에게 있고, 모든 권력은 국민으로부터 나온다"라고 규정하여 주권재민 또는 국민주권주의를 선언하고 있다.

'주권'이라는 용어는 라틴어의 supranus에서 유래한다. 영어로는 sovereignty라고 하고 독일어로는 Souveränität라고 한다. 주권의 개념적 의미는 대내적으로는 최고의 권력, 내외적으로는 자주·독립된 권력을 말하고 **국가의사를 결정하는 원동력**이 된다. 그런데 주권과 관련하여 중요한 관점은 주권은 인간의 자율성과 자존감의 근원적 표현이므로, 인간에 대한 존중과 평화를 고려한다면 다른 나라의 주권은 존중되어야 한다는 점이다.[149)]

헌법 제1조 제2항의 '모든 권력'은 국가권력(소위 통치권)을 의미한다. 따라서 국가권력은 입법권, 집행권, 사법권을 포괄하는 개념이다. 옐리네크(G. Jellinek)는 국가의 구성요소로서 주권이 아닌 국가권력을 들고 있다. 왜냐하면 그는 주권이 없는 국가(소위 비주권국가)도 있다고 보았기 때문이다. 그는 주권이 국가권력의 본질적 징표는 아니라고 보았던 것이다.[150)]

2. 주권이론의 변천

주권이론은 군주주권에서 국민주권으로 변천하는 과정을 겪게 된다. 군주주권설은 장 보댕(J. Bodin)의 왕권신수설에서 유래한다. 그러나 17~18세기에 들어서 알투지우스(Althusius), 로크(J. Locke), 루소(J. Rousseau)와 같은 사회계약론자나 계몽주의자 또는 자연법학자들은 국민주권을 주장하였다. 19세기 후반 독일 법실증주의(=국가법인설)나 보수적 입헌군주제 이념에서는 국가주권설을 주장하기도 하였으나, 제1차 세계대전 이

---

149) 이는 휴고 그로티우스의 사상이다[마사 C. 누스바움(강동혁 옮김), 세계시민주의의 전통 - 고결하지만 결함 있는 이상, 뿌리와이파리, 2020, 148쪽 참조].

150) 게오르그 옐리네크(김효전 역), 일반 국가학, 법문사, 2005, 395쪽 이하; G. Jellinek, Allgemeine Staatslehre, S. 349 f.

후 칼 슈미트(C. Schmitt)와 헤르만 헬러(H. Heller)를 거쳐 국민주권설로 다시 복귀하게 된다.

북한의 헌법적 지위에 대해서 설명하시오.

대법원과 헌법재판소의 판례에 따르면 북한은 「국가보안법」상 반국가단체다.[151] 국가보안법상 반국가단체란 정부를 참칭(僭稱)[152]하거나 국가를 변란(變亂)할 것을 목적으로 하는 국내외의 결사 또는 집단으로서 지휘통솔체제를 갖춘 단체를 말한다(국가보안법 제2조 제1항 참조).

II. 국민주권

1. 헌법상 국민 개념

대한민국헌법에 등장하는 국민 개념을 살펴보면, 국민은 우선 개인을 지칭하는 경우와 전체를 지칭하는 경우로 구분할 수 있다. 전자를 '개인으로서의 국민' 후자를 '전체로서의 국민'이라고 하면, 제10조 이하 기본권에서 언급되는 국민은 개인으로서의 국민을 의미하고, 국민전체의 봉사자로서의 공무원을 의미할 때 국민은 전체로서의 국민을 의미하는 것으로 볼 수 있다.

가. 개인으로서의 국민

개인으로서의 국민은 우선 헌법상 보장된 자유와 권리 및 의무의 주체로 규정되어 있다. 이 국민은 대한민국의 국적을 가진 자연인이다. 따라서 국적법에 의해 대한민국 국적을 취득한 자연인이 국민이다. 법인은 이러한 의미의 국민이 아니다.[153] 또 이 국민은 법률이 정한 일정한 연령에 달한 국민에게 주어지는 참정권을 가진 국민, 즉 유권자만을 의미하는 것도 아니다.

151) 대법원 1991.4.23. 91도212 판결; 헌재 2001.9.27. 2000헌마238등, 제주4 · 3사건진상규명및희생자명예회복에관한특별법의결행위취소 등(각하, 위헌의견 있음).
152) 참은 '범하다'라는 뜻이고 칭은 '부른다'라는 의미로서 참칭은 분수에 넘치는 칭호를 스스로 부른다는 뜻이다.
153) 따라서 법인의 기본권주체성이 문제로 될 수는 있어도 법인이 기본권주체인 국민에 포함되는지 여부라는 관점은 개념상 타당하지 않다.

나. 전체로서의 국민

대한민국헌법에는 국민 개개인을 의미하는 것이라기보다는 우선 국민전체를 의미하는 경우도 있다. 무엇보다도 전문과 제7조 및 제8조에서 언급하고 있는 국민을 예로 들 수 있다.

전체로서의 국민은 어떤 실체로서 행동하는 국민이라기보다는 관념적, 이데올로기적 개념으로 이해된다.

2. 국민주권에 있어서 국민 개념

그런데 헌법에서 "대한민국의 주권은 국민에게 있고, 모든 권력은 국민으로부터 나온다(제1조 제2항)"라고 할 경우에 국민은 개인으로서의 국민인가 전체로서의 국민인가.

이 문제를 이해함에 있어서는 우선 주권의 성격이 단일불가분인지 아니면 개개의 국민이 나누어 가질 수 있는 것인지가 문제된다(소위 국민주권 vs. 인민주권). 주권의 불가분성을 인정하는 국민주권론의 관점에서 볼 때 **주권자로서의 국민은 전체로서의 국민**을 의미한다고 보는 것이 타당하다.[154]

이러한 의미의 국민 개념과 결부되어 국민주권주의는 민주공화국의 본질적인 징표다. 이러한 의미를 헌법재판소는 다음과 같이 판시하고 있다. "우리 헌법의 전문과 본문의 전체에 담겨있는 최고 이념은 국민주권주의와 자유민주주의에 입각한 입헌민주헌법의 본질적 기본원리에 기초하고 있다. 기타 헌법의 제원칙도 여기에서 연유되는 것이므로 이는 헌법전을 비롯한 모든 법령해석의 기준이 되고, 입법형성권 행사의 한계와 정책결정의 방향을 제시하며, 나아가 모든 국가기관과 국민이 존중하고 지켜가야 하는 최고의 가치규범이다."[155]

Ⅲ. 국민주권의 헌법적 의미

현실적으로 주권은 이를 구체화하고 있는 제도에 의해 행사되는 국민의 권리들을 내

154) 김철수, 헌법학신론, 박영사, 2013, 169쪽 이하 참조.
155) 헌재 1989.9.8. 88헌가6, 국회의원선거법 제33조, 제34조의 위헌심판(헌법불합치, 보충의견, 반대의견 있음).

용으로 하고 그 권리들로 구체화된다고 할 수 있고, 주권 자체가 어떤 구체적인 권리를 의미한다고 볼 수는 없다. 주권은 선거권의 행사 등을 통해 결정적으로 나타나게 된다.

민주주의는 국민에 의한 지배를 의미한다. 이는 국민이 주권자이면서 국가권력의 주체가 된다는 것을 의미한다(헌법 제1조 제1항의 의미, 제1조 제2항에서 확인).

국가권력은 시원적이고 원칙적으로 무제약적인 국가의 지배권인데 이것은 인간에 대한 지배를 의미한다.[156] 민주적 헌법국가에 있어서 이러한 지배권은 정부의 고유한 권리가 아니고 그 정당성을 국민의 의사로 소급할 수 있는 권리여야 한다. 이것이 국민주권의 의미이다. **민주적 정당성**(demokratische Legitimation)이 문제되는 것은 그 때문이다. 민주적 정당성의 연결고리는 단절이 없어야 한다. 민주적 헌법국가에서 민주적 정당성 부여 방법은 바로 선거라고 할 수 있다.[157]

제3항 영역

국가의 영역은 영토와 영해 그리고 영공으로 구성되어 있다.

I. 영토

대한민국의 영토는 한반도와 그 부속도서다(제3조). 이 조항은 1962년에 개정된 제5차 개정헌법에서 제4조에서 제3조로 조문위치만 바뀌었을 뿐 1948년 제정된 헌법의 조문내용이 변함없이 그대로 현행 헌법까지 존속하고 있는 몇 안 되는 조항 중의 하나다.

영토조항을 헌법에 규정한 국가도 있고 그렇지 않은 국가도 있으나, 대한민국헌법

156) Konrad Hesse, 계희열 역, 통일 독일헌법원론, 박영사, 2001, 방주 134 참조.

157) 국민주권(Volkssouveränität)은 국민이 국가권력의 주체로서 선거와 투표에 의하는 외에 입법, 집행 그리고 사법이라는 개별 기관들에 의해 행사된다는 것을 확고히 하고 있다. 이는 국민이 이러한 기관들에 의한 국가권력의 행사에 효과적으로 영향을 미친다는 것을 전제로 한다. 그 기관들의 행위는 따라서 국민의 의사(Wille)에 귀착되게 하여야 하고 국민에 대하여 책임을 져야 한다. 이러한 국민과 국가권력 간의 귀속관계(Zurechnungszusammenhang)는 무엇보다 의회의 선거에 의하여, 집행권의 기준으로 의회가 제정한 법률에 의하여, 정부의 정책에 대한 의회의 영향 및 정부의 지시에 대하여 행정이 원칙적으로 기속되는 것에 의하여 도출된다(BVerfGE 83, 60, 72 – Ausländerwahlrecht II).

에서 특히 이를 규정하게 된 것은 대한민국헌법은 결코 남한에만 시행되는 것이 아니고 우리나라의 고유의 영토 전체에 시행되는 것이라는 것을 명시하기 위한 것이라고 한다.[158] 또 그렇게 함으로써 영토의 취득과 상실은 이제 헌법개정사항이 되었다고 한다.[159]

1948년 헌법이 제정될 당시 우리의 정치상황을 보면 남북한이 분단의 길을 들어서고 있었기 때문에 민족이 하나가 되어야 한다는 의지에서 영토조항을 헌법에 규정한 취지는 충분히 이해하고도 남음이 있다. 그러나 1987년 개정된 현행 헌법 제4조에 평화통일조항이 신설되면서부터 양조항의 충돌 문제가 헌법적 쟁점이 되고 있다.[160]

영토조항은 한편으로는 통일의 당위성을 이끌어 낼 수 있는 근거조항이 되는 긍정적 기능도 하지만, 우리의 역사가 반드시 한반도에서만 일어난 것이 아닐진대 굳이 스스로 한반도라고 영토를 명시할 필요가 있는지 의문이고, 나아가서는 영토변경을 반드시 헌법개정사항으로 명시하지 않더라도 영토변경은 국가의 운명을 결정하는 중대한 사안이므로 국민적 합의가 전제되지 아니하고는 이루어질 수 없다는 점에서도 반드시 헌법에 명시할 필요가 있는지 생각해 볼 여지가 있다.

II. 영해

주권이 미치는 해역에 대해서는 3해리, 6해리, 12해리, 200해리 등 다양한 견해가 있고 정설이 없는 상황이다. 「영해 및 접속수역법」에서는 12해리로 하고 있다.

「영해 및 접속수역법」
제1조 (영해의 범위) 대한민국의 영해는 기선(基線)으로부터 측정하여 그 바깥쪽 12해리의 선까지에 이르는 수역으로 한다. 다만, 대통령령이 정하는 바에 따라 일정수역에 있어서는 12해리이내에서 영해의 범위를 따로 정할 수 있다.
제2조 (기선) ① 영해의 폭을 측정하기 위한 통상의 기선은 대한민국이 공식적으로 인정한 대축척해도에 표시된 해안의 저조선(低潮線)[161]으로 한다.
② 지리적 특수사정이 있는 수역에 있어서는 대통령령으로 정하는 기점을 연결하는 직선을 기선으로 할 수 있다.

---

158) 유진오, 헌법해의, 명세당, 1949, 22－23쪽.
159) 유진오, 헌법해의, 명세당, 1949, 23쪽.
160) 영토조항에 대해서는 특히 최대권, 한국 헌법의 좌표; 「영토조항」과 「평화적 통일조항」, 법제연구, 1992, 5－24쪽; 정상우, 1948년헌법 영토조항의 도입과 헌정사적 의미, 공법학연구 19－4, 2018, 271－295쪽; 허완중, 한국 헌법체계에 비춘 헌법 제3조의 해석, 저스티스 2016.6., 5－57쪽 참조.
161) 바다의 물이 빠져 가장 얕게 되었을 때 나타나는 선(＝간조선).

III. 영공

영공의 상방(上方)한계가 어디까지인가는 항공역학설, 대기권설, 인력설, 실효적 지배설, 국가안정방위설, 생존가능설, 국가이익설, 우주활동가능최저한계설 등이 제기되고 있지만, 대체로 고도 80~160km(50~100mile) 사이의 수치가 제시되고 있다.[162] 이에 대하여 기능적 접근법을 주장하는 견해[163]도 있다.

영공한계는 국가의 힘이 미치는 범위에 그치는 것으로 보는 것이 타당하다. 그리고 통상 대기권 밖의 우주권은 영공의 개념 속에 포함시키기는 어려울 것이다. 따라서 대기권과는 무관한 공간을 추진하는 인공위성 등에 대해서는 새로운 규제가 필요하다.

Q **기본권으로서 영토권이 성립할 수 있는지 여부를 검토하시오.**

A 성립할 수 있다고 보는 것이 헌법재판소의 입장이다. 따라서 영토권도 헌법소원의 대상인 기본권의 하나로 볼 수 있다. 다만, 영토권을 근거로 한 독자적인 헌법소원 청구는 불가하다는 것이 헌법재판소의 판례다.[164] 그런데 독자적으로 헌법소원의 대상이 되지 않는 기본권이라는 개념의 실체가 무엇인지는 명확하지 않다.

Q **북한지역은 대한민국의 영토라고 할 수 있는가?**

A 북한은 대한민국의 영토라고 하는 것이 대법원과 헌법재판소 판례의 입장이다.[165]

162) 김대순, 국제법론, 삼영사, 2004, 773쪽.
163) 지구표면으로부터의 거리를 기준으로 하는 것이 아니라 영공을 지나는 활동의 성질에 따라 판단한다는 견해로서, 예컨대 똑같은 높이의 상공을 지난다고 하더라도 우주선이 지구로 귀환하기 위해 타국의 영공을 지나는 것은 허용될 수 있지만 고도비행기가 지나가는 것은 불법이라는 견해를 말한다(김대순, 국제법론, 삼영사, 2004, 773쪽).
164) 헌재 2001.3.21. 99헌마139등, 대한민국과일본국간의어업에관한협정비준등 위헌확인(일부기각, 일부각하, 반대의견 있음); 2008.11.27. 2008헌마517, 대한민국건국60년기념사업위원회의 설치 및 운영에 관한 규정 위헌확인(각하).
165) 대법원 1990.9.25. 90도1451 판결; 2005.6.30. 2003헌바114, 구 외국환거래법 제27조 제1항 제8호 등 위헌소원(합헌).

Q **대한민국 국민이 북한의 주민이나 단체에 북한 내 부지의 사용에 따른 비용을 대한민국의 관할청의 허가를 받거나 신고하지 아니하고 지급한 것을 「외국환거래법」 제15조 제3항 위반으로 처벌하고 있다. 이 때 북한을 외국으로 보는 것이라면 헌법 제3조에 위반되고, 북한주민을 비거주자로 보는 것이라면 이 또한 헌법 제3조에 위반된다는 주장에 대해서 검토하시오(=외국환거래의 일방당사자가 북한 주민일 경우 「외국환거래법」 의 적용여부).**

외국환거래법(1998. 9. 16. 법률 제5550호로 제정된 것) 제15조(지급등의 허가) ③ 이 법에 의하여 허가를 받거나 신고를 하여야 하는 거래 또는 행위를 하고자 하는 거주자 또는 비거주자는 그 허가를 받지 아니하거나 신고를 하지 아니하고는 당해 거래 또는 행위에 관한 지급 등을 하여서는 아니 된다.

A 남한과 북한 주민간의 거래는 「남북교류협력에 관한 법률」이 우선적으로 적용되고 필요한 범위 내에서 「외국환거래법」이 준용된다. 판례에 따르면 개별 법률의 적용 내지 준용에 있어서는 남북한의 특수 관계적 성격을 고려하여 북한지역을 외국에 준하는 지역으로, 북한주민 등을 외국인에 준하는 지위에 있는 자로 규정할 수 있다고 한다. 따라서 거래의 상대방이 「외국환거래법」상 거주자 또는 비거주자인지 내지는 남북교류협력법상 북한의 주민인지 여부가 문제가 되는 것이기 때문에 이는 법률해석의 문제이고 헌법 제3조 영토조항과는 관련이 없다.[166]

Q **탈북의료인에게 국내 의료면허를 부여하는 국가(정부와 국회)의 입법의무를 헌법해석으로 도출할 수 있는가(=탈북의료인에게 국내 의료면허를 부여하는 입법을 하지 아니한 부작위의 위헌확인을 구하는 헌법소원심판청구의 적법 여부).**

A 헌법재판소의 판례에 따르면 영토조항에도 불구하고 입법의무를 도출할 수 없다.[167] 왜냐하면 의료면허는 공정하고 객관적인 절차와 기준에 따라 의료인으로서의 능력을 갖추었다고 판단하는 경우에만 부여되어야 하기 때문이다.

Q **「국가보안법」 의 위헌성여부에 대해 논하시오(=제3조 영토조항과 제4조 평화통일조항의 충돌여부).**

---

166) 헌재 2005.6.30. 2003헌바114, 구 외국환거래법 제27조 제1항 제8호 등 위헌소원(합헌).
167) 헌재 2006.11.30. 2006헌마679, 북한 한의사자격 불인정 위헌확인(각하).

대법원과 헌법재판소의 판례에 따르면 「국가보안법」은 헌법에 위반되지 않는다: “우리 헌법이 전문과 제4조, 제5조에서 천명한 국제평화주의와 평화통일의 원칙은 자유민주적 기본질서라는 우리 헌법의 대전제를 해치지 않는 것을 전제로 하는 것이므로 아직도 북한이 막강한 군사력으로 우리와 대치하면서 우리 사회의 자유민주적 기본체제를 전복할 것을 포기하였다는 명백한 징후를 보이지 않고 있어 우리의 자유민주적 기본질서에 대한 위협이 되고 있음이 분명한 상황에서 국가의 안전을 위태롭게 하는 반국가활동을 규제함으로써 국가의 안전과 국민의 생존 및 자유를 확보함을 목적으로 하는(국가보안법 제1조 제1항) 국가보안법이 평화통일의 원칙과 모순되는 법률이라고 할 수 없다.”168)

그에 반하여 「국가보안법」의 여러 규정들이 헌법 제4조의 평화통일조항과 상충되어 헌법에 위반된다는 견해도 있다: “헌법은 그 전문에서 “평화적 통일의 사명에 입각하여 정의·인도와 동포애로써 민족의 단결을 공고히 하고”라고 하였고 제4조에서 “대한민국은 통일을 지향하며, 자유민주적 기본질서에 입각한 평화적 통일정책을 수립하고 이를 추진한다”라고 하여 평화통일을 헌법이념의 하나로 선언하고 있다. 그런데 평화적 통일은 남북한이 무력을 배제하고 서로 대등한 지위에서의 합의를 통하여 통일을 이루는 방법 밖에 생각할 수 없고 그러자면 우선 남한과 북한이 적대관계를 청산하여 화해하고 협력하여야 하며 상대방을 무조건 헐뜯을 것이 아니라 잘한 일에는 칭찬도 하고 옳은 일에는 동조도 하여야 하며 상호 교류도 하여야 한다. 그리하여 남·북한의 주민이 서로 상대방의 실정을 정확히 알고서 형성된 여론의 바탕에서 통일방안이 강구되어야 한다. 그리고 이러한 일은 어디까지나 북한이 불법집단 내지 반국가단체로서 처벌대상이 되지 않는다는 전제에서만 가능한 것이다. 그런데 국가보안법은 처벌규정의 핵심근거로서 “반국가단체”라는 개념을 설정하고 있으며, 그동안의 국가보안법 운영실정에서 볼 때 북한이 으뜸가는 반국가단체에 해당되는 것은 분명한 사실이다. 따라서 북한을 반국가단체로 규정지음으로써 북한을 정부로 참칭하거나 국가를 변란할 것을 목적으로 하는 범죄단체임을 전제로 하는 국가보안법의 여러 규정은 헌법의 평화통일조항과 상충된다.”169)

북한이 「국가보안법」상 반국가단체라고 하는 것이 판례의 일관된 견해임에 비추어 북한과의 교류·협력을 규정한 「남북교류협력에관한법률」(1990.8.1. 제정)은 위헌적 법률이 아닌가?

「남북교류협력에관한법률」은 평화적 통일을 지향하기 위한 기본법이므로 헌법의 제반규정에 부합하고 따라서 합헌이라는 것이 판례의 입장이다.170)

---

168) 대법원 1993.9.28. 93도1730 판결; 1990.9.14. 90도1518 판결; 1990.9.25. 90도1451 판결 및 헌재 1990.4.2. 89헌가113, 국가보안법 제7조에 대한 위헌심판(한정합헌).

169) 헌재 1990.4.2. 89헌가113, 국가보안법 제7조에 대한 위헌심판(한정합헌) 결정에서 변정수 재판관의 반대의견.

170) 헌재 2000.7.20. 98헌바63, 남북교류협력에관한법률 제9조 제3항 위헌소원(합헌); 1993.7.29. 92헌바48, 남북교류협력에관한법률 제3조 위헌소원(각하); 1997.1.16. 89헌마240, 국가보위입법회의법, 국가보안법의 위헌 여부에 관한 헌법소원(한정합헌, 각하).

Q **다음 주장의 정당성 여부를 검토하시오(남북기본합의서의 법적 성격): "1992.2.19. 발효된 '남북사이의화해와불가침및교류협력에관한합의서'(이하 "남북기본합의서")는 헌법상 조국의 평화적 통일조항을 가장 이상적으로 표현하고 있는 법규범으로서 단순한 조약의 효력을 가지는 것을 넘어서 남북관계를 규율하는 법률 중 헌법 다음으로 최상의 법률이며, (구) 「남북교류협력에관한법률」 제9조 제3항("남한의 주민이 북한의 주민 등과 회합 · 통신 기타의 방법으로 접촉하고자 할 때에는 통일부장관의 승인을 얻어야 한다.")[171]보다 후에 체결된 것이어서 신법우선의 원칙이 적용되므로, 남북기본합의서의 자유로운 남북교류협력조항에 반하는 (구) 「남북교류협력에관한법률」 제9조 제3항은 헌법에 위반된다."**

남북 사이의 화해와 불가침 및 교류 · 협력에 관한 합의서(1992년 2월 19일 발효)

남과 북은 분단된 조국의 평화적 통일을 염원하는 온 겨레의 뜻에 따라, 7 · 4남북공동성명에서 천명된 조국통일 3대원칙을 재확인하고, 정치 군사적 대결상태를 해소하여 민족적 화해를 이룩하고, 무력에 의한 침략과 충돌을 막고 긴장 완화와 평화를 보장하며, 다각적인 교류 · 협력을 실현하여 민족공동의 이익과 번영을 도모하며, 쌍방 사이의 관계가 나라와 나라 사이의 관계가 아닌 통일을 지향하는 과정에서 잠정적으로 형성되는 특수관계라는 것을 인정하고, 평화 통일을 성취하기 위한 공동의 노력을 경주할 것을 다짐하면서, 다음과 같이 합의하였다.

제1장 남북 화해

제1조 남과 북은 서로 상대방의 체제를 인정하고 존중한다.
제2조 남과 북은 상대방의 내부문제에 간섭하지 아니한다.
제3조 남과 북은 상대방에 대한 비방 · 중상을 하지 아니한다.
제4조 남과 북은 상대방을 파괴 · 전복하려는 일체 행위를 하지 아니한다.
제5조 남과 북은 현 정전 상태를 남북 사이의 공고한 평화상태로 전환시키기 위하여 공동으로 노력하며 이러한 평화상태가 이룩될 때까지 현 군사 정전협정을 준수한다.
제6조 남과 북은 국제무대에서 대결과 경쟁을 중지하고 서로 협력하며 민족의 존엄과 이익을 위하여 공동으로 노력한다.
제7조 남과 북은 서로의 긴밀한 연락과 협의를 위하여 이 합의서 발효 후 3개월 안에 판문점에 남북연락사무소를 설치 · 운영한다.
제8조 남과 북은 이 합의서 발효 후 1개월 안에 본회담 테두리 안에서 남북 정치 분과 위원회를 구성하여 남북화해에 관한 합의의 이행과 준수를 위한 구체적 대책을 협의한다.

---

171) 이 규정은 2009년 개정되어 현재에 이르고 있는데 그 내용은 다음과 같다. 「남북교류협력에 관한 법률」 제9조의2(남북한 주민 접촉) ① 남한의 주민이 북한의 주민과 회합 · 통신, 그 밖의 방법으로 접촉하려면 통일부장관에게 미리 신고하여야 한다. 다만, 대통령령으로 정하는 부득이한 사유에 해당하는 경우에는 접촉한 후에 신고할 수 있다.

제2장 남북 불가침

제9조 남과 북은 상대방에 대하여 무력을 사용하지 않으며 상대방을 무력으로 침략하지 아니한다.

제10조 남과 북은 의견대립과 분쟁문제들을 대화와 협상을 통하여 평화적으로 해결한다.

제11조 남과 북의 불가침 경계선과 구역은 1953년 7월 27일자 군사정전에 관한 협정에 규정된 군사분계선과 지금까지 쌍방이 관할하여 온 구역으로 한다.

제12조 남과 북은 불가침의 이행과 보장을 위하여 이 합의서 발효 후 3개월 안에 남북 군사공동위원회를 구성·운영한다. 남북군사 공동위원회에서는 대규모 부대이동과 군사 연습의 통보 및 통제문제, 비무장지대의 평화적 이용문제, 군 인사 교류 및 정보교환 문제, 대량살상무기와 공격능력의 제거를 비롯한 단계적 군축 실현문제, 검증문제 등 군사적 신뢰조성과 군축을 실현하기 위한 문제를 협의·추진한다.

제13조 남과 북은 우발적인 무력충돌과 그 확대를 방지하기 위하여 쌍방 군사당국자 사이에 직통 전화를 설치·운영한다.

제14조 남과 북은 이 합의서 발효 후 1개월 안에 본회담 테두리 안에서 남북군사 분과위원회를 구성하여 불가침에 관한 합의의 이행과 준수 및 군사적 대결상태를 해소하기 위한 구체적 대책을 협의한다.

제3장 남북교류·협력

제15조 남과 북은 민족경제의 통일적이며 균형적인 발전과 민족전체의 복리향상을 도모하기 위하여 자원의 공동개발, 민족 내부 교류로서의 물자교류, 합작투자 등 경제교류와 협력을 실시한다.

제16조 남과 북은 과학·기술, 교육, 문화·예술, 보건, 체육, 환경과 신문, 라디오, 텔레비전 및 출판물을 비롯한 출판·보도 등 여러 분야에서 교류와 협력을 실시한다.

제17조 남과 북은 민족구성원들의 자유로운 왕래와 접촉을 실현한다.

제18조 남과 북은 흩어진 가족·친척들의 자유로운 서신거래와 왕래와 상봉 및 방문을 실시하고 자유의사에 의한 재결합을 실현하며, 기타 인도적으로 해결할 문제에 대한 대책을 강구한다.

제19조 남과 북은 끊어진 철도와 도로를 연결하고 해로, 항로를 개설한다.

제20조 남과 북은 우편과 전기통신교류에 필요한 시설을 설치·연결하며, 우편·전기통신 교류의 비밀을 보장한다.

제21조 남과 북은 국제무대에서 경제와 문화 등 여러 분야에서 서로 협력하며 대외에 공동으로 진출한다.

제22조 남과 북은 경제와 문화 등 각 분야의 교류와 협력을 실현하기 위한 합의의 이행을 위하여 이 합의서 발효 후 3개월 안에 남북 경제교류·협력 공동위원회를 비롯한 부문별 공동위원회들을 구성·운영한다.

제23조 남과 북은 이 합의서 발효 후 1개월 안에 본회담 테두리 안에서 남북교류·협력 분과 위원회를 구성하여 남북교류·협력에 관한 합의의 이행과 준수를 위한 구적 대책을 협의한다.

제4장 수정 및 발효

제24조 이 합의서는 쌍방의 합의에 의하여 수정·보충할 수 있다.
제25조 이 합의서는 남과 북이 각기 발효에 필요한 절차를 거쳐 그 문본을 서로 교환한 날부터 효력을 발생한다.

1991년 12월 13일

남 북 고 위 급 회 담	북 남 고 위 급 회 담
남측 대표단 수석 대표	북 측 대 표 단 단 장
대 한 민 국	조선민주주의 인민공화국
국 무 총 리 정원식	정 무 원 총 리 연형묵

판례에 따르면 남북기본합의서는 ① 법률이 아니다. ② 국내법과 동일한 효력이 있는 조약이나 이에 준하는 것도 아니다. ③ 한민족공동체 내부의 특수 관계를 바탕으로 한 당국 간의 합의로서 남북당국의 성의 있는 이행을 상호 약속하는 일종의 공동성명 또는 신사협정(Gentleman's Agreement)[172]에 준하는 성격을 가지는 데 불과하다.[173] 따라서 「남북교류협력에관한법률」 제9조 제3항을 남북합의서에 비추어 위헌이라고 할 수는 없다.

172) 당사자 사이에 있어서 신의에 바탕을 두고 두 사람 이상이 하는 약속. 이에는 법률적으로 이행의무에 대한 강제가 따르지는 않는다.
173) 헌재 2000.7.20. 98헌바63, 남북교류협력에관한법률 제9조 제3항 위헌소원(합헌).

제6절

대한민국의 국가형태

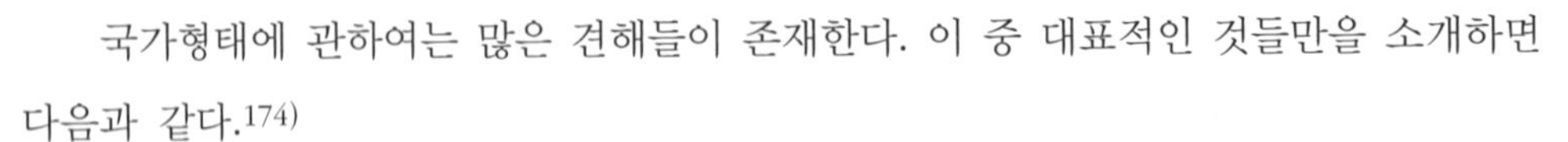

제1항 국가형태의 일반적 구분

국가형태에 관하여는 많은 견해들이 존재한다. 이 중 대표적인 것들만을 소개하면 다음과 같다.[174)]

고대 그리스의 역사가 헤로도토스(Herodotos, 484?~425? B.C.)는 1인 통치형태, 소수 통치형태, 전체국민의 통치형태로 구분하였고, 플라톤(427~347 B.C.)은 군주국과 민주국으로 구분하였다. 아리스토텔레스(384~322 B.C.)는 군주국, 귀족국, 민주국로 구분하였고, 군주국은 폭군정치, 귀족국은 과두정치(또는 금권정치), 민주국은 중우정치로 변질될 가능성이 있음을 지적하였다. 로마의 키케로(Marcus Tullius Cicero, 106~43 B.C.)도 아리스토텔레스의 3분설을 따랐다. 그에 반하여 이탈리아의 마키아벨리(Niccolò Machiaveli, 1469~1527)는 군주국과 공화국으로 구분하였다.

영국의 홉스(Thomas Hobbes)는 군주정치, 민주정치, 귀족정치로 구분하였고, 군주정치는 폭군정치로, 민주정치는 무정부주의, 귀족정치는 과두정치로 이행하기 쉬움을 지적하였다.

제7절 독일의 옐리네크(G. Jellinek, 1851~1911)는 군주국과 공화국으로 구분[175)]한데 반해, 렘(Hermann Rehm, 1862~1917)은 국가형태를 헌법형태(국가권력의 담당자=주권의 소재)와 정부형태(국가권력의 행사방법)로 구별하였다. 이를 표로 정리하면 다음

174) 이하는 김철수, 헌법학신론, 박영사, 2013, 156쪽 이하를 참조하여 요약한 것이다.
175) 게오르그 옐리네크(김효전 옮김), 일반국가학, 2005, 541쪽 이하.

과 같다.[176)]

<table>
<tr><th colspan="2">구분기준</th><th>국가형태</th></tr>
<tr><td rowspan="2">국체
(주권의 소재)</td><td>국민</td><td>공화국
전제공화국(인민공화국, 신대통령제),
입헌공화국(대통령제, 의원내각제)</td></tr>
<tr><td>군주</td><td>군주국</td></tr>
<tr><td rowspan="2">정체
(국가권력의
행사방법, 제한이
있는지의 여부)</td><td>전제정체
(권력집중)</td><td>인민공화제, 신대통령제(Loewenstein이 명명)</td></tr>
<tr><td>입헌정체
(권력분산)</td><td>직접민주제[국민발안, 국민표결, 국민소환, 신임투표(Plebiszit, plebisite).
집정부제[스위스식 정부형태(스위스헌법 제174조 이하)].
의원내각제
대통령제
이원정부제(위기 시에는 대통령이 통치권 행사, 평시에는 국무총리가 행정권 행사)</td></tr>
</table>

그 외에 국가형태에 대한 구분으로는 단일국가와 연방국가 그리고 국가연합이 있다. 국가연합은 1992년 소련의 해체로 독립한 국가들의 연합하여 성립된 Commonwealth of Independent States(독립국가연합),[177)] 1931년 성립된 Commonwealth of Nations(영연방),[178)] 1993년에 출범한 European Union(유럽연합)[179)]이 있다.

176) 특히 김철수, 헌법학신론, 박영사, 2013, 158쪽 이하를 요약한 것이다.

177) 회원국으로는 러시아, 몰도바, 벨라루스, 아르메니아, 아제르바이잔, 우즈베키스탄, 카자흐스탄, 키르기스스탄, 타지키스탄이 참여하고 있고, 투르크메니스탄, 몽골, 아프가니스탄은 비공식 참관국이다.

178) 현재 52개국으로 구성되어 있다.

179) 1992년 2월 7일 체결된 마스트리히트조약으로 1993.11. 출범하여 2020.1.31. 영국의 탈퇴로 현재 27개국이다.

제2항 대한민국의 국가형태

유진오는 민주공화국에서 민주를 정체로 공화국을 국체로 이해했다. 헌법 제1조 제2항의 국민주권은 제1항을 구체적으로 부연한 것으로 보았다.[180] 박일경은 민주를 민주정체로 공화국을 공화정체로 이해하고 따라서 헌법 제1조 제1항은 전적으로 정체에 관한 것으로 보았다. 그는 제2항은 민주국체로 이해했다. 김철수·권영성은 민주공화국은 국가형태로, 민주는 공화국에 있어서 그 내용에 관한 것으로 이해했다.[181] 허영은 input-output의 구분에 따라 국가형태를 구분하였다. 사회의 국가에 대한 input방법은 정당과 국회를 통한 방법, 각종선거와 국민투표의 방법, 기본권행사 등이 있고, 국가의 사회에 대한 output방법은 정당해산, 국가긴급권, 기본권제한 등이 있다고 보았다. 이 견해는 국가와 사회의 구별을 전제로 하면서, 사회의 자율성 존중을 원칙으로 하고 국가규제를 예외적으로 인식하고 있다(소위 법치국가의 원칙과 예외[182]). 이에 따를 때 국가형태는 전체주의국가 - 권위주의국가 - 제도적 모델 - 자유민주주의국가로 나눌 수 있다고 한다. 이 견해는 우리나라의 경우는 전체적으로 제도적 모델에 가깝지만 권위주의적 색채(대통령의 강력한 법률대위명령권, 기본권의 광범위한 제한 가능성)도 있는 것으로 평가한다.[183] 국가와 사회의 구별을 전제로 한 국가형태구분모델은 현실적 국가형태의 구분으로서 타당성을 가지지만, 이에 의할 경우에도 헌법 제1조를 어떻게 해석할 것인가의 문제는 여전히 남는다.

헌법상 국가형태와 관련하여서는 헌법 제1조 제1항의 민주공화국 전체를 국가형태로 보는 것이 타당하다.[184] 그리고 헌법 제1조 제2항(주권재민 또는 국민주권)은 국가형태의 내용을 주권의 소재의 측면에서 다시 기술한 것으로 본다. 다만, 헌법상 규정된 민주

180) 유진오, 헌법해의, 명세당, 1949, 19쪽 이하.
181) 김철수, 헌법학신론, 박영사, 2013, 163쪽 이하; 권영성, 헌법학원론, 법문사, 2009, 111쪽 이하 참조.
182) 여기서 예외라 함은 적용될 수 있고 적용되지 않을 수도 있다는 의미가 아니라 원칙과 대비하여 볼 때 적용영역과 관련하여 지배적이지 않음을 의미할 뿐이다. 법치국가에서 논의되는 많은 예외의 발생은 어쩌면 당연한 것일 수도 있는데, 그럼에도 불구하고 그것이 법치국가를 지배하는 원칙적 이념이 되거나 주요내용이 되어서는 안 된다는 의미에서 예외적인 것이다. 예컨대 민주적 헌법국가에서 위임입법의 필요성이 당연히 인정될 수 있는 것이라고 하더라도 의회입법과 비교하여 보면 **위임입법은 예외적인 현상**으로 설명되어야 하고 또 사실이 그렇다는 의미이다.
183) 허영, 한국헌법론, 박영사, 2010, 202쪽 이하 참조.
184) 김철수, 헌법학신론, 박영사, 2013, 164-165쪽.

공화국의 국가형태에 따라 명실 공히 민주공화국이 될 수 있도록 국가를 운영하는 것이 중요하다.[185] 이에 따라 헌법재판소는 민주공화국의 의미를 다음과 같이 파악하고 있다.

I. 국가형태로서 민주공화국의 헌법적 의의

헌법 제1조 제1항의 민주공화국은 ① **대한민국의 국가형태**이면서, ② **국민의 합의로 국가권력을 조직**한다는 의미이다.[186]

일반적으로 공화국의 개념은 군주국을 부인한다는 의미를 갖는 것으로 이해된다. 그러나 좀 더 나아가 로마공화정의 역사에 비추어 오늘날의 공화국을 요건을 찾아보면, **헌법에 의한 통치, 최고통치자를 국민이 선출할 것, 국민이 주권자일 것**을 요건으로 한다. 이는 제임스 매디슨이 공화국이란 직접 혹은 간접으로 그것의 모든 권력을 국민의 다수로부터 얻으며, 제한된 기간 동안 기쁨에서 우러나온 선한 행동으로 공직을 수행하는 사람들에 의해 통치되는 정부라고 규정한 것[187]과도 일맥상통한다.

그러나 현대에 와서는 공화국이 '민주'와는 별도의 의미를 갖는다기보다는 민주공화국이 하나로서 의미를 갖는다. 국민주권의 공화국은 민주적일 수밖에 없기 때문이다. 민주공화국의 의미를 소극적으로는 인민공화제, 독재공화제의 부인을 의미하고, 적극적으로는 "국가의 통치조직이 국민에 의하여 형성되고 민주주의적 정치기구를 통하여 권력이 행사되어야 한다."는 것으로 이해하는 견해도 이러한 뜻으로 이해된다.[188] 결국 민주공화국이란 민주적 헌법국가(demokratischer Verfassungsstaat)와 같은 의미로 이해해도 무방하다. 민주공화국의 실현은 ③ **헌법의 기본원리가 추구하는 최종적 목적**이다.

---

185) 국가형태를 탐구하는 이유는 현실을 이해하려는 실천적 요구라고 하고 있는 옐리네크의 견해도 참조[게오르그 옐리네크(김효전 옮김), 일반국가학, 2005, 541쪽]. 따라서 국가의 형태는 형식적인 측면보다는 주권의 실현과 기본권의 보장정도 등을 기준으로 민주국과 독재국을 양극단으로 하여 파악할 수 있을 것이다.

186) 헌재 1989.9.8. 88헌가6; 2001.7.19. 2000헌마91등; 2007.6.28. 2004헌마644.

187) 알렉산더 해밀턴 · 제임스 매디슨 · 존 제이(김동영 옮김), 페더랄리스트 페이퍼, 한울, 1995, 236쪽. 공화국과 순수한 민주주의의 차이에 대해서는 65쪽의 매디슨 견해 참조.

188) 김철수, 헌법학신론, 박영사, 2013, 165쪽.

II. 민주공화국, 국민주권, 민주적 기본질서의 상관관계

대한민국헌법에는 민주공화국 개념 외에도 국민주권, 민주적 기본질서라는 개념이 동시에 사용되고 있어 그 상관관계가 문제될 수 있는데, 그러나 내용상 많은 부분이 중첩되어 규범 내용적으로 궁극에 있어서는 별 차이가 없다. 왜냐하면 국민주권에 합치하는 제도로서 민주공화국이나 민주적 기본질서에 위배되는 제도를 찾기는 어려울 것이며, 민주적 기본질서에 위배되는 제도가 민주공화국이나 국민주권에 합치한다고 볼 수는 없을 것이기 때문이다.

다만 이론적으로 세 개념을 구분하는 경우에는, **민주공화국**은 국가형태나 국가의 정체성을 비롯한 국가전체의 방향을 설정한 것이라면, **국민주권**은 주권문제와 관련하여 민주공화국은 국민주권국가임을 강조한 것이고, **민주적 기본질서**는 법질서적 측면에서 민주성을 강조한 것으로서 국가의 근간이 되는 '기본적' 질서가 민주적으로 형성되고 운용된다는 것을 의미하며[189] 대한민국의 성립과 운용이 민주적인 내용과 절차에 따른 것임을 선언한 것으로 볼 수 있다. 결국은 **민주공화국을 상위개념**으로 하여 **국민주권의 법질서적 표현 내지 구체화**가 **민주적 기본질서**라고 볼 수 있다.[190] 이러한 헌법적 지위를 갖는 민주적 기본질서의 구체적인 의미를 헌법재판소는 "개인의 자율적 이성을 신뢰하고 모든 정치적 견해들이 각각 상대적 진리성과 합리성을 지닌다고 전제하는 다원적 세계관에 입각한 것으로서, 모든 폭력적·자의적 지배를 배제하고, 다수를 존중하면서도 소수를 배려하는 민주적 의사결정과 자유·평등을 기본원리로 하여 구성되고 운영되는 정치적 질서"라고 정의하고 있다.[191]

---

189) 특히 자유민주적 기본질서의 의미에 대해서는 헌재 2001.9.27. 2000헌마238등, 제주4·3사건진상규명및희생자명예회복에관한특별법의결행위취소등(각하) 참조.

190) 김철수, 헌법학, 박영사, 2008, 202쪽은 민주적 기본질서는 단순한 헌법적 질서와 동일한 것이 아니라 헌법질서 중에서 중요한 자유·평등·복지에 관한 기본적인 질서만을 의미한다고 한다. 이렇게 보는 경우에는 민주적 기본질서는 국민주권주의보다 하위의 개념으로 이해할 수 있을 것이다. 그리고 같은 면에서는 이어서 민주적 기본질서는 이미 형태개념으로서 헌법 제1조에 규정되어 있다고 본다. 이것의 의미는 민주공화국개념이 민주적 기본질서와 사실상 같은 것으로 이해하고 있는 것으로 볼 수 있다. 민주적 기본질서와 자유민주적 기본질서의 관계에 대해서는 후술(대한민국헌법의 전문과 기본원리, 기본원리 상호 간의 관계 부분 참조).

191) 헌재 2014.12.19. 2013헌다1, 통합진보당[인용(해산)].

제7절

대한민국헌법의 전문과 기본원리

제1항 전문의 의의

전문은 헌법제정의 유래와 취지, 헌법이 근거하고 있는 기본원리 등을 선언하고 있다. 전문이 없는 헌법도 있다. 대한민국헌법의 전문은 대한국민이 다짐하는 것으로 되어 있기 때문에, 전문에 나타난 이념과 목적 그리고 그 실천방도는 대한민국의 주권자인 국민의 **결의**요 **의지**의 표현이다. 따라서 헌법전문은 대한민국이라는 국가가 나아갈 방향을 제시하고 있다고 할 수 있다.

I. 전문의 규범적 성격

1. 재판규범성

전문에도 헌법의 개별조항과 같은 재판규범성이 인정된다. 따라서 법률 등의 위헌여부 판단의 근거가 된다. 이를 헌법재판소는 헌법이나 법률해석의 기준이 되고, 입법형성권 행사의 한계와 정책결정의 방향을 제시하며, 국가기관과 국민이 존중하고 지켜야 할 최고의 가치규범이라고 하고 있다.[192]

192) 헌재 2006.3.30. 2003헌마806, 입법부작위 등 위헌확인(각하, 일부반대의견 있음); 1989.9.8. 88헌가6, 국회의원선거법 제33조, 제34조의 위헌심판(헌법불합치).

2. 대한민국임시정부 법통 계승의 의미

대한민국임시정부의 법통을 계승한다는 것은 국가의 독립을 위해 활동한 **대한민국임시정부에 헌법적 정당성을 부여**함과 동시에 그 정당성을 **대한민국헌법이 계승**하고 있음을 선언하는 것이다.

그런데 헌법재판소의 판례에 따르면 '대한민국임시정부 법통의 계승'이라는 문구로부터 중국동포와 같이 특수한 국적상황에 처해 있는 사람들의 이중국적 해소 또는 국적선택을 위한 특별법 제정의무를 도출할 수는 없다고 한다.[193] 물론 판례의 의미는 이러한 특별법 제정의무가 헌법으로부터 도출할 수 없다는 의미이고 비단 전문으로부터만 도출할 수 없다는 의미는 아니다.

3. 3·1 정신에서 기본권을 도출할 수 있는지 여부

또한 헌법재판소는 3·1정신에서는 헌법상 보장된 기본권을 도출할 수는 없다고 보고 있다. 「대한민국과일본국간의어업에관한협정」이 "제헌헌법 이래의 우리의 근본이념을 망각하고 일본에 대하여 저자세이고 치욕적인 자세를 취하였으며, 독도의 영유권을 포기하고 나아가 어장을 포기하다시피 함으로써 일본에 대해 1910년의 경술국치 이래 가장 굴욕적인 자세를 취하였던 바, 이는 헌법 전문에 기재된 3.1 정신을 근본적으로 위배한 것"이라는 주장에 대해 헌법재판소는, "청구인들이 침해받았다고 주장하는 기본권 가운데 헌법전문에 기재된 "3.1정신"은 우리나라 헌법의 연혁적·이념적 기초로서 헌법이나 법률해석에서의 해석기준으로 작용한다고 할 수 있지만, 그에 기하여 곧바로 국민의 개별적 기본권성을 도출해낼 수는 없다."고 판시하고 있다.[194]

193) "헌법 전문의 '대한민국임시정부 법통의 계승' 또는 제2조 제2항의 '재외국민 보호의무' 규정이 중국동포와 같이 특수한 국적상황에 처해 있는 자들의 이중국적 해소 또는 국적선택을 위한 특별법 제정의무를 명시적으로 위임한 것이라고 볼 수 없고, 뿐만 아니라 동 규정 및 그 밖의 헌법규정으로부터 그와 같은 해석을 도출해 낼 수도 없다고 할 것이다."[헌재 2006.3.30. 2003헌마806, 입법부작위 등 위헌확인(각하, 일부반대의견 있음)].

194) 헌재 2001.3.21. 99헌마139등, 대한민국과일본국간의어업에관한협정비준등 위헌확인(일부기각, 일부각하. 반대의견 있음).

Ⅱ. 전문의 내용

1. 형식적 · 절차적 내용

전문에는 **국민이 헌법제정권력**임을 선언하고 있고, 1948년 7월 12일 제정되고 8차에 걸쳐 개정된 헌법을 국회의 의결을 거쳐 국민투표에 의하여 개정한다고 함으로써 헌법의 제정과 개정의 경과를 개괄적으로 설명하고 있다.

2. 실질적 · 실체적 내용

헌법전문은 ① 대한민국의 건국이념, ② 민족단결과 정의 · 인도 · 동포애의 실현, ③ 자율과 조화를 바탕으로 한 자유민주적 기본질서의 확립, ④ 기본권보장주의, ⑤ 책임과 의무의 강조, ⑥ 항구적 국제평화주의 등을 규정하고 있다.

① 대한민국 국민의 정신적 기초로 건국의 이념과 사명을 제시하고 있다. ㉮ **건국이념**은 3 · 1운동으로 건립된 대한민국 임시정부의 정신, 4 · 19 민주이념에 나타난 불의에 대한 항거정신인데, 이로 볼 때 대한민국의 건국이념은 독립운동의 과정에서 임시정부가 지향한 **세계평화와 인류공영**의 정신 그리고 **민주주의**에 대한 신념이다. 이로부터 기본권으로서 **저항권**이 도출된다.[195] ㉯ 대한민국 국민은 **조국의 민주개혁**과 **평화적 통일**을 스스로의 **헌법적 사명**으로 부여하고 있다. 해방 이후 우리의 민주주의는 반복되는 장기집권시도에 대한 저항의 역사를 가지고 있다. 이에 현행 헌법에서는 민주개혁을 대한민국의 사명으로 부여하고 있는 것이다. 조국의 평화적 통일의 사명은 아이러니하게도 헌정사상 가장 권위주의적인 헌법인 제7차 개정헌법(유신헌법)에서 도입되기는 하였으나, 평화적 통일의 당위성으로 인하여 대통령 직선제를 쟁취한 현행 헌법에서도 그대로 수용되어 있다.

② 대한민국 국민이 지향하는 목적 내지 목표를 단계적으로 제시하고 있다. ㉮ 헌법에서 대한민국 국민이 지향하는 **궁극적 목적**은 **대한국민과 그 자손의 안전과 자유와 행복의 영원한 확보**임을 명백히 제시하고 있다. ㉯ 궁극적 목적을 달성하기 위해서 제시하고 있는 **중간 목표**는 국내적으로는 **국민생활의 균등한 향상**을 기하는 것이고, 국제적으로는 **항구적인 세계평화와 인류공영에 이바지**하는 것이다.

---

195) 그러나 대법원의 판례가 이를 부인하고 있음은 앞에서 살펴본 바와 같다(전술한 저항권 부분 참조).

③ 대한민국 국민이 지향하는 목적을 달성하기 위한 **방법적 기초**로는 ㉮ 정의·인도·동포애로써 **민족의 단결**을 공고히 하고, ㉯ 모든 **사회적 폐습과 불의를 타파**하며, ㉰ 자율과 조화를 바탕으로 **자유민주적 기본질서를 더욱 확고히** 하여 정치·경제·사회·문화의 모든 영역에 있어서 **각인의 기회를 균등**히 하고, ㉱ **능력을 최고도로 발휘**하게 하며, ㉲ 자유와 권리에 따르는 **책임과 의무를 완수**하게 하는 것을 제시하고 있다.[196)]

제2항 대한민국헌법의 기본원리

I. 기본원리의 개념[197)]

헌법의 기본원리란 강학상 내지는 판례에서 사용되는 개념이고, 헌법전에는 명시적인 근거가 없다. 헌법재판소는 헌법의 기본원리는 다음과 같은 특징을 가지는 것으로 본다.

① 모든 국가기관과 국민이 지켜야 할 최고의 가치규범이다.[198)]

② 입법권 행사의 한계와 국가정책결정의 방향을 제시한다.[199)]

③ 법령해석의 기준이 된다.[200)]

④ 구체적인 기본권을 도출하는 근거로는 될 수 없으나, 기본권제한입법의 합헌성 심사에서 해석기준으로 작용한다.[201)]

헌법재판소에서는 **지도원리**[202)]라고도 표현하고 있는 이 헌법의 기본원리는 헌법원리 중에서도 기본적인 원리를 말하는 것으로서 국가의 **구조원리**(Strukturprinzip)[203)]라고

---

196) 이러한 헌법전문의 내용은 3·1독립선언에 나타난 정신에서 그 연원을 찾을 수 있다.
197) 헌법원리에 대한 자세한 것은 Franz Reimer, Verfassungsprinzipien. Ein Normtyp im Grundgesetz, 2001 참조.
198) 헌재 1989.9.8. 88헌가6, 국회의원선거법 제33조, 제34조의 위헌심판(헌법불합치).
199) 헌재 1996.4.25. 92헌바47, 8-1, 370, 380, 축산업협동조합법 제99조 제2항 위헌소원(위헌).
200) 헌재 1989.9.8. 88헌가6, 국회의원선거법 제33조, 제34조의 위헌심판(헌법불합치).
201) 헌재 1996.4.25. 92헌바47, 8-1, 370, 380, 축산업협동조합법 제99조 제2항 위헌소원(위헌).
202) 지도원리라는 용어에 대해서는 Otto Kimminich, Die Verknüpfung der Rechtsstaatsidee mit den anderen Leitprinzipien des Grundgesetzes, DÖV 1979, 765 ff. 참조.
203) 구조라는 말은 Gerhard Anschütz/Richard Thoma (Hrsg.), Handbuch des Deutschen Staatsrechts,

도 할 수 있다. 다만, 국가구조원리라고 할 때는 제도적, 조직적 내용이 포함된 구조형식에 대한 것이라는 의미가 두드러지게 된다.

NOTE 독일기본법상의 기본원리

우리나라와는 달리 독일기본법에서는 명시적으로 민주주의원리, 연방국가원리, 사회국가원리를 규정하고 있고, 법치주의도 이를 풀어서 규정하고 있다. 즉, 기본법 제20조 제1항에서는 "독일연방공화국은 민주적, 사회적 연방국가다."(Die Bundesrepublik Deutschland ist ein demokratischer und sozialer Bundesstaat)라고 규정하고 있고, 기본법 제20조 제3항에서는 "입법은 헌법질서에 기속되고, 집행권과 사법권은 법률과 법에 기속된다."(Die Gesetzgebung ist an die verfassungsmäßige Ordnung, die vollziehende Gewalt und die Rechtsprechung und an Gesetz und Recht gebunden)라고 하여 법치국가원리를 규정하고 있다.

II. 학설에 나타난 기본원리의 유형들

대표적인 학설에서는 기본원리 외에 기본제도, 기본질서 등의 개념이 사용되고 있다. 기본원리와 기본제도, 기본질서의 개념 상호간의 관계가 문제된다.

1. 김철수

이 견해는 대한민국의 기본질서를 민주질서, 정치질서, 행정질서, 사회·경제질서, 국제질서로 구분하고 그에 따라 기본원리와 기본제도를 나누어 설명하고 있다. 즉, 민주질서에서는 국민주권주의, 민주적 기본질서를, 정치질서에서는 정당제도, 선거제도를, 행정질서에는 법치주의, 직업공무원제도를, 사회·경제질서에서는 사회복지주의, 사회적 시장경제주의를, 국제질서에서는 국제평화주의, 평화통일주의, 국제법존중주의를 설명하고 있다.[204]

Bd. I, 1930, S. 169에서 독일국가조직의 법적 구조라고 처음으로 기술했다고 한다(K. Stern, Staatsrecht 1, 2. Aufl., 1984, S. 551).

204) 김철수, 헌법학신론, 박영사, 2013, 167쪽 이하 참조.

2. 권영성

이 견해에서는 기본원리와 기본질서, 기본제도를 별개로 설명하고 있다. 대한민국 헌법의 기본원리로는 국민주권의 원리, 자유민주주의, 사회국가의 원리, 문화국가의 원리, 법치국가의 원리, 평화국가의 원리를 들고 있고, 기본질서로는 정치적 기본질서로 민주적 기본질서를, 경제적 기본질서로 사회적 시장경제질서를 그리고 평화주의적 국제질서를 들고 있다. 기본제도로는 정당제도(복수정당제), 선거제도, 공무원제도, 지방자치제도, 군사제도, 교육제도, 가족제도를 들고 있다.[205]

3. 허영

이 견해에서는 국민주권주의 이념과 그 실현원리로서 자유민주주의원리, 법치주의원리를, 정의사회의 이념과 그 실현원리로서 사회국가원리, 사회적 시장경제질서를, 문화민족의 이념과 그 실현원리로서 문화국가원리, 혼인·가족제도를, 평화추구의 이념과 그 실현원리로서 평화통일의 원칙, 국제법존중의 원칙을 들고 있다.[206]

4. 그 밖의 학설

양건은 개별적 기본원리로 국민주권주의, 권력분립주의, 기본권 보장, 방어적 민주주의, 평화통일주의, 국제평화주의, 수정자본주의적 경제질서, 법치주의를 제시하면서, 한국헌법 최고의 통합적 원리로서 자유민주적 기본질서의 보장, 통일에 관한 헌법상 기본원리, 대외관계에 관한 헌법상 기본원리, 정당제도에 관한 헌법상 기본원리, 경제질서에 관한 헌법상 기본원리, 그 밖의 헌법상 기본원리(법치주의, 공무원제도, 전통민족문화의 창달)로 구분하여 다시 설명하고 있다.[207] 성낙인은 대한민국헌법의 기본원리를 이념적·법적 기초로서 국민주권주의, 정치적 기본원리로서 자유민주주의, 경제사회문화의 기본원리로서 사회복지국가, 국제질서의 기본원리로서 국제평화주의를 제시하고 있다.[208] 정재황은 기본원리로 국민주권주의, 기본권보장주의, 자유민주주의, 사회복지주의, 국민대표주의와 권력분립주의, 평화통일주의, 문화국가주의, 사회적 시장경제주

---

205) 권영성, 헌법학원론, 법문사, 2009, 125쪽 이하 참조.
206) 허영, 한국헌법론, 박영사, 2011, 143쪽 이하 참조.
207) 양건, 헌법강의, 법문사, 2021, 114쪽 이하 참조.
208) 성낙인, 헌법학, 법문사, 2021, 132쪽 이하 참조.

의, 지방자치 · 지방분권주의, 국제평화주의를 들면서 기본질서와 기본제도를 구분하여 민주질서, 법치주의, 정치질서, 행정질서, 경제질서와 사회적 질서, 문화적 질서, 국제질서로 구분하여 다시 설명하고 있다.[209] 전광석은 기본원리를 따로 설명하지 아니하고 대한민국의 국가형태–민주공화국의 편명 아래에 민주주의의 실현원리로서 대의제원리와 권력분립원리 그리고 정당제도를 다루고, 그 외 헌법과 문화, 헌법과 국제질서, 분단과 분단의 극복이라는 별도의 편을 편성하여 다루고 있다.[210] 방승주는 헌법의 기본원리로 민주주의원리, 법치국가원리, 사회국가원리로 대별하고 각각의 내용을 포섭하여 설명하고 있다.[211] 이는 독일기본법 해석상 기본원리의 내용에 가장 충실한 것으로 보인다.

III. 결론

1. 도출의 기준

대한민국헌법의 기본원리는 헌법에 명문의 근거를 가지고 있지 않기 때문에 해석을 통해 도출해 낼 수밖에 없다.[212] 물론 누가 기본원리를 도출하느냐의 문제가 있으나 재판에서 헌법적 효력을 가지기 위해서는 최종적으로는 헌법재판소에 의하여 기본원리로 받아들여지거나 적어도 법원 등에 의해 수용된 기본원리가 헌법재판소에 의해 부인되지는 않아야 한다.

실정 헌법규정 중에는 독일기본법과 같이 기본원리가 어느 정도 명시된 것으로 볼 수 있는 경우가 있을 수 있다. 나아가서 헌법규정들은 공통된 일정한 원리나 원칙을 공유하는 경우가 있다. 또 어떤 규정들은 다른 규정들에 비하여 보다 원리적인 가치를 가지기도 한다. 이런 원리들은 보다 높은 차원의 원리로 수렴되기도 하는데, 이 상위의 원리들은 보다 상위의 원리로 수렴될 수도 있다. 예를 들면 자의금지원칙, 기본권보호원칙, 법원의 독립원칙 등은 개인의 자유를 법치국가적으로 보호한다고 하는 동일한 방향을 지향하고 있다. 이 점에서 법치국가원리로 수렴된다고 할 수 있다. 법치국가원

209) 정재황, 헌법학, 박영사, 2021, 206쪽 이하 참조.
210) 전광석, 한국헌법론, 집현재, 2021, 75쪽 이하 참조.
211) 방승주, 헌법강의 I(헌법일반론 · 기본원리론 · 국가조직론), 박영사, 2021, 113쪽 이하 참조.
212) 기본원리의 도출근거에 대해서는 특히 Reimer, Franz, Verfassungsprinzipien(SÖR 857), 2001, S. 384 참조.

리는 민주국가원리 등과 함께 민주공화국원리[213]로 수렴하고 있다. 원리들은 관련 헌법규정의 내용을 포괄하고 있다는 점에서 공통적이다.[214] 이 원리들을 헌법원리나 지도원리 또는 구조원리라고 부를 수 있을 것이다.

이러한 헌법원리는 실정 헌법규정의 해석의 방향을 제시한다. 실정 헌법규정을 일정한 헌법원리 하에서 해석하면 개별적 헌법판단의 정당성을 강화해줄 뿐만 아니라 헌법질서의 일관성도 보장해 준다.[215]

그런데 의미 있는 기본원리는 ① 입법 및 정책결정의 방향제시 기능, 헌법 등 법령해석기준으로서의 기능 등을 수행하는 데 적합한 것이어야 한다. 기본원리로서 이러한 기능을 수행할 수 있기 위해서는 **성격이 다른 적용영역을 모두 포괄하는 것이어서는 곤란**하다. ② 기본원리로서 어느 정도 독자적 의미를 가지는 것이기 위해서는 **기본원리 간에 그 내포하는 의미 내지는 적용영역이 서로 구분될 수 있어야** 한다. ③ 그러나 원리적 성격을 상실할 정도로 구체화되어 **세분화된 영역에만 적용되는 것이어서는 일반적인 헌법원리로 볼 수가 없다**. 이상의 3가지 요건을 모두 충족시켜야 하므로 기본원리의 도출에 어려움이 있다.

2. 기본원리의 도출

가. 자유민주적 기본질서, 사회국가원리, 문화국가원리의 도출

헌법재판소가 명시적으로 인정하고 있는 기본원리로는 우선 자유민주적 기본질서를 들 수 있다. 헌법재판소에 따르면 자유민주적 기본질서는 대한민국헌법의 지도이념이고, 현재 우리가 누리고 있는 자유와 번영의 초석이다.[216] 이는 강학상 민주국가원리와 유사한 의미로 이해할 수 있다.[217]

그런데 헌법 전문과 제4조에서는 자유민주적 기본질서라고 규정하고 있는 반면에

213) 헌법상 모든 원리는 민주공화국원리의 하나로 수렴한다. 물론 이 최상위의 원리가 어떤 구체적인 기능을 수행할 수 있을 것인지는 문제가 될 수 있다(이에 대해서는 계속된 설명 참조).

214) Philippe Mastronardi, Verfassungslehre, Haupt, 2007, Rn. 710 참조.

215) Philippe Mastronardi, Verfassungslehre, Haupt, 2007, Rn. 710 참조.

216) 헌재 2001.9.27. 2000헌마238등, 제주4·3사건진상규명및희생자명예회복에관한특별법의결행위취소등(각하).

217) 헌법재판소가 자유민주적 기본질서를 헌법의 기본원리로 파악하는 것은 이미 확립된 태도라고 볼 수 있으므로 여기서는 그에 따라 '자유민주적 기본질서'라는 용어를 대한민국헌법의 기본원리로 받아들이기로 한다.

헌법 제8조 제4항에서는 단순히 민주적 기본질서라고 규정하고 있다. **민주적 기본질서**는 민주정치이념을 기본적 질서로 표현한 것으로서 **모든 생활영역에 있어서 기본이 되는 질서**이다. 일반적으로 민주주의의 이념은 자유뿐만 아니라 평등과 사회적 정의를 포섭하는 것이므로, 민주주의란 자유민주주의와 사회민주주의를 포괄하는 상위개념으로 이해하여야 한다. 그러나 자유민주적 기본질서와 사회민주적 기본질서가 개념상 구분될 수 있다고 하더라도 현실세계에서 양자는 서로 배타적일 수 없다. 현실 정치세계에서는 사회민주주의를 배격하는 자유민주주의란 성립할 수 없으며, 자유민주주의를 배격하고 사회민주주의가 독단으로 성립할 수도 없다. 따라서 대한민국헌법이 규정하고 있는 자유민주적 기본질서가 사회민주적 기본질서를 뺀 나머지라고 하는 것은 지나친 형식론이다.[218]

헌법재판소는 자유민주적 기본질서의 내용으로 인권의 존중, 권력분립, 의회제도, 복수정당제도, 선거제도, 사유재산과 시장경제를 골간으로 하는 경제질서, 사법권의 독립 등을 들고 있다.[219]

헌법규정과 헌법재판소의 결정에 기초하여 민주공화국의 모든 생활영역에서 기초가 되는 질서로서 민주적 기본질서를 고찰하면 **정치·경제영역에서는** 인권존중, 권력분립, 의회제도, 복수정당제도, 선거제도, 공무원의 신분보장과 정치적 중립성, 법원의 독립, 사유재산의 보장, 사회적 **시장**경제)로 구현되어 있고, **사회·문화영역에서는 사회적** 시장경제, 사회적 기본권의 보장(이상 사회국가원리), 국가의 전통문화 계승·발전의무, 양성평등을 기초로 한 혼인 및 가족제도(이상 문화국가원리)로 구현되어 있음을 알 수 있다. 이렇게 보면 민주적 기본질서에는 자유민주적 기본질서 외에도 사회국가원리, 문화국가원리 등 다른 기본원리가 지향하는 내용도 포함됨을 알 수 있다. 그 외 헌법재판소에서는 시장경제원리를 언급하고 있기도 하지만,[220] 이는 경제영역에 나타난 자유민주적 기본질서라고 할 수 있으므로 독자적인 원리로 파악할 필요는 없다.

그런데 민주적 기본질서 그 자체는 민주공화국의 모든 생활영역에 있어서 기본이 되는 질서이기 때문에, 앞에서 언급한 바와 같이 자유주의적 내용과 사회국가 및 문화

---

218) 이에 대해서는 후술 참조.
219) 헌재 1990.4.2. 89헌가113, 국가보안법 제7조에 관한 위헌심판(한정합헌).
220) 헌재 2001.9.27. 2000헌마238등, 제주4·3사건진상규명및희생자명예회복에관한특별법의결행위취소등(각하).

국가적 내용뿐만 아니라 아래에서 설명하고 있는 바와 같이 법치국가적 · 평화국가적 내용도 포함하고 있다. 그러나 헌법의 기본원리는 성격이 다른 모든 법 영역을 포괄하는 경우에는 원리로서 독자적인 개별적 기능을 수행하기 어렵게 된다는 의미에서 헌법의 기본원리가 원리로서의 기능을 충실하게 수행하기 위해서는 보다 세분화될 필요가 있다.

나. 법치국가원리, 평화국가원리의 도출

그 외 대한민국헌법의 민주공화국은 사람에 의한 지배가 아니라 법이 지배하는 국가이고, 그 궁극적 목적은 국내외적 평화의 실현이라는 점에서 법치국가원리, 평화국가원리를 대한민국헌법의 기본원리로 들 수 있다. 법치국가원리는 국민의 모든 자유와 권리는 법률로써만 제한할 수 있도록 한 헌법 제37조 제2항에서, 평화국가원리는 국제평화와 국제법 존중 그리고 평화통일정책의 수립 · 추진 등을 규정하고 있는 제4조, 제5조, 제6조 등에서 해석상 도출할 수 있다.

3. 기본원리의 구현

기본원리는 개별 헌법규정에서 그 도출근거를 찾는 것이기 때문에 이는 동시에 기본원리가 개별 헌법규정에 어떻게 구현되어 있는가를 설명하는 것이기도 하다.

가. 자유민주적 기본질서의 구현

자유민주적 기본질서는 인권(자유권)존중, 참정권, 권력분립, 의회제도, 복수정당제도, 선거제도, 공무원의 신분보장과 정치적 중립성, 법원의 독립, 사유재산의 보장, (사회적) 시장경제,[221] 자유민주적 기본질서에 입각한 평화통일(제4조), 군의 정치적 중립성(제5조 제2항) 등으로 구현되어 있다. 이는 주로 정치 · 경제영역과 관련된다.

나. 사회국가원리의 구현

사회국가원리는 사회적 기본권의 보장, **사회적** 시장경제 등으로 구현되어 있다.

---

221) 사회적 시장경제질서는 '사회적'이라는 용어를 강조하면 사회국가원리에 포함시킬 수 있을 것이지만, 자유민주적 기본질서는 기본적으로는 **시장**경제질서에 방점을 둔 기본질서라고 할 수 있다[헌법재판소에서도 시장경제 및 사유재산권을 자유민주적 기본질서의 일부로 보고 있다(헌재 2001.9.27. 2000헌마238등, 제주4 · 3사건진상규명및희생자명예회복에관한특별법의결행위취소등(각하)].

다. 평화국가원리의 구현

평화국가원리는 평화통일정책의 수립과 추진(제4조), 국제평화와 침략전쟁 부인(제5조 제1항), 국제법 존중 및 외국인 지위의 보장(제6조 제1항 제2항) 등으로 구현되어 있다.

라. 문화국가원리의 구현

문화국가원리는 전통문화의 계승·발전과 민족문화의 창달 노력(제9조), 혼인·가족제도, 교육기본권, 남녀평등, 인간의 존엄과 가치의 존중(예: 고문금지 등, 사형폐지 문제) 등으로 구현되어 있다.

마. 법치국가원리의 구현

법치국가원리는 재판청구권 등 각종 권리구제를 위한 기본권(절차적 기본권)의 보장, 법률에 의한 기본권의 제한(제37조 제2항) 등으로 구현되어 있다.

4. 결론

이상과 같은 헌법의 기본원리는 민주공화국의 실현이라는 목적을 지향한다. 후술하는 바와 같이 대한민국헌법이 전제로 하는 인간상은 **자주적인 인간**이다. 따라서 민주공화국이 보장하는 생활은 국민의 자주적인 생활이다. 이를 그림으로 나타내 보면 다음과 같다.

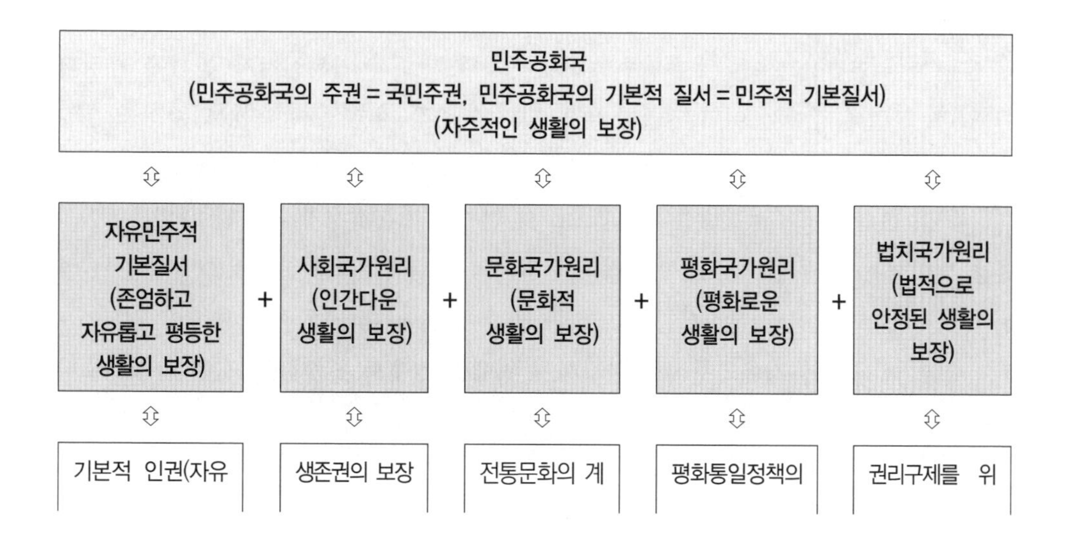

권)존중 권력분립 의회제도 복수정당제도 민주적 선거제도 (참정권) 공무원의 신분보장과 정치적 중립성 법원의 독립 사유재산의 보장 사회적 시장경제 자유민주적 기본질서에 입각한 평화통일(제4조) 군의 정치적 중립성 지방자치제도	사회적 시장경제	승·발전과 민족문화의 창달 노력 혼인·가족제도 교육기본권 남녀평등 인간의 존엄과 가치의 존중 (예: 고문금지) 문화생활 영역의 기본권 보장 지방교육자치제도	수립과 추진 국제평화와 침략전쟁 부인 국제법 존중 및 외국인 지위의 보장	한 기본권 (절차권) 기본권 제한의 한계

제3항 기본원리 상호 간의 관계

I. 자유민주적 기본질서와 사회국가원리, 문화국가원리, 평화국가원리의 관계

대한민국헌법상으로는 자유민주적 기본질서와 민주적 기본질서가 동시에 규정되어 있다. 그런데 앞에서 이미 언급한 바와 같이 민주적 기본질서는 자유민주적 기본질서와 사회민주적 기본질서를 포괄하면서[222] 그 이상의 상위 개념으로 이해된다.

다만, 헌법 제8조 정당해산의 요건으로서 민주적 기본질서가 자유민주적 기본질서만을 의미하는 것[223]인지, 자유민주적 기본질서와 사회민주적 기본질서를 포괄하는 상위개념으로서 민주적 기본질서를 의미하는 것[224]인지에 대해 의견의 대립이 있다.

정당해산요건을 자유민주적 기본질서에 위배한 경우로 한정하는 것은 사회민주적

222) 김철수, 헌법학신론, 박영사, 2013, 181쪽 이하; 권영성, 헌법학원론, 법문사, 2009, 157쪽 참조.
223) 권영성, 헌법학원론, 법문사, 2009, 157쪽.
224) 김철수, 헌법학신론, 박영사, 2013, 181쪽 이하.

기본질서를 포함하는 것에 비해서 정당해산요건이 엄격하여 정당이 갖는 민주주의 실현기능을 고려할 때 타당한 일면이 없는 것은 아니나, 정당의 목적이나 활동이 사회민주적 기본질서를 위해하는 경우에도 해산될 수 없는 것은 아니다. 왜냐하면 정당해산은 자유에 대한 침해만을 전제로 하고 있는 것이 아닐 뿐만 아니라, 사회민주적 기본질서는 대한민국헌법의 기본원리인 사회국가원리를 의미하는 것이기 때문이다. 또한 대한민국헌법이 정당해산요건으로 자유민주적 기본질서를 채택하지 아니하고 민주적 기본질서를 채택한 것은 헌법의 문언으로 볼 때 명백하다. 더구나 대한민국헌법에 정당조항이 처음 도입된 1960년의 제3차 개정헌법에서부터 정당해산 요건으로 민주적 기본질서가 규정된 이래 현행 헌법에까지 이르고 있다. 이 점에 있어서 자유민주적 기본질서를 정당해산사유로 하고 있는 독일기본법과는 다르다.

다음으로 헌법전문과 제4조의 자유민주적 기본질서는 민주적 기본질서 중에서도 자유주의적 가치를 강조한 것으로 이해된다. 예컨대 헌법전문의 자유민주적 기본질서는 1972년의 제7차 개정헌법에서부터 도입되었다. 1948년 헌법에서부터 1969년의 제6차 개정헌법에 이르기까지는 자유민주적 기본질서 대신에 '민주주의'라고 규정되어 있었다. 각 공화국의 헌법적 정당성은 차치하고, 제7차 개정헌법의 시기는 남북이 이데올로기적으로 첨예하게 대립하던 제4공화국이라는 점을 고려하면 대한민국의 자유주의적 가치를 강조한 것으로 볼 수 있다. 제4조는 현행 헌법에서 처음으로 규정되었다. 이 규정은 평화통일정책을 수립하고 추진하되 그 기본 틀은 자유민주적 기본질서에 입각한다는 취지를 규정하고 있다. 따라서 이 조항도 북한을 염두에 둔 조항으로서 대한민국이 지향하는 자유주의적 가치를 강조하여 자유민주적 기본질서를 규정한 것으로 이해할 수 있다.

사회국가원리라고 볼 수 있는 사회민주적 기본질서는 자유민주적 기본질서와 함께 민주적 기본질서를 구성하는 헌법원리다. 자유민주적 기본질서는 민주적 기본질서 중에서 자유주의가 강조된 것이고, 사회국가원리는 평등 내지 사회적 정의가 강조된 원리이다.

그리고 민주적 기본질서는 문화국가원리와 평화국가원리도 포괄한다. 문화국가원리는 민주공화국이 발전하는 문화적 토대가 되고, 평화국가원리는 평화적 통일과 세계평화 및 인류공영을 위한 헌법원리가 된다.

II. 평화국가원리와 영토조항의 관계

헌법 제4조에서는 자유민주적 기본질서에 입각한 평화적 통일정책을 수립하고 추진할 것을 규정하고 있다. 그런데 헌법 제3조에서는 대한민국의 영토는 한반도와 그 부속도서로 한다고 규정함으로써 북한을 국가보안법상 반국가단체로 보는 헌법적 근거로서 기능하기도 한다. 북한을 반국가단체로 보면서 평화적 통일정책을 수립하고 추진한다는 것이 얼핏 보면 모순으로 보일 수 있다. 따라서 학설에서는 헌법 제3조와 제4조를 모순되는 것으로 보고 신법우선의 원칙에 입각하여 제4조 평화통일조항을 우선하는 것으로 보려는 견해도 있다.

그러나 북한을 법적으로 반국가단체로 보면서도 평화통일을 추구하는 것이 불가능한 것은 아니다. 북한을 반국가단체로 보는 것은 한반도와 그 부속도서에는 대한민국의 주권과 부딪히는 어떤 국가도 존재할 수 없다고 보는 당연한 논리적 귀결이지만, 북한지역과의 통일은 무력이 아닌 자유민주적 기본질서에 입각한 평화적 방법에 의하도록 한 것으로 해석하는 것도 가능하다고 본다.[225] 따라서 헌법재판소가 판시하였듯이 북한을 반국가단체로 보아서 국가보안법을 합헌으로 보면서도, 남북교류법을 제정하여 교류하는 것도 헌법적으로 모순되지 아니한다. 남북교류법이 적용되는 범위 내에서 남북교류법이 국가보안법에 우선하여 적용될 수 있다.

III. 법치국가원리와 다른 헌법원리의 관계

자유민주적 기본질서를 비롯한 헌법원리를 실현하는 경우에는 모두 법치국가적 방법으로만 이행될 수 있다. 이것은 헌법 제37조 제2항으로 볼 때 명백하다. 말하자면 법치국가원리는 모든 헌법원리 구현의 방법적 기초임과 동시에 그 한계가 된다고 할 수 있다.

225) 최대권, 한국 헌법의 좌표; 「영토조항」과 「평화적 통일조항」, 법제연구, 1992, 5－24쪽 참조.

NOTE (자유)민주적 기본질서에 관한 헌법재판소의 결정 내용[226]

[정당해산과의 관계]

“(3) 또한 우리 헌법은 정당에 대하여도 민주적 기본질서를 해하지 않는 범위내에서의 정당활동을 보장하고 있다. 즉 헌법 제8조 제2항 및 제4항에 “정당은 그 목적·조직과 활동이 민주적이어야 하며…”, “정당의 목적이나 활동이 민주적 기본질서에 위배될 때에는 … 헌법재판소의 심판에 의하여 해산된다”고 명시하고 있다. 따라서 어떠한 정당이 외형상 민주적 기본질서를 추구한다고 하더라도 그 구체적인 강령 및 활동이 폭력적 지배를 추구함으로써 자유민주적 기본질서를 위반되는 경우 우리 헌법 질서에서는 용인될 수 없는 것이다.”

따라서 이 결정내용에서 자유민주적 기본질서를 언급하고 있는 것은 자유민주적 기본질서가 사건과 관련하여 강조된 것이고, 사회민주적 기본질서 내지 사회국가원리를 배격하고 있는 것은 아니라고 보아야 한다.

[자유민주적 기본질서와 시장경제 · 사유재산권과의 관계]

“(4) 한편 우리 헌법은 자유민주적 기본질서의 일부인 시장경제 및 사유재산권의 보장에 대하여도 제23조 제1항 전문에서 “모든 국민의 재산권은 보장된다”, 제119조 제1항에서 “대한민국의 경제질서는 개인과 기업의 경제상의 자유와 창의를 존중함을 기본으로 한다”고 각 규정하고 있다. 우리 재판소도 이를 구체화하여 “우리 헌법은 사유재산제도와 경제활동에 관한 사적자치의 원칙을 기초로 하는 자본주의 시장경제질서를 기본으로 하고 있음을 선언하고 있다. 국민 개개인에게 자유스러운 경제활동을 통하여 생활의 기본적 수요를 스스로 충족시킬 수 있도록 하고 사유재산의 자유로운 이용·수익과 그 처분 및 상속을 보장해 주는 것이 인간의 자유와 창의를 보장하는 지름길이고 궁극적으로는 인간의 존엄과 가치를 증대시키는 최선의 방법이라는 이상을 배경으로 하고 있다”고 밝힌 것이다.”

[자유민주적 기본질서와 사회국가원리와의 관계]

“물론 우리 헌법은 그 전문에서 “모든 영역에 있어서 각인의 기회를 균등히 하고 …… 안으로는 국민생활의 균등한 향상을 기하고”라고 천명하고, 제23조 제2항과 여러 ‘사회적 기본권’ 관련 조항, 제119조 제2항 이하의 경제질서에 관한 조항 등에서 모든 국민에게 그 생활의 기본적 수요를 충족시키려는 이른바 사회국가의 원리를 동시에 채택하여 구현하려 하고 있다. 그러나 이러한 사회국가의 원리는 자유민주적 기본질서의 범위내에서 이루어져야 하고, 국민 개인의 자유와 창의를 보완하는 범위내에서 이루어지는 내재적 한계를 지니고 있다 할 것이다. 우리 재판소도 “우리 헌법은 자유민주적 기본질서 및 시장경제질서를 기본으로 하면서 위 질서들에 수반되는 모순을 제거하기 위하여 사회국가원리를 수용하여 실질적인 자유와 평등을 아울러 달성하려는 근본이념을 가지고 있다”라고 판시한 것은 이

226) 헌재 2001.9.27. 2000헌마238, 제주4·3사건진상규명및희생자명예회복에관한특별법의결행위취소 등(각하).

러한 맥락에서 이루어진 것이다."

이상의 결정내용에 따르면 사회적 시장경제질서야말로 자유민주적 기본질서와 사회국가원리를 동시에 구현하고 있는 제도이다.

"(5) 따라서 우리 헌법은 폭력적, 자의적인 지배, 즉 일인 내지 일당독재를 지지하거나, 국민들의 기본적 인권을 말살하는 어떠한 지배원리도 용인하지 않는다. 형식적으로는 권력분립·의회제도·복수정당제도·선거제도를 유지하면서 실질적으로는 권력집중을 획책하여 비판과 견제기능을 무력화하고, 자유·비밀선거의 외형만을 갖춰 구성된 일당독재를 통하여 의회제도를 형해화하거나, 또는 헌법상 보장된 기본권을 인정하지 아니함으로써 사유재산 및 시장경제질서를 부정하는 공산주의를 신봉하는 정당이나 집단은 우리 헌법의 이념과 배치되고, 이러한 이념을 추구한 정당 또는 단체와 그 구성원들의 활동도 헌법과 법률에 의하여 보호되지 아니한다고 할 것이다.

(6) 결국 우리 국민들의 정치적 결단인 자유민주적 기본질서 및 시장경제원리에 대한 깊은 신념과 준엄한 원칙은 현재뿐 아니라 과거와 미래를 통틀어 일관되게 우리 헌법을 관류하는 지배원리로서 모든 법령의 해석기준이 되므로 이 법의 해석 및 적용도 이러한 틀안에서 이루어져야 할 것이다."

제4항 대한민국헌법의 인간상

헌법이 지향하는 인간상은 헌법해석을 통해 도출할 수 있고, 이렇게 도출된 인간상은 반대로 개별 헌법규정 해석의 방향을 제시한다.

우선 대한민국헌법은 **개인주의**를 근간으로 하고 있다. 예컨대 책임과 형벌의 비례원칙 같은 것은 개인주의에 입각한 것이고, 연좌제 등이 금지되는 것은 헌법이 지향하는 인간상과 정면으로 배치되기 때문이다. 헌법상 모든 자유와 권리는 원칙적으로 개인의 자율적 결정에 따른 개인의 자유와 권리이다. 따라서 개인의 자유와 권리보다 집단적 자유와 권리를 앞세우거나 강요하는 것은 대한민국헌법이 전제로 하는 인간상과 부합하기 어렵다. 대한민국헌법에서 공산주의나 전체주의가 결코 허용될 수 없는 것은 바로 이러한 이유다.

그러나 다른 한편으로 헌법이 전제로 하는 인간은 개인주의에 근간을 두면서도 **공동체주의적 가치도 존중**한다. 공동체주의적 가치를 존중한다는 것은 개인의 이익이 공동체의 이익을 위해 제약되는 것을 용인하는 태도에서 나타난다. 이 공동체주의는 특히 공익을 위해서는 개인의 자유와 권리가 제약될 수 있음을 명기하고 있는 헌법 제37조 제2항과 제119조 제2항 등에서 찾을 수 있다. 국민의 기본의무(국방의무, 납세의무, 환경보전의무, 재산권행사의 공공복리적합의무, 교육의무)가 인정되는 것도 공동체주의적 인간상을 전제로 한 것이다.

이상 일견 모순되는 것처럼 보이는 두 가치의 공존을 인정하는 인간은 한마디로 말하면 **자주적 인간**이라고 할 수 있다. 자주적 인간이란 자율과 책임으로 개인적 가치와 공동체적 가치의 조화로운 공존을 의욕하는 인간이다.[227)]

헌법재판소는 '자기결정권을 지닌 창의적이고 성숙한 개체로서의 국민'이라고 개념하고 있다.[228)] 헌법재판소는 이러한 인간상에 기초하여, 법률이 정한 목적을 제외한 기부금품의 모집을 전면금지하는 것은 헌법의 인간상인 자기결정권을 지닌 창의적이고 성숙한 개체로서의 국민을 마치 다 자라지 아니한 어린이처럼 다룸으로써 오히려 국민이 기부행위를 통하여 사회형성에 적극적으로 참여하는 자아실현의 기회를 가로막고 있어서 헌법에 위반된다고 판시한 바 있다.[229)]

---

227) 허영에 따르면 자주적 인간이란 ① 인간의 공동생활을 책임 있게 함께 형성해 나갈 사명을 간직한 인격체로서의 인간, ② 모든 생활영역에서 자결과 자유로운 개성을 추구하고 실현시킬 수 있는 능력을 갖춘 인격체로서의 인간을 의미한다(허영, 한국헌법론, 박영사, 2010, 142쪽).

228) 헌재 1998.5.28. 96헌가5, 기부금품모집금지법 제3조 등 위헌제청(위헌). 그러나 개인생활적 측면만 기술하고 있다는 점에서 부족한 점이 있다.

229) 헌재 1998.5.28. 96헌가5, 기부금품모집금지법 제3조 등 위헌제청(위헌).

제8절

제도보장

제도보장(Einrichtungsgarantie)[230]이라는 개념은 오늘날 보편화하고 있는 기본권의 객관적 측면에 대한 시사와 관련한 독일헌법학의 독창적 법 개념 중의 하나다. 라틴어의 Institutio에서 그 유래를 갖는 제도(Institution) 개념의 용법은 매우 다양하다. 그 중에 헌법학에서 사용하는 제도 개념은 무엇보다도 모리스 오류(Maurice Hauriou: 1856~1929)에서 비롯되어 칼 슈미트(C. Schmitt)에 의하여 헌법학의 중요개념으로 자리 잡게 되었다.[231]

제도보장에 있어서 가장 큰 관심사는 제도보장으로 인하여 보호되는 제도의 내용이다. 그동안 학설과 판례를 통하여 확인된 바에 따라 말하면, **제도의 존속과 그 핵심영역의 보호**라고 간명하게 말할 수 있다. 입법자는 임의로 헌법상 보장된 제도를 폐지할 수 없을 뿐만 아니라 제도를 형성함에도 완전한 입법형성권을 가지지 못한다. 바로 이곳에 제도보장의 핵심영역이 존재한다. 그러나 제도보장의 핵심영역의 의미에 대하여는 학설과 판례의 발전에 일임되어 있다고 할 수 있다. 헌법재판소도 제도보장 개념을 인정하고 있다.[232]

---

230) 제도보장과 기본권의 관계에 대해서는 김대환, 기본권론, 박영사, 2023, 110쪽 이하 참조.
231) Historisches Wörterbuch der Philosophie, Bd. 4, Schwabe & Co. Basel, 1976, S. 420.
232) 나아가서 헌법재판소는 명시적인 원용 없이 헌법 제37조 제2항과 관련하여서도 핵심영역이라는 개념을 사용하고 있다.

제1항 제도보장이론의 성립과 발전

I. 성립과정

독일의 바이마르공화국시대(1919~1933)[233]에 기본권은 아직 군주국이나 비민주적인 관료국가의 자의에 대항하는 의미를 가지는 것으로 이해되었고, 의회는 공동체를 대표하는 것으로 인식되고 있었다. 따라서 형식적 법치국가라고 할 수 있는 바이마르공화국의 헌법규정에서는 많은 기본권들을 법률유보 하에 두고 있었다.[234] 제도보장이론은 이러한 배경 하에 **법률에 의한 기본권유린에 대항하는 이론**으로 탄생하였다.[235]

제도보장이론은 칼 슈미트에 의하여 본격적으로 논의되었다. 그는 소위 제도보장을 기본권에서 분리해 내고,[236] 그 자체 어떤 특정한 과제와 목적에 기여하는 법적으로

---

233) 바이마르공화국은 독일제국(Deutsches Reich)의 별칭이다. 바이마르의 법적 형태는 공화국임에도 불구하고 국가명칭은 독일제국으로 계속 사용하였다[바이마르공화국헌법 제1조 독일제국은 공화국이다. 국가권력은 국민으로부터 나온다(Das Deutsche Reich ist eine Republik. Die Staatsgewalt geht vom Volke aus)]. 그러나 일반적으로 군주국으로서 독일제국은 1871－1918까지의 Deutsches Kaiserreich(제2제국)를 가리킨다.

234) 바이마르헌법 하에서의 법률유보의 근거는 헌법 제48조를 들 수 있다. 이 조항은 공화국의 공적 안전과 질서가 현저히 교란되거나 위험에 직면하게 될 경우 공적 안전과 질서의 회복에 필요한 조치를 할 수 있는 권한을 공화국대통령에게 부여한 근거로서 공적 안전이라든가 공적 질서라는 개념이 점점 확대되어 갔다(Reinhold Zippelius, Kleine deutsche Verfassungsgeschichte, 2. Aufl., C. H. Beck, 1995, S. 128).

235) H. Dreier, Grundgesetz Kommentar Ⅰ, S. 1082 Rn. 1; E. R. Huber, Deutsche Verfassungs－geschichte Ⅵ, S. 99－100; K. Stern, Das Staatsrecht Ⅲ/2, S. 844. 바이마르헌법하의 기본권유린에 대항하는 견해를 피력한 학자로는 헨젤[A. Hensel, Handbuch Ⅱ, S. 313(316) ff. Anm. 2], 카우프만[E. Kaufmann, Eigentum und Verwaltung(1930), in: Gesammelte Schriften, Bd. Ⅰ, 1960, S. 464], 후버(E. R. Huber, Deutsche Verfassungsgeschichte Ⅵ, S. 100, Anm. 16) 등을 들 수 있다.

236) C. Schmitt, Verfassungslehre, 1928, S. 170 ff. C. Schmitt에 있어서 자유는 법제도(Rechtsin－stitute)도, 제도(Einrichtungen)도, 기관(Anstalt)도 아니다. 즉, 자유는 결코 조직되고 형성된 공법상의 제도(Institution)가 아니다[Freiheitsrechte und institutionelle Garantien(1931), in: Ver－fassungsrechtliche Aufsätze, aus den Jahren 1924－54, 1958, S. 140 (167); Verfassunglehre, 1928, S. 170 f.]. 그러나 많은 제도보장(Einrichtungsgarantien)이, 예컨대 지방자치행정(제127조), 직업공무원제도(제128조에서 제130조), 혼인(제119조), 재산권(제153조), 그리고 상속권(제104조) 같은 것들이 바이마르헌법에서 기본권과 같은 장인 제2장(zweiter Hauptteil)에 규정되어 있었기 때문에 제도보장은 최소한 헌법 체계적으로 기본권과 관련되어 있다고 보았다. 나아가 제도보장은 주관적 권리도 보장할 수 있다고 보았다(Verfassungslehre, S. 172). 이러한 C. Schmitt의 견해는 바이마르공화국시대의 학설과 판결에서 널리 인정되었다.

인정된 '제도'(Einrichtungen)의 보장으로 이해하였다.[237] 그는 기본권(특히 자유권)은 무제한적인 데 반하여 제도보장은 본질적으로 제한적이라고 보았다. 즉, 제도보장은 국가 내에서만 존재하며, 무제한적인 자유영역의 관념에 기초하는 것이 아니라 원칙적으로 그 자체 항상 획정(劃定)되고 한정되어 있는 바의 특정한 과제나[238] 목적에 기여하는 법적으로 승인된 제도(Institution)의 보장이다. 그는 이러한 제도보장의 특징은 헌법이 법률로 제도를 폐지하는 것을 불가능하게 하는 데에 있다고 보았다.[239]

그는 1931년 "바이마르공화국에 있어서의 자유와 제도적 보장"이라는 논문에서 이러한 생각을 더욱 발전시켰다. 여기에서 그는 공법제도의 보장을 의미하는 **제도적 보장**(institutionelle Garantie)과 사법(私法)제도의 보장을 의미하는 **제도보장**(Institutsgarantie)을 구별하였다.[240] '제도적 보장'은 개념적으로 볼 때 형성·조직되고 획정·구분될 수 있는 공법적 성격의 제도에 대한 순수한 헌법적 보장을 전제로 한다고 보았다.[241] 그러므로 제도적 보장은 지방자치행정(바이마르헌법 제127조)이나 직업공무원제도(바이마르헌법 제129조) 등과 같이 (물론 결국은 사람을 위하여 존재하는 것이기는 하지만) 주관적인 권리를 보장하는 것이 아니다.[242] 그에 반하여 '제도보장'은 재산권(바이마르헌법 제153조 제1항), 상속권(바이마르헌법 제154), 혼인(바이마르헌법 제119조)과 같은 특정한 내용을 가진 사법적 유형의 규범복합체[243](Normenkomplexe), 좀 더 정확히는 전통적으로 확립된 전형적 규범복합체 및 법적 관계(Rechtsbeziehungen)를 의미하는 법제도의 헌법적 보장으로 설명되었다.[244] 따라서 '제도보장'은 기본권과 관련된다.[245] 그러나 이하에서는 특별히 구별이 필요한 경우를 제외하고는 제도적 보장과 제도보장을 모두 포괄하는 용어로 제도보장(Einrichtungsgarantien)이라는 용어를 사용한다.[246]

---

237) C. Schmitt, Verfassungsrlehre, S. 172.
238) 물론 그 과제는 개별적으로 전문화되어 있지 않고 효력범위와 관련하여 어떤 보편성이 허용될 수 있다.
239) C. Schmitt, Verfassungslehre, S. 170.
240) C. Schmitt, Verfassungsrechtliche Aufsätze, S. 140, 143 ff.
241) C. Schmitt, Verfassungsrechtliche Aufsätze, S. 155.
242) Maunz－Dürig, GG－Kommentar, 1994, Art. 1 Abs. Ⅲ, Rn. 97.
243) C. Schmitt, Verfassungsrechtliche Aufsätze, S. 164.
244) C. Schmitt, Die Grundrechte und Grundpflichten des deutschen Volkes, in: G. Anschütz/R. Thoma(Hrsg.), Handbuch des Deutschen Staatsrechts Ⅱ, 1932, S. 572－606(596).
245) Maunz－Dürig, GG－Kommentar, Art. 1 Abs. Ⅲ, Rn. 97.
246) 독일에서도 일반적으로 둘을 포괄하는 경우에 Einrichtungsgarantien이라는 용어를 사용한다.

II. 바이마르헌법상 보장된 제도

칼 슈미트를 비롯한 바이마르의 다수의 학자들은 제도적 보장으로는 ① 사법의 독립성(바이마르헌법 제102조 이하), ② 지방자치행정(바이마르헌법 제127조), ③ 직업공무원제도(바이마르헌법 제128조 이하), ④ 종교단체의 지위(바이마르헌법 제137조), ⑤ 학교제도(바이마르헌법 제144조), 신학대학(바이마르헌법 제149조)들을 들고 있고, 제도보장으로는 ① 혼인과 가족(바이마르헌법 제119조), ② 부모의 양육권과 교육의무(바이마르헌법 제120조), ③ 계약의 자유(바이마르헌법 제152조), ④ 재산권(바이마르헌법 제153조), ⑤ 상속권(바이마르헌법 제154조) 등을 들고 있다.[247)]

III. 기본법 성립 후 핵심영역사상의 전개

이러한 바이마르시대의 제도의 핵심영역 보장 사상은 기본법 제정 이후에는 주로 연방헌법재판소의 판결에 의하여 형성·발전되었다. 1954년 11월 18일의 단결의 자유에 관한 판결[248)]에서 최초로 명시적으로 핵심영역이라는 개념이 형성된 이래,[249)] 주로 기본법 제28조 제2항에 근거한 지방자치단체의 자치행정과 기본법 제9조 제3항에서 보장된 단결의 자유와 관련하여 논의되어 왔다. 이어서 직업공무원제도, 혼인과 가족제도, 재산권 보장 등에서 제도보장 개념을 인정하게 되었다.

제2항 우리나라에서의 논의

I. 학설

우리나라에서도 제도보장에 대한 논의는 비교적 활발히 이루어져 왔다.[250)] 이 과

---

247) Ernst Rudolf Huber, Deutsche Verfassungsgeschichte, Bd. Ⅵ, 1981, §10, S. 119 ff.

248) BVerfGE 4, 96, 106. 결정 내용은 후술 참조.

249) 물론 연방헌법재판소가 단결의 자유를 제도적으로 이해하는지의 여부에 대하여는 의심하는 견해도 있다. 이에 대해서는 K. Stern, Staatsrecht Ⅲ/1, S. 776 참조.

250) 우리나라에서의 제도보장이론의 등장과 개괄적인 논의과정에 대하여는 정종섭, 기본권의 개념과

정에서 **권리는 최대한의 보장**인 데 반하여 **제도보장은 최소한의 보장**이라는 공식이 받아들여졌다.[251] 물론 그럼에도 불구하고 제도보장과 기본권의 관계를 완전히 단절하지는 않고 일정한 관계는 인정하는 것이 대체적인 입장이다.[252] 나아가서 기본권이 갖는 주관적 권리와 객관적 질서의 기능적인 보완관계를 존중하는 기본권의 양면성을 수용하는 입장에서, 둘은 주관적 권리와 객관적 질서로서의 내용에 강약의 차이가 있을 따름이라고 하여 기본권과 제도보장을 엄격히 구분하는 것을 비판하는 견해도 있다.[253]

그에 반하여 제도보장의 **핵심영역**에 대한 논의는 그동안 그렇게 활발하지 않았다. 헌법 제37조 제2항의 기본권의 본질적 내용 침해금지 규정은 칼 슈미트의 제도보장이론을 연상케 한다고 지적하거나,[254] 제도보장의 내용을 제도의 본질적 내용 침해금지로 설명하는 견해[255] 등이 이와 관련된 간략한 언급들이다. 그리고 기본권의 본질적 내용을 해벌레의 견해에 따라 기본권의 제도적 내용에 대한 제도적 보장이라는 견해도 있다.[256] 이 견해에 따르면 기본권의 본질적 내용은 개별 기본권의 제도적 보장을 수용한 것이므로, 헌법상 기본권의 본질적 내용은 기본권의 객관법적 내용을 보장하는 기능을 가지는 제도적 보장을 의미한다고 본다. 그 외 제도보장과 관련한 핵심영역이라는 사고를 기본권의 본질적 내용 침해금지의 규정을 이해하는 한 단서로 이해하는 입장도 있다.[257]

II. 헌법재판소 결정에 나타난 제도의 핵심영역보장

헌법재판소도 일찍부터 제도보장 개념을 수용하고 있다. 헌법재판소가 헌법적 보

본질에 대한 이론적 논의의 전개, 한국에서의 기본권이론의 형성과 발전(정천허영 박사 화갑기념논문집), 1997, 박영사, 6-8쪽, 28-29쪽; 정극원, 제도보장론의 성립과 현대적 전개, 헌법학연구 4-3, 1998, 10쪽 참조.

251) 김철수, 헌법학(상), 박영사, 2008, 375쪽.
252) 예컨대 김철수, 헌법학(상), 박영사, 2008, 374쪽; 권영성, 헌법학원론, 법문사, 2009, 184-185쪽.
253) 허영, 한국헌법론, 박영사, 2009, 230쪽.
254) 허영, 한국헌법론, 박영사, 2009, 220쪽.
255) 김철수, 헌법학(상), 박영사, 2008, 375쪽.
256) 육종수, 헌법질서와 기본권의 본질적 내용, 헌법학연구 4-2, 1998.10, 241쪽.
257) 이 견해는 원칙적으로 기본권이 공권력에 의한 제한으로 인하여 그 핵심영역이 손상되거나 그 실체의 온전성(die vollständige Substanz des Grundrechts)을 상실하는 경우에는 그 본질적 내용에 대한 침해가 있다고 보는 핵심영역설을 기본적으로 따른다(정태호, 기본권의 본질적 내용보장에 관한 고찰, 헌법논총 8, 314쪽).

장으로 인정하고 있는 제도로는 지방자치제도, 의무교육제도, 직업공무원제도, 교육자치 및 지방교육자치제도, 혼인과 가족제도, 사유재산 및 사적자치의 원칙 등이 있다. 그 가운데서도 헌법적 논의의 많은 부분은 지방자치제도에 대한 것이다.

Ⅲ. 제도보장의 헌법적 의의

헌법재판소의 제도보장에 대한 일반적 이해방식은 다음의 판결에서 잘 드러나고 있다: "제도적 보장은 객관적 제도를 헌법에 규정하여 당해 제도의 본질을 유지하려는 것으로서, 헌법제정권자가 특히 중요하고도 가치가 있다고 인정되고 헌법적으로 보장할 필요가 있다고 생각하는 국가제도를 헌법에 규정함으로써 장래의 법발전, 법형성의 방침과 범주를 미리 규율하려는 데 있다. 다시 말하면 이러한 제도적 보장은 주관적 권리가 아닌 객관적 법규범이라는 점에서 기본권과 구별되기는 하지만 헌법에 의하여 일정한 제도가 보장되면 입법자는 그 제도를 설정하고 유지할 입법의무를 지게 될 뿐만 아니라 헌법에 규정되어 있기 때문에 법률로써 이를 폐지할 수 없고, 비록 내용을 제한한다고 하더라도 그 본질적 내용을 침해할 수는 없다. 그러나 기본권의 보장은 … (중략) … '최대한 보장의 원칙'이 적용되는 것임에 반하여, 제도적 보장은 기본권 보장의 경우와는 달리 그 본질적 내용을 침해하지 아니하는 범위 안에서 입법자에게 제도의 구체적인 내용과 형태의 형성권을 폭넓게 인정한다는 의미에서 '**최소한 보장의 원칙**'이 적용"된다."[258]

이러한 헌법재판소의 입장은 학설에서 기존에 주장되어 온 바의 제도보장이론을 수용한 것으로 볼 수 있다.

Ⅳ. 본질적 내용의 보장과 핵심영역의 보장

헌법재판소는 제도의 본질적 내용의 보장이라고 하거나 핵심영역의 보장이라고 하기도 한다.

---

258) 헌재 1997.4.24. 95헌바48, 구 지방공무원법 제2조 제3항 제2호 나목 등 위헌소원(합헌); 1994.4.28. 91헌바15등, 국가안전기획부직원법 제22조 등에 대한 헌법소원(합헌, 각하); 2006.2.23. 2005헌마403, 지방자치법 제87조 제1항 위헌확인(기각).

예를 들면「국가보위입법회의법」등의 위헌여부에 관한 헌법소원결정에서는「국가공무원법」제70조 제1항 제3호의 직권면제사유에 해당되지 아니하는 한 임기만료나 정년 시까지 신분의 보장을 직업공무원제도의 **본질적 내용**이라고 하였고,[259]「지방세법」제9조 위헌소원결정에서는 지방자치제도와 관련하여 지방자치단체가 과세를 면제하는 조례를 제정하고자 할 때에는 내무부장관의 사전허가를 얻도록 한 법률조항은 지방자치단체의 조례제정권의 본질적인 **핵심영역**을 침해한다고 볼 수 없고, 지방자치의 이념에 기초를 둔 합헌심사의 요건인 공익성과 필요성, 합리성을 모두 갖추고 있는 것이라고 판시하였다. 이 결정에서는 또한 지방자치의 본질적 내용인 **핵심영역**은 어떠한 경우라도 입법 기타 중앙정부의 침해로부터 보호되어야 한다고 하였다.[260]

V. 제도보장의 유형

1. 지방자치제도

지방자치제도를 제도적 보장으로 보는 것은 확고하다.[261] 헌법재판소는 지방자치제도의 헌법적 보장의 의의를 설명하면서 제도의 핵심영역의 보장에 대해 여러 번 언급하였다. 헌법재판소는 지방자치를 주민에 의한 자기통치의 실현으로 이해한다. 중앙정부와 지방자치단체간의 권력의 수직적 분배는 조화를 이루어야 하므로 중앙정부에 의한 지방자치의 본질적 내용의 침해는 어떠한 경우에도 허용되어서는 안 되고,[262] 지방자치단체의 자치권 제한이 본질을 훼손하는 정도에 이르는 경우에는 위헌이라고 보고 있다.[263]

가. 지방자치제도의 핵심영역

헌법재판소는 지방자치제도의 핵심영역 내지 본질적 내용이 무엇인가에 대해서도

259) 헌재 1989.12.18. 89헌마32등, 국가보위입법회의법 등의 위헌여부에 관한 헌법소원(위헌, 각하). 직업공무원제도에 대하여 대법원도 본질적 내용이라는 용어를 사용한다(예컨대 대법원 1997.3.14. 95누17625 판결 참조).
260) 헌재 1998.4.30. 96헌바62, 지방세법 제9조 위헌소원(합헌).
261) 헌재 1994.4.28. 91헌바15등; 1997.4.24. 95헌바48; 1998.4.30. 96헌바62; 1999.11.25. 99헌바28; 2006.2.23. 2005헌마403.
262) 헌재 1999.11.25. 99헌바28; 1998.4.30. 96헌바62.
263) 헌재 2006.2.23. 2004헌바50; 2002.10.31. 2002헌라2.

판시하고 있다. 즉, 지방자치의 본질적 내용은 자치단체의 보장, 자치기능의 보장 및 자치사무의 보장이고,[264] 자치단체의 보장은 단체자치와 주민자치를 포괄하는 것이라고 한다.[265] 서울특별시와 정부 간의 권한쟁의결정에서도 “자치사무는 지방자치단체가 법령의 범위안에서 그 처리 여부와 방법을 자기책임 아래 결정할 수 있는 사무로서 지방자치권의 최소한의 본질적 사항이므로 지방자치단체의 자치권을 보장한다고 한다면 최소한 이 같은 자치사무의 자율성만은 침해해서는 안 된다”고 판시함으로써 지방자치단체의 자치사무의 보장을 지방자치제도의 핵심영역에 속하는 것으로 보았다.[266]

또 지방자치제도의 핵심영역은 지방자치단체에 의한 자치행정을 일반적으로 보장하는 것이지, 특정자치단체의 존속을 보장하는 것은 아니라고 한다. 따라서 현행법에 따른 지방자치단체의 중층구조 또는 지방자치단체로서 특별시·광역시 및 도와 함께 시·군 및 구를 계속하여 존속하도록 할지 여부는 결국 입법자의 입법형성권의 범위에 속하는 것으로 본다.[267]

NOTE 위헌심사기준으로서 제도보장이론의 헌법적 의미

제도보장이론은 지방자치를 제한하는 법률의 위헌 여부에 대한 심사기준으로서는 아무런 기능을 하지 못한다는 헌법재판소의 반대의견이 있다. 이 반대의견은 지방자치를 제한하는 입법의 위헌심사기준으로서 ‘공익성, 필요성, 합리성’을 들고 있다.[268]

그러나 제도보장은 전통적으로 핵심영역의 보장을 주된 임무로 하여 탄생한 이론이므로 반대의견에도 불구하고 제도보장의 헌법적 의미는 여전히 인정된다. 다만 핵심영역 이외의 보장에 있어서 어느 정도 입법자를 구속할 것인가의 문제는 반대의견이 제시하고 있는 바와 같은 공익성, 필요성, 합리성과 같은 원칙이 적용될 수 있을 것이다. 나아가서는 지방자

---

264) 헌재 1994.12.29. 94헌마201, 경기도남양주시등33개도농복합형태의시설치등에관한법률 제4조 위헌확인결정(기각); 2009.5.28. 2006헌라6, 서울특별시와 정부간의 권한쟁의[인용(권한침해)]. 자치권 가운데에는 자치입법권 외에도 소속 공무원에 대한 인사와 처우를 스스로 결정하고 이에 관련된 예산을 스스로 편성하여 집행하는 권한 등이 포함된다[헌재 2002.10.31. 2001헌라1, 강남구청과 대통령간의 권한쟁의(기각); 2002.10.31. 2002헌라2, 강남구와 행정자치부장관간의 권한쟁의(기각)].

265) 헌재 2006.2.23. 2005헌마403.

266) 헌재 2009.5.28. 2006헌라6. 그에 반하여 지방의회 사무직원의 임용권의 귀속 및 운용 문제는 지방자치제도의 본질적인 내용은 아니라고 한 사례로는 헌재 2014.1.28. 2012헌바216, 지방자치법 제91조 제2항 위헌소원(합헌) 참조.

267) 헌재 2006.4.27. 2005헌마1190.

268) 헌재 2007.12.27. 2004헌바98, 도로법 제43조 제2항 위헌소원 결정(합헌)에서 재판관 김종대의 반대의견.

치제도의 핵심내용을 규명해 나가는 가운데 시대적 요청에 따라 핵심영역을 확대해 나가는 방법도 생각해 볼 수 있다. 반대의견이 제시하고 있는 위헌심사기준은 일반적인 의미의 합리성심사를 의미하는 것으로 이해된다.

나. 지방자치제도의 주변영역의 보호

입법자는 지방자치의 보장과 관련하여 지방자치의 핵심영역을 침해하지 않는 한 광범위한 입법형성권을 갖지만, 그렇다고 그러한 형성이 **전적으로 입법자의 임의에 맡겨져서는 안 된다.** 독일에서는 지방자치단체는 당해 지역에 뿌리를 두고 있거나, 그와 특별한 관계가 있어서 지방자치단체에 의해 자기 책임 하에 독자적으로 처리될 수 있는 그러한 지역 공동체의 사무는 특별한 수권 없이도 헌법의 지방자치보장에 의해 직접적으로 처리할 수 있다는 견해가 주장되고 있다.

지방자치제도의 핵심영역이 아닌 부분에 대한 입법자의 입법형성이 지방자치제도를 침해하고 있는지 여부를 판단함에 있어서 헌법재판소의 심사기준은 **합리성심사**인 것으로 보인다.

NOTE **지방자치제도의 침해여부 심사기준으로 합리성심사를 적용한 결정** 

① "헌법 제117조 제2항은 지방자치단체의 종류를 법률로 정하도록 규정하고 있을 뿐 지방자치단체의 종류 및 구조를 명시하고 있지 않으므로 이에 관한 사항은 기본적으로 입법자에게 위임된 것으로 볼 수 있다. … 자치단체의 구조에 대한 개편을 입법자의 형성에 맡긴 헌법규정의 취지에 의하면, 이 사건 법률조항에 의하여 청구인들의 참정권과 평등권 등 기본권이 제한된다 하더라도 이것이 제주도 지역에서 중층으로 구성된 지방자치단체를 단층화하는 제도의 개편에 의하여 발생한 결과적인 것이라는 점에서, 그 위헌성 판단은 입법자의 판단이 현저히 자의적이어서 기본권 제한의 합리적인 재량의 한계를 벗어난 것인지 여부에 의하여 결정되어야 할 것이다."[269]

② 구 「농촌근대화촉진법」 소정의 농지개량시설이 설치자로부터 농지개량조합에 이관된 경우 농지개량시설의 설치에 관하여 발생한 지방자치단체의 권리의무를 농지개량조합이 포괄승계 하도록 하는 구 「농촌근대화촉진법」 제16조(이하 '이 사건 법률조항')로 인하여 "지방자치단체가 소유하고 있던 농지개량시설에 대한 소유권이 농지개량조합에 이전되었다 하더라도 … 이 사건 법률조항의 입법취지, 농지개량시설에 대한 공법적 규율의 적용, 권리와 의무의 포괄적인 승계인 점에 비추어 볼 때 그 합리성을 인정할 수 있다. 따라서 이 사건

269) 헌재 2006.4.7. 2005헌마1190.

법률조항은 지방자치의 본질적 내용을 침해한다고 볼 수 없어 지방자치에 관한 헌법 제117조 제1항에 위반된다고 할 수 없다."[270]

③ 핵심영역이 아닌 부분을 제약하는 입법에 대해서는 지방자치제도의 본질적 내용의 침해가 아니므로 위헌이 아니라고 하였다: "… 제도적 보장으로서 주민의 자치권은 원칙적으로 개별 주민들에게 인정된 권리라 볼 수 없으며, 청구인들의 주장을 주민들의 지역에 관한 의사결정에 참여 내지 주민투표에 관한 권리침해로 이해하더라도 이러한 권리를 헌법이 보장하는 기본권인 참정권이라고 할 수 없는 것이다. 즉, 헌법상 주민자치의 범위는 법률에 의하여 형성되고, 핵심영역이 아닌 한 법률에 의하여 제한될 수 있는 것이다. 돌이켜 이 사건 법률조항에 관하여 살펴보면, 이 사건 법률조항이 현직 자치단체장에 대하여 3기 초과 연임을 제한하고 있더라도 그것만으로는 주민의 자치권을 심각하게 훼손한다고 볼 수 없다. 더욱이 새로운 자치단체 장 역시 주민에 의하여 직접 선출되어 자치행정을 담당하게 되므로 주민자치의 본질적 기능에 침해가 있다고 보기 어렵다. 따라서 이 사건 법률조항은 지방자치제도에 있어서 주민자치를 과도하게 제한함으로써 입법형성의 한계를 벗어났다고 할 수 없다."[271] 그러나 헌법재판소의 제도보장에 대한 그동안의 결정에 따르면 본질의 침해가 아닌 경우에는 합리성심사를 하여왔기 때문에, 합리성심사 없이 본질의 침해가 아니므로 입법형성의 범위를 벗어나지 않았다고 하는 것은 논리적으로 타당하지 않다.

NOTE 지방자치제도의 주변영역에 대한 제한의 경우에 과잉금지원칙(비례성원칙)이 적용되는지 여부

이 문제의 핵심은 과잉금지원칙이 원래 국가와 개인의 관계에서 발전된 개념이기 때문에 우선은 국가조직법상으로 확대될 수 있는지의 여부와, 국가적 형성을 필요로 하는 제도보장으로서의 지방자치행정에 자유와 권리의 침해적 관점과 관련하여 발전되어 온 과잉금지원칙이 적용될 수 있는지의 여부이다. 이와 관련하여서는 전적으로 확대할 수 있다고 보는 견해가 있는 반면에, 일정한 주관적 법적지위가 관련되는 경우에 한하여 적용될 수 있다고 보는 견해도 있다. 그러나 이 경우에도 과잉금지원칙을 기본권에 한하여 적용되는 원칙으로 보는 한 적용될 여지는 없다. 더구나 과잉금지를 기본권의 방어권적 특성과 관련짓는 경우에는 형성을 필요로 하는 제도보장으로서의 지방자치행정권의 제한에 적용될 여지는 더욱 없어지게 되고 비례성원칙을 지방자치제도의 제한입법에 대한 위헌심사기준으로 사용할 수 없다는 결론에 이르게 된다.

견해에 따라서는 독일의 판례에 따라 여전히 과잉금지원칙의 적용을 인정하려는 입장이 있다. 그러나 독일의 경우에는 지방자치단체의 자치권이 기본법에 명시적으로 규정되어 있으면서 또한 그 침해에 대해서는 헌법소원으로 보장되고 있는 반면에, 우리의 경우에는 헌법상 지방자치권의 명문규정이 없을 뿐만 아니라, 지방자치단체의 권한침해에 대해서는 권한

270) 헌재 2006.2.23. 2004헌바50, 구 농촌근대화촉진법 제16조 위헌소원(합헌).
271) 헌재 2006.2.23. 2005헌마403.

쟁의로 규정되어 있다는 점에서 구별된다. 나아가서 헌법재판소는 과잉금지를 전적으로 기본권제한의 위헌심사와 관련하여 이해하고 있다는 점[272]도 고려할 필요가 있다. 또 지방자치행정도 중앙행정과 마찬가지로 국가행정의 일부로 이해하고 있다.[273] 더구나 헌법재판소는 객관적 규범으로서의 제도보장을 기본권과 명백히 구분하면서, 지방자치제도 등의 제도보장은 일반적인 법에 의한 폐지나 제도본질의 침해를 금지한다는 의미의 '최소보장'의 원칙이 적용되고, 기본권의 경우에는 헌법 제37조 제2항의 과잉금지원칙에 따라 필요한 경우에 한하여 '최소한으로 제한'되는 것과 대조된다고 하고 있다.[274] 이러한 이해는 지방자치를 독일처럼 주관적, 권리적 지위로 파악하기보다는 오히려 권한법적, 조직법적으로 보고 있음을 의미한다. 이것은 국가에 의한 지방자치단체 자치권의 침해에 대해서는 과잉금지원칙의 적용을 부인하는 것과 통한다.

물론 판례에 따라서는 지방자치단체에 대해 간섭하는 법률의 합헌성 여부는 간섭으로 인하여 얻는 국가적 이익과 침해되는 지방자치단체의 자치권을 비교형량하여 판단하여야 한다고 함으로써 과잉금지원칙의 적용을 인정하고 있는 듯한 결정도 있다.[275] 그러나 경찰행정법상 성립하여 발전한 과잉금지원칙의 연혁을 고려할 때, 과잉금지원칙은 원칙적으로 기본권과 관련하여 이해하는 것이 바람직하다. 이렇게 이해되는 과잉금지원칙은 국가와 국민간의 관계를 전제로 하는 것이기 때문에, 원칙적으로 과잉금지원칙의 적용영역을 탐구함에 있어서는 개인의 영역에 대한 국가의 간섭 또는 제한이라는 관점을 염두에 둘 것이 요청된다. 입법, 행정, 사법으로부터 일어나는 수많은 종류의 국가작용 각각에 대해 과잉금지원칙이 적용될 수 있는지 여부를 검토하기 이전에 이것이 원칙적으로 확인될 필요가 있다.[276] 그렇지 않고 과잉금지원칙을 보편적 원리로서 점차 승화시키는 경우에는 과잉금지원칙 중요한 실천적 내용이 증발하면서 급기야 그 이념이나 사상만이 호소로서 남을 가능성이 있다.

2. 지방교육자치제도

헌법재판소는 지방교육자치에 있어서는 **이중의 자치**가 요구된다고 본다. 즉, 중앙권력에 대한 지방적 자치로서의 속성과 헌법 제31조 제4항의 교육의 자주성·전문

272) 헌재 1989.12.22. 88헌가13; 1990.9.3. 89헌가95; 1994.12.29. 94헌마201; 1998.5.28. 95헌바18; 1998.6.9. 98헌바38등; 2000.6.1. 99헌가11등; 2000.6.1. 99헌마553.

273) 헌재 2001.11.29. 2000헌바78.

274) 헌재 1994.4.28. 91헌바15등; 1997.4.24. 95헌바48.

275) 헌재 1998.4.30. 96헌바62.

276) 이러한 논리는 기본권의 본질적 내용 침해금지 원칙과 동일선상에 있다. 본질적 내용보장도 기본권에 대해서만 적용되고, 국가조직법상에는 적용되지 않는다. 예컨대 "주관적 권리를 부여하지 않는 규정에 대해서도 적용된다면 그 규정은 그러한 우월적 헌법원리(übergreifender Verfassungsprinzip)로 과대평가되는 것이다"라고 하고 있는 Christian-Dietrich Bracher, Gefahrenabwehr durch Private, 1987, S. 75. 참조.

성 · 정치적 중립성을 동시에 구현하여야 한다는 것이다. 이러한 점에서 지방교육자치는 **민주주의 · 지방자치 · 교육자주라는 세 가지 헌법적 가치**를 골고루 만족시킬 수 있어야 한다고 한다.277)

3. 의무교육제도

의무교육제도도 헌법상 교육기본권에 부수되는 제도보장으로 본다. 이는 교육의 자주성 · 전문성 · 정치적 중립성 등을 지도원리로 하여 국민의 교육을 받을 권리를 뒷받침하기 위한 것으로 본다.278)

4. 직업공무원제도

헌법 제7조 제2항이 공무원의 신분과 정치적 중립성을 법률로써 보장할 것을 규정하고 있는 이유는, 공무원이 정치과정에서 승리한 정당원에 의하여 충원되는 엽관제(獵官制, spoils system)를 지양하고, 정권교체에 따른 국가작용의 중단과 혼란을 예방하며 일관성 있는 공무수행의 독자성과 영속성을 유지하기 위하여 공직구조에 관한 제도적 보장으로서의 직업공무원제도를 마련해야 한다고 보기 때문이다. 직업공무원제도는 제도적 보장의 하나이기 때문에 입법자는 직업공무원제도에 관하여 '최소한 보장'의 원칙의 한계 안에서 폭넓은 입법형성의 자유를 가진다고 한다.279)

5. 혼인과 가족제도

헌법재판소는 헌법 제36조 제1항이 혼인과 가족에 관련되는 공법 및 사법의 모든 영역에 영향을 미치는 헌법원리 내지 원칙규범으로서의 성격도 가지는 것으로도 보지만, 혼인과 가족생활을 스스로 결정하고 형성할 수 있는 자유를 기본권으로서 보장하고, 혼인과 가족에 대한 제도를 보장하고 있는 것으로도 이해한다.280)

그런데 전통적 출현 형태로서의 제도의 보장이라는 관점에서 보면 전통적인 가족제도라고 하는 것은 헌법상 남녀평등원칙과는 부합하지 않는 면이 존재할 수 있기 때

---

277) 헌재 2003.3.27. 2002헌마573; 2000.3.30. 99헌바113; 2002.3.28. 2000헌마283.
278) 헌재 1991.2.11. 90헌가27, 교육법 제8조의2에 관한 위헌심판(합헌).
279) 헌재 1997.4.24. 95헌바48, 구 지방공무원법 제2조 제3항 제2호 나목 등 위헌소원(합헌).
280) 헌재 2002.8.29. 2001헌바82, 소득세법 제61조 위헌소원(위헌).

문에 가족제도를 헌법적으로 보장하는 것은 다소 문제가 있을 수 있다. 따라서 전통적 제도의 보장이라고 하더라도 현행 헌법에 따른 일정한 제도의 수정을 필요로 한다.[281]

6. 사유재산제도 및 사적자치의 원칙

헌법재판소는 "사유재산제도 및 사적자치의 원칙은 헌법상 보장된 주관적 권리가 아니라 제도보장의 일종으로서 입법자의 형성의 자유가 광범위하게 인정되는 분야"라고 판시하고 있다.[282]

NOTE **오스트리아의 사적자치의 원칙**

오스트리아헌법에서도 사적자치의 원칙을 규정하고 있지 않고, 헌법법원의 판례에 의해서 인정하고 있다.[283] 사적 자치는 계약자유의 원칙으로도 표현된다.[284] 이러한 사적자치의 근거는 국가기본법 제5조에 규정된 재산권의 불가침조항에서 찾고 있다.[285]

제3항 제도보장이론의 이해

I. 제도와 기본권의 관계

제도보장은 많은 경우에 기본권과 관련되고 관련 기본권 실현에 기여한다. 이렇게 하여 제도보장은 법적으로 일정한 생활영역을 형성하고 법질서를 창출하게 된다. 법적으로 창출된 제도가 없는 경우에는 기본권의 실현은 불가능하거나 곤란하게 될 수 있다. 그러한 점에서 자유와 질서는 밀접한 관련성을 갖는다.

다른 한편 기본권이 양면성을 갖는 것은 기본권의 질서적 성격이 기본권에 내재한다는 의미이다. 따라서 기본권의 질서적 성격을 구체화하기 위한 입법적 조치가 뒤따라야 한다. 그러나 기본권의 권리적 성격에서도 그러한 요청이 못 나온다고 할 바는 아

281) 헌재 2005.2.3. 2001헌가9, 민법 제781조 제1항 본문 후단부분 위헌제청 등(헌법불합치) 참조.
282) 헌재 1999.4.29. 96헌바55, 구 국유재산법 제7조 제1항 위헌소원 등(합헌).
283) VfSlg 12227/1989.
284) Funk, Einführung in das österreichische Verfassungsrecht, Rn. 408.
285) VfSlg 14503/1996.

니다. 이를 두고 알버트 블렉만(A. Bleckmann)은 기본권이 사회적 실효성이 있도록 **기본권의 광범위한 제도적 전환**(Umsetzung)을 **기본권이 요구**하고 있다고 하였다.[286] 따라서 기본권을 권리로 이해하든 질서로 이해하든 기본권을 실현시키는 것은 국가의 주요한 임무라고 볼 수 있지만, 제도보장이라고 하는 것은 개념 내재적으로 기본권과는 구별되는 것이고, 따라서 헌법이 기본권 외에 특정한 제도를 보장하는 경우에는 국가는 직접적으로 관련 생활관계를 구체화하여 형성할 의무를 지게 된다.

Ⅱ. 제도보장 개념의 유용성

확실히 입법권의 기본권기속이 인정되는 현재에 있어서 제도보장의 원래적 의미가 상당부분 감소하였다고 할 수 있다. 그러나 직접적 기본권관련성이 없고 지방자치제도나 직업공무원제도와 같이 오히려 국가조직과 관련성을 갖는 제도보장의 경우에는 기본권의 본질적 내용 보장의 효력은 미칠 수가 없다. 따라서 이러한 경우에 제도보장이론은 여전히 유용하다.[287] 이와 같이 제도보장은 개인의 주관적 법적 지위와 관련 없이도 일정한 제도보장의 방어적 효력에 의해 기본권의 보호에 기여할 수 있다.[288]

또한 제도보장으로부터 제도 자체의 침해를 방어하기 위한 법적 제도의 필요성도 도출할 수 있다. 나아가서 제도보장은 기본권 주체의 주관적 권리가 침해되지 않거나 침해에 대해 저항하지 않는 경우에도 침해가 허용되지 않는 어떤 한계를 국가에 대해 설정할 수 있는 장점이 있다.

---

286) Albert Bleckmann, Staatsrecht Ⅱ – Die Grundrechte, 4. Aufl, 1997, S. 277.

287) Schmidt–Jortzig, Die Einrichtungsgarantien der Verfassung – Dogmatischer Gehalt und Sicherungskraft einer umstrittenen Figur, 1979, S. 61 f.

288) 클뢰퍼는 혼인제도를 예로 들어 재미있게 설명하고 있다. 즉, 혼인의 핵심영역은 부부의 일부일처 생활공동체를 의미하지만, 연방헌법재판소는 혼인제도 규정(기본법 제6조 제1항)은 다양한 형태의 혼인들 중에 어떤 특정한 기준을 제시하고 있는 것으로는 보지 않고 있는데다가, 입법자가 법률로 중혼이나 동성 간의 결혼을 도입한다 하더라도 그러한 입법은 다른 사람의 권리를 침해하는 것이라고는 할 수 없기 때문에 기혼의 혼인공동체의 배우자들은 그러한 입법에 대해 아무런 조치도 취할 수 없을 것인 데 반하여, 혼인제도를 제도보장으로 이해하는 경우에는 혼인의 기본구조가 객관적인 제도로서 보호될 수 있다고 한다[M. Kloepfer, Einrichtungsgarantien, in: Merten/Papier(Hrsg.), Handbuch der Grundrechte in Deutschland und Europa, Bd. Ⅱ, 2006, Rn. 38].

III. 핵심영역의 보장과 변화가능성

헌법적으로 보장되는 제도는 헌법을 개정하지 않는 한 법률로써는 폐지할 수 없다. 나아가서는 법률로 이를 형성하는 경우에도 전적으로 입법자의 의사에 종속되지 않고 일정한 내용에 대하여는 이를 변경하거나 무시하여서는 안 된다. 이것이 제도보장에 있어서 핵심영역 보호이론이다. 그러나 제도보장이론은 현재의 제도를 불가침한 것으로 보는 이론은 아니다. 그렇지 않으면 입법자는 변화된 공동체적 상황에 대해 적절히 대응할 수 없게 될 것이기 때문이다. 그래서 제도보장이론을 주장한 칼 슈미트도 제도보장의 보호 작용은 전형적이고 전래적인 규범 구조의 핵심영역에 한정되는 것으로 보았던 것이다.[289)]

그러나 입법자는 제도보장을 구체화함으로써 기본권을 실현하기도 하지만, 동시에 제도의 핵심을 폐기하고 공동화시킬 위험성도 존재한다. 여기에서 제도보장의 핵심영역은 입법형성의 자유의 최후적인 한계로도 기능한다. 나아가서 비록 제도가 형식적으로는 존재하더라도 실질적으로 제도보장의 취지를 훼손하는 경우에는 제도보장론에 위배되게 된다.[290)]

제도보장의 핵심영역이 무엇인가는 학설과 판례에 의하여 밝혀질 수밖에 없다. 우선 제도보장은 원칙적으로 과거와 관련된다는 점이 특징이다. 제도보장의 **과거관련성**은 제도의 존속을 보장하는 제도보장이론에 내재하는 것이다. 그러나 제도보장의 기본적인 뼈대만이 제도보장의 핵심영역에 속하기 때문에 과거관련성도 여기에 한정된다. 다른 한편 제도의 핵심영역에 속하는 본질적인 징표들도 제도를 출현시킨 공동체의 관념이 근본적으로 그리고 뿌리로부터 변하는 경우에는 변화될 수밖에 없다. 변화되는 **새로운 형태의 제도**는 제도의 법적 형성과정에서 논의되어 새롭게 정의될 수 있다. 이러한 취지는 독일연방헌법재판소가 다음과 같이 잘 정의하고 있다: “규범은 언제나 규범이 효력을 미치는 사회적 상황과 공동체적－정치적 세계관의 관계성 속에 존재한다. 규범의 내용은 상황에 따라서 변화할 수 있고 또 변화하여야 한다. 이것은 특히 법률의 발생과 적용이 금세기처럼 생활관계와 법적 세계관을 원천적으로 변화시킨 경우에 특히 그러하다.”[291)]

---

289) M. Kloepfer, Einrichtungsgarantien, Rn. 31.
290) M. Kloepfer, Einrichtungsgarantien, Rn. 32.
291) BVerfGE 34, 269, 288 f.

제9절

대한민국헌법의 기본원리

제1항 자유민주적 기본질서

I. 의의

자유민주적 기본질서는 헌법 전문과 제4조에 규정되어 있다. 먼저, 전문의 자유민주적 기본질서는 "… 자율과 조화를 바탕으로 자유민주적 기본질서를 더욱 확고히 하여 정치 · 경제 · 사회 · 문화의 모든 영역에 있어서 각인의 기회를 균등히 하고, 능력을 최고도로 발휘하게 하며…"라는 문맥에 사용되고 있다. 전문의 자유민주적 기본질서라는 말은 제7차 개정헌법에서 처음으로 나타났다. 1948년 제정헌법에서 제4차 개정헌법까지는 "민주주의제도를 수립하여"라고 규정되었고, 제5차 개정헌법에서는 "민주주의제제도를 확립하여"라고 수정되었다.

제9차 · 제8차 개정헌법	제7차 개정헌법	제6차 · 제5차 개정헌법	제4차 개정헌법까지
자유민주적 기본질서를 더욱 확고히 하여	자유민주적 기본질서를 더욱 공고히 하는	민주주의제제도를 확립하여	민주주의제도를 수립하여

그런데 전문에 자유민주적 기본질서를 도입하게 된 헌법이, 10월 유신이 단행되고 대한민국역사상 가장 권위주의적인 정부가 들어선 제7차 개정헌법이라는 점을 주목할

필요가 있다. 1969년 개헌을 통하여 대통령의 3선이 가능하도록 하자[292] 국민의 민주화 요구가 날로 높아가는 가운데, 1971년 12월 급박한 북한의 남침 야욕에 대비한다는 명목으로 비상사태를 선포하고, 같은 해 12월 27일에는 「국가보위에 관한 특별조치법」을 통과시켰으며, 이듬해 7월 4일에는 남북공동성명이 발표되면서 평화통일에 관한 원칙이 남북 간에 합의되었는데, 이는 남한이 북한을 사실상 승인하는 의미를 가지는 것이었다.[293] 이러한 배경 하에서 유신헌법이 성립되었다. 따라서 헌법 전문이 단순히 민주주의가 아닌 "자유민주"라고 하게 된 것은 남북 대치 속에서 체제우월적인 이념으로서 **자유를 강조**한 것으로 볼 수 있다.

제4조에서는 "대한민국은 통일을 지향하며, 자유민주적 기본질서에 입각한 평화적 통일 정책을 수립하고 이를 추진한다"라고 규정하고 있다. 이 평화통일조항은 현행 헌법에서 처음으로 규정된 조문이다. 이는 자유민주주의 이념과 체제를 더욱 확고히 하여 조국의 평화통일기반을 공고히 하기 위한 것이다.[294] 그러나 이는 국민적 지지기반이 약한 가운데 정권을 장악한 세력에 의해 도입되었다는 점에서 정권의 정통성 확보를 위해 이용된 측면이 없지 않다.

이상에 반하여 제8조 제4항에서는 "정당의 목적이나 활동이 민주적 기본질서에 위배될 때에는 정부는 헌법재판소에 그 해산을 제소할 수 있고, 정당은 헌법재판소의 심판에 의하여 해산된다"라고 하여 정당해산 요건으로서 단지 민주적 기본질서로만 규정되어 있다. 정당해산의 요건으로서 민주적 기본질서는 제3차 개정헌법에서 정당조항이 신설되면서 도입된 것이다. 4·19혁명으로 수립된 민주정부라는 정체성을 가지는 제2공화국헌법에서는 오히려 단순히 민주적 기본질서로만 되어 있는 반면, 군부세력에 의해 개정이 주도된 헌법에서는 자유민주적 기본질서로 되어 있다는 점에서 우리 사회에서 자유라는 개념의 정치적 오용이 극심하였음을 미루어 짐작할 수 있다. 자유민주적 기본질서와 민주적 기본질서를 두고 벌어지는 논쟁은 무의미할 뿐만 아니라 오히려 해악적이다. 따라서 자유민주적 기본질서와 민주적 기본질서는 택일적인 기본질서가 아니고, 자유민주적 기본질서는 민주적 기본질서에서 자유주의가 강조된 개념형식으로 보는 것이 타당하다.

---

292) 대통령의 재선만을 가능하게 했던 조항(제5차 개정헌법 제69조 제3항)을 3선을 가능하게 하는 조항(제6차 개정헌법 제69조 제3항)으로 개정하였다.

293) 김철수, 헌법학개론, 법문사, 1973, 65쪽 참조.

294) 제9차 개정헌법의 개정이유 참조.

II. 자유민주적 기본질서 위배의 효과

민주적 기본질서를 확립함으로써 달성하려는 공익은 헌법 제37조 제2항의 국가안전보장, 질서유지, 공공복리라고 할 수 있다. 따라서 자유민주적 기본질서를 위배하는 경우에는 헌법이 직접 규정하는 경우 외에는 관련 기본권의 본질적 내용을 침해하지 않는 범위 내에서 법률로 제한할 수 있다. 특히 정당이 자유민주적 기본질서를 위배하면 강제해산의 사유가 된다.

III. 자유민주적 기본질서의 내용

헌법재판소는 자유민주적 기본질서의 내용으로 기본권의 존중, 권력분립, 의회제도, 복수정당제도, 선거제도, 사유재산과 시장경제를 골간으로 하는 경제질서, 사법권의 독립 등을 들고 있다.[295] 이하에서는 자유민주적 기본질서의 내용을 간략하게 살펴보고 몇몇 항목에 대해서는 좀 더 상세히 검토한다.

① 인권의 존중

헌법 제10조는 “모든 국민은 인간으로서의 존엄과 가치를 가지며, 행복을 추구할 권리를 가진다. 국가는 개인이 가지는 불가침의 기본적 인권을 확인하고 이를 보장할 의무를 진다”라고 규정하여 인간으로서의 존엄과 가치를 핵심으로 하는 인권의 불가침성을 확인하고 있다. 나아가서 헌법은 평등권을 비롯한 개별기본권을 헌법적으로 보장하고 있다.

② 참정권보장 및 민주적 선거제도

헌법은 먼저 참정권을 보장하여 민주적 정당성에 기초한 정부와 국회를 구성하도록 하고 있다(대통령 선거권은 제67조 제1항, 국회의원 선거권은 제41조 제1항). 그 외 공직자 선출을 위한 선거권도 보장하고 있다(제24조).

이러한 정치참여권은 보통 · 평등 · 자유 · 비밀 · 직접 선거에 의해 실현된다(제41조 제1항, 제67조 제1항). 공직자를 주기적인 선거에 의해 선출하는 것은 공직자로서의 자격이 있는지 여부를 다시 한 번 판단하기 위한 것이며, 국민의 선택을 받지 못하는 경우

---

295) 헌재 2001.9.27. 2000헌마238, 제주4 · 3사건진상규명및희생자명예회복에관한특별법의결행위취소 등(각하).

공직자는 국민의 입장으로 돌아가 그 입장을 체험하게 함으로써 다시 공직을 맡게 되는 경우에는 국민을 억압하거나 위법행위를 하지 못하도록 하는 의미도 있다.[296]

대한민국헌법이 민주적 선거제도를 채택함으로써 원칙적으로 대한민국이 간접민주제도에 입각하고 있음을 알 수 있다. 이러한 간접민주제도는 중요국가정책에 대한 국민투표권(제72조)이나 헌법개정안에 대한 국민투표권(제130조 제2항) 등의 직접민주제적 요소를 도입하여 보완하고 있다.[297]

③ 권력분립

대한민국헌법은 기본적으로 3권 분립에 기초하고 있다. 그러나 3권 분립을 규정한 명시적인 헌법규정은 없다. 다만, 입법권은 국회에(제40조), 행정권은 정부에(제66조 제4항), 사법권은 법원에(제101조) 각각 분리하여 귀속시킴으로써 3권 분립을 사실상 채택하고 있다. 그 외 헌법재판권을 헌법재판소에 배분하고(제111조), 지방자치제도를 확립함으로써 권력의 수직적 분립을 지향하고 있다(제117조).

④ 의회제도

헌법은 국민의 보통 · 평등 · 직접 · 비밀 · 자유선거에 의한 국회의원 선거(제41조 제1항)를 규정하고, 국회중심입법의 원칙을 선언하고 있으며(제40조), 국회의 예산안 심의 · 확정권(제54조)과 조세법률주의(제59조)를 규정하고 있다. 이로써 국회를 간접민주정치의 실현기관으로 상정하고 있음을 알 수 있다.

⑤ 민주적 복수정당제도

국민의 정치적 자유가 인정되는 당연한 귀결로서 복수정당제도가 인정된다. 그런데 헌법은 복수정당제를 규정할 뿐만 아니라 정당의 목적 · 조직 · 활동이 민주적일 것을 요구한다. 특히 정당이 공직선거의 입후보자를 공천함에 있어서 공천의 민주성이 특히 문제된다. 1인 혹은 소수의 지도자에 의해 좌우되는 정당의 경우에는 공천은 밀실에서 이루어지고, 선거는 그들을 위한 충복을 선출하는 과정으로 왜곡되어 민주주의를 말살하게 된다.

---

296) 이러한 의미로는 1776년의 미국 버지니아권리장전 제5조 참조.

297) 국민투표 외에 대표적인 직접민주제도인 국민발안제는 제5차 및 제6차 개정헌법 제119조 제1항에서 도입한 바 있으나, 현행 헌법에는 존재하지 않는 제도다. 국민소환제도의 경우에도 지방의회의원의 경우에는 「주민소환에 관한 법률」에 근거하여 주민소환제가 실시되고 있으나, 국회의원의 경우에는 존재하지 않는다.

⑥ 공무원의 신분보장과 정치적 중립성

헌법은 공무원을 국민전체에 대한 봉사자로 자리매김하고 있다. 국민에 대해 책임지는 공무원이라는 이념을 구현하기 위해서 공무원의 징계책임, 국가배상제도, 행정재판, 헌법소원심판 등이 마련되어 있다. 다른 한편 공무원이 국민에게 책임을 지는 봉사자로서 기능을 수행할 수 있기 위해서는 공무원의 신분과 정치적 중립성이 보장되어야 한다. 헌법 제7조가 규정된 의의가 여기에 있다.

⑦ 법원의 독립

법원의 독립은 법원의 재판이 외부의 영향 없이 공정하게 이루어질 수 있도록 하기 위한 것이다. 이를 재판상 독립이라고 한다. 그런데 재판상 독립이 이루어지려면 법원이라는 조직이 다른 권력으로부터 독립되어 있어야 하고, 법원에 소속된 법관의 신분이 보장되어 있어야 한다. 전자를 법원의 독립이라고 하고 후자를 법관의 독립이라고 한다. 헌법 제101조 제1항은 법원의 독립을 규정하여 “사법권은 법원에 속한다”라고 규정하고 있고, 제103조는 법관의 독립을 규정하여 “법관은 헌법과 법률에 의하여 그 양심에 따라 독립하여 심판”한다고 규정하고 있으며, “법관은 탄핵 또는 금고 이상의 형의 선고에 의하지 아니하고는 파면되지 아니하며, 징계처분에 의하지 아니하고는 정직 · 감봉 기타 불리한 처분을 받지 아니한다”고 규정하고 있다(제106조 제2항).

⑧ 사유재산의 보장

모든 국민의 재산권은 보장된다. 다만, 재산권의 내용과 한계는 법률로 정한다(제23조 제1항). 이러한 법률유보를 기본권형성적 법률유보(Ausgestaltungsvorbehalte der Grundrechte)라고 한다. 모든 국민의 재산권 보장을 선언하고 공공필요에 의해 재산권을 제약하는 경우에는 정당한 보상을 지급하도록 한 것은 재산권의 자유권적 측면을 드러낸 것이다. 이러한 까닭에 재산권이 자유민주적 기본질서의 내용으로 언급되는 것이다. 따라서 헌법이 재산권의 내용과 한계를 법률로 정하도록 하고 있어도 재산권을 제도보장으로만 보는 것은 타당하지 않다.

⑨ 사회적 시장경제

헌법은 제9장 경제에서 대한민국의 경제질서는 개인과 기업의 경제상의 자유와 창의를 존중하는 것을 기본으로 한다고 선언하고 있다(제119조 제1항). 개인과 기업의 경제상의 자유와 창의를 존중한다는 것은 결국 대한민국 경제질서의 자유주의적 성격을 드러낸 것이다.

⑩ 자유민주적 기본질서에 입각한 평화통일

현행 1987년 헌법에서는 “대한민국은 통일을 지향하며, 자유민주적 기본질서에 입각한 평화적 통일정책을 수립하고 이를 추진한다”(제4조)고 규정함으로써 국가의 통일정책의 수단과 방법이 평화적이어야 함을 선언하고 있다. 자유민주적 기본질서는 통일방법에 있어서뿐만 아니라 통일된 국가의 모습이 자유민주적 기본질서에 입각한 것이야 함을 요구하는 것이다.

⑪ 군의 정치적 중립성

국군의 사명은 국가의 안전보장과 국토방위의 신성한 의무를 수행하는 것이다. 따라서 군정과 군령이 일부 정치집단에 유리하도록 정치적으로 악용되어서는 아니 된다. 헌법이 “군의 정치적 중립성은 준수된다”(제5조 제2항 제2문)고 규정하고 있는 것은 이러한 취지다. 그런데 이 조항의 규정형식으로 볼 때 군의 중립성이라는 헌법의 명령은 군의 내·외부를 막론하고 모든 중립성 침해자들에 대한 명령으로 보아야 한다.

1. 민주적 정당제도

가. 정당의 개념

1) 관련조항

「정당법」에서는 정당을 “국민의 이익을 위하여 책임있는 정치적 주장이나 정책을 추진하고 공직선거의 후보자를 추천 또는 지지함으로써 국민의 정치적 의사형성에 참여함을 목적으로 하는 국민의 자발적 조직”으로 정의하고 있다(정당법 제2조).

정당에 관해서 1948년 헌법에서는 규정하지 않았으나, 제3차 개정을 통하여 헌법에 도입하게 되었다. 헌법 제8조에서는 정당의 자유, 복수정당제, 정당의 민주성, 정당보호, 위헌정당해산제도 등을 규정하고 있다.

2) 학설

독일 정당국가론의 대가 라이프홀츠(Gerhard Leibholz 1901－1982)는 정당을 “선거에 참여하거나 의정활동을 통해 국민의 정치적 의사형성에 참여함을 목적으로 하는 자발적인 정치적 결사”[298]로 정의하였다.

---

298) G. Leibholz, Verfassungsstaat, Verfassungsrecht, Kohlhammer, Stuttgart, 1973 참조.

3) 판례

헌법재판소나[299] 대법원[300]은 「정당법」에 따라 정당개념을 정의하면서도 헌법과 「정당법」에 근거하여 정당의 개념징표로서 ① 국가와 자유민주주의 또는 헌법질서를 긍정할 것, ② 공익의 실현에 노력할 것, ③ 선거에 참여할 것, ④ 정강이나 정책을 가질 것, ⑤ 국민의 정치적 의사형성에 참여할 것, ⑥ 계속적이고 공고한 조직을 구비할 것, ⑦ 구성원들이 당원이 될 수 있는 자격을 구비할 것 등을 들고 있다.[301]

이 7가지 개념징표 가운데 ① 국가와 자유민주주의 또는 헌법질서를 긍정할 것, ⑥ 계속적이고 공고한 조직을 구비할 것, ⑦ 구성원들이 당원이 될 수 있는 자격을 구비할 것 등은 독일 정당법(Gesetz über politische Parteien) 제2조가 규정한 요건 등을 참조한 것으로 보인다.

나. 결사체로서 정당의 법적 형태

1) 학설

정당의 법적 형태가 무엇인가와 관련하여, 정당은 인적 결사체이므로 그 법적 형태에 관하여는 법인격 없는 사단설,[302] 사적 정치결사설,[303] 헌법제도와 결사의 혼성체[304] 등의 견해가 있다.

2) 판례

헌법재판소는 "정당의 법적 지위는 적어도 그 소유재산의 귀속관계에 있어서는 법인격 없는 사단(社團)[305]으로 보아야 하고, 중앙당과 지구당과의 복합적 구조에 비추어

---

299) 헌재 1991.3.11. 91헌마21, 지방의회의원선거법 제36조 제1항에 대한 헌법소원[헌법불합치, 일부각하(반대의견 있음)].

300) 대법원 2007.11.30. 2005다40907 판결.

301) 헌재 2006.3.30. 2004헌마246, 정당법 제25조 등 위헌확인(기각).

302) 권영성, 헌법학원론, 법문사, 2009, 191쪽; 성낙인, 헌법학, 법문사, 2020, 237쪽 이하(이 견해는 그러나 헌법제도와 사적 결사의 혼성체의 견해에 따라 사법적 판단에 있어서는 정당의 헌법상 지위를 충분히 고려하여야 한다는 입장이다).

303) 문홍주, 제5공화국 한국헌법, 해암사, 1984, 160쪽 이하.

304) 김철수, 헌법학신론, 박영사, 2013, 197쪽 참조.

305) 사단의 재산은 총유이고, 각 사원은 정관 그 밖의 규약에 따라 총유물을 사용·수익할 수 있다(민법 제276조). 또 총유물에 관한 사원의 권리·의무는 사원의 지위를 취득·상실함으로써 취득·상실하게 된다(민법 제277조). 부동산 등기는 그 사단 자체를 등기권리자 또는 등기의무자로 한다(부동산등기법 제30조). 예금채권에 관하여서는 대표자의 성명에 사단대표라는 표시를 붙여서 실질적으로는 사단채권임을 표시하는 방법이 관용되고 있다. 채무관계에 대하여서는 각 사원은 그

정당의 지구당은 단순한 중앙당의 하부조직이 아니라 어느 정도의 독자성을 가진 단체로서 역시 법인격 없는 사단에 해당한다고 보아야 할 것이다"라고 판시함으로써 법인격 없는 사단이라는 입장을 취하고 있다.[306]

3) 결론

정당의 법적 형태는 당원들에 의하여 자발적으로 구성된 단체로서 법인격 없는 사법상의 사단으로서의 실체를 가지고 있으나, 헌법에서 정당의 특수한 지위가 인정되므로 헌법제도와 결사의 혼성체로 이해하는 것이 타당하다.

다. 정당의 헌법적 지위

1) 정당의 헌법적 수용

가) 정당에 대한 헌법의 태도 변천

트리펠(Heinrich Triepel, 1868~1946)에 따르면 헌법의 정당에 대한 태도는 적대시 단계(Bekämpfung) → 무관심 단계(Ignorierung) → 합법화 단계(Anerkennung und Legalisierung) → 헌법적 수용의 단계(verfassgungsmäßige Inkorporation)를 거쳤다고 한다.[307]

앞서 언급한 바와 같이 우리나라에서도 1948년의 제정헌법에서는 정당에 관한 조항은 존재하지 않았는데, 제3차 개정(1960.6.15. 공포 · 시행)을 통해서 처음으로 헌법에 수용되었다. 「정당법」은 1962.12.31. 제정되었다. 물론 이전에도 조선민족당, 한국국민당, 한국민주당, 한국독립당 등 정당은 존재했기 때문에 우리의 정당사에서는 합법화 단계로부터 시작되었다고 할 수 있다.

나) 정당조항의 변천

1960년 제2공화국헌법에서 처음으로 정당조항이 수용되었을 때에는 정당의 보호와 정당해산조항만이 규정되었을 뿐 정당의 자유와 복수정당제, 정당조직의 민주성에 관한 내용은 정당국가화 경향을 강화한 제5차 개정헌법에서 처음으로 규정되었다. 헌법상 정당조항의 변천을 보면 다음 표와 같다.

회비 기타의 부담금에 관한 출자의무의 범위 내에서 책임을 진다.

306) 헌재 1993.7.29. 92헌마262, 불기소처분취소(기각).

307) H. Triepel, Die Staatsverfassung und die politischen Parteien, 1928, S. 7−37.

제9차 개정헌법	제8차 개정헌법	제7차 개정헌법	제6차 · 제5차 개정헌법	제4차 · 제3차 개정헌법
제8조 ① 정당의 설립은 자유이며, 복수정당제는 보장된다.	제7조 ① 정당의 설립은 자유이며, 복수정당제는 보장된다.	제7조 ① 정당의 설립은 자유이며, 복수정당제는 보장된다.	제7조 ① 정당의 설립은 자유이며, 복수정당제는 보장된다.	
② 정당은 그 목적 · 조직과 활동이 민주적이어야 하며, 국민의 정치적 의사형성에 참여하는데 필요한 조직을 가져야 한다.	② 정당은 그 조직과 활동이 민주적이어야 하며, 국민의 정치적 의사형성에 참여하는데 필요한 조직을 가져야 한다.	② 정당은 그 조직과 활동이 민주적이어야 하며, 국민의 정치적 의사형성에 참여하는데 필요한 조직을 가져야 한다.	② 정당은 그 조직과 활동이 민주적이어야 하며, 국민의 정치적 의사형성에 참여하는데 필요한 조직을 가져야 한다.	
③ 정당은 법률이 정하는 바에 의하여 국가의 보호를 받으며, 국가는 법률이 정하는 바에 의하여 정당운영에 필요한 자금을 보조할 수 있다.	③ 정당은 법률이 정하는 바에 의하여 국가의 보호를 받으며, 국가는 법률이 정하는 바에 의하여 정당의 운영에 필요한 자금을 보조할 수 있다.	③ 정당은 법률이 정하는 바에 의하여 국가의 보호를 받는다.	③ 정당은 국가의 보호를 받는다.	제13조 [모든 국민은 언론, 출판의 자유와 집회, 결사의 자유를 제한받지 아니한다.] 정당은 법률의 정하는 바에 의하여 국가의 보호를 받는다.
④ 정당의 목적이나 활동이 민주적 기본질서에 위배될 때에는 정부는 헌법재판소에 그 해산을 제소할 수 있고, 정당은 헌법재판소의 심판에 의하여 해산된다.	④ 정당의 목적이나 활동이 민주적 기본질서에 위배될 때에는 정부는 헌법위원회에 그 해산을 제소할 수 있고, 정당은 헌법위원회의 결정에 의하여 해산된다.	다만, 정당의 목적이나 활동이 민주적 기본질서에 위배되거나 국가의 존립에 위해가 될 때에는 정부는 헌법위원회에 그 해산을 제소할 수 있고, 정당은 헌법위원회의 결정에 의하여 해산된다.	다만, 정당의 목적이나 활동이 민주적 기본질서에 위배될 때에는 정부는 대법원에 그 해산을 제소할 수 있고, 정당은 대법원의 판결에 의하여 해산된다.	단, 정당의 목적이나 활동이 헌법의 민주적 기본질서에 위배될 때에는 정부가 대통령의 승인을 얻어 소추하고 헌법재판소가 판결로써 그 정당의 해산을 명한다.[전문개정 1960.6.15]

2) 학설과 판례

가) 학설

(1) 헌법기관설

정당을 대통령, 국회, 법원 등과 같이 헌법기관으로 보는 견해다. 그러나 정당은 자발적으로 결성되는 것으로서 헌법규정에 의해 결성되는 것이 아니라는 점에서 헌법기관이라고는 할 수 없다.

(2) 국가기관설

정당이 헌법기관은 아니나 국가기관으로 보는 견해다. 그러나 정당원은 국가공무원이 아니라는 점에서 정당을 국가기관이라고 보기는 어렵다.

(3) 중개적 권력설(=제도적 보장설=매개체설)

이 견해는 정당을 국민의사와 국가의사를 중개하는 실체로 파악하는 견해다. 정당을 기능적으로 파악한 견해로서 이 설이 다수설이다.

나) 판례

헌법재판소도 정당에 대하여 "무정형적(無定型的)이고 무질서적인 개개인의 정치적 의사를 집약하여 정리하고 구체적인 진로와 방향을 제시하며 국정을 책임지는 공권력으로까지 매개하는 중요한 공적 기능을 수행"[308]하는 것이라고 판시하고 있는 것으로 보아서 중개적 권력설에 입각하고 있는 것으로 보인다.

다) 결론

정당의 기능에 착안해 정당의 헌법적 지위를 중개적 권력이라고 보는 견해가 타당하다.

3) 정당제 민주주의 발달로 인한 변화 현상

정당제 민주주의 발달로 인한 변화 현상은 다음과 같이 설명할 수 있다.

---

308) 헌재 1991.3.11. 91헌마21, 지방의회의원선거법 제36조 제1항에 대한 헌법소원[헌법불합치, 일부각하(반대의견 있음)].

변화 / 항목	대의제 민주주의		정당제 민주주의
국민	전체로서의 국민(이념적 · 추상적 통일체) 선거권을 통한 행사	→	정당을 통해 실질적 · 현실적 행동통일체로 행동
국가권력	입법, 행정의 분할	→	입법, 집행이 정당으로 통합
국회의원	독립성	→	정당에 사실상 기속
선거의 기능	국가기관구성의 의미	→	국가기관 구성의 기능과 함께 정당 선택을 통한 정부의 선택(국민투표로서의 성격)

국회의원의 국민대표성과 정당국가적 경향의 관계와 관련하여 헌법재판소는, 현재의 정당국가적 경향에서 자유위임을 인정하는 경우에도 그것이 정당 간의 정치의사형성에 관한 협력을 배척하는 것은 아니고, 또 의원이 정당과 교섭단체의 지시에 기속되는 것을 배제하는 것도 아니라고 한다. 따라서 국회의원의 국민대표성에도 불구하고 정당의 소속의원 제명이나 정당내부에서의 사실상의 강제는 가능하다고 한다.[309)]

4) 일반적 결사와의 구별

헌법 제8조 정당규정은 제21조 결사의 자유에 대한 특별법적 규정이다. 따라서 정당의 자유가 문제되는 경우에는 결사의 자유는 적용되지 않는다.[310)]

라. 정당의 권리 · 의무

정당의 권리와 의무는 옐리네크의 지위이론을 응용하여 정당이 갖는 헌법상 지위에 따라 다음과 같이 구분하여 설명할 수 있다. 즉, 능동적 지위에서는 정당의 권능이 나오고, 소극적 지위에서는 정당의 자유, 적극적 지위에서는 정당의 보호, 수동적 지위에서는 정당의 의무가 나온다.[311)] 이하에서는 이에 따라 순차적으로 살펴본다.

---

309) 헌재 2003.10.30. 2002헌라1, 국회의원과 국회의장간의 권한쟁의[기각(반대의견 있음)].
310) 헌재 2006.3.30. 2004헌마246, 정당법 제25조 등 위헌확인(기각).
311) 김철수, 헌법학신론, 박영사, 2013, 198쪽 이하 참조.

1) 정당의 권능(능동적 지위)

정당은 국민의 정치적 의사형성에 참여한다(정당법 제2조). 참여방식으로 정당에게 특히 의미 있는 것은 선거후보자 추천(공직선거법 제47조), 각급 선거관리위원회 위원 추천(선거관리위원회법 제7조), 각급 선거에 있어서 참관인의 선정(공직선거법 제161조) 등이다.

그동안 「공직선거법」은 기초의회의원 후보의 정당표방을 금지하고 있었는데, 헌법재판소는 2003년 이 규정에 대한 그동안의 판례를 변경하여 위헌으로 선언하였다.[312] 이에 따라 현행 「공직선거법」에서는 정당은 모든 지방선거에서 정당 명의로 후보자를 추천할 수 있게 하고 있다.

무소속후보자는 일정한 정당을 지지하거나 추천받았음을 표방할 수 없다. 그러나 정당의 당원경력을 표시하거나 해당 선거구에 후보자를 추천하지 아니한 정당이 무소속후보자를 지지하거나 지원하는 경우 그 사실을 표방할 수는 있다(공직선거법 제84조).[313]

기초의회의원후보의 정당표방금지규정에 의해 제한되는 기본권을 적시하고 그 침해여부를 판단하시오.

기초의회의원후보의 정당표방금지규정에 대해서 헌법재판소는 2003년 판례를 변경하여 위헌 선언하였다. 판례변경 전후 결정을 쟁점별로 보면 다음 표와 같다.[314]

쟁점	판례변경 전(1999)	판례변경 후(2003)
제한이 과잉금지원칙에 위배되는지 여부	과잉금지원칙에 위배되지 않으므로 공무담임권(피선거권)과 선거운동의 자유, 정당활동의 자유(제8조)를 침해한	목적의 정당성, 방법의 적절성, 피해의 최소성, 법익의 균형성 모든 관점에서 위반되어서(유권자들의 알 권리

312) 헌재 2003.1.30. 2001헌가4, 공직선거및선거부정방지법 제47조 제1항 중 앞괄호부분 등 위헌제청[위헌(3인의 반대의견 있음), 각하]; 2003.5.15. 2003헌가9등, 공직선거및선거부정방지법 제84조 위헌제청(위헌, 3인의 반대의견).

313) 이 조항은 원래 무소속후보자와 함께 자치구 · 시 · 군의원선거의 후보자에 대해서도 규율하고 있었으나, 기초의회의원후보에 대해서는 위헌결정[헌재 2003.1.30. 2001헌가4, 공직선거및선거부정방지법 제47조 제1항 중 앞괄호부분 등 위헌제청(위헌(3인의 반대의견 있음), 각하)]되어 2004년 무소속후보자에 대해서만 규정하는 것으로 개정되었다.

314) 변경 후 판례: 헌재 2003.1.30. 2001헌가4, 공직선거및선거부정방지법 제47조 제1항 중 앞괄호 부분 등 위헌제청[위헌(3인의 반대의견 있음), 각하]; 2003.5.15. 2003헌가9등, 공직선거및선거부정방지법 제84조 위헌제청(위헌, 3인의 반대의견). 변경 전 판례: 헌재 1999.11.25. 99헌바28, 공직선거및선거부정방지법 제84조 위헌소원(합헌, 8인의 전원일치의견).

	것이 아니다.	에 대한 중대한 훼손 부분은 법익의 균형성 평가에서 고려하고 있다), 정치적 표현의 자유를 침해하고 있다.
정당표방을 금지하면서도 단서 조항에서는 당원경력을 표시할 수 있게 하고 있어서 어느 정도가 정당표방에 이르는 것인지가 불명확할 수 있다는 점에서 명확성원칙 위배 여부	언급하지 않고 있다.	명확성의 원칙에 위배된다.
기초자치단체장선거, 광역의회의원선거, 광역자치단체장선거와 달리 기초의회의원선거만 차별하여 정당표방을 금지하는 것이 정당한가라는 점에서 평등원칙 위배 여부	지방자치의 제도적 보장을 위한 입법목적과 그를 위한 수단에 있어서 필요불가결한 것이므로 평등원칙 위반이 아니다.	합리적인 차별이라고 할 수 없어서 평등원칙에 위반된다.

2) 정당의 자유(소극적 지위)

헌법 제8조 제1항은 "정당의 설립은 자유이며, 복수정당제는 보장된다"라고 하여 정당설립의 자유만을 규정하고 있다. 그러나 정당설립의 자유는 정당조직의 선택과 결성이라고 하는 정당조직의 자유가 배제되고서는 정당설립의 자유가 보장된다고 보기 어렵다. 마찬가지로 정당설립의 자유만이 보장되고 정당활동의 자유가 보장되지 않는다면 정당설립의 자유는 무의미하게 될 것이다. 따라서 헌법 제8조 제1항은 명시적으로는 정당설립의 자유만을 보장하고 있지만, 정당조직의 자유 및 정당활동의 자유를 포괄하는 정당의 자유를 규정하고 있다고 보는 것이 타당하다. 이렇게 보면 정당의 자유는 다음의 도식이 성립한다.

정당의 자유 = 정당설립의 자유 + 정당조직의 자유[315] + 정당활동의 자유

정당의 자유는 개인의 기본권임과 동시에 단체로서의 정당이 갖는 기본권이기도 하다.[316]

315) 정당에게 조직의무를 부과하는 것은 정당의 자유에 대한 제한이 될 수 있다. 이에 대해서는 후술 4) 정당의 의무 중 가) 조직의무 부분에 소개된 헌재 2006.3.30. 2004헌마246 참조.
316) 헌재 2004.12.16. 2004헌마456, 정당법 제3조 등 위헌확인(기각).

가) 정당설립의 자유

정당설립의 자유는 정당을 설립하고 가입할 자유뿐만 아니라, 정당해산의 자유, 합당의 자유, 분당의 자유 외에 정당에 가입하지 않을 자유, 가입했던 정당으로부터 탈퇴할 자유 등 소극적 자유도 포함하는 것으로 보는 것이 타당하다.[317)]

16세 이상의 대한민국 국민은 공무원 그 밖에 그 신분을 이유로 정당가입이나 정치활동을 금지하는 다른 법령의 규정에 불구하고 누구든지 정당의 발기인 및 당원이 될 수 있다. 다만, ①「국가공무원법」과「지방공무원법」상 공무원[318)]과 ②「고등교육법」 제14조 제1항 · 제2항에 따른 교원(대학교원)을 제외한 사립학교의 교원, ③ 법령의 규정에 의하여 공무원의 신분을 가진 자, ④「공직선거법」 제18조 제1항에 따른 선거권이 없는 사람은 정당의 발기인이나 당원이 될 수 없다. 대한민국 국민이 아닌 자는 당원이 될 수 없다(이상 정당법 제22조 제1항 · 제2항).

정당의 설립 및 가입을 금지하는 법률조항의 정당성여부를 판단하는 기준으로 헌법재판소는, 입법자가 정당으로 하여금 헌법상 부여된 기능을 이행하도록 하기 위하여 그에 필요한 절차적 · 형식적 요건을 규정함으로써 정당의 자유를 구체적으로 형성하고 동시에 제한하는 경우를 제외한다면, 정당설립에 대한 국가의 간섭이나 침해는 원칙적으로 허용되지 아니하고, 정당의 설립 및 가입을 금지하는 법률조항의 경우에도 **"민주적 기본질서에 대한 위반"에 버금가는 정도의 비중을 가지는 제한사유**이어야 한다고 판시하고 있다.[319)] 헌법 제8조 제4항에 의하면 정당은 그 목적이나 활동이 민주적 기본질서에 위배되어 정부가 제소하고 헌법재판소가 해산결정을 함으로써 비로소 해산되는데, 그것은 정당은 국민과 국가를 연결하는 매체로서 민주적 기본질서의 중요한 구성부분이기 때문이다.

정당은 중앙당이 중앙선거관리위원회에 등록함으로써 성립한다(정당법 제4조). 헌

---

317) 헌재 2006.3.30. 2004헌마246, 정당법 제25조 등 위헌확인(기각).

318) 이와 관련하여 공무원인 초 · 중등교원의 정당 결성 관여나 가입을 금지하는 것은 합헌이라는 헌법재판소의 결정이 있다(헌재 2020.4.23. 2018헌마551, 정당법 제22조 제1항 단서 제1호 등 위헌확인(위헌, 기각, 각하) – 교원의 정당 및 정치단체 결성 · 가입 사건).「정당법」 제22조 제1항 제1호의 단서에 의해서 다음의 공무원은 제외된다. 대통령, 국무총리, 국무위원, 국회의원, 지방의회의원, 선거에 의하여 취임하는 지방자치단체의 장, 국회 부의장의 수석비서관 · 비서관 · 비서 · 행정보조요원, 국회 상임위원회 · 예산결산특별위원회 · 윤리특별위원회 위원장의 행정보조요원, 국회의원의 보좌관 · 비서관 · 비서, 국회 교섭단체 대표의원의 행정비서관, 국회 교섭단체의 정책연구위원 · 행정보조요원과「고등교육법」 제14조 제1항 · 제2항에 따른 교원(대학 교원을 말함).

319) 헌재 1999.12.23. 99헌마135, 경찰법 제11조 제4항 등 위헌확인(위헌, 각하).

법재판소는 정당 등록제가 정당설립의 자유를 침해하는 것은 아니라고 본다.[320]

나) 정당조직의 자유

정당조직의 자유는 정당조직을 선택하고 결정하는 자유를 말한다. 정당조직의 자유의 헌법적 근거는 헌법 제8조 제1항이다.

"정당은 그 목적·조직과 활동이 민주적이어야 하며, 국민의 정치적 의사형성에 참여하는데 필요한 조직을 가져야 한다"라고 규정하고 있는 헌법 제8조 제2항은 정당의 자유의 한계와 그에 필요한 입법의무의 근거가 되기 때문에 정당조직의 자유에 대해서도 한계로서 기능하고, 정당조직의 자유의 근거규정이라고 할 수는 없다.[321]

다) 정당활동의 자유

정당활동의 자유의 구체적인 내용은 정당활동을 보장하고 있는 「정당법」 제6장(제37조~제43조)에서 규정하고 있다.[322]

경찰청장은 퇴직 후 2년간 정당의 발기인이나 당원이 되지 못하게 하는 구 「경찰법」 (1991.5.31. 법률 제4369호로 제정되어 1997.1.13. 법률 제5260호로 개정된 것) 제11조 제4항과 관련하여 다음의 물음에 답하시오.[323]
문 1. 제한되는 기본권을 적시하고 침해 여부.
문 2. 결사의 자유의 침해 여부.
문 3. 피선거권의 침해 여부.
문 4. 직업의 자유의 침해 여부.

---

320) "중앙선거관리위원회에 정당으로 등록되지 않는 한 정당법상의 정당으로 인정받지 못하게 된다. 정당등록제도는 정당임을 자처하는 정치적 결사가 일정한 법률상의 요건을 갖추어 관할 행정기관에 등록을 신청하고, 이 요건이 충족된 경우 정당등록부에 등록하여 비로소 그 결사가 정당임을 법적으로 확인시켜 주는 제도이다. 이러한 정당의 등록제도는 어떤 정치적 결사가 정당에 해당되는지의 여부를 쉽게 확인할 수 있게 해 주며, 이에 따라 정당에게 부여되는 법률상의 권리·의무관계도 비교적 명확하게 판단할 수 있게 해 준다. 이러한 점에서 **정당등록제는 법적 안정성과 확실성에 기여**(강조는 필자)한다고 평가할 수 있다."[헌재 2006.3.30. 2004헌마246, 정당법 제25조 등 위헌확인(기각)].

321) 헌재 2004.12.16. 2004헌마456, 정당법 제3조 등 위헌확인(기각).

322) 예컨대 정당법 제37조 (활동의 자유) ① 정당은 헌법과 법률에 의하여 활동의 자유를 가진다.

323) 헌재 1999.12.23. 99헌마135, 경찰법 제11조 제4항 등 위헌확인(위헌, 각하) 사례 참조.

문 1.

정당의 발기인이나 당원이 되지 못하게 하는 것이므로 **정당설립의 자유 및 정당가입의 자유**를 제한하고 있다. 이 자유는 헌법 제8조 제1항에 의하여 보장되고 있다. 또한 경찰청장을 다른 공무원에 비하여 차별하고 있다는 점에서 **평등권** 침해 여부가 문제된다.

① 정당설립의 자유 침해여부 심사기준은 과잉금지원칙이다. 헌법재판소는 과잉금지원칙에 위배되어 위헌이라고 판시하였다. 구체적인 판시 내용을 보면 다음 표와 같다.

구성요소	심사밀도	판단
목적의 정당성	국민의 자유로운 정당설립 및 가입을 제한하는 법률은 그 목적이 헌법상 허용된 것이어야 할 뿐 아니라 중대한 것이어야 하고, 그를 넘어서 제한을 정당화하는 공익이나 대처해야 할 위험이 어느 정도 명백하게 현실적으로 존재해야만 비로소 헌법에 위반되지 아니한다. NOTE 정당설립의 제한에 있어서 목적의 정당성이 특별히 강조되고 있다.	'경찰청장 직무의 독립성과 정치적 중립의 확보'라는 입법목적이 입법자가 추구할 수 있는 헌법상 정당한 공익이라는 점에서는 의문의 여지가 없다. 또한, 이러한 공익은 매우 중요한 것이라고 보아야 할 것이고, 이러한 공익을 실현해야 할 현실적인 필요성이 존재한다는 것도 과거의 경험에 비추어 이를 부정하기 어렵다 할 것이다.
방법의 적절성	정당설립의 자유에 대한 제한의 합헌성의 판단과 관련하여 '수단의 적합성' 및 '최소침해성'을 심사함에 있어서 입법자의 판단이 명백하게 잘못되었다는 소극적인 심사에 그치는 것이 아니라, 입법자로 하여금 법률이 공익의 달성이나 위험의 방지에 적합하고 최소한의 침해를 가져오는 수단이라는 것을 어느 정도 납득시킬 것을 요청한다.	입법목적과 입법수단 간의 인과관계가 막연하고, 입법목적을 달성할 수 있는가 하는 법률의 효과 또한 불확실하므로 정당의 자유를 제한함에 있어서 갖추어야 할 적합성의 엄격한 요건을 충족시키지 못한 것으로 판단된다.
피해의 최소성		정당의 설립 및 가입 그 자체를 포괄적으로 금지하지 않고서도 '지구당위원장으로의 임명'이나 '정당추천의 금지' 등 개인의 정당의 자유를 보다 적게 침해하는 방법으로도 충분히 입법목적을 달성할 수 있다고 할 것이다. 따라서 이 사건 법률조항은 위와 같은 이유로 '입법자는 입법목적을 달성하기 위하여 고려되는 여러 가지의 방법 중에서 국민의 기본권을 가장 존중하고 가장 적게 침해하는 수단을 택해야 한다'는 내용의 최소침해성의 원칙에도 위반된다.
법익의 균형성	국민 누구나가 자유롭게 정당을 설립하고 이에 가입할 수 있는 자유는 국	그렇다면 이 사건 법률조항이 입법목적의 달성에 기여할 수 있다는 일말의 개연성 때문

민의 정치의사형성에 있어서 매우 중요하다. 헌법은 제8조에서 정당설립의 자유의 중요성을 강조하여 정당설립의 자유에 대한 제한은 원칙적으로 허용될 수 없다는 것을 표현하고 있다. **NOTE** 헌재 2006.3.30. 2004헌마246, 정당법 제25조 등 위헌확인(기각)에서는 합리적인 비례관계가 제시되고 있어 구별된다(후술 정당의 조직의무 부분 참조).	에 국민의 민주적 의사형성에 있어서 중요한 정당설립 및 가입의 자유를 금지하는 것은, 제한을 통하여 얻는 공익적 성과와 제한이 초래하는 부정적인 효과가 합리적인 비례관계를 현저하게 일탈하고 있다고 하겠다.

② 본질적으로 같은 것은 같게 취급하여야 한다는 점에서 – 이는 완화된 평등심사, 즉 자의금지원칙에 따른 심사를 의미한다. – 경찰청장이 대법원장, 대법관, 헌법재판소장, 헌법재판관, 감사원장 등의 경우와 달리 취급되어야 할 특별한 본질적인 차이가 있다고 보기 어려우므로 평등원칙에도 위반된다고 보아야 하고 따라서 평등권을 침해하여 헌법에 위반된다.

문 2.
헌법 제21조 제1항의 결사의 자유가 관련되는지 여부에 대해서 이 결정에서 헌법재판소는 헌법 제8조 제1항이 기본권의 규정형식을 취하지 않고 있고 또 헌법상 기본권장에 규정되어 있지도 않다는 이유에서 침해되는 기본권으로 제8조 제1항과 헌법 제21조 제1항에 의하여 보장된 기본권으로 보았으나,[324] 2006년 결정에서는 입장을 바꾸어 헌법 제21조 제1항의 결사의 자유의 특별규정으로서 헌법 제8조 제1항의 정당설립의 자유의 침해여부가 문제된다고 보았다.[325]

문 3.
제한되는 것은 정당의 설립과 가입의 자유이므로, 이로 인하여 사실상 공직선거에 입후보하여 공직에 취임할 수 있는 기회를 상실한다고 하더라도, 이는 간접적이고 부수적인 효과에 지나지 않아서 제한되는 기본권이라고 할 수 없다.

문 4.
공무담임권은 직업의 자유에 우선하는 규정이므로 공무담임권이 적용되는 한 직업의 자유는 적용되지 않는다. 그런데 공무담임권의 제한여부는 위 문2에서 보듯이 인정될 수 없다. 따라서 직업의 자유도 문제되지 않는다.[326]

---

324) 헌재 1999.12.23. 99헌마135, 경찰법 제11조 제4항 등 위헌확인(위헌, 각하).
325) "정당설립의 자유는 비록 헌법 제8조 제1항 전단에 규정되어 있지만 국민 개인과 정당의 '기본권'이라 할 수 있고, 당연히 이를 근거로 하여 헌법소원심판을 청구할 수 있다고 보아야 할 것이다. 이 사건에서도 헌법 제21조 제1항 결사의 자유의 특별규정으로서(헌재 1999.12.23. 99헌마135 참조), 헌법 제8조 제1항 전단의 정당설립의 자유의 침해 여부가 문제된다고 할 것이다."[헌재 2006.3.30. 2004헌마246, 정당법 제25조 등 위헌확인(기각)].
326) 헌재 1999.12.23, 99헌마135, 경찰법 제11조 제4항 등 위헌확인(위헌, 각하).

3) 정당의 보호(적극적 지위)

가) 헌법적 근거

헌법 제8조 제3항에서는 "정당은 법률이 정하는 바에 의하여 국가의 보호를 받으며, 국가는 법률이 정하는 바에 의하여 정당운영에 필요한 자금을 보조할 수 있다"라고 규정하고 있다.

나) 평등보호

정당은 그 헌법적 기능으로 인하여 일반 결사보다 강화된 보호를 받는다. 또 정당은 다른 정당과 비교하여 부당한 차별을 받지 않는다.

정당이 선거에 있어서 기회균등을 보장받는 헌법상 권리의 직접적인 근거규정으로는 헌법 제8조 제1항 내지 제3항, 제11조 제1항, 제24조(선거권), 제25조(공무담임권)를 들 수 있고, 간접적인 근거규정으로는 헌법 전문과 제1조, 제41조 제1항(국회의원 선거), 제67조 제1항(대통령 선거), 제37조 제2항(일반적 법률유보규정), 제116조 제2항(선거공영제) 등을 들 수 있다.[327] 선거운동과 관련하여 정당에게만 선거대책기구의 설치를 허용하는 등 정당소속 입후보자를 무소속 입후보자에 비하여 우대하고, 정당소속여부에 따라 그리고 다수의석 여부에 따라 후보자기호결정을 하는 것은 합리적인 차별로서 평등권 침해가 아니다.[328]

다) 정당에 대한 국고보조

(1) 법적 근거

정당에 대한 국고보조의 헌법적 근거는 헌법 제8조 제3항이다. 「정치자금법」 제5장(국고보조금)에서는 정당의 국고보조에 대해서 상세히 규정하고 있다.

(2) 경상보조금 및 선거보조금

(가) 보조금의 계상

보조금으로서 경상보조금과 선거보조금은 다음과 같이 편성한다(보조금 명칭은 정치자금법 제27조 제1항 참조). 먼저 **경상보조금**으로 최근 실시한 임기만료에 의한 국회의원선거의 **선거권자 총수에 보조금 계상단가를 곱한 금액**을 매년 예산에 계상하여야 한다. 이 경우 임기만료에 의한 국회의원선거의 실시로 선거권자 총수에 변경이 있는 때에는 당

---

327) 헌재 1991.3.11. 91헌마21, 지방의회의원선거법 제36조 제1항에 대한 헌법소원(헌법불합치, 각하).
328) 헌재 1996.3.28. 96헌마9등, 공직선거및선거부정방지법 제150조 제3항 등 위헌확인(기각).

해 선거가 종료된 이후에 지급되는 보조금은 변경된 선거권자 총수를 기준으로 계상하여야 한다(이상 정치자금법 제25조 제1항). **선거보조금**으로는 대통령선거, 임기만료에 의한 국회의원선거 또는 동시지방선거(공직선거법 제203조 제1항)가 있는 연도에는 각 선거(동시지방선거는 하나의 선거로 본다)마다 보조금 계상단가를 추가한 금액을 경상보조금과 같은 기준에 의하여 예산에 계상하여야 한다(정치자금법 제25조 제2항).

(나) 보조금의 배분방식(정치자금법 제27조)

경상보조금과 선거보조금은 지급 당시 동일 정당의 소속의원으로 **교섭단체**[329]**를 구성한 정당**에 대하여 그 100분의 50을 정당별로 균등하게 분할하여 배분 · 지급한다(제1항). 제1항의 보조금 배분 · 지급대상이 아닌 정당으로서 **5석 이상의 의석을 가진 정당**에 대하여는 100분의 5씩을, **의석이 없거나 5석 미만의 의석을 가진 정당 중 「정치자금법」상 일정한 요건(제2항 각 호**[330]**)을 갖춘 정당**에 대하여 보조금의 100분의 2씩을 배분 · 지급한다(제2항). 제1항 및 제2항의 규정에 의한 배분 · 지급액을 제외한 잔여분 중 100분의 50은 지급 당시 국회의석을 가진 정당에 그 의석수의 비율에 따라 배분 · 지급하고, 그 잔여분은 국회의원선거의 득표수 비율에 따라 배분 · 지급한다(제3항). 선거보조금은 당해 선거의 후보자등록마감일 현재 후보자를 추천하지 아니한 정당에 대하여는 이를 배분 · 지급하지 아니한다(제4항). 보조금의 지급시기 및 절차 그 밖에 필요한 사항은 중앙선거관리위원회규칙으로 정한다(제5항). 이를 표로 정리하면 다음과 같다.

---

329) 국회에 20명 이상의 소속 의원을 가진 정당은 하나의 교섭단체가 된다(국회법 제33조 제1항 본문). 물론 교섭단체에 속하지 아니하는 20명 이상의 의원이 따로 교섭단체를 구성할 수도 있으나(국회법 제33조 제1항 단서), 「정치자금법」 제27조 제1항은 동일 정당 소속의원으로 구성된 교섭단체에 한정되어 적용된다.

330) 「정치자금법」 제27조 제2항 각호는 다음과 같다.

1. 최근에 실시된 임기만료에 의한 국회의원선거에 참여한 정당의 경우에는 국회의원선거의 득표수 비율이 100분의 2 이상인 정당
2. 최근에 실시된 임기만료에 의한 국회의원선거에 참여한 정당 중 제1호에 해당하지 아니하는 정당으로서 의석을 가진 정당의 경우에는 최근에 전국적으로 실시된 후보추천이 허용되는 비례대표시 · 도의회의원선거, 지역구시 · 도의회의원선거, 시 · 도지사선거 또는 자치구 · 시 · 군의 장선거에서 당해 정당이 득표한 득표수 비율이 100분의 0.5 이상인 정당
3. 최근에 실시된 임기만료에 의한 국회의원선거에 참여하지 아니한 정당의 경우에는 최근에 전국적으로 실시된 후보추천이 허용되는 비례대표시 · 도의회의원선거, 지역구시 · 도의회의원선거, 시 · 도지사선거 또는 자치구 · 시 · 군의 장선거에서 당해 정당이 득표한 득표수 비율이 100분의 2 이상인 정당

경상 · 선거보조금 배분 비율	배분 대상
보조금의 100분의 50을 정당별로 균등하게 분할하여 배분 · 지급(정치자금법 제27조 제1항)	지급 당시 동일 정당의 소속의원으로 교섭단체를 구성한 정당
보조금의 100분의 5씩 배분 · 지급	위의 보조금 배분 · 지급대상이 아닌 정당으로서 5석 이상의 의석을 가진 정당
보조금의 100분의 2씩 배분 · 지급	의석이 없거나 5석 미만의 의석을 가진 정당 중 「정치자금법」 제27조 제2항 각 호에 해당하는 정당
이상의 배분 · 지급액을 제외한 잔여분 중 100분의 50을 의석수의 비율에 따라 배분 · 지급	지급 당시 국회의석을 가진 정당
이상의 잔여분을 국회의원선거의 득표수 비율에 따라 배분 · 지급	국회의원선거에서 득표한 모든 정당
선거보조금은 당해 선거의 후보자등록마감일 현재 후보자를 추천하지 아니한 정당에 대하여는 배분 · 지급하지 않음.	

(3) 여성추천보조금, 장애인추천보조금, 청년추천보조금

국가는 임기만료에 의한 지역구국회의원선거, 지역구시 · 도의회의원선거 및 지역구자치구 · 시 · 군의회의원선거에서 여성후보자를 추천하는 정당에는 여성추천보조금(정치자금법 제26조)을, 장애인후보자를 추천한 정당에는 장애인추천보조금(정치자금법 제26조의2)을, 청년후보자(39세 이하 후보자)를 추천한 정당에는 청년추천보조금을 지급한다(정치자금법 제26조의3). 「정치자금법」 제26조부터 제26조의3은 국가예산에 각 추천보조금의 계상을 명하고, 배분 · 지급의 기준을 규정하고 있다.

「정치자금법」 제27조에서 정당에 보조금을 배분함에 있어 교섭단체의 구성 여부에 따라 차등을 두는 것이 헌법에 위반되는지 여부 및 심사기준에 관하여 검토하시오.

이 규정과 같은 취지를 규정한 구 정치자금에관한법률(2004.3.12. 법률 제7191호로 개정되고, 2005.8.4. 법률 제7682호로 전문 개정되기 전의 것) 제18조(보조금의 배분)에 대해 헌법재판소는, 입법자는 정당의 공적 기능을 수행하는 데 국회에 진출한 정당과 그렇지 못한 정당, 교섭단체를 구성한 정당과 구성하지 못한 정당 간에는 상당한 차이가 있기 때문에 보조금제도의 취지에 비추어 일정한 차별적 입법이 가능하고, 보조금이 현재의 각 정당들 사이의 경쟁 상태를 현저하게 변경시킬 정도가 아니면 **합리성**을 인정할 수 있다고 보면서 합헌 결정하였다.[331]

331) 헌재 2006.7.27. 2004헌마655, 정치자금에관한법률 제18조 위헌확인(기각, 각하).

Q **「정치자금법」 제25조가 정당에 대한 보조금을 예산에 계상하여 지급하도록 규정함으로써 정당이나 정당소속 입후보자는 보호하면서 상대적으로 무소속 입후보자가 불리한 차별을 받게 하고 있는 것이 평등권을 침해하는지 여부를 검토하시오.**

A 헌법재판소는 **합리적 차별기준**을 위헌심사기준으로 적용하고, 정당국가 민주주의에 바탕을 둔 헌법을 고려할 때, 정당이나 정당소속 입후보자에 비하여 무소속 입후보자를 차별하는 것은 합리적인 범위 내의 것인 한 평등원칙에 위배되는 것으로 볼 수 없다고 본다.[332)]

(4) 보조금의 용도

보조금은 인건비, 사무용 비품 및 소모품비, 사무소 설치 · 운영비, 공공요금, 정책개발비, 당원 교육훈련비, 조직활동비, 선전비, 선거관계비용으로만 사용할 수 있다(정치자금법 제28조 제1항).

경상보조금은 100분의 30 이상은 정책연구소에, 100분의 10 이상은 시 · 도당에 배분 · 지급하여야 하고, 100분의 10 이상은 여성정치발전을 위하여, 100분의 5 이상은 청년정치발전을 위하여 사용하여야 한다(정치자금법 제28조 제2항). 정당은 당원인 공직후보자 또는 예비후보자에게 보조금을 지원하는 경우에 여성추천보조금은 여성후보자의 선거경비로, 장애인추천보조금은 장애인후보자의 선거경비로, 청년추천보조금은 청년후보자의 선거경비로 사용하여야 한다(정치자금법 제28조 제3항).

(5) 보조금의 회수와 감액

보조금에 대해 회계누락하거나 용도 외에 사용하는 등 「정치자금법」을 위반한 때에는 해당금액을 배가하여 회수하거나 회수가 어려운 때에는 그 이후 지급할 보조금에서 감액할 수 있도록 하고 있다. 즉, ① 정당이 회계보고를 허위 · 누락한 경우에는 그 금액의 2배에 상당하는 금액, ② 보조금을 용도 외로 사용한 경우에는 그 용도를 위반하여 사용한 보조금의 2배에 상당하는 금액, ③ 정책연구소나 시 · 도당 배분 · 지급 또는 여성정치발전에 사용하여야 할 보조금의 용도를 위반한 경우에는 그 위반 보조금의 2배에 상당하는 금액, ④ 여성추천보조금, 장애인추천보조금 또는 청년추천보조금을 용도 외의 용도로 사용한 경우에는 위반한 보조금의 2배에 상당하는 금액, ⑤ 회계보고를 하지 아니한 경우에는 중앙당의 경우 지급한 보조금의 100분의 25에 상당하는 금

332) 헌재 1997.5.29. 96헌마85, 정치자금에관한법률 제5조 등 위헌확인(기각).

액, 시 · 도당의 경우 중앙당으로부터 지원받은 보조금의 2배에 상당하는 금액을 회수하고, 회수가 어려운 때에는 이후 지급할 보조금을 그만큼 감액하여 지급할 수 있다(정치자금법 제29조).

(6) 보조금의 반환

보조금을 지급받은 정당이 해산되거나 등록이 취소된 경우 또는 정책연구소가 해산 또는 소멸하는 때에는 정당의 경우는 보조금의 지출내역을 중앙선거관리위원회에 보고하고 그 잔액이 있는 때에는 이를 지체 없이 반환하고, 정책연구소의 경우에는 보조금의 사용잔액을 소속 정당에 인계한다. 이 경우 정당은 새로이 설립하는 정책연구소에 그 잔액을 인계하여야 하고, 정당이 해산 또는 등록이 취소된 경우에는 보조금의 지출내역을 중앙선거관리위원회에 보고하고 그 잔액이 있는 때에는 반환한다(정치자금법 제30조 제1항 제2호). 정당이 반환하여야 할 보조금을 반환하지 아니한 때에는 중앙선거관리위원회가 국세체납처분의 예에 의하여 강제징수할 수 있다(정치자금법 제30조 제2항).

4) 정당의 의무(수동적 지위)

가) 조직의무

정당은 국민의 정치적 의사형성에 참여하는데 필요한 조직을 가져야 한다(제8조 제2항 후단). 구체적인 내용은 「정당법」이 규정하고 있다.

「정당법」에 따라 정당은 5 이상의 시 · 도당을 가져야 하고(정당법 제17조), 시 · 도당은 당해 시 · 도당의 관할구역 안에 주소를 둔 1천인 이상의 당원을 가져야 한다(정당법 제18조 제1항[333]).

「정당법」상 정당등록요건에 대해서는 정당설립의 자유를 침해하여 위헌이라는 주장이 제기되었으나 헌법재판소는 합헌으로 판시하였다. 헌법재판소는 **정당설립의 자유 침해 여부의 심사기준**으로 '입법목적이 헌법상 입법자가 추구할 수 있는 정당한 목적인지 여부'와 '그러한 입법목적의 달성을 위하여 법률조항이 취하고 있는 수단이 합리적인 비례관계를 유지하고 있는지 여부'를 제시하고 있다.[334] 이 결정의 심사기준을 보면 명시적으로는 피해의 최소성 심사와 법익의 균형성 심사를 하고 있지는 않다. 다만, '5

333) 이 조항에 대한 합헌결정으로는 헌재 2022.11.24. 2019헌마445, 정당의 내부조직인 시 · 도당의 법정당원수 사건(기각, 각하) 참조.
334) 헌재 2006.3.30. 2004헌마246, 정당법 제25조 등 위헌확인(기각).

개 이상의 시·도당과 각 시·도당에 1,000명 이상의 당원을 요구하는 것이 과도한 부담이라고 할 수 없다'고 한 표현은 피해의 최소성을 완화해서 판시한 것으로 볼 수 있는 여지는 있다. 결론적으로 이 「정당법」 조항에 대한 결정에서는 과잉금지원칙을 심사기준으로 적용하되 그 심사강도와 관련하여서는 피해의 최소성과 법익의 균형성을 모두 완화한 것으로 볼 수 있다.

그런데 그 7년 전, 경찰청장은 퇴직일로부터 2년 이내에는 정당의 발기인이 되거나 당원이 될 수 없도록 한 「경찰법」 제11조 제4항 등 위헌확인 결정[335]에서는 엄격한 비례성심사를 하고 목적의 정당성, 수단의 적합성, 피해의 최소성, 법익의 균형성 모두를 일일이 심사한 바 있다. 이는 앞의 「정당법」조항보다 개인의 기본권 침해의 진지성이 더 크기 때문으로 보인다.

나) 정당의 재정통제와 공개

(1) 정치자금 조성의 기본원칙

누구든지 「정치자금법」에 의하지 아니하고는 정치자금을 기부하거나 받을 수 없다(정치자금법 제2조 제1항). 정치자금은 국민의 의혹을 사는 일이 없도록 공명정대하게 운용되어야 하고, 그 회계는 공개되어야 하고(정치자금법 제2조 제2항), 정치활동을 위하여 소요되는 경비로만 지출하여야 하며, 사적 경비로 지출하거나 부정한 용도로 지출하여서는 안 된다(정치자금법 제2조 제3항). 「정치자금법」에 의하여 1회 120만원을 초과하여 정치자금을 기부하는 자와 선거비용 외의 정치자금 50만원(다만, 공직선거의 후보자·예비후보자의 정치자금은 20만원), 선거비용 20만원을 초과하여 정치자금을 지출하는 자는 수표나 신용카드·예금계좌입금 그 밖에 실명이 확인되는 방법으로 기부 또는 지출하여야 한다. 다만, 현금으로 연간 지출할 수 있는 정치자금은 연간 지출총액의 100분의 20(선거비용은 선거비용제한액의 100분의 10)을 초과할 수 없다(정치자금법 제2조 제4항). 누구든지 타인의 명의나 가명으로 정치자금을 기부할 수 없다(정치자금법 제2조 제5항).

(2) 정치자금 조성의 한계

외국인, 국내·외의 법인 또는 단체는 정치자금을 기부할 수 없고(정치자금법 제31조 제1항), 누구든지 국내·외의 법인 또는 단체[336]와 관련된 자금으로 정치자금을 기부

---

335) 헌재 1999.12.23. 99헌마135, 경찰법 제11조 제4항 등 위헌확인(위헌, 각하).
336) 여기의 단체는 죄형법정주의의 명확성원칙에 위배되지 않으며, 단체의 기부금지조항은 단체의 정

할 수 없다(정치자금법 제31조 제2항).

또 공직선거에 있어서 특정인을 후보자로 추천하는 일, 지방의회 의장·부의장 선거와 교육위원회 의장·부의장, 교육감·교육위원을 선출하는 일, 공무원이 담당·처리하는 사무에 관하여 청탁 또는 알선하는 일, 국가·공공단체 또는 특별법의 규정에 의하여 설립된 법인 등과의 계약이나 그 처분에 의하여 재산상의 권리·이익 또는 직위를 취득하거나 이를 알선하는 일과 관련하여 정치자금을 기부하거나 받을 수 없다(정치자금법 제32조). 업무·고용 그 밖의 관계를 이용하여 부당하게 타인의 의사를 억압하는 방법으로 기부를 알선해서도 안 된다(정치자금법 제33조).

(3) 처벌

「정치자금법」에 정하지 아니한 방법으로 정치자금을 기부하거나 기부 받으면 「민법」 제777조의 친족관계인 경우를 제외하고는 「정치자금법」 위반으로 5년 이하의 징역 또는 1천만원 이하의 벌금의 처벌을 받게 된다(정치자금법 제45조).

다) 내부질서와 민주성

(1) 규정

정당은 그 목적·조직과 활동이 민주적이어야 하며, 국민의 정치적 의사형성에 참여하는데 필요한 조직을 가져야 한다(제8조 제2항).

정당법에 따르면 정당은 그 강령(또는 기본정책)과 당헌을 공개하여야 한다(정당법 제28조 제1항). 정당은 민주적인 내부질서를 유지하기 위하여 당원의 총의를 반영할 수 있는 대의기관 및 집행기관과 소속 국회의원이 있는 경우에는 의원총회를 가져야 한다(정당법 제29조 제1항). 또 정치자금법 제27조에 따라 보조금의 배분대상이 되는 정당의 중앙당은 그 대표자의 선출을 위한 선거사무 중 투표 및 개표에 관한 사무의 관리를 중앙선거관리위원회에 위탁할 수 있도록 하고 있다(정당법 제48조의2 제1항).

(2) 판례

헌법재판소는 입법자에 대하여 정당이 헌법상 요구되는 민주적인 내부질서를 가질 수 있도록 입법할 의무가 있다고 선언하고 있다.[337]

치자금 기부금지 규정에 관한 탈법행위를 방지하기 위한 것으로서 과잉금지원칙을 위반하여 정치활동의 자유 내지 정치적 의사표현의 자유를 침해하는 것이라 볼 수 없다[헌재 2014.4.24. 2011헌바254, 정치자금법 제45조 제2항 제5호 위헌 소원(합헌)].

337) 헌재 1999.12.23. 99헌마135, 경찰법 제11조 제4항 등 위헌확인(위헌, 각하).

라) 국가와 민주적 기본질서의 긍정

(1) 규정

정당의 목적이나 활동이 민주적 기본질서에 위배될 때에는 정부는 헌법재판소에 그 해산을 제소할 수 있고, 정당은 헌법재판소의 심판에 의하여 해산된다(제8조 제4항, 제111조 제1항). 이에 따라 정당법은 정당에 대해 민주적인 내부질서를 유지하기 위하여 당원의 총의를 반영할 수 있는 대의기관 및 집행기관과 소속 국회의원이 있는 경우에는 의원총회를 가지도록 하고 있다(정당법 제29조 제1항).

(2) 판례

정당해산제도는 투쟁적 민주주의 또는 방어적 민주주의 이념을 구현하는 제도다. 그러나 정당의 민주적 기능으로 인하여 헌법재판소는 정당의 해산에 매우 신중한 입장이다. 헌법재판소의 결정에 따르면 "자유민주적 기본질서를 부정하고 이를 적극적으로 제거하려는 조직도 국민의 정치적 의사형성에 참여하는 한 '정당의 자유'의 보호를 받는 정당에 해당하며, 오로지 헌법재판소가 그의 위헌성을 확인한 경우에만 정당은 정치생활의 영역으로부터 축출될 수 있다."[338]

마) 그 밖의 행정적 의무

그 밖에 정당법에는 다수의 행정적 의무가 정당에게 부과되어 있다.

마. 정당의 조직과 공직후보자의 추천

1) 정당의 조직

가) 헌법의 원칙

정당은 그 목적 · 조직과 활동이 민주적이어야 하며, 국민의 정치적 의사형성에 참여하는데 필요한 조직을 가져야 한다(제8조 제2항).

나) 조직기준

정당은 수도에 소재하는 중앙당과 특별시 · 광역시 · 도에 각각 소재하는 시 · 도당으로 구성한다(정당법 제3조). 정당은 5 이상의 시 · 도당을 가져야 하고(정당법 제17조), 시 · 도당은 관할 시 · 도당의 관할구역 안에 주소를 둔 1천인 이상의 당원을 가져야 한

338) 헌재 1999.12.23. 99헌마135, 경찰법 제11조 제4항 등 위헌확인(위헌, 각하).

다(정당법 제18조). 「정치자금법」 제27조 규정에 의한 보조금 배분대상정당은 정책의 개발·연구활동을 촉진하기 위하여 중앙당에 별도 법인으로 정책연구소를 설치·운영하도록 하고 있다(정당법 제38조 제1항).

Q **2004년 「정당법」을 개정하여 제3조에서 정당을 중앙당과 시·도당으로만 구성하게 함으로써 지구당을 폐지하였다. 이로써 제한하는 기본권을 적시하고 그 침해여부를 판단하시오.**

A 정당조직의 자유를 제한하는 것으로서 결국은 이를 포함하는 정당의 자유를 제한하는 것이라고 할 수 있다. 헌법재판소는 지구당을 폐지하는 조항은 정당의 자유의 본질적 내용을 침해하지 않을 뿐만 아니라 과잉금지원칙에 위반되지 않는다고 판시하였다.[339]

다) 창당·합당

(1) 창당

정당의 창당활동은 발기인으로 구성하는 창당준비위원회가 한다(정당법 제5조). 창당준비위원회는 중앙당의 경우에는 200명 이상의, 시·도당의 경우에는 100명 이상의 발기인으로 구성한다(정당법 제6조). 정당의 창당집회는 공개하여야 하고, 중앙당창당준비위원회는 창당집회의 공개를 위하여 집회개최일 전 5일까지 「신문 등의 진흥에 관한 법률」 제2조(정의)에 따른 일간신문에 집회개최공고를 하여야 한다(정당법 제10조).

정당은 중앙당이 중앙선거관리위원회에 등록함으로써 성립한다(정당법 제4조).

(2) 합당

정당은 새로운 당명으로 신설합당하거나 다른 정당을 흡수합당할 수 있다(정당법 제19조 제1항). 신설정당 또는 흡수정당은 합당 전 정당의 권리·의무를 승계한다(정당법 제19조 제5항).

합당은 합당을 하는 정당들의 대의기관이나 수임기관의 합동회의의 결의로 할 수 있다(정당법 제19조 제1항). 합당은 중앙선거관리위원회에 등록 또는 신고함으로써 성립하게 되는데 공직선거법상 선거의 후보자등록신청개시일부터 선거일 사이에 합당된 때에는 선거일 후 20일에 합당의 효력이 발생한다(정당법 제19조 제2항). 정당이 합당되면 그 소속 시·도당도 합당한 것으로 보되, 다만 신설합당의 경우에는 합당등록신청일부터 3월

339) 헌재 2004.12.16. 2004헌마456, 정당법 제3조 등 위헌확인(기각).

이내에 시·도당 개편대회를 거쳐 변경등록신청을 하여야 하고(정당법 제19조 제3항), 그렇지 않을 경우에는 그 기간만료일의 다음 날에 당해 시·도당은 소멸된 것으로 본다(정당법 제19조 제4항). 합당 전 정당의 당원은 합당된 정당의 당원이 된다(정당법 제21조).

라) 탈당

정당의 자유가 보장되므로 탈당의 자유도 당연히 보장된다. 당원이 탈당하고자 할 때에는 탈당신고서를 소속 시·도당에 제출하여야 하며, 소속 시·도당에 제출할 수 없을 때에는 그 중앙당에 제출할 수 있다(정당법 제25조 제1항).

2) 정당의 공직후보자 추천

가) 공직후보자 추천의 요건

「정당법」에 따르면 정당의 당헌에는 공직선거후보자 선출에 관한 사항을 규정하도록 되어 있다(정당법 제28조 제2항 제8호).

「공직선거법」에서는 정당은 선거에 있어서 선거구별로 선거할 정수 범위 안에서 그 소속당원을 후보자로 추천할 수 있도록 하고 있다. 다만, 비례대표자치구·시·군의원의 경우에는 그 정수 범위를 초과하여 추천할 수 있다(공직선거법 제47조 제1항). 정당추천후보자를 추천하는 때에는 당헌 또는 당규로 정한 민주적인 절차를 따라야 한다(공직선거법 제47조 제2항). 특히 비례대표국회의원선거의 후보자를 추천하는 경우에는 정당은 민주적 심사절차를 거쳐 대의원·당원 등으로 구성된 선거인단의 민주적 투표절차에 따라 추천할 후보자를 결정하여야 한다(공직선거법 제47조 제2항).

비례대표국회의원선거 및 비례대표지방의회의원선거에 후보자를 추천하는 때에는 그 후보자 중 100분의 50 이상을 여성으로 추천하되, 그 후보자명부의 순위의 매 홀수에는 여성을 추천하여야 한다(공직선거법 제47조 제3항). 임기만료에 따른 지역구국회의원선거 및 지역구지방의회의원선거에 후보자를 추천하는 때에는 각각 전국지역구총수의 100분의 30 이상을 여성으로 추천하도록 노력하여야 한다(공직선거법 제47조 제4항). 임기만료에 따른 지역구지방의회의원선거에 후보자를 추천하는 때에는 지역구시·도의원선거 또는 지역구자치구·시·군의원선거 중 어느 하나의 선거에 국회의원지역구(군지역을 제외하며, 자치구의 일부지역이 다른 자치구 또는 군지역과 합하여 하나의 국회의원지역구로 된 경우에는 그 자치구의 일부지역도 제외한다)마다 1명 이상을 여성으로 추천하여야 한다(공직선거법 제47조 제5항).

나) 정당의 후보자 추천을 위한 당내경선

정당은 공직선거후보자를 추천하기 위하여 경선(당내경선)을 실시할 수 있다(공직선거법 제57조의2 제1항). 당내경선[340]에서 선출되지 아니한 자는 후보자로 선출된 자가 사퇴·사망·피선거권 상실 또는 당적의 이탈·변경 등으로 그 자격을 상실한 때를 제외하고는 당해 선거의 같은 선거구에서는 후보자로 등록될 수 없다(공직선거법 제57조의2 제2항). 정당법의 규정에 따라 당원이 될 수 없는 자는 당내경선의 선거인이 될 수 없다(공직선거법 제57조의2 제3항).

당내경선운동 방법은 「공직선거법」에 규정된 방법 외에는 할 수 없다(공직선거법 제57조의3 제1항). 「공직선거법」상 허용되는 당내경선운동 방법으로는 선거사무소를 설치하거나 그 선거사무소에 간판·현판 또는 현수막을 설치·게시하는 행위, 자신의 성명·사진·전화번호·학력·경력, 그 밖에 홍보에 필요한 사항을 게재한 길이 9센티미터 너비 5센티미터 이내의 명함을 직접 주거나 지지를 호소하는 행위, 정당이 경선후보자가 작성한 1종의 경선홍보물을 1회에 한하여 발송하는 방법, 정당이 합동연설회 또는 합동토론회를 옥내에서 개최하는 방법이 있다(공직선거법 제57조의3 제1항).

보조금의 배분대상이 되는 정당은 당내경선사무 중 경선운동, 투표 및 개표에 관한 사무의 관리를 당해 선거의 관할선거구선거관리위원회에 위탁할 수 있다(공직선거법 제57조의4 제1항). 이 경우 경선 및 선출의 효력에 대한 이의제기는 당해 정당에 하여야 한다(공직선거법 제57조의7).

누구든지 당내경선에 있어 후보자로 선출되거나 되게 하거나 되지 못하게 할 목적으로 경선선거인(당내경선의 선거인명부에 등재된 자) 또는 그의 배우자나 직계존·비속에게 명목 여하를 불문하고 금품 그 밖의 재산상의 이익 또는 공사의 직을 제공하거나 그 제공의 의사를 표시하거나 그 제공을 약속하는 행위를 할 수 없다(공직선거법 제57조의5 제1항). 또 누구든지 당내경선에 있어 후보자가 되지 아니하게 하거나 후보자가 된 것을 사퇴하게 할 목적으로 후보자(후보자가 되고자 하는 자를 포함)에게 금품 그 밖의 재산상의 이익 또는 공사의 직을 제공하거나 그 제공의 의사를 표시하거나 그 제공을 약속하는 행위 등 이익제공행위를 하여서는 아니 되며, 후보자는 그 이익이나 직의 제공을 받거나 제공의 의사표시를 승낙하여서는 아니 된다(공직선거법 제57조의5 제2항). 나

340) 이 당내경선에는 여성이나 장애인 등에 대하여 당헌·당규에 따라 가산점 등을 부여하여 실시하는 경우가 포함되고, 당내경선을 대체하는 여론조사도 포함된다(공직선거법 제57조의2 제2항).

아가서는 누구든지 위와 같은 매수 등의 행위에 관하여 지시 · 권유 또는 요구를 하여서는 아니 된다(공직선거법 제57조의5 제3항). 공직선거법 제57조의5 제1항과 제2항의 규정을 위반한 자는 3년 이하의 징역 또는 1천만원 이하의 벌금에 처한다(공직선거법 제230조 제7항 제1호). 그 외 후보자로 선출되거나 되게 하거나 되지 못하게 하거나, 경선선거인(당내경선의 선거인명부에 등재된 자)으로 하여금 투표를 하게 하거나 하지 아니하게 할 목적으로 경선후보자 · 경선운동관계자 · 경선선거인 또는 참관인에게 금품 · 향응 그 밖의 재산상의 이익이나 공사의 직을 제공하거나 그 제공의 의사를 표시하거나 그 제공을 약속한 자와 공직선거법 제57조의5 제1항 또는 제2항에 규정된 이익이나 직의 제공을 받거나 그 제공의 의사표시를 승낙한 자도 마찬가지의 형으로 처벌한다(공직선거법 제230조 제7항 제2호 및 제3호).

정당만이 의석을 독점할 수 있도록 선거법을 개정하는 것이 가능한지 여부를 검토하시오.

선거의 자유와 입후보자의 기회균등을 부정하는 것으로 민주국가에서는 원칙적으로 있을 수 없다.[341]

바. 정당과 정치자금

1) 정치자금의 개념과 종류

정치자금은 당비, 후원금, 기탁금, 보조금, 정당의 당헌 · 당규 등에서 정한 부대수입, 정치활동을 위하여 정당(중앙당창당준비위원회를 포함), 공직선거법에 따른 후보자가 되려는 사람, 후보자 또는 당선된 사람, 후원회 · 정당의 간부 또는 유급사무직원, 그 밖에 정치활동을 하는 사람에게 제공되는 금전이나 유가증권 또는 그 밖의 물건과 그들(정당 및 중앙당창당준비위원회를 포함)의 정치활동에 소요되는 비용을 말한다(정치자금법 제3조).

2) 정치자금의 모집

가) 당비

정당은 소속 당원으로부터 당비를 받을 수 있다. 정당의 회계책임자는 타인의 명

---

341) 헌재 1989.9.8. 88헌가6, 국회의원선거법 제33조, 제34조의 위헌심판(헌법불합치).

의나 가명으로 납부된 당비는 국고에 귀속시켜야 한다(정치자금법 제4조 제2항). 정당의 회계책임자는 당비를 납부받은 때에는 당비를 납부받은 날부터 30일까지 당비영수증을 당원에게 교부하고 그 원부를 보관하여야 한다. 다만, 당비를 납부한 당원이 그 당비영수증의 수령을 원하지 아니하는 경우에는 교부하지 아니하고 발행하여 원부와 함께 보관할 수 있다(정치자금법 제5조 제1항)

나) 후원금

「정치자금법」 제6조에서는 각각 하나의 후원회를 지정하여 둘 수 있는 자, 즉 후원회지정권자를 열거하고 있다. 후원회지정권자는 ① 중앙당(중앙당창당준비위원회 포함)(제1호), ② 중앙당 대표자 및 중앙당 최고 집행기관의 구성원을 선출하기 위한 당내경선 후보자(제5호), ③ 대통령선거의 후보자 및 예비후보자(제2의2호), 정당의 대통령선거 후보자 선출을 위한 당내경선 후보자(제3호), ④ 국회의원(국회의원선거의 당선인 포함)(제2호), 지역선거구 국회의원선거의 후보자 및 예비후보자(제4호), ⑤ 지역구지방의회의원선거의 후보자 및 예비후보자(제6호) 및 지방자치단체의 장선거의 후보자 및 예비후보자(제7호)이다.

그런데 제1호의 중앙당은 2008년도 법 개정으로 삭제되었다가 2015년 헌법재판소의 헌법불합치결정으로 인하여 2017.6.30. 개정을 통해 부활되었다. 이 2015년 결정에서 헌법재판소는 정당이 당원 내지 후원자들로부터 정당의 목적에 따른 활동에 필요한 정치자금을 모금하는 것은 정당의 조직과 기능을 원활하게 수행하는 필수적인 요소이자 정당활동의 자유를 보장하기 위한 필수불가결한 전제로서, 정당활동의 자유의 내용에 당연히 포함된다고 보고, 중앙당이 후원회를 둘 수 없도록 하고 있는 것은 과잉금지원칙에 위배하여 정당활동의 자유와 일반 국민의 정치적 표현의 자유를 침해한다는 취지에서 헌법불합치결정을 하였다.[342)]

대통령의 경우에는 대통령선거의 후보자 및 예비후보자, 당내경선후보자만이 후원금을 받을 수 있으므로, 대통령으로 당선되면 국회의원과는 달리 후원금을 받을 수 없다.

국회의원과 관련하여서는 위 ④에서 보는 바와 같이 국회의원선거의 당선인을 포

---

342) 헌재 2015.12.23. 2013헌바168, 정치자금법 제45조 제1항 등 위헌소원(헌법불합치). 이로써 「정당법」상 정당 가입이 금지되는 공무원 등의 경우에도 자신이 지지하는 정당에 재정적 후원을 할 수 있게 되었다. 기탁금제도가 있기는 하나 이는 일반기탁금제도로서 자신이 지지하는 특정 정당에 대한 재정적 후원이 아니라는 점에서 정당에 대한 후원금과는 다르다.

함한 국회의원, 지역구국회의원선거후보자 및 예비후보자가 후원금을 받을 수 있으므로, 비례대표국회의원은 당선 후 국회의원이 되면 후원회를 두고 후원금을 받을 수 있을 뿐이다. 하나의 후원회를 둘 수 있을 뿐이므로 후원회를 두고 있는 국회의원은 후보자나 예비후보자로서 후원회를 따로 둘 수는 없다. 그런데 단순한 **국회의원입후보 예정자**는 후원금을 받을 수 없게 되어 있다. 이에 대해서 헌법재판소는 국회의원입후보 등록자는 이미 정치활동을 위한 경비의 지출이 객관적으로 예상되는 명확한 위치에 있는 반면, 단순한 국회의원입후보 예정자는 어느 시점을 기준으로 그러한 위치를 인정할 것인지가 객관적으로 명확하지 않기 때문에 엄격한 절차와 방법에 의한 정치자금의 조달을 목적으로 하는 정치자금법이 양자를 차별할 수 있는 상황이 존재한다고 할 수 있으므로, 위와 같은 차별이 후원회제도의 입법목적에 비추어 현저히 불합리하다고 할 수 없어 평등원칙에 위배된다고 할 수 없다고 보았다.[343]

지역구지방의회의원선거의 후보자 및 예비후보자가 후원회를 둘 수 있도록 한 제6호는 2021.1.5. 개정에서 신설된 것이다.[344] 제7호의 지방자치단체의 장선거의 예비후보자도 이때 추가되었다.[345] 그런데 「정치자금법」에 따르면 지방의회의원의 경우는 모두 선거의 후보자 및 예비후보자인 경우에만 후원회를 둘 수 있고, 선거와 무관하게 후원회지정권자로 정하고 있는 것은 중앙당(중앙당창당준비위원회 포함)과 국회의원(국회의원선거의 당선인 포함) 뿐이다. 이와 관련하여 헌법재판소는 지방의회의원을 후원회지정권자에서 제외하고 있는 「정치자금법」 제6조 제2호에 대해 평등권을 침해한다고 판시

---

343) 헌재 1997.5.29. 96헌마85, 정치자금에관한법률 제5조 등 위헌확인(기각).

344) 이것은 지역구지방의회의원선거에서 후보자와 예비후보자의 후원회 지정을 금지할 경우 신진 세력의 공무담임권이나 피선거권이 실질적으로 제한될 우려가 있다는 점을 고려한 것이다[헌재 2022.11.24. 2019헌마528등, 정치자금법 제6조 등 위헌확인(헌법불합치) – 지방의회의원의 후원회지정 금지 사건의 결정 이유 부분 참조]. 이전에 **시·도의원**이 후원회를 둘 수 없게 되어 있었던 것에 대해서 헌법재판소는 국회의원과 시·도의원의 정치활동의 차이를 들어 합헌으로 결정하였었고[헌재 2000.6.1. 99헌마576, 정치자금에관한법률 제3조 제8호 등 위헌확인(기각)], **자치구의 회의원선거의 예비후보자**에 대해서도 평등권 침해로 보는 위헌의견이 5인 재판관의 다수의견에 불과하여 위헌선언에는 이르지 못하였다[헌재 2019.12.27. 2018헌마301등, 정치자금법 제6조 위헌확인(헌법불합치)].

345) 특별시장·광역시장·특별자치시장·도지사·특별자치도지사와 같은 광역자치단체장 선거의 예비후보자를 후원회지정권자에서 제외한 것에 대해서 헌법재판소는 불합리한 차별에 해당하고 입법재량을 현저히 남용하거나 한계를 일탈한 것으로서 헌법에 위반된다는 결정을 한 바 있다[헌재 2019.12.27. 2018헌마301등, 정치자금법 제6조 위헌확인(헌법불합치)]. 기초자치단체장선거의 예비후보자가 후원회지정권자에서 제외된 것에 대해서는 합헌 결정한 바 있다[헌재 2016.9.29. 2015헌바228, 정치자금법 제6조 등 위헌소원(합헌)].

하였다.[346)]

「정치자금법」에 따라 기부할 수 없는 자와 「정당법」에 따라 정당의 당원이 될 수 없는 자를 제외하고는 누구든지 하나 또는 둘 이상의 후원회의 회원이 될 수 있다(정치자금법 제8조 제1항). 후원회의 대표자는 당해 후원회지정권자의 지정을 받은 날부터 14일 이내에 그 지정서를 첨부하여 관할 선거관리위원회에 등록신청을 하여야 한다(정치자금법 제7조 제1항). 후원회가 후원금을 모금한 때에는 모금에 직접 소요된 경비를 공제하고 지체 없이 이를 후원회지정권자에게 기부하여야 한다(정치자금법 제10조 제2항). 후원인이 후원회지정권자에게 직접 후원금을 기부한 경우에는 해당 후원회지정권자가 기부받은 날부터 30일 이내에 기부받은 후원금과 기부자의 인적사항을 자신이 지정한 후원회의 회계책임자에게 전달한 경우에 해당 후원회가 기부받은 것으로 본다. 그러나 후원회지정권자의 정치활동에 소요되는 비용을 부담·지출하거나 금품·시설의 무상대여 또는 채무의 면제·경감의 방법으로 기부하는 경우는 제외되기 때문에(정치자금법 제10조 제3항), 후원회지정권자에게 직접 금전을 무상으로 대여한 경우에는 규정 위반이 되면서 정치자금법 제45조 제1항에 따라 처벌된다.[347)]

후원인이 모든 후원회에 기부할 수 있는 있는 연간 한도액은 2천만원이다(정치자금법 제11조 제1항). 후원인이 하나의 후원회에 연간 기부할 수 있는 한도액은 대통령후보자등·대통령선거경선후보자 후원회에는 각각 1천만원(후원회지정권자가 동일인인 대통령후보자등후원회에는 합하여 1천만원), 중앙당후원회, 국회의원후원회, 국회의원후보자등후원회, 당대표경선후보자등후원회, 지방의회의원후보자등후원회, 지방자치단체장후보자등후원회는 각각 500만원(중앙당창당준비위원회후원회가 중앙당후원회로 존속하는 경우, 후원회지정권자가 동일인인 국회의원후보자등후원회와 국회의원후원회의 경우, 그 밖의 후원회에 있어서도 후원회지정권자가 동일인일 경우에는 합하여 500만원)이다(정치자금법 제11조 제2항). 후원회의 회원은 연간 1만원 또는 그에 상당하는 가액 이상의 후원금을 기부하여야 한다(정치자금법 제11조 제5항).

후원회가 연간 모금할 수 있는 한도액은 중앙당후원회는 중앙당창당준비위원회후

346) 헌재 2022.11.24. 2019헌마528등, 정치자금법 제6조 등 위헌확인(헌법불합치) – 지방의회의원의 후원회지정 금지 사건.

347) 이에 대해서는 합헌결정이 있었다[헌재 2017.8.31. 2016헌바45, 정치자금법 제45조 제1항 등 위헌소원(합헌)].

원회가 모금한 후원금을 합하여 50억원(제1호), 대통령후보자[348]후원회 · 대통령선거경선후보자후원회는 각각 선거비용제한액의 100분의 5에 해당하는 금액(후원회지정권자가 동일인인 대통령후보자등후원회는 합하여 선거비용제한액의 100분의 5에 해당하는 금액)(제3호), 국회의원 · 국회의원후보자등[349] 및 당대표경선후보자등의 후원회는 각각 1억5천(후원회지정권자가 동일인인 국회의원후보자등후원회는 합하여 1억5천만원)(제4호), 지방의회의원후보자등후원회는 선거비용제한액의 100분의 50에 해당하는 금액(후원회지정권자가 동일인인 지방의회의원후보자등후원회는 합하여 선거비용제한액의 100분의 50에 해당하는 금액)(제5호), 지방자치단체장후보자등후원회는 선거비용제한액의 100분의 50에 해당하는 금액(후원회지정권자가 동일인인 지방자치단체장후보자등후원회는 합하여 선거비용제한액의 100분의 50에 해당하는 금액)(제6호)이다(정치자금법 제12조 제1항). 이 연간 한도액은 후원회가 해당 후원회지정권자에게 연간 기부할 수 있는 한도액이기도 하다. 다만, 부득이하게 해당 연도(대통령후보자등 · 대통령선거경선후보자 · 당대표경선후보자등 · 국회의원후보자등 · 지방의회의원후보자등 및 지방자치단체장후보자등의 후원회는 해당 후원회를 둘 수 있는 기간)에 후원회지정권자에게 기부하지 못한 때에는 제40조(회계보고)제1항에 따른 회계보고[국회의원후원회는 12월 31일 현재의 회계보고를, 후원회가 해산한 때에는 제40조(회계보고)제2항에 따른 회계보고를 말한다]를 하는 때까지 기부할 수 있다(정치자금법 제12조 제2항).

그러나 공직선거가 있는 연도(같은 연도에 2 이상의 공직선거가 있는 경우 포함)에는 다음의 후원회는 연간 모금 · 기부한도액의 2배를 모금 · 기부할 수 있다. 즉, 대통령선거가 있는 경우에는 후보자를 선출한 정당의 중앙당후원회 및 지역구국회의원후원회, 임기만료에 의한 국회의원선거가 있는 연도에는 후보자를 추천한 정당의 중앙당후원회 및 지역구에 후보자로 등록한 국회의원후원회, 임기만료에 의한 동시지방선거가 있는 연도에는 후보자를 추천한 정당의 중앙당후원회 및 해당 선거구에 후보자를 추천한 정당의 지역구국회의원후원회가 연간 모금 · 기부한도액의 2배를 모금 · 기부할 수 있다(정치자금법 제13조).

후원금 모금방법도 일정한 제약이 있다. 우편 · 통신(전화, 인터넷전자결제시스템 등을 말한다)에 의한 모금, 중앙선거관리위원회가 제작한 정치자금영수증과의 교환에 의한

348) 대통령선거의 후보자 및 예비후보자를 말한다(정치자금법 제6조 제2의2호).
349) 국회의원선거의 후보자 및 예비후보자를 말한다(정치자금법 제6조 제4호).

모금(정치자금법 제16조) 또는 신용카드·예금계좌 등에 의한 모금 그 밖에 정치자금법과 정당법 및 공직선거법에 위반되지 아니하는 방법으로 후원금을 모금할 수 있다(정치자금법 제14조 제1항). 그러나 집회에 의한 방법으로는 후원금을 모금할 수 없다(정치자금법 제14조 제1항 단서). 후원회는 회원모집 또는 후원금 모금을 위하여 인쇄물·시설물 등을 이용하여 후원회명, 후원금 모금의 목적, 기부처, 기부방법, 해당 후원회지정권자의 사진·학력(정규학력과 이에 준하는 외국의 교육과정을 이수한 학력에 한함)·경력·업적·공약과 그 밖에 홍보에 필요한 사항을 알릴 수 있지만, 다른 정당·후보자(공직선거의 후보자를 말하며, 후보자가 되려는 자를 포함)·대통령선거경선후보자 및 당대표경선후보자등에 관한 사항은 포함할 수 없다(정치자금법 제15조 제1항).

후원회의 회계책임자는 후원인으로부터 기부받은 후원금이 정치자금법 또는 다른 법률에 위반되는 청탁 또는 불법의 후원금이라는 사실을 안 날부터 30일 이내에 후원인에게 반환하고, 정치자금영수증을 교부하였을 때에는 이를 회수하여야 한다. 이 경우 후원인의 주소 등 연락처를 알지 못하여 반환할 수 없거나 후원인이 수령을 거절하는 때에는 선거관리위원회를 통하여 이를 국고에 귀속시켜야 한다(정치자금법 제18조).

후원회는 해당 후원회지정권자가 해산, 그 밖의 사유로 소멸하거나 후원회를 둘 수 있는 자격을 상실하거나 후원회의 지정을 철회한 때 또는 정관 등에 정한 해산사유가 발생한 때에는 해산한다(정치자금법 제19조). 후원회를 둔 중앙당창당준비위원회가 정당으로 등록되거나 후원회를 둔 국회의원후보자가 국회의원으로 당선된 경우에는 후원회는 대의기관이나 수임기관의 존속의결로써 등록된 중앙당, 당선된 국회의원의 후원회로 존속할 수 있다(정치자금법 제19조 제1항 단서). 정당이 신설합당하거나 흡수합당하는 경우에는 각 후원회의 대의기관이나 수임기관의 합동회의의 합병결의 또는 대의기관이나 수임기관의 존속결의로써 신설 또는 흡수하는 정당의 후원회로 존속할 수 있다(정치자금법 제20조 제1항). 후원회가 해산한 경우에는 선거관리위원회에 회계보고하기 전까지 경우에 따라 각각 다음과 같이 처리한다(정치자금법 제21조 제1항). ① 후원회지정권자가 중앙당(중앙당창당준비위원회 포함) 또는 당원인 경우에는 해산 당시의 소속 정당에 인계한다. 다만, 후원회를 둔 국회의원이 대통령후보자등후원회·대통령선거경선후보자후원회나 당대표경선후보자등후원회를 둔 경우 또는 후원회를 둔 대통령예비후보자가 대통령선거경선후보자후원회를 둔 경우로서 어느 하나의 후원회가 해산된 경우 그 잔여재산은 해산되지 아니한 후원회에 그 후원회의 연간 모금·기부한도액 범위 안에서 후원금으로 기부할 수 있다. ② 후원회지정권자가 당원이 아닌 경우와 정당이 해산, 그 밖의 사유로 소멸한 경우에는 공익법인의 설립·운영에 관한 법률에 의하여 등록된 공익법인(학교법인을 포함) 또는 사회복지시설에 인계한다. ①과 ②의 경우에 인계하지 않으면 국고에 귀속한다(정치자금법 제21조 제4항).

대통령선거경선후보자·당대표경선후보자등·대통령예비후보자·국회의원예비후보자·지방의회의원예비후보자 또는 지방자치단체장예비후보자가 후원회를 둘 수 있는 자격을 상실한 때(정당의 공직선거 후보자선출을 위한 당내경선 또는 당대표경선에 참여하여 당선 또는 낙선한 때는 제외)에는 그 후원회와 후원회지정권자는 잔여재산을 선거관리위원회에 회계보고 전까지 국고에 귀속시켜야 한다(정치자금법 제21조 제3항).[350]

다) 기탁금

기탁금을 기탁하고자 하는 개인은 각급 선거관리위원회에 기탁하여야 한다(정치자금법 제22조 제1항). 여기의 개인에는 당원이 될 수 없는 공무원과 사립학교 교원도 포함된다(정치자금법 제22조 제1항). 1인이 기탁할 수 있는 기탁금은 1회 1만원 또는 그에 상당하는 가액 이상, 연간 1억 원 또는 전년도 소득의 100분의 5 중 다액 이하로 한다(정치자금법 제22조 제2항). 누구든지 타인의 명의나 가명 또는 그 성명 등 인적 사항을 밝히지 아니하고 기탁금을 기탁할 수 없다. 이 경우 기탁자의 성명 등 인적 사항을 공개하지 아니할 것을 조건으로 기탁할 수 있다(정치자금법 제22조 제3항). 정치자금법 제22조 제2항과 제3항을 위반하여 기탁된 기탁금은 국고에 귀속한다(정치자금법 제24조 제1항).

중앙선거관리위원회는 모금된 기탁금 중 소요경비를 공제하고 지급 당시의 국고보조금 배분율(정치자금법 제27조가 정하고 있음)에 따라 배분한다(정치자금법 제23조 제1항). 기탁금을 지급받을 정당이 수령을 거절하는 경우에는 그 기탁금은 수령을 거절한 정당

350) 이 조항은 2010년 개정 전까지는 후원회지정권자에 대해서는 후원회로부터 기부받은 후원금 총액을 국고로 귀속하도록 하고 있었다. 이 조항의 위헌성과 관련하여 대통령선거경선후보자가 당내경선 과정에서 탈퇴함으로써 후원회를 둘 수 있는 자격을 상실한 때에는 후원회로부터 후원받은 후원금 전액을 국고에 귀속하도록 하는 것[헌재 2009.12.29. 2007헌마1412, 정치자금법 제21조 제3항 제2호(대통령선거경선후보자 부분) 위헌확인(위헌)]과 국회의원예비후보자로서 후원회의 후원금을 받고 당내경선에 참여하지 아니하거나, 후보자로 등록하지 않은 경우에 이미 예비후보자의 선거운동비용으로 사용한 금액까지 합쳐서 후원금의 총액을 국고에 귀속하게 하는 것[헌재 2009.12.29. 2008헌마141등, 정치자금법 제21조 제3항 제2호 위헌확인(위헌)]에 대해 각각 위헌 선고를 하였다.

을 제외한 나머지 정당에 대하여 소요경비를 제외하고 지급 당시의 국고보조금 배분율에 따라 배분·지급한다(정치자금법 제24조 제2항).

사. 정당의 등록취소

1) 헌법적 근거

정당은 그 목적·조직과 활동이 민주적이어야 하며, 국민의 정치적 의사형성에 참여하는데 필요한 조직을 가져야 한다(제8조 제2항). 이를 위배하는 정당은 등록이 취소될 수 있다.

2) 등록취소의 사유

「정당법」에 따르면 정당의 등록이 취소되는 경우는 ① 조직기준에 미달한 경우(정당법 제44조 제1항 제1호), ② 선거불참여로 인한 경우(정당법 제44조 제1항 제2호), ③ 일정한 득표미달에 따른 경우(정당법 제44조 제1항 제3호)가 있다.

특히 「정당법」 제44조 제1항 제3호는 "임기만료에 의한 국회의원선거에 참여하여 의석을 얻지 못하고 유효투표총수의 100분의 2 이상을 득표하지 못한 때"를 정당 등록의 취소사유로 하고 있는데, 이 규정에 대해서 헌법재판소는 목적의 정당성과 수단의 적합성은 인정되나 단 한 번의 득표미달로도 정당의 등록을 취소하는 것은 정당설립의 자유에 대한 과잉된 제한으로서 피해의 최소성과 법익의 균형성을 충족하지 못하여 헌법에 위반된다고 결정하였다. 헌법재판소는 덜 제한적인 대안으로 ① 단 한번만의 국회의원선거 결과로 정당을 취소할 것이 아니라 일정기간 동안 국회의원선거 등 공직선거에 참여할 수 있는 기회를 수회 더 부여하고 그 결과에 따라 등록취소 여부를 판단하는 방법, ② 신생정당의 경우 처음부터 전국적으로 높은 지지를 받기 어렵다는 점을 감안하여 국회의원선거에서 후보자를 추천한 선거구의 개수와 분포 및 그 선거구에서의 득표율 등을 종합하여 등록취소 여부를 결정하는 방법 등을 제시하고 있다.[351]

3) 등록취소의 공고

정당의 등록을 취소한 때에는 당해 선거관리위원회는 지체 없이 그 뜻을 공고하여야 한다(정당법 제44조 제2항).

---

351) 헌재 2014.1.28. 2012헌마431등, 정당법 제41조 제4항 위헌확인(위헌). 정당법 제44조 제1항 제3호는 2020년 현재 개정되지 않고 있다.

4) 등록취소의 효과

등록취소된 정당의 명칭과 같은 명칭은 등록취소된 날부터 최초로 실시하는 임기만료에 의한 국회의원선거의 선거일까지 정당의 명칭으로 사용할 수 없다(정당법 제41조 제4항).[352]

정당의 등록이 취소되거나 자진해산한 때에는 그 잔여재산은 당헌이 정하는 바에 따라 처분한다(정당법 제48조 제1항). 당헌에 의해서도 처분되지 아니한 정당의 잔여재산 및 헌법재판소의 해산결정에 의하여 해산된 정당의 잔여재산은 국고에 귀속한다(정당법 제48조 제2항).

등록취소된 경우의 정당은 실질이 유지되고 있는 한 '권리능력 없는 사단'으로 존재한다. 따라서 등록취소된 정당도 헌법소원의 청구인 능력은 인정된다. 헌법소원 청구인 능력은 「정당법」의 등록에 의해 발생하는 것이 아니고 실질이 '권리능력 없는 사단'이라는 점에서 인정되기 때문이다.[353]

등록취소된 정당은 정당으로서의 지위를 상실하므로 정당이 주장할 수 있는 기본권의 주체가 될 수 없다.[354] 다만, 권리능력 없는 사단으로서의 실체를 가지고 있는 한 일정한 경우에는 기본권 주체성이 인정될 수 있다.

아. 정당의 해산

1) 종류

정당의 해산에는 자진해산과 강제해산이 있다.

2) 자진해산

정당은 그 대의기관의 결의로써 해산할 수 있다(정당법 제45조 제1항). 정당이 자진해산한 때에는 그 대표자는 지체 없이 그 뜻을 관할 선거관리위원회에 신고하여야 한다(정당법 제45조 제2항). 자진해산의 신고가 있으면 당해 선거관리위원회는 그 정당의 등록을 말소하고 지체 없이 그 뜻을 공고하여야 한다(정당법 제47조). 정당이 자진해산

352) 헌법재판소의 결정에 따라 정당 등록의 취소사유인 정당법 제44조 제1항 제3호("임기만료에 의한 국회의원선거에 참여하여 의석을 얻지 못하고 유효투표총수의 100분의 2 이상을 득표하지 못한 때")가 위헌 무효이므로 정당법 제41조 제4항도 그 범위 내에서 정당설립의 자유를 침해하여 위헌이다[헌재 2014.1.28. 2012헌마431등, 정당법 제41조 제4항 위헌확인(위헌)].
353) 헌재 2006.3.30. 2004헌마246, 정당법 제25조 등 위헌확인(기각).
354) 헌재 2006.2.23. 2004헌마208, 정치자금에관한법률 제12조 등 위헌확인(각하).

한 때에는 등록취소의 때와 마찬가지로 그 잔여재산은 당헌이 정하는 바에 따라 처분한다(정당법 제48조 제1항). 당헌에 의하여도 처분되지 아니한 정당의 잔여재산은 국고에 귀속한다(정당법 제48조 제2항).

3) 강제해산

가) 헌법적 근거와 의의

(1) 근거

정당의 목적이나 활동이 민주적 기본질서에 위배될 때에는 정부는 헌법재판소에 그 해산을 제소할 수 있고, 정당은 헌법재판소의 심판에 의하여 해산된다(제8조 제4항).

(2) 의의

이미 앞에서 살펴본 바와 같이 정당의 강제해산제도는 방어적 민주주의 또는 투쟁적 민주주의 정신을 구현하는 제도다. 헌법 직접적 기본권 제한이라는 점에서 헌법 제37조 제2항의 법률유보조항에 의한 제한의 한계를 극복하고 있다.[355]

나) 절차

위헌 정당은 ① 국무회의 심의, ② 정부의 제소, ③ 헌법재판소 재판관 6명 이상의 찬성으로 해산, ④ 송달,[356] ⑤ 집행,[357] ⑥ 공고[358]의 절차를 거쳐 강제 해산된다.

정당의 목적이나 활동이 민주적 기본질서에 위배되는 것으로 판단되는 경우 정부는 반드시 정당해산을 제소하여야 하는가.

---

355) 이에 대해서는 전술한 제3절 제8항 방어적 민주주의 부분 참조.

356) 헌법재판소법 제58조(청구 등의 통지) ① 헌법재판소장은 정당해산심판의 청구가 있는 때, 가처분결정을 한 때 및 그 심판이 종료한 때에는 그 사실을 국회와 중앙선거관리위원회에 통지하여야 한다. ② 정당해산을 명하는 결정서는 피청구인 외에 국회, 정부 및 중앙선거관리위원회에도 송달하여야 한다.

357) 헌법재판소법 제60조(결정의 집행) 정당의 해산을 명하는 헌법재판소의 결정은 중앙선거관리위원회가 「정당법」에 따라 집행한다.

358) 정당법 제47조 (해산공고 등) 제45조(자진해산)의 신고가 있거나 헌법재판소의 해산결정의 통지나 중앙당 또는 그 창당준비위원회의 시·도당 창당승인의 취소통지가 있는 때에는 당해 선거관리위원회는 그 정당의 등록을 말소하고 지체 없이 그 뜻을 공고하여야 한다.

학설로는 정부의 재량이라는 설(김철수, 허영, 성낙인), 반드시 제소하여야 한다는 설(권영성)로 나뉜다. 판례는 아직 없다. 원론적으로 보면 정당이 민주적 기본질서에 위배되는 것이 확실한 경우라면 정당해산을 제소하는 것은 정부의 의무라고 할 수 있다. 왜냐하면 정부는 헌법을 수호할 의무가 있기 때문이다. 그러나 현실적으로 정당이 민주적 기본질서에 위배되는지 여부는 헌법재판소의 결정이 있기 전에는 확실한 것이라고 할 수 없는 경우가 많으므로 실제에 있어서는 정당해산제소가 논란이 되는 경우에 정부가 반드시 제소하여야 한다고는 보기 어려운 경우가 일반적일 것이다. 헌법재판소에 의해서 위헌정당이 아니라는 결정이 있은 경우에는 일사부재리원칙(헌법재판소법 제39조)상 정부는 다시 제소할 수 없다.

다) 요건

정당 강제해산의 요건은 정당의 목적이나 활동이 민주적 기본질서에 위배될 때이다. 따라서 헌법재판소에 의해서 정당이 강제 해산되지 않는 한, “자유민주적 기본질서를 부정하고 이를 적극적으로 제거하려는 조직도 국민의 정치적 의사형성에 참여하는 한 ‘정당의 자유’의 보호를 받는 정당에 해당”한다.[359)]

헌법 제8조 제4항이 의미하는 **민주적 기본질서의 의미**에 대해서 헌법재판소는, “개인의 자율적 이성을 신뢰하고 모든 정치적 견해들이 각각 상대적 진리성과 합리성을 지닌다고 전제하는 다원적 세계관에 입각한 것으로서, 모든 폭력적·자의적 지배를 배제하고, 다수를 존중하면서도 소수를 배려하는 민주적 의사결정과 자유·평등을 기본원리로 하여 구성되고 운영되는 정치적 질서를 말하며, 구체적으로는 국민주권의 원리, 기본적 인권의 존중, 권력분립제도, 복수정당제도 등이 현행 헌법상 주요한 요소”라고 하면서, 이는 정당해산결정의 가능성과 긴밀히 결부되어 있기 때문에, **최대한 엄격하고 협소한 의미로 이해해야 한다**고 판시하였다.[360)]

그 외 헌법재판소는 정당해산은 정당활동의 자유에 대한 근본적 제한이므로 비례원칙이 준수되어야 한다고 하고 있다. 여기의 비례원칙은 통상적으로 기능하는 위헌심사의 척도가 아니라 헌법재판소의 정당해산결정이 충족해야할 일종의 헌법적 요건 또는 헌법적 정당화 사유로 본다.

---

359) 헌재 1999.12.23. 99헌마135, 경찰법 제11조 제4항 등 위헌확인(위헌, 각하).
360) 헌재 2014.12.19. 2013헌다1, 통합진보당 해산[인용(해산)].

라) 강제해산 결정의 효과

(1) 해산시기

정당의 해산을 명하는 결정이 선고된 때에 정당은 해산된다(헌법재판소법 제59조).

(2) 대체정당 등 금지

정당이 헌법재판소의 결정으로 해산된 때에는 해산된 정당의 강령(또는 기본정책)과 동일하거나 유사한 것으로 정당을 창당하지 못한다(정당법 제40조). 정당법에 의하여 등록된 정당이 아니면 그 명칭에 정당임을 표시하는 문자를 사용하지 못하기 때문에(정당법 제41조 제1항), 해산정당은 정당의 명칭을 사용할 수 없다. 또 해산된 정당의 명칭과 같은 명칭은 정당의 명칭으로 다시 사용하지 못한다(정당법 제41조 제2항).

(3) 잔여재산의 국고귀속

헌법재판소의 해산결정에 의하여 해산된 정당의 잔여재산은 국고에 귀속한다(정당법 제48조 제2항).

(4) 소속 국회의원의 국회의원직 박탈여부

해산되는 정당 소속의 국회의원의 의원직 유지 여부에 대해서는 아무런 관련 규정이 없다. 그런데 헌법재판소는 해산정당 소속 의원의 의원직 상실은 명문의 규정과 관계없이 또 지역구 국회의원인지 비례대표 국회의원인지 여부와 관계없이 정당해산심판제도의 본질로부터 인정되는 기본적 효력이라고 하였다. 그 이유는 "만일 해산되는 위헌정당 소속 국회의원들이 의원직을 유지한다면 그 정당의 위헌적인 정치이념을 정치적 의사 형성과정에서 대변하고 또 이를 실현하려는 활동을 계속하는 것을 허용함으로써 실질적으로는 그 정당이 계속 존속하여 활동하는 것과 마찬가지의 결과를 가져오게 될 것"이며, "해산정당 소속 국회의원의 의원직을 상실시키지 않는 것은 결국 위헌정당 해산 제도가 가지는 헌법수호의 기능이나 방어적 민주주의 이념과 원리에 어긋나는 것이고, 나아가 정당해산결정의 실효성을 제대로 확보할 수 없게"되기 때문이라고 한다.[361)]

2. 민주적 선거제도

가. 선거의 의의와 한계

미국헌법의 아버지로 불리는 제임스 매디슨(James Madison, 1751~1836)은 연방주의

---

361) 헌재 2014.12.19. 2013헌다1, 통합진보당 해산[인용(해산)].

자 논고(Federalist Paper)에서 정부에 대한 주된 통제는 바로 **국민에 의지하는 것**이라고 하였다.[362] 이것은 정부의 옳고 그름이 국민에 의해서 주기적으로 통제되어야 한다는 의미로 이해된다. 선거라고 하는 것은 바로 그런 국민이 정부나 여당이 그동안 한 일에 대해 옳고 그름을 평가하고 그 정부에 계속 신뢰를 보낼지 아니면 다른 대표로 대체할지를 결정하는 일이다. 그런데 주의할 점은 선거란 우리가 뽑은 대표들에게 국가권력의 행사를 맡기면서 그들이 향후 할 행위들에 대해서 정당성도 같이 부여하게 된다는 점이다. 그렇기 때문에 선거의 결과에 대해서는 국민에게도 책임이 따른다.

대한민국 선거 역사에서 결코 잊을 수 없는 일은 지난 1960년 3월 15일 행해진 대통령과 부통령을 뽑는 선거였다. 당시 이승만 대통령(1875~1965, 재임 1948.7.24.~1960.4.27.)은 12년간 지속된 장기집권을 연장하고 자신의 수족인 이기붕을 부통령에 당선시키기 위하여 엄청난 선거부정을 저질렀다. 유권자를 협박하는가 하면 야당인사에 대해 테러를 자행하고, 3인조 4인조로 공개투표를 하게 했다. 급기야 선거당일 마산에서는 대규모 시위가 발생하고 경찰이 발포하여 인명을 살상하는 지경에 이르렀다. 4월 11일, 시위도중 행방불명된 한 고등학생(김주열, 1944.10.7.~1960.3.15.)이 비참한 모습으로 마산앞바다에 떠오른 것이 언론에 보도되면서 시위는 극에 달하여 이른바 4·19혁명에 이르게 되었고, 결국 27일에는 이승만 대통령이 하야하고 이기붕 일가족은 자살하고 말았다. “대한민국은 민주공화국이다. 대한민국의 주권은 국민에게 있고, 모든 권력은 국민으로부터 나온다.” 이 말은 4·19 당시의 대한민국헌법에도 버젓이 살아 있었다. 지금의 선거풍경은 그 때에 비하면 그야말로 격세지감이 있다.

4·19혁명을 통하여 피로써 얻은 것은 비단 선거의 공정성이 중요하다는 인식만이 아니라 보다 깊게는 민주주의적 가치의 소중함이다. 민주주의란 유기체와 같아서 돌보고 지키지 않으면 어느 사이엔가 벌레들이 좀 먹어 썩고 만다. 그런 의미에서 현재에도 선거의 공정성은 아무리 강조하여도 지나침이 없지만, 현대의 민주적 헌법국가에서는 오히려 **선거로 당선된 자들에 대한 감시와 통제문제로 전환**되어 있다고 해도 좋다. 이를 두고 매디슨은 민주주의를 위해서는 선거만으로는 부족하고 부가적인 예방수단들이 필요하다는 것을 인간은 경험으로부터 알고 있다고 이미 200년 전에 설파하였던 것이다.

그렇다면 부가적으로 필요한 수단에는 어떤 것들이 있는가. ① 우선은 **권력분립**을

362) 알렉산더 해밀턴·제임스 매디슨·존 제이(김동영 옮김), 페더랄리스트 페이퍼, 한울, 1995, 293쪽.

통해 권력이 집중되는 것을 막아야 한다. 영국의 저 유명한 액튼 경(John Emerich Edward Dalberg-Acton, 1834-1902)은 "권력은 부패하기 쉽고, 절대적 권력은 절대적으로 부패한다"고 하였다.[363] 민주주의는 기본적으로 권력에 대한 불신에 기초하고 있다. 이것은 아직도 유효한 역사의 진리이다. 현재 우리의 정당과 정부운용이 여전히 인물에 좌우되는 경향이 큰 것은 그만큼 덜 민주화되어 있다는 증거다. ② 두 번째로는 **절차를 통한 합의의 도출을 제도화**하는 것이다. 민주주의는 단기간에 성과를 내는 일이라기보다는 구성원의 참여를 통한 자결을 의미하기 때문이다. ③ 그러나 무엇보다도 중요한 것은 **국민의 민주주의 수호 의지**다. 언론을 통하여 권력을 부단히 감시하고 절차적인 정당성을 지킬 것을 강하게 요구하려는 국민의 의사가 없다면, 선거를 통해서도 부패하는 권력을 효율적으로 통제할 수가 없게 될 것이다.

피선거인은 선거인의 의사에 기속되는가?

무기속위임의 원칙(제7조 제1항, 제46조 제2항) 즉, 자유위임이 적용되므로 피선거인은 선거인의 의사에 기속된다고 할 수 없다. 헌법 제46조 제2항에 따르면 국회의원은 국가이익을 우선하여 양심에 따라 직무를 수행하면 된다. 다만, 국회의원은 공무원으로서 국민에 대하여 책임을 진다. 이 책임은 정치적 책임을 의미한다. 정치적 책임의 구체적인 형태는 차기 선거에서의 신임여부에 의해 현실적으로 나타난다. 이것이 간접민주정치의 진정한 의미다. 그렇지 않고 강제위임이 적용된다고 하면 직접민주정치의 변용일 뿐 결코 간접민주정치라고 할 수 없다.

나. 선거제도의 기본원리

선거제도의 기본원리는 일반적으로 보통선거, 평등선거, 직접선거, 비밀선거, 자유선거의 5가지를 든다. 헌법 제41조 제1항과 제67조 제1항에는 보통선거, 평등선거, 직접선거, 비밀선거를 규정하고 있다. 자유선거는 명문의 근거는 없지만 헌법의 원칙으로 당연히 수용되고 있다.

---

363) 원문은 "Power tends to corrupt, and absolute power corrupts absolutely. Great men are almost always bad men."이다. 액튼 경의 이 말은 역사가이자 영국회의의 주교였던 맨델 크레이튼(Mandell Creighton, 1843~1901)에게 1887년 보낸 편지에서 한 말이다.

1) 보통선거(↔ 제한선거)

일정한 연령에 달한 자는 누구나 선거권을 갖는다. 따라서 인종, 민족, 성별, 정치적 · 경제적 이유로 인한 선거권의 박탈은 금지된다.

헌법 제24조는 "법률이 정하는 바에 따라"로 규정하고 있고, 개정된 「공직선거법」 제15조는 18세 이상의 국민에 대해 선거권을 부여하고 있다.

2) 평등선거(↔ 차등선거)

공직선거는 일반적으로 이해되는 바의 평등과는 달리 **절대적 평등**이 적용되는 영역이다. 따라서 산술적으로 각인의 투표수는 동등하여야 한다. 최근에는 투표권의 산술적 평등 이외에도 투표가치(성과가치)의 평등(one man, on vote, one value)이 특히 문제로 되고 있다. 평등선거를 피선거권의 측면에서 보면 무소속입후보자와 정당소속입후보자 간의 부당한 차별금지를 의미하기도 한다.

가) 저지조항의 합헌성 여부

선거에서 일정 비율 이상 득표한 정당에 대해서만 비례대표제에 의한 의석을 배분하는 것을 규정한 조항을 봉쇄(封鎖)조항 또는 저지조항(Sperrklausel)이라고 한다. 「공직선거법」은 비례대표국회의원선거에서는 **유효투표총수의 100분의 3 이상을 득표한 정당**과 **지역구국회의원총선거에서 5석 이상의 의석을 차지한 정당**에 대해서만, 비례대표지방의회의원선거에서는 **유효투표총수의 100분의 5 이상을 득표한 정당**에 대해서만 비례대표의석을 배분한다(공직선거법 제189조 및 제190조의2).[364]

저지조항의 인정여부 및 정당성여부는 각 나라의 전체 헌정 상황에 비추어 의석배분에서의 정당 간 차별이 불가피한가에 따라 판단되어야 한다는 것이 헌법재판소의 입장이다.[365] 따라서 저지조항은 일정한 정당성을 갖추는 경우에는 헌법에 합치할 수 있다.

저지조항에 대한 위헌심사기준과 관련하여 헌법재판소는 명시적인 입장을 표명하고 있지 않다. 다만, 헌법재판소의 관련 판례로 볼 때 다음과 같이 이해할 수 있다.

우선 저지조항에 의해 차별되는 기본권은 공무담임권이다. 헌법재판소는 헌법 제25조가 모든 국민은 '법률이 정하는 바에 의하여' 공무담임권을 가진다고 하고 있으므

---

364) 이러한 정당들을 「공직선거법」에서는 의석할당정당이라고 한다.
365) 헌재 2001.7.19. 2000헌마91등, 공직선거및선거부정방지법 제146조 제2항 위헌확인, 공직선거및선거부정방지법 제56조 등 위헌확인, 공직선거및선거부정방지법 제189조 위헌확인(한정위헌).

로, 입법자는 공무담임권에 관한 광범위한 입법형성권을 갖는다고 한다. 따라서 공무담임권 위배여부를 판단하는 위헌심사의 강도는 완화된 비례성심사를 동원하고 있다.[366] 그런데 공무담임권에 대한 차별취급이 문제되는 경우에는 합리성심사, 즉 자의금지원칙을 적용하고 있다.[367]

따라서 저지조항의 요건을 충족시키지 못한 경우는 이를 충족한 정당과의 관계에서는 차별을 받게 된다고 볼 수 있기 때문에 차별이 문제되는 한 합리성심사를 하게 될 것으로 보이고, 저지조항 그 자체로는 공무담임권의 제한이기도 하므로 공무담임권에 대한 제한이 문제되는 한 완화된 비례성심사를 적용하게 될 것이므로, 결국은 양자의 심사를 모두 통과하여야 합헌으로 될 수 있을 것으로 보인다.

나) 선거구인구불균형

선거구에 대해 헌법은 법률에 위임하고 있다(제41조 제3항). 따라서 국회는 선거구 획정에 있어서 폭넓은 재량을 가진다.[368] 그러나 자의적인 선거구획정[369]은 헌법에 위반된다. 자의적인 선거구획정이란 합리적 이유 없이 투표가치의 평등을 침해하는 선거구획정을 말한다.[370]

(1) 국회의원 지역구 선거인구불균형

국회의원 선거구인구불균형은 전국선거구의 평균인구수(최소선거구의 인구수가 아님)와 비교하여 판단한다.

2014년 10월 30일 헌법재판소는 선거구 인구 불균형이 평균인구수를 기준으로 **상하 33⅓%**를 넘으면 헌법에 위반된다는 헌법불합치결정을 하였다.[371] 따라서 최대인구수의 선거구와 최소인구수의 선거구의 인구비율이 2:1을 넘으면 위헌으로 된다. 1995년 결정[372]에서 2:1을 권고한 이래 약 20여년 만이었다. 또 이 1995년 결정에서는 **선거구구역**

---

366) 헌재 2002.10.31. 2001헌마557, 법원조직법 제45조 제4항 위헌확인(기각).
367) 헌재 2001.7.19. 2000헌마91등, 공직선거및선거부정방지법 제146조 제2항 위헌확인, 공직선거및선거부정방지법 제56조 등 위헌확인, 공직선거및선거부정방지법 제189조 위헌확인(한정위헌).
368) 헌재 2001.10.25. 2000헌마92, 공직선거및선거부정방지법 [별표1] '국회의원지역선거구구역표' 위헌확인(헌법불합치).
369) 이를 게리맨더링(Gerrymandering)이라고 한다.
370) 헌재 2001.10.25. 2000헌마92.
371) 헌재 2014.10.30. 2012헌마192등, 공직선거법 제25조 제2항 별표 1 위헌확인(헌법불합치).
372) 헌재 1995.12.27. 95헌마224등, 공직선거및선거부정방지법 [별표1]의 「국회의원지역선거구구역표」 위헌확인(위헌, 기각).

표 **전체의 불가분성**을 인정하여 어느 한 부분의 선거구가 위헌으로 될 경우에는 선거구표 전체에 대해서 위헌으로 선언하여야 한다고 하였다.[373] 그 이유는 ① 선거구구역표는 각 선거구가 서로 유기적으로 관련을 가짐으로써 한 부분에서의 변동은 다른 부분에도 연쇄적으로 영향을 미치는 성질을 가지고, ② 제소된 당해 선거구에 대하여만 인구과다를 이유로 위헌선언을 할 경우에는 헌법소원 제소기간의 적용 때문에 제소된 선거구보다 인구의 불균형이 더 심한 선거구의 선거구획정이 그대로 효력을 유지하게 되는 불공평한 결과를 초래할 수도 있으며, ③ 이렇게 해석하는 것이 객관적 헌법질서의 보장이라는 측면이나 적극적인 기본권 보장의 측면에서 보더라도 타당하기 때문이라고 하였다.

NOTE 주요국의 국회의원 선거구인구불균형에 관한 사법 및 입법의 태도

① 우리나라

헌법재판소의 1995년 결정[374]에서는 상하 60%편차(상한 하한 인구비율 4:1을 넘으면 위헌)는 위헌으로 결정하였다. 이 결정에서는 장래는 33⅓%, 즉 2:1까지로 권고하였다. 2001년 결정[375]에서는 위헌기준을 강화하여 상하 50%편차, 즉 3:1을 넘으면 위헌으로 된다고 결정하였다. 그리고 2014년 결정에서는 마침내 2:1을 넘으면 위헌이 된다고 선언한 것이다.

② 미국

원래 미국에서는 정치적 사안(political question)에 대해서는 사법심사(Judicial Review)[376]의 대상으로 할 수 없다는 것이 일반적으로 인정되고 있었다. 예컨대 Colegrove v. Green, 328 U.S. 549 (1946)에서는 선거구획정은 이른바 정치적 문제로서 사법심사의 대상에서 제외되어야 한다는 취지의 판결을 하였다. 그런데 Baker v. Carr, 369 U.S. 186 (1962) 사건에서 처음으로 명시적으로 지나치게 불평등한 인구비례의 선거구획정은

---

373) 그러나 재·보궐선거가 치러지는 경우 선거구구역표의 부재·변경 등으로 인하여 혼란이 발생할 우려가 있으므로 헌법불합치결정을 하기도 한다. 예컨대 입법자가 2021.12.31.을 시한으로 위 선거구구역표 부분을 개정할 때까지 위 선거구구역표 부분의 계속 적용을 명하는 헌법불합치결정을 한 사례가 있다[헌재 2019.2.28. 2018헌마415등, 공직선거법 제26조 제1항 [별표2] 위헌확인(헌법불합치, 각하, 기각) — 시·도의원 지역구의 인구편차 허용기준 사건].

374) 헌재 1995.12.27. 95헌마224등, 공직선거및선거부정방지법 [별표1]의 「국회의원지역선거구구역표」 위헌확인(위헌, 기각).

375) 헌재 2001.10.25. 2000헌마92등, 공직선거및선거부정방지법 [별표1] '국회의원지역선거구구역표' 위헌확인(헌법불합치). 이때도 장래 목표치로서는 상하 편차 33⅓% 미만을 제시했다. 선거가 시행된 다음 선고되었기 때문에 개정 시까지 계속적용을 명하는 헌법불합치결정이 되었다.

376) 사법심사(Judicial Review)란 입법이나 정부행위의 위헌여부를 검토하는 법원의 심사를 말한다. 따라서 사법심사라는 용어는 위헌법률심사까지를 포함하는 개념이다.

수정헌법 제14조 위반으로서 사법심사의 대상이 된다고 선언한 이래, 선거구불균형 문제는 소위 게리맨더링으로서 헌법적 통제의 대상이 되었다. 선거구인구편차의 기준과 관련하여서는 Wesberry v. Sanders, 376 U.S. 1 (1964) 사건에서 3:1의 인구편차를 위헌으로 판시하였다. 미국이 우리보다 큰 인구편차를 허용하는 것은 지역적 광대함 때문이라고 할 수 있다.

③ 독일

선거구인구불균형의 위헌비율과 관련하여서 독일에서는 BVerfGE 16, 130, 140ff. (1963)에서 상하 인구편차 33.33%를 넘으면 위헌이라고 결정한 바 있다. 현행 연방선거법(Bundeswahlgesetz) §3 (1) 3에서는 선거구인구는 평균인구수를 기준으로 상하 15%를 초과해서는 안 되고, 25%를 초과하는 차이가 생기면 선거구를 재획정하여야 한다고 규정하고 있다.

(2) 지방의회 지역구 선거구인구불균형

시·도의원 선거구나 자치구·시·군의원의 선거구불균형 여부의 판단기준도 국회의원과 동일하게 전국선거구의 평균인구수를 기준으로 한다. 따라서 한 선거구에 2~4명을 뽑는 기초의원선거구에 있어서는 의원 1인당 평균 인구수를 기준으로 하게 된다.

2018년 결정에서 헌법재판소는 시·도의원 선거구[377]와 자치구·시·군 선거구[378]의 허용 인구편차를 상하 50%(3:1)로 하는 판례변경 결정을 하였다.

NOTE 지방의회 선거구 허용 인구편차 연혁

그동안 헌법재판소는 시·도의원 지역선거구[379]와 자치구·시·군의원 선거구[380]에서는 인구편차를 각각 시·도는 평균인구수를 기준으로, 자치구·시군은 의원 1인당 평균인

377) 헌재 2018.6.28. 2014헌마189, 공직선거법 제26조 제1항 별표2 위헌확인(기각). 같은 결정으로는 헌재 2019.2.28. 2018헌마415등, 공직선거법 제26조 제1항 [별표2] 위헌확인(헌법불합치, 각하, 기각) – 시·도의원 지역구의 인구편차 허용기준 사건.

378) 헌재 2018.6.28. 2014헌마166, 경기도 시군의회 의원정수와 지역구 시군의원 선거구에 관한 조례 전부개정조례(안) 제3조의 별표2 위헌확인(기각). 같은 결정으로는 헌재 2021.6.24. 2018헌마405, 서울특별시 자치구의회의원 선거구와 선거구별 의원정수에 관한 조례 [별표] 위헌확인[헌법불합치, 기각, 각하].

379) 헌재 2007.3.29. 2005헌마985등, 공직선거법 제26조 제1항에 의한 [별표 2] 위헌확인 등(헌법불합치).

380) 헌재 2009.3.26. 2006헌마14, 서울특별시 자치구의회의원선거구와 선거구별 의원정수에 관한 조례 별표 위헌확인(기각); 2009.3.26. 2006헌마67, 경상북도 시·군의회의원 선거구와 선거구별의원정수에 관한 조례 [별표] 위헌확인(헌법불합치).

구[381]를 기준으로 상하 60%, 즉 4:1까지 허용하여 왔었다.

인구편차의 위헌여부를 판단함에 있어서 헌법재판소는 시·도의원 선거는 2007년 결정[382]에서, 자치구·시·군의원 선거는 2009년 결정[383]에서 ① 인구비례의 원칙과 ② 우리나라의 특수한 사정으로서 자치구·시·군의회의원의 지역대표성 및 ③ 인구의 도시집중으로 인한 도시와 농어촌 간의 극심한 인구편차 등 3개의 요소를 합리적으로 참작하여 결정하여야 한다고 판시하였다.

다) 비례대표제와 평등선거

「공직선거법」상 비례대표국회의원은 47명이다.[384] 비례대표시·도의원 정수는 지역구시·도의원 정수의 100분의 10으로 한다. 이 경우 단수(端數)[385]는 1로 본다. 다만, 산정된 비례대표시·도의원 정수가 3인 미만인 때에는 3인으로 한다(이상 공직선거법 제22조 제4항). 선거방법에 있어서는 **지역구 1표 비례대표 1표**를 행사한다(공직선거법 제146조 제2항).

NOTE 1인 1표제의 위헌성

과거 「공직선거및선거부정방지법」은 이른바 1인 1표제를 채택하여(제146조 제2항) 지역구선거에서 투표를 시행하며 별도의 정당투표는 하지 않고, 정당이 지역구선거에서 얻은 득표비율에 따라 비례대표국회의원의 의석을 배분하도록 하고 있었다(제189조 제1항). 이에 따르면 지역구국회의원 후보자에 대하여 1표의 투표를 행사할 수 있을 뿐 별도의 정당투표를 할 수 없게 되고, 그와 같이 지역구선거에서 표출된 유권자의 의사를 그대로 정당에 대한 지지의사로 의제하여 비례대표의석을 배분하게 되는바, 이러한 효과를 불러일으키는 위 두 조항이 과연 민주주의원리, 직접선거의 원칙 및 평등선거의 원칙에 위반되는 것이 아닌지, 그리고 유권자들의 선거와 관련된 기본권을 침해하는 것이 아닌지에 대해 논란이 있었다.

---

381) 1인당 평균인구수를 기준으로 하는 이유는 지역구자치구·시·군의원정수는 2인 이상 4인 이하로 하고 있기 때문이다(공직선거법 제26조 제2항 참조).

382) 헌재 2007.3.29. 2005헌마985등, 공직선거법 제26조 제1항에 의한 [별표 2] 위헌확인 등(헌법불합치).

383) 헌재 2009.3.26. 2006헌마14, 서울특별시 자치구의회의원선거구와 선거구별 의원정수에 관한 조례 별표 위헌확인(기각).

384) 2020.1.14. 「공직선거법」 개정에서 명시되었다. 개정 전에는 국회의원의 총수만 규정되어 있었으나, 지역구국회의원의 수가 253명이었으므로(공직선거법 별표1) 비례대표국회의원의 정수는 여전히 47명이었다.

385) 끝수로서 소수점 이하의 수를 말한다.

이에 대해 헌법재판소는 법 제146조 제2항 중 "1인 1표로 한다." 부분은 국회의원선거에 있어 지역구국회의원선거와 병행하여 정당명부식 비례대표제를 실시하면서도 별도의 정당투표를 허용하지 않는 범위에서 헌법에 위반된다고 판시하였다.[386)]

판결 이유를 구체적으로 보면, ① 지역구후보자와 지지 정당이 다를 경우에는 민의를 왜곡시킨다는 점에서 민주주의원리에 위반되고, ② 지역구후보자에 대한 투표를 그 소속 정당에 대한 지지로 의제한다는 점에서 직접선거원칙에 반하며, ③ 지지 정당이 존재함에도 불구하고 당해 정당이 후보자를 내지 않는 경우에 어쩔 수 없이 무소속후보자에 대해 투표를 하는 사람에 대해서는 평등선거의 원칙에 위반되고, ④ 비례대표국회의원 배분을 위한 저지조항도 지역구국회의원의 유효투표총수를 기준으로 함으로써 실제 정당에 대한 지지도를 정확히 반영할 수 없어서 저지조항을 통과한 정당이 실제로 그러한 지지를 받고 있지 않을 수도 있고 또 그 반대도 가능하다는 점에서 저지선의 고저를 불문하고 지역구국회의원에 대한 지지도를 기준으로 비례대표의원배분의 저지선을 설정하는 방식은 평등선거원칙에 위반된다는 것이었다.

3) 직접선거(↔ 간접선거)

직접선거는 선거권자의 의사가 선거에 직접적으로 반영되어야 한다는 원칙이다. 따라서 선거권자가 직접 투표할 수 없는 경우에는 당해 선거권행사는 포기하는 것으로 된다. 간접선거가 허용되지 않는 것은 간접선거를 허용할 경우 선거권자의 진정한 의사가 왜곡될 가능성이 있기 때문이다.[387)]

비례대표선거에서 가변명부식(선거인의 투표에 의하여 명부의 내용과 순위를 바꿀 수 있는 방식)이나 개방명부식(각 정당이 그 순위를 정하지 않은 후보자명부)이 아닌 후보자와 그 순위가 전적으로 정당에 의해서 결정되는 **고정명부식**을 채택하고 있다고 하더라도, 후보자의 순위가 선거후에 바뀌는 것은 아니어서 결국 선거권자가 종국적인 결정권을 가지고 있으므로 고정명부식 비례대표선거가 직접선거에 위반되는 것은 아니다.[388)]

4) 비밀선거(↔ 공개선거)

공직선거에서 국민 개인은 자신의 투표내용을 비밀로 보장받을 권리를 갖는다. 선거에 있어서 비밀성이 보장되는 것은 국민 다수의 진정한 의사를 확인하기 위한 필수

386) 헌재 2001.7.19. 2000헌마91등, 공직선거및선거부정방지법 제146조 제2항 위헌확인, 공직선거및선거부정방지법 제56조 등 위헌확인, 공직선거및선거부정방지법 제189조 위헌확인(위헌, 한정위헌).
387) 헌재 2001.7.19. 2000헌마91등 참조.
388) 헌재 2001.7.19. 2000헌마91등 참조.

적인 전제조건이 된다. 공개선거가 이루어지는 경우는 진정한 의사의 표출이 어렵기 때문이다.

NOTE 해상 장기 기거 선원들을 부재자투표의 대상자로 하지 않은 규정의 위헌성

과거 「공직선거법」이 부재자투표를 할 수 있는 사람과 부재자투표의 방법을 규정하면서, 해상에 장기 기거하는 선원들에 대해서는 부재자투표 대상자로 규정하지 않고 있고, 투표할 수 있는 방법을 정하지 않고 있어 선거권 침해 여부가 문제된 적이 있다.389)

헌법재판소는 이러한 입법을 한 이유는 모사전송이나 다른 전자통신 장비를 이용하여 선상투표를 하게 되면 비밀선거가 침해될 우려가 있다는 것을 우려한 것으로 보면서도, 비밀선거원칙에 일부 저촉되는 면이 있다하더라도 선거권과 비밀선거원칙을 조화적으로 해석하여 합리적으로 조정할 필요가 있으므로 비밀선거원칙을 이유로 선거권을 부인할 수 없다고 판시하였다.390)

NOTE 재외투표기간 개시일 전·후로 귀국한 국외부재자의 차별의 위헌성

구 「공직선거법」 제218조의16 제3항은 " 제218조의17 제1항에 따른 재외투표기간 개시일 전에 귀국한 재외선거인등은 재외투표기간 개시일 전에 귀국한 사실을 증명할 수 있는 서류를 첨부하여 주소지 또는 최종 주소지(최종 주소지가 없는 사람은 등록기준지를 말한다)를 관할하는 구·시·군선거관리위원회에 신고한 후 선거일에 해당 선거관리위원회가 지정하는 투표소에서 투표할 수 있다."고 규정하여 **재외투표기간 개시일 후에 귀국한 경우에는 관련 언급이 없어서 결과적으로 투표를 할 수 없게 되어 있었다.**

헌법재판소는 이 부진정입법부작위에 대하여 재외투표를 한 자가 국내에서 중복투표를 하는 것을 방지하기 위한 것이라는 점에서 목적의 정당성과 수단의 적합성이 인정되나, (예컨대 코로나 감염사태로 인하여: 필자 주) 재외투표기간 개시일에 임박하여 또는 재외투표기간 중에 재외선거사무 중지결정이 있었고 그에 대한 재개결정이 없었던 예외적인 상황에서 재외투표기간 개시일 이후에 귀국한 재외선거인등이 국내에서 선거일에 투표할 수 있도록 하는 절차를 마련하지 아니한 것은 피해의 최소성과 법익의 균형성에 위배되어 청구인의 선거권을 침해하는 것으로 판시하였다.391)

헌법재판소의 헌법불합치결정에 따라 개정된 「공직선거법」(2023.3.29. 개정 2023.6.30. 시

389) 이 사건은 2005.8.4. 법률 제7681호로 개정된 공직선거법 제38조(부재자신고) 제3항 및 공직선거법 제158조(부재자투표) 제4항과 관련된 것이다.
390) 헌재 2007.6.28. 2005헌마772, 공직선거법 제38조 등 위헌확인(헌법불합치).
391) 헌재 2022.1.27. 2020헌마895, 공직선거법 제218조의16 제3항 등 위헌확인(2023.12.31.한 계속적용 헌법불합치)

행)은 재외선거인명부등에 등재된 사람이 재외투표소에서 투표를 하지 아니하고 귀국한 때에는 선거일 전 8일부터 선거일까지 주소지 또는 최종 주소지(최종 주소지가 없는 사람은 등록기준지를 말한다)를 관할하는 구 · 시 · 군선거관리위원회에 신고한 후 선거일에 해당 선거관리위원회가 지정하는 투표소에서 투표할 수 있도록 하고 있다(공직선거법 제218조16 제3항).

5) 자유선거(↔ 강제선거)

자유선거란 선거를 하거나 하지 않는 것은 자신의 임의적인 의사에 따른다는 원칙이다. 이 원칙은 헌법에 명문으로 규정되어 있지 않지만 학설에서는 일반적으로 이를 선거제도의 헌법원칙의 하나로 인정한다. 헌법재판소는 자유선거원칙의 헌법적 근거로 국민주권의 원리, 의회민주주의의 원리 및 참정권에 관한 규정을 들고 있다.[392)]

선거 참여거부도 일종의 정치적 의사의 표현으로 볼 수 있다는 점에서 과태료, 벌금부과 등의 방법을 동원하여 선거 참여를 강제하는 것은 헌법 제21조가 보장하고 있는 언론의 자유의 소극적 보장내용에 대한 제한이 될 수 있다. 원칙적으로 선거는 강제하기보다는 장려하는 것이 타당하다.

NOTE **강제선거의 입법례** 

개정 전 오스트리아헌법(1983년) 제60조 제1항에서는 "…… 선거에서 투표는 주의 법률이 규정하는 경우에는 강제된다."라고 규정하고 있었다.[393)]

다. 대표제방식(의원정수 배분방법)

1) 다수대표제

다수대표제(majority representation system)에는 **절대다수대표제**(프랑스)와 **상대다수대**

---

392) 헌재 1994.7.29. 93헌가4등(위헌, 합헌); 2009.3.26. 2007헌바72, 공직선거법 제250조 제1항 위헌소원(합헌).

393) Article 60 [Election] (1) The Federal President is elected by the nation on the basis of equal, direct, secret, and personal suffrage. If there is only one candidate, the election takes place by way of referendum. Anyone with House of Representatives suffrage is entitled to vote. Voting in the election is compulsory in Federal States where State law so provides. Detailed provisions about the electoral procedure and possible compulsory voting will be established by a federal law. This same law shall in particular lay down the reasons held to excuse non-participation in the election regardless of compulsory voting.

표제(영국, 미국)가 있다. 다수대표제는 다수만이 대표를 낼 수 있다는 의미다. 절대다수대표제는 득표수가 과반수인 자를 당선인으로 하고 이를 대표로 하는 것인 데 반하여, 상대다수대표제는 상대적으로 다수표를 얻은 자를 대표로 하는 제도이다. 프랑스는 결선투표를 한다는 점에서 절대다수대표제라고 할 수 있다.

절대다수대표제에는 오스트레일리아처럼 후보자에 대해 선호하는 순위를 매기는 방법인 단기이양투표제도[394](單記移讓投票制度, the single transferable vote)가 있다. 선거인이 후보자 1인만을 지명하는 것을 단기(單記)투표제라고 하고, 2인 이상을 지명하는 것을 연기(連記)투표제라고 한다. 소선거구에서는 단기투표제를 채택하고 대선거구에서는 단기투표제 및 연기투표제를 채택할 수 있다.

2) 소수대표제

소수대표제(minority representation system)란 소수도 대표를 낼 수 있도록 하는 제도로서 누적투표제,[395] 제한연기투표식,[396] 순서체감식,[397] 대선거구 단기비이양식투표(단순단기명투표)[398] 등의 방법이 이용되고 있다.

3) 비례대표제

비례대표선거제(proportional representation system)란 정당이나 후보자에 대한 선거권자의 지지에 비례하여 의석을 배분하는 제도를 말한다.[399] 다수대표제는 각 선거구민의 다수의 의사에 따라 대표를 선출하는 방식이므로 다수결원칙을 근간으로 하는 대의제에 충실한 제도다. 그러나 다수대표제는 종종 선거구민 과반수의 대표가 아닐 수

394) 각 후보자에 대해 순위를 매겨서 투표하고 과반수득표자가 없는 경우에 순위에 따라 득표를 재분배하는 방법이다. 예컨대 A, B, C 세 명의 후보에서 과반수득표자가 없는 경우에 예컨대 3위를 한 C의 표 중에 C를 1위로 하고 A를 2위로 한 표는 A에게 배정하고 C를 1위로 하고 B를 2위로 한 표는 B에게 배정한다.

395) 집중투표제(Cumulative Voting)라고도 한다. 누적투표제는 선출의원 수만큼의 투표권을 가지고 한 명 또는 다수의 후보에게 나누어 투표할 수 있다.

396) 선거구의 정원수가 여러 명인 경우에 2명에서 '정원수 – 1'명의 후보까지 이름을 쓸 수 있는 투표방식을 말한다. 가장 지지하는 후보 1명만 투표하는 단기제와는 달리 복수의 후보자에 대한 유권자 자신의 선호도를 투표에 반영시킬 수 있다는 점이 특징이다. 또한 각 선거구의 정원수만큼 지지하는 후보의 이름을 쓰는 방식을 완전연기제라고 한다.

397) 복수의 후보자를 기입하되 순서에 따라 비중을 체감하는 방법이다.

398) 후보자 1명에게만 투표하고 배정된 당선자 수만큼 다득표자 순으로 당선되는 방식이다.

399) 헌재 2001.7.19. 2000헌마91등, 공직선거및선거부정방지법 제146조 제2항 위헌확인, 공직선거및선거부정방지법 제56조 등 위헌확인, 공직선거및선거부정방지법 제189조 위헌확인(위헌, 한정위헌).

가 있어서 민의가 제대로 반영되지 못할 경우가 있다. 이를 보완하기 위한 제도로서 비례대표제가 논의된다. 비례대표제는 헌법 제41조 제3항에 근거를 가지기 때문에, 법률로 선거를 규정할 때에는 반드시 비례대표에 관한 사항을 규정하여야 한다.

비례대표제의 헌법적 의의에 대해서 헌법재판소는 "비례대표제는, 거대정당에게 일방적으로 유리하고 다양해진 국민의 목소리를 제대로 대표하지 못하며 사표(死票)를 양산하는 다수대표제의 문제점에 대한 보완책으로 고안·시행되는 것이다. 비례대표제는 그것이 적절히 운용될 경우 사회세력에 상응한 대표를 형성하고, 정당정치를 활성화하며, 정당간의 경쟁을 촉진하여 정치적 독점을 배제하는 장점을 가질 수 있다."[400] 고 판시하고 있다.

제8차 개정헌법에서부터 비례대표제라는 용어가 등장하였으나(제8차 개정헌법 제77조 제3항), 특별한 의미가 있었다기보다는 제3공화국에서 있었던 지역구국회의원의 득표비율에 따라 배정하는 전국구국회의원을 의미하는 것으로 이해되었다.[401]

비례대표제의 대표적인 것으로는 정당명부식비례대표제가 있다.[402] 2002년에는 시·도의원선거에, 2004년에는 국회의원선거에 정당명부식비례대표제(1인2표제)를 도입하였다(공직선거법 제146조 제2항 참조).

---

400) 헌재 2001.7.19. 2000헌마91등(위헌, 한정위헌).

401) 제3공화국이 성립되고 1963.1.16. 시행된「국회의원선거법」은 선거구를 지역선거구와 전국선거구로 나누고(제13조), 지역구선거에서 3석 이상의 의석을 차지하지 못하였거나 그 유효투표총수의 100분의5 이상을 득표하지 못한 정당을 제외한 정당에 대하여 규정에 따라 전국구의석을 배분하였다(제125조 제1항). 이때부터 시작된 1인1표에 따른 전국구의석배분방식은 후에 위헌으로 결정된다[헌재 2001.7.19. 2000헌마91등, 공직선거및선거부정방지법 제146조 제2항 위헌확인, 공직선거및선거부정방지법 제56조 등 위헌확인, 공직선거및선거부정방지법 제189조 위헌확인(위헌, 한정위헌)]. 이 결정에 대한 자세한 설명은 전술한 나. 선거제도의 기본원리 2) 평등선거 다) 비례대표제와 평등선거의 NOTE 부분 참조.

402) 일반적으로는 당선기수방식(當選基數, Wahlzahl)과 동트식(d'Hondt, =quota방식=除數방식)을 혼용한다. 당선기수는 당선에 필요한 득표수를 말한다. 말하자면 1개의 의석을 배정하는데 필요한 최소득표수가 당선기수다. 당선기수는 유효투표수를 의석수로 나누어서 구한다. 각 정당이 획득한 득표수를 당선기수로 나누면 각 정당에 할당할 의석수가 나온다. 그리고 잔여의석수를 처리를 하는 방법으로 동트식이 동원된다. 동트식은 각 정당의 득표수를 (잔여의석수가 나올 때까지) 1부터 9까지 순차적으로 나누어 각각 많은 득표수에 따라 잔여의석을 차례로 배분하게 된다. 예컨대 잔여의석이 5석인데 A, B, C, D, E 정당이 있고 각 득표수가 30만, 28만, 12만, 5만, 1만인 경우, 1로 나누면 각 득표수가 30만, 28만, 12만, 5만, 1만이고, 2로 나누면 15만, 14만, 6만, 2만5천, 5천이 된다. 득표수가 30만(A), 28만(B), 15만(A), 14만(B), 12만(C) 순이므로 A정당과 B정당이 각각 2석씩 그리고 C정당이 1석의 잔여의석을 가져가게 된다. 우리나라 비례대표국회의원의 의석배분은 당선기수방식도 동트식도 아니고, 각 정당의 비례대표국회의원 득표비율에 (준)연동하여 배분되는 방식을 채택하고 있다. 이에 대해서는 후술 참조.

NOTE **독일식 정당명부비례대표제**

비례대표는 지역구 단위로 선출되는 국회의원이 아닌 각 정당의 득표율에 따라 배분되는 의석이다. 독일식 정당명부비례대표제는 지역구와 비례대표(전국구)의석수를 각 1:1로 하고, 먼저 정당득표율에 따라 각 정당의 의석수를 정한 후, 지역구에서 당선된 정당후보자를 뺀 나머지 숫자를 명부 순서에 따라 의석을 할당하는 방법이다.

예) 국회의원총수 100명, 지역구의원을 50명, 비례대표를 50명으로 정하였을 때, A당이 정당투표에서 30%를 득표하고, 50개 지역구 중에서 20명의 당선자를 낸 경우, A당은 [100(총의석) × 30%(정당득표율)] - 20 = 10명의 비례의석을 확보하게 된다. 따라서 A당의 국회의원수는 20+10=30이 된다. 즉, 정당이 확보한 의석에서 지역구에서 당선된 의석수를 우선 제외하고 남는 숫자는 비례대표의석으로 받게 된다.

그런데 B당은 정당투표에서 20%를 득표하고 지역구에서 30명을 당선시켰다고 할 때 B정당의 의석확보는 20석인데 지역구에서 이미 30명을 당선시켰기 때문에 비례의석은 배당될 수 없으나 10석의 초과의석이 생겼다(2002년 사민당은 정당투표를 통해 작센-안할트 주지역에서 8석 배정되었으나, 지역구 투표에서 모두 10명의 후보자가 당선되어 2석의 초과의석을 얻은 바 있다).

(장점) 지역기반이 약한 반면 계급 · 계층에 기반하고 이념과 정책 실현을 지향하는 정당들의 출현과 성장을 도모함으로써 지역정당체제를 개선할 수 있다.

(단점) 정당득표율에 따라 특정 정당이 주 단위로 배정된 의석수보다 더 많은 지역구 당선자를 배출하는 경우 초과의석이 발생한다.

4) 직능대표제

직능대표제(functional representation system)란 선거인단을 직능별로 분할하고 직능을 단위로 대표를 선출하게 하는 제도를 말한다. 단순한 지역대표로는 노사대립 등이 첨예한 경우 등에는 대처하기 어렵다는 점에서 주장된 수정대의제의 하나다. 그러나 직능대표를 선출하는 합리적인 방법을 도출하기 어렵고, 직능별로 합의를 보기도 어렵다는 단점도 있다.

직능대표제는 하나의 독립적인 대표제라기보다는 지역대표를 보충하는 의미로서 이해될 수는 있을 것이다.

NOTE 투표방법에 따른 의원정수 배분방법

<table>
<tr><th colspan="2">투표방법</th><th colspan="2">내용</th></tr>
<tr><td colspan="2">단기식(單記式)</td><td colspan="2">1명의 후보자만 기입</td></tr>
<tr><td rowspan="2">연 기 식
(連記式)</td><td>완전
연기식</td><td>정원수와 동일한 수의 후보 이름을 기입하여 투표</td><td rowspan="2">연기식에서는 동일 후보의 이름을 복수 기입함으로써 1명의 후보자에 대해 복수표를 던지는 것을 인정하기도 한다(누적투표제, 스위스)</td></tr>
<tr><td>제한
연기식</td><td>적어도 2명 이상 (정원수-1) 수의 후보까지 이름을 기입할 수 있는 투표방식</td></tr>
<tr><td colspan="2">이양식(移讓式)</td><td colspan="2">모든 후보자에게 순위를 정하여 투표하고 이를 이양하는 방법이다.
의석배분 방법은 투표자 중 제1위 선호표의 득표수가 가장 많았던 후보자(갑)와, 반대로 제1위 선호표의 득표율이 가장 낮은 후보자(을)의 표의 각 제2위에게로 양표의 수를 배분하여 그 다음 다수 득표자를 뽑는다. 이러한 방법을 되풀이 하여 전체의석수 만큼의 당선자를 뽑는 방법이다(현재의 오스트레일리아의 상·하 양원에서 채용).</td></tr>
</table>

라. 선거구제도

1) 선거구의 유형

선거구에는 소·중·대선거구가 있다. 소선거구제도는 1선거구에 1명을 대표로 뽑는 제도로서 양당제 형성에 유리하고 정국안정을 꾀할 수 있다. 대선거구제도는 1선거구에 5명 이상의 대표를 뽑는 제도로서 소수도 대표를 낼 가능성이 있고 따라서 사표(死票)가 적게 발생한다. 중선거구제도는 양자의 절충형으로서 2명 내지 4명의 대표를 선출하게 된다.

2) 선거구 획정

중앙선거관리위원회에 선거구획정위원회를 별도로 두고 있다(공직선거법 제24조). 자의적 선거구획정은 평등원칙에 위배된다.

마. 현행 선거제도

1) 선거관리위원회의 지위와 조직 및 권한

가) 선거관리위원회의 헌법적 지위

선거와 국민투표의 공정한 관리 및 정당에 관한 사무를 처리하기 위하여 선거관리위원회를 둔다(제114조 제1항). 선거관리위원회는 독립된 헌법기관으로서 헌법 제7장에 별도로 규정되어 있다. 선거관리위원회는 제3차 개정헌법에서 처음으로 규정되었다(제3차 개정헌법 제75조의2).

선거관리위원회는 합의제 행정기관이다. 이에 따라 위원회는 위원과반수의 출석으로 개의하고 출석위원 과반수의 찬성으로 의결한다(선거관리위원회법 제10조 제1항).

나) 선거관리위원회의 조직

선거관리위원회의 종류는 중앙선거관리위원회(제114조 제2항)와 특별시 · 광역시 · 도 선거관리위원회(위헌 9인), 구 · 시 · 군 선거관리위원회(위원 9인), 읍 · 면 · 동 선거관리위원회(위원 7인)가 있다(선거관리위원회법 제2조 제1항).

중앙선거관리위원회는 대통령이 지명하는 3인, 국회에서 선출하는 3인과 대법원장이 지명하는 3인의 위원으로 구성한다.[403] 위원장은 위원 중에서 호선한다(제114조 제2항). 중앙선거관리위원회 위원은 국회의 인사청문을 거치게 되어있다(선거관리위원회법 제4조 제1항).

중앙선거관리위원회 위원의 임기는 6년이다(제114조 제3항). 위원은 정당에 가입하거나 정치에 관여할 수 없다(제114조 제4항). 위원은 탄핵 또는 금고 이상의 형의 선고에 의하지 아니하고는 파면되지 아니한다(제114조 제5항).

각급 선거관리위원회의 조직 · 직무범위 기타 필요한 사항은 법률로 정한다. 이 법률이 「선거관리위원회법」이다.

시 · 도선거관리위원회[404]의 위원은 국회의원의 선거권이 있고 정당원이 아닌 자중에서 국회에 교섭단체를 구성한 정당이 추천한 사람과 당해 지역을 관할하는 지방법원장이 추천하는 법관 2인을 포함한 3인과 교육자 또는 학식과 덕망이 있는 자중에서 3

403) 대법원장이 중앙선거관리위원회위원 3인을 지명하는 것은 문제다. 대법원은 선거소송을 담당하여야 하는데, 대법원장이 선거관리자(피고)가 될 수 있는 자를 지명한다는 것은 모순으로 보인다.

404) 시 · 도선거관리위원회는 특별시 · 광역시 · 도선거관리위원회의 약칭이다(선거관리위원회법 제2조 제2항 참조).

인을 중앙선거관리위원회가 위촉한다(선거관리위원회법 제4조 제2항).

구·시·군선거관리위원회의 위원은 그 구역안에 거주하는 국회의원의 선거권이 있고 정당원이 아닌 자중에서 국회에 교섭단체를 구성한 정당이 추천한 사람과 법관·교육자 또는 학식과 덕망이 있는 자중에서 6인을 시·도선거관리위원회가 위촉한다(선거관리위원회법 제4조 제3항). 읍·면·동선거관리위원회의 위원은 그 읍·면·동의 구역안에 거주하는 국회의원의 선거권이 있고 정당원이 아닌 자중에서 국회에 교섭단체를 구성한 정당이 추천한 사람과 학식과 덕망이 있는 자중에서 4인을 구·시·군선거관리위원회가 위촉한다(선거관리위원회법 제4조 제4항). 구·시·군선거관리위원회와 읍·면·동선거관리위원회의 위원이 될 법관과 법원공무원 및 교육공무원은 거주요건의 제한을 받지 아니하며 법관을 우선하여 위촉하여야 한다(선거관리위원회법 제4조 제5항).

법관과 법원공무원 및 교육공무원 이외의 공무원은 각급선거관리위원회의 위원이 될 수 없다(선거관리위원회법 제4조 제6항).

다) 선거관리위원회의 권한

(1) 직무

선거관리위원회는 선거와 국민투표의 관리, 정당에 관한 사무를 처리한다(제114조 제1항). 「선거관리위원회법」에서는 이를 구체화하여 국가 및 지방자치단체의 선거에 관한 사무, 국민투표에 관한 사무, 정당에 관한 사무, 공공단체등 위탁선거에 관한 법률에 따른 위탁선거에 관한 사무, 기타 법령으로 정하는 사무를 선거관리위원회의 직무로 규정하고 있다(선거관리위원회법 제3조 제1항). 정당에 관한 사무로 선거관리위원회는 정치자금의 기탁과 기탁된 정치자금 및 국고보조금을 각 정당에 배분한다(정치자금법 제22조, 제23조, 제25조, 제27조). 선거관리위원회의 직무는 헌법에 명시되어 있기 때문에, 기타 법령으로 정하는 사무는 선거와 국민투표의 공정한 관리 및 정당에 관한 사무라야 한다.

각급 선거관리위원회는 선거인명부의 작성 등 선거사무와 국민투표사무에 관하여 관계 행정기관에 필요한 지시를 할 수 있다(제115조 제1항). 지시를 받은 행정기관은 지시에 응해야 한다(제115조 제2항). 선거운동은 각급 선거관리위원회의 관리하에 법률이 정하는 범위안에서 하되, 균등한 기회가 보장되어야 한다(제116조 제1항).

선거에 관한 경비는 법률이 정하는 경우를 제외하고는 정당 또는 후보자에게 부담시킬 수 없다(제116조 제2항). 이를 **선거공영제**(選擧公營制)라고 한다. 선거공영제는 선거의 공정성, 선거운동의 기회균등, 선거비용의 절감(낭비억제) 등을 목적으로 하고 있다.

(2) 규칙제정권

중앙선거관리위원회는 법령의 범위안에서 선거관리 · 국민투표관리 또는 정당사무에 관한 규칙을 제정할 수 있으며, 법률에 저촉되지 아니하는 범위안에서 내부규율에 관한 규칙을 제정할 수 있다(제114조 제6항). '법률에 저촉되지 아니하는 범위안에서' '내부규율'에 관한 규칙을 제정할 수 있다는 점에서는 국회, 대법원, 헌법재판소와 마찬가지지만, 선거관리 · 국민투표관리 또는 정당사무에 관한 규칙은 '법령의 범위안에서' 제정할 수 있다는 점에서 구별된다.[405] 여기서의 법령은 법률을 의미하는 것으로 이해된다.[406]

중앙선거관리위원회규칙은 헌법에 직접 근거를 둔 것이므로 단순한 행정규칙이라고 할 수 없고 따라서 이에 관한 권한은 법규명령제정권으로 이해되어야 한다.

라) 선거관리위원회의 운영

선거관리위원회는 위원과반수의 출석으로 개의하고 출석위원 과반수의 찬성으로 의결한다. 위원장은 표결권을 가지며 가부동수인 때에는 결정권을 가진다(선거관리위원회법 제10조). 회의는 위원장이 소집한다. 다만 위원 3분의 1 이상의 요구가 있을 때에는 위원장은 회의를 소집하여야 하고, 위원장이 소집을 거부할 때에는 회의소집을 요구한 3분의 1 이상의 위원이 직접 회의를 소집할 수 있다(선거관리위원회법 제11조 제1항).

2) 선거제도의 개관

가) 대통령선거제도

대통령은 전국을 단위(공직선거법 제20조 제1항)로 국민의 보통 · 평등 · 직접 · 비밀 · 자유선거에 의해 선출한다. 최고득표자가 2인 이상인 경우에는 국회재적의원 과반수가 출석한 공개회의에서 다수표를 얻은 자를 당선자[407]로 한다(제67조 제2항). 따라서 결선투표는 간접선거다.

---

405) 그 외 '법령의 범위안에서' 제정할 수 있다고 규정하고 있는 경우로는 지방자치단체의 자치에 관한 규정이 있다. 헌법 제117조 제1항에서는 "지방자치단체는 주민의 복리에 관한 사무를 처리하고 재산을 관리하며, 법령의 범위안에서 자치에 관한 규정을 제정할 수 있다"고 규정하고 있다.

406) 2018.3. 문제인 정부의 헌법개정안에서는 법률로 수정하고 있다. "중앙선거관리위원회는 법률에 위반되지 않는 범위에서 소관 사무의 처리와 내부 규율에 관한 규칙을 제정할 수 있다."(안 제118조 제6항).

407) 헌법에서는 당선자라고 하지만, 공직선거법에서는 당선인이라는 용어를 사용하고 있다. 당선인이라는 선거법상이 용어는 1952.7.18. 제정 · 시행된 대통령 · 부통령선거법에서부터 줄곧 사용되고 있다. 2014년 국회의장 헌법개정자문위원회의 개정안에서도 당선자라는 용어를 사용하고 있고(안 제90조 제2항), 2018년 정부제안 헌법개정안에서도 당선자라는 용어를 사용하고 있다(안 제

나) 국회의원선거제도

국회의원선거제도는 다수대표제, 소선거구제, 비례대표제로 구성되어 있다. 선거구에서 선출할 정수가 1인이기 때문에 다수대표제이고 소선거구제이다(공직선거법 제21조 제2항).[408]

비례대표국회의원은 전국을 단위로 하고(공직선거법 제20조 제1항), 비례대표국회의원선거 득표비율을 국회의원정수 전체와 연동하여 정당별 비례대표의석수를 결정한다.[409] 국회의원은 총 300명으로서 지역구국회의원 253명과 비례대표국회의원 47명으로 구성되어 있다(공직선거법 제21조 제1항).

다) 지방자치단체선거제도

지방자치단체의 장은 관할구역을 선거구로 한다(공직선거법 제20조 제4항).

광역자치단체인 시·도의원은 지역구마다 1명을 선출하므로 소선거구 다수대표제이고, 의원 총 정수는 그 관할구역안의 자치구·시·군 수의 2배수로 하되, 인구·행정구역·지세·교통 그 밖의 조건을 고려하여 100분의 14의 범위에서 조정할 수 있도록 하고 있다. 다만, 자치구·시·군의 지역구시·도의원정수는 최소 1명으로 한다(공직선거법 제22조 제1항). 비례대표시·도의원정수는 산정된 지역구시·도의원정수의 100분의 10으로 한다. 이 경우 단수는 1로 보고, 산정된 비례대표시·도의원정수가 3인 미만인 때에는 3인으로 한다(공직선거법 제22조 제4항).

기초자치단체의 의원은 지역구마다 2~4인을 선출하도록 하므로(공직선거법 제26조 제2항) 중선거구 소수대표제이다. 그러나 지역구자치구·시·군의원을 4인 이상 선출하는 때에는 2개 이상의 지역선거구로 분할할 수 있도록 하고 있어서(공직선거법 제26조 제4항), 기초자치단체의원 선거에서 소수당의 의회진출이 어려울 수 있다.[410] 기초자치단체의원선거에서도 비례대표제가 적용된다. 비례대표 기초자치단체의원 정수는 자치

71조 제2항). 용어의 통일이 요구된다.

408) 헌법재판소는 보통, 평등, 직접, 비밀, 자유선거라는 헌법상의 선거원칙을 모두 구현한 이상, 소선거구 다수대표제를 규정하여 다수의 사표(死票)가 발생한다 하더라고 그 이유만으로 헌법상 요구된 선거의 대표성의 본질을 침해한다거나 그로 인해 국민주권원리를 침해하고 있다고 할 수 없고, 청구인의 평등권과 선거권을 침해한다고 할 수 없다고 판시한 바 있다(헌재 2003.11.27. 2003헌마259등; 2016.5.26. 2012헌마374 참조).

409) 이에 대해서는 후술 비례대표국회의원 의석배분 설명 부분 참조.

410) 그래서 그 동안 거대 양당 중심의 기초의회 구조가 유지되어 왔다. 2022년 현재 소수정당의 기초의회의석을 확대하기 위하여 선거구 쪼개기 조항의 삭제가 논의되고 있다.

구 · 시 · 군의원 정수의 100분의 10이다(공직선거법 제23조 제3항).

3) 선거권

가) 선거권이 있는 자

선거권자의 자격은 법률로 정한다(제24조). 이에 따라 공직선거법은 18세 이상의 국민은 대통령 및 국회의원의 선거권이 있다고 규정하고 있다(공직선거법 제15조 본문). 다만, **지역구국회의원의 선거권**은 18세 이상의 국민으로서 공직선거법 제37조 제1항에 따른 선거인명부작성기준일 현재 ① 주민등록법 제6조 제1항 제1호 또는 제2호에 해당하는 사람(거주자 또는 거주불명자)으로서 해당 국회의원지역선거구 안에 주민등록이 되어 있는 사람이거나, ② 주민등록법 제6조 제1항 제3호에 해당하는 재외국민으로서 주민등록표에 3개월 이상 계속하여 올라 있고 해당 국회의원지역선거구 안에 주민등록이 되어 있는 사람에 한하여 인정된다(공직선거법 제15조 제1항 단서).

지방자치단체의 의회의원 및 장의 선거권은 18세 이상으로서 선거인명부작성기준일 현재 ① 주민등록법 제6조 제1항 제1호 또는 제2호에 해당하는 사람으로서 해당 지방자치단체의 관할 구역에 주민등록이 되어 있는 사람, ② 주민등록법 제6조 제1항 제3호에 해당하는 사람으로서 주민등록표에 3개월 이상 계속하여 올라 있고 해당 지방자치단체의 관할구역에 주민등록이 되어 있는 사람, ③ 출입국관리법 제10조에 따른 영주의 체류자격 취득일 후 3년이 경과한 외국인으로서 출입국관리법 제34조에 따라 해당 지방자치단체의 외국인등록대장에 올라 있는 사람이다(공직선거법 제15조 제2항).

나) 선거권이 없는 자

그러나 「공직선거법」 제18조 제1항에 따르면, 선거일 현재 ① 금치산선고를 받은 자(제1호), ② 1년 이상의 징역 또는 금고의 형의 선고를 받고 그 집행이 종료되지 아니하거나 그 집행을 받지 아니하기로 확정되지 아니한 사람(다만, 그 형의 집행유예를 선고받고 유예기간 중에 있는 사람은 제외)(제2호), ③ 선거범, 정치자금법 제45조(정치자금부정수수죄) 및 제49조(선거비용관련 위반행위에 관한 벌칙)에 규정된 죄를 범한 자 또는 대통령 · 국회의원 · 지방의회의원 · 지방자치단체의 장으로서 그 재임중의 직무와 관련하여 형법(특정범죄가중처벌 등에 관한 법률 제2조에 의하여 가중처벌되는 경우를 포함) 제129조(수뢰, 사전수뢰) 내지 제132조(알선수뢰) · 특정범죄가중처벌 등에 관한 법률 제3조(알선수재)에 규정된 죄를 범한 자로서, 100만원 이상의 벌금형의 선고를 받고 그 형이 확정된 후 5년 또는 형의 집행유예의 선고를 받고 그 형이 확정된 후 10년을 경과하지 아니하거나 징역형의 선고를 받고 그 집행을 받지 아니하기로 확정된 후 또는 그 형의 집행이 종료되거나 면제된 후 10년을 경과하지 아니한 자(형이 실효된 자도 포함)(제3호), ④ 법원의 판결 또는 다른 법률에 의하여 선거권이 정지 또는 상실된 자(제4호)는 선거권이 없다.

NOTE **「공직선거법」 제18조 제1항 제2호의 개정 전 규정에 대한 헌재의 결정** 

구 「공직선거및선거부정방지법」과 구 「공직선거법」에서는 “금고 이상의 형의 선고를 받고 그 집행이 종료되지 아니하거나 그 집행을 받지 아니하기로 확정되지 아니한 자”로 규정되어 있었다. 이 중에서 ‘선거일 현재 금고 이상의 형의 선고를 받고 그 집행이 종료되지 아니한 자’ 부분에 대해서 헌법재판소는 2004년 결정[411]에서 합헌 결정을 한 바 있고, 2009년 결정[412]에서도 같은 부분에 대해 재판관 5인이 위헌의견을 내었으나 위헌정족수에 이르지 못해 기각결정을 한 바 있다.

2012년에도 제2호 전체에 대해 수형자 및 집행유예자라는 이유로 획일적으로 선거권을 제한하여 헌법에 위반된다는 주장이 제기되었는데, 이에 대해 2014년 헌법재판소는 목적의 정당성과 수단의 적합성은 인정하면서도 집행유예자와 수형자에 대하여 전면적 · 획일적으로 선거권을 제한하고 있어 침해의 최소성에 위배되고, 집행유예자와 수형자의 선거권을 제한하는 것은 지나치게 광범위할 뿐만 아니라 범죄의 성격과 선거권 제한과의 직접적 연관성을 찾기 어려운 부분도 포함하고 있기 때문에 법익의 균형성도 위배하여 헌법에 위반된다고 보면서, **‘집행유예자에 관한 부분’**은 위헌선언을 통하여 선거권에 대한 침해를 제거함으로써 합헌성이 회복될 수 있기 때문에 위헌결정을 하고, **‘수형자에 관한 부분’**의 위헌성은 지나치게 전면적 · 획일적으로 수형자의 선거권을 제한한다는 데 있어서, 그 위헌성을 제거하고 수형자에게 헌법합치적으로 선거권을 부여하는 것은 입법자의 형성재량에 속하는 것으로 보아서 헌법불합치결정을 하였다.[413] 현행 조항은 이러한 헌법재판소의 결정을 반영하여 개정된 내용이다.

4) 피선거권

가) 피선거권이 있는 자

헌법은 피선거권자의 자격도 법률로 정하도록 하고 있다(제25조). 그런데 국회의원 피

411) 헌재 2004.3.25. 2002헌마411, 공직선거및선거부정방지법 제18조 위헌확인(기각) – 8인의 합헌의견과 1인의 위헌의견.
412) 헌재 2009.10.29. 2007헌마1462, 공직선거법 제18조 제1항 제2호 위헌확인(기각) – 5인의 위헌의견, 3인의 기각의견, 1인의 각하의견.
413) 헌재 2014.1.28. 2012헌마409등, 공직선거법 제18조 제1항 제2호 위헌확인(위헌, 헌법불합치).

선거권이 있고 선거일 현재 40세에 달한 사람은 대통령의 피선거권이 있다고 함으로써, 대통령의 피선거권자 연령은 헌법이 직접 정하고 있다(제67조 제4항). 대통령의 선거에 관한 사항은 법률로 정하도록 하고 있는데(제67조 제5항), 공직선거법에서는 이를 구체화하여 "선거일 현재 5년 이상 국내에 거주하고 있는 40세 이상[414]의 국민은 대통령의 피선거권이 있다. 이 경우 공무로 외국에 파견된 기간과 국내에 주소를 두고 일정기간 외국에 체류한 기간은 국내거주기간으로 본다"라고 규정하고 있다(공직선거법 제16조 제1항).

18세 이상의 국민은 국회의원의 피선거권이 있다(공직선거법 제16조 제2항).[415] 국회의원은 출마하는 지역구의 거주요건이 없다.

선거일 현재 계속하여 60일 이상(공무로 외국에 파견되어 선거일 전 60일 후에 귀국한 자는 선거인명부작성기준일부터 계속하여 선거일까지) 해당 지방자치단체의 관할구역에 주민등록이 되어 있는 주민으로서 18세 이상의 국민은 그 지방의회의원 및 지방자치단체의 장의 피선거권이 있다. 이 경우 60일의 기간은 그 지방자치단체의 설치 · 폐지 · 분할 · 합병 또는 구역변경(공직선거법 제28조 각 호의 어느 하나에 따른 구역변경을 포함)에 의하여 중단되지 아니 한다(공직선거법 제16조 제3항).[416]

NOTE 주민등록과 재외국민인 주민의 지방선거 피선거권

구 「공직선거법」 제16조 제3항의 제1문은 "선거일 현재 계속하여 60일 이상(공무로 외국에 파견되어 선거일 전 60일 후에 귀국한 자는 선거인명부작성기준일부터 계속하여 선거일까지) 당해 지방자치단체의 관할 구역 안에 주민등록이 되어 있는 주민으로서 25세 이상의 국민은 그 지방의회의원 및 지방자치단체의 장의 피선거권이 있다"라고 규정되어 있었는데, 이에 대해서 헌법재판소는 "제16조 제3항은 오로지 일정기간 이상의 '주민등록'만을 기준으로 지방선거 피선거권 자격을 결정함으로써, 일정기간 이상 주민으로 생활하면서 당해 지방자치단체의 사무와 밀접한 이해관계를 가지고 있는 재외국민이라도 주민등록이 되지 않는다는 이유로 지방선거 피선거권을 전면적으로 부정하는 것은 이를 정당화할 어떠

---

414) 독일과 튀르키예가 40세다(독일헌법 제54조 제1항, 튀르키예헌법 제101조). 그에 반하여 미국과 헝가리, 아이슬란드, 멕시코는 35세(미국헌법 제2조 제1항 제5문, 헝가리헌법 제10조 제2항, 아이슬란드헌법 제4조, 멕시코헌법 제82조 II)이고, 프랑스는 특별한 선거연령 제한 없이 18세 이상 선거권자면 누구라도 입후보가 가능하다.

415) 2022.1.18. 개정된 「공직선거법」에서는 기존 25세에서 18세로 피선거권연령을 낮추었다. 개정된 「공직선거법」은 2022.4.1.부터 시행되었지만, 피선거권연령을 규정한 「공직선거법」 제16조 제2항 · 제3항의 개정규정은 공포한 날부터 시행되었다(공직선거법 부칙 제1조).

416) 공직선거법 제16조 제3항의 최종개정일 2015.8.13.

한 합리적 근거도 찾아보기 어렵다. 나아가 법 제16조 제2항이 국회의원 선거에 있어서는 주민등록 여부와 관계없이 만 25세 이상의 국민이라면 누구든지 피선거권을 가지는 것으로 규정함으로써, 국내거주 여부를 불문하고 재외국민도 국회의원 선거의 피선거권을 가진다는 사실을 고려할 때, 지방선거에서의 피선거권에 대해서만 주민등록 여부를 기준으로 하여 주민등록이 되어 있지 않은 자의 피선거권을 부정하는 것은 설득력이 없다. 따라서 지방선거 피선거권의 부여에 있어 주민등록만을 기준으로 함으로써 주민등록이 불가능한 재외국민인 주민의 지방선거 피선거권을 부인하는 법 제16조 제3항은 헌법 제37조 제2항에 위반하여 국내거주 재외국민의 공무담임권을 침해한다"라고 하여 위헌으로 보면서도 단순히 위헌 결정할 경우에는 곧 있을 선거에서 혼란을 초래할 것이라는 점에서 헌법불합치 결정을 하였다.[417]

이에 따라 국회는 2009.2.12. 「공직선거법」 제16조 제3항을 개정하여 국내거소신고인명부에 올라 있는 경우를 포함하였다.[418] 그러나 재외국민의 국내거소신고제도가 폐지되고 재외국민용 주민등록증을 발급하도록 「주민등록법」이 개정됨에 따라 2015.8.13. 다시 동 조항을 개정하여 헌법불합치결정 전의 조항으로 돌아갔다.

나) 피선거권이 없는 자

「공직선거법」 제19조에 따르면 선거일 현재 다음의 어느 하나에 해당하는 자는 피선거권이 없다. ① 공직선거법 제18조(선거권이 없는 자) 제1항 제1호(금치산선고를 받은 자)·제3호(선거범 등) 또는 제4호(선거권이 정지 또는 상실된 자)에 해당하는 자(제1호), ② 금고 이상의 형의 선고를 받고 그 형이 실효되지 아니한 자(제2호), ③ 법원의 판결 또는 다른 법률에 의하여 피선거권이 정지되거나 상실된 자(제3호), ④ 「국회법」 제166조(국회 회의 방해죄)의 죄를 범한 자로서 다음의 어느 하나에 해당하는 자(형이 실효된 자를 포함)(제4호), ㉮ 500만원 이상의 벌금형의 선고를 받고 그 형이 확정된 후 5년이 경과되지 아니한 자, ㉯ 형의 집행유예의 선고를 받고 그 형이 확정된 후 10년이 경과되지 아니한 자, ㉰ 징역형의 선고를 받고 그 집행을 받지 아니하기로 확정된 후 또는 그 형의 집행이 종료되거나 면제된 후 10년이 경과되지 아니한 자, ⑤ 공직선거법 제230조 제6항의 죄(정당의 후보자추천 관련 금품수수금지)를 범한 자로서 벌금형의 선고를 받고 그 형이 확정된 후 10년을 경과하지 아니한 자(형이 실효된 자도 포함)(제5호).

---

417) 헌재 2007.6.28. 2004헌마644등, 공직선거및선거부정방지법 제15조 제2항 등 위헌확인 등(헌법불합치).

418) "선거일 현재 계속하여 60일 이상(공무로 외국에 파견되어 선거일전 60일후에 귀국한 자는 선거인명부작성기준일부터 계속하여 선거일까지) 당해 지방자치단체의 관할구역안에 주민등록(**국내거소신고인명부에 올라 있는 경우를 포함한다**. 이하 이 조에서 같다)이 되어 있는 주민으로서 25세 이상의 국민은 그 지방의회의원 및 지방자치단체의 장의 피선거권이 있다."

5) 선거구

선거별 선거구를 보면 ① 대통령 및 비례대표국회의원은 전국을 단위로, ② 비례대표시 · 도의원은 당해 시 · 도를 단위로, ③ 비례대표자치구 · 시 · 군의원은 당해 자치구 · 시 · 군을 단위로, ④ 지역구국회의원, 지역구지방의회의원(지역구시 · 도의원 및 지역구자치구 · 시 · 군의원)은 당해 의원의 선거구를 단위로, ⑤ 지방자치단체의 장은 당해 지방자치단체의 관할구역을 단위로 하여 선거한다(공직선거법 제20조).

가) 국회의원지역구

국회의원지역구의 공정한 획정을 위하여 중앙선거관리위원회에 국회의원선거구획정위원회를 설치 · 운영한다(공직선거법 제24조 제1항 · 제2항). 위원회는 재적위원 3분의 2 이상의 찬성으로 의결한 선거구획정안을 국회의원선거의 선거일 전 13개월까지 국회의장에게 제출하여야 한다(공직선거법 제24조 제11항).

국회의장은 제출된 선거구획정안을 소관 상임위원회 또는 선거구획정에 관한 사항을 심사하는 특별위원회에 회부하여야 한다(공직선거법 제24조의2 제2항). 선거구획정안을 회부받은 위원회는 이를 지체 없이 심사하여 국회의원지역구의 명칭과 그 구역에 관한 규정을 개정하는 선거구법률안을 제안하여야 한다. 이 경우 위원회는 국회의원선거구획정위원회가 제출한 선거구획정안을 그대로 반영하되, 선거구획정안이 「공직선거법」 제25조 제1항의 기준(인구 · 행정구역 · 지리적 여건 · 교통 · 생활문화권 등을 고려하여 기준이 되는 인구는 선거일 전 15개월이 속하는 달의 말일 현재 주민등록표에 따라 조사한 인구를 기준으로 하고, 원칙적으로 하나의 자치구 · 시 · 군의 일부를 분할하여 다른 국회의원지역구에 속하게 할 수 없다는 기준)에 명백하게 위반된다고 판단하는 경우에는, 그 이유를 붙여 재적위원 3분의 2 이상의 찬성으로 국회의원선거구획정위원회에 선거구획정안을 다시 제출하여 줄 것을 한 차례만 요구할 수 있다(공직선거법 제24조의2 제3항). 요구를 받은 국회의원선거구획정위원회는 그 요구를 받은 날부터 10일 이내에 새로이 선거구획정안을 마련하여 국회의장에게 제출하여야 한다(공직선거법 제24조의2 제4항). 선거구법률안 또는 선거구법률안이 포함된 법률안이 제안된 후 처음 개의하는 본회의에 이를 부의하여야 하고 이 경우 선거구법률안 또는 선거구법률안이 포함된 법률안을 수정 없이 바로 표결한다(공직선거법 제24조의2 제6항).

국회는 국회의원지역구를 선거일 전 1년까지 확정하여야 한다(공직선거법 제24조의2

제1항).

국회의원지역구는 시 · 도의 관할구역 안에서 인구 · 행정구역 · 지리적 여건 · 교통 · 생활문화권 등을 고려하여 다음의 기준에 따라 획정한다. ① 국회의원지역구 획정의 기준이 되는 인구는 선거일 전 15개월이 속하는 달의 말일 현재 주민등록법 제7조 제1항에 따른 주민등록표에 따라 조사한 인구로 한다(공직선거법 제25조 제1항 제1호). ② 하나의 자치구 · 시 · 군의 일부를 분할하여 다른 국회의원지역구에 속하게 할 수 없다. 다만, 인구범위(인구비례 2:1의 범위)에 미달하는 자치구 · 시 · 군으로서 인접한 하나 이상의 자치구 · 시 · 군의 관할구역 전부를 합하는 방법으로는 그 인구범위를 충족하는 하나의 국회의원지역구를 구성할 수 없는 경우에는 그 인접한 자치구 · 시 · 군의 일부를 분할하여 구성할 수 있다(공직선거법 제25조 제1항 제2호). ③ 국회의원지역구의 획정에 있어서는 제1항 제2호의 인구범위를 벗어나지 아니하는 범위에서 농산어촌의 지역대표성이 반영될 수 있도록 노력하여야 한다(공직선거법 제25조 제2항).

나) 지방의회의원지역구

시 · 도의회의원지역선거구는 인구 · 행정구역 · 지세 · 교통 그 밖의 조건을 고려하여 자치구 · 시 · 군(하나의 자치구 · 시 · 군이 2 이상의 국회의원지역구로 된 경우에는 국회의원지역구를 말하며, 행정구역의 변경으로 국회의원지역구와 행정구역이 합치되지 아니하게 된 때에는 행정구역)을 구역으로 하거나 분할하여 이를 획정하되, 하나의 시 · 도의원지역구에서 선출할 지역구시 · 도의원정수는 1명으로 하며, 그 시 · 도의원지역구의 명칭과 관할구역은 공직선거법에서 따로 정하고 있다(공직선거법 제26조 제1항 및 별표 2 참조).

자치구 · 시 · 군의원지역구는 인구 · 행정구역 · 지세 · 교통 그 밖의 조건을 고려하여 획정하되, 하나의 자치구 · 시 · 군의원지역구에서 선출할 지역구자치구 · 시 · 군의원정수는 2인 이상 4인 이하로 하며, 그 자치구 · 시 · 군의원지역구의 명칭 · 구역 및 의원정수는 시 · 도조례로 정한다(공직선거법 제26조 제2항).

자치구 · 시 · 군의원지역선거구의 공정한 획정을 위하여 시 · 도에 자치구 · 시 · 군의원선거구획정위원회를 둔다(공직선거법 제24조의3 제1항). 자치구 · 시 · 군의원선거구획정위원회는 공직선거법 제26조 제2항에 규정된 기준에 따라 선거구획정안을 마련하고, 그 이유나 그 밖의 필요한 사항을 기재한 보고서를 첨부하여 임기만료에 따른 자치구 · 시 · 군의원선거의 선거일 전 6개월까지 시 · 도지사에게 제출하여야 한다(공직선거법 제24조의3 제5항). 시 · 도의회가 자치구 · 시 · 군의원지역구에 관한 조례를 개정하는 때에는 자치구 · 시 · 군의원선거구획정위원회의 선거구획정안을 존중하여야 한다(공직선거법 제24조의3 제6항).

시 · 도의원지역구 또는 자치구 · 시 · 군의원지역구를 획정하는 경우 하나의 읍 · 면(지방자치법 제7조 제3항에 따라 행정면을 둔 경우에는 행정면) · 동(지방자치법 제7조 제4항에 따라 행정동을 둔 경우에는 행정동)의 일부를 분할하여 다른 시 · 도의원지역구 또는 자치구 · 시 · 군의원지역구에 속하게 하지 못한다(공직선거법 제26조 제3항). 자치구 · 시 · 군의원지역구는 하나의 시 · 도의원지역구 내에서 획정하여야 하며, 하나의 시 · 도의원지역구에서 지역구자치구 · 시 · 군의원을 4인 이상 선출하는 때에는 2개 이상의 지역선거구로 분할할 수 있다(공직선거법 제26조 제4항).

6) 의원정수, 의석배분

가) 의원정수

(1) 국회의원 정수

국회의원 정수는 지역구국회의원 243명과 비례대표국회의원 47명을 합하여 300명으로 한다(공직선거법 제21조 제1항). 하나의 국회의원지역선거구에서 선출할 국회의원의 정수는 1인으로 한다(공직선거법 제21조 제2항).

(2) 시 · 도의원 정수

시 · 도별 지역구시 · 도의원의 총 정수는 그 관할구역 안의 자치구 · 시 · 군(하나의 자치구 · 시 · 군이 2 이상의 국회의원지역구로 된 경우에는 국회의원지역구를 말하며, 행정구역의 변경으로 국회의원지역구와 행정구역이 합치되지 아니하게 된 때에는 행정구역) 수의 2배수로 하되, 인구 · 행정구역 · 지세 · 교통, 그 밖의 조건을 고려하여 100분의 20의 범위에서 조정할 수 있다. 다만, 인구가 5만명 미만인 자치구 · 시 · 군의 지역구시 · 도의원정수는 최소 1명으로 하고, 인구가 5만명 이상인 자치구 · 시 · 군의 지역구시 · 도의원정수는 최소 2명으로 한다(공직선거법 제22조 제1항).

NOTE 획일적으로 2인으로 정한 지역구시 · 도의원정수의 위헌성

구 「공직선거법」(2005.8.4. 법률 제7681호로 개정된 것) 제22조 제1항에서는 "지역구시 · 도의원정수는 그 관할구역안의 자치구 · 시 · 군(하나의 자치구 · 시 · 군이 2 이상의 국회의원지역선거구로 된 경우에는 국회의원지역선거구를 말하며, 행정구역의 변경으로 국회의원지역선

거구와 행정구역이 합치되지 아니하게 된 때에는 행정구역을 말한다)마다 2인으로 한다"고 규정하고 있었는데, 이에 대해서 헌법재판소는 지역구시·도의원정수를 획일적으로 2인으로 정하고 있는 것은 인구비례를 무시한 것이므로 선거권과 평등권을 침해한다고 판시한 바 있다.[419]

「공직선거법」 제22조 제1항에도 불구하고 「지방자치법」 제10조 제2항에 따라 시와 군을 통합하여 도농복합형태의 시로 한 경우에는 시·군통합후 최초로 실시하는 임기만료에 의한 시·도의회의원선거에 한하여 해당 시를 관할하는 도의회의원의 정수 및 해당 시의 도의회의원의 정수는 통합 전의 수를 고려하여 이를 정한다(공직선거법 제22조 제2항). 「공직선거법」 제22조 제1항 및 제2항의 기준에 의하여 산정된 의원정수가 19명 미만이 되는 광역시 및 도는 그 정수를 19명으로 한다(공직선거법 제22조 제3항).

비례대표시·도의원정수는 이상과 같이 하여 산정된 지역구시·도의원정수의 100분의 10으로 한다(단수는 1로 본다). 다만, 산정된 비례대표시·도의원정수가 3인 미만인 때에는 3인으로 한다(공직선거법 제22조 제4항).

(3) 자치구·시·군의회의 의원정수

시·도별 자치구·시·군의회 의원의 총정수는 「공직선거법」에서 정하고 있고(별표 3 참조), 자치구·시·군의회의 의원정수는 당해 시·도의 총정수 범위 내에서 당해 시·도의 자치구·시·군의원선거구획정위원회가 자치구·시·군의 인구와 지역대표성을 고려하여 중앙선거관리위원회규칙이 정하는 기준에 따라 정한다. 자치구·시·군의회의 최소정수는 7인으로 한다(이상 공직선거법 제23조).

비례대표자치구·시·군의원정수는 자치구·시·군의원 정수의 100분의 10으로 한다(단수는 1로 본다)(공직선거법 제23조 제3항).

나) 의석배분

(1) 지역구국회의원

지역구국회의원선거에 있어서는 선거구선거관리위원회가 당해 국회의원지역구에서 유효투표의 다수를 얻은 자를 당선인으로 결정한다. 다만, 최고득표자가 2인 이상인 때에는 연장자를 당선인으로 결정한다. 후보자등록마감시각에 지역구국회의원후보자가

---

419) 헌재 2007.3.29. 2005헌마985등, 공직선거법 제26조 제1항에 의한 [별표 2] 위헌확인(헌법불합치). 이에 따라 최소 1명으로 개정하였다가 2022.4.20. 현재와 같이 개정되었다.

1인이거나 후보자등록마감 후 선거일 투표개시시각 전까지 지역구국회의원후보자가 사퇴·사망하거나 등록이 무효로 되어 지역구국회의원후보자수가 1인이 된 때에는 지역구국회의원후보자에 대한 투표를 실시하지 아니하고, 선거일에 그 후보자를 당선인으로 결정한다. 선거일의 투표개시시각부터 투표마감시각까지 지역구국회의원후보자가 사퇴·사망하거나 등록이 무효로 되어 지역구국회의원후보자수가 1인이 된 때에는 나머지 투표는 실시하지 아니하고 그 후보자를 당선인으로 결정한다. 선거일의 투표마감시각 후 당선인결정 전까지 지역구국회의원후보자가 사퇴·사망하거나 등록이 무효로 된 경우에는 개표결과 유효투표의 다수를 얻은 자를 당선인으로 결정하되, 사퇴·사망하거나 등록이 무효로 된 자가 유효투표의 다수를 얻은 때에는 그 국회의원지역구는 당선인이 없는 것으로 한다(이상 공직선거법 제188조).

(2) 비례대표국회의원

개정 전 국회의원선거제도는 각 정당의 총 의석수는 각 정당이 얻은 지역구의석수와 비례대표의석수를 합하는 방식이었다.[420] 즉, 지역구 253석에서 얻은 의석수와 총 비례대표의석수 47석에서 정당투표를 통하여 얻은 비율에 따라 배정을 받게 되는 의석수를 합한 것이 정당의 총 의석수가 되었다. 이를 **병립형**이라고 한다.

그런데 「공직선거법」은 2019년 개정(2020.1.14. 시행)에서 **준연동형** 비례대표제를 채택하고 있다(공직선거법 제189조 제2항)[421]. 의석할당정당[422]에 대한 비례대표 연동배분의석수는 다음의 계산식에 따른다.

---

420) 개정 전 「공직선거법」은 당해 의석할당정당이 비례대표국회의원선거에서 얻은 득표비율에 따라 비례대표국회의원의석을 배분하였다(개정 전 공직선거법 제189조 제1항). 득표비율은 각 의석할당정당의 득표수를 모든 의석할당정당의 득표수의 합계로 나누어 산출하였고(개정 전 공직선거법 제189조 제2항), 비례대표국회의원의석은 각 의석할당정당의 득표비율에 비례대표국회의원 의석정수를 곱하여 산출된 수의 정수(整數)의 의석을 당해 정당에 먼저 배분하고 잔여의석은 소수점 이하 수가 큰 순으로 각 정당에 1석씩 배분하되, 그 수가 같은 때에는 당해 정당 사이의 추첨에 의하였다(개정 전 공직선거법 제189조 제3항).

421) 준연동형 비례대표제를 채택하고 있는 「공직선거법」 제189조 제2항에 대해서 헌법재판소는 소선거구 다수대표제나 비례대표제 등 어느 특정한 선거제도가 다른 선거제도와 비교하여 반드시 우월하거나 열등하다고 단정할 수 없고, 입법자의 광범위한 형성재량이 인정된다고 보면서, 직접선거원칙과 평등선거원칙에 위반되지 않는다고 판단하고 있다(헌재 2023.7.20. 2019헌마1443, 공직선거법 제189조 제2항 등 위헌확인(기각, 각하) – 준연동형 비례대표제 사건.

422) 임기만료에 따른 비례대표국회의원선거에서 전국 유효투표총수의 100분의 3 이상을 득표한 정당 또는 임기만료에 따른 지역구국회의원선거에서 5 이상의 의석을 차지한 정당을 말한다(공직선거법 제189조 제1항).

[계산식 1] 비례대표 연동배분의석수

$$\frac{\left(\text{국회의원정수} - \text{의석할당정당이 추천하지 않은 지역구국회의원당선인수}\right) \times \text{해당 정당의 비례대표국회의원선거 득표비율} - \text{해당 정당의 지역구국회의원당선인수}}{2}$$

이 공식에 따르면, 의석할당정당이 추천하지 않은 지역구국회의원당선인수가 0이라고 가정할 때, 국회의원정수 300석을 정당의 비례대표득표율과 연동하여 산출한 의석에서 지역구에서 당선된 의석수를 제외한 의석수의 절반이 연동배분의석수가 된다. 연동을 100% 한 것이 아니라 2로 나누어 50%만 연동하므로 일반적으로 준연동제라고 부른다. 예컨대 A 정당이 지역구에서 100명이 당선되고 정당득표율이 40%이면 10[(300×0.4-100)/2]석이 비례대표 배분의석이 된다.[423] 소수점 이하는 첫째자리에서 반올림한다. 그러나 연동배분의석수가 1보다 작은 경우에는 반올림하지 않고 연동배분의석수를 0으로 처리한다(공직선거법 제189조 제2항 제1호).

그런데 이렇게 계산하여 도출한 정당별 연동배분의석수를 모두 합하여도 비례대표 국회의원 의석정수에 미달하거나 초과하는 경우가 생길 수 있다.

① 미달하는 경우, 각 정당이 받게 될 잔여배분의석수는 다음의 계산식에 의한다.

[계산식 2] 미달하는 경우 잔여배분의석수

(비례대표국회의원의석정수 - 각 연동배분의석수의 합계) × 비례대표국회의원선거 득표비율

즉, 남은 의석수를 득표율에 따라 나눠 배분한다. 배분방법은 정수(整數)의 의석을 먼저 배정하고 잔여의석은 소수점 이하 수가 큰 순으로 각 의석할당정당에 1석씩 배분하되,

423) 지역구 당선자 수를 빼고 나머지의 절반을 비례대표로 선출하게 되므로 지역구 당선자가 많은 여당(더불어민주당)과 제1야당(자유한국당)은 현행 제도보다 불리할 수밖에 없게 되었다. 여기에서 거대 여야는 위성정당(satellite party)을 만들어 지역구는 여야의 기존 정당에 투표하게 하고, 정당투표는 각 정당의 위성정당(더불어민주당은 더불어시민당, 자유한국당은 미래한국당, 그리고 더불어민주당에서 탈당한 전 의원들이 창당한 열린민주당)에게 투표하게 하여 나중에 합당하는 꼼수를 펴서 결국은 비례대표제의 취지를 몰각시키고 말았다. 이 비례용 위성정당들이 참여한 제21대 비례대표전국선거구 국회의원 선거는 「공직선거법」에 위반돼 무효라며 2020.4.17. 경제정의실천시민연합 등이 중앙선거관리위원회를 피고로 선거무효소송을 제기하였으나 패소하였다(대법원 2021.12.30. 2020수5011 판결 참조).

그 수가 같은 때에는 해당 정당 사이의 추첨에 의한다(공직선거법 제189조 제2항 제2호).

② 초과할 경우에는 「공직선거법」 제189조 제1호와 제2호에도 불구하고 다음의 계산식에 의한다. 이렇게 하여 도출한 의석수를 "조정의석수"라고 한다.

[계산식 3] 초과하는 경우 비례대표 조정의석수

비례대표국회의원의석정수 × 연동배분의석수 ÷ 각 연동배분의석수의 합계

이 계산식의 의미는 초과하여 산출된 비례대표의석수 전체에서 각 정당이 차지하는 의석수의 비율에 따라 다시 조정하는 것이다. 배분방법은 미달할 때와 같이 정수의 의석을 먼저 배정하고 잔여의석은 소수점 이하 수가 큰 순으로 각 의석할당정당에 1석씩 배분하되, 그 수가 같은 때에는 해당 정당 사이의 추첨에 의한다(공직선거법 제189조 제2항 제3호). 조정의석수는 국회의원 300인을 넘지 않게 하기 위한 것이다.

NOTE 2020.4.15. 실시한 선거에서 비례대표국회의원의석의 배분에 관한 특례 

그런데 2020.4.15. 실시한 비례대표국회의원선거에 한해서는 비례대표 30석에 대해서만 위의 비례대표배분계산식을 적용했다(개정 공직선거법 부칙 제4조). 배분방식은 다음과 같다.
① 47석의 비례대표의석 중에서 30석에 대해서는 위 【계산식 1】에 따라 배분한다. ㉮ 각 정당별 연동배분의석수의 합계가 30석에 미달하는 경우 잔여의석은 다음의 공식에 따라 배분한다. 즉, 잔여의석수를 득표율에 따라 배분하게 된다.

(30 - 각 연동배분의석수의 합계) × 비례대표국회의원선거 득표비율

㉯ 30석을 초과하는 경우에는 다음의 계산식에 따라 조정의석을 배분한다. 즉, 30석을 전체 연동배분의석수에서 차지하는 비율(연동배분의석수 ÷ 각 연동배분의석수의 합계)에 따라 재분배한다. 나머지 배분방법에 대해서는 공직선거법 제189조 제2항과 같다.

30 × 연동배분의석수 ÷ 각 연동배분의석수의 합계

② 의석정수에서 30석을 뺀 수의 의석, 즉 47석에서 30석을 뺀 17석의 배분방법은 다음의 계산식에 따른다. 즉, 득표율에 따라 단순 배분하는 방식이다(이는 병립형의 배분방식이다). 계산식에서 산출된 수의 정수의 의석을 해당 정당에 먼저 배분하고, 잔여의석은 소수점 이하 수가 큰 순으로 각 정당에 1석씩 배분하되, 그 수가 같은 때에는 해당 정당 사이

의 추첨에 의한다.

$$\frac{(47-30) \times \text{비례대표국회의원선거 득표비율}}{}$$

중앙선거관리위원회는 제출된 정당별 비례대표국회의원후보자명부에 기재된 당선인으로 될 순위에 따라 정당에 배분된 비례대표국회의원의 당선인을 결정한다(공직선거법 제189조 제4항). 정당에 배분된 비례대표국회의원의석수가 그 정당이 추천한 비례대표국회의원후보자수를 넘는 때에는 그 넘는 의석은 공석으로 한다(공직선거법 제189조 제5항). 중앙선거관리위원회는 비례대표국회의원선거에 있어서 제198조(천재 · 지변 등으로 인한 재투표)의 규정에 의한 재투표 사유가 발생한 경우에는, 그 투표구의 선거인수를 전국선거인수로 나눈 수에 의석정수를 곱하여 얻은 수의 정수(1 미만의 단수는 1로 본다)를 의석정수에서 뺀 다음, 「공직선거법」 제1항부터 제4항까지의 규정에 따라 비례대표국회의원의석을 배분하고 당선인을 결정한다. 다만, 재투표결과에 따라 의석할당정당이 추가될 것으로 예상되는 경우에는 추가가 예상되는 정당마다 의석정수의 100분의 3에 해당하는 정수(1미만의 단수는 1로 본다)의 의석을 별도로 빼야 한다(공직선거법 제189조 제6항).

(3) 지역구지방의회의원

지역구시 · 도의원 및 지역구자치구 · 시 · 군의원의 선거에 있어서는 선거구선거관리위원회가 당해 선거구에서 유효투표의 다수를 얻은 자(지역구자치구 · 시 · 군의원선거에 있어서는 유효투표의 다수를 얻은 자 순으로 의원정수에 이르는 자)를 당선인으로 결정한다. 다만, 최고득표자가 2인 이상인 때에는 연장자순에 의하여 당선인을 결정한다(공직선거법 제190조 제1항). 후보자등록마감시각에 후보자가 당해 선거구에서 선거할 의원정수를 넘지 아니하거나 후보자등록마감후 선거일 투표개시시각까지 후보자가 사퇴 · 사망하거나 등록이 무효로 되어 후보자수가 당해 선거구에서 선거할 의원정수를 넘지 아니하게 된 때에는 투표를 실시하지 아니하고, 선거일에 그 후보자를 당선인으로 결정한다(공직선거법 제190조 제2항).

(4) 비례대표지방의회의원

비례대표지방의회의원선거에 있어서는 당해 선거구선거관리위원회가 **유효투표총수**

의 100분의 5 이상을 득표한 각 정당(의석할당정당)에 대하여 당해 선거에서 얻은 득표비율에 비례대표지방의회의원정수를 곱하여 산출된 수의 정수의 의석을 그 정당에 먼저 배분하고 잔여의석은 단수가 큰 순으로 각 의석할당정당에 1석씩 배분하되, 같은 단수가 있는 때에는 그 득표수가 많은 정당에 배분하고 그 득표수가 같은 때에는 당해 정당 사이의 추첨에 의한다. 이 경우 득표비율은 각 의석할당 정당의 득표수를 모든 의석할당정당의 득표수의 합계로 나누고 소수점 이하 제5위를 반올림하여 산출한다(공직선거법 제190조의2 제1항). 비례대표시·도의원선거에 있어서 하나의 정당에 의석정수의 3분의 2 이상의 의석이 배분될 때에는 그 정당에 3분의 2에 해당하는 수의 정수의 의석을 먼저 배분하고, 잔여의석은 나머지 의석할당정당간의 득표비율에 잔여의석을 곱하여 산출된 수의 정수의 의석을 각 나머지 의석할당정당에 배분한 다음 잔여의석이 있는 때에는 그 단수가 큰 순위에 따라 각 나머지 의석할당정당에 1석씩 배분한다. 다만, 의석정수의 3분의 2에 해당하는 수의 정수에 해당하는 의석을 배분받는 정당 외에 의석할당정당이 없는 경우에는 의석할당정당이 아닌 정당간의 득표비율에 잔여의석을 곱하여 산출된 수의 정수의 의석을 먼저 그 정당에 배분하고 잔여의석이 있을 경우 단수가 큰 순으로 각 정당에 1석씩 배분한다. 이 경우 득표비율의 산출 및 같은 단수가 있는 경우의 의석배분은 제1항의 규정을 준용한다(공직선거법 제190조의2 제2항). 관할선거구선거관리위원회는 비례대표지방의회의원선거에 있어서 제198조(천재·지변 등으로 인한 재투표)의 규정에 의한 재투표 사유가 발생한 때에는 그 투표구의 선거인수를 당해 선거구의 선거인수로 나눈 수에 비례대표지방의회의원의석정수를 곱하여 얻은 수의 정수(1 미만의 단수는 1로 본다)를 비례대표지방의회의원의석정수에서 뺀 다음 제1항 및 제2항의 규정에 따라 비례대표지방의회의원의석을 배분하고 당선인을 결정한다. 다만, 비례대표지방의회의원의석배분이 배제된 정당 중 재투표결과에 따라 의석할당정당이 추가될 것으로 예상되는 때에는 추가가 예상되는 정당마다 비례대표지방의회의원정수의 100분의 5에 해당하는 정수(1 미만의 단수는 1로 본다)의 의석을 별도로 빼야 한다(공직선거법 제190조의2 제3항).

7) 선거일

가) 임기만료에 의한 선거의 선거일

임기만료에 의한 선거의 선거일은 ① 대통령선거는 그 임기만료일전 70일 이후 첫번째 수요일, ② 국회의원선거는 그 임기만료일전 50일 이후 첫번째 수요일, ③ 지방의회의원 및 지방자치단체의 장의 선거는 그 임기만료일전 30일 이후 첫번째 수요일이다(공직선거법 제34조). 선거일이 국민생활과 밀접한 관련이 있는 민속절 또는 공휴일인 때와 선거일전일이나 그 다음날이 공휴일인 때에는 그 다음 주의 수요일로 한다(공직선거법 제34조).

나) 보궐선거 등의 선거일

대통령의 궐위로 인한 선거 또는 재선거(선거의 일부무효로 인한 재선거는 제외)는 그 선거의 실시사유가 확정된 때부터 60일 이내에 실시하되, 선거일은 늦어도 선거일 전 50일까지 대통령 또는 대통령권한대행자가 공고하여야 한다(공직선거법 제35조 제1항).

보궐선거·재선거·증원선거와 지방자치단체의 설치·폐지·분할 또는 합병에 의한 지방자치단체의 장 선거의 선거일은 다음과 같다(이하 공직선거법 제35조 제2항 각 호).

① ㉮ 국회의원·지방의회의원의 보궐선거·재선거 및 지방의회의원의 증원선거는 4월 첫 번째 수요일에 실시한다. 다만, 3월 1일 이후 실시사유가 확정된 선거는 그 다음 연도의 4월 첫 번째 수요일에 실시한다(공직선거법 제35조 제2항 제1호 가목). ㉯ 지방자치단체의 장의 보궐선거·재선거 중 전년도 9월 1일부터 2월 말일까지 실시사유가 확정된 선거는 4월 첫 번째 수요일에 실시한다(공직선거법 제35조 제2항 제1호 나목). ㉰ 지방자치단체의 장의 보궐선거·재선거 중 3월 1일부터 8월 31일까지 실시사유가 확정된 선거는 10월 첫 번째 수요일에 실시한다(공직선거법 제35조 제2항 제1호 다목). 이 선거일에 관하여는 제34조 제2항을 준용한다. 이상의 국회의원·지방의회의원의 보궐선거·재선거 및 지방의회의원의 증원선거는 매년 1회 실시하고, 지방자치단체의 장의 보궐선거·재선거는 매년 2회 실시한다.

② 지방자치단체의 설치·폐지·분할 또는 합병에 따른 지방자치단체의 장 선거는 그 선거의 실시사유가 확정된 때[424]부터 60일 이내의 기간 중 관할선거구선거관리위원

---

424) "선거의 실시사유가 확정된 때"란 다음에 해당하는 날을 말한다. 1. 대통령의 궐위로 인한 선거는 그 사유가 발생한 날, 2. 지역구국회의원의 보궐선거는 중앙선거관리위원회가, 지방의회의원 및 지방자치단체의 장의 보궐선거는 관할선거구선거관리위원회가 그 사유의 통지를 받은 날, 3. 재선거는 그 사유가 확정된 날(법원의 판결 또는 결정에 의하여 확정된 경우에는 관할선거구선거관리위원회가 그 판결이나 결정의 통지를 받은 날. 이 경우 「공직선거법」 제195조(재선거)제2항의 규정에 의한 재선거에 있어서는 보궐선거의 실시사유가 확정된 때를 재선거의 실시사유가 확정된 때로 본다), 4. 지방의회의원의 증원선거는 새로 정한 선거구에 관한 별표 2 또는 시·도조례의 효력이 발생한 날, 5. 지방자치단체의 설치·폐지·분할 또는 합병에 의한 지방자치단체의 장 선거는 당해 지방자치단체의 설치·폐지·분할 또는 합병에 관한 법률의 효력이 발생한 날, 6. 연

회 위원장이 해당 지방자치단체의 장(직무대행자를 포함한다)과 협의하여 정하는 날. 이 경우 관할선거구선거관리위원회 위원장은 선거일 전 30일까지 그 선거일을 공고하여야 한다(제2호).

③ 「공직선거법」 제197조(선거의 일부무효로 인한 재선거)의 규정에 의한 재선거는 확정판결 또는 결정의 통지를 받은 날부터 30일 이내에 실시하되, 관할선거구선거관리위원회가 그 재선거일을 정하여 공고하여야 한다(제3호).

다) 연기된 선거 등의 선거일

천재·지변 기타 부득이한 사유로 인하여 선거를 실시할 수 없거나 실시하지 못한 때에는 대통령선거와 국회의원선거에 있어서는 대통령이, 지방의회의원 및 지방자치단체의 장의 선거에 있어서는 관할선거구선거관리위원회위원장이 당해 지방자치단체의 장(직무대행자 포함)과 협의하여 선거를 연기하여야 한다(공직선거법 제196조 제1항). 연기된 선거를 실시하는 때에는 대통령선거 및 국회의원선거에 있어서는 대통령이, 지방의회의원 및 지방자치단체의 장의 선거에 있어서는 관할선거구선거관리위원회위원장이 각각 그 선거일을 정하여 공고하여야 하며, 제198조(천재·지변 등으로 인한 재투표)의 규정에 의한 재투표를 실시하는 때에는 관할선거구선거관리위원회위원장이 재투표일을 정하여 공고하여야 한다(공직선거법 제36조).

8) 선거기간

선거기간이란 대통령선거에서는 후보자등록마감일의 다음 날부터 선거일까지를 말하고, 국회의원선거와 지방자치단체의 의회의원 및 장의 선거에서는 후보자등록마감일 후 6일부터 선거일까지를 말한다(공직선거법 제33조 제3항).

선거별 선거기간으로는 ① 대통령선거는 23일, ② 국회의원선거와 지방자치단체의 의회의원 및 장의 선거는 14일이다(공직선거법 제33조 제1항).

기된 선거는 「공직선거법」 제196조(선거의 연기)제3항의 규정에 의하여 그 선거의 연기를 공고한 날, 7. 재투표는 「공직선거법」 제36조의 규정에 의하여 그 재투표일을 공고한 날(공직선거법 제35조 제5항 각 호).

NOTE 현행 선거제도의 주요 내용 개관[425]

<table>
<tr><th colspan="3">선거의 종류</th><th>선거구</th><th>선출정수</th><th>총정수[426]</th><th>당선인의 결정</th><th>선거일</th><th>선거기간</th></tr>
<tr><td colspan="3">대통령선거</td><td>전국</td><td>1</td><td>1</td><td>최고득표자가 2인 이상인 경우 국회재적의원 과반수 출석에서 다수득표자</td><td>임기만료일 전 70일 이후 첫 번째 수요일</td><td>23일</td></tr>
<tr><td rowspan="2">국회의원</td><td colspan="2">지역구</td><td>선거구</td><td>1</td><td>253</td><td>유효투표의 다수득표자(최고득표자가 2인 이상인 경우 연장자)</td><td rowspan="2">임기만료일 전 50일 이후 첫 번째 수요일</td><td rowspan="7">14일</td></tr>
<tr><td colspan="2">비례대표</td><td>전국</td><td>47</td><td>47</td><td>정당득표율에 따른 준연동제</td></tr>
<tr><td colspan="3">지방자치단체장</td><td>관할구역</td><td>1</td><td>1</td><td rowspan="2">유효투표의 다수득표자(최고득표자가 2인 이상인 경우 연장자)</td><td rowspan="5">임기만료일 전 30일 이후 첫 번째 수요일</td></tr>
<tr><td rowspan="4">지방의원</td><td rowspan="2">광역</td><td>지역구</td><td>시·도선거구</td><td>1</td><td>제22조 ①~③[427]</td></tr>
<tr><td>비례대표</td><td>시·도</td><td>최소 3인</td><td>제22조 ④[428]</td><td>제190조의2[429]</td></tr>
<tr><td rowspan="2">기초</td><td>지역구</td><td>자치구·시·군선거구</td><td>2~4</td><td>제23조 ①~②[430]</td><td>유효투표의 다수득표자(최고득표자가 2인 이상인 경우 연장자)</td></tr>
<tr><td>비례대표</td><td>자치구·시·군</td><td>최소 없음</td><td>제23조 ③[431]</td><td>제190조의2</td></tr>
</table>

425) 2023.3.29. 개정된 「공직선거법」에 따른다.
426) 지방자치단체의 경우에는 지방자치단체별 총정수를 말한다.
427) 제22조(시·도의회의 의원정수) ① 시·도별 지역구시·도의원의 총 정수는 그 관할구역 안의 자치구·시·군(하나의 자치구·시·군이 2 이상의 국회의원지역구로 된 경우에는 국회의원지역구를 말하며, 행정구역의 변경으로 국회의원지역구와 행정구역이 합치되지 아니하게 된 때에는 행정구역을 말한다)수의 2배수로 하되, 인구·행정구역·지세·교통, 그 밖의 조건을 고려하여 100분의 20의 범위에서 조정할 수 있다. 다만, 인구가 5만명 미만인 자치구·시·군의 지역구시·도

의원정수는 최소 1명으로 하고, 인구가 5만명 이상인 자치구·시·군의 지역구시·도의원정수는 최소 2명으로 한다.
② 제1항에도 불구하고「지방자치법」제10조제2항에 따라 시와 군을 통합하여 도농복합형태의 시로 한 경우에는 시·군통합후 최초로 실시하는 임기만료에 의한 시·도의회의원선거에 한하여 해당 시를 관할하는 도의회의원의 정수 및 해당 시의 도의회의원의 정수는 통합 전의 수를 고려하여 이를 정한다.
③ 제1항 및 제2항의 기준에 의하여 산정된 의원정수가 19명 미만이 되는 광역시 및 도는 그 정수를 19명으로 한다.

428) 제22조(시·도의회의 의원정수) ④ 비례대표시·도의원정수는 제1항 내지 제3항의 규정에 의하여 산정된 지역구시·도의원정수의 100분의 10으로 한다. 이 경우 단수는 1로 본다. 다만, 산정된 비례대표시·도의원정수가 3인 미만인 때에는 3인으로 한다.

429) 제190조의2(비례대표지방의회의원당선인의 결정·공고·통지) ①비례대표지방의회의원선거에 있어서는 당해 선거구선거관리위원회가 유효투표총수의 100분의 5 이상을 득표한 각 정당(이하 이 조에서 "의석할당정당"이라 한다)에 대하여 당해 선거에서 얻은 득표비율에 비례대표지방의회의원정수를 곱하여 산출된 수의 정수의 의석을 그 정당에 먼저 배분하고 잔여의석은 단수가 큰 순으로 각 의석할당정당에 1석씩 배분하되, 같은 단수가 있는 때에는 그 득표수가 많은 정당에 배분하고 그 득표수가 같은 때에는 당해 정당 사이의 추첨에 의한다. 이 경우 득표비율은 각 의석할당 정당의 득표수를 모든 의석할당정당의 득표수의 합계로 나누고 소수점 이하 제5위를 반올림하여 산출한다.
② 비례대표시·도의원선거에 있어서 하나의 정당에 의석정수의 3분의 2 이상의 의석이 배분될 때에는 그 정당에 3분의 2에 해당하는 수의 정수(整數)의 의석을 먼저 배분하고, 잔여의석은 나머지 의석할당정당간의 득표비율에 잔여의석을 곱하여 산출된 수의 정수(整數)의 의석을 각 나머지 의석할당정당에 배분한 다음 잔여의석이 있는 때에는 그 단수가 큰 순위에 따라 각 나머지 의석할당정당에 1석씩 배분한다. 다만, 의석정수의 3분의 2에 해당하는 수의 정수(整數)에 해당하는 의석을 배분받는 정당 외에 의석할당정당이 없는 경우에는 의석할당정당이 아닌 정당간의 득표비율에 잔여의석을 곱하여 산출된 수의 정수(整數)의 의석을 먼저 그 정당에 배분하고 잔여의석이 있을 경우 단수가 큰 순으로 각 정당에 1석씩 배분한다. 이 경우 득표비율의 산출 및 같은 단수가 있는 경우의 의석배분은 제1항의 규정을 준용한다.
③ 관할선거구선거관리위원회는 비례대표지방의회의원선거에 있어서 제198조(천재·지변 등으로 인한 재투표)의 규정에 의한 재투표 사유가 발생한 때에는 그 투표구의 선거인수를 당해 선거구의 선거인수로 나눈 수에 비례대표지방의회의원의석정수를 곱하여 얻은 수의 정수(1 미만의 단수는 1로 본다)를 비례대표지방의회의원의석정수에서 뺀 다음 제1항 및 제2항의 규정에 따라 비례대표지방의회의원의석을 배분하고 당선인을 결정한다. 다만, 비례대표지방의회의원의석배분이 배제된 정당 중 재투표결과에 따라 의석할당정당이 추가될 것으로 예상되는 때에는 추가가 예상되는 정당마다 비례대표지방의회의원정수의 100분의 5에 해당하는 정수(1 미만의 단수는 1로 본다)의 의석을 별도로 빼야 한다.

430) 제23조(자치구·시·군의회의 의원정수) ① 시·도별 자치구·시·군의회 의원의 총정수는 별표 3과 같이 하며, 자치구·시·군의회의 의원정수는 당해 시·도의 총정수 범위 내에서 제24조의3의 규정에 따른 당해 시·도의 자치구·시·군의원선거구획정위원회가 자치구·시·군의 인구와 지역대표성을 고려하여 중앙선거관리위원회규칙이 정하는 기준에 따라 정한다.
② 자치구·시·군의회의 최소정수는 7인으로 한다.

431) 제23조(자치구·시·군의회의 의원정수) ③ 비례대표자치구·시·군의원정수는 자치구·시·군의원 정수의 100분의 10으로 한다. 이 경우 단수는 1로 본다.

9) 후보자추천

가) 정당의 후보자추천

정당은 선거에 있어 선거구별로 선거할 정수 범위 안에서 그 소속당원을 후보자(정당추천후보자)로 추천할 수 있다. 다만, 비례대표자치구·시·군의원의 경우에는 그 정수 범위를 초과하여 추천할 수 있다(공직선거법 제47조 제1항). 정당이 후보자를 추천하는 때에는 **민주적인 절차**에 따라야 한다(공직선거법 제47조 제2항).

그러나 무소속후보자는 ① 정당의 당원경력을 표시하는 행위, ② 해당 선거구에 후보자를 추천하지 아니한 정당이 무소속후보자를 지지하거나 지원하는 경우 그 사실을 표방하는 행위를 제외하고는 특정 정당으로부터의 지지 또는 추천받음을 표방할 수 없다(공직선거법 제84조).

나) 여성할당

정당이 비례대표국회의원선거 및 비례대표지방의회의원선거에 후보자를 추천하는 때에는 그 후보자 중 100분의 50 이상을 여성으로 추천하되, 그 후보자명부의 순위의 매 홀수에는 여성을 추천하여야 한다(공직선거법 제47조 제3항).

정당이 임기만료에 따른 지역구국회의원선거 및 지역구지방의회의원선거에 후보자를 추천하는 때에는 각각 전국지역구총수의 100분의 30 이상을 여성으로 추천하도록 노력하여야 한다(공직선거법 제47조 제4항). 정당이 임기만료에 따른 지역구지방의회의원선거에 후보자를 추천하는 때에는 지역구시·도의원선거 또는 지역구자치구·시·군의원선거 중 어느 하나의 선거에 국회의원지역구(군지역을 제외하며, 자치구의 일부지역이 다른 자치구 또는 군지역과 합하여 하나의 국회의원지역구로 된 경우에는 그 자치구의 일부지역도 제외)마다 1명 이상을 여성으로 추천하여야 한다(공직선거법 제47조 제5항).

여성후보자 추천의 비율과 순위를 위반하면 이는 후보자의 등록무효 사유가 된다(공직선거법 제52조 제1항 제2호).

다) 당내 경선 불복 방지

정당이 당내경선[432]을 실시하는 경우 경선후보자로서 당해 정당의 후보자로 선출

432) 당내경선(여성이나 장애인 등에 대하여 당헌·당규에 따라 가산점 등을 부여하여 실시하는 경우를 포함한다)의 후보자로 등재된 자(경선후보자)를 대상으로 정당의 당헌·당규 또는 경선후보자간의 서면합의에 따라 실시한 당내경선을 대체하는 여론조사를 포함한다(공직선거법 제57조의2 제2항).

되지 아니한 자는 당해 선거의 같은 선거구에서는 후보자로 등록될 수 없다. 다만, 후보자로 선출된 자가 사퇴·사망·피선거권 상실 또는 당적의 이탈·변경 등으로 그 자격을 상실한 때에는 그러하지 아니하다(공직선거법 제57조의2 제2항).[433)]

라) 무소속후보

관할선거구 안에 주민등록이 된 선거권자는 각 선거(비례대표국회의원선거 및 비례대표지방의회의원선거를 제외)별로 정당의 당원이 아닌 자를 당해 선거구의 후보자(무소속후보자)로 추천할 수 있다(공직선거법 제48조 제1항). 무소속후보자가 되고자 하는 자는 관할선거구선거관리위원회가 후보자등록신청개시일전 5일(대통령의 임기만료에 의한 선거에 있어서는 후보자등록신청개시일전 30일, 대통령의 궐위로 인한 선거 등에 있어서는 그 사유가 확정된 후 3일)부터 검인하여 교부하는 추천장을 사용하여, ① 대통령선거는 5 이상의 시·도에 나누어 하나의 시·도에 주민등록이 되어 있는 선거권자의 수를 700인 이상으로 한 3천500인 이상 6천인 이하, ② 지역구국회의원선거 및 자치구·시·군의 장 선거는 300인 이상 500인 이하, ③ 지역구시·도의원선거는 100인 이상 200인 이하, ④ 시·도지사선거는 당해 시·도안의 3분의 1 이상의 자치구·시·군에 나누어 하나의 자치구·시·군에 주민등록이 되어 있는 선거권자의 수를 50인 이상으로 한 1천인 이상 2천인 이하, ⑤ 지역구자치구·시·군의원선거는 50인 이상 100인 이하(다만, 인구 1천인 미만의 선거구에 있어서는 30인 이상 50인 이하) 선거권자의 추천을 받아야 한다(공직선거법 제48조 제2항).

마) 예비후보자

예비후보자가 되려는 사람(비례대표국회의원선거 및 비례대표지방의회의원선거는 제외)은 ① 대통령선거는 선거일 전 240일, ② 지역구국회의원선거 및 시·도지사선거는 선거일 전 120일, ③ 지역구시·도의회의원선거, 자치구·시의 지역구의회의원 및 장의 선거는 선거기간개시일 전 90일, ④ 군의 지역구의회의원 및 장의 선거는 선거기간개

---

433) 1997년 대선 당시 이인제 후보가 경선에 불복하여 신한국당을 탈당한 후 대선에 출마했으며, 그 결과 이인제 표가 이회창 표를 잠식하여 결과적으로 김대중 후보가 당선되는데 기여하였다. 이와 같은 사태를 방지하기 위하여 본 조항이 2005년 신설되었다. 이에 따라 경선에서 탈락한 후보는 그 본선에 '같은 선거구'에 출마하지 못하게 되었다. 대통령 선거에서는 대한민국 전체가 하나의 선거구이므로 자동적으로 각 정당 대선후보 경선에서 낙선한 후보는 탈당해서 그 대선에 출마할 수 없게 되었다. 이를 속칭 이인제 방지조항이라고도 한다.

시일 전 60일부터[434](다만, 위 각 날 후에 실시사유가 확정된 보궐선거등에 있어서는 그 선거의 실시사유가 확정된 때부터) 관할선거구선거관리위원회에 예비후보자등록을 서면으로 신청하여야 한다(공직선거법 제60조의2 제1항).

예비후보자등록을 신청하는 사람은 해당 선거 기탁금의 100분의 20에 해당하는 금액을 중앙선거관리위원회규칙으로 정하는 바에 따라 관할선거구선거관리위원회에 기탁금으로 납부하여야 한다(공직선거법 제60조의2 제2항).

예비후보자가 선거운동을 할 수 있는 방법으로는 다음과 같다(공직선거법 제60조의3 제1항).[435]

① 「공직선거법」에 따라 선거사무소를 설치하거나 그 선거사무소에 간판·현판 또는 현수막을 설치·게시하는 행위(제1호).

② 자신의 성명·사진·전화번호·학력(정규학력과 이에 준하는 외국의 교육과정을 이수한 학력)·경력, 그 밖에 홍보에 필요한 사항을 게재한 길이 9센티미터 너비 5센티미터 이내의 명함을 직접 주거나 지지를 호소하는 행위(다만, 선박·정기여객자동차·열차·전동차·항공기의 안과 그 터미널·역·공항의 개찰구 안, 병원·종교시설·극장의 옥내(대관 등으로 해당 시설이 본래의 용도 외의 용도로 이용되는 경우는 제외)에서 주거나 지지를 호소하는 행위는 제외)(제2호).

③ 선거구 안에 있는 세대수의 100분의 10에 해당하는 수 이내에서 자신의 사진·성명·전화번호·학력·경력, 그 밖에 홍보에 필요한 사항을 게재한 인쇄물(예비후보자홍보물)을 작성하여 관할 선거관리위원회로부터 발송대상·매수 등을 확인받은 후 선거기간 개시일 전 3일까지 중앙선거관리위원회규칙이 정하는 바에 따라 우편 발송하는 행위(이 경우 대통령선거 및 지방자치단체의 장선거의 예비후보자는 표지를 포함한 전체면수의 100분의 50 이상의 면수에 선거공약 및 이에 대한 추진계획으로 각 사업의 목표·우선순위·이행절차·이행기한·재원조달방안을 게재하여야 하며, 이를 게재한 면에는 다른 정당이나 후보자가 되려는 자에 관한 사항을 게재할 수 없음)(제4호).

---

434) 자치구·시의 장 선거보다 군의 장 선거에서 예비후보자의 선거운동기간을 단기간으로 정하고 있는데 이에 대해 헌법재판소는 평균 선거인수, 대중매체의 광범위한 보급, 교통수단의 발달 등으로 볼 때 지나치게 짧다고 할 수 없다고 판시하였다[헌재 2020.11.26. 2018헌마260, 공직선거법 제60조의2 제1항 제4호 위헌확인(기각)].

435) 이하 제3호·제6호·제7호는 법률개정으로 각 삭제되었다.

④ 선거운동을 위하여 어깨띠 또는 예비후보자임을 나타내는 표지물을 착용하는 행위(제5호)

예비후보자의 배우자(배우자가 없는 경우 예비후보자가 지정한 1명)와 직계존비속, 예비후보자와 함께 다니는 선거사무장 · 선거사무원 및 「공직선거법」 제62조 제4항에 따른 활동보조인, 또는 예비후보자가 그와 함께 다니는 사람 중에서 지정한 1명[436]은 예비후보자의 선거운동을 위하여 예비후보자의 명함을 직접 주거나 예비후보자에 대한 지지를 호소할 수 있다(공직선거법 제60조의3 제2항).

바) 후보자의 공직 사퇴 시한

공무원 등인 공직입후보자의 공직 사퇴 시한은 다음과 같다.

(1) 원칙(90일 전 사퇴)

공무원 등[437]으로서 공직선거의 후보자가 되려는 사람은 원칙적으로 **선거일 전 90일까지** 그 직을 그만두어야 한다(공직선거법 제53조 제1항 본문). 그러나 대통령선거와 국회의원선거에 있어서 국회의원이 그 직을 가지고 입후보하는 경우와 지방의회의원선거와 지방자치단체의 장의 선거에 있어서 당해 지방자치단체의 의회의원이나 장이 그 직을 가지고 입후보하는 경우에는 **사퇴하지 않아도 된다**(공직선거법 제53조 제1항 단서). 그러나 비례대표국회의원이 지역구국회의원 보궐선거등에 입후보하는 경우 및 비례대표지

---

436) "예비후보자가 그와 함께 다니는 사람 중에서 지정한 1명"은 구법에서는 "예비후보자 또는 그의 배우자가 그와 함께 다니는 사람 중에서 지정한 각 1명"으로 규정되어 있었는데, 이에 대해서 헌법재판소가 배우자 없는 예비후보자와 배우자 있는 예비후보자를 차별 취급함으로써 배우자 없는 청구인의 평등권을 침해한다고 판결[헌재 2013.11.28. 2011헌마267, 공직선거법 제60조의3 제2항 제1호 등 위헌확인(위헌, 각하)]함에 따라 개정된 것이다.

437) 공무원 등에 해당하는 사람에 대해서는 「공직선거법」 제53조 제1항 각 호에서 규정하고 있다. ① 「국가공무원법」 제2조(공무원의 구분)에 규정된 국가공무원과 「지방공무원법」 제2조(공무원의 구분)에 규정된 지방공무원. 다만, 「정당법」 제22조(발기인 및 당원의 자격)제1항제1호 단서의 규정에 의하여 정당의 당원이 될 수 있는 공무원(정무직공무원을 제외한다)은 그러하지 아니하다(제1호). ② 각급선거관리위원회위원 또는 교육위원회의 교육위원(제2호) ③ 다른 법령의 규정에 의하여 공무원의 신분을 가진 자(제3호). ④ 「공공기관의 운영에 관한 법률」 제4조제1항제3호에 해당하는 기관 중 정부가 100분의 50 이상의 지분을 가지고 있는 기관(한국은행을 포함한다)의 상근 임원(제4호). ⑤ 「농업협동조합법」 · 「수산업협동조합법」 · 「산림조합법」 · 「엽연초생산협동조합법」에 의하여 설립된 조합의 상근 임원과 이들 조합의 중앙회장(제5호). ⑥ 「지방공기업법」 제2조(적용범위)에 규정된 지방공사와 지방공단의 상근 임원(제6호). ⑦ 「정당법」 제22조제1항 제2호의 규정에 의하여 정당의 당원이 될 수 없는 사립학교교원(제7호). ⑧ 중앙선거관리위원회 규칙으로 정하는 언론인(제8호). ⑨ 특별법에 의하여 설립된 국민운동단체로서 국가 또는 지방자치단체의 출연 또는 보조를 받는 단체(바르게살기운동협의회 · 새마을운동협의회 · 한국자유총연맹을 말하며, 시 · 도조직 및 구 · 시 · 군조직을 포함한다)의 대표자(제9호).

방의회의원이 해당 지방자치단체의 지역구지방의회의원 보궐선거등에 입후보하는 경우에는 후보자등록신청 전까지 그 직을 그만두어야 한다(공직선거법 제53조 제3항).

(2) 예외

(가) 30일 전 사퇴

90일전 사퇴라는 원칙에도 불구하고, ① 비례대표국회의원선거나 비례대표지방의회의원선거에 입후보하는 경우, ② 보궐선거등에 입후보하는 경우, ③ 국회의원이 지방자치단체의 장의 선거에 입후보하는 경우, ④ 지방의회의원이 다른 지방자치단체의 의회의원이나 장의 선거에 입후보하는 경우에는 **선거일 전 30일까지 그 직을 그만두어야** 한다(공직선거법 제53조 제2항).

(나) 120일 전 사퇴

원칙 90일 전 사퇴 및 예외 30일 전 사퇴에도 불구하고, 지방자치단체의 장은 선거구역이 당해 지방자치단체의 관할구역과 같거나 겹치는 지역구국회의원선거에 입후보하고자 하는 때에는 당해 선거의 선거일 전 120일까지 그 직을 그만두어야 한다.[438] 다만, 그 지방자치단체의 장이 임기가 만료된 후에 그 임기만료일부터 90일 후에 실시되는 지역구국회의원선거에 입후보하려는 경우에는 그러하지 아니하다(공직선거법 제53조 제5항).

사) 후보자의 정보공개

공직후보자는 다음의 서류를 제출하여야 한다(공직선거법 제49조 제4항).

① 중앙선거관리위원회규칙이 정하는 피선거권에 관한 증명서류(제1호).

② 「공직자윤리법」 제10조의2(공직선거후보자 등의 재산공개) 제1항의 규정에 의한 등록대상재산에 관한 신고서(제2호).

③ 공직자 등의 병역사항신고 및 공개에 관한 법률 제9조(공직선거후보자의 병역사항신고 및 공개) 제1항의 규정에 의한 병역사항에 관한 신고서(제3호).

④ 최근 5년간의 후보자, 그의 배우자와 직계존비속(혼인한 딸과 외조부모 및 외손자

438) 「공직선거법」 제53조 제5항 본문은 구법에서는 "당해선거의 선거일 전 180일까지" 그 직을 그만두는 것으로 규정하고 있었다. 이에 대해 헌법재판소는 지방자치단체의 장의 사퇴시한을 다른 공무원에 비하여 훨씬 앞당겨야 할 합리적인 이유를 발견하기 어려우므로, 지방자치단체의 장을 합리적 이유 없이 차별하는 것으로서 평등의 원칙에 위배된다고 판시하였다[헌재 2003.9.25. 2003헌마106, 공직선거및선거부정방지법 제53조 제3항 위헌확인(위헌)]. 이에 따라 2003.10.30. 180일에서 120일로 개정되었다.

녀 제외)의 소득세(소득세법 제127조 제1항에 따라 원천징수하는 소득세는 제출하려는 경우에 한정)·재산세·종합부동산세의 납부 및 체납(10만원 이하 또는 3월 이내의 체납은 제외)에 관한 신고서. 이 경우 후보자의 직계존속은 자신의 세금납부 및 체납에 관한 신고를 거부할 수 있다(제4호).

⑤ 벌금 100만원 이상의 형의 범죄경력(실효된 형을 포함)에 관한 증명서류(제5호).

⑥ 「초·중등교육법」 및 「고등교육법」에서 인정하는 정규학력(이하 "정규학력")에 관한 최종학력 증명서와 국내 정규학력에 준하는 외국의 교육기관에서 이수한 학력에 관한 각 증명서(한글번역문 첨부). 이 경우 증명서의 제출이 요구되는 학력은 「공직선거법」 제60조의3 제1항 제4호의 예비후보자홍보물, 제60조의4의 예비후보자공약집, 제64조의 선거벽보, 제65조의 선거공보(같은 조 제9항의 후보자정보공개자료 포함), 제66조의 선거공약서 및 후보자가 운영하는 인터넷 홈페이지에 게재하였거나 게재하고자 하는 학력에 한한다(제6호).

⑦ 대통령선거·국회의원선거·지방의회의원 및 지방자치단체의 장의 선거와 교육의원선거 및 교육감선거에 후보자로 등록한 경력[선거가 실시된 연도, 선거명, 선거구명, 소속 정당명(정당의 후보자추천이 허용된 선거에 한정), 당선 또는 낙선 여부를 말함]에 관한 신고서(제7호).

후보자가 되고자 하는 자 또는 정당은 선거기간개시일 전 150일부터 본인 또는 후보자가 되고자 하는 소속 당원의 전과기록을 국가경찰관서의 장에게 조회할 수 있으며, 그 요청을 받은 국가경찰관서의 장은 지체 없이 그 전과기록을 회보(回報)하여야 한다. 이 경우 회보받은 전과기록은 후보자등록시 함께 제출하여야 하며 관할선거구선거관리위원회는 그 확인이 필요하다고 인정되는 후보자에 대하여는 후보자등록마감 후 지체 없이 해당 선거구를 관할하는 검찰청의 장에게 그 후보자의 전과기록을 조회할 수 있고, 당해 검찰청의 장은 그 전과기록의 진위여부를 지체 없이 회보하여야 한다(공직선거법 제49조 제10항). 누구든지 선거기간중 관할선거구선거관리위원회가 회보받은 전과기록을 열람할 수 있다(공직선거법 제49조 제11항). 관할선거구선거관리위원회는 제4항 제2호부터 제7호까지와 제10항의 규정에 의하여 제출받거나 회보받은 서류를 선거구민이 알 수 있도록 공개하여야 한다. 다만, 선거일 후에는 이를 공개하여서는 아니된다(공직선거법 제49조 제12항).

위의「공직선거법」제49조 제4항 제2호부터 제5호까지의 규정에 따른 서류를 제출하지 아니한 것이 발견된 때에는 등록무효가 된다(공직선거법 제52조 제1항 제3호).

아) 기탁금제도

공직에 입후보하고자 하는 자는 후보자 또는 예비후보자 등록 신청 시에 중앙선거관리위원회규칙이 정하는 바에 따라 관할선거구선거관리위원회에 기탁금을 납부하여야 한다(공직선거법 제56조 제1항). 공직후보자가 기탁하여야 할 기탁금액수는 ① 대통령선거는 3억원(제1호), ② 지역구국회의원선거는 1천500만원(제2호), ③ 비례대표국회의원선거는 500만원(제2의2호),[439] ④ 시 · 도의회의원선거는 300만원(제3호), ⑤ 시 · 도지사선거는 5천만원(제4호), ⑥ 자치구 · 시 · 군의 장 선거는 1천만원(제5호), ⑦ 자치구 · 시 · 군의원선거는 200만원이다(제6호).

기탁금제도는 피선거권을 제한하는 방법 중의 하나다. 헌법재판소에 따르면 피선거권을 제한하는 것은 ① 선거를 효과적으로 **공정하게 운영**하고 ② **입후보의 난립과 과열선거를 방지**하고 ③ 당선자에게 다수표를 획득하도록 제도적으로 보완함으로써 **선거의 신뢰성**과 **정치적 안정성**을 확보하기 위한 것이라고 한다.[440] 따라서 기탁금이 너무 고액인 경우에는 헌법상 보장된 피선거권이 침해되게 된다.

NOTE 기탁금에 관한 헌법재판소 결정 

① 대통령선거에서 5억 원의 기탁금을 납부하게 한 것이 과도하여서 헌법에 위반된다는 헌법재판소의 결정이 있었고,[441] ② 국회의원 입후보자에 대해 2천만원의 기탁금을 납부하게 한 것도 과도하여 헌법에 위반된다는 헌법재판소의 결정이 있었다.[442] ③ 헌법재판소는 2016년 결정에서 비례대표국회의원에 관한 한 1,500만원의 기탁금제도는 피해의 최소성과 법익의 균형성을 위배하여 헌법에 위반된다는 헌법불합치결정을 하였다.[443] 현행「공직선거법」의 기탁금 조항들은 이에 따라 개정된 것이다.

---

439) 비례대표국회의원에 관한 한 1,500만원은 과하다는 헌법재판소의 결정(헌재 2016.12.29. 2015헌마509등; 2016.12.29. 2015헌마1160등)에 따라 2020.3.25. 개정하여 지역구, 비례대표를 구분하였다.

440) 헌재 1989.9.8. 88헌가6, 국회의원선거법 제33조, 제34조의 위헌심판(헌법불합치).

441) 헌재 2008.11.27. 2007헌마1024, 공직선거법 제56조 제1항 제1호 위헌확인(헌법불합치).

442) 헌재 2001.7.19. 2000헌마91등, 공직선거및선거부정방지법 제146조 제2항 위헌확인, 공직선거및선거부정방지법 제56조 등 위헌확인, 공직선거및선거부정방지법 제189조 위헌확인(위헌, 한정위헌).

443) 헌재 2016.12.29. 2015헌마509등, 공직선거법 제56조 제1항 제2호 등 위헌확인[헌법불합치(적용중지), 기각]; 2016.12.29. 2015헌마1160등, 공직선거법 제56조 제1항 제2호 등 위헌확인[헌법불합치(적용중지), 기각].

국립대학총장선거의 기탁금제도에서는 ① 후보자에게 허용되는 선거운동방법이 합동연설회 뿐인 간선제 방식의 경우에는 기탁금제도가 청구인의 공무담임권을 침해하여 헌법에 위반된다고 판시한 바 있으나,[444] 직선제 방식의 경우에는 선거과열을 방지하기 위한 범위 내의 적정한 정도라면 기탁금제도의 필요성과 적정성을 인정하고 있다.[445] 그러나 최다득표자조차 기탁금의 반액은 반환받지 못하도록 규정하는 것에 대해서는 4인 재판관은 과잉금지원칙에 위배되어 청구인의 재산권을, 3인 재판관은 과잉금지원칙에 위배되어 공무담임권을 침해하는 것으로 보았다.[446]

관할선거구선거관리위원회는 다음의 구분에 따른 금액을 선거일 후 30일 이내에 기탁자에게 반환한다. 이 경우 반환하지 아니하는 기탁금은 국가 또는 지방자치단체에 귀속한다(공직선거법 제57조 제1항 및 같은 항 각 호 참조).

선거의 종류	반환 사유	반환 액수
대통령선거 지역구국회의원선거 지역구지방의회의원선거 지방자치단체의 장 선거	후보자의 당선 후보자의 사망 유효투표총수의 100분의 15 이상을 득표한 경우(후보자가 「장애인복지법」 제32조에 따라 등록한 장애인이거나 선거일 현재 39세 이하인 경우에는 유효투표총수의 100분의 10 이상)	기탁금 전액(제1호 가목)
	후보자가 유효투표총수의 100분의 10 이상 100분의 15 미만을 득표한 경우(후보자가 「장애인복지법」 제32조에 따라 등록한 장애인이거나 선거일 현재 39세 이하인 경우에는 유효투표총수의 100분의 5 이상 100분의 10 미만)	기탁금의 100분의 50에 해당하는 금액(제1호 나목)
	예비후보자의 사망 예비후보자가 당헌·당규에 따라 소속 정당에 후보자로 추천하여 줄 것을 신청하였으나 해당 정당의 추천을 받지 못하여 후보자로 등록하지 않은 경우[447]	제60조의2 제2항에 따라 납부한 기탁금(각 선거 기탁금의 100분의 20) 전액(제1호 다목)

444) 헌재 2018.4.26. 2014헌마274, 전북대학교 총장임용후보자 선정에 관한 규정 제15조 제1항 제9호 등 위헌확인(위헌, 각하). 이 사건에서 문제된 기탁금 액수는 1천만 원이었다.

445) 헌재 2021.12.23. 2019헌마825, 대구교육대학교 총장임용후보자 선정규정 제23조 제1항 제2호 등 위헌확인(위헌, 기각). 이 사건에서 문제된 기탁금 액수는 1천만 원이었다.

446) 헌재 2021.12.23. 2019헌마825.

447) 구 「공직선거법」 다목에서는 “예비후보자가 사망하거나 제57조의2 제2항 본문에 따라 후보자로

비례대표국회의원선거 비례대표지방의회의원선거	당해 후보자명부에 올라 있는 후보자 중 당선인이 있는 때	기탁금 전액. 다만, 제189조 및 제190조의2에 따른 당선인의 결정전에 사퇴하거나 등록이 무효로 된 후보자의 기탁금은 제외(제2호).

NOTE 공직선거에서 기탁금 액수의 변천(공직선거법 제56조 제1항)

선거의 종류	기탁금 액수의 변천(1994년 공직선거법 제정 이후)
대통령 선거	- 1997년 법 개정으로 3억에서 5억으로 변경되었음(2008년 2007헌마1024 결정으로 5억원이 과다하다고 헌법불합치결정 되었음). - 2012년 3억원으로 하향 개정
국회의원 선거	- 94년 1,000만원으로 개정 - 2000년 2,000만원으로 개정(과다하다고 하여 2001년 위헌 선언되었음) - 2001년 1,500만원으로 하향(2003년 합헌결정) - 2020년 지역구국회의원과 비례대표국회의원 구분(지역구 1500만원, 비례대표국회의원 500만원)
시·도지사선거	- 현재까지 줄곧 5,000만원
시·도의회의원 선거	- 700만원이었던 것을 1991년 90헌마28결정에서 헌법불합치결정 - 2002년 3월 기존 400만원에서 300만원으로 개정 - 2002년 7월 다시 400만원으로 개정 - 2003년 다시 300만원으로 개정
자치구·시·군의 장 선거	- 1000만원이던 것을 2000년 1,500만원으로 개정 - 2002년 3월 1,000만원으로 다시 환원 - 2002년 7월 1,500만원으로 다시 상향 - 2003년 1,000만원으로 다시 하향
자치구·시·군 의원 선거	- 현재까지 계속해서 200만원

등록될 수 없는 경우(당내경선에서 경선후보자로서 당해 정당의 후보자로 선출되지 않은 경우를 말함: 필자 주)에는 제60조의2 제2항에 따라 납부한 기탁금 전액"이라고만 규정하고 있었는데, 이에 대하여 경선탈락자만을 규정하고 지역구국회의원선거예비후보자가 당의 공천심사에서 탈락하고 후보자등록을 하지 않았을 경우를 규정하지 않은 것은 재산권을 침해하는 것으로서 헌법에 위반된다고 한 헌법재판소의 결정에 따라 현재와 같이 개정되었다[헌재 2018.1.25. 2016헌마541, 공직선거법 제57조 위헌확인(헌법불합치)].

Q **정당소속 국회의원입후보자의 기탁금이 1,000만원인 데 반하여 무소속국회의원입후보자의 기탁금은 2,000만원으로 구 「국회의원선거법」 제33조 제1항[448]이 헌법상 위헌적 차별에 해당하는가?(1994년 「공직선거법」 제정 이전의 사안임).**

A 정당정치를 고려하더라도 지나친 차별을 한 것으로 헌법에 위반된다.[449]

Q **지역구국회의원 선거에 있어 후보자의 득표수가 유효투표총수를 후보자수로 나눈 수 이상이거나 유효투표총수의 100분의 20 이상인 때에 해당하지 않으면 기탁금을 반환하지 아니하고 국고에 귀속시키는 것에 대하여 헌법적 평가를 하시오.**

A 국민의 피선거권을 지나치게 제한하는 것으로 헌법에 위반된다.[450]

Q **청구인은 2016.2.1. 제20대 국회의원선거에서 예비후보자로 등록하면서, 「공직선거법」 제60조의2 제2항에 따라 국회의원선거 기탁금의 100분의 20에 해당하는 예비후보자 기탁금 300만원을 천안시 선거관리위원회에 납부하였다. 청구인은 ○○당의 후보자가 되기 위하여 공천신청을 하였으나, 같은 당 공천관리위원회가 청구인을 경선후보자 대상자에서 제외하여 당내경선의 후보자로 참여할 수 없었다. 청구인은 위 국회의원선거에서 후보자로 등록하지 않았다. 그런데 이와 같은 경우는 「공직선거법」 제57조 제1항 제1호 다목에서 정한 예비후보자 기탁금 반환 사유에 해당하지 아니한다는 이유로, 청구인은 위 선거관리위원회로부터 납부한 기탁금이 국가에 귀속된다는 통지를 받았다. 이에 청구인은 「공직선거법」 제57조 제1항 제1호 다목이 청구인의 재산권과 평등권을 침해한다고 주장하면서 2016.6.30. 헌법소원심판을 청구하였다. 「공직선거법」 제57조 제1항 제1호 다목의 위헌 여부를 판단하시오.**

공직선거법 제57조(기탁금의 반환 등) ①관할선거구선거관리위원회는 다음 각 호의 구분에 따른 금액을 선거일 후 30일 이내에 기탁자에게 반환한다. 이 경우 반환하지 아니하는 기탁금은 국가 또는 지방자치단체에 귀속한다.

---

448) 국회의원선거법(1988년 3월 17일 법률 제4003호 전문개정) 제33조 (기탁금) ① 지역구후보자등록을 신청하는 자는 등록신청시에 2천만원을 대통령령이 정하는 바에 따라 관할지역구선거관리위원회에 기탁하여야 한다. 다만, 정당의 추천을 받아 지역구후보자등록을 신청하는 자는 1천만원을 기탁하여야 한다.

449) 헌재 1989.9.8. 88헌가6, 국회의원선거법 제33조, 제34조의 위헌심판(헌법불합치).

450) 헌재 2001.7.19. 2000헌마91등, 공직선거및선거부정방지법 제146조 제2항 위헌확인, 공직선거및선거부정방지법 제56조 등 위헌확인, 공직선거및선거부정방지법 제189조 위헌확인(위헌, 한정위헌).

1. 대통령선거, 지역구국회의원선거, 지역구지방의회의원선거 및 지방자치단체의 장선거
가. ~ 나. 〈생략〉
다. 예비후보자가 사망하거나 제57조의2제2항 본문(당내경선에서 후보자로 선출되지 아니한 경우: 필자 주)에 따라 후보자로 등록될 수 없는 경우에는 제60조의2제2항에 따라 납부한 기탁금 전액

예비후보자가 정당 공천관리위원회의 심사에서 탈락하여 본선거의 후보자로 등록하지 아니한 경우에 그가 납부한 기탁금 전액을 반환하지 아니하도록 하는 것은 과잉금지원칙을 위반하여 청구인의 재산권을 침해한다.[451]

10) 선거운동의 자유와 제한

가) 선거운동의 개념

「공직선거법」에서는 선거운동을 당선되거나 되게 하거나 되지 못하게 하기 위한 행위라고 정의하고 있다(공직선거법 제58조 제1항 본문). 그런데 ① 선거에 관한 단순한 의견개진 및 의사표시(제1호), ② 입후보와 선거운동을 위한 준비행위(제2호), ③ 정당의 후보자 추천에 관한 단순한 지지 · 반대의 의견개진 및 의사표시(제3호), ④ 통상적인 정당활동(제4호), ⑤ 설날 · 추석 등 명절 및 석가탄신일 · 기독탄신일 등에 하는 의례적인 인사말을 문자메시지(그림말 · 음성 · 화상 · 동영상 포함)로 전송하는 행위(제6호)는 선거운동으로 보지 않는다(공직선거법 제58조 제1항 단서 및 각 호).[452]

Q **당내경선이 선거운동에 해당하는지 여부**

대법원의 판례에 따르면 당내경선운동은 원칙적으로 공직선거에서의 당선 또는 낙선을 위한 행위인 선거운동에 해당하지 않는다.[453] 헌법재판소도 당내경선은 공직선거 자체와는 구별되는 정당 내부의 자발적인 의사결정에 해당하는 것으로 보고 있다.[454]

---

451) 헌재 2018.1.25. 2016헌마541, 공직선거법 제57조 위헌확인(헌법불합치). 지역구국회의원선거와 지방자치단체의 장 선거에서도 마찬가지로 헌법불합치결정되었다[헌재 2020.9.24. 2018헌가15등, 공직선거법 제57조 제1항 제1호 다목 위헌제청(헌법불합치)]. 「공직선거법」 제57조 제1항 제1호 다목은 헌법재판소 결정의 취지에 따라 2020.3.25. 개정되었다.

452) 제5호였던 특정 정당 또는 후보자(후보자가 되려는 사람을 포함한다)를 지지 · 추천하거나 반대하는 내용 없이 투표참여를 권유하는 행위(호별로 방문하는 경우 또는 선거일에 확성장치 · 녹음기 · 녹화기를 사용하거나 투표소로부터 100미터 안에서 하는 경우는 제외한다)는 2014.5.16. 삭제되었다.

453) 헌재 2021.4.29. 2019헌가11, 공직선거법 제57조의6 제1항 등 위헌제청(위헌). 대법원 2003.7.8. 2003도305 판결; 2012.4.13. 2011도17437 판결 등 참조.

454) 헌재 2007.10.30. 2007헌마128 참조.

나) 선거운동의 보장

선거운동의 자유는 헌법 제21조의 언론·출판·집회·결사의 자유와 선거권에 의하여 보호되는 기본권이다. 따라서 「공직선거법」에서도 「공직선거법」이나 다른 법률의 규정에 의하여 금지 또는 제한되는 경우를 제외하고는 누구든지 자유롭게 선거운동을 할 수 있다고 규정하고 있다(공직선거법 제58조 제2항).

다) 선거운동의 제한과 심사기준

선거운동의 자유도 법률로 제한될 수 있다(제37조 제2항). **선거의 공정성**이라는 또 다른 가치를 위하여 어느 정도 선거운동의 주체, 기간, 방법 등에 대한 규제가 행하여지게 된다.[455] 선거운동의 자유를 보장하면서도 단서에서는 "이 법 또는 다른 법률의 규정에 의하여 금지 또는 제한되는 경우에는 그러하지 아니하다"고 규정하고 있는 「공직선거법」 제58조 제2항도 이를 확인하고 있다.

선거운동을 제한하는 입법의 심사기준과 관련하여 헌법재판소는 선거운동은 국민주권 행사의 일환일 뿐 아니라 정치적 표현의 자유의 한 형태로서 민주사회를 구성하고 움직이게 하는 요소이므로 그 제한입법의 위헌여부에 대하여는 **엄격한 심사기준**이 적용된다고 판시하고 있다.[456] 엄격한 심사기준이라는 것은 과잉금지원칙 위배여부를 엄격하게 적용한다는 의미다.[457]

「공직선거법」상 선거운동의 자유에 대한 제한으로는 다음과 같은 것들이 있다.[458]

(1) 선거운동을 할 수 없는 자

「공직선거법」상 선거운동을 할 수 없는 자는 다음과 같다(공직선거법 제60조 제1항 각 호).

① 대한민국 국민이 아닌 자. 다만, 「출입국관리법」 제10조에 따른 영주의 체류자격 취득일 후 3년이 경과한 외국인으로서 같은 법 제34조에 따라 해당 지방자치단체의 외국인등록대장에 올라 있는 사람이 해당 선거에서 선거운동을 하는 것은 예외적으로 허용된다(제1호).

---

455) 헌재 2018.2.22. 2015헌바124, 공직선거법 제60조 제1항 제5호 위헌소원(위헌).
456) 헌재 2018.2.22. 2015헌바124, 공직선거법 제60조 제1항 제5호 위헌소원(위헌); 1994.7.29. 93헌가4등(위헌); 2011.12.29. 2010헌마285(기각); 2016.6.30. 2013헌가1(위헌).
457) 헌재 2018.2.22. 2015헌바124; 2016.6.30. 2013헌가1, 공직선거법 제60조 제1항 제5호 위헌제청(위헌) 참조.
458) 「공직선거법」 제7장(제58조~제118조)에는 선거운동에 관한 다양한 제한사항을 규정하고 있다.

② 미성년자(18세 미만의 자를 말함)(제2호).

③ 선거권이 없는 자(제3호).

④ 국가공무원과 지방공무원. 다만, 정당의 당원이 될 수 있는 공무원(국회의원과 지방의회의원외의 정무직공무원 제외)은 선거운동을 할 수 있다(제4호).

⑤ 「공직선거법」 제53조(공무원 등의 입후보) 제1항 제2호 내지 제7호[459])에 해당하는 자(제5호 및 제6호의 경우에는 그 상근직원을 포함).[460])

⑥ 예비군 중대장급 이상의 간부(제6호).

⑦ 통 · 리 · 반의 장 및 읍 · 면 · 동주민자치센터(그 명칭에 관계없이 읍 · 면 · 동사무소 기능전환의 일환으로 조례에 의하여 설치된 각종 문화 · 복지 · 편익시설을 총칭)에 설치된 주민자치위원회(주민자치센터의 운영을 위하여 조례에 의하여 읍 · 면 · 동사무소의 관할구역별로 두는 위원회)위원(제7호)

⑧ 특별법에 의하여 설립된 국민운동단체로서 국가 또는 지방자치단체의 출연 또는 보조를 받는 단체(바르게살기운동협의회 · 새마을운동협의회 · 한국자유총연맹을 말함)의 상근 임 · 직원 및 이들 단체 등(시 · 도조직 및 구 · 시 · 군조직을 포함)의 대표자(제8호)

⑨ 선상투표신고를 한 선원이 승선하고 있는 선박의 선장(제9호).

---

459) 「공직선거법」 제53조 제1항 제2호 내지 제7호는 다음과 같다. 각급선거관리위원회위원 또는 교육위원회의 교육위원(제2호), 다른 법령의 규정에 의하여 공무원의 신분을 가진 자(제3호), 「공공기관의 운영에 관한 법률」 제4조 제1항 제3호에 해당하는 기관 중 정부가 100분의 50 이상의 지분을 가지고 있는 기관(한국은행을 포함한다)의 상근 임원(제4호), 「농업협동조합법」 · 「수산업협동조합법」 · 「산림조합법」 · 「엽연초생산협동조합법」에 의하여 설립된 조합의 상근 임원과 이들 조합의 중앙회장(제5호), 「지방공기업법」 제2조(적용범위)에 규정된 지방공사와 지방공단의 상근 임원(제6호), 「정당법」 제22조 제1항 제2호의 규정에 의하여 정당의 당원이 될 수 없는 사립학교 교원(제7호)

460) 구 「공직선거법」 제60조 제1항에서는 제5호에 제53조 제1항 제8호의 "대통령령으로 정하는 언론인"을 선거운동을 할 수 없는 자로 포함하고 있었다. 이에 대해 헌재 2016.6.30. 2013헌가1, 공직선거법 제60조 제1항 제5호 위헌제청(위헌) 결정에서 포괄위임금지원칙위배, 선거운동의 자유의 침해를 이유로 위헌으로 결정되었다. 위헌 결정 전에 「공직선거법」 제53조 제1항 제8호는 "중앙선거관리위원회규칙으로 정하는 언론인"으로 개정되었다가 2020.12.29. 개정에서 "「신문 등의 진흥에 관한 법률」 제2조에 따른 신문 및 인터넷신문, 「잡지 등 정기간행물의 진흥에 관한 법률」 제2조에 따른 정기간행물, 「방송법」 제2조에 따른 방송사업을 발행 · 경영하는 자와 이에 상시 고용되어 편집 · 제작 · 취재 · 집필 · 보도의 업무에 종사하는 자로서 중앙선거관리위원회규칙으로 정하는 언론인"으로 다시 개정되어 현재에 이르고 있다. 2020.12.29. 개정에서부터는 언론인을 선거운동을 할 수 없는 자에서 아예 제외하고 있다(공직선거법 제60조 제1항).

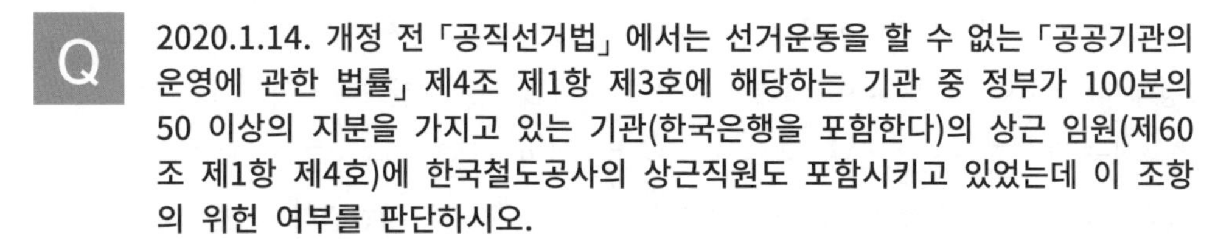
Q

2020.1.14. 개정 전 「공직선거법」 에서는 선거운동을 할 수 없는 「공공기관의 운영에 관한 법률」 제4조 제1항 제3호에 해당하는 기관 중 정부가 100분의 50 이상의 지분을 가지고 있는 기관(한국은행을 포함한다)의 상근 임원(제60조 제1항 제4호)에 한국철도공사의 상근직원도 포함시키고 있었는데 이 조항의 위헌 여부를 판단하시오.

A

헌법재판소 결정에서는 목적의 정당성과 수단의 적합성은 인정하고 있지만, 피해의 최소성과 법익의 균형성을 위배한 것으로 판시하고 있다. 그 논거는 다음과 같다. ① 한국철도공사 상근직원의 지위와 권한에 비추어 볼 때, 특정 개인이나 정당을 위한 선거운동을 한다고 하여 그로 인한 부작용과 폐해가 일반 사기업 직원의 경우보다 크다고 보기 어렵고, ② 한국철도공사의 상근직원은 심판대상조항이 아닌 「공직선거법」의 다른 조항에 의하여도 직무상 행위를 이용하여 선거운동을 하거나 하도록 하는 행위를 할 수 없고, 선거에 영향을 미치는 전형적인 행위도 할 수 없다. 그럼에도 불구하고 심판대상조항에 의하여 선거운동 일체를 금지하고 이에 위반한 경우 처벌하는 것은 한국철도공사 상근직원의 선거운동의 자유를 과도하게 제한하는 것이다.[461]

(2) 투표참여 권유활동의 제한

「공직선거법」 제58조의2에 따르면 누구든지 ① 호별로 방문하여 하는 경우(제1호), ② 사전투표소 또는 투표소로부터 100미터 안에서 하는 경우(제2호), ③ 특정 정당 또는 후보자(후보자가 되려는 사람을 포함)를 지지·추천하거나 반대하는 내용을 포함하여 하는 경우, ④ 현수막 등 시설물, 인쇄물, 확성장치·녹음기·녹화기(비디오 및 오디오 기기를 포함), 어깨띠, 표찰, 그 밖의 표시물을 사용하여 하는 경우(정당의 명칭이나 후보자의 성명·사진 또는 그 명칭·성명을 유추할 수 있는 내용을 나타내어 하는 경우에 한정)(제4호)를 제외하고는 투표참여를 권유하는 행위를 할 수 있다.

(3) 위법한 정보의 삭제 요청 등

각급선거관리위원회(읍·면·동선거관리위원회 제외) 또는 후보자는 공직선거법의 규정에 위반되는 정보가 인터넷 홈페이지 또는 그 게시판·대화방 등에 게시되거나, 정보통신망을 통하여 전송되는 사실을 발견한 때에는 당해 정보가 게시된 인터넷 홈페이지를 관리·운영하는 자에게 해당 정보의 삭제를 요청하거나, 전송되는 정보를 취급하는 인터넷 홈페이지의 관리·운영자 또는 정보통신서비스제공자(정보통신망 이용촉진 및 정보보호 등에 관한 법률 제2조 제1항 제3호)에게 그 취급의 거부·정지·제한을 요청할 수

---

461) 헌재 2018.2.22. 2015헌바124, 공직선거법 제60조 제1항 제5호 위헌소원(위헌).

있다. 이 경우 인터넷 홈페이지 관리·운영자 또는 정보통신서비스 제공자가 후보자의 요청에 따르지 아니하는 때에는 해당 후보자는 관할 선거구선거관리위원회에 서면으로 그 사실을 통보할 수 있으며, 관할 선거구선거관리위원회는 후보자가 삭제요청 또는 취급의 거부·정지·제한을 요청한 정보가 이 법의 규정에 위반된다고 인정되는 때에는 해당 인터넷 홈페이지 관리·운영자 또는 정보통신서비스 제공자에게 삭제요청 또는 취급의 거부·정지·제한을 요청할 수 있다(공직선거법 제82조의4 제3항).

선거관리위원회로부터 이러한 요청을 받은 인터넷 홈페이지 관리·운영자 또는 정보통신서비스제공자는 지체 없이 이에 따라야 한다(공직선거법 제82조의4 제4항). 선거관리위원회로부터 요청을 받은 인터넷 홈페이지 관리·운영자 또는 정보통신서비스제공자는 그 요청을 받은 날부터, 해당 정보를 게시하거나 전송한 자는 당해 정보가 삭제되거나 그 취급이 거부·정지 또는 제한된 날부터 3일 이내에 그 요청을 한 선거관리위원회에 이의신청을 할 수 있다(공직선거법 제82조의4 제5항). 선거관리위원회로부터 요청을 받아 해당 정보의 삭제 또는 그 취급의 거부·제한·정지를 한 인터넷 홈페이지 관리·운영자 또는 정보통신서비스제공자는 ① 선거관리위원회로부터 제3항에 따른 요청이 있었다는 사실, ② 제5항에 따라 이의신청을 할 수 있다는 사실을 해당 인터넷 홈페이지 또는 그 게시판·대화방 등에 게시하는 방법 등으로 그 정보를 게시하거나 전송한 사람에게 알려야 한다(공직선거법 제82조의4 제6항).

위법한 정보의 게시에 대한 삭제 등의 요청, 이의신청 기타 필요한 사항은 중앙선거관리위원회규칙으로 정한다(공직선거법 제82조의4 제7항).

(4) 기부행위의 제한

국회의원·지방의회의원·지방자치단체의 장·정당의 대표자·후보자(후보자가 되고자 하는 자 포함)와 그 배우자는 당해 선거구 안에 있는 자나 기관·단체·시설 또는 당해 선거구의 밖에 있더라도 그 선거구민과 연고가 있는 자나 기관·단체·시설에 기부행위(결혼식에서의 주례행위 포함)를 할 수 없다(공직선거법 제113조 제1항).[462)]

---

462) 이 조항을 위배하면 「공직선거법」 제264조에 의하여 100만원 이상의 형을 선고 받을 수 있고 그에 따라 피선거권이 제한을 받을 수 있지만, 그것은 어디까지나 「공직선거법」 제264조에 따른 결과이고 이 조항 자체에 의한 것이 아니므로 이 조항이 피선거권과 같은 공무담임권을 제한하는 것은 아니다. 그리고 「공직선거법」 제112조에서는 허용되는 다양한 기부행위의 정의 내지 허용되는 기부행위 등에 대해서 상세히 규정하고 있으므로 「공직선거법」 제113조 제1항은 명확성원칙에 위배되거나 선거운동의 자유를 침해하는 것은 아니다[헌재 2021.2.25. 2018헌바223, 공직선

누구도 이러한 기부행위의 약속 · 지시 · 권유 · 알선 · 요구를 할 수 없다(공직선거법 제113조 제2항). 정당 및 후보자의 가족 등 뿐만 아니라 제3자도 후보자 등을 위하여 기부행위를 할 수 없다(공직선거법 제114조 · 제115조).

(5) 선거비용의 제한

(가) 선거비용의 범위

「공직선거법」상 선거비용은 다음과 같다(공직선거법 제119조 제1항).

① 당해 선거에서 선거운동을 위하여 소요되는 금전 · 물품 및 채무 그 밖에 모든 재산상의 가치가 있는 것으로서 당해 후보자(후보자가 되려는 사람을 포함하며, 대통령선거에 있어서 정당추천후보자와 비례대표국회의원선거 및 비례대표지방의회의원선거에 있어서는 그 추천정당을 포함)가 부담하는 비용(공직선거법 제110조 제1항 본문).

② 후보자가 이 법에 위반되는 선거운동을 위하여 지출한 비용과 기부행위제한규정을 위반하여 지출한 비용(제1호)

③ 정당, 정당선거사무소의 소장, 후보자의 배우자 및 직계존비속, 선거사무장 · 선거연락소장 · 회계책임자가 해당 후보자의 선거운동(위법선거운동을 포함)을 위하여 지출한 비용과 기부행위제한규정을 위반하여 지출한 비용(제2호)

④ 선거사무장 · 선거연락소장 · 회계책임자로 선임된 사람이 선임 · 신고되기 전까지 해당 후보자의 선거운동을 위하여 지출한 비용과 기부행위제한규정을 위반하여 지출한 비용(제3호)

⑤ 제2호 및 제3호에 규정되지 아니한 사람이라도 누구든지 후보자, 제2호 또는 제3호에 규정된 자와 통모하여 해당 후보자의 선거운동을 위하여 지출한 비용과 기부행위제한규정을 위반하여 지출한 비용(제4호)

(나) 선거비용제한액의 산정방법

선거비용제한액의 산정방법은「공직선거법」제121조 제1항에서 대통령선거, 지역구국회의원선거, 비례대표국회의원선거, 지역구시 · 도의원선거, 비례대표시 · 도의원선거, 특별시장 · 광역시장 · 특별자치시장 선거, 도지사 선거, 지역구자치구 · 시 · 군의원선거, 비례대표자치구 · 시 · 군의원선거, 자치구 · 시 · 군의 장 선거별로 나누어 규정하고 있다. 계산에 따른 100만원 미만의 단수는 100만원으로 한다(공직선거법 제121조 제1항

거법 제113조 제1항 등 위헌소원(합헌)].

제2문).

(6) 선거운동기간의 제한

선거운동은 선거기간개시일부터 선거일 전일까지에 한하여 할 수 있다.[463] 다만, 다음의 경우에는 선거기간개시일 전에도 할 수 있다(공직선거법 제59조).

선거기간개시일 전에도 할 수 있는 선거운동의 종류
① 예비후보자 등이 선거운동을 하는 경우(제1호).
② 문자메시지를 전송하는 방법으로 선거운동을 하는 경우. 이 경우 자동 동보통신의 방법(동시 수신대상자가 20명을 초과하거나 그 대상자가 20명 이하인 경우에도 프로그램을 이용하여 수신자를 자동으로 선택하여 전송하는 방식을 말함)으로 전송할 수 있는 자는 후보자와 예비후보자에 한하되, 그 횟수는 8회(후보자의 경우 예비후보자로서 전송한 횟수를 포함)를 넘을 수 없으며, 중앙선거관리위원회규칙에 따라 신고한 1개의 전화번호만을 사용하여야 한다(제2호).
③ 인터넷 홈페이지 또는 그 게시판·대화방 등에 글이나 동영상 등을 게시하거나 전자우편(컴퓨터 이용자끼리 네트워크를 통하여 문자·음성·화상 또는 동영상 등의 정보를 주고받는 통신시스템을 말함)을 전송하는 방법으로 선거운동을 하는 경우. 이 경우 전자우편 전송대행업체에 위탁하여 전자우편을 전송할 수 있는 사람은 후보자와 예비후보자에 한한다(제3호).
④ 선거일이 아닌 때에 전화(송·수화자 간 직접 통화하는 방식에 한정하며, 컴퓨터를 이용한 자동 송신장치를 설치한 전화 제외)를 이용하거나 말(확성장치를 사용하거나 옥외집회에서 다중을 대상으로 하는 경우 제외)로 선거운동을 하는 경우(제4호).
⑤ 후보자가 되려는 사람이 선거일 전 180일(대통령선거의 경우 선거일 전 240일을 말함)부터 해당 선거의 예비후보자등록신청 전까지 「공직선거법」 제60조의3 제1항 제2호의 방법(같은 호 단서 포함)으로 자신의 명함을 직접 주는 경우.

헌법재판소는 선거운동의 기간을 제한하는 것은 공정한 선거를 위한 것으로서 그 자체가 위헌이라고 할 수 없고, 다만 선거운동의 자유를 형해화 할 정도로 과도하게 제한하는 경우에는 위헌이 되는 것으로 보고 있다.[464]

---

463) 따라서 선거일에는 선거운동을 할 수 없고, 이를 위반하면 처벌된다(공직선거법 제254조 제1항). 이 조항과 사실상 같은 조항인 구 「공직선거법」에 대해서는 헌법재판소의 합헌결정이 있다(헌재 2021.12.23. 2018헌바152, 공직선거법 제254조 제1항 등 위헌소원(합헌, 각하). 그러나 이 결정에 대해서는 선거일 당일의 선거운동을 어떠한 예외도 없이 전면적으로 금지하는 이 처벌조항은 피해의 최소성과 법익의 균형성에 반한다는 재판관 4인의 반대의견이 있다.

464) 헌재 2005.9.29. 2004헌바52, 공직선거및선거부정방지법 제59조 제1호 등 위헌소원(각하, 합헌).

11) 선거범죄의 처벌과 당선무효

가) 선거범죄의 처벌

선거의 공정성을 확보하기 위해서 선거법을 위반하는 경우에는 「공직선거법」 제16장에서 많은 벌칙을 규정하고 있다.[465)]

선거범죄를 범한 경우에는 「공직선거법」이 정한 일정한 공직에는 취임하거나 임용될 수 없고, 이미 취임 또는 임용된 경우에는 그 직에서 퇴직된다(공직선거법 제266조).

나) 당선무효

당선무효의 원인은 선거비용의 초과지출, 당선인 또는 선거사무장 등의 선거범죄로 인한 당선무효가 있다. 선거비용제한액의 200분의 1 이상 초과지출로 인한 것이든 선거범죄로 인한 것이든, 선거사무장 등이 징역이나 300만원 이상의 벌금형을 선고 받거나, 당선인이 선거범죄로 징역 또는 100만원 이상의 벌금형을 선고 받으면 당선은 무효가 된다.

이와 같이 법원의 양형에 따라 당선무효가 결정되게 되어 있는데 이에 대해서는 비판이 있다. 또 벌금형을 선고받으면 「형법」상 벌금형보다 중한 형인 자격정지의 성격을 가지는 당선무효를 선고할 수 있도록 하는 것은 헌법에 위반된다는 주장이 있다.[466)]

(1) 선거비용의 초과지출로 인한 당선무효

「공직선거법」 제122조(선거비용제한액의 공고)의 규정에 의하여 공고된 선거비용제한액의 200분의 1 이상을 초과 지출한 이유로 선거사무장, 선거사무소의 회계책임자가

---

465) 「공직선거법」이 규정하고 있는 선거범죄를 보면 다음과 같다. 매수 및 이해유도죄(제230조), 재산상의 이익목적의 매수 및 이해유도죄(제231조), 후보자에 대한 매수 및 이해유도죄(제232조), 당선인에 대한 매수 및 이해유도죄(제233조), 당선무효유도죄(제234조), 방송·신문 등의 불법이용을 위한 매수죄(제235조), 매수와 이해유도죄로 인한 이익의 몰수(제236조), 선거의 자유방해죄(제237조), 군인에 의한 선거자유방해죄(제238조), 직권남용에 의한 선거의 자유방해죄(제239조), 선장 등에 의한 선거자유방해죄 등(제239조의2), 벽보, 그 밖의 선전시설 등에 대한 방해죄(제240조), 투표의 비밀침해죄(제241조), 투표·개표의 간섭 및 방해죄(제242조), 공무원의 재외선거사무 간섭죄(제242조의2), 투표함 등에 관한 죄(제243조), 선거사무관리관계자나 시설등에 대한 폭행·교란죄(제244조), 투표소 등에서의 무기휴대죄(제245조), 다수인의 선거방해죄(제246조), 사위등재·허위날인죄(제247조), 사위투표죄(제248조), 투표위조 또는 증감죄(제249조), 허위사실공표죄(제250조), 후보자비방죄(제251조), 방송·신문 등 부정이용죄(제252조), 성명 등의 허위표시죄(제253조), 선거운동기간위반죄(제254조), 부정선거운동죄(제255조), 각종제한규정위반죄(제256조), 기부행위의 금지제한 등 위반죄(제257조), 선거비용부정지출 등 죄(제258조), 선거범죄선동죄(제259조).

466) 권영설, "선거소송의 문제점과 과제", 저스티스, 2002, 5-36쪽; 정광현, "선거범에 대한 자격제한과 형벌개별화원칙, 법제연구, 2007, 350-352쪽 등 참조.

징역형 또는 300만원 이상의 벌금형의 선고를 받은 때에는 그 후보자의 당선은 무효로 한다. 다만, 다른 사람의 유도 또는 도발에 의하여 당해 후보자의 당선을 무효로 되게 하기 위하여 지출한 때에는 그러하지 아니하다(공직선거법 제263조 제1항).

또「정치자금법」제49조(선거비용관련 위반행위에 관한 벌칙) 제1항 또는 제2항 제6호의 죄를 범함으로 인하여 선거사무소의 회계책임자가 징역형 또는 300만원 이상의 벌금형의 선고를 받은 때에는 그 후보자(대통령후보자, 비례대표국회의원후보자 및 비례대표지방의회의원후보자 제외)의 당선은 무효로 한다. 다만, 다른 사람의 유도 또는 도발에 의하여 당해 후보자의 당선을 무효로 되게 하기 위하여 지출한 때에는 그러하지 아니하다(공직선거법 제263조 제2항).

(2) 당선인의 선거범죄로 인한 당선무효

당선인이 당해 선거에 있어 공직선거법에 규정된 죄 또는「정치자금법」제49조(선거비용관련 위반행위에 관한 벌칙)의 죄를 범함으로 인하여 징역 또는 100만원 이상의 벌금형의 선고를 받은 때에는 그 당선은 무효로 한다(공직선거법 제264조).

(3) 선거사무장등의 선거범죄로 인한 당선무효

선거사무장·선거사무소의 회계책임자(선거사무소의 회계책임자로 선임·신고되지 아니한 자로서 후보자와 통모하여 당해 후보자의 선거비용으로 지출한 금액이 선거비용제한액의 3분의 1 이상에 해당되는 자 포함) 또는 후보자(후보자가 되려는 사람을 포함)의 직계존비속 및 배우자가 해당 선거에 있어서「공직선거법」제230조부터 제234조까지, 제257조 제1항 중 기부행위를 한 죄 또는「정치자금법」제45조 제1항의 정치자금 부정수수죄를 범함으로 인하여 징역형 또는 300만원 이상의 벌금형의 선고를 받은 때(선거사무장, 선거사무소의 회계책임자에 대하여는 선임·신고되기 전의 행위로 인한 경우를 포함)에는 그 선거구 후보자(대통령후보자, 비례대표국회의원후보자 및 비례대표지방의회의원후보자 제외)의 당선은 무효로 한다. 다만, 다른 사람의 유도 또는 도발에 의하여 당해 후보자의 당선을 무효로 되게 하기 위하여 죄를 범한 때에는 그러하지 아니하다(공직선거법 제265조).

(4) 당선무효된 자 등의 비용반환

「공직선거법」제263조부터 제265조까지의 규정에 따라 당선이 무효로 된 사람(그 기소 후 확정판결 전에 사직한 사람을 포함)과 당선되지 아니한 사람으로서「공직선거법」

제263조부터 제265조까지에 규정된 자신 또는 선거사무장 등의 죄로 당선무효에 해당하는 형이 확정된 사람은 「공직선거법」 제57조와 제122조의2에 따라 반환·보전받은 금액을 반환하여야 한다. 이 경우 대통령선거의 정당추천후보자는 그 추천 정당이 반환하며, 비례대표국회의원선거 및 비례대표지방의회의원선거의 경우 후보자의 당선이 모두 무효로 된 때에 그 추천 정당이 반환한다(공직선거법 제265조의2).

다) 선거에 관한 쟁송

(1) 선거소청

지방의회의원 및 지방자치단체의 장의 선거에 있어서 선거의 효력에 관하여 이의가 있는 선거인·정당(후보자를 추천한 정당에 한한다) 또는 후보자는 선거일부터 14일 이내에 당해 선거구선거관리위원회위원장을 피소청인으로 하여 지역구시·도의원선거(지역구세종특별자치시의회의원선거는 제외한다), 자치구·시·군의원선거 및 자치구·시·군의 장 선거에 있어서는 시·도선거관리위원회에, 비례대표시·도의원선거, 지역구세종특별자치시의회의원선거 및 시·도지사선거에 있어서는 중앙선거관리위원회에 소청할 수 있다(공직선거법 제219조 제1항). 지방의회의원 및 지방자치단체의 장의 선거에 있어서 당선의 효력에 관하여 이의가 있는 정당 또는 후보자는 당선인결정일부터 14일 이내에 「공직선거법」 제52조 제1항부터 제3항까지 또는 제192조 제1항부터 제3항까지의 사유에 해당함을 이유로 하는 때에는 당선인을, 제190조(지역구지방의회의원당선인의 결정·공고·통지) 내지 제191조(지방자치단체의 장의 당선인의 결정·공고·통지)의 규정에 의한 결정의 위법을 이유로 하는 때에는 당해 선거구선거관리위원회위원장을 각각 피소청인으로 하여 지역구시·도의원선거(지역구세종특별자치시의회의원선거는 제외), 자치구·시·군의원선거 및 자치구·시·군의 장 선거에 있어서는 시·도선거관리위원회에, 비례대표시·도의원선거, 지역구세종특별자치시의회의원선거 및 시·도지사선거에 있어서는 중앙선거관리위원회에 소청할 수 있다(공직선거법 제219조 제2항).

위의 경우 피소청인으로 될 당해 선거구선거관리위원회위원장이 궐위된 때에는 당해 선거구선거관리위원회위원 전원을 피소청인으로 한다(공직선거법 제219조 제3항). 「공직선거법」 제219조 제2항의 규정에 의하여 피소청인으로 될 당선인이 사퇴 또는 사망하거나 「공직선거법」 제192조 제2항의 규정에 의하여 당선의 효력이 상실되거나 같은 조 제3항의 규정에 의하여 당선이 무효로 된 때에는 당해 선거구선거관리위원회위원장을, 당해 선거구선거관리위원회위원장이 궐위된 때에는 당해 선거구선거관리위원회위원 전원을 피소청인으로 한다(공직선거법 제219조 제4항).

국회의원선거나 대통령선거에서는 선거소청제도가 없다.

(2) 선거소송

대통령선거 및 국회의원선거에 있어서 선거의 효력에 관하여 이의가 있는 선거인·정당(후보자를 추천한 정당에 한한다) 또는 후보자는 선거일부터 30일 이내에 당해 선거구선거관리위원회위원장을 피고로 하여 대법원에 소를 제기할 수 있다(공직선거법 제222조 제1항).

지방의회의원 및 지방자치단체의 장의 선거에 있어서 선거의 효력에 관한 「공직선거법」 제220조의 결정에 불복이 있는 소청인(당선인 포함)은 해당 소청에 대하여 기각 또는 각하 결정이 있는 경우(제220조 제1항의 기간 내[467]에 결정하지 아니한 때 포함)에는 해당 선거구선거관리위원회 위원장을, 인용결정이 있는 경우에는 그 인용결정을 한 선거관리위원회 위원장을 피고로 하여 그 결정서를 받은 날(제220조 제1항의 기간 내에 결정하지 아니한 때에는 그 기간이 종료된 날)부터 10일 이내에 비례대표시·도의원선거 및 시·도지사선거에 있어서는 대법원에, 지역구시·도의원선거, 자치구·시·군의원선거 및 자치구·시·군의 장 선거에 있어서는 그 선거구를 관할하는 고등법원에 소를 제기할 수 있다(공직선거법 제222조 제2항). 「공직선거법」 제222조 제1항 또는 제2항에 따라 피고로 될 위원장이 궐위된 때에는 해당 선거관리위원회 위원 전원을 피고로 한다(공직선거법 제222조 제3항).

(3) 당선소송

당선소송은 당선의 효력에 관하여 다투는 소송을 말한다. 대통령선거 및 국회의원선거에 있어서 당선의 효력에 이의가 있는 정당(후보자를 추천한 정당에 한함) 또는 후보자는 당선인결정일부터 30일 이내에 대법원에 당선소송을 제기할 수 있다(공직선거법 제223조 제1항). 그런데 소제기 사유에 따라 다음의 2가지로 피고가 달라진다. ① 「공직선거법」 제52조(등록무효) 제1항·제3항 또는 제192조(피선거권 상실로 인한 당선무효 등) 제1항부터 제3항까지의 사유에 해당함을 이유로 하는 때에는 당선인이 피고가 된다. ② 「공직선거법」 제187조(대통령당선인의 결정·공고·통지) 제1항·제2항, 제188조(지역

467) 소청을 접수한 날부터 60일 이내.

구국회의원당선인의 결정 · 공고 · 통지) 제1항 내지 제4항, 제189조(비례대표국회의원의석의 배분과 당선인의 결정 · 공고 · 통지) 또는 제194조(당선인의 재결정과 비례대표국회의원의석 및 비례대표지방의회의원의석의 재배분) 제4항의 규정에 의한 결정의 위법을 이유로 하는 때에는 대통령선거에 있어서는 그 당선인을 결정한 중앙선거관리위원회위원장 또는 국회의장을, 국회의원선거에 있어서는 당해 선거구선거관리위원회위원장을 각각 피고로 한다(공직선거법 제223조 제1항).

지방의회의원 및 지방자치단체의 장의 선거에 있어서 당선의 효력에 관한 「공직선거법」 제220조의 결정에 불복이 있는 소청인 또는 당선인인 피소청인(제219조 제2항 후단에 따라 선거구선거관리위원회 위원장이 피소청인인 경우에는 당선인을 포함)은 해당 소청에 대하여 기각 또는 각하 결정이 있는 경우(제220조 제1항의 기간 내에 결정하지 아니한 때를 포함)에는 당선인(제219조 제2항 후단을 이유로 하는 때에는 관할선거구선거관리위원회 위원장)을, 인용결정이 있는 경우에는 그 인용결정을 한 선거관리위원회 위원장을 피고로 하여 그 결정서를 받은 날(제220조 제1항의 기간 내에 결정하지 아니한 때에는 그 기간이 종료된 날)부터 10일 이내에 비례대표시 · 도의원선거 및 시 · 도지사선거에 있어서는 대법원에, 지역구시 · 도의원선거, 자치구 · 시 · 군의원선거 및 자치구 · 시 · 군의 장 선거에 있어서는 그 선거구를 관할하는 고등법원에 소를 제기할 수 있다(공직선거법 제223조 제2항). 「공직선거법」 제223조 제1항 또는 제2항에 따라 피고로 될 위원장이 궐위된 때에는 해당 선거관리위원회 위원 전원을, 국회의장이 궐위된 때에는 부의장중 1인을 피고로 한다(공직선거법 제223조 제3항).

「공직선거법」 제223조 제1항 및 제2항의 규정에 의하여 피고로 될 당선인이 사퇴 · 사망하거나 공직선거법 제192조 제2항의 규정에 의하여 당선의 효력이 상실되거나 공직선거법 제193조 제3항의 규정에 의하여 당선이 무효로 된 때에는 대통령선거에 있어서는 법무부장관을, 국회의원선거 · 지방의회의원 및 지방자치단체의 장의 선거에 있어서는 관할고등검찰청검사장을 피고로 한다(공직선거법 제223조 제4항).

이상의 설명을 표로 요약하면 다음과 같다.

쟁송종류	선거종류	쟁점	소청인(소청) 원고(소송)	피소청인(소청) 피고(소송)	제소기한	소청(제소)기관		공직선거법
선거소청	지방선거	선거의 효력	선거인, 후보자 추천 정당, 후보자	당해 선거구선거관리위원회위원장[468]	선거일부터 14일 이내	지역구시·도의원선거(지역구세종특별자치시의회의원선거는 제외), 자치구·시·군의원선거 및 자치구·시·군의 장 선거	시·도선거관리위원회	제219조 제1항
						비례대표시·도의원선거, 지역구세종특별자치시의회의원선거 및 시·도지사선거	중앙선거관리위원회	
		당선의 효력	정당, 후보자	당선인[469](제52조 제1항부터 제3항까지 또는 제192조 제1항부터 제3항까지의 사유에 해당함을 이유로 하는 때) 당해 선거구선거관리위원회위원장[470] [제190조(지역구지방의회의원당선인의 결정·공고·통지) 내지 제191조(지방자치단체의 장의 당선인의 결정·공고·통지)의 규정에 의한 결정의 위법을 이유로 하는 때]	당선인결정일부터 14일 이내	지역구시·도의원선거(지역구세종특별자치시의회의원선거는 제외), 자치구·시·군의원선거 및 자치구·시·군의 장 선거	시·도선거관리위원회	제219조 제2항
						비례대표시·도의원선거, 지역구세종특별자치시의회의원선거 및 시·도지사선거	중앙선거관리위원회	

선거소송	대통령선거 국회의원선거	선거의 효력	선거인, 후보자 추천 정당, 후보자	당해 선거구선거관리위원회위원장		선거일부터 30일 이내	대법원		제222조 제1항
	지방선거		선거의 효력에 관한 제220조의 결정에 불복이 있는 소청인 (당선인 포함)	소청에 대하여 기각 또는 각하 결정이 있는 경우 (제220조 제1항의 기간 내에 결정하지 아니한 때를 포함)	해당 선거구 선거관리위원회위원장[471]	그 결정서를 받은 날(제220조 제1항의 기간 내에 결정하지 아니한 때에는 그 기간이 종료된 날)부터 10일 이내	비례대표시·도의원선거 및 시·도지사선거	대법원	제222조 제2항
				인용결정이 있는 경우	인용결정을 한 선거관리위원회위원장[472]		지역구시·도의원선거, 자치구·시·군의원선거 및 자치구·시·군의 장 선거	선거구를 관할하는 고등법원	
당선소송	대통령선거 국	당선의 효력	후보자 추천 정당, 후보자	제52조 제1항·제3항 또는 제192조 제1항부터 제3항까지	당선인[473]	당선인결정일부터 30일 이내			제223조 제1항

			의 사유에 해당함을 이유로 하는 때				
회의원선거			제187조(대통령당선인의 결정·공고·통지)제1항 · 제2항, 제188조(지역구국회의원당선인의 결정 · 공고 · 통지)제1항 내지 제4항, 제189조(비례대표국회의원의석의 배분과 당선인의 결정 · 공고 · 통지) 또는 제194조(당선인의 재결정과 비례대표국회의원의석 및 비례대표지방의회의원의석의 재배분)제4항의 규정에 의한 결정의 위법을	대통령선거	당선인을 결정한 중앙선거관리위원회위원장 또는 국회의장		대법원
				국회의원선거	당해선거구선		

			이유로 하는 때	거관리위원회위원장				
지방선거		당선의 효력에 관한 제220조의 결정에 불복이 있는 소청인 또는 당선인인 피소청인(제219조제2항 후단에 따라 선거구선거관리위원회 위원장이 피소청인인 경우에는 당선인을 포함)	소청에 대하여 기각 또는 각하 결정이 있는 경우(제220조 제1항의 기간 내에 결정하지 아니한 때를 포함)	당선인(제219조 제2항 후단을 이유로 하는 때에는 관할선거구선거관리위원회위원장[474])	결정서를 받은 날(제220조 제1항의 기간 내에 결정하지 아니한 때에는 그 기간이 종료된 날)부터 10일 이내	비례대표시·도의원선거 및 시·도지사선거	대법원	제223조 제2항
			인용결정이 있는 경우	인용결정을 한 선거관리위원회위원장[475]		지역구시·도의원선거, 자치구·시·군의원선거 및 자치구·시·군의장 선거	선거구를 관할하는 고등법원	

468) 당해 선거구선거관리위원회위원장이 궐위된 때에는 당해 선거구선거관리위원회위원 전원을 피소청인으로 한다(공직선거법 제219조 제3항).

469) 당선인이 사퇴 또는 사망하거나, 당선의 효력 상실(제192조 제2항), 당선무효(제192조 제3항)로 된 때에는 당해 선거구선거관리위원회위원장을, 당해 선거구선거관리위원회위원장이 궐위된 때에는 당해 선거구선거관리위원회위원 전원을 피소청인으로 한다(공직선거법 제219조 제4항).

(4) 소송의 처리, 선거무효의 결정과 판결

소청이나 소장을 접수한 선거관리위원회 또는 대법원이나 고등법원은 선거쟁송에 있어 선거에 관한 규정에 위반된 사실이 있는 때라도 **선거의 결과에 영향을 미쳤다고 인정하는 때에 한하여** 선거의 전부나 일부의 무효 또는 당선의 무효를 결정하거나 판결한다(공직선거법 제224조).

선거에 관한 소청이나 소송은 다른 쟁송에 우선하여 신속히 결정 또는 재판하여야 하며, 소송에 있어서는 수소법원은 소가 제기된 날 부터 **180일 이내**에 처리하여야 한다(공직선거법 제225조).

3. 공무원의 신분보장과 공무원 및 군의 정치적 중립성

가. 공무원의 신분보장과 정치적 중립성

1) 국민전체에 대한 봉사자로서의 공무원

가) 공무원의 개념

국민전체에 대한 봉사자로서의 공무원은 가장 넓은 공무원 개념으로 이해된다. 따라서 직업공무원제도에서 말하는 공무원 개념보다 넓다. 일반적으로 공무원이란 직접 또는 간접적으로 국민에 의하여 선출 또는 임용되어 국가나 공공단체와 공법상의 근무관계를 맺고 공공적 업무를 담당하고 있는 사람들을 말한다.[476] 공무원은 그 임용주체가 궁극에는 주권자인 국민 또는 주민이기 때문에 국민전체에 대하여 봉사하고 책임을 져야 하는 특별한 지위에 있고, 그가 담당한 업무가 국가 또는 공공단체의 공공적인 일이어서 특히 그 직무를 수행함에 있어서 공공성·공정성·성실성 및 중립성 등이 요구

470) 당해 선거구선거관리위원회위원장이 궐위된 때에는 당해 선거구선거관리위원회위원 전원을 피소청인으로 한다(공직선거법 제219조 제3항).
471) 위원장이 궐위된 때에는 해당 선거관리위원회 위원 전원을 피고로 한다(공직선거법 제222조 제3항).
472) 위원장이 궐위된 때에는 해당 선거관리위원회 위원 전원을 피고로 한다(공직선거법 제222조 제3항).
473) 당선인이 사퇴 또는 사망하거나 당선의 효력 상실(제192조 제2항), 당선무효(제192조 제3항)로 된 때에는 대통령선거에 있어서는 법무부장관을, 국회의원선거·지방의회의원 및 지방자치단체의 장의 선거에 있어서는 관할고등검찰청검사장을 피고로 한다(공직선거법 제223조 제4항).
474) 위원장이 궐위된 때에는 해당 선거관리위원회 위원 전원을, 국회의장이 궐위된 때에는 부의장중 1인을 피고로 한다(공직선거법 제223조 제3항).
475) 위원장이 궐위된 때에는 해당 선거관리위원회 위원 전원을, 국회의장이 궐위된 때에는 부의장중 1인을 피고로 한다(공직선거법 제223조 제3항).
476) 헌재 1992.4.28. 90헌바27, 국가공무원법 제66조에 대한 헌법소원(합헌).

되기 때문에 일반근로자와는 달리 특별한 근무관계에 있는 사람이다.[477]

나) 공무원의 헌법적 지위 및 책임

우선 공무원은 ① **'국민전체에 대한 봉사자로서의 지위'**를 갖는다. 이로부터 중립적 위치에서 공익을 추구할 의무가 나온다.[478] 나아가서 공무원은 ② 국민에 대하여 책임을 지는 지위에 있다. 공무원이 책임을 지는 방식은 정치적 책임과 법적 책임으로 나누어 볼 수 있다. ㉮ **정치적 책임**은 선거, 청원(제26조), 국회를 통한 문책(제63조: 해임건의) 등이 있고, ㉯ **법적 책임**은 탄핵, 국가배상, 징계(국가공무원법 제78조 이하), 형사책임(국가공무원법 제84조) 등이 있다.

다) 공무원의 종류 · 구분

공무원은 크게 국가공무원과 지방자치단체가 경비를 부담하는 지방공무원으로 구분할 수 있다. 국가공무원과 지방공무원의 종류는 다음 표와 같다(국가공무원법 제2조, 지방공무원법 제2조).

<table>
<tr><td rowspan="3">경 력 직
공무원</td><td rowspan="3">실적과 자격에 따라 임용되고 그 신분이 보장되며 평생토록 공무원으로 근무할 것이 예정되는 공무원</td><td>일반직
공무원</td><td>기술 · 연구 또는 행정 일반에 대한 업무를 담당하며, 직군 · 직렬별로 분류되는 공무원</td></tr>
<tr><td>특정직
공무원</td><td>(국가공무원)
법관, 검사, 외무공무원, 경찰공무원, 소방공무원, 교육공무원, 군인, 군무원, 헌법재판소 헌법연구관, 국가정보원의 직원과 특수 분야의 업무를 담당하는 공무원으로서 다른 법률에서 특정직공무원으로 지정하는 공무원
(지방공무원)
공립 대학 및 전문대학에 근무하는 교육공무원, 자치경찰공무원 및 지방소방공무원과 그 밖에 특수 분야의 업무를 담당하는 공무원으로서 다른 법률에서 특정직공무원으로 지정하는 공무원</td></tr>
<tr><td>기능직
공무원</td><td>기능적인 업무를 담당하며 그 기능별로 분류되는 공무원</td></tr>
<tr><td></td><td></td><td>정무직
공무원</td><td>선거로 취임하거나 임명할 때 국회(지방의회)의 동의가 필요한 공무원
고도의 정책결정 업무를 담당하거나 이러한 업무를 보조하는 공</td></tr>
</table>

477) 헌재 1992.4.28. 90헌바27, 국가공무원법 제66조에 대한 헌법소원(합헌).
478) 헌재 1995.5.25. 91헌마67, 구 지방의회의원선거법 제35조 등에 대한 헌법소원(일부위헌, 일부기각, 반대의견 있음).

특수 경력직 공무원	경력직공무원 외의 공무원		무원으로서 법률이나 대통령령(대통령실의 조직에 관한 대통령령만 해당)(법령 또는 조례)에서 정무직으로 지정하는 공무원
		별정직 공무원	특정한 업무를 담당하기 위하여 별도의 자격 기준에 따라 임용되는 공무원으로서 법령(법령 또는 조례)에서 별정직으로 지정하는 공무원 (국가공무원) ① 국회전문위원 ② 감사원 사무차장 및 서울특별시·광역시·도 선거관리위원회의 상임위원 ③ 국가안전기획부 기획조정실장·각급 노동위원회 상임위원·해난심판원의 원장 및 심판관 ④ 비서관·비서, 기타 다른 법령이 별정직으로 지정하는 공무원) (지방공무원) ① 비서관·비서 ② 읍장·면장·시의 동장(다만, 조례로 일반직 공무원으로 정한 경우에는 그러하지 아니하다) ③ 기타 다른 법령 또는 조례가 별정직으로 지정하는 공무원
		계약직 공무원	국가(지방자치단체)와의 채용 계약에 따라 전문지식·기술이 요구되거나 임용에 신축성 등이 요구되는 업무에 일정 기간 종사하는 공무원
		고용직 공무원	단순한 노무에 종사하는 공무원

2) 직업공무원제도

가) 의의

공무원이 집권세력의 논공행상의 제물이 되는 엽관제(獵官制, spoils system)를 지양하고, 정권교체에 따른 국가작용의 중단과 혼란을 예방하며 일관성 있는 공무수행의 독자성 및 영속성을 유지하기 위하여 헌법과 법률로써 공무원의 신분을 보장하는 제도를 직업공무원제도라고 한다.[479]

나) 법적 성격

직업공무원제도는 전형적인 제도적 보장에 속한다.[480] 헌법재판소는 국가공무원법 제70조 제1항 제3호의 직권면직사유에 해당되지 아니하는 한, 임기만료나 정년 시까지의 신분 보장을 직업공무원제도의 본질적 내용이라고 판단하고 있다.[481]

479) 헌재 1992.11.12. 91헌가2, 1980년해직공무원의보상등에관한특별조치법 제2조에 대한 위헌심판(한정위헌).

480) 헌재 1994.4.28. 91헌바15등, 국가안전기획부직원법 제22조 등에 대한 헌법소원(합헌, 각하); 1997.4.24. 95헌바48, 구 지방공무원법 제2조 제3항 제2호 나목 등 위헌소원(합헌).

481) 헌재 1989.12.18. 89헌마32등, 국가보위입법회의법 등의 위헌여부에 관한 헌법소원(위헌, 각하).

다) 직업공무원제도에 있어서 공무원의 개념

일반적 견해와 판례는 신분보장·정치적 중립성이 요구되는 공무원의 범위는 좁은 의미의 공무원인 경력직 공무원에 한하고 있다. 따라서 정치적 공무원이나 임시적 공무원은 여기에 포함되지 않는다고 한다.[482)]

라) 직업공무원제도의 내용

(1) 정치적 중립성

(가) 헌법규정

헌법 제7조 제2항에서는 "공무원의 신분과 정치적 중립성은 법률이 정하는 바에 의하여 보장된다"고 하여 공무원의 신분과 정치적 중립성을 헌법적으로 보장하고 있다. 따라서 국가는 공무원의 신분과 정치적 중립성이 보장되도록 법률을 제정하여야 한다. 특히 국가가 공무원의 신분과 정치적 중립성을 침해하는 것은 헌법적으로 허용되지 않는다. 공무원의 정치적 중립성이 오히려 공무원의 책임을 묻는 근거로 기능하는 것을 견제할 필요가 있다.

선거에서 공무원의 정치적 중립성 요청에 대해서 헌법재판소는 국민 전체에 대한 봉사자로서 공무원의 지위를 규정하는 헌법 제7조 제1항, 자유선거원칙을 규정한 헌법 제41조 제1항, 제67조 제1항 및 정당의 기회균등을 보장하는 헌법 제116조 제1항으로부터 나오는 헌법적 요청으로 본다.[483)]

NOTE 지방자치단체의 장의 선거운동금지

현행「공직선거법」제60조 제1항 제4호 본문에서는 국가공무원과 지방공무원에 대해서 선거운동을 할 수 없도록 하고 있다. 또「지방공무원법」제57조에서는 공무원은 선거에서 특정정당 또는 특정인을 지지하거나 반대하기 위하여서 투표를 하거나 하지 아니하도록 권유하는 등의 행위를 할 수 없도록 하고 있다.

① 이러한「공직선거법」의 태도에 대해서 과거 헌법재판소는 공무원이 그 직을 그대로 유지한 채 선거운동을 할 수 있는 경우 자신들의 지위와 권한을 특정 개인을 위한 선거운동에 남용할 소지가 많게 되고, 자신의 선거운동에 유리한 방향으로 편파적으로 직무를 집행하거나 관련 법규를 적용할 가능성도 있는 등 그로 인한 부작용과 폐해가 선거결과에 지대

482) 헌재 1989.12.18. 89헌마32등.

483) 헌재 2004.5.14. 2004헌나1; 2020.3.26. 2018헌바90, 구 공직선거법 제60조 제1항 제4호 등 위헌소원(합헌) – 지방자치단체의 장의 선거운동 금지사건 참조.

한 영향을 미치게 될 것이기 때문에 헌법에 위반되지 않는다고 보았다. 구 「지방공무원법」 조항도 「공직선거법」 조항에서 금지하는 구체적인 형태의 선거운동을 금지하고 처벌하고 있는 것으로서 헌법에 위반되지 않는다고 판시한바 있다.[484]

② 「공직선거법」 제60조 제1항 제4호 단서에서는 국회의원과 지방의회의원만을 선거운동을 할 수 있도록 예외로 규정함으로써 지방자치단체의 장에 대하여는 여전히 선거운동을 금지하고 있다. 이에 대해서 헌법재판소는 대통령과 지방자치단체의 장에게 강한 중립성이 요구되므로 평등원칙에 위반되지 않고, 지방자치단체의 장의 업무전념성, 지방자치단체의 장과 해당 지방자치단체 소속 공무원의 정치적 중립성, 선거의 공정성을 확보하기 위한 것으로서 선거운동의 자유를 침해한다고 할 수 없다고 판시한바 있다.[485]

(나) 법률상 구현규정

「국가공무원법」에서는 공무원의 정치 운동을 금지하고 있고(국가공무원법 제65조 제1항), 특정 정당 또는 특정인을 지지 또는 반대하기 위하여 ① 투표를 하거나 하지 아니하도록 권유 운동을 하는 것, ② 서명 운동을 기도·주재하거나 권유하는 것, ③ 문서나 도서를 공공시설 등에 게시하거나 게시하게 하는 것, ④ 기부금을 모집 또는 모집하게 하거나, 공공자금을 이용 또는 이용하게 하는 것, ⑤ 타인에게 정당이나 그 밖의 정치단체에 가입하게 하거나 가입하지 아니하도록 권유 운동을 하는 것을 금지하고 있다(국가공무원법 제65조 제2항). 또한 다른 공무원에게 「국가공무원법」 제65조 제1항과 제2항의 행위에 위배되는 행위를 하도록 요구하거나, 정치적 행위에 대한 보상 또는 보복으로서 이익 또는 불이익을 약속하여서도 안 된다(국가공무원법 제65조 제3항).

그 외 공무원의 정치적 행위의 금지에 관한 한계는 대통령령등으로 정한다(국가공무원법 제65조 제4항). 대통령령등이란 대통령령 외에 국회규칙, 대법원규칙, 헌법재판소규칙, 중앙선거관리위원회규칙 등을 말한다. 「지방공무원법」의 내용도 「국가공무원법」과 동일하다(지방공무원법 제57조 참조).[486]

특히 「공직선거법」은 공무원 기타 정치적 중립을 지켜야 하는 자(기관·단체 포함)에 대해서 선거에 대한 부당한 영향력의 행사 기타 선거결과에 영향을 미치는 행위를 금지하고 있다(공직선거법 제9조 제1항). 또한 공직선거법은 검사(군검사 포함) 또는 경찰

---

484) 헌재 2008.4.24. 2004헌바47, 지방공무원법 제57조 제2항 제1호 등 위헌소원(합헌).

485) 헌재 2020.3.26. 2018헌바90, 구 공직선거법 제60조 제1항 제4호 등 위헌소원(합헌) – 지방자치단체의 장의 선거운동 금지사건 참조.

486) 다만, 공무원의 정치적 행위의 금지에 관한 한계는 대통령령등이 아닌 대통령령으로 정한다고 규정하고 있다(지방공무원법 제57조 제4항).

공무원(검찰수사관 및 군사법경찰관리 포함)에 대해서 「공직선거법」의 규정에 위반한 행위가 있다고 인정되는 때에는 신속 · 공정하게 단속 · 수사할 의무를 부과함으로써 부작위에 의한 정치적 중립성 위반을 방지하고자 하고 있다(공직선거법 제9조 제2항).

(다) 공무원의 정치적 중립의 필요성

공무원에 대한 정치적 중립성이 필요한 이유에 관하여 헌법재판소는 공무원은 국민전체에 대한 봉사자이므로 중립적 위치에서 공익을 추구하고(**국민전체의 봉사자설**), 행정에 대한 정치의 개입을 방지함으로써 행정의 전문성과 민주성을 제고하고, 정책적 계속성과 안정성을 유지하며(**정치와 행정의 분리설**), 정권의 변동에도 불구하고 공무원의 신분적 안정을 기하고, 엽관제로 인한 부패 · 비능률 등의 폐해를 방지하며(**공무원의 이익보호설**), 자본주의의 발달에 따르는 사회경제적 대립의 중재자 · 조정자로서의 기능을 적극적으로 담당하기 위하여 요구되는 것(**공적 중재자설**)이라는 일반적 설명을 기초로 이를 종합적으로 고려하여 공무원의 직무의 성질상 그 **직무집행의 중립성을 유지**하기 위하여 필요한 것으로 보고 있다.[487] 또 당해 공무원의 권리나 이익의 보호에 그치지 않고 국가통치 차원에서의 정치적 안정의 유지와 공무원으로 하여금 상급자의 불법부당한 지시나 정실(情實)에 속박되지 않고 오직 법과 정의에 따라 공직을 수행하게 하는 **법치주의의 이념과 고도의 합리성, 전문성, 연속성이 요구되는 공무의 차질 없는 수행을 보장**하기 위한 것이다.[488]

(라) 공무원의 정치적 중립성 침해여부의 판단기준

대법원의 판결에 따르면, 공무원의 정치적 중립성 침해여부 판단기준은 일률적으로 정할 수는 없고 헌법에 의하여 정치적 중립성이 요구되는 공무원 및 교원 지위의 특수성과 아울러, 구체적인 사안에서 당해 행위의 동기 또는 목적, 그 시기와 경위, 당시의 정치적 · 사회적 배경, 행위의 내용과 방식, 특정 정치세력과의 연계 여부 등 당해 행위와 관련된 여러 사정을 종합적으로 고려하여 판단하여야 한다.[489]

(마) 공무원의 정치적 중립 요구의 한계

공무원에게 정치적 중립을 요구하는 경우에도 공무원 개인의 기본권 보장은 준수

487) 헌재 1995.5.25. 91헌마67, 구 지방의회의원선거법 제35조 등에 대한 헌법소원(일부위헌, 일부기각, 반대의견 있음).
488) 헌재 1989.12.18. 89헌마32등, 국가보위입법회의법 등의 위헌여부에 관한 헌법소원(위헌, 각하).
489) 대법원 2012.4.19. 2010도6388 전원합의체 판결.

되어야 하므로 정치적 중립성 요구는 일정한 한계를 가지게 된다.

Q **전교조 교사들이 4대강 사업 등 정부시책에 반대하는 시국선언에 참여한 것이 정치적 중립의무를 위반한 것인지 여부를 판단하시오.**

A 정치적 중립의무를 위반한 것이기 때문에 형사처벌의 대상이 된다는 것이 대법원의 판례다.490)

Q **「정당법」 제22조에는 공무원인 초·중등학교 교원과 사립학교 교원은 정당의 발기인 및 당원이 될 수 없도록 하고 있고, 「국가공무원법」 제65조에는 공무원인 초·중등학교의 교원은 정당이나 그 밖의 정치단체의 결성에 관여하거나 개입할 수 없도록 하고 있다. 이 조항의 위헌여부를 판단하시오.491)**

A ① 공무원인 초·중등교원의 정당 가입 등에 대한 제한은 공무원의 정치적 표현의 자유 및 결사의 자유를 제한하는 것이기는 하나 교육의 정치적 중립성, 학생들의 교육기본권의 보장 등을 확보하기 위한 것으로서 과잉금지원칙에 위배되지 아니한다.492)
② 사립 초·중등학교의 교원이 정당의 당원 등이 될 수 없도록 한 「정당법」 소정의 조항도 공교육의 관점에서 헌법에 위반되지 않는 것으로 판단된다.493)
③ "그 밖의 정치단체"는 명확성원칙에 위배되어 헌법에 위반된다.494)

(2) 공무원의 신분보장

공무원의 정치적 중립성과 함께 공무원에 대한 신분보장이 직업공무원제도의 주요 내용으로 인정된다. 앞에서 살펴본 바와 같이 헌법재판소는 공무원의 신분보장을 직업공무원제도의 본질적 내용으로 파악하고 있다.495)

490) 대법원 2012.4.19. 2010도6388 전원합의체 판결.
491) 헌재 2020.4.23. 2018헌마551, 정당법 제22조 제1항 단서 제1호 등 위헌확인[위헌(3인의 반대의견 있음), 기각(3인의 반대의견 있음), 각하] 참조.
492) 헌재 2020.4.23. 2018헌마551; 2004.3.25. 2001헌마710; 2014.3.27. 2011헌바42.
493) 헌재 2020.4.23. 2018헌마551에서는 사립 초·중등학교 교원의 청구는 청구기간 도과로 각하되어 본안판단에 이르지 못하였다.
494) 헌재 2020.4.23. 2018헌마551. 위헌의견 6인 중 3인의 위헌의견은 명확성원칙의 위배가 분명하므로 나아가 과잉금지심사를 할 필요가 없다고 하였으나 나머지 3인의 위헌의견은 과잉금지원칙까지 위배한 것으로 보았다.
495) 헌재 1989.12.18. 89헌마32등, 국가보위입법회의법 등의 위헌여부에 관한 헌법소원(위헌, 각하).

마) 공무원의 권리와 의무

(1) 공무원의 헌법상 권리와 의무

공무원의 신분은 헌법에 의하여 보장되므로 신분보유권을 가진다(제7조 제2항). 또한 공무원도 헌법상 보장된 기본권의 주체가 된다. 따라서 공무원도 개인으로서는 일반 국민이 누리는 기본권을 그대로 누린다. 다만, 일정한 기본권의 경우에는 일반국민에 비하여 보다 큰 제한이 이루어질 수 있다. 예컨대, 직업공무원제도상 공무원에게 요구되는 정치적 중립성의 요구 때문에 그 범위 내에서 공무원의 정치적 기본권은 제약될 수 있다. 공무원의 정치활동이 제한되는 헌법적 근거로는 공무원은 국민전체에 대한 봉사자라는 관점이 제시되기도 한다.[496]

또한 공무원은 헌법상 의무도 부담한다. 특히 국군의 경우에는 국가안전보장과 국토방위의 신성한 의무를 수행할 사명과 정치적 중립의무[497](제5조 제2항)가 요구되고, 국회의원의 경우에는 헌법 제46조에 따라 청렴의 의무, 국익우선의무, 지위남용금지의무가 요구된다.

정부는 대통령령인 국가공무원 복무규정을 다음과 같이 개정하고 지방공무원 복무규정도 동일하게 개정하였다. 이 규정들에 대한 위헌심사기준을 적시하고 위헌여부를 판단하시오.

> 국가공무원 복무규정(2009.11.30. 대통령령 제21861호로 개정되고, 2011.7.4. 대통령령 제23010호로 개정되기 전의 것)
> 제3조(근무기강의 확립) ② 공무원('국가공무원법 제3조 제3항의 공무원의 범위에 관한 규정'에 따른 공무원은 제외한다)은 집단·연명으로 또는 단체의 명의를 사용하여 국가의 정책을 반대하거나 국가 정책의 수립·집행을 방해해서는 아니 된다.
> 제8조의2(복장 및 복제 등) ② 공무원은 직무를 수행할 때 제3조에 따른 근무기강을 해치는 정치적 주장을 표시 또는 상징하는 복장을 하거나 관련 물품을 착용해서는 아니 된다.

496) 공무원의 정치적 권리가 일반국민에 비하여 제한되는 것이 헌법적으로 정당한지에 대해서는 이론이 있다. 이에 대해서는 특히 오동석, 한국의 법치주의와 교원의 정치활동의 제한, 한국교육법학회 학술대회자료집, 2013.5.4., 2쪽 이하 참조.

497) 「공직선거법」에서의 공무원 개념에는 국회의원 및 지방의회의원을 제외한 모든 정무직 공무원이 포함된다[헌재 2004.5.14. 2004헌나1, 대통령(노무현)탄핵(기각)].

설문의 공무원 복무규정들에 의해 제한받는 주된 기본권은 공무원의 정치적 표현의 자유이고, 위헌심사기준인 법률유보원칙(국가공무원법 제65조 및 제67조의 위임에 근거한 것이라는 점), 명확성원칙(집단, 연명, 국가의 정책, 반대·방해 등 개념의 명확성) 및 과잉금지원칙에 위반되지 않는다.[498)]

(2) 공무원의 법률상 권리와 의무

(가) 법률상 권리

① 신분상 권리

㉮ 신분보유권

공무원(국가공무원의 경우에는 1급 공무원과 직무등급이 가장 높은 등급의 직위에 임용된 고위공무원단에 속하는 공무원과 지방공무원의 경우에는 1급 공무원 제외)은 형의 선고, 징계처분 또는 「국가공무원법」이나 「지방공무원법」에서 정하는 사유에 따르지 아니하고는 본인의 의사에 반하여 휴직·강임 또는 면직을 당하지 않는다(국가공무원법 제68조, 지방공무원법 제60조).

㉯ 직위보유권

임용권자나 임용제청권자는 법령으로 따로 정하는 경우 외에는 소속 공무원의 직급과 직류를 고려하여 그 직급에 상응하는 일정한 직위를 부여하여야 한다(국가공무원법 제32조의5·제73조의3, 지방공무원법 제30조의5·제65조의3).

㉰ 직무수행권·직명사용권·제복착용권

모든 공무원은 법령을 준수하며 성실히 직무를 수행하여야 한다(국가공무원법 제56조, 지방공무원법 제48조). 이는 공무원의 성실의무를 규정한 것이면서도 다른 한편으로는 공무원의 직무수행권을 규정한 것이다. 공무원은 직무를 수행함에 있어서 자신의 직명을 사용하고, 제복이 있는 경우에는 제복을 착용할 수 있다.

㉱ 징계처분 등의 처분사유를 고지 받을 권리

공무원에 대하여 징계처분등을 할 때나 강임·휴직·직위해제 또는 면직처분을 할 때에는 그 처분권자 또는 처분제청권자는 처분사유를 적은 설명서를 교부하여야 한다(국가공무원법 제75조 제1항, 지방공무원법 제67조 제1항).

---

498) 헌재 2012.5.31. 2009헌마705등, 국가공무원 복무규정 제3조 제2항 등 위헌확인(기각, 각하).

㉺ 행정쟁송권

징계 등의 처분사유 설명서를 받은 공무원은 그 설명서를 받은 날부터, 공무원이 「국가공무원법」 제75조와 「지방공무원법」 제67조 제1항에서 정한 처분 외에 본인의 의사에 반한 불리한 처분을 받았을 때에는 그 처분이 있은 것을 안 날부터 각각 30일 이내에 국가공무원은 소청심사위원회에, 지방공무원은 심사위원회에 심사를 청구할 수 있고, (소청)심사위원회의 심사·결정을 거친 후에는 행정소송을 제기할 수 있다(국가공무원법 제76조 제1항·제16조, 지방공무원법 제67조 제2항·제20조의2).

특수경력직공무원에 대해서는 원칙적으로 「국가공무원법」과 「지방공무원법」의 특정 조항만 적용하므로(국가공무원법 제3조, 지방공무원법 제3조), 신분상 권리는 통상 경력직 공무원에 대하여 적용된다.

② 재산상 권리

㉮ 보수청구권

공무원은 재산상 권리로 보수청구권을 가진다. 공무원의 보수는 직무의 곤란성과 책임의 정도에 맞도록 계급별·직위별 또는 직무등급별로 정한다(국가공무원법 제46조 제1항 본문, 지방공무원법 제44조 제1항 본문). 공무원의 보수에 대해서는 공무원보수규정 및 지방공무원보수규정이 적용된다.

㉯ 연금청구권

공무원이 질병·부상·폐질(廢疾)·퇴직·사망 또는 재해를 입으면 본인이나 유족에게 법률로 정하는 바에 따라 적절한 급여를 지급한다(국가공무원법 제77조 제1항, 지방공무원법 제68조 제1항).[499]

㉰ 실비변상수령권

공무원은 보수 외에 대통령령등으로(지방공무원의 경우에는 조례로) 정하는 바에 따라 직무 수행에 필요한 실비 변상을 받을 수 있다(국가공무원법 제48조 제1항, 지방공무원법 제46조 제1항).

㉱ 보상수령권

공무원이 소속 기관장의 허가를 받아 본래의 업무 수행에 지장이 없는 범위에서 담당 직무 외의 특수한 연구과제를 위탁받아 처리하면 그 보상을 지급받을 수 있다(국

---

499) 다만 「지방공무원법」에는 폐질 대신 장애·분만으로 규정되어 있다.

가공무원법 제48조 제2항, 지방공무원법 제46조 제2항).

(나) 법률상 의무

공무원에게는 법률상 선서의무(국가공무원법 제55조, 지방공무원법 제47조), 성실의무(국가공무원법 제56조, 지방공무원법 제48조), 법령준수의무(국가공무원법 제56조, 지방공무원법 제48조), 복종의무(국가공무원법 제57조, 지방공무원법 제49조), 직장 이탈 금지(국가공무원법 제58조, 지방공무원법 제50조), 친절·공정의 의무(국가공무원법 제59조, 지방공무원법 제51조), 종교중립의 의무(국가공무원법 제59조의2, 지방공무원법 제51조의2), 비밀엄수의 의무(국가공무원법 제60조, 지방공무원법 제52조), 청렴의 의무(국가공무원법 제61조, 지방공무원법 제53조), 외국 정부의 영예 등을 받을 경우 사전허가를 받을 의무(국가공무원법 제62조, 지방공무원법 제54조), 품위유지의 의무(국가공무원법 제64조, 지방공무원법 제55조), 영리 업무 및 겸직 금지(국가공무원법 제62조, 지방공무원법 제56조), 정치운동의 금지(국가공무원법 제65조, 지방공무원법 제57조), 집단 행위의 금지(국가공무원법 제66조, 지방공무원법 제58조) 등이 있다.

대법원은 군인이 법원에 소를 제기하거나 헌법소원심판을 청구하였다는 사실만으로는 **군인의 복종의무**를 위반한 것으로 볼 수 없다 판시한 바 있다.[500]

---

500) 대법원 2018.3.22. 2012두26401 전원합의체 판결(9인 대법관의 다수의견. 4인 대법관은 반대의견). 다수의견 및 반대의견의 논지는 다음과 같다. [다수의견] "상명하복에 의한 지휘통솔체계의 확립이 필수적인 군의 특수성에 비추어 군인은 상관의 명령에 복종하여야 한다. 구 군인복무규율(2009. 9. 29. 대통령령 제21750호로 개정되기 전의 것) 제23조 제1항은 그와 같은 취지를 규정하고 있다. 군인이 일반적인 복종의무가 있는 상관의 지시나 명령에 대하여 재판청구권을 행사하는 경우에는 재판청구권이 군인의 복종의무와 외견상 충돌하는 모습으로 나타날 수 있다. 그러나 상관의 지시나 명령 그 자체를 따르지 않는 행위와 상관의 지시나 명령은 준수하면서도 그것이 위법·위헌이라는 이유로 재판청구권을 행사하는 행위는 구별되어야 한다. 법원이나 헌법재판소에 법적 판단을 청구하는 것 자체로는 상관의 지시나 명령에 직접 위반되는 결과가 초래되지 않으며, 재판절차가 개시되더라도 종국적으로는 사법적 판단에 따라 위법·위헌 여부가 판가름 나므로 재판청구권 행사가 곧바로 군에 대한 심각한 위해나 혼란을 야기한다고 상정하기도 어렵다. 상관의 지시나 명령을 준수하는 이상 그에 대하여 소를 제기하거나 헌법소원을 청구하였다는 사실만으로 상관의 지시나 명령을 따르지 않겠다는 의사를 표명한 것으로 간주할 수도 없다. 종래 군인이 상관의 지시나 명령에 대하여 사법심사를 청구하는 행위를 무조건 하극상이나 항명으로 여겨 극도의 거부감을 보이는 태도 역시 모든 국가권력에 대하여 사법심사를 허용하는 법치국가의 원리에 반하는 것으로 마땅히 배격되어야 한다. 따라서 군인이 상관의 지시나 명령에 대하여 재판청구권을 행사하는 경우에 그것이 위법·위헌인 지시와 명령을 시정하려는 데 목적이 있을 뿐, 군 내부의 상명하복관계를 파괴하고 명령불복종 수단으로서 재판청구권의 외형만을 빌리거나 그 밖에 다른 불순한 의도가 있지 않다면, 정당한 기본권의 행사이므로 군인의 복종의무를 위반하였다고 볼 수 없다."

[반대의견] "군인을 포함하여 모든 국민이 헌법상 재판청구권을 가짐은 다툼의 여지가 없다. 그러

바) 공직부패방지제도

공직관련 부패의 발생을 예방하고 부패행위를 효율적으로 규제하기 위하여 「부패방지 및 국민권익위원회의 설치와 운영에 관한 법률」(이하 "부패방지권익위법")이 제정되어 있다. 18세 이상의 국민[501]은 공공기관의 사무처리가 법령위반 또는 부패행위로 인하여 공익을 현저히 해하는 경우 대통령령으로 정하는 일정한 수 이상의 국민의 연서로 감사원에 감사를 청구할 수 있다. 국회·법원·헌법재판소·선거관리위원회 또는 감사원의 사무에 대하여는 당해 기관의 장인 국회의장·대법원장·헌법재판소장·중앙선거관리위원회 위원장 또는 감사원장에게 감사를 청구하여야 한다(부패방지권익위법 제72조 제1항).

그러나 부패방지권익위법 제72조 제2항에서는 다음과 같은 감사청구 제외대상을 규정하고 있다. 즉, 국가의 기밀 및 안전보장에 관한 사항(제1호), 수사·재판 및 형집행(보안처분·보안관찰처분·보호처분·보호관찰처분·보호감호처분·치료감호처분·사회봉사명령 포함)에 관한 사항(제2호), 사적인 권리관계 또는 개인의 사생활에 관한 사항(제3호), 다른 기관에서 감사하였거나 감사중인 사항(다른 기관에서 감사한 사항이라도 새로운 사항이 발견되거나 중요사항이 감사에서 누락된 경우에는 감사청구가능)(제4호), 그 밖에 감사를 실시하는 것이 적절하지 아니한 정당한 사유가 있는 경우로서 대통령령이 정하는 사항(제5호)은 감사청구의 대상에서 제외하고 있다.

또 공직자 및 공직후보자의 재산등록, 등록재산 공개 및 재산형성과정 소명과 공직을 이용한 재산취득의 규제, 공직자의 선물신고 및 주식백지신탁, 퇴직공직자의 취업제한 및 행위제한 등을 규정함으로써 공직자의 부정한 재산 증식을 방지하고, 공무집행의 공정성을 확보하는 등 공익과 사익의 이해충돌을 방지하여 국민에 대한 봉사자로

나 재판청구권이 절대적, 무제한적인 권리는 아닐 뿐만 아니라, 재판청구권의 행사 의도나 목적 또는 방법에 따라서는 사후에 그 행사자가 형사처벌을 받거나 민사상 손해배상책임을 지기도 하고 징계처분을 받을 수도 있다. 군 지휘관의 직무상 명령이 명백히 위법한 것이 아닌 이상 부하인 군인은 복무규율에 따라 이에 복종할 의무가 있다. 그런데 상관의 명령에 대한 복종으로 참을 수 없는 불이익이 발생한다면, 부하로서는 우선 군인복무규율에 따라 내부적 해결을 위한 진지한 노력을 하여야 하고, 그에 따른 해결이 이루어지지 않는다면 법이 정한 다른 구제방법을 찾아야 한다. 만약 이와 달리 군대 내에서 발생하는 모든 불이익에 대해, 군인들이 언제라도 자유로이, 일반 법령이 정한 군대 밖의 국가기관의 구제절차를 통해 불이익의 해소를 시도하는 것이 정당화된다면, 국군의 조직력은 와해되고, 그로 인한 위험은 전체 국민이 떠안게 될 것이다."

501) 2022.1.4. 기존 19세에서 18세로 개정되었다. 이 규정은 이 법 시행(공포 후 6개월이 경과한 날) 이후 국민의 연서로 감사를 청구하는 경우부터 적용한다(부패방지권익위법 부칙 제6조).

서 가져야 할 공직자의 윤리를 확립함을 목적으로 「공직자윤리법」이 제정되어 있다. 이에 따르면 공직자는 이해충돌 방지의무가 있고(공직자윤리법 제2조의2), 일정한 공무원은 재산을 등록하여야 하며(공직자윤리법 제3조 본문 및 각 호), 퇴직공직자에 대해서는 취업제한이 있고(공직자윤리법 제17조), 재직 중에 직접 처리한 일정한 업무를 퇴직 후에 취급할 수 없도록 하고 있다(공직자윤리법 제18조의2).

사) 공무원의 기본권 제한과 제한의 정당성

(1) 정치적 활동의 제한

공무원의 정치활동은 법률로 제한될 수 있다. 이에 따라 「국가공무원법」과 「지방공무원법」은 공무원은 정당의 결성에 관여하거나 가입할 수 없도록 하고 있다(국가공무원법 제65조 제1항, 지방공무원법 제57조 제1항, 정당법 제22조 제1항 단서 제1호).[502]

(2) 노동3권의 제한

(가) 적용법률

헌법 제33조 제2항에 따르면 **공무원인 근로자는 법률이 정하는 자에 한하여** 단결권·단체교섭권 및 단체행동권을 가진다. 「노동조합 및 노동관계조정법」 제5조는 근로자는 자유로이 노동조합을 조직하거나 이에 가입할 수 있다고 하면서도 단서에서 **공무원과 교원에 대하여는 따로 법률로 정한다**고 규정하고 있다.

헌법과 법률의 규정에 따르면, **공무원**은 「공무원의 노동조합 설립 및 운영 등에 관한 법률」(이하 "공무원노조법")의 적용을 받고(공무원노조법 제6조) 공무원노조법 제2조의 적용대상 공무원에서 제외하고 있는 **사실상 노무에 종사하는 공무원**은 「국가공무원법」과 「지방공무원법」의 적용을 받으며, **교원인 공무원**은 「교원의 노동조합 설립 및 운영 등에 관한 법률」의 적용을 받는다.

---

502) 「국가공무원법」과 「지방공무원법」은 모두 "공무원은 정당이나 그 밖의 정치단체의 결성에 관여하거나 이에 가입할 수 없다."라고 규정하고 있다. 그런데 교육공무원인 초·중등교원에게 정당의 결성에 관여하거나 가입할 수 없게 한 것은 헌법에 위반되지 아니하나, "그 밖의 정치단체"의 결성에 관여하거나 가입할 수 없게 한 것은 명확성원칙 위배로 위헌 결정되었다[헌재 2020.4.23. 2018헌마551, 정당법 제22조 제1항 단서 제1호 등 위헌확인(위헌(3인의 반대의견 있음), 기각(3인의 반대의견 있음), 각하)].

(나) 공무원

① 일반직 공무원 등

공무원으로서 노동조합에 가입할 수 있는 사람은 공무원노조법 제6조 제1항이 정하고 있다.[503] 이에 따르면 일반직공무원(제1호), 특정직공무원 중 외무영사직렬·외교정보기술직렬 외무공무원, 소방공무원 및 교육공무원(교원은 제외)(제2호), 별정직공무원(제3호), 제1호부터 제3호까지의 어느 하나에 해당하는 공무원이었던 사람으로서 노동조합 규약으로 정하는 사람(제4호)은 노동조합에 가입할 수 있다.

다른 한편 공무원노조법 제6조는 제2항에서 노동조합에 가입할 수 없는 공무원의 범위도 규정하고 있다. 이에 따르면 업무의 주된 내용이 다른 공무원에 대하여 지휘·감독권을 행사하거나 다른 공무원의 업무를 총괄하는 업무에 종사하는 공무원(제1호), 업무의 주된 내용이 인사·보수 또는 노동관계의 조정·감독 등 노동조합의 조합원 지위를 가지고 수행하기에 적절하지 아니한 업무에 종사하는 공무원(제2호), 교정·수사 등 공공의 안녕과 국가안전보장에 관한 업무에 종사하는 공무원(제3호)은 노동조합에 가입할 수 없다. 제1호에서 제3호 이외에 노동조합에 가입할 수 없는 공무원의 범위는 대통령령으로 정한다(공무원노조법 제6조 제4항).

그런데 공무원노조법의 노동조합과 조합원은 쟁의행위를 할 수는 없도록 되어 있다(공무원노조법 제11조).

② 사실상 노무에 종사하는 공무원

「국가공무원법」 제66조와 「지방공무원법」 제58조에 따르면 원칙적으로 공무원의 노동운동이나 공무외의 일을 위한 집단 행위는 금지되지만, 사실상 노무에 종사하는 공무원[504]에 대해서는 예외로 하고 있다. 따라서 **사실상 노무에 종사하는 공무원은 「국가**

503) 노동조합에 가입할 수 있는 공무원의 범위를 정한 공무원노조법 제6조는 2021.1.5. 개정 전에는 6급 이하의 공무원으로 한정하고 있었다.

504) 사실상 노무에 종사하는 공무원의 범위는 국가공무원인 경우에는 대통령령으로 정하고, 지방공무원인 경우에는 조례로 정하도록 하고 있다(국가공무원법 제66조, 지방공무원법 제58조). 대통령령인 「국가공무원 복무규정」 제28조: "국가공무원법 제66조에 따른 사실상 노무에 종사하는 공무원은 과학기술정보통신부 소속 현업기관의 작업 현장에서 노무에 종사하는 우정직공무원(우정직공무원의 정원을 대체하여 임용된 일반임기제공무원 및 시간선택제일반임기제공무원을 포함한다)으로서 다음 각 호의 어느 하나에 해당하지 아니하는 공무원으로 한다. 1. 서무·인사 및 기밀 업무에 종사하는 공무원 2. 경리 및 물품출납 사무에 종사하는 공무원 3. 노무자 감독 사무에 종사하는 공무원 4. 「보안업무규정」에 따른 국가보안시설의 경비 업무에 종사하는 공무원 5. 승용자동차 및 구급차의 운전에 종사하는 공무원"

공무원법」과 「지방공무원법」에 따라 노동운동 등이 허용된다.[505)]

③ **교원인 공무원**

공무원노조법은 교원인 공무원에 대해서는 적용되지 않는다(공무원노조법 제2조). 교원은 공무원이든 사립학교 교원이든, 「유아교육법」, 「초·중등교육법」 그리고 「고등교육법」상 교원(강사 제외)을 불문하고[506)] 「교원의 노동조합 설립 및 운영 등에 관한 법률」의 적용을 받는다(교원노조법 제1조 및 제2조).[507)] 교원노조에 가입할 수 있는 사람은 교원, 교원으로 임용되어 근무하였던 사람으로서 노동조합 규약으로 정하는 사람이다(교원노조법 제4조의2).

유치원 및 초·중등학교 교원은 특별시·광역시·특별자치시·도·특별자치도(이하 "시·도") 단위 또는 전국 단위로만 노동조합을 설립할 수 있고, 대학교 교원(강사는 제외)은 개별학교 단위, 시·도 단위 또는 전국 단위로 노동조합을 설립할 수 있다. 교원노동조합을 설립하려는 사람은 고용노동부장관에게 설립신고서를 제출하여야 한다(이상 교원노조법 제4조). 구 교원노조법에서는 임용권자의 허가가 있는 경우에 교원은 노동조합의 업무에만 종사할 수 있고, 전임기간 중에는 봉급을 받지 못하도록 하였으나, 개정 교원노조법에서는 임용권자의 동의를 받아 노동조합으로부터 급여를 지급받으면서 노동조합의 업무에만 종사할 수 있도록 하고 있다(교원노조법 제5조 제1항).

교원 노동조합의 정치활동은 금지되어 있다(교원노조법 제3조).

---

505) 사실상 노무에 종사하는 공무원과 관련하여, 「노동조합 및 노동관계조정법」 제5조 제1항에서는 공무원의 노동조합의 조직·가입에 대해서는 따로 법률로 정한다고 하고 있고, 공무원노조법 제2조에서는 그 적용대상에서 제외하고 있으므로, 사실상 노무에 종사하는 공무원의 노동조합설립의 법적 근거가 불명확하다. 지방공무원의 경우도 마찬가지다. 사실상 노무에 종사하는 공무원도 공무원임이 명백하므로 공무원노조법의 적용을 받도록 개정하는 것이 타당할 것으로 보인다.

506) 구 교원노조법(2010.3.17. 일부개정, 법률 제10132호) 제2조(정의)에서는 교원노조법상 교원은 「초·중등교육법」상 교원만을 말하는 것으로 규정하였었다. 이에 대해서 국·공립대학 및 사립대학 교원이 노동3권을 침해한다는 주장에 대해서 헌법재판소는 헌법불합치결정을 내렸다[헌재 2018.8.30. 2015헌가38, 노동조합 및 노동관계조정법 제5조 단서 등 위헌제청(헌법불합치)]. 이에 따라 국회는 2020.6.9. 교원노조법을 개정하여 「유아교육법」과 「고등교육법」상 교원을 포함하였다.

507) 구 교원노조법(2020.6.9. 일부개정, 법률 제17430호) 제2조(정의)에서는 본문에 단서를 달아서 "다만, 해고된 사람으로서 「노동조합 및 노동관계조정법」 제82조제1항에 따라 노동위원회에 부당노동행위의 구제신청을 한 사람은 「노동위원회법」 제2조에 따른 중앙노동위원회의 재심판정이 있을 때까지 교원으로 본다."라고 규정하였으나, 2021.1.5. 개정에서 단서를 삭제하고 있다. 대신 노동조합에 가입할 수 있는 사람의 범위를 교원(제1호)과 교원으로 임용되어 근무하였던 사람으로서 노동조합 규약으로 종하는 사람(제2호)으로 하는 제4조의2를 신설하고 있다.

(3) 특수신분관계에 의한 기본권 제한 가능성 여부

공무원의 신분은 국가와의 관계에서 일반국민에 비하여 특수한 신분관계에 있다고 할 수 있다. 따라서 일반국민에 비해서 기본권 제한의 가능성이 클 수 있다. 그러나 특수신분관계라고 하더라도 오늘날은 법률유보조항과 기본권제한의 일반원칙 내지는 한계인 과잉금지원칙과 본질적 내용 침해금지 원칙은 여전히 적용되는 것으로 보는 것이 일반적인 견해다.

나. 군의 정치적 중립성

1) 문민통제

가) 의의

(1) 개념

문민통제(civilian control)란 직접적으로는 군사에 관한 최고결정권자는 군인이 아니라 민간정치인인 문민이어야 하고 군인은 문민에 의하여 통제되어야 함을 의미한다. 지난 우리 역사 속에서 소위 군사정권이라고 비판되는 박정희 정부나 전두환 정부 그리고 노태우 정부도 대통령이 군인의 신분으로 취임한 것은 아니기 때문에, 헌법규정의 의미에서는 문민통제의 원칙을 직접적으로 위반한 것으로 보기는 어렵다. 그러나 이것만으로 문민통제가 실현된 것으로 보기 어렵다.[508] 문민통제가 이루어지기 위해서는 결국 정치문화가 군사문화화 하지 않도록 하는 노력이 필요하다. 문민통제는 군사국가화를 막기 위한 것이다. 따라서 문민통제는 간접적으로는, 군의 역할은 오로지 국가안보와 국토방위라는 군사적 목적을 달성하는데 한정되고 비군사적·민간적 영역의 군사화는 허용되지 않는다는 의미도 갖는다.[509]

(2) 헌법적 근거

문민통제의 직접적인 헌법적 근거로는 군인은 현역을 면한 후가 아니면 국무총리와 국무위원으로 될 수 없다고 규정한 헌법 제86조 제3항과 제87조 제4항을 들 수 있다.

그 외 간접적인 관련 조항으로는 대통령의 국군통수권(제74조 제1항), 국군 조직과 편성의 법률주의(제74조 제2항), 국회에 의한 국방예산의 심의·확정(제54조), 선전포고,

508) 구병삭, 문민통제, 고시계, 1981.9., 40쪽.
509) 권영성, 헌법학원론, 법문사, 2008, 258쪽.

국군의 외국에의 파견 또는 외국군대의 대한민국 영역 안에서의 주유에 대한 국회의 동의권(제60조 제2항), 국정감사 · 조사(제61조), 선전 · 강화 기타 중요한 대외정책, 군사에 관한 중요사항, 합동참모의장 · 각 군 참모총장의 임명을 국무회의의 심의사항으로 한 것(제89조 제2호 · 제6호 · 제16호), 군사에 관한 대통령 국법행위의 문서주의(제82조 제2문) 등을 들 수 있다.

나) 병정통합주의(군정 · 군령일원주의)

군사작용은 크게 양병(養兵)작용과 용병(用兵)작용으로 구분할 수 있다. 양병작용 또는 군정(軍政)작용은 국방목적을 위하여 국군을 편성 · 조직하고 병력을 취득 · 관리하는 작용이다. 용병작용 또는 군령(軍令)작용은 국방목적을 위하여 군을 현실적으로 지휘 · 명령 · 통솔하는 작용을 말한다.

병정통합주의(군정 · 군령일원주의)는 이러한 군정과 군령을 다 같이 일반 행정기관이 관장하게 함으로써 정부에 의한 군의 통제를 가능하게 하는 제도를 의미한다.[510] 오늘날 대부분의 **민주국가는 병정통합주의를 채택**하고 있다. 이에 반하여 병정분리주의(군정 · 군령이원주의)는 군령기관과 군정기관을 분리시켜 군정기관은 일반 행정기관이 담당하고, 군령기관은 일반 행정기관과는 다른 별도의 기관이 담당하는 제도를 말한다.

병정을 분리하면 일반 행정기관에 의한 군령의 통제가 이루어질 수 없어서 국가원수가 군령작용을 통하여 군국주의를 지향할 위험성이 있다. 그렇게 되면 문민통제가 될 수 없다.

다) 내용

(1) 대통령의 국군통수권

(가) 의의 및 헌법적 근거

대통령은 헌법과 법률이 정하는 바에 의하여 국군을 통수한다(제74조 제1항). 이에 의하면 군정권과 군령권을 분리하지 아니하고 국군통수권의 이름으로 대통령에게 부여하고 있다. 이것은 문민통제의 원칙을 내포하고 있는 것으로 이해할 수 있다.[511]

(나) 「국군조직법」

헌법의 취지를 구현하여 「국군조직법」(1948.11.30. 제정 · 시행) 제6조에서는 “대통령은 헌법, 국군조직법 및 그 밖의 법률에서 정하는 바에 따라 국군을 통수한다”고 규정

---

510) 권영성, 헌법학원론, 법문사, 2008, 258쪽.
511) 정문식, 헌법주석[국회, 정부]((사)한국헌법학회 편), 경인문화사, 2018, 617쪽 참조.

하고 있다.

국방부장관은 대통령의 명을 받아 군사에 관한 사항을 관장하고 합동참모의장과 각군 참모총장을 지휘·감독한다(국군조직법 제8조).

합동참모의장은 군령에 관하여 국방부장관을 보좌하며, 국방부장관의 명을 받아 전투를 주임무로 하는 각군의 작전부대를 작전지휘·감독하고, 합동작전 수행을 위하여 설치된 합동부대를 지휘·감독한다. 다만, 평시 독립전투여단급 이상의 부대이동 등 주요 군사사항은 국방부장관의 사전승인을 받아야 한다(국군조직법 제9조 제2항).

각군 참모총장은 국방부장관의 명을 받아 각각 해당 군을 지휘·감독한다. 다만, 전투를 주임무로 하는 작전부대에 대한 작전지휘·감독은 제외한다(국군조직법 제10조 제2항).

각군의 부대 또는 기관의 장은 편제 또는 작전지휘·감독 계통상의 상급부대 또는 상급기관의 장의 명을 받아 그 소속 부대 또는 소관 기관을 지휘·감독한다(국군조직법 제11조).

(다) 대한민국국군의 작전통제권

작전통제권(Operational Control)은 평시작전통제권과 전시작전통제권으로 구분된다. 한국전쟁 발발 후 이승만 대통령이 맥아더 유엔군사령관에게 작전지휘권을 이양하였다가, 1994.12.1. 평시작전통제권은 다시 한국군으로 이양되었다. 전시작전통제권은 여전히 한미연합사령관에게 있다.

(2) 국무총리와 국무위원의 문민원칙

(가) 연혁

군인은 현역을 면한 후가 아니면 국무총리에 임명될 수 없도록 한 헌법규정(제86조 제3항)은, 국무총리제도가 폐지된 1954년의 제2차 개정헌법과 의원내각제를 채택한 1960년의 제3차 개정헌법 그리고 제4차 개정헌법 때를 제외하고는 언제나 헌법에 규정되어 있었다. 국무위원에 대한 문민통제는 1948년 헌법 이래 계속적으로 존재해 왔다. 다만, 1972년 헌법에서부터는 헌법제정 당시와는 달리 국무총리와 국무위원이 구분되어 별도의 조문에 규정되어 왔다.

(나) 개념 요소

'군인'이라 함은 전시와 평시를 막론하고 군에 복무하는 자를 말한다(국군조직법 제4조 제1항). '현역'은 병역의 일종으로서 징집 또는 지원에 의하여 입영한 병과 병역법 또는 군인사법에 따라 현역으로 임용 또는 선발된 장교·준사관·부사관 및 군간부후보생을 말한다(병역법 제5조 제1항 제1호).

현역을 면하는 경우는 전역하여 예비역에 편입되거나(군인사법 제42조) 사망·파면 등으로 제적되거나(군인사법 제40조) 및 연령정년 등으로 퇴역(군인사법 제41조)하는 경우가 있다. 법령상 전역하여 예비역에 편입되는 경우로는 병에 있어서는 현역복무기간의 만료, 장교·준사관·하사관에 있어서는 원에 의한 전역(군인사법 제35조), 정년전역(군인사법 제36조), 각군 전역심사위원회 심의에 따른 강제전역(군인사법 제37조) 등이 있다.

2) 민주군정의 원칙

가) 군정과 민주주의

그런데 군정작용과 군령작용 중 특히 민주주의원칙이 준수되어야 하는 것은 양병작용인 군정작용이다. 군은 일차적으로는 전투에서 승리하는 것을 목적으로 하고 민주주의를 실현하는 단체가 아니기 때문에, 엄격한 명령·지휘계통의 존중을 생명으로 하는 군의 성격상 군령은 원칙적으로 민주주의와 친숙하지 못하다. 이는 단순한 병영생활에 있어서 민주화와는 구별된다.

나) 민주적 통제제도

군정은 민주적으로 운영되고 관리되어야 한다. 따라서 군정작용에는 다음과 같은 많은 민주적 통제가 뒤따른다.

군정작용은 헌법과 법률이 정하는 바에 의하여 행사되어야 하고(제74조 제1항), 군정작용법률주의가 적용되며(제74조 제2항), 선전·강화 등의 중요한 대외정책, 군사에 관한 중요사항, 합동참모의장·각군참조총장의 임명은 국무회의의 심의를 거쳐야 하고(제89조 제2호·제6호·제16호), 선전포고 등은 국회의 동의를 얻어야 하며(제60조 제2항), 국정에 해당하므로 국정감사·조사의 대상이 되고(제61조), 국방예산은 국회가 심의·확정하며(제54조), 문서주의 및 부서(제82조 제2문), 필요적 헌법기관으로서 국가안전보장회의에 의한 자문(제91조) 등이 적용된다.

3) 군의 정치적 중립성

가) 의의

헌법 제5조 제2항에 따르면 국군은 국가의 안전보장과 국토방위의 신성한 의무를 수행함을 사명으로 하며, 그 정치적 중립성은 준수된다. 이 정치적 중립성 규정은 1987년 개정된 현행 헌법에서 처음으로 규정되었다.

문민통제에 따라 민간정치인인 문민에 의해 군이 통제되면 군인에 의한 통치는 배제할 수 있을지라도, 경우에 따라서는 군이 당해 문민이 갖는 특정한 정치적 성향에 의해 지배되어 군의 정치적 중립성이 훼손될 우려는 여전히 존재하게 된다. 따라서 정치인은 군을 정치적으로 이용하려고 해서는 안 되고, 군도 특정한 정치적 성향에 의해 편향되어서는 안 된다. 이러한 원칙을 선언한 것이 군의 정치적 중립성 준수의무인데, 이는 정치적 중립성을 유지할 군의 권리라고도 볼 수 있을 것이다.

나) 내용

군인은 개인적 또는 집단적으로 정치에 개입하거나 정치활동을 하여서는 안 되고 특정정당을 지원하거나 후원해서도 안 된다. 문민정치권력의 군사관련 판단이 군 자신의 판단과 상치되더라도 군은 원칙적으로 그에 복종해야 한다. 물론 문민정치권력은 안보전문가집단인 군의 전문적 판단을 참조하는 것이 타당할 것이다. 정치권자들은 정치적 목적을 위하여 군을 동원하거나 이용해서는 안 된다.

「군형법」 제94조에서는 대한민국 군인 등이 정치에 관여한 경우 처벌하고 있다. 즉, 정당이나 정치단체에 가입하거나(제1항 본문), 정당이나 정치단체의 결성 또는 가입을 지원하거나 방해하는 행위(제1항 제1호), 그 직위를 이용하여 특정 정당이나 특정 정치인에 대하여 지지 또는 반대 의견을 유포하거나, 그러한 여론을 조성할 목적으로 특정 정당이나 특정 정치인에 대하여 찬양하거나 비방하는 내용의 의견 또는 사실을 유포하는 행위(제1항 제2호), 특정 정당이나 특정 정치인을 위하여 기부금 모집을 지원하거나 방해하는 행위 또는 국가 · 지방자치단체 및 공공기관의 운영에 관한 법률에 따른 공공기관의 자금을 이용하거나 이용하게 하는 행위(제1항 제3호), 특정 정당이나 특정인의 선거운동을 하거나 선거 관련 대책회의에 관여하는 행위(제1항 제4호), 정보통신망 이용촉진 및 정보보호 등에 관한 법률에 따른 정보통신망을 이용한 제1호부터 제4호에 해당하는 행위(제1항 제5호), 「군형법」 제1조 제1항부터 제3항까지에 규정된 사람(군인, 군무원, 군적을 가진 군의 학교의 학생 · 생도와 사관후보생 · 부사관후보생 및 병역법 제57조에 따른 군적을 가지는 재영(在營) 중인 학생, 소집되어 복무하고 있는 예비역 · 보충역 및 전시근로역인 군인)이나 다른 공무원에 대하여 「군형법」 제1호부터 제5호까지의 행위를 하도록 요구하거나 그 행위와 관련한 보상 또는 보복으로서 이익 또는 불이익을 주거나 이를 약속 또는 고지하는 행위(제2항)를 한 사람은 5년 이하의 징역과 5년 이하의 자격정지에 처하도록 규정하고 있다.

NOTE 구「군형법상」"정치적 의견 공표" 개념의 위헌 여부

「군형법」 제94조(2014.1.14. 개정)는 처벌의 행위유형을 각 호별로 구분하여 상세하게 규정하고 있다. 그러나 개정 전「군형법」 제94조는 "정치단체에 가입하거나 연설, 문서 또는 그 밖의 방법으로 정치적 의견을 공표하거나 그 밖의 정치운동을 한 사람은 2년 이하의 금고에 처한다"라고만 규정하고 있었다. 그리하여 이 조항이 죄형법정주의의 명확성의 원칙과 정치적 표현의 자유를 침해하는지 여부에 관한 논쟁이 발생하였다.
이에 관하여 헌법재판소는 "정치적 의견을 공표"하는 행위는 '군무원이 그 지위를 이용하여 특정 정당이나 특정 정치인 또는 그들의 정책이나 활동 등에 대한 지지나 반대 의견 등을 공표하는 행위로서 군조직의 질서와 규율을 무너뜨리거나 민주헌정체제에 대한 국민의 신뢰를 훼손할 수 있는 의견을 공표하는 행위'로 한정할 수 있기 때문에, 죄형법정주의의 명확성원칙에 위반되지 않고, 군무원 등의 정치적 표현의 자유를 침해한 것으로 볼 수도 없다고 결정하였다.[512)]

군인의 정치적 의견 공표행위의 판단과 관련하여 대법원[513)]은 **현직 대통령에 대한 지지의견을 공표하는 것 자체만으로 그리고 정부의 특정 정책이나 성과에 대한 지지의견을 공표하는 것은「군형법」 제94조에서 금지하는 정치적 의견 공표행위에 해당**한다고 보았다. 이 판결에서 대법원은 정치적 의견 공표행위에 해당하는지 여부의 판단은 **문제되는 의견 또는 사실의 내용, 표현방법, 공표의 경위, 전체적인 맥락 등에 비추어 판단**되어야 한다고 판시하고 있다. 그리하여 문제되는 내용에 특정 정당이나 정치인에 대한 직접적인 언급이 없거나 명시적인 가치판단적 내용 없이 사실관계만 적시되어 있더라도, 그것이 정부의 정책이나 성과, 특정 정당이나 정치인에 대한 긍정적인 사실관계, 특정 정당이나

512) 헌재 2018.7.26. 2016헌바139, 구 군형법 제94조 위헌소원(합헌).「군형법」 제94조는 "정치단체", "그 밖의 정치운동" 등의 개념을 사용하고 있어서 이것이 명확성의 원칙에 위반되는지 여부가 문제될 수 있다. 교원의 정당 및 정치단체 결성·가입 사건에서「국가공무원법」상의 "그 밖의 정치단체"를 명확성원칙위반으로 위헌 결정한 사례가 있다[헌재 2020.4.23. 2018헌마551, 정당법 제22조 제1항 단서 제1호 등 위헌확인(위헌(3인의 반대의견 있음), 기각(3인의 반대의견 있음), 각하)].

513) 대법원 2018.6.28. 2017도2741 판결.

정치인 등에 불리한 사실관계를 적시하는 내용이라면, 이를 가치중립적인 사실관계를 적시한 것이라고 보기 어렵고, 표현방법과 경위, 전체적인 맥락 등을 종합할 때 그 주된 취지가 특정 정당이나 정치인에 대한 지지 또는 반대에 있다면, 이는 정치적 의견을 공표하는 행위에 해당한다고 볼 수 있다고 보았다.

4. 사회적 시장경제와 사유재산의 보장

가. 사회적 시장경제

1) 관련 조항

사회적 시장경제질서를 규정하고 있는 직접적인 헌법 문언은 "대한민국의 경제질서는 개인과 기업의 경제상의 자유와 창의를 존중함을 기본으로 한다(제1항). 국가는 균형있는 국민경제의 성장 및 안정과 적정한 소득의 분배를 유지하고, 시장의 지배와 경제력의 남용을 방지하며, 경제주체간의 조화를 통한 경제의 민주화를 위하여 경제에 관한 규제와 조정을 할 수 있다(제2항)"고 규정하고 있는 헌법 제119조다.

그 외에도 "정치 · 경제 · 사회 · 문화의 모든 영역에 있어서 각인의 기회를 균등히 하고, 능력을 최고도로 발휘하게 하며, 자유와 권리에 따르는 책임과 의무를 완수하게 하여, 안으로는 국민생활의 균등한 향상을 기하고"라고 규정하고 있는 헌법 전문, "모든 국민은 인간으로서의 존엄과 가치를 가지며, 행복을 추구할 권리를 가진다"고 규정한 헌법 제10조, "모든 국민의 재산권은 보장된다"고 규정한 제23조 제1항 전문, 인간다운 생활을 규정한 헌법 제34조 등이 있다.

2) 시장경제질서의 개념 및 의의

헌법재판소는 헌법의 경제질서는 사유재산제를 바탕으로 하고 자유경쟁을 존중하는 자유시장 경제질서를 기본으로 하면서도, 이에 수반되는 갖가지 모순을 제거하고 사회복지 · 사회정의를 실현하기 위하여 국가적 규제와 조정을 용인하는 것이라는 점에서 **사회적 시장경제질서**로서의 성격을 띠고 있는 것으로 본다.[514] 결국 대한민국헌법은 **자유시장 경제질서를 기본으로 하면서 사회국가원리를 수용**하여 실질적인 자유와 평등을 아울러 달성하려는 것을 근본이념으로 하고 있다.[515]

---

514) 헌재 2001.6.28. 2001헌마132, 여객자동차운수사업법 제73조의2 등 위헌확인(기각, 각하); 1996.4.25. 92헌바47; 1998.5.28. 96헌가4등 참조.
515) 헌재 2001.2.22. 99헌마365, 국민연금법 제75조 등 위헌확인(기각); 1998.5.28. 96헌가4등.

이러한 입장은 대법원도 마찬가지다. 대법원은 헌법 제23조 제1항 전문과 헌법 제119조 제1항은 시장경제질서를 기본으로 하고 있음을 선언한 것이고, 헌법 제119조 제2항은 시장의 지배와 경제력의 남용이 우려되는 경우에는 그러한 계약의 자유가 제한될 수 있다는 의미로 이해한다. 제119조 제2항의 이러한 제한 내지 규제는 계약자유의 원칙이라는 **시민법 원리를 수정**한 것이기는 하나, 시민법 원리 그 자체를 부정하는 것은 아니며, **시민법 원리의 결함을 교정**함으로써 그것이 가지고 있던 본래의 기능을 회복시키기 위한 것으로 이해한다.[516]

3) 기본권제한의 정당화 근거로서 헌법 제119조 제2항

헌법재판소는 헌법 전문 및 제119조 이하의 경제에 관한 장에서 "균형있는 국민경제의 성장과 안정, 적정한 소득의 분배, 시장의 지배와 경제력남용의 방지, 경제주체간의 조화를 통한 경제의 민주화, 균형있는 지역경제의 육성, 중소기업의 보호육성, 소비자보호" 등을 **경제영역에서의 국가목표**를 명시적으로 규정한 것으로 보고 있고, 이러한 경제영역에서의 국가목표는 경제영역에서 정의로운 사회질서를 형성하기 위하여 추구할 수 있는 국가목표로서 **개인의 기본권을 제한하는 국가행위를 정당화하는 헌법규범**으로 인식하고 있다. 따라서 이 목표들은 경제영역에서 국가행위의 한계를 설정하고 개인의 기본권을 보호하는 헌법규범이 아니라 개인의 경제적 자유에 대한 제한을 정당화하는 근거규범이 된다.[517]

그리고 헌법재판소는 이러한 국가의 경제상의 목표는 **예시적인 것**으로 보기 때문에, 법률이 경제적 기본권을 침해하는지 여부를 판단함에 있어서는 모든 공익을 아울러 고려하여야 한다고 한다.[518] 즉, 경제적 기본권 제한의 목적의 광범위성을 인정하고 있다.

Q **헌법 제119조 제2항의 "적정한 소득의 분배"규정으로부터 누진세율에 따른 종합과세를 시행해야할 구체적 의무가 도출되는가?**

A 입법자는 상충하는 여러 공익을 동시에 고려하여야 하기 때문에 반드시 적정한 소득의 분배만을 고려하여 입법할 의무가 있는 것은 아니어서, 적정한 소득의 분배규정으로부터 누진세율에 따른 종합과세를 입법할 의무가 도출된다고 할 수 없다.[519]

516) 대법원 2007.11.22. 2002두8626 전원합의체 판결.
517) 헌재 2004.10.28. 99헌바91, 금융산업의구조개선에관한법률 제2조 제3호 가목 등 위헌소원(합헌).
518) 헌재 2001.6.28. 2001헌마132, 여객자동차운수사업법 제73조의2 등 위헌확인(기각, 각하).
519) 헌재 1999.11.25. 98헌마55, 금융실명거래및비밀보장에관한법률 부칙 제12조 위헌확인(기각).

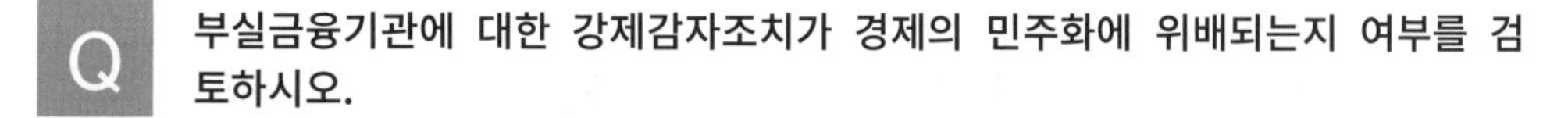

Q 부실금융기관에 대한 강제감자조치가 경제의 민주화에 위배되는지 여부를 검토하시오.

A 부실금융기관에 대한 강제감자조치는 경제에 대한 국가의 간섭으로서 헌법에 위반된다고 하는 견해가 있으나, 설문의 조치는 금융거래의 보호와 예금자보호라는 공익을 실현하기 위한 것으로서, 경제적 자유에 대한 제한을 정당화하는 근거규범인 경제의 민주화와는 관계가 없는 조치이다. 따라서 경제의 민주화를 위배하는 조치라고 할 수 없다.[520]

Q 국민연금제도가 우리나라의 시장경제질서에 위반되는지 여부를 검토하시오.

A 국민연금제도는 노후생활의 보장을 위한 강제저축프로그램으로서 소득재분배의 기능을 수행하기 때문에, 오히려 헌법이 지향하는 사회적 시장경제질서에 부합하는 제도이다.[521]

Q 지급 거절될 것을 예견하고 수표를 발행한 사람이 그 수표의 지급제시기일에 수표금이 지급되지 아니하게 한 경우 수표의 발행인을 처벌하도록 한「부정수표단속법」제2조 제2항이 시장경제질서 원칙에 위배되는지 여부

부정수표단속법 제2조(부정수표발행인의 형사책임) ① 다음 각호의 1에 해당하는 부정수표를 발행하거나 작성한 자는 5년 이하의 징역 또는 수표금액의 10배 이하의 벌금에 처한다.
1. 가설인의 명의로 발행한 수표
2. 금융기관(우체국을 포함한다. 이하 같다)과의 수표계약 없이 발행하거나 금융기관으로부터 거래정지처분을 받은 후에 발행한 수표
3. 금융기관에 등록된 것과 상위한 서명 또는 기명날인으로 발행한 수표

② 수표를 발행하거나 작성한 자가 수표를 발행한 후에 예금부족·거래정지처분이나 수표계약의 해제 또는 해지로 인하여 제시기일에 지급되지 아니하게 한 때에도 전항과 같다.
③ 과실로 인하여 전2항의 죄를 범한 자는 3년 이하의 금고 또는 수표금액의 5배 이하의 벌금에 처한다.
④ 제2항 및 제3항의 죄는 수표를 발행하거나 작성한 자가 그 수표를 회수하거나, 회수하지 못하였을 경우라도 수표소지인의 명시한 의사에 반하여는 각 공소를 제기할 수 없다.

A 부도처리사태를 막기 위하여 전전긍긍하는 과정에서 기업의 경제적 갱생에 필요한 기회가 박탈될 가능성이 큰 점 등 경제상의 자유와 창의를 존중하고 있는 우리 헌법상의 경제질서에 반하는 역기능이 다소 있다고 하더라도, 수표를 쓰는 사업자의 자질, 능력 및 경제시장의 여건 등에 관한 복합적인 요인 등을 함께 고려하면 헌법상 시장경제질서에 위배된다고 할 수는 없다.[522]

---

520) 헌재 2004.10.28. 99헌바91, 금융산업의구조개선에관한법률 제2조 제3호 가목 등 위헌소원(합헌).
521) 헌재 2001.2.22. 99헌마365, 국민연금법 제75조등 위헌확인(기각).
522) 헌재 2001.4.26. 99헌가13, 부정수표단속법 제2조 제2항 위헌제청(합헌).

“특정의료기관이나 특정의료인의 기능 · 진료방법”에 관한 광고를 금지하는 다음「의료법」조항이 헌법상 시장경제질서에 부합하는지 여부를 검토하시오.

의료법(2002. 3. 30. 법률 제6686호로 개정되기 전의 것) 제46조(과대광고등의 금지) ① 의료법인 · 의료기관 또는 의료인은 의료업무에 관하여 허위 또는 과대한 광고를 하지 못한다.
② 의료법인 · 의료기관 또는 의료인이 아닌 자는 의료에 관한 광고를 하지 못한다.
③ 누구든지 특정의료기관이나 특정의료인의 기능(技能) · 진료방법 · 조산방법이나 경력 또는 약효등에 관하여 대중광고 · 암시적 기재 · 사진 · 유인물 · 방송 · 도안등에 의하여 광고를 하지 못한다.
④ 의료업무에 관한 광고의 범위 기타 의료광고에 필요한 사항은 보건복지부령으로 정한다.

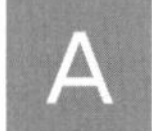

이 조항은 새로운 의료인들에게 자신의 기능이나 기술 혹은 진단 및 치료방법에 관한 광고와 선전을 할 기회를 배제함으로써, 기존의 의료인과의 경쟁에서 불리한 결과를 초래할 수 있는데, 이는 의료정보의 원활한 유통을 저해함으로써 자유롭고 공정한 경쟁을 추구하는 헌법상 시장경제질서에 부합하지 않는다.[523]

NOTE **상속세제도의 목적**

“상속세제도는 **국가의 재정수입의 확보**라는 일차적인 목적 이외에도 자유시장경제에 수반되는 모순을 제거하고 사회정의와 경제민주화를 실현하기 위하여 국가적 규제와 조정들을 광범위하게 인정하는 사회적 시장경제질서의 헌법이념에 따라 재산상속을 통한 **부의 영원한 세습과 집중을 완화**하여 국민의 경제적 균등을 도모하려는 목적도 아울러 가지는 조세제도이다.”[524]

나. 사유재산의 보장

1) 근거와 성격

가) 근거

사유재산을 보장하는 헌법규정은 “모든 국민의 재산권은 보장된다. 그 내용과 한계는 법률로 정한다”고 규정한 제23조 제1항과 “대한민국의 경제질서는 개인과 기업의 경제상의 자유와 창의를 존중함을 기본으로 한다”고 규정한 제119조 제1항이다.

제23조 제1항은 동일한 내용으로 1948년 헌법에서부터 있었으나, 제119조 제1항은 동일한 내용으로 제5차 개정헌법에서 처음으로 규정되었다. 1948년 헌법에서 제4차

523) 헌재 2005.10.27. 2003헌가3, 의료법 제69조 등 위헌제청(위헌).
524) 헌재 2003.6.26. 2003헌가4, 구 상속세및증여세법 제24조 위헌제청(합헌).

개정헌법까지는 "대한민국의 경제질서는 모든 국민에게 생활의 기본적 수요를 충족할 수 있게 하는 사회정의의 실현과 균형있는 국민경제의 발전을 기함을 기본으로 삼는다. 각인의 경제상 자유는 이 한계내에서 보장된다."라고 규정하여 자유주의 시장질서는 보충적인 기능을 하도록 하고 있었다.

나) 법적 성격

사유재산제도는 전형적인 사적 제도의 보장이다. 그런데 사유재산제도가 보장됨으로써 비로소 사유재산권이 보장되는 것인지 아니면 사유재산권이 자연권으로 보장되는 것인지에 대해서는 논란이 있다. 다수의견은 **재산권보장의 양면성**을 인정하고 있다.[525]

헌법재판소는 사유재산제도와 재산권의 본질적 내용의 침해를 동일 선상에서 파악하고 있다. 즉, "**토지재산권의 본질적인 내용**이라는 것은 **토지재산권의 핵이 되는 실질적 요소 내지 근본요소**를 뜻하며, 따라서 **재산권의 본질적인 내용을 침해하는 경우라고 하는 것은 그 침해로 사유재산권이 유명무실해지고 사유재산제도가 형해화되어 헌법이 재산권을 보장하는 궁극적인 목적을 달성할 수 없게 되는 지경에 이르는 경우**라고 할 것이다."[526]라고 판시하였다. 또 다른 결정에서는 담보물권에 대한 국세의 우선은 담보물권의 본질적 내용을 침해한 것일 뿐 아니라, 나아가 사유재산제도의 본질적 내용도 침해하는 것이라고 보았다.[527]

이러한 결정들은 사유재산제도하의 재산권이라는 헌법상 권리로서의 기본권 침해가 제도의 침해로 이어지는 것을 확인한 것으로서, 객관규범의 본질적 내용을 개인의 권리에서 찾았다는 점이 특징이라고 할 수 있다.

제도보장이라고 하는 것을 개념적으로 기본권과 구분되는 것으로 보는 한 제도와 권리의 핵심과 본질은 구분될 수 있어도, 권리와 제도의 일정한 관계를 인정하는 한 그 범위 내에서 양자의 본질적 내용은 동일한 내용을 지칭하는 것일 수 있다.

사유재산제도는 사유재산권을 보장하기 위한 것이라는 점에서 권리와 중첩되는 전형적인 사법(私法)상 제도보장의 일종이다. 따라서 그 범위 내에서 **사유재산제도의 핵심영역과 사유재산권의 본질적 내용은 같은 실체를 지칭하는 것**일 수 있기 때문에, 여기서는 권리의 본질적 내용의 침해가 제도의 핵심영역의 침해로 될 수 있다.

---

525) 이에 대해서는 김대환, 기본권론, 박영사, 2023, 511쪽 이하 참조.
526) 헌재 1989.12.22. 88헌가13, 국토이용관리법 제21조의3 제1항, 제31조의2의 위헌심판(합헌).
527) 헌재 1990.9.3. 89헌가95, 국세기본법 제35조 제1항 제3호의 위헌심판(위헌).

2) 제한

헌법 제23조 제1항은 재산권의 내용과 한계는 법률로 정하도록 하고 있다. 이는 재산권을 법률로 형성하도록 한 것이다. 이를 **기본권형성적 법률유보**라고 한다. 물론 헌법 제37조 제2항에 따라 형성된 재산권을 법률로 제한하는 것도 가능하다. 재산권의 제한과 관련한 헌법규정은 제23조 제2항, 제120조, 제121조, 제122조, 제126조 등이다.[528)]

2018년 문재인정부의 헌법개정안에는 토지공개념(土地公槪念)이 포함되었다. 개정안 제128조 제1항에서는 현행 헌법 제122조("국가는 국민 모두의 생산과 생활의 바탕이 되는 국토의 효율적이고 균형 있는 이용·개발과 보전을 위하여 법률로 정하는 바에 따라 필요한 제한을 하거나 의무를 부과할 수 있다.")를 그대로 규정하면서, 제2항에서 "국가는 토지의 공공성과 합리적 사용을 위하여 필요한 경우에 한하여 특별한 제한을 하거나 의무를 부과할 수 있다"라고 규정하였다. 헌법규정에 따라 이해되는 바의 **토지공개념**이란 사회적 불평등 심화문제를 해소하기 위하여 "토지의 공공성과 합리적 사용을 위하여 필요한 경우에 한하여 특별한 제한을 하거나 의무를 부과할 수 있도록 하는 것"을 말한다.

1989년에도 도입논의가 있었던 토지공개념과 유사한 개념으로 헌법 제23조 제2항의 재산권의 공공복리적합의무가 있다. 또 예컨대 헌법은 국가가 국토의 효율적이고 균형있는 이용·개발과 보전을 위하여 법률이 정하는 바에 의하여 그에 관한 필요한 제한과 의무를 부과할 수 있도록 하고 있다(제122조).

그럼에도 불구하고 이러한 토지공개념을 개헌안에 포함시킨 의도는 그 명시적 근거를 마련하여 토지재산권에 대한 규제를 보다 용이하게 하려는 것으로 보인다. 토지공개념을 헌법에 규정하게 되면 아무래도 헌법재판소의 비례성심사에 있어서 재산권의 보호보다는 토지의 공공성과 이용의 합리성을 강조하는 방향으로 판결할 가능성이 커

---

528) **헌법 제23조** ② 재산권의 행사는 공공복리에 적합하도록 하여야 한다. **제120조** ① 광물 기타 중요한 지하자원·수산자원·수력과 경제상 이용할 수 있는 자연력은 법률이 정하는 바에 의하여 일정한 기간 그 채취·개발 또는 이용을 특허할 수 있다. ② 국토와 자원은 국가의 보호를 받으며, 국가는 그 균형있는 개발과 이용을 위하여 필요한 계획을 수립한다. **제121조** ① 국가는 농지에 관하여 경자유전의 원칙이 달성될 수 있도록 노력하여야 하며, 농지의 소작제도는 금지된다. ② 농업생산성의 제고와 농지의 합리적인 이용을 위하거나 불가피한 사정으로 발생하는 농지의 임대차와 위탁경영은 법률이 정하는 바에 의하여 인정된다. **제122조** 국가는 국민 모두의 생산 및 생활의 기반이 되는 국토의 효율적이고 균형있는 이용·개발과 보전을 위하여 법률이 정하는 바에 의하여 그에 관한 필요한 제한과 의무를 과할 수 있다. **제126조** 국방상 또는 국민경제상 긴절한 필요로 인하여 법률이 정하는 경우를 제외하고는, 사영기업을 국유 또는 공유로 이전하거나 그 경영을 통제 또는 관리할 수 없다.

질 것이다. 그러나 토지공개념이라고 하더라도 그것이 토지에 대한 사유재산권을 부정하는 것이 아니라면 토지가 헌법상 재산권의 대상이 되는 한 **토지의 원칙적 사용권과 처분권을 제한하는 것은 불가능**하고 또 국회가 토지재산권을 **구체적으로 형성함에 있어서는 비례성 원칙을 준수**하여야 한다. 따라서 토지공개념이라는 것은 토지를 재산권의 대상으로 하지 않겠다는 것이 아니라면 현행 헌법 하에서 해결할 수 있고 또 그것이 바람직한 것으로 보인다.

토지공개념을 실현하기 위한 일련의 법제로서 「토지초과이득세법」(1989.12.30. 제정, 1990.1.1. 시행)과 「개발이익환수에관한법률」(1989.12.30. 제정, 1990.1.1. 시행), 「택지소유상한에관한법률」(1989.12.30. 제정, 1990.2.28. 시행)이 제정 · 시행되었으나, 「토지초과이득세법」은 1994년 헌법재판소의 헌법불합치결정[529]으로 1998.12.28. 폐지되었다. 「택지소유상한에관한법률」은 헌법소원심판심리 중인 1998.9.19. 폐지되었고, 헌법재판소는 뒤에 위헌결정을 내렸다.[530] 개발이익의 환수와 관련하여서는 대법원과 헌법재판소는 일정한 조건하에 합헌 판단을 하였고, 그동안 수정 · 보완을 거쳐 현재의 「개발이익 환수에 관한 법률」에 이르고 있다.[531]

3) 판례

가) 원칙 판결

재산권의 의미와 내용 그리고 제한에 관해서 헌법재판소는 학설과 유사하게 판결하고 있다. 즉, 헌법 제119조 제1항은 "대한민국의 경제질서는 개인과 기업의 경제상의 자유와 창의를 존중함을 기본으로 한다."고 규정함으로써, 우리 헌법이 사유재산제도와 경제활동에 관한 사적자치의 원칙을 기초로 하는 자본주의 시장경제질서를 기본으로 하고 있음을 선언하고 있는 것이고,[532] 재산권도 제한할 수 있으나, 다만 그 경우에도 본질적인 내용의 침해가 금지되는 것은 물론 비례의 원칙 등에 따라 그 제한은 필요한 최소한도에 그쳐야 하며,[533] 이러한 재산권의 내용과 한계를 정하는 법률의 경우에도

529) 헌재 1994.7.29. 92헌바49등, 토지초과이득세법 제10조 등 위헌소원, 토지초과이득세법 제8조 등 위헌소원(헌법불합치).
530) 헌재 1999.4.29. 94헌바37등, 택지소유상한에관한법률 제2조 제1호 나목 등 위헌소원(위헌).
531) 이에 대해서는 후술 참조.
532) 헌재 1997.8.21. 94헌바19, 근로기준법 제30조의2 제2항 위헌소원, 근로기준법 제30조의2 제2항 등 위헌제청(헌법불합치).
533) 헌재 1997.11.27. 95헌바38, 구 국세기본법 제41조 위헌소원(한정위헌).

사유재산제도나 사유재산을 부인하는 것은 재산권보장규정의 침해를 의미하고 결코 재산권형성적 법률유보라는 이유로 정당화 될 수 없다[534]고 판시하고 있다.

나) 관련 문제

(1) 상속제도

헌법재판소는 상속제도는 사유재산제도의 근간이 되기 때문에 상속권을 부인하는 제도는 허용될 수 없다고 본다.[535]

(2) 개발이익 환수 문제

개발이익에 대해 개발부담금을 부과·징수함으로써 개발이익을 환수하는 것을 목적으로 한 「개발이익 환수에 관한 법률」이 있다. 이 법률에 대해서 대법원[536]과 헌법재판소[537]는 합헌으로 보고 있다. 개발이익환수제도는 재산권의 본질적 내용 침해금지원칙이나 과잉금지원칙 등 관련된 위헌심사기준에 비추어 이를 침해하지 않는 한 헌법에 위반된다고 할 수 없다는 취지다.

(3) 종합부동산세

고액의 부동산 보유자에 대하여 종합부동산세를 부과하여 부동산보유에 대한 조세부담의 형평성을 제고하고, 부동산의 가격안정을 도모함으로써 지방재정의 균형발전과 국민경제의 건전한 발전에 이바지함을 목적으로 「종합부동산세법」이 2005.1.5. 제정·시행되고 있다.

헌법재판소는 종합부동산세를 **세대별로 합산하여 과세하도록 한 것은 형평성**(공평성) **에 위배되어 위헌**이라고 판시한 바 있다. 즉, 결혼 여부에 따라 세금이 달리 매겨지는 불평등을 초래하여 위헌이라고 보았다.[538]

또 「종합부동산세법」이 주거목적 1주택 장기보유자 등을 고려하지 아니하고, 주택 외에 별다른 재산이 없는 사람에게까지 무차별적으로 다른 주택보유자와 동일한 과세표준과 세율을 적용하는 것도 과잉금지원칙에 위배되어 헌법에 위반된다고 보고 헌법불합치결정을 내렸다. 헌법재판소가 **주거목적 1주택 장기보유자 부과 규정에 대해 헌법불**

---

534) 헌재 2000.2.24. 97헌바41, 어음법 제76조 제1항 전문 등 위헌소원(합헌); 1993.7.29. 92헌바20.
535) 헌재 2008.12.26. 2007헌바128, 민법 제1066조 제1항 위헌소원(합헌).
536) 대법원 2000.1.28. 99두9988 판결; 1997.10.24. 97부36 결정.
537) 헌재 1998.6.25. 95헌바35, 개발이익환수에관한법률 제10조 제3항 단서 위헌소원(합헌).
538) 헌재 2008.11.13. 2006헌바112등, 구 종합부동산세법 제5조 등 위헌소원(헌법불합치, 합헌).

합치결정을 내린 것은 주택 외에 별다른 재산이 없는 사람에게까지 그 보유의 동기나 기간, 조세 지불능력 등과 같이 정책적 과세의 필요성 및 주거생활에 영향을 미치는 정황 등을 고려하여 납세의무자의 예외를 두거나 과세표준 또는 세율을 조정하여 납세의무를 감면하는 등의 과세 예외조항이나 조정장치를 두어야 할 것임에도 이와 같은 주택 보유의 정황을 고려하지 아니한 채 무차별적으로 다른 주택보유자와 동일한 과세표준과 세율을 적용하는 것은 피해의 최소성과 법익의 균형성에 위배되기 때문이다.[539)]

5. 지방자치제도

가. 의의

1) 개념

지방자치는 지역 중심의 지방자치단체가 독자적인 자치기구를 설치하여 그 고유사무를 국가기관의 간섭 없이 스스로의 책임 아래 처리하는 것을 말한다.[540)]

2) 목적과 이념

지방자치제도는 '일정한 지역을 단위로 일정한 지역의 주민이 그 지방에 관한 여러 사무를 자신의 책임 하에 자신들이 선출한 기관을 통하여 직접 처리하게 함으로써 지방자치행정의 민주성과 능률성을 제고하고, 지방의 균형 있는 발전과 아울러 국가의 민주적 발전을 도모하는 제도'로서,[541)] '민주정치의 요체이며 현대의 다원적 복합사회가 요구하는 정치적 다원주의를 실현시키기 위한 제도적 장치로서 지방의 공동관심사를 자율적으로 처결함과 동시에 주민의 자치역량을 배양하여 **국민주권주의와 자유민주주의 이념구현**에 이바지함을 목적으로 하는 제도[542)]'로 이해된다. 지방자치의 이념은 민주주의와 밀접한 관련이 있다. 즉, "**풀뿌리민주주의**"(grassroots democracy)를 그 이념적 배경으로 하고 있다.[543)] 지역공동체는 민주정치의 기본원칙을 체험하는 민주주의의 기본세포(fundamental cell)이기 때문이다.[544)]

---

539) 헌재 2008.11.13. 2006헌바112등.
540) 헌재 2009.3.26. 2007헌마843, 주민소환에 관한 법률 제1조 등 위헌확인(기각).
541) 헌재 1996.6.26. 96헌마200, 공직선거및선거부정방지법 제16조 제3항 위헌확인(기각).
542) 헌재 1991.3.11. 91헌마21, 지방의회의원선거법 제36조 제1항에 대한 헌법소원(헌법불합치, 각하); 1999.11.25. 99헌바28, 공직선거및선거부정방지법 제84조 위헌소원(합헌).
543) 헌재 1996.6.26. 96헌마200.
544) Encyclopedia of Democracy, Vol. 2, Routledge, 1995 p. 335.

나. 자치권의 법적 성질(본질)

지방자치에 있어서 자치권의 본질에 대해서는 지역주민의 자연권이라고 보는 **고유권설**, 국가권력에 의한 권력의 위임으로 보는 **자치권위임설**, 지방자치제도의 보장내용으로 보는 **제도보장설**, 기본권과 같이 실정 헌법해석상 보장된 기본권으로 보는 **신고유권설** 등이 있다.

지방자치는 우선은 국가조직법으로 파악된다. 이렇게 파악된 **지방자치는 권력분립과 민주주의적 요소**로서 나타난다. 따라서 지방자치는 무엇보다도 제도적 보장으로서 의미가 있다. 이에 따르면 법적으로 보장된 제도라고 하는 것은 국가의 형성 하에 놓여 있게 되고, 제도의 존속과 그 핵심영역이 보장되는 한 입법자에게는 광범위한 형성의 자유가 주어진다. 따라서 지방자치제도를 어떻게 형성할 것인가는 많은 부분 입법자의 재량에 속한다.

헌법 제117조 제1항이 지방자치단체는 법령의 범위 안에서 자치에 관한 규정을 제정할 수 있도록 하고 있고, 헌법재판상으로도 **지방자치권의 침해는** 헌법소원의 대상이 되는 것이 아니라 **권한쟁의심판의 대상**되고 있는데 이것으로 볼 때 현재로서는 지방자치권을 기본권으로 보기 어려운 측면이 있다. 학설[545]과 판례[546]에서도 제도적 보장으로 보고 있다.

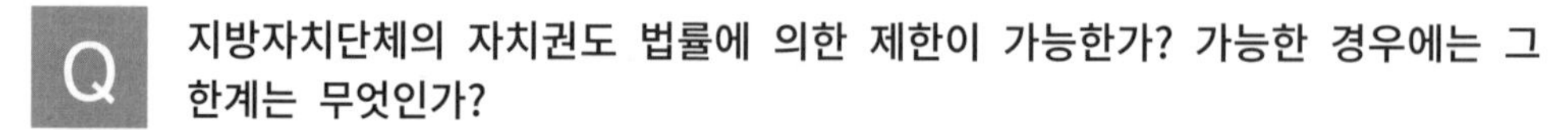
Q 지방자치단체의 자치권도 법률에 의한 제한이 가능한가? 가능한 경우에는 그 한계는 무엇인가?

A 지방자치제도는 제도적 보장이므로 지방자치단체의 자치권도 법률에 의한 제한이 가능하다. 다만, 그 핵심영역(본질적 내용)이 침해되어서는 안 된다.[547]

다. 지방자치제의 유형

국제적으로 볼 때 지방자치제는 크게 주민자치의 국가와 단체자치의 국가로 대별할 수 있다. **주민자치**란 주민의 의사에 따라 지방행정을 처리하는 것을 말하고, **단체자치**란 지방분권주의를 기초로 하여 국가내의 일정한 지역을 토대로 독립된 단체가 존재

545) 학설에 대해서는 앞의 제도보장 부분 참조.
546) 헌재 1994.4.28. 91헌바15등; 1997.4.24. 95헌바48; 1998.4.30. 96헌바62; 2006.2.23. 2005헌마403.
547) 헌재 2008.5.29. 2005헌라3, 강남구청 등과 감사원 간의 권한쟁의(기각, 각하).

하는 것을 전제로 하여 그 단체의 의회와 기관이 그 사무를 처리하는 것을 말한다.[548]

헌법 제117조 제1항에서는 "지방자치단체는 주민의 복리에 관한 사무를 처리하고 재산을 관리하며, 법령의 범위안에서 자치에 관한 규정을 제정할 수 있다"고 하여 지방자치단체에 대해 헌법적 보장을 하고 있는데, 헌법재판소는 이러한 헌법상 자치단체의 보장은 **단체자치와 주민자치를 포괄**하는 것으로 보고 있다.[549]

라. 지방자치단체의 조직형태

지방자치단체의 조직형태는 직접민주제형과 간접민주제형이 있다. **직접민주제형**은 주민총회를 조직하여 주민이 직접 자치를 실현하는 형태이고, **간접민주제형**은 주민의 대표를 통하여 간접적으로 자치를 실현하는 형태이다.

간접민주제형에는 국가의 정부형태와 마찬가지로 의원내각제형과 수장제형(대통령제형)이 있다. 의원내각제형은 주민은 지방의회만을 구성하고 자치단체의 장은 의회가 선거하는 형태이고, 수장제형은 지방의회 의원과 자치단체의 장을 모두 주민이 선거하는 형태이다.

마. 지방자치제도의 구체적 내용

1) 연혁

지방자치제도는 1948년 제정된 헌법부터 규정하여 왔다. 이에 따라 「지방자치법」이 법률 제32호로 1949.7.4. 제정되어 같은 해 8.15.부터 시행되었다. 그리고 1952년 최초로 지방의회를 구성하였으나 1961.5.16. 쿠데타로 해산되고 말았다.

제5차 개정헌법에서는 부칙 제7조 제3항에서 "이 헌법에 의한 최초의 지방의회의 구성시기에 관하여는 법률로 정한다"라고 함으로써 그 시행시기를 법률로 위임하였고, 제7차 개정헌법 부칙 제10조에서는 "이 헌법에 의한 지방의회는 조국통일이 이루어질 때까지 구성하지 아니한다"라고 하여 사실상 분단된 상태에서의 지방자치의 실현을 포기하였고, 제8차 개정헌법 제10조에서도 "이 헌법에 의한 지방의회는 지방자치단체의 재정자립도를 감안하여 순차적으로 구성하되, 그 구성시기는 법률로 정한다."라고 규정

548) 헌재 2009.3.26. 2007헌마843.
549) 헌재 2006.2.23. 2005헌마403; 2009.3.26. 2007헌마843, 주민소환에 관한 법률 제1조 등 위헌확인(기각).

하여 지방자치의 실현은 요원하였다. 그러나 1987년 개정된 현행 헌법에서는 이 부칙 조항을 철폐하고, 「지방자치법」을 전면 개정하여 1991년 지방의회를 구성하게 되었다. 이어 1995년에는 지방자치단체의 장 선거를 실시하였다.

2) 종류

헌법에서는 지방자치단체의 종류를 법으로 정하도록 하고 있다(제117조 제2항). 즉, 국회의 입법형성권의 범위에 속한다는 의미다.[550] 따라서 지방자치단체의 종류는 해석을 통하여 규명할 성질의 것이 아니다. 「지방자치법」 제2조 제1항에서는 지방자치단체의 종류를 ① 특별시, 광역시, 특별자치시, 도, 특별자치도(제1호), ② 시, 군, 구[551](제2호)의 두 가지를 두고 있다. 전자를 광역지방자치단체(regional local government), 후자를 기초지방자치단체(basic local government)라고 한다. 이는 「지방자치법」상 개념은 아니나 특별법들에서 종종 사용되는 개념이다.

이상의 지방자치단체 외에 특정한 목적을 수행하기 위하여 특별지방자치단체를 설치할 수 있다(지방자치법 제2조 제3항). 현재 특별지방자치단체로는 지방자치단체조합이 있다(지방자치법 제176조 이하). 지방자치단체조합이란 지방자치단체 간 광역적인 협력방식의 한 형태로서 2개 이상의 지방자치단체가 하나 또는 둘 이상의 사무를 공동으로 처리할 때 만들어진다. 그동안 설립된 지방자치단체조합으로는 '수도권매립지운영관리조합'(1991년), '자치정보화조합'(2003년), '부산진해경제자유구역청'(2004년), '광양만경제자유구역청'(2004년) 등이 있다.

「지방자치법」에서는 지방자치단체를 법인으로 하고 있다(지방자치법 제3조 제1항).

3) 지방자치단체의 기관 및 권한

지방자치단체에는 의결기관으로 지방의회, 집행기관으로 지방자치단체의 장이 있다(제118조). 또 교육의 자주성 및 전문성과 지방교육의 특수성을 살리기 위하여 지방자치단체의 교육·과학·기술·체육 그 밖의 학예에 관한 사무를 관장하는 기관의 설치와 그 조직 및 운영 등에 관한 사항에 대해서는 「지방교육자치에 관한 법률」이 규정하고 있다.

---

550) 헌재 2006.4.27. 2005헌마1190, 제주특별자치도의 설치 및 국제자유도시조성을 위한 특별법안 제15조 제1항 등 위헌확인(기각).

551) 지방자치단체인 구("자치구")는 특별시와 광역시의 관할 구역의 구만을 말하며, 자치구의 자치권의 범위는 법령으로 정하는 바에 따라 시·군과 다르게 할 수 있다(지방자치법 제2조 제2항).

가) 지방의회

(1) 구성

지방의회는 지방자치단체에 두는 주민의 대의기관이다(지방자치법 제37조). 지방의회는 지방의원으로 구성한다. 지방의회의원은 선거를 통하여 선출하도록 되어 있다(제118조 제2항). 이에 따라 법률에서는 주민이 보통 · 평등 · 직접 · 비밀선거에 따라 선출한다고 규정하고 있다(지방자치법 제38조). 지방의회의원의 임기는 4년이다(지방자치법 제39조).

시 · 도의 지방의회는 의장 1명과 부의장 2명을, 시 · 군 · 자치구의 지방의회는 의장과 부의장 각 1명을 둔다. 의장과 부의장은 무기명투표로 선출하고 임기는 2년이다(지방자치법 제57조 제1항 · 제3항).

지방의회에도 교섭단체를 둘 수 있게 「지방자치법」이 개정되었다(2023.3.21. 개정). 교섭단체가 되는 소속의원의 수는 조례로 정한다(지방자치법 제63조의2 제1항).

지방의회의원은 국회의원, 다른 지방의회의 의원, 헌법재판소재판관, 각급 선거관리위원회 위원, 국가공무원과 지방공무원(정당법 제22조에 따라 정당의 당원이 될 수 있는 교원은 제외), 공공기관의 운영에 관한 법률 제4조에 따른 공공기관(한국방송공사, 한국교육방송공사 및 한국은행 포함)의 임직원, 지방공기업법 제2조에 따른 지방공사와 지방공단의 임직원, 농업협동조합, 수산업협동조합, 산림조합, 엽연초생산협동조합, 신용협동조합, 새마을금고(이들 조합 · 금고의 중앙회와 연합회 포함)의 임직원과 이들 조합 · 금고의 중앙회장이나 연합회장, 정당법 제22조에 따라 정당의 당원이 될 수 없는 교원, 다른 법령에 따라 공무원의 신분을 가지는 직, 그 밖에 다른 법률에서 겸임할 수 없도록 정하는 직을 겸할 수 없다(지방자치법 제43조 제1항). 지방의회의원은 성실한 직무수행의무, 청렴의무, 품위유지의무, 지위남용에 의한 사익 취득 및 알선 금지의무를 부담한다(지방자치법 제44조).

(2) 권한

지방의회는 의결기관으로서 다음의 사항을 의결한다. 조례의 제정 · 개정 및 폐지(제1호), 예산의 심의 · 확정(제2호), 결산의 승인(제3호), 법령에 규정된 것을 제외한 사용료 · 수수료 · 분담금 · 지방세 또는 가입금의 부과와 징수(제4호), 기금의 설치 · 운용(제5호), 대통령령으로 정하는 중요 재산의 취득 · 처분(제6호), 대통령령으로 정하는 공공시설의 설치 · 처분(제7호), 법령과 조례에 규정된 것을 제외한 예산 외의 의무부담이나 권리의 포기(제8호), 청원의 수리와 처리(제9호), 외국 지방자치단체와의 교류·협력(제10호), 그 밖에 법령에 따라 그 권한에 속하는 사항(제11호)을 의결한다(지방자치법 제47조 제1항 및 각 호).

지방의회는 매년 1회 그 지방자치단체의 사무에 대하여 시·도에서는 14일의 범위에서, 시·군 및 자치구에서는 9일의 범위에서 감사를 실시하고, 지방자치단체의 사무 중 특정 사안에 관하여 본회의 의결로 본회의나 위원회에서 조사하게 할 수 있다(지방자치법 제49조 제1항).

지방의회의 의장이나 부의장이 법령을 위반하거나 정당한 사유 없이 직무를 수행하지 아니하면 지방의회는 재적의원 4분의 1 이상의 발의와 재적의원 과반수의 찬성으로 지방의회의 의장이나 부의장을 불신임할 수 있다. 불신임의결이 있으면 의장이나 부의장은 그 직에서 해임된다(지방자치법 제62조).

지방의회의 의원은 다른 의원의 자격에 대하여 이의가 있으면 재적의원 4분의 1 이상의 연서로 의장에게 자격심사를 청구할 수 있다(지방자치법 제91조 제1항). 의원의 자격상실의결은 재적의원 3분의 2 이상의 찬성이 있어야 한다(지방자치법 제92조 제1항). 심사 대상인 지방의회의원은 자기의 자격심사에 관한 회의에 출석하여 의견을 진술할 수 있으나 의결에는 참가할 수 없고(지방자치법 제91조 제2항), 자격상실이 확정될 때까지는 그 직을 상실하지 아니한다(지방자치법 제92조 제2항).

지방의회는 의원이 「지방자치법」이나 자치법규에 위배되는 행위를 하면 윤리특별위원회의 심사를 거쳐 의결로써 징계할 수 있다(지방자치법 제98조). 지방의회의원의 징계는 공개회의에서의 경고(제1호), 공개회의에서의 사과(제2호), 30일 이내의 출석정지(제3호), 제명(제4호)이 있다(지방자치법 제100조 제1항). 지방의회의원을 제명하려면 재적의원 3분의 2 이상의 찬성이 있어야 한다(지방자치법 제100조 제2항).

지방의회는 지방의회의원이 준수하여야 할 지방의회의원의 윤리강령과 윤리실천규범을 조례로 정하여야 하고, 소속 의원들이 의정활동에 필요한 전문성을 확보하도록 노력할 의무가 있다(지방자치법 제46조 제1항·제2항).

2023년 「지방자치법」 개정으로 지방의회에서도 인사청문제도가 도입되었다. 정무직 국가공무원으로 보는 부시장·부지사 등 「지방자치법」이 정하는 일정한 직위 중 조례로 정하는 직위의 후보자에 대하여 지방자치단체의 장의 요청에 따라 지방의회는 인사청문을 실시한다(지방자치법 제47조의2).

(3) 운영

지방의회는 매년 2회 정례회를 개최하고(지방자치법 제53조 제1항), 지방자치단체의 장이나 조례로 정하는 수 이상의 의원이 요구하면 지방의회의장은 15일 이내에 임시회를 소집하여야 한다(지방자치법 제54조 제3항). 그러나 지방의회의원 총선거 후 최초로 집회되는 임시회는 지방의회 사무처장·사무국장·사무과장이 지방의회의원 임기 개시일부터 25일 이내에 소집한다(지방자치법 제54조 제1항).

지방의회는 재적의원 3분의 1 이상의 출석으로 개의하고(지방자치법 제72조 제1항), 지방자치법에 특별히 규정된 경우 외에는 재적의원 과반수의 출석과 출석의원 과반수의 찬성으로 의결한다(지방자치법 제73조 제1항). 의장은 의결에서 표결권을 가지며, 찬성과 반대가 같으면 부결된 것으로 본다(지방자치법 제73조 제2항).

지방의회의 회의는 공개를 원칙으로 하되, 의원 3명 이상이 발의하고 출석의원 3분의 2 이상이 찬성한 경우 또는 의장이 사회의 안녕질서 유지를 위하여 필요하다고 인정하는 경우에는 공개하지 아니할 수 있다(지방자치법 제75조 제1항).

지방의회에서 의결할 의안은 지방자치단체의 장이나 조례로 정하는 수 이상의 지방의회의원의 찬성으로 발의한다(지방자치법 제76조 제1항). 지방의회에 제출된 의안은 지방의회의원의 임기가 끝나지 않은 한 회기 중에 의결되지 못한 것 때문에 폐기되지 아니한다(회계계속의 원칙, 지방자치법 제79조). 지방의회에서 부결된 의안은 같은 회기 중에 다시 발의하거나 제출할 수 없다(일사부재의의 원칙, 지방자치법 제80조).

나) 지방자치단체의 장

(1) 지방자치단체의 장의 선임

지방자치단체의 장은 특별시장, 광역시장, 특별자치시장, 도지사, 시장, 군수, 구청장을 말한다(지방자치법 제106조). 지방자치단체의 장의 선임방법은 법률로 정한다(제118조 제2항). 지방자치법에서는 지방자치단체의 장은 주민의 보통·평등·직접·비밀선거에 따라 선출한다고 규정하고 있다(지방자치법 제107조).

그런데 지방자치단체의 장의 선임방법은 법률로 정하도록 하고 있으므로 반드시 선거로 하도록 되어 있지 않다는 점에서 지방자치단체의 장의 선거권이 국민의 기본권인지에 대해서 논란이 있었다. 헌법재판소는 원래 기본권인지에 대해서 회의적이었으나,[552] 2016년의 결정에서는 헌법상 기본권임을 분명히 하였다.[553] 그런데 헌법은 명백히 선임방법을 법률에 위임하고 있으므로 지방자치단체의 장의 선거는 헌법상 필수적인 것이라 할 수 없다. 따라서 헌법의 명문과 다른 해석을 하는 것이 명백하므로 오히려 헌법변천의 하나로 볼 수는 있을 것이다.

지방자치단체의 장의 선거권과 피선거권이 다른 비교집단과 차별이 문제되는 경우에는 헌법상 기본권(평등권)의 제한에 해당한다. 지방자치단체의 장의 피선거권은 헌법 제25조의 공무담임권에 포함되므로 이에 대한 제한은 헌법상 기본권에 대한 제한이다.

지방자치단체의 장의 임기는 4년이고 계속 재임(在任)은 3기에 한한다(지방자치법 제108조). 지방자치단체의 장은 대통령, 국회의원, 헌법재판소재판관, 각급 선거관리위원회 위원, 지방의회의원(제1호), 국가공무원과 지방공무원(제2호), 다른 법령에 따라 공무원의 신분을 가지는 직(제3호) 공공기관의 운영에 관한 법률 제4조에 따른 공공기관(한국방송공사, 한국교육방송공사 및 한국은행 포함)의 임직원(제4호), 농업협동조합, 수산업협동조합, 산림조합, 엽연초생산협동조합, 신용협동조합 및 새마을금고(이들 조합·금고의 중앙회와 연합회 포함)의 임직원(제5호), 교원(제6호), 지방공기업법 제2조에 따른 지방공사와 지방공단의 임직원(제7호), 그 밖에 다른 법률에서 겸임할 수 없도록 정하는 직(제8호)을 겸할 수 없다(지방자치법 제109조 제1항 및 각 호). 또한 지방자치단체의 장은 재임 중 그 지방자치단체와 영리를 목적으로 하는 거래를 하거나 그 지방자치단체와 관계있는 영리사업에 종사할 수 없다(지방자치법 제109조 제2항).

지방자치단체의 장은 사임하려면 지방의회의 의장에게 미리 사임일을 적은 서면으로 알려야 한다(지방자치법 제111조 제1항). 또 지방자치단체의 장은 지방자치단체의 장이 겸임할 수 없는 직에 취임하거나(제1호), 피선거권이 없게 될 때(지방자치단체의 구역변경이나 없어지거나 합한 것 외의 다른 사유로 그 지방자치단체의 구역 밖으로 주민등록을 이전하였을 때를 포함)(제2호), 또는 지방자치단체의 폐지·합병 등(지방자치법 제110조)에 따라 지방자치단체의 장의 직을 상실할 때에는 퇴직한다(지방자치법 제112조).

지방자치단체의 장이 궐위되거나 공소 제기된 후 구금상태에 있는 경우 또는 의료

552) 헌재 2007.6.28. 2004헌마644등, 공직선거및선거부정방지법 제15조 제2항 등 위헌확인 등(헌법불합치).

553) 헌재 2016.10.27. 2014헌마797, 공직선거법 제191조 제3항 등 위헌확인(기각). 그 전에 학설에서도 지방자치단체의 장의 선거권은 자연적 권리로서 헌법상 권리라고 하는 견해가 있었다[김철수, 헌법학(중), 2009, 743쪽].

법에 따른 의료기관에 60일 이상 계속하여 입원한 경우에는 부단체장(부지사, 부시장, 부군수, 부구청장)이 그 권한을 대행한다(지방자치법 제124조 제1항). 구 「지방자치법」에서는 지방자치단체의 장이 금고 이상의 형의 선고를 받은 경우에도 그 권한을 대행하도록 하고 있었는데, 이는 무죄추정의 원칙, 과잉금지원칙에 위반하여 지방자치단체의 장의 공무담임권을 침해하는 것으로 헌법에 위배된다는 헌법불합치결정이 있었다.[554]

(2) 지방자치단체의 장의 권한

지방자치단체의 장은 지방자치단체를 대표하고 그 사무를 총괄한다(지방자치법 제114조). 또 그 지방자치단체의 사무와 법령에 따라 그 지방자치단체의 장에게 위임된 사무를 관리하고 집행한다(지방자치법 제116조).

지방자치단체의 장은 지방의회의 의결이 월권이거나 법령에 위반되거나 공익을 현저히 해친다고 인정되거나(지방자치법 제120조 제1항), 예산상 집행할 수 없는 경비를 포함하고 있다고 인정되거나(지방자치법 제121조 제1항), 지방의회가 법령에 따라 지방자치단체에서 의무적으로 부담하여야 할 경비나 비상재해로 인한 시설의 응급 복구를 위하여 필요한 경비를 줄이는 의결을 할 때에는(지방자치법 제121조 제2항), 그 의결사항을 이송 받은 날부터 20일 이내에 이유를 붙여 재의를 요구할 수 있다. 지방의회가 지방자치단체의 장의 재의요구에 따라 재의한 결과 재적의원 과반수의 출석과 출석의원 3분의 2 이상의 찬성으로 전과 같은 의결을 하면 그 의결사항은 확정된다(지방자치법 제120조 제2항, 제121조 제3항).

지방자치단체의 장은 지방의회가 지방의회의원이 구속되는 등의 사유로 의결정족수에 미달될 때와 지방의회의 의결사항 중 주민의 생명과 재산 보호를 위하여 긴급하게 필요한 사항으로서 지방의회를 소집할 시간적 여유가 없거나 지방의회에서 의결이 지체되어 의결되지 아니할 때에는 선결처분(先決處分)을 할 수 있다. 이 선결처분은 지체 없이 지방의회에 보고하여 승인을 받아야 하고 승인을 받지 못하면 그 선결처분은 그때부터 효력을 상실한다. 지방자치단체의 장은 이에 대하여 지체 없이 공고하여야 한다(이상 지방자치법 제122조).

지방자치단체의 장의 보조기관으로서 부시장, 부지사, 부군수, 부구청장을 둔다. 지방자치단체의 종류에 따라 둘 수 있는 보조기관의 수는 「지방자치법」에서 규정하고

---

554) 헌재 2010.9.2. 2010헌마418, 지방자치법 제111조 제1항 제3호 위헌확인(헌법불합치).

있다(지방자치법 제123조).

4) 지방자치단체의 권능

지방자치단체는 주민의 복리에 관한 사무를 처리하고 재산을 관리하며, 법령의 범위안에서 자치에 관한 규정을 제정할 수 있다(제117조 제1항). 이에 따라 「지방자치법」에서는 지방자치단체에 대하여 관할 구역의 자치사무와 법령에 따라 지방자치단체에 속하는 사무를 처리하도록 하고 있다(지방자치법 제13조 제1항). 지방자치단체는 사무를 처리할 때 주민의 편의와 복리증진을 위하여 노력하여야 하고(지방자치법 제12조 제1항), 이 경우 지방자치단체는 법령을 위반하여 사무를 처리할 수 없으며, 시·군 및 자치구는 해당 구역을 관할하는 시·도의 조례를 위반하여 사무를 처리할 수 없다(지방자치법 제12조 제3항). 또 지방자치단체는 법령의 범위에서 그 사무에 관하여 조례를 제정할 수 있고(지방자치법 제28조 제1항),[555] 지방자치단체의 장은 법령 또는 조례의 범위에서 그 권한에 속하는 사무에 관하여 규칙을 제정할 수 있다(지방자치법 제29조). 이상과 같이 지방자치단체에게 부여된 권능은 일반적으로 자치행정권, 자치재정권, 자치입법권으로 구분할 수 있다.

NOTE 지방자치단체의 관할구역과 공유수면 경계획정의 원칙

지방자치단체는 자신의 관할구역 내에서 헌법 제117조 제1항과 「지방자치법」 제9조 및 기타 개별 법률들이 부여한 자치권한 내지 관할권한을 가진다. 그런데 지방자치단체의 관할구역에 대해서는 「지방자치법」 제4조 제1항이 "지방자치단체의 명칭과 구역은 종전과 같이 하고, 명칭과 구역을 바꾸거나 지방자치단체를 폐지하거나 설치하거나 나누거나 합칠 때에는 법률로 정한다. 다만, 지방자치단체의 관할구역 경계변경과 한자 명칭의 변경은 대통령령으로 정한다."고 규정하고 있는바, 지방자치단체의 구역은 주민·자치권과 함께 자치단체의 구성요소이며, 자치권이 미치는 관할구역의 범위에는 육지는 물론 바다도 포함되므로, 공유수면에 대해서도 지방자치단체의 자치권한이 존재한다.[556]

「지방자치법」의 개정연혁에 비추어 보면 위 '종전'이라는 기준은 최초로 제정된 법률조항까지 순차 거슬러 올라가게 되므로, 1948.8.15. 당시 존재하던 관할구역의 경계가 원천적인

555) 다만 주민의 권리 제한 또는 의무 부과에 관한 사항이나 벌칙을 정할 때에는 법률의 위임이 있어야 하고, 법령에서 조례로 정하도록 위임한 사항은 그 법령의 하위 법령에서 그 위임의 내용과 범위를 제한하거나 직접 규정할 수 없도록 하고 있다(지방자치법 제28조 제1항·제2항).

556) 헌재 2004.9.23. 2000헌라2; 2006.8.31. 2003헌라1; 2015.7.30. 2010헌라2; 2019.4.11. 2016헌라8 등 참조.

기준이 된다고 할 수 있다. 이러한 지방자치단체의 관할구역 경계는 각 법령이 관할구역을 정하는 기준으로 삼고 있는 법률 또는 대통령령에 의하여 달리 정하여지지 않은 이상 현재까지 유지되고 있음이 원칙이다. 공유수면에 대한 지방자치단체의 관할구역 경계 역시 위와 같은 기준에 따라 1948.8.15. 당시 존재하던 경계가 먼저 확인되어야 할 것인데, 이에 관한 명시적인 법령상의 규정이 존재한다면 그에 따르고, **명시적인 법령상의 규정**이 존재하지 않는다면 **불문법**에 따라야 한다. 그리고 이에 관한 불문법마저 존재하지 않는다면, 주민, 구역과 자치권을 구성요소로 하는 지방자치단체의 본질에 비추어 지방자치단체의 관할구역에 경계가 없는 부분이 있다는 것은 상정할 수 없으므로, 권한쟁의심판권을 가지고 있는 헌법재판소가 지리상의 자연적 조건, 관련 법령의 현황, 연혁적인 상황, 행정권한 행사 내용, 사무 처리의 실상, 주민의 사회·경제적 편익 등을 종합하여 **형평의 원칙에 따라 합리적이고 공평하게 해상경계선을 획정**할 수밖에 없다.[557)]

가) 자치행정권

자치행정권에 속하는 사무로는 고유사무인 자치사무와 단체위임사무 및 기관위임사무가 있다.

(1) 고유사무(자치사무)

헌법 제117조 제1항이 규정하고 있는 지방자치단체의 주민의 복리에 관한 사무를 지방자치단체의 고유사무 또는 자치사무라고 한다. 「지방자치법」에서는 자치사무와 후술하는 단체위임사무(법령에 따라 지방자치단체에 속하는 사무)를 지방자치단체의 사무로 하고 있다(지방자치법 제13조 제1항). 이러한 지방자치단체의 사무의 처리는 지방자치단체가 자기책임 하에 시행한다. 지방자치단체의 사무는 일반적으로 "시·도지사는 …을 하여야 한다"라는 형식으로 법령에 규정되어 있다.[558)] 자치사무라고 하더라도 국가의 장려보조금이 지급될 수 있다.

행정안전부장관이나 시·도지사는 지방자치단체의 자치사무에 관하여 보고를 받거나 서류·장부 또는 회계 감사할 수 있다. 이 경우 감사는 법령 위반사항에 대해서만 한다. 따라서 행정안전부장관 또는 시·도지사는 감사를 하기 전에 해당 사무의 처리가

557) 헌재 2015.7.30. 2010헌라2; 2019.4.11. 2016헌라8등, 고창군과 부안군 사이의 해상경계 사건[인용(권한확인), 인용(무효확인), 각하].

558) 「지방자치법」에서는 법률에 다른 규정이 있는 경우를 제외하고는 지방자치단체의 구역, 조직, 행정관리 등(제1호), 주민의 복지증진(제2호), 농림·수산·상공업 등 산업 진흥(제3호), 지역개발과 자연환경보전 및 주민의 생활환경시설의 설치·관리(제4호), 교육·체육·문화·예술의 진흥(제5호), 지역민방위 및 지방소방(제6호), 국제교류 및 협력(제7호)을 지방자치단체의 사무(자치사무와 법령에 따라 지방자치단체에 속하는 사무)의 예로 들고 있다(지방자치법 제13조 제2항).

법령에 위반되는지 등을 확인하여야 하고(지방자치법 제190조), 주무부장관, 행정안전부장관 또는 시·도지사는 이미 감사원 감사 등이 실시된 사안에 대해서는 새로운 사실이 발견되거나 중요한 사항이 누락된 경우 등 대통령령으로 정하는 경우를 제외하고는 감사 대상에서 제외하고 종전의 감사 결과를 활용하여야 한다(지방자치법 제191조 제1항).

자치사무에 대해서는 국가에 의한 합법성 감독은 의문이 없다. 「지방자치법」 제13조 제1항에서는 "지방자치단체는 관할 구역의 자치사무와 법령에 따라 지방자치단체에 속하는 사무를 처리한다."고 규정하고 있고, 같은 법 제188조 제1항에서 "지방자치단체의 사무에 관한 지방자치단체의 장(제103조 제2항에 따른 사무의 경우에는 지방의회의 의장을 말함)의 명령이나 처분이 법령에 위반되거나 현저히 부당하여 공익을 해친다고 인정되면 시·도에 대해서는 주무부장관이, 시·군 및 자치구에 대해서는 시·도지사가 기간을 정하여 서면으로 시정할 것을 명하고, 그 기간에 이행하지 아니하면 이를 취소하거나 정지할 수 있다."라고 하면서도, 같은 법 같은 조 제2항에서는 "… 자치사무에 관한 명령이나 처분에 대한 주무부장관 또는 시·도지사의 시정명령, 취소 또는 정지는 법령을 위반한 것에 한정한다."라고 규정하여 상급지방자치단체의 시정명령은 위법한 것에 한하고 있다. 따라서 광역지방자치단체가 기초지방자치단체의 자치사무에 대한 감사에 착수하기 위해서는 자치사무에 관하여 특정한 법령위반행위가 확인되었거나 위법행위가 있었으리라는 합리적 의심이 가능한 경우이어야 하고 그 감사대상을 특정하여야 하며, 위법사항을 특정하지 않고 개시하는 감사 또는 법령위반사항을 적발하기 위한 감사는 허용될 수 없다.[559)]

자치사무에 대해 국가가 합목적성 감독을 할 수 있는지에 대해서는 견해의 대립이 있다. 헌법재판소의 6인의 법정의견은 감사원에 의한 감사는 합목적성 감독까지 가능한 것으로 보는 데 반하여, 3인의 반대의견은 감사주체와 관계없이 자치사무에 대한 감사는 합법성 감사에 한정된다는 입장이다. 반대의견은 지방자치단체의 자치사무에 대하여 합목적성까지 감사하면 지방자치제도의 본질적 내용이 침해될 것이기 때문에, 「지방자치법」 제190조나 「국정감사 및 조사에 관한 법률」 제7조 제2호에 준하여 합법성 감사에 한정되어야 한다는 것이다. 그러나 헌법이 ① 감사원을 독립된 외부감사기관으로 정하고 있는 취지, ② 국가기능의 총체적 극대화를 위하여 중앙정부와 지방자

---

559) 헌재 2023.3.23. 2020헌라5, 남양주시와 경기도 간의 권한쟁의[인용(권한침해), 기각].

치단체는 서로 행정기능과 행정책임을 분담하면서 중앙행정의 효율성과 지방행정의 자주성을 조화시켜 국민과 주민의 복리증진이라는 공동목표를 추구하는 협력관계에 있다는 점, ③ 지방자치단체의 자치권을 존중할 수 있는 장치를 마련해두고 있는 점, ④ 국가재정지원에 상당부분 의존하고 있는 지방재정의 현실, 독립성이나 전문성이 보장되지 않은 지방자치단체 자체감사의 한계 등으로 인한 외부감사의 필요성을 감안하면, 자치사무에 대한 합목적성 통제로 인하여 지방자치단체의 인사권이나 자치행정의 자기책임적 판단이 말살될 정도로 지방자치권의 본질[560]이 훼손되었다고 보기는 어렵다는 것이 헌법재판소의 판단이다.[561]

Q

피청구인 경기도는 2021.4.1. 청구인 남양주시에 송부한 '경기도 종합감사(남양주시) 실시계획 알림'(이하 '이 사건 감사계획'이라 한다) 공문을 통하여 청구인에 대한 사전조사(2021.5.20.부터 5.26.까지) 및 종합감사(2021.5.27.부터 6.11.까지) 예정 일정과 감사범위(2017.7.19.이후 업무처리 전반)를 알리는 동시에, '사전조사 자료(감사자료)'의 자료 요구서식을 첨부하여 2021.4.23.까지 이를 작성하여 피청구인에게 제출할 것을 요구하였다. 청구인이 이 사건 감사계획 중 자치사무에 관한 부분은 관련 법령에서 정한 절차에 위반된다는 이유로 위 서식에 따른 자료제출 요구 중 자치사무에 관한 자료를 제출하지 않자, 피청구인은 2021.4.30. 청구인에 대하여 '경기도 종합감사(남양주시) 사전조사 자료 재요구' 공문을 통하여 266개 항목의 미제출 자료를 2021.5.6.까지 제출할 것을 재차 요구하였다. 이에 청구인은 위와 같은 자치사무에 대한 자료제출요구가 헌법 및 「지방자치법」에 의하여 부여된 청구인의 지방자치권을 침해한다고 주장하며 2021.5.6. 이 사건 권한쟁의심판을 청구하였다. 심판청구의 인용여부를 판단하시오(청구일 기산은 미반영).

이 사건 자료제출요구는 피청구인의 청구인에 대한 감사 절차의 일환으로서 청구인의 자치사무 전반에 대한 사전적·일반적 자료제출요청이고, 피청구인은 이를 통하여 청구인의 자치사무 처리와 관련된 문제점을 발견하거나 취약 분야를 확인하여 감사대상을 발굴할 목적이 있었음을 인정할 수 있다. 이 사건 자료제출요구는 그 목적이나 범위에서 감독관청의 일상적인 감독권 행사를 벗어난 것으로 구 「지방자치법」 제171조 제1항 전문 전단에서 예정하고 있는 보고수령 권한의 한계를 준수하였다고 볼 수 없으며, 사전조사 업무에 대한 수권조항인 구 '지방자치단체에 대한 행정감사규정' 제7조 제2항 제3호[562]를 근거로 적법

560) 헌법재판소의 다른 판례에 따르면 지방자치의 본질적 내용은 자치단체의 보장, 자치기능의 보장 및 자치사무의 보장을 의미한다[헌재 1994.12.29. 94헌마201, 경기도남양주시등33개도농복합형태의시설치등에관한법률 제4조 위헌확인(기각)].

561) 헌재 2008.5.29. 2005헌라3, 강남구청 등과 감사원 간의 권한쟁의(기각, 각하, 반대의견 있음).

562) 구 '지방자치단체에 대한 행정감사규정' 제7조 제2항 제3호: "행정안전부장관 또는 시·도지사는

하다고 볼 여지도 없다. 지방자치단체의 자치권 보장을 위하여 자치사무에 대한 감사는 합법성 감사로 제한되어야 하는바, 포괄적·사전적 일반감사나 법령위반사항을 적발하기 위한 감사는 합목적성 감사에 해당하므로 청구인에게 헌법상 보장된 지방자치권을 침해한다.[563]

Q 자치사무의 보장을 지방자치의 본질적 내용이라고 하면서 자치사무일지라도 감사원에 의한 합목적성 통제까지 가능하다고 하는 것은 조화할 수 있는가? 자치사무의 보장이라는 것이 지방자치의 본질적 내용이라는 것은 어떤 의미인가?

A 헌법재판소의 결정에 따르면 지방자치단체의 자치사무의 본질적 내용이 보장된다고 함은 자치사무의 자율성을 의미한다.[564] 따라서 자치사무의 자율성을 침해하지 않는 한 이론적으로는 제한이 가능하다. 자치사무의 경우에도 상급행정기관에 의한 합법성 심사는 허용된다(지방자치법 제190조[565] 및 앞에서 언급한 헌재 2006헌라6 결정 참조). 그런데 "강남구청 등과 감사원 간의 권한쟁의결정"에 따르면 감사원의 경우에는 자치사무에 대한 합목적성 감사까지 가능하다.[566] 결국, 헌법재판소의 결정에 따르면 자치사무라 하더라도 합목적성통제까지 가능하며, 다만 그 통제가 자치사무권한을 유명무실하게 할 정도로 지나친 제한을 함으로써 지방자치제도의 본질적 내용을 침해하여서는 안 된다는 뜻으로 이해된다.

(2) 단체위임사무

단체위임사무란 법령에 의해 국가 또는 상급지방자치단체로부터 위임된 사무를 말한다.[567] 지방자치법 제13조 제1항의 "**법령에 따라 지방자치단체에 속하는 사무**"는 단체위임사무를 말한다. 법령에서는 일반적으로 "시·도에 …을 위임한다"라고 되어 있다.

자치사무에 대한 국가의 감사는 합법성 감사에 그쳐야 한다고 보는 입장에서도 단체위임사무는 그 본질이 국가사무이므로 감사원은 합법성 감사 외에도 합목적성 감사도 할 수 있다고 본다.[568] 단체위임사무의 수행 경비는 지방비와 국가 부담금으로 구성된다.

(3) 기관위임사무

전국적 이해관계가 있는 사무로서 국가 또는 도 등 광역자치단체로부터 지방자치

제2항에 따른 업무를 수행한 결과 해당 지방자치단체의 자치사무 처리가 법령을 위반하였거나 위반한 것으로 의심할 만한 상당한 이유가 있으면 그 사무를 감사대상으로 특정하여 미리 감사일정 등을 해당 지방자치단체의 장에게 통보하여야 한다."

563) 헌재 2022.8.31. 2021헌라1, 남양주시와 경기도 간의 권한쟁의[인용(권한침해)].
564) 헌재 2009.5.28. 2006헌라6, 서울특별시와 정부 간의 권한쟁의[인용(권한침해)].
565) 지방자치법 제190조 ① 행정안전부장관이나 시·도지사는 지방자치단체의 자치사무에 관하여 보고를 받거나 서류·장부 또는 회계를 감사할 수 있다. 이 경우 감사는 법령 위반사항에 대해서만 한다.
566) 헌재 2008.5.29. 2005헌라3, 강남구청 등과 감사원 간의 권한쟁의(기각, 각하, 반대의견 있음).
567) 조세 등 공과금 징수사무 등을 예로 들 수 있다.
568) 헌재 2008.5.29. 2005헌라3 결정의 3인의 반대의견(재판관 이강국, 이공현, 김종대) 참조.

단체의 집행기관에 위임된 사무를 말한다. "시 · 도와 시 · 군 및 자치구에서 시행하는 국가사무는 시 · 도지사와 시장 · 군수 및 자치구의 구청장에게 위임하여 수행하는 것을 원칙으로 한다. 다만, 법령에 다른 규정이 있는 경우에는 그러하지 아니하다"라고 하는 「지방자치법」 제115조가 기관위임사무를 규정하고 있다. 일반적으로 법령에서는 "시 · 도지사에게 …을 위임한다"는 형식으로 규정되어 있다. 병사 · 선거 · 주민등록 · 경찰 · 지적 · 통계 · 경제정책 · 각종인허가사무 · 인구조사 사무 등이 이에 속한다.

이 사무를 수행하는데 필요한 경비는 전액 국고부담으로 하는 것이 원칙이다. 여기서 지방자치단체의 행정기관은 **국가의 하급기관으로서 기능**하게 된다. 따라서 국가에 의한 포괄적 합목적성 감독이 허용된다.

나) 자치입법권

(1) 자치입법의 종류와 근거

지방자치단체는 법령의 범위안에서 자치에 관한 규정을 제정할 수 있다(제117조 제1항 후문). 이를 구체화하고 있는 「지방자치법」과 「지방교육자치에 관한 법률」에 따르면 지방자치단체가 제정할 수 있는 자치입법은 조례와 규칙 및 교육규칙이 있다.

(2) 조례제정권

「지방자치법」 제28조에서는 "지방자치단체[569]는 법령의 범위에서 그 사무에 관하여 조례를 제정할 수 있다. 다만, 주민의 권리 제한 또는 의무 부과에 관한 사항이나 벌칙을 정할 때에는 법률의 위임이 있어야 한다(제1항). 법령에서 조례로 정하도록 위임한 사항은 그 법령의 하위 법령에서 그 위임의 내용과 범위를 제한하거나 직접 규정할 수 없다(제2항)"라고 규정하고 있다.

여기서 **"법령의 범위안에서"의 의미는 판례에 따르면 "법령에 위반되지 않는 범위내에서"라는 의미**이다.[570] 그런데 이러한 헌법의 태도와는 달리 「지방자치법」 제28조 제1항 단서에서는 주민의 권리 제한 또는 의무 부과에 관한 사항이나 벌칙을 정할 때에는 법률의 위임을 요구함으로써 헌법보다 엄격히 규정하고 있다. 헌법의 해석으로는 주민에

---

569) 「지방자치법」 제28조는 조례의 제정주체로 지방의회가 아닌 지방자치단체로 규정하고 있다. 그러나 지방의회로 하는 것이 타당하다. 2018년 4월의 정부제안 헌법개정안에서도 "지방의회는 법률에 위반되지 않는 범위에서 주민의 자치와 복리에 필요한 사항에 관하여 조례를 제정할 수 있다. 다만, 권리를 제한하거나 의무를 부과하는 경우 법률의 위임이 있어야 한다"고 하고 있다.

570) 대법원 1991.8.27. 90누6613 판결.

대한 권리 제한, 의무 부과, 벌칙 등도 법령의 범위 안에서 지방자치단체가 정할 수 있어야 할 것이다.

한편, 헌법재판소는 법규명령에 대한 법률의 위임과 조례에 대한 법률의 위임에 있어서 포괄위임금지원칙의 요구정도에 있어서 차이가 있다고 한다. 즉, 조례에 대한 법률의 위임은 법규명령에 대한 법률의 위임과 같이 반드시 구체적으로 범위를 정하여 할 필요가 없으며 포괄적인 것으로 족하다는 것이다. 그 이유는 조례의 제정권자인 지방의회는 선거를 통해서 그 지역적인 민주적 정당성을 지니고 있는 주민의 대표기관이고, 헌법이 지방자치단체에 대해 포괄적인 자치권을 보장하고 있는 취지로 볼 때 조례 제정권에 대한 지나친 제약은 바람직하지 않다고 보기 때문이다.[571)]

조례의 제정은 자치사무와 단체위임사무에 한정되고, 기관위임사무에 대해서는 개별법령에서 위임하지 않은 한 원칙적으로 조례를 제정할 수 없다. 기관위임사무는 국가 또는 광역지방자치단체가 그 기관인 지방자치단체의 장에게 위임한 사무이기 때문이다. 그러나 지방자치단체의 장이 그에 관하여 규칙을 제정할 수는 있다.[572)]

시·군 및 자치구의 조례나 규칙은 시·도의 조례나 규칙을 위반하여서는 아니 된다(지방자치법 제30조).

(3) 규칙제정권

「지방자치법」 제29조는 "지방자치단체의 장은 법령 또는 조례의 범위에서 그 권한에 속하는 사무에 관하여 규칙을 제정할 수 있다"라고 함으로써 지방자치단체의 장의 규칙제정권을 규정하고 있다.

교육감은 법령 또는 조례의 범위 안에서 그 권한에 속하는 사무에 관하여 교육규칙을 제정할 수 있다(지방교육자치에 관한 법률 제25조 제1항).

(4) 자치입법에 대한 통제

(가) 지방자치단체 내부적 통제 및 상급행정관청에 의한 통제

조례나 규칙을 제정하거나 개정하거나 폐지할 경우 조례는 지방의회에서 이송된 날부터 5일 이내에, 규칙은 공포예정 15일 전에 시·도지사는 행정안전부장관에게, 시

---

571) 헌재 1995.4.20. 92헌마264, 부천시담배자동판매기설치금지조례 제4조 등 위헌확인, 강남구담배자동판매기설치금지조례 제4조 등 위헌확인(기각); 2004.9.23. 2002헌바76, 하수도법 제32조 제5항 위헌소원(합헌).

572) 대법원 1995.7.11. 94누4615 판결; 1999.9.17. 99추30 판결 등 참조.

장 · 군수 및 자치구의 구청장은 시 · 도지사에게 그 전문(全文)을 첨부하여 각각 보고하여야 하며, 보고를 받은 행정안전부장관은 이를 관계 중앙행정기관의 장에게 통보하여야 한다(지방자치법 제35조).

지방자치단체의 장은 이송받은 조례안에 대하여 이의가 있으면 20일 이내에 이유를 붙여 지방의회로 환부(還付)하고, 재의(再議)를 요구할 수 있다. 이 경우 지방자치단체의 장은 조례안의 일부에 대하여 또는 조례안을 수정하여 재의를 요구할 수 없다(지방자치법 제32조 제3항). 재의요구를 받은 지방의회가 재의에 부쳐 재적의원 과반수의 출석과 출석의원 3분의 2 이상의 찬성으로 전과 같은 의결을 하면 그 조례안은 조례로서 확정된다(지방자치법 제32조 제4항). 지방자치단체의 장이 20일 이내에 공포하지 아니하거나 재의요구를 하지 아니할 때에도 그 조례안은 조례로서 확정된다(지방자치법 제32조 제5항).

지방의회의 의결이 법령에 위반되거나 공익을 현저히 해친다고 판단되면 시 · 도에 대하여는 주무부장관이, 시 · 군 및 자치구에 대하여는 시 · 도지사가 당해 지방자치단체의 장에게 재의를 요구하게 할 수 있고,[573] 재의 요구 지시를 받은 지방자치단체의 장은 의결사항을 이송받은 날부터 20일 이내에 지방의회에 이유를 붙여 재의를 요구하여야 한다(지방자치법 제192조 제1항). 시 · 군 및 자치구의회의 의결이 법령에 위반된다고 판단됨에도 불구하고 시 · 도지사가 재의를 요구하게 하지 아니한 경우 주무부장관이 직접 시장 · 군수 및 자치구의 구청장에게 재의를 요구하게 할 수 있고, 재의 요구 지시를 받은 시장 · 군수 및 자치구의 구청장은 의결사항을 이송받은 날부터 20일 이내에 지방의회에 이유를 붙여 재의를 요구하여야 한다(지방자치법 제192조 제2항). 재의의 결과 다시 조례가 의결사항으로 확정되면 지방자치단체의 장은 재의결된 사항이 법령에 위반된다고 판단되면 재의결된 날부터 20일 이내에 대법원에 소를 제기할 수 있다. 이 경우 필요하다고 인정되면 그 의결의 집행을 정지하게 하는 집행정지결정을 신청할 수 있다(이상 지방자치법 제192조 제4항). 주무부장관이나 시 · 도지사는 재의결된 사항이 법령에 위반된다고 판단됨에도 불구하고 해당 지방자치단체의 장이 소를 제기하지 아니하면 그 지방자치단체의 장에게 제소를 지시하거나 직접 제소 및 집행정지결정을 신청

573) 지방의회의 의결이 법령에 위반된다고 판단되어 주무부장관이나 시 · 도지사로부터 재의 요구 지시를 받은 해당 지방자치단체의 장이 재의를 요구하지 아니하는 경우(법령에 위반되는 지방의회의 의결사항이 조례안인 경우로서 재의 요구 지시를 받기 전에 그 조례안을 공포한 경우를 포함)에는 주무부장관이나 시 · 도지사는 제1항 또는 제2항에 따른 기간이 지난 날부터 7일 이내에 대법원에 직접 제소 및 집행정지 결정을 신청할 수 있다(지방자치법 제192조 제8항).

할 수 있다(지방자치법 제192조 제5항). 제소의 지시는 제소기간이 지난 날부터 7일 이내에 하고, 해당 지방자치단체의 장은 제소지시를 받은 날부터 7일 이내에 제소하여야 하는데, 주무부장관이나 시 · 도지사는 그 기간이 지난 날부터 7일 이내에 직접 제소 및 집행정지결정을 신청할 수 있다(지방자치법 제192조 제7항). 지방의회의 의결이나 재의결된 사항이 둘 이상의 부처와 관련되거나 주무부장관이 불분명하면 행정안전부장관이 재의 요구 또는 제소를 지시하거나 직접 제소 및 집행정지결정을 신청할 수 있다(지방자치법 제192조 제9항).

(나) 주민에 의한 통제

주민은 지방자치단체의 조례를 제정하거나 개정하거나 폐지할 것을 청구할 수 있다(지방자치법 제19조 제1항). 조례의 제정 · 개정 또는 폐지 청구의 청구권자 · 청구대상 · 청구요건 및 절차 등에 관한 사항을 정하기 위해서 「주민조례발안에 관한 법률」이 2021년 제정되었다.

이 법률에 따르면 「공직선거법」상 선거권이 없는 사람을 제외한 18세 이상의 주민으로서 해당 지방자치단체의 관할 구역에 주민등록이 되어 있는 사람(제1호)이나 출입국관리법상 영주할 수 있는 체류자격 취득일 후 3년이 지난 외국인으로서 해당 지방자치단체의 외국인등록대장에 올라 있는 사람은 주민조례청구권을 갖는다(주민조례발안에 관한 법률 제2조). 주민조례청구를 하려는 경우에는 해당 지방자치단체의 조례로 정하는 청구권자 수 이상이 연대 서명하여야 하는데, 청구권자의 수의 기준은 특별시는 청구권자 총수의 200분의 1을 비롯하여 광역시 이하는 인구비례에 따라 청구권자 총수의 200분의 1에서 20분의 1까지 법정되어 있다(주민조례발안에 관한 법률 제5조 제1항). 그러나 법령을 위반하는 사항, 지방세 · 사용료 · 수수료 · 부담금의 부과 · 징수 또는 감면하는 사항, 행정기구를 설치하거나 변경하는 사항이나 공공시설의 설치를 반대하는 사항은 주민조례청구 대상에서 제외되어 있다(주민조례발안에 관한 법률 제4조).

또 주민에게 과도한 부담을 주거나 중대한 영향을 미치는 지방자치단체의 주요결정사항[574]은 주민투표에 부칠 수 있는데(주민투표법 제7조 제1항), 이를 통하여 주민은 조례에 대하여 찬반의 의견을 표시할 수 있다.

574) 2022.10.27. 개정 전에는 이 중에서 지방자치단체의 조례로 정하는 사항에 대해서 주민투표에 부칠 수 있도록 되어 있었다.

(다) 법원, 헌법재판소에 의한 통제

위에서 살펴본 바와 같이 자치입법에 대하여 대법원에 제소되는 경우에 대법원은 재판을 통하여 자치입법을 통제할 수 있다. 조례나 규칙이 직접 기본권을 침해하는 경우에는 헌법소원심판을 통하여 통제할 수 있다. 제정된 조례가 다른 기관의 권한을 침해하는 경우에는 권한쟁의심판을 통하여서도 그 위헌성을 다툴 수 있다.

다) 자치재정권

지방자치단체는 행정목적을 달성하기 위한 경우나 공익상 필요한 경우에는 재산(현금 외의 모든 재산적 가치가 있는 물건과 권리)을 보유하거나 특정한 자금을 운용하기 위한 기금을 설치할 수 있고(지방자치법 제159조), 주민의 복지를 증진하기 위하여 공공시설을 설치할 수 있다(지방자치법 제161조 제1항).

지방자치단체의 재산은 법령이나 조례에 따르지 아니하고는 교환·양여(讓與)·대여하거나 출자 수단 또는 지급 수단으로 사용할 수 없다(지방자치법 제160조). 지방자치단체의 재정에 관한 기본원칙을 정한 법률로는 「지방재정법」이 있다.

지방의회는 법령에 규정된 것을 제외한 사용료·수수료·분담금·지방세 또는 가입금의 부과와 징수, 기금의 설치·운용, 대통령령으로 정하는 중요 재산의 취득·처분, 공공시설의 설치·처분, 법령과 조례에 규정된 것을 제외한 예산 외의 의무부담이나 권리의 포기 등을 할 수 있다(지방자치법 제47조 제1항 제4호~제8호). 지방자치단체의 장 또는 지방자치단체조합은 법률이 정하는 바에 따라 지방채를 발행할 수 있다(지방자치법 제139조 제1항).

지방자치단체는 그 재정을 수지균형의 원칙에 따라 건전하게 운영하여야 한다(지방자치법 제137조 제1항). 국가는 지방재정의 자주성과 건전한 운영을 장려하여야 하며, 국가의 부담을 지방자치단체에 넘겨서는 아니 된다(지방자치법 제137조 제2항).

지방자치단체는 국가시책을 달성하기 위하여 노력하여야 하며(지방자치법 제138조 제1항), 이를 위해 필요한 경비에 대한 국고보조율과 지방비부담률은 법령으로 정하도록 하고 있다(지방자치법 제138조 제2항). 지방자치단체의 장이나 지방자치단체조합은 따로 법률로 정하는 바에 따라 지방채를 발행할 수 있다(지방자치법 제139조 제1항).

Q **경기도는 경기도형 재난기본소득 사업에 동참하는 시·군을 대상으로 인구 1인당 최대 1만 원에 상당하는 재원을 도지사 특별조정교부금 사업으로 우선 지원하기로 하면서 지급일로부터 3개월이 지나면 소멸하는 지역화폐로 지급한다고 하였다. 그런데 남양주시는 지역화폐가 아닌 현금으로 재난기본소득을 지급하였다. 이에 경기도는 남양주시를 교부금 배분 대상에서 제외하였다. 경기도의 미배분행위가 남양주시의 자치재정권을 침해한 것인지 여부를 판단하시오.**

A 지역화폐 형태의 재난기본소득 지급이 특별조정교부금 배분의 요건임을 인식하고 있었고, 특별조정교부금을 지급하지 않았다고 하여 곧바로 청구인의 자치재정권에 대한 침해가 있었다고도 단정할 수 없다는 점에서 지방재정권의 침해라고 할 수 없다.[575]

5) 지방교육자치제도

가) 성격

지방교육자치제도의 성격과 관련하여 헌법재판소는 지방자치의 특성과 교육의 자주성, 전문성, 정치적 중립성이 동시에 보장되는 소위 이중의 자치를 도출하고 있다. '이중의 자치'의 요청으로 말미암아 지방교육자치의 민주적 정당성 요청은 어느 정도 제한이 불가피하다고 한다.[576]

나) 지방교육자치의 기관

시·도의 교육·학예에 관한 사무의 집행기관으로 교육감을 둔다. 교육감은 교육·학예에 관한 소관 사무로 인한 소송이나 재산의 등기 등에 대하여 당해 시·도를 대표한다(지방교육자치에 관한 법률 제18조). 법령에 다른 규정이 있는 경우를 제외하고는 국가행정사무 중 시·도에 위임하여 시행하는 사무로서 교육·학예에 관한 사무는 교육감에게 위임하여 행한다(지방교육자치에 관한 법률 제19조).

교육감은 법령 또는 조례의 범위 안에서 그 권한에 속하는 사무에 관하여 교육규칙을 제정할 수 있다(지방교육자치에 관한 법률 제25조).

기존에는 시·도의회의원과 함께 별도로 선출한 교육의원이 시·도의회 상임위원회인 교육위원회를 구성하였다. 그러나 「지방교육자치에 관한 법률」을 개정하여 2014년부터 교육의원제도는 완전히 폐지되었다.

---

575) 헌재 2022.12.22. 2020헌라3, 남양주시와 경기도 간의 권한쟁의(기각).
576) 헌재 2003.3.27. 2002헌마573, 지방교육자치에관한법률 제60조 등 위헌확인(기각); 2000.3.30. 99헌바113; 2002.3.28. 2000헌마283.

6) 주민의 권리 · 의무

가) 주민의 개념

지방자치단체의 구역 안에 주소를 가진 자는 그 지방자치단체의 주민이 된다(지방자치법 제16조).

나) 주민의 권리

헌법과 「지방자치법」상 주민에게 인정되는 권리는 참여권, 재산 및 공공시설 이용권, 균등한 행정의 혜택을 받을 권리, 선거권 · 피선거권, 주민조례청구권, 감사청구권, 주민소송권, 주민투표권, 청문권, 주민소환권 등이 있다.

(1) 참여권

주민은 법령으로 정하는 바에 따라 주민생활에 영향을 미치는 지방자치단체의 정책의 결정 및 집행 과정에 참여할 권리를 가진다(지방자치법 제17조 제1항).

(2) 재산 및 공공시설 이용권, 균등한 행정의 혜택을 받을 권리

주민은 법령으로 정하는 바에 따라 소속 지방자치단체의 재산과 공공시설을 이용할 권리와 그 지방자치단체로부터 균등하게 행정의 혜택을 받을 권리를 가진다(지방자치법 제17조 제2항).

(3) 선거권 · 피선거권

국민인 주민은 법령으로 정하는 바에 따라 그 지방자치단체에서 실시하는 지방의회의원과 지방자치단체의 장의 선거에 참여할 권리를 가진다(지방자치법 제17조 제3항).

18세 이상으로서 선거인명부작성기준일 현재 「주민등록법」상 거주자 또는 거주불명자에 해당하는 사람으로서 해당 지방자치단체의 관할 구역에 주민등록이 되어 있는 사람(제1호), 「주민등록법」상 재외국민에 해당하는 사람으로서 주민등록표에 3개월 이상 계속하여 올라 있고 해당 지방자치단체의 관할구역에 주민등록이 되어 있는 사람(제2호), 「출입국관리법」상 영주의 체류자격 취득일 후 3년이 경과한 외국인으로서 해당 지방자치단체의 외국인등록대장에 올라 있는 사람(제3호)은 그 구역에서 선거하는 지방자치단체의 의회의원 및 장의 선거권이 있다(공직선거법 제15조 제2항).

선거일 현재 계속하여 60일 이상(공무로 외국에 파견되어 선거일 전 60일 후에 귀국한 자는 선거인명부작성기준일부터 계속하여 선거일까지) 해당 지방자치단체의 관할구역에 주민등록이 되어 있는 주민으로서 18세 이상의 국민은 그 지방의회의원 및 지방자치단체의 장의 피선거권이 있다(공직선거법 제16조 제3항 제1문).

(4) 주민조례청구권

「공직선거법」상 선거권이 있는 18세 이상의 주민으로서 주민조례발안에 관한 법률상 일정한 요건에 해당하는 사람은 조례를 제정하거나 개정 또는 폐지할 것을 청구할 수 있다(지방자치법 제19조, 주민조례발안에 관한 법률 제2조).

(5) 감사청구권

선거권이 있는 18세 이상의 주민으로서 해당 지방자치단체의 관할 구역에 주민등록이 되어 있는 사람이나 「출입국관리법」상 영주(永住)할 수 있는 체류자격 취득일 후 3년이 경과한 외국인으로서 해당 지방자치단체의 외국인등록대장에 올라 있는 사람은 시·도는 300명, 인구 50만 이상 대도시는 200명, 그 밖의 시·군 및 자치구는 150명 이내에서 그 지방자치단체의 조례로 정하는 수 이상의 18세 이상의 주민이 연대 서명하여 그 지방자치단체와 그 장의 권한에 속하는 사무의 처리가 법령에 위반되거나 공익을 현저히 해친다고 인정되면 시·도의 경우에는 주무부장관에게, 시·군 및 자치구의 경우에는 시·도지사에게 감사를 청구할 수 있다(지방자치법 제16조 제1항).

그러나 수사나 재판에 관여하게 되는 사항(제1호), 개인의 사생활을 침해할 우려가 있는 사항(제2호), 다른 기관에서 감사하였거나 감사 중인 사항(다만, 다른 기관에서 감사한 사항이라도 새로운 사항이 발견되거나 중요 사항이 감사에서 누락된 경우와 주민소송의 대상이 되는 경우는 제외)(제3호), 동일한 사항에 대하여 주민소송이 진행 중이거나 그 판결이 확정된 사항(제4호)은 감사청구의 대상에서 제외한다(지방자치법 제21조 제2항).

(6) 주민소송권

공금의 지출에 관한 사항, 재산의 취득·관리·처분에 관한 사항, 해당 지방자치단체를 당사자로 하는 매매·임차·도급 계약이나 그 밖의 계약의 체결·이행에 관한 사항 또는 지방세·사용료·수수료·과태료 등 공금의 부과·징수를 게을리한 사항을 감사청구한 주민은, ① 주무부장관이나 시·도지사가 감사청구를 수리한 날부터 60일(감사기간이 연장된 경우에는 연장기간이 끝난 날)이 지나도 감사를 끝내지 아니한 경우(제1호), ② 해당 지방자치단체의 장이 주무장관이나 시·도지사의 감사결과 또는 조치 요구에 불복하는 경우(제2호), ③ 감사결과에 따른 주무부장관이나 시·도지사의 조치 요구를 지방자치단체의 장이 이행하지 아니한 경우(제3호), ④ (주민이) 지방자치단체의 장의 이행 조치에 불복하는 경우(제4호)에는 그 감사청구한 사항과 관련이 있는 위법한 행위나 업무를 게을리한 사실에 대하여 해당 지방자치단체의 장(해당 사항의 사무처리에 관한 권한을 소속 기관의 장에게 위임한 경우에는 그 소속 기관의 장)을 상대방으로 하여 소송을 제기할 수 있다(지방자치법 제22조 제1항).

주민소송의 종류는 ① 해당 행위를 계속하면 회복하기 곤란한 손해를 발생시킬 우려가 있는 경우에는 그 행위의 전부나 일부를 중지할 것을 요구하는 소송(제1호), ② 행정처분인 해당 행위의 취소 또는 변경을 요구하거나 그 행위의 효력 유무 또는 존재 여부의 확인을 요구하는 소송(제2호), ③ 게을리한 사실의 위법 확인을 요구하는 소송(제3호), ④ 해당 지방자치단체의 장 및 직원, 지방의회의원, 해당 행위와 관련이 있는 상대방에게 손해배상청구 또는 부당이득반환청구를 할 것을 요구하는 소송(그 지방자치단체의 직원이 「회계관계직원 등의 책임에 관한 법률」 제4조에 따른 변상책임을 져야 하는 경우에는 변상명령을 할 것을 요구하는 소송)(제4호)이 있다(지방자치법 제22조 제2항).

주민소송은 해당 지방자치단체의 사무소 소재지를 관할하는 행정법원이나 행정법원이 설치되지 아니한 지역에서는 행정법원의 권한에 속하는 사건을 관할하는 지방법원본원이 관할한다(지방자치법 제22조 제9항).

(7) 주민투표권

지방자치단체의 장은 주민에게 과도한 부담을 주거나 중대한 영향을 미치는 지방자치단체의 주요 결정사항 등에 대하여 주민투표에 부칠 수 있다(지방자치법 제18조 제1항). 주민투표의 대상·발의자·발의요건, 그 밖에 투표절차 등에 관한 사항은 「주민투표법」이 정하고 있다.[577]

「공직선거법」상 선거권이 있는 18세 이상의 주민 중 「주민투표법」상 투표인명부 작성기준일 현재 ① 그 지방자치단체의 관할 구역에 주민등록이 되어 있는 사람(제1호), ② 출입국관리 관계 법령에 따라 대한민국에 계속 거주할 수 있는 자격(체류자격변경허가 또는 체류기간연장허가를 통하여 계속 거주할 수 있는 경우를 포함)을 갖춘 외국인으로서 지방자치단체의 조례로 정한 사람(제2호)은 주민투표권이 있다(주민투표법 제5조 제1항). 주민투표권자의 연령은 투표일 현재를 기준으로 한다(주민투표법 제5조 제2항).

주민투표의 대상은 주민에게 과도한 부담을 주거나 중대한 영향을 미치는 지방자치

577) "전체 투표수가 주민투표권자 총수의 3분의 1에 미달되는 때에는 개표 조차 하지 않도록 한 규정(주민투표법 제24조 제2항)은 2022.4.26. 개정에서 삭제되어 개표요건이 없어졌다.

단체의 주요결정사항이다(주민투표법 제7조 제1항).[578] 다만, 법령에 위반되거나 재판중인 사항(제1호), 국가 또는 다른 지방자치단체의 권한 또는 사무에 속하는 사항(제2호), 지방자치단체가 수행하는 예산 편성·의결 및 집행(가목)이나 회계·계약 및 재산관리(나목)의 어느 하나에 해당하는 사무의 처리에 관한 사항(제3호), 지방세·사용료·수수료·분담금 등 각종 공과금의 부과 또는 감면에 관한 사항(제3호의2), 행정기구의 설치·변경에 관한 사항과 공무원의 인사·정원 등 신분과 보수에 관한 사항(제4호), 다른 법률에 의하여 주민대표가 직접 의사결정주체로서 참여할 수 있는 공공시설의 설치에 관한 사항(다만, 「주민투표법」 제9조 제5항의 규정에 의하여 지방의회가 주민투표의 실시를 청구하는 경우에는 제외), 동일한 사항(그 사항과 취지가 동일한 경우를 포함한다)에 대하여 주민투표가 실시된 후 2년이 경과되지 아니한 사항(제6호)은 주민투표에 부칠 수 없다(주민투표법 제7조 제2항).

지방자치단체와 관련이 있는 경우에는 국가정책에 관한 주민투표도 가능하게 하고 있다. 즉, 지방자치단체를 폐지하거나 설치하거나 나누거나 합치는 경우 또는 구역을 변경하거나 주요시설을 설치하는 등 국가정책의 수립에 관하여 주민의 의견을 듣기 위하여 필요하다고 인정하는 때에는 중앙행정기관의 장은 미리 행정안전부장관과 협의하여 주민투표의 실시구역을 정하여 관계 지방자치단체의 장에게 주민투표의 실시를 요구할 수 있다(주민투표법 제8조 제1항).

주민투표는 주민 또는 지방의회의 청구에 의하거나 직권으로 지방자치단체의 장이 실시할 수 있다(주민투표법 제9조 제1항 각 호). 주민의 청구에 의한 경우는 주민투표청구권자 총수의 20분의 1 이상 5분의 1 이하의 범위에서 지방자치단체의 조례로 정하는 수 이상의 서명으로 그 지방자치단체의 장에게 주민투표의 실시를 청구할 수 있다(주민투표법 제9조 제2항). 지방의회는 재적의원 과반수의 출석과 출석의원 3분의 2 이상의 찬성으로 그 지방자치단체의 장에게 주민투표의 실시를 청구할 수 있다(주민투표법 제9조 제5항). 지방자치단체의 장은 직권에 의하여 주민투표를 실시하고자 하는 때에는 그 지방의회 재적의원 과반수의 출석과 출석의원 과반수의 동의를 얻어야 한다(주민투표법 제9조 제6항).

주민투표에 부쳐진 사항은 주민투표권자 총수의 4분의 1 이상의 투표와 유효투표수 과반수의 득표로 확정된다. 다만, 전체 투표수가 주민투표권자 총수의 4분의 1에 미달되는 경우이거나 주민투표에 부쳐진 사항에 관한 유효득표수가 동수인 경우에는 찬

578) 구 「주민투표법」에서는 위 주요결정사항으로서 그 지방자치단체의 조례로 정하는 사항이어야 했으나 2022년 현재와 같이 개정되었다.

성과 반대 양자를 모두 수용하지 아니하거나, 양자택일의 대상이 되는 사항 모두를 선택하지 아니하기로 확정된 것으로 본다(주민투표법 제24조 제1항). 지방자치단체의 장 및 지방의회는 주민투표결과 확정된 내용대로 행정 · 재정상의 필요한 조치를 하여야 한다(주민투표법 제24조 제5항). 지방자치단체의 장 및 지방의회는 주민투표결과 확정된 사항에 대하여 2년 이내에는 이를 변경하거나 새로운 결정을 할 수 없다. 다만, 주민투표법 제24조 제1항 단서의 규정에 의하여 찬성과 반대 양자를 모두 수용하지 아니하거나 양자택일의 대상이 되는 사항 모두를 선택하지 아니하기로 확정된 때에는 그러하지 아니하다(주민투표법 제24조 제6항).

주민투표의 효력에 관하여 이의가 있는 주민투표권자는 주민투표권자 총수의 100분의 1 이상의 서명으로 주민투표결과가 공표된 날부터 14일 이내에 관할선거관리위원회 위원장을 피소청인으로 하여 시 · 군 및 자치구에 있어서는 특별시 · 광역시 · 도 선거관리위원회에, 특별시 · 광역시 및 도에 있어서는 중앙선거관리위원회에 소청할 수 있다(주민투표법 제25조 제1항). 소청에 대한 결정에 관하여 불복이 있는 소청인은 관할선거관리위원회위원장을 피고로 하여 그 결정서를 받은 날(결정서를 받지 못한 때에는 결정기간이 종료된 날)부터 10일 이내에 특별시 · 광역시 및 도에 있어서는 대법원에, 시 · 군 및 자치구에 있어서는 관할 고등법원에 소를 제기할 수 있다(주민투표법 제25조 제2항).

Q **주민투표권은 헌법상 권리인가 법률상 권리인가.**

A 주민투표권은 명문의 기본권도 아니고 열거되지 아니한 자유와 권리에 포함될 수도 없으며, 단순한 법률상의 권리이다.[579]

Q **지방자치단체의 결정사항에 대한 주민투표와 국가정책에 대한 주민투표의 성격의 차이에 관하여 설명하시오.**

A 「주민투표법」의 규정들을 해석할 때 지방자치단체의 결정사항에 대한 주민투표는 자문적인 주민의견 수렴절차에 그치지 않고 주민투표를 통한 주민결정권이 인정되는 데 반하여, 국가정책에 대한 주민투표는 주민의견수렴절차에 해당한다는 것이 헌법재판소의 판단이다.[580] 따라서 후자의 경우에는 「지방자치법」상 소제기 등의 규정이 적용되지 않는다.

---

579) 헌재 2007.6.28. 2004헌마643, 주민투표법 제5조 위헌확인(헌법불합치, 각하).
580) 헌재 2007.6.28. 2004헌마643.

Q **「주민투표법」 제8조의 국가정책에 관한 주민투표 사무는 국가사무인가 지방자치단체사무인가?**

A 양자 모두의 성격을 가지고 있다는 것이 헌법재판소의 판단이다. 지방자치단체의 폐치·분합이라는 국가정책 수립에 참고하기 위한 투표이고, 중앙행정기관장의 요구에 의해 비로소 실시계기가 부여되며, 시행 여부와 투표구역에 관해서도 중앙행정기관장에게 재량이 있는 점, 비용을 국가가 부담하는 점(주민투표법 제27조 제1항 참조)은 국가사무라는 주장을 뒷받침한다고 할 수 있는 측면이다. 그러나 한편 투표할 사안이 국가정책으로서 국가사무에 대한 것이라 해서 주민의 의견수렴인 투표실시 자체까지 반드시 국가사무라고 볼 필연성은 없다. 「주민투표법」 제8조에서 국가정책에 관해서 주민의 의견을 참고하도록 하는 이유도 그 국가정책이 지방자치단체의 자치권 및 주민의 복리에 긴밀한 연관이 있어서 주민투표제도를 활용하여 주민의 의견을 듣고 또 지방의회의 의견도 반영할 수 있도록 하려는 것이므로 지방자치단체와 주민으로서도 이러한 제도를 통해 정확한 의사를 전달하는 데 깊은 이해관계를 가지고 있는 점, 그리고 지방자치단체의 폐치·분합에 관한 주민투표에 관련된 규정들의 위와 같은 연혁이나 「주민투표법」의 목적에 비추어보면 제8조의 주민투표 실시사무도 자치사무의 성격을 가질 수 있다고 판단된다. 또한 같은 조항은 중앙행정기관장의 투표요구가 있더라도 지방자치단체 장이 무조건 이를 따르도록 되어 있는 것이 아니라 발의 여부에 재량이 있고, 지방의회의 의견도 듣게 되어 있는 점도 위와 같은 판단을 뒷받침할 수 있는 측면들이다. 따라서 자치사무로서의 성격이 없다고 단정할 수도 없다.[581)]

(8) 청문권

지방자치단체를 폐지하거나 설치하거나 나누거나 합칠 때 또는 지방자치단체의 구역을 변경할 때(경계변경은 제외), 지방자치단체의 명칭을 변경할 때(한자 명칭을 변경할 때를 포함)에는, 주민투표를 하는 경우를 제외하고는, 관계 지방자치단체의 의회의 의견을 들어야 한다(지방자치법 제5조 제3항). 주민에 직접 청문하는 것은 아니지만 주민의 대의기관인 지방의회의 의견을 듣도록 하는 것은 간접적인 청문이 될 수 있다.

지방자치단체인 시·군이 폐지되는 경우에는 당해 지방자치단체에 의한 주민투표가 실시되어 그에 따라 입법하여야 함에도 불구하고 당해 시·군이 포함된 상위의 도 전역에 걸쳐 투표를 실시하고 그에 따라 법률조항을 제정한 경우 적법절차원칙에 위반되는가.

---

581) 헌재 2005.12.22. 2005헌라5, 제주시등과 행정자치부장관등간의 권한쟁의(각하).

도가 밀접한 이해관계를 가지고 있고, 관계 시·군 주민 전체가 도민 전체이며, 투표결과 도전체의 찬반 비율뿐만 아니라 개별 시·군 별 찬반 비율도 알 수 있게 되므로 해당 시·군의 주민의 의사도 확인 가능하다는 점 등에서 볼 때 ① 투표의 실질에 있어서 차이가 없고, ② 해당 시·군에서는 반대가 다수인 경우에도 주민투표에 국회가 구속되지 않는다는 점에 비추어 헌법에 위반되지 않는다.582)

(9) 주민소환권

「지방자치법」은 “주민은 그 지방자치단체의 장 및 지방의회의원(비례대표 지방의회의원은 제외)을 소환할 권리를 가진다”라고 규정함으로써(지방자치법 제25조 제1항) 지방자치단체장과 지방의회의원에 대하여 주민소환제를 도입하고 있다. 주민소환의 투표청구권자·청구요건·절차 및 효력 등을 정하기 위하여 「주민소환에 관한 법률」이 2006년 제정되어 2007년부터 시행되고 있다.

주민소환제도의 의의와 법적 성격에 대해 헌법재판소는 다음과 같이 판시하고 있다. “주민소환제란 지방자치단체의 특정한 공직에 있는 자가 주민의 신뢰에 반하는 행위를 하고 있다고 생각될 때 임기 종료 전에 주민이 직접 그 해직을 청구하는 제도로서, 주민에 의한 지방행정 통제의 가장 강력한 수단이며, 주민의 참정기회를 확대하고 주민대표의 정책이나 행정처리가 주민의사에 반하지 않도록 주민대표나 행정기관에 대한 통제와 주민에 대한 책임성을 확보하는 데 그 제도적 의의가 있다. 그러나, 주민소환제 자체는 지방자치의 본질적인 내용이라고 할 수 없으므로 이를 보장하지 않는 것이 위헌이라거나 어떤 특정한 내용의 주민소환제를 반드시 보장해야 한다는 헌법적인 요구가 있다고 볼 수는 없다. 다만 주민소환제는 주민의 참여를 적극 보장하고, 이로써 주민자치를 실현하여 지방자치에도 부합하므로, 이 점에서는 위헌의 문제가 발생할 소지가 없고, 제도적인 형성에 있어서도 입법자에게 광범위한 입법재량이 인정된다 할 것이나, 원칙으로서의 대의제의 본질적인 부분을 침해하여서는 아니된다는 점이 그 입법형성권의 한계로 작용한다 할 것이다.”583)

주민소환은 투표로 한다. ① 주민소환투표일 현재 19세 이상의 주민으로서 당해

582) 헌재 2006.4.27. 2005헌마1190, 제주특별자치도의 설치 및 국제자유도시조성을 위한 특별법안 제15조 제1항 등 위헌확인(기각).

583) 헌재 2011.12.29. 2010헌바368, 주민소환에 관한 법률 제10조 제4항 위헌소원(합헌). 헌재 2009.3.26. 2007헌마843도 참조.

지방자치단체 관할구역에 주민등록이 되어 있는 자(「공직선거법」 제18조의 규정에 의하여 선거권이 없는 자 제외)와 ② 주민소환투표일 현재 19세 이상의 외국인으로서 「출입국관리법」 제10조의 규정에 따른 영주의 체류자격 취득일 후 3년이 경과한 자 중 같은 법 제34조의 규정에 따라 당해 지방자치단체 관할구역의 외국인등록대장에 등재된 자는 주민소환투표권이 있다(주민소환에 관한 법률 제3조).

주민소환의 대상이 되는 자는 지방자치단체의 장 및 지방의회의원이다. 비례대표선거구시 · 도의회의원 및 비례대표선거구자치구 · 시 · 군의회의원은 제외된다(주민소환에 관한 법률 제7조 제1항). 특별시장 · 광역시장 · 도지사는 당해 지방자치단체의 주민소환투표청구권자 총수의 100분의 10 이상, 시장 · 군수 · 자치구의 구청장은 당해 지방자치단체의 주민소환투표청구권자 총수의 100분의 15 이상, 지역선거구시 · 도의회의원 및 지역선거구자치구 · 시 · 군의회의원은 당해 지방의회의원의 선거구 안의 주민소환투표청구권자 총수의 100분의 20 이상의 주민의 서명으로 그 소환사유를 서면에 구체적으로 명시하여 관할선거관리위원회에 주민소환투표의 실시를 청구할 수 있다(주민소환에 관한 법률 제7조 제1항).

주민소환투표대상자는 관할선거관리위원회가 주민소환투표안을 공고한 때부터 주민소환투표결과를 공표할 때까지 그 권한행사가 정지된다(주민소환에 관한 법률 제21조 제1항).

주민소환은 주민소환투표권자 총수의 3분의 1이상의 투표와 유효투표 총수 과반수의 찬성으로 확정된다(주민소환에 관한 법률 제22조 제1항). 전체 주민소환투표자의 수가 주민소환투표권자 총수의 3분의 1에 미달하는 때에는 개표를 하지 아니한다(주민소환에 관한 법률 제22조 제2항).

주민소환이 확정된 때에는 주민소환투표대상자는 그 결과가 공표된 시점부터 그 직을 상실하고, 그로 인하여 실시하는 해당보궐선거에 후보자로 등록할 수 없다(주민소환에 관한 법률 제23조).

「주민소환에 관한 법률」에 주민소환의 청구사유가 규정되어 있지 않은 것이 과잉금지원칙을 위배하여 헌법에 위반되는지 여부에 관하여 설명하시오.

A

헌법에 위반되지 않는다는 것이 헌법재판소의 결정이다. 그 이유로는 ① 주민소환은 대표자에 대한 신임을 묻는 것으로서 그 속성은 재선거와 다를 바 없으므로 선거와 마찬가지로 그 사유를 묻지 않는 것이 제도의 취지에 부합한다. ② 주민소환제는 역사적으로도 위법·탈법행위에 대한 규제보다 비민주적·독선적 행위에 대한 광범위한 통제의 필요성이 강조되어 왔으므로 주민소환의 청구사유에 제한을 둘 필요가 없다. ③ 업무의 광범위성이나 입법기술적 측면에서 소환사유를 구체적으로 적시하는 것도 쉽지 않다. ④ 청구사유를 제한하는 경우 그 해당여부를 사법기관에서 심사하는 것이 과연 가능하고 적정한지 의문이고, 이 경우 절차가 지연됨으로써 조기에 문제를 해결하지 못할 위험성이 크다 할 수 있으므로 법이 주민소환의 청구사유에 제한을 두지 않는 데에는 상당한 이유가 있다. ⑤ 입법자가 주민소환제 형성에 있어서 반드시 청구사유를 제한하여야 할 의무가 있다고 할 수도 없고, 달리 그와 같이 청구사유를 제한하지 아니한 입법자의 판단이 현저하게 잘못되었다고 볼 사정 또한 찾아볼 수 없다는 것이다.

다만, 청구사유에 제한을 두지 않음으로써 주민소환제가 남용될 소지는 있으나, 법에서 그 남용의 가능성을 제도적으로 방지하고 있을 뿐만 아니라, 현실적으로도 시민의식 또한 성장하여 남용의 위험성은 점차 줄어들 것으로 예상할 수 있다. 따라서 과잉금지의 원칙에 위배하여 청구인의 공무담임권을 침해한다고 볼 수 없다.[584]

Q

주민소환투표청구를 위한 서명요청 활동을 '소환청구인서명부를 제시'하거나 '구두로 주민소환투표의 취지나 이유를 설명하는' 두 가지 경우로만 엄격히 제한하고 누구든지 인쇄물·시설물 그 밖의 방법을 이용하여 서명요청활동을 할 수 없게 하고(주민소환에 관한 법률 제10조 제4항) 이에 위반할 경우 형사처벌하는 「주민소환에 관한 법률」 제32조 제1호 중 제10조 제4항에 관한 부분이 표현의 자유를 제한함에 있어 과잉금지원칙을 위반하였는지 여부에 대해 검토하시오.

A

과잉금지원칙에 위배되지 않는다는 것이 헌법재판소의 판단이다. 헌법재판소는 다음과 같이 과잉금지원칙 위배여부를 심사하고 있다.

"주민소환에 관한 법률 제32조 제1호 중 제10조 제4항에 관한 부분은 대의제의 본질적인 부분을 침해하지 않도록 극히 예외적이고 엄격한 요건을 갖춘 경우에 한하여 주민소환을 인정하려는 제도적 고려에서, 서명요청이라는 표현의 방법을 '소환청구인서명부를 제시'하거나 '구두로 주민소환투표의 취지나 이유를 설명'하는 방법, 두 가지로만 엄격히 제한함으로써, ⅰ) 주민소환투표청구가 정치적으로 악용·남용되는 것을 방지함과 동시에, ⅱ) 서명요청 활동 단계에서 흑색선전이나 금품 살포와 같은 부정한 행위가 이루어지는 것을 방지

584) 헌재 2011.3.31. 2008헌마355, 주민소환에 관한 법률 위헌확인(기각). 이 사건은 서울시 동대문구의회 의원이 제기한 사건이다. 동대문구 선거관리위원회는 「주민소환에 관한 법률」 제27조의 규정에 따라 주민소환투표청구인대표자 증명서를 교부하고 이를 공표하였는데, 청구인이 「주민소환에 관한 법률」이 주민소환의 청구사유를 명시하지 아니하고 주민소환 청구사유의 진위 여부에 대한 확인을 규정하지 아니함으로써 청구인의 의정활동을 제약하고 명예를 훼손하여 위헌이라고 주장하면서 제기한 것이다.

하여 주민소환투표청구권자의 진정한 의사가 왜곡되는 것을 방지하려고 하였는바, 위 입법 목적은 정당하고 수단은 적절하다.
또한, 주민소환제도의 남용 내지 악용을 막기 위해서는 주민소환투표청구를 하는 과정에서 진지한 사회적 합의와 숙고가 이루어질 수 있도록 하고, 흑색선전이나 금품 살포 등 부정행위가 개입하여 주민소환투표청구권자의 진의가 왜곡되는 것을 막아야 할 필요성이 매우 크다는 점, 이 사건 법률조항은 주민소환투표청구에 관한 의사표시를 요청하는 표현활동을 방법적으로 제한하고 있을 뿐 서명요청의 의사가 배제되어 있는 단순한 의견개진이나 준비활동 등 정치적·사회적 의견 표명은 제한하고 있지 않은 점 등에 비추어 볼 때, 이 사건 법률조항이 주민소환투표청구를 위하여 요구되는 많은 수의 서명을 받는 것을 사실상 불가능하게 함으로써 청구인의 주민소환투표청구권을 형해화하는 것이라고 보기도 어렵다. 따라서 침해의 최소성 요건도 충족한다.
이 사건 법률조항으로 인하여 제한되는 개인의 표현의 자유 등 사익에 비하여 주민소환투표제도의 부작용 억제를 통한 대의제 원리의 보장과 소환대상자의 공무담임권 보장, 지방행정의 안정성 보장이라는 공익이 훨씬 크므로, 법익균형성 요건도 충족한다.
따라서 이 사건 법률조항은 표현의 자유를 제한함에 있어 과잉금지원칙을 위반하지 않는다."[585]

다) 주민의 의무

제3항 지방자치법상 주민의 의무로는 **비용분담의무**가 있다. 지방자치법 제27조는 "주민은 법령으로 정하는 바에 따라 소속 지방자치단체의 비용을 분담하여야 하는 의무를 진다"라고 규정하고 있다. 비용분담의무는 지방세·사용료·수수료·분담금 등 공과금의 납부의무를 말한다.[586]

7) 국가적 감독과 통제

가) 위법·부당한 명령이나 처분의 시정

시·도의 사무에 관한 시·도지사(지방의회 사무직원에 대한 감독의 경우에는 지방의회의 의장)의 명령이나 처분이 법령에 위반되거나 현저히 부당하여 공익을 해친다고 인정되면 주무부장관이 기간을 정하여 서면으로 시정할 것을 명하고, 그 기간에 이행하지 아니하면 이를 취소하거나 정지할 수 있다(지방자치법 제188조 제1항).

나) 직무이행명령

시·도지사가 법령의 규정에 따라 그 의무에 속하는 국가위임사무나 시·도위임사

585) 헌재 2011.12.29. 2010헌바368, 주민소환에 관한 법률 제10조 제4항 위헌소원(합헌).
586) 홍정선, 행정법특강, 박영사, 2009, 874쪽.

무의 관리와 집행을 명백히 게을리하고 있다고 인정되면 주무부장관은 기간을 정하여 서면으로 **이행할 사항을 명령**할 수 있다(지방자치법 제189조 제1항).

제2항 사회국가원리

I. 개념

헌법재판소의 결정에 따르면 사회국가란 사회정의의 이념을 헌법에 수용한 국가, 사회현상에 대하여 방관적인 국가가 아니라 경제 · 사회 · 문화의 모든 영역에서 정의로운 사회질서의 형성을 위하여 사회현상에 관여하고 간섭하고 분배하고 조정하는 국가이며, 궁극적으로는 국민 각자가 실제로 자유를 행사할 수 있는 그 실질적 조건을 마련해 줄 의무가 있는 국가를 말한다.[587)]

그런데 사회국가를 복지국가와 구별하는 견해가 있다. 이에 따르면 사회국가란 국민 스스로의 생활설계에 의한 실질적인 자유와 평등의 실현이 가능하도록 사회구조의 골격적인 테두리를 형성하는 국가를 말하는 데 반하여, 복지국가란 국민의 일상생활이 하나에서 열까지 철저히 국가의 사회보장제도에 의해서 규율되는 것을 내용으로 하는 국가를 말한다.[588)] 이 견해는 대한민국헌법이 지향하는 국가는 마땅히 사회국가이고 복지국가가 아니라고 본다.

그런데 실제 용어 사용에서는 반드시 이 견해가 정의하고 있는 것처럼 사용되지는 않는다. 헌법재판소는 사회국가, 사회복지국가, 복지국가, 민주복지국가 등의 개념을 번갈아가며 사용하고 있다고 한다.[589)] 여기서는 복지국가에 대한 사회국가적 관점에서의 우려를 고려하는 가운데 용어 사용에 있어서는 일반적 견해에 따라 양 개념을 구별하지 않고 혼용하기로 한다.[590)]

---

587) 헌재 2002.12.18. 2002헌마52, 저상버스 도입의무 불이행 위헌확인(각하).
588) 허영, 한국헌법론, 박영사, 2010, 162쪽.
589) 성낙인, 헌법학, 2021, 284쪽에서 인용.
590) 복지국가와 사회국가의 개념적 상위에 대해서는 양건, 헌법강의, 법문사, 2021, 216쪽도 참조(한편, 여기서는 복지국가와 사회국가를 혼용하고 있는 것이 일반적 견해라고 한다). 사회복지주의라는 용어를 사용하고 있는 견해로는 정재황, 헌법학, 박영사, 2021, 350쪽 이하 참조.

한편 사회국가는 실질적·형식적으로 볼 때 혁명적·급진적 방법이 아니라 사회 개량의 방법을 통하여 사회정의를 이루려는 이념이라는 점에서 **사회주의국가와는 구별**된다.

II. 헌법적 근거 및 구현

사회국가원리의 헌법적 근거로는 무엇보다도 헌법 제119조 제2항을 들 수 있다. 그 외에도 제31조~제36조, 제121조~제126조를 들 수 있다. 재산권의 사회구속성을 규정한 제23조 제2항을 비롯한 교육의 의무, 근로의 의무, 환경보전의 의무, 납세의 의무 등의 기본적 의무도 사회국가원리와 관련되는 헌법적 근거로 볼 수 있다.[591]

그런데 이러한 헌법적 근거는 동시에 사회국가원리가 구현된 모습이기도 하다.

1. 사회적 기본권보장

헌법에는 제31조에서 제36조 사이에 사회적 기본권 내지는 생존권적 기본권을 규정하고 있다. 사회적 기본권의 실현은 사회국가실현의 가장 중요한 부분이다. 왜냐하면 대한민국헌법이 규정하고 있는 사회국가원리의 구현제도들 가운데 사회적 기본권을 제외한 나머지 "사회적" 요소들은 대체로 규제와 조정을 내용으로 하는 것들이기 때문이다.

2. 사회적 시장경제질서

헌법 제119조 제2항은 "국가는 균형있는 국민경제의 성장 및 안정과 적정한 소득의 분배를 유지하고, 시장의 지배와 경제력의 남용을 방지하며, 경제주체간의 조화를 통한 경제의 민주화를 위하여[592] 경제에 관한 규제와 조정을 할 수 있다."라고 규정함으로써 사회적 시장경제질서를 채택하고 있음을 분명히 하고 있다.

3. 기타 경제관련 조항들

그 외 사회국가원리를 구현하고 있는 경제관련 조항들도 다수 있다. 예컨대 제123조에서는 국가는 농업 및 어업을 보호·육성하기 위하여 농·어촌종합개발과 그 지원

591) 헌재 2002.12.18. 2002헌마52, 저상버스 도입의무 불이행 위헌확인(각하); 2001.2.22. 99헌마365, 국민연금법 제75조 등 위헌확인(기각).

592) 헌법재판소는 이러한 규제와 조정의 목적을 예시적인 것으로 본다[헌재 2001.6.28. 2001헌마132, 여객자동차운수사업법 제73조의2 등 위헌확인(기각, 각하)].

등 필요한 계획을 수립 · 시행하여야 하고(제1항), 지역간의 균형있는 발전을 위하여 지역경제를 육성할 의무를 지며(제2항), 중소기업을 보호 · 육성하여야 하고(제3항), 농수산물의 수급균형과 유통구조의 개선에 노력하여 가격안정을 도모함으로써 농 · 어민의 이익을 보호하며(제4항), 농 · 어민과 중소기업의 자조조직을 육성하여야 하고, 그 자율적 활동과 발전을 보장하도록 하고 있다(제5항).

헌법 제124조에서는 국가는 건전한 소비행위를 계도하고 생산품의 품질향상을 촉구하기 위한 소비자보호운동을 법률이 정하는 바에 의하여 보장함을 규정하고 있고, 제125조는 대외무역을 육성하며, 이를 규제 · 조정할 수 있다고 하고 있다.

나아가서 헌법은 "국가는 농지에 관하여 경자유전(耕者有田)의 원칙이 달성될 수 있도록 노력하여야 하며, 농지의 소작제도(小作制度)는 금지된다."(제121조 제1항), "농업생산성의 제고와 농지의 합리적인 이용을 위하거나 불가피한 사정으로 발생하는 농지의 임대차와 위탁경영은 법률이 정하는 바에 의하여 인정된다."(제121조 제2항), "국방상 또는 국민경제상 긴절한 필요로 인하여 법률이 정하는 경우를 제외하고는, 사영기업을 국유 또는 공유로 이전하거나 그 경영을 통제 또는 관리할 수 없다."(제126조)라고 규정하는 등 재산권 행사에 대해 일정한 한계도 설정하고 있다.

4. 국민의 의무

헌법에 규정된 국민의 기본적 의무 중 재산권 행사에 있어서 공공복리 적합의무(제23조 제2항), 교육의 의무, 근로의 의무, 환경보전의 의무, 납세의 의무는 사회국가실현과 관련되는 의무들이다.

Ⅲ. 민주국가 및 법치국가와의 관계

견해에 따르면 민주국가원리와 법치국가원리 그리고 사회국가원리는 자유와 평등을 실현하기 위한 3면경과 같다고 한다. 즉, 민주국가는 자유와 평등의 통치형태적 실현수단이고, 법치국가는 자유와 평등의 국가 기능적 실현수단이며, 사회국가는 자유와 평등이 국민 스스로의 자율적인 생활설계에 의해서 실현될 수 있도록 생활여건을 조성해 주는 이른바 사회구조의 골격적인 테두리를 말한다고 한다.[593)]

---

593) 허영, 한국헌법론, 2010, 162쪽.

특히 사회국가는 법치국가적으로 모든 국민의 복리를 실현하려고 하는 것이라는 점에서 법치국가와는 상호보완적 관계이다. 사회국가는 법치국가적으로 실현할 때에만 가장 합리적이고 안정적이기 때문이다.

IV. 사회국가원리의 한계

1. 이념적 한계

사회국가란 단순한 재분배를 통한 생활수준의 하향식 사회보장제도를 이념으로 하는 것이 아니라, 국민 각자가 되도록 국가에 의존함이 없이 자기의 생활설계와 자기책임 밑에 자기의 생활감각에 맞는 생활을 누릴 수 있도록 뒷받침해주고 또 장려하는 것이다.[594]

2. 자유민주적 기본질서에 따른 한계

대한민국의 경제질서는 개인과 기업의 자유와 창의를 존중함으로 기본으로 하고 있다. 따라서 사회국가적 개입도 이 한도 내에서 허용된다.

3. 법치국가적 한계

사회국가원리의 실현이라고 하더라도 법치국가적 절차를 준수하여야 한다. 따라서 사회국가적 규제와 조정도 일정한 위헌심사기준에 비추어 헌법에 합치하여야 한다.

4. 국가의 재정적 한계

사회국가를 구현하기 위해서는 일정한 재정이 필요하다. 따라서 사회국가는 '재정이 허용하는 범위 내'라고 하는 사실상의 한계가 있다.[595]

---

594) 허영, 한국헌법론, 2010, 163쪽 이하.

595) Christian Starck, Soziale Rechte in Verträgen, Vefassungen und Gesetzen, in: Woher kommt das Recht?, 2015, S. 236 f.

제3항 평화국가원리

I. 개념과 근거

국제적 차원에서 협조와 평화를 지향하고 창출하는 국가를 평화국가라고 할 수 있다. 평화국가원리를 대한민국헌법에서는 국제평화주의, 국제법 존중주의, 외국인의 지위보장, 평화적 통일의 내용으로 실현하고 있다.

대한민국헌법이 평화국가원리를 기본원리로 하고 있음은 “밖으로는 항구적인 세계평화와 인류공영에 이바지함으로써”, “조국의 … 평화적 통일의 사명에 입각하여”라고 규정하고 있는 **전문**, “대한민국은 통일을 지향하며, 자유민주적 기본질서에 입각한 평화적 통일정책을 수립하고 이를 추진한다”라고 규정한 **제4조**, “대한민국은 국제평화의 유지에 노력하고 침략적 전쟁을 부인한다”라고 규정한 **제5조 제1항**, “대통령은 취임에 즈음하여 다음의 선서를 한다. “나는 헌법을 준수하고 국가를 보위하며 조국의 평화적 통일과 국민의 자유와 복리의 증진 및 민족문화의 창달에 노력하여 대통령으로서의 직책을 성실히 수행할 것을 국민 앞에 엄숙히 선서합니다”라고 규정한 **제69조** 등으로 볼 때 명확하다.

II. 국제평화주의

1. 연혁

국제평화주의는 국제연맹규약(Covenant of the League of Nations, 1919),[596] 제네바의정서(Protocol for the Pacific Settlement of International Disputes, 1924),[597] 이른바 부전조약이라고 알려져 있는 전쟁포기에 관한 조약(Treaty for the Renunciation of War,

---

596) “The High Contracting Parties, in order to promote international cooperation and to achieve international peace and security by the acceptance of obligations not to resort to war…, agree to this Covenant of the League of Nations.”

597) 제네바의정서는 프랑스의 강력한 지지로 국제연맹에 제안하였으나 영국의 새로운 정부와 미국 등의 반대로 결국은 좌초되고 말았다. 이 의정서는 침략국가에 대한 제재와 분쟁의 평화적 해결을 위한 제도적 방안을 규정하였다(https://www.britannica.com/event/Geneva-Protocol).

1928),[598] 국제연합헌장(Charter of the United Nations and Statute of the International Court of Justice, 1945)[599] 등에서 그 연원을 찾아볼 수 있다.

2. 국제평화주의의 헌법적 보장유형

국제평화주의를 헌법에서 보장하는 방식은 다음과 같은 것들이 있다.

가. 침략전쟁의 금지

침략전쟁을 금지하거나 부인하는 방식이다. "대한민국은 국제평화의 유지에 노력하고 침략적 전쟁을 부인한다"라고 규정한 대한민국헌법(제5조 제1항)이 여기에 속한다.

나. 군비의 포기와 제한

전쟁을 위한 군비의 포기 또는 제한을 선언하는 방식이다. "일본국민은 정의와 질서에 기초하는 국제평화를 성실하게 희구하며, 국권의 발동으로서 전쟁과 국제분쟁해결의 수단으로서 무력을 사용한 위협을 영구히 포기한다"라고 규정한 일본 헌법(제9조 제1항)이 이에 속한다.[600]

다. 영세중립국화

영세중립국(永世中立國, permanently neutral country)이란 자위적 전쟁을 제외하고는 타국가간의 전쟁에는 영구히 참가하지 않는 의무를 지면서 타국가들로부터 자국의 독립과 영토의 보전을 보장받은 국가를 말한다. 영세중립국은 원칙적으로 조약에 의해 성립한다.

조약으로 영세중립국으로 인정된 국가는 스위스가 있다. 1815년 비인회의결과 오스트리아, 프로이센, 영국, 프랑스, 러시아가 스위스 영세중립과 영토불가침에 동의하

598) 미국의 국방장관 프랭크 켈로그(Frank Billings Kellogg)와 프랑스 외무장관 아리스티드 브리앙(Aristide Briand)이 제안한 것이라는 점에서 켈로그-브리앙 조약(Kellogg-Briand Pact)이라고도 한다. 파리에서 15개국이 체결하였다. 그러나 이 부전조약에도 불구하고 독일과 일본이 제2차 세계대전을 일으키는 것은 막지 못했다.

599) 현지 날짜 1991.9.17.(한국 9.18.) 남북의 유엔 동시가입이 승인되었다. 따라서 국제연합헌장은 1991.9.18. 대한민국에 대하여 발효하게 되었다.

600) 일본헌법 제9조 제2항은 "전항의 목적을 달성하기 위하여 육해공군 및 기타의 전력은 보유하지 않는다"라고 규정하고 있다.

였고 같은 해 파리선언을 통해 보장되었다. 스위스헌법은 스위스의 안전, 독립 그리고 중립성을 보장하는 조치를 취할 임무와 권한을 연방의회(Bundesversammlung, 제173조 제1항 a호)와 연방참사원(Bundessrat, 제185조 제1항)의 임무와 권한으로 명시하고 있다.

오스트리아도 1955년 영세중립을 선언하는 헌법[601]을 제정하였다. 오스트리아의 경우는 조약이 아닌 자국이 스스로 영세중립국임을 선언하고 있다는 점에서 특징이 있다. 그 제1조 제1항에서는 "외부로부터의 독립을 지속적으로 주장하기 위하여 그리고 영토의 불가침을 위하여 오스트리아는 자발적으로 영구 중립을 선언한다. 오스트리아는 이 임무를 위해 필요한 모든 수단으로 이를 유지하고 방어한다"라고 규정하고 있고, 제2항에서는 "오스트리아는 장래 이 목적을 달성하기 위하여 어떠한 군사동맹에도 가입하지 않으며 영토에 외국 군사주둔지 설치도 허용하지 않는다"라고 규정하고 있다. 이 헌법은 현재에도 유효하나 오스트리아가 유럽연합에 가입한 이후로는 그 의미가 매우 약화되고 있다.

라. 주권의 국제기구로의 이양 또는 제한

경우에 따라서는 자국의 통치권을 국제기구로 이양하거나 주권의 제약을 선언하기도 한다. 독일기본법 제24조 제1항에서는 "연방은 법률에 의하여 주권을 국제기구에 위임할 수 있다"[602]라고 규정하고 있고, 이탈리아헌법 제11조는 "이탈리아는 다른 민족의 평화에 대한 공격수단으로서 그리고 국제적 분쟁의 해결수단으로서 전쟁을 포기한다. 다른 국가와 동등한 조건으로 … 주권의 제한에 동의한다."라고 규정하고 있다.

마. 평화교란행위의 처벌

국제평화주의의 입장에서 평화교란행위를 처벌하는 규정을 둔 경우도 있다. 독일기본법 제26조 제1항에서는 "민족 간의 평화적 공존을 해칠 우려가 있고 그러한 의도로 행해지는 행위들, 특히 침략전쟁의 수행을 준비하는 것은 헌법에 위반된다. 이 행위들은 형사처벌의 대상이 된다"[603]고 규정하여 평화교란행위를 처벌하고 있다.

---

601) Bundesverfassungsgesetz vom 26. Oktober 1955 über die Neutralität Österreichs.

602) 독일기본법 제24조 제1항: "Der Bund kann durch Gesetz Hoheitsrechte auf zwischenstaat-liche Einrichtungen übertragen."

603) 독일기본법 제26조 제1항: "Handlungen, die geeignet sind und in der Absicht vorgenommen werden, das friedliche Zusammenleben der Völker zu stören, insbesondere die Führung

바. 양심적 반전권의 인정

양심적 반전권을 헌법상 권리로 인정하는 경우도 있다. 독일기본법 제4조 제3항에서는 "누구도 양심에 반하여 무기를 동반하는 전쟁복무를 강요당하지 않는다."[604]라고 규정하여 양심적 반전권(反戰權)을 인정하고 있다.

III. 국제법 존중주의

1. 국제법과 국내법의 관계

국제법과 국내법의 관계에 대해서는 양자를 별개의 법체계(이원론)로 파악할 수도 있고 하나의 법체계(일원론)로 파악할 수도 있겠지만, 대한민국헌법은 헌법에 의하여 체결·공포된 조약과 일반적으로 승인된 국제법규는 국내법과 같은 효력을 갖는 것으로 규정하고 있으므로 **일원론**을 취하고 있다.

양자의 우열관계에 대해서는 국제법우위론과 국내법우위론이 있다. **국내법우위론이 다수설이고 헌법재판소의 입장**이기도 하다.[605]

2. 헌법 제6조 제1항의 의미

가. 헌법에 의하여 체결·공포된 조약

1) 의의

조약이란 외국과의 문서에 의한 합의를 말한다. 조약의 체결·비준권자는 대통령이다(제73조). 비준(批准, ratification)이란 전권대표가 서명한 조약이 국제법상 유효한 것으로 최종적으로 확인하는 행위를 말한다.

헌법 제60조 제1항에 열거된 조약(상호원조 또는 안전보장에 관한 조약, 중요한 국제조직에 관한 조약, 우호통상항해조약, 주권의 제약에 관한 조약, 강화조약, 국가나 국민에게 중대한 재정적 부담을 지우는 조약 또는 입법사항에 관한 조약)에 대해서는 체결·비준에 국회동의가 필요하다.

헌법 제6조 제1항의 헌법에 의하여 체결·공포된 조약이라 함은 이러한 헌법상 규

---

eines Angriffskrieges vorzubereiten, sind verfassungswidrig. Sie sind unter Strafe zu stellen."

604) 독일기본법 제4조 제3항: "Niemand darf gegen sein Gewissen zum Kriegsdienst mit der Waffe gezwungen werden. Das Nähere regelt ein Bundesgesetz."

605) 헌재 2001.4.26. 99헌가13, 부정수표단속법 제2조 제2항 위헌제청(합헌).

정들을 준수하여 체결·공포된 조약을 말한다.

현재 우리나라가 가입·비준한 인권관련 7대 국제조약은 다음과 같다.[606)]

조약명(약칭)	조약명(원명)	원조약 채택 및 발효 일자	가입서/비준서 기탁일 및 발효일
국제인권규약 B규약[607)]	시민적 및 정치적 권리에 관한 국제규약(International Covenant on Civil and Political Rights)	1966. 12. 16. /1976. 3. 23.	1990. 4. 10. /1990. 7. 10.
국제인권규약 A규약[608)]	경제적·사회적·문화적 권리에 관한 국제규약(International Covenant on Economic, Social and Cultural Rights)	1966. 12. 16. /1976. 1. 3.	1990. 4. 10. /1990. 7. 10.
인종차별철폐협약	모든 형태의 인종차별 철폐에 관한 국제협약(International Convention on the Elimination of All Forms of Racial Discrimination)	1965. 12. 21. /1969. 1. 4.	1978. 12. 5. /1979. 1. 4.
여성차별철폐협약[609)]	여성에 대한 모든 형태의 차별철폐에 관한 협약(Convention on the Elimination of All Forms of Discrimination against Women)	1979. 12. 18. /1981. 9. 3.	1984. 12. 27. /1985. 1. 26.
고문방지협약[610)]	고문 및 그 밖의 잔혹한, 비인도적인 또는 굴욕적인 대우나 처벌의 방지에 관한 협약(Convention against Torture and Other Cruel, Inhuman or Degrading Treatment or Punishment)	1984. 12. 10. /1987. 6. 26.	1995. 1. 9. /1995. 2. 8.
아동권리협약[611)]	아동의 권리에 관한 협약(Convention on the Rights of the Child)	1989. 11. 20. /1990. 9. 2.	1991. 11. 20. /1991. 12. 20
장애인권리협약[612)]	장애인의 권리에 관한 협약(Convention on the Rights of Persons with Disabilities)	2006. 12. 13. /2008. 5. 3.	2008. 12. 11. /2009. 1. 10.

606) 보다 자세한 내용은 사법정책연구원, 법원의 국제인권조약 적용 현황과 과제, 2020, 90쪽의 표 참조.

607) 1990.4.10. 가입 당시에는 4개조에 대해서는 유보하였다가 후에 3개조에 대해서는 국내법을 개정하고 유보를 철회하였다. 현재는 노조의 단결권에 관한 제22조만 유보되어 있는 상태다. 이 조약에는 2개의 선택의정서가 채택되었는데 본조약 가입 시에 제1선택의정서(개인고발제도)에는 함께 가입하였고, 사형폐지를 규정한 제2선택의정서에는 가입하지 않았다. 제2선택의정서는 아직도 미가입된 상태다.

2) 효력

조약의 국내적 효력과 관련하여서는 조약우위설과 헌법우위설이 대립한다. 국제법의 다층구조를 인정하는 입장에서 보면 조약이 헌법적 효력을 갖는 경우를 제외하고는 헌법우위로 이해하는 것이 합리적이다. 왜냐하면 국내적 효력을 갖는 규범으로서 헌법보다 우위를 상정한다는 것은 곤란하기 때문이다.

그런데 헌법에 의하여 체결·공포된 조약이 헌법적 효력을 갖는다고 이해하는 데는 어려움이 있다. 왜냐하면 대한민국헌법상 헌법개정의 절차를 규정한 제130조에 따르면 헌법개정은 국회재적의원 과반수 또는 대통령의 발의로 제안되고, 국회의 재적의원 3분의2 이상의 찬성을 얻은 후 국민투표에 붙여 국회의원선거권자 과반수의 투표와 투표자 과반수의 찬성으로 개정되도록 되어 있을 뿐인데, 조약이 헌법적 효력을 가지고 그것이 헌법규정과 상충할 경우에 우선하는 효력을 갖는다는 것은 결국 사실상 헌법 개정을 의미하는 것으로 되기 때문이다.[613)]

그러나 조약 중에서 인권관련 조약과 같이 헌법적 효력을 인정할 수 있는 경우에

608) 이 규약은 2008.12.10. 제1차 선택의정서가 채택되어 2015.5.5. 발효하였으나 우리나라는 이에는 아직 가입하고 있지 않다.

609) 1984.12.27. 가입 당시에는 국적에서의 남녀평등에 관한 제9조와 가정생활에서의 남녀평등에 관한 제16조를 유보하고 비준하였으나 현재는 유보를 철회한 상태다. 2006.10.18. 협약의 선택의정서에도 가입하였다.

610) 이 협약에는 고문을 예방하기 위한 소위원회를 설립하고, 소위원회가 해당 국가의 기관과 함께 고문위험성이 있는 시설을 방문할 수 있도록 하는 선택의정서가 하나 있는데, 우리는 아직 여기에는 가입하고 있지 않다.

611) 우리나라는 1991.11.20. 제21조(a)와 제40조(b)(v)를 유보하고 비준하였다. 제21조(a)는 아동의 입양 시 관계기관의 승인이 있어야 한다는 것을 규정한 것이고 제40조(b)(v)는 아동이 형법을 위반했다고 결정된 경우 이 결정을 상급사법기관에서 검토하도록 요구하는 규정이다. 이 협약은 3개의 선택의정서가 있는데 우리나라는 무력충돌에 참여한 아동의 권리에 관한 의정서는 2004.2.5. 비준하였고, 아동매매와 매춘에 관한 의정서는 2004.9.24. 비준하였다(입양에 관한 국제문서에 위반하여 중개인으로서 부당하게 입양동의를 권유한 자를 처벌하도록 하는 의정서 제3조 제1항(a)(ii)는 1993.5.29. 채택된 국제입양에서의 아동보호와 협조에 관한 협약의 체약국에만 적용되는 것이라는 선언을 하였다). 아동권리협약의 고발절차에 관한 의정서는 2011.12.19. 채택되어 아직 각국의 비준절차에 있기 때문에 발효되지는 않았다. 우리나라는 아직 비준하지 않고 있다.

612) 2008.12.11. 가입 당시에는 건강보험과 생명보험에서의 차별을 금지하는 제25조(e)를 유보하고 비준하였다. 이 협약에는 장애인인권위원회가 개인의 고발을 심리할 수 있도록 하고 위원회가 자체적으로 장애인의 인권침해에 대하여 조사할 수 있도록 하고 있는 하나의 선택의정서가 있는데 우리나라는 이에는 아직 미비준상태다.

613) 이와 같이 헌법 개정을 국민만이 할 수 있도록 하고 있는 경성헌법의 경우에는 대통령이 비준·체결하는 조약에 대해 헌법적 효력을 부여한다는 것은 상상하기 어렵기 때문에, 다음 헌법 개정 시에는 국제 인권관련 조약의 내용이 충분히 수용될 수 있도록 하여야 할 것이다.

도 그 보호내용이 헌법상 기본권과 부합하는 범위 내에서 혹은 열거되지 아니한 자유와 권리로도 인정될 수 있는 범위 내에서는 헌법적 보호내용을 규율하는 것으로 볼 수 있기 때문에 실질적으로는 헌법적 효력을 인정할 수 있을 것이다. 헌법적 효력을 갖는 것으로 인정되는 조약의 경우에는 헌법과의 규범 조화적 해석을 하여야 한다. 결론적으로는 헌법우위설이 타당한 것으로 보인다.

3) 조약에 대한 위헌심사

조약의 국내적 실현과 관련되는 한 조약에 대해서도 위헌심사가 가능하다. 원칙적으로 명령의 효력을 갖는 조약은 각급법원이 그 위헌·위법성을 심사하게 될 것이고, 법률의 효력을 갖는 조약은 헌법재판소의 위헌통제를 받게 될 것이다.[614]

나. 일반적으로 승인된 국제법규

1) 의의

일반적으로 승인된 국제법규란 세계 대다수 국가가 승인하고 있는 법규인 보편적 규범을 말한다. 이에는 포로살해금지, 인도적 처우, 외교관대우, 내정불간섭, 민족자결, 조약준수 등과 같은 국제관습법이 포함된다.

2) 효력

일반적으로 승인된 국제법규에 대해 법률과 같은 효력을 인정하는 견해도 있고, 원칙적으로 헌법보다는 하위이고 법률보다는 상위의 규범으로 보면서도 이를 일의적으로 판단할 것이 아니라 국제법규의 법적 성격에 따라 국내법의 규범단계구조에 맞추어 개별적으로 판단하여야 한다는 견해[615]도 있다. 국제법의 다층구조를 인정하는 입장에서는 일반적으로 승인된 국제법규 중에는 헌법적 효력을 갖는 것이 있을 수 있고 법률이나 그 이하의 효력을 갖는 것도 있을 수 있다.

헌법 제6조 제1항에서는 국내법적 효력을 갖는다고 하고 있을 뿐 그것이 어떤 효력인가는 명시하고 있지 않다. **국제법의 다층구조**를 인정하는 견해[616]가 합리적이다.

---

614) 헌재 2013.3.21. 2010헌바132, 구 헌법 제53조 등 위헌소원(위헌).
615) 성낙인, 헌법학, 법문사, 2019, 309쪽.
616) 김철수, 헌법학신론, 박영사, 2013, 287쪽 이하; 정재황, 헌법학, 박영사, 2021, 392쪽 이하.

3. 국제법규의 국내적 이행

국제조약의 국내적 이행은 다음과 같이 국제법과 국내법 각각의 차원으로 나누어 살펴 볼 수 있다.

가. 국제법 차원의 이행

국제법 차원에서는 체약국에 대해서 이행의무를 부과하는 국제법 조항들이 있다. 특히 국제인권조약의 경우를 보면 국제인권규약 A규약 제2조 및 B규약 제2조의 당사국의 협약준수의무, 인종차별철폐협약 제2조의 당사국의 국제인권법의 국내법 내로의 이행의무, 여성차별철폐협약 제2조의 국가의 의무, 아동권리협약 제4조의 권리이행의무, 고문방지협약 제2조의 당사국의 의무, 이주노동자권리협약[617] 제7조의 당사국의 이주노동자에 대한 권리존중의무, 장애인권리협약 제35조 이하의 당사국보고서제출의무, 강제실종방지협약[618]상 강제실종 피해자들의 행방을 찾기 위한 체약국의 조사이행의무 등이 있다.

그러나 이행에 대한 강제가 결여되어 있기 때문에 국제법 자체 내에서의 노력은 일정한 한계가 있다. 국내적인 이행의 정도는 결국 국내적 조치에 의존할 수밖에 없다.

나. 국내법 차원의 이행

국제인권조약의 국내적 효력은 권한 있는 기관의 인식정도에 달려 있다. 특히 국회에서 이를 어떻게 국내법으로 전환하여 규정하느냐가 중요하다.

국제인권조약이 국내에서 효력을 가지기 위해서는 또한 사법적인 법적용명령, 집행명령, 또는 전환명령이 가능하여야 한다. 조약의 내용이 헌법과 충돌하는 경우에는 조약은 국내법상 효력이 없다. "계약은 지켜져야 한다"(Pacta sunt servanda)는 원칙은 국내법과 충돌하는 한 아무런 의미가 없게 된다. 물론 헌법적 효력을 갖는 조약은 헌법을 개폐할 수 있다는 주장이 있지만, 헌법해석상 수용할 수 있는 범위를 벗어나는 경우에는 헌법이 우선하는 것으로 볼 수밖에 없다. 왜냐하면 이와 같은 경우에 국제법이 우

---

617) 이 협약은 1990년 채택되었으나 각국의 비준이 지체되고 있다. 우리나라도 아직 비준하지 않고 있다.

618) 이 협약은 2006.12.23. UN총회에서 채택되었고 2010.12.23. 발효되었으나 우리나라는 아직 가입하지 않고 있다.

선한다는 어떠한 헌법규정도 존재하지 않을 뿐만 아니라, 앞에서 살펴보았듯이 헌법은 국민투표를 통한 개정만 허용되기 때문이다.

제5항 대한민국헌법 제6조 제1항은 "헌법에 의하여 체결, 공포된 조약과 일반적으로 승인된 국제법규는 국내법과 같은 효력을 갖는다"라고 규정하고 있다. 이 규정의 의미는 국제조약을 근거로 한 가중처벌도 국내법에 의한 것과 동일하게 죄형법정주의와 행위시법주의에 부합한다고 한 헌법재판소 결정619)에서 잘 나타난다.

헌법 제6조 제1항에도 불구하고 헌법재판소620)나 대법원621)은 국제인권조약들을

---

619) 헌재 1998.11.26. 97헌바65, 특정범죄가중처벌등에관한법률 부칙 제2항 등 위헌소원(합헌). 이 결정에서 헌법재판소는 관세법이나 특정범죄가중처벌등에관한법률의 개정 없이 조약에 의하여 관세범에 대한 처벌을 가중하는 것이 헌법에 위배되는지 여부와 관련하여 "**마라케쉬협정도 적법하게 체결되어 공포된 조약이므로 국내법과 같은 효력을 갖는 것**이어서 그로 인하여 **새로운 범죄를 구성하거나 범죄자에 대한 처벌이 가중된다고 하더라도 이것은 국내법에 의하여 형사처벌을 가중한 것과 같은 효력**을 갖게 되는 것이다. 따라서 마라케쉬협정에 의하여 관세법위반자의 처벌이 가중된다고 하더라도 이를 들어 법률에 의하지 아니한 형사처벌이라거나 행위시의 법률에 의하지 아니한 형사처벌이라고 할 수 없으므로, 마라케쉬협정에 의하여 가중된 처벌을 하게 된 구 특가법 제6조 제2항 제1호나 농안법 제10조의3이 죄형법정주의에 어긋나거나 청구인의 기본적 인권과 신체의 자유를 침해하는 것이라고 할 수 없다"라고 함으로써 조약의 국내법적 효력을 인정하고 있다.

620) 양심적 병역거부자 처벌과 관련한 병역종류조항 등의 위헌여부에 대한 결정에서 헌법재판소는 "청구인들은 대체복무제를 도입하지 아니하고 양심적 병역거부자를 형사처벌하는 것은 국제인권규범을 위반한 것이며 국제법 존중주의를 규정한 헌법 제6조 제1항에 위배된다고 주장하나, 대체복무제를 규정하지 아니한 병역종류조항이 헌법에 위반된다고 이미 판단한 이상, 위 주장에 대하여는 따로 판단하지 아니한다."라고 판시함으로써 국내법률의 국제인권규범 위반여부에 대한 판단을 회피하고 있다[헌재 2018.6.28. 2011헌바379등, 병역법 제88조 제1항 등 위헌소원 등(헌법불합치, 합헌)]. 그 외 시민적 · 정치적 권리에 관한 규약에 따라 바로 양심적 병역거부권이 인정되거나 양심적 병역거부에 관한 법적인 구속력이 발생한다고 보기 곤란하고 양심적 병역거부권을 명문으로 인정한 국제인권조약 및 국제관습법이 아직 존재하지 않는다고 한 헌재 2011.8.30. 2008헌가22등, 병역법 제88조 제1항 제1호 위헌제청 등(합헌); UN의 "인권에 관한 세계선언" 자체는 법적 구속력을 가지지 않는다고 한 헌재 1991.7.22. 89헌가106, 사립학교법 제55조 제58조 제1항 제4호에 관한 위헌심판(합헌); 국제인권규약들은 권리의 본질을 침해하지 아니하는 한 국내의 민주적인 대의절차에 따라 필요한 범위 안에서 근로기본권에 대한 법률에 의한 제한은 용인되고 있고, 그 밖에 근로기본권에 관한 국제법상의 선언, 협약 및 권고 등은 우리나라가 비준한 바 없거나 권고적 효력만을 가지고 있어서 위헌성 심사의 척도가 될 수 없다고 한 헌재 2005.10.27. 2003헌바50등, 지방공무원법 제58조 제1항 등 위헌소원(합헌) 결정 등도 참조.

621) "'시민적 및 정치적 권리에 관한 국제규약(International Covenant on Civil and Political Rights)'으로부터 양심적 병역거부권이 당연히 도출되는 것은 아니지만, 위 규약 제18조 제1항에는 종교나 신념에 기한 결정을 외부로 표현하고 실현할 수 있는 자유도 함께 포함되어 있음이 문면상 명백하다. 한편, 자신이 믿는 종교적 교리에 좇아 형성된 인격적 정체성을 지키기 위한 양심의 명령에 따라 현역병 입영을 거부하는 것은 적어도 소극적 부작위에 의한 양심의 표명행위에는 해당하고, 따라서 현역입영 통지서를 받고 정당한 사유 없이 입영하지 아니하는 행위를 처벌하고 있을 뿐, 양심에 반한다는 이유로 입영을 거부하는 자에 대하여 병역의무를 면제하거나 혹은 순수한 민간 성격의 복무로 병역의무의 이행에 갈음할 수 있도록 하는 어떠한 예외조항도 두고 있지 아

법적 근거로 직접 원용하는 것에 대해서는 신중한 입장이다.

헌법재판소에서는 대체로 반대의견에서 국제인권조약들이 원용되고 있다. 그러나 반대의견은 국제인권조약이 국내법이기 때문에 적용되어야 한다는 적극적인 주장을 한 것은 아니고, 국제적인 추세를 강조하기 위하여 인용하고 있는 것으로 보인다. 간통죄 처벌이 국제인권규약상 허용되지 않는다고 한 경우[622]가 그랬고, 사형제도의 위헌성을 다룬 결정에서도 반대의견은 사형제도는 시민적 · 정치적권리에관한국제협약(제6조), 유럽인권협정인 인권 및 기본적 자유 보장을 위한 협정(제1조)을 들면서 사형제도의 폐지를 강조하고 있으나 직접적으로 이를 국내법으로 주장하는 정도에는 이르지 아니하였다.[623] 양심적 병역거부자에 대한 결정의 반대의견[624]에서도 마찬가지였다.

다. 소결

결론적으로 국제인권조약의 국내적 이행은 국내법집행이 이를 얼마나 강행법으로 수용하느냐에 달려있다고 볼 수 있는데, 이는 인권의 국제화 경향이 얼마나 진척되느

니한 병역법 제88조 제1항 제1호는 위 규약 제18조 제3항에서 말하는 양심표명의 자유에 대한 제한 법률에 해당한다. 그러나 대체복무제도를 두지 아니한 것 그 자체를 규약 위반으로 평가할 수는 없고, 대체복무제도의 도입 여부 등에 관하여는 가입국의 입법자에게 광범위한 재량이 부여되어야 하는바, 현재로서는 대체복무제를 도입하기는 어렵다고 본 입법자의 판단이 현저히 불합리하다거나 명백히 잘못되었다고 볼 수 없다. 또한, 양심적 병역거부자에게 병역의무 면제나 대체복무의 기회를 부여하지 아니한 채 병역법 제88조 제1항 위반죄로 처벌한다 하여 규약에 반한다고 해석되지는 아니한다."(대법원 2007.12.27. 2007도7941 판결). 연구에 따르면 법원이 국제인권조약에 근거한 주장을 인정한 경우는 2019.3. 현재 120건(3.76%)에 불과한 반면, 인정하지 않은 경우가 3051건(95.76%)에 이른다고 한다(사법정책연구원, 법원의 국제인권조약 적용 현황과 과제, 2020, 128쪽 참조).

622) 헌재 1990.9.10. 89헌마82, 형법 제241조의 위헌여부에 관한 헌법소원(합헌): "우리나라는 1990.7.10. 발효한 세계인권규약 에이(A) 및 비(B) 규약에 가입하게 되었으며, 이제부터 기본권의 문제는 국내문제라기보다는 국제적 차원의 문제로 부상이 된 것을 잊어서는 안 된다는 것도 입법에서 고려하여야 한다."

623) 헌재 1996.11.28. 95헌바1, 형법 제250조등 위헌소원(합헌, 각하).

624) 헌재 2004.8.26. 2002헌가1, 병역법 제88조 제1항 제1호 위헌제청(합헌): "우리나라는 1990년에 위 규약에 제18조에 대한 아무런 유보 없이 가입하였고, 1991년에 국제연합회원국이 되었으며, 2004년의 결의를 포함하여 양심적 병역거부권을 인정하여야 한다는 인권위원회의 최근 결의들에 직접 동참하기도 하였다. 양심적 병역거부권을 이미 많은 나라에서 인정하고 있고 우리나라와 같이 양심적 병역거부로 많은 사람이 처벌된 국가는 드물다는 사실 뿐 아니라, 우리의 법률과 관행이 위와 같은 국제법규와도 도저히 조화될 수 없음에 비추어 보더라도 더 이상 이 문제를 외면하거나 미룰 수 없으며 대안을 적극적으로 모색할 필요성이 있다."(재판관 김경일, 전효숙의 반대의견).

냐에 따라 달라질 수 있지만, 그와 더불어 궁극에 가서는 대한민국헌법이 지향하는 평화국가 내지는 문화국가로서의 면모와도 관련된다. 대한민국헌법은 자연법에 입각해 있고, 국제인권조약에서 보장하려는 바의 자연법으로서의 인간의 존엄과 가치와 대한민국헌법이 지향하는 가치는 종국적으로는 부합하는 것이다.[625] 따라서 국제인권조약의 내용은 헌법에 반하지 않는 한 국내법 해석에서 적극적으로 수용할 필요가 있다.

Ⅳ. 외국인의 법적 지위보장

1. 입법례

외국인의 법적 지위를 보장하는 입법례로는 상호주의(reciprocity)와 평등주의(egalitarianism)가 있다. 상호주의는 상대국의 자국민에 대한 보장정도에 상응해서 보장하는 것이고, 평등주의는 자국민과 동등하게 법적 지위를 인정하는 것이다. 일반적으로 국가들은 상호주의를 취하고 있다.

2. 헌법규정

제2장 헌법 제6조 제2항에서는 "외국인은 국제법과 조약이 정하는 바에 의하여 그 지위가 보장된다"라고 규정하여 외국인의 법적 지위를 헌법적으로 보장하고 있다. 이 헌법규정만으로는 상호주의인지 여부가 불분명하지만, 예컨대 상호주의에 따른 통관절차 간소화를 규정한 「관세법」 제240조의5, 사법공조에서 상호주의를 규정한 「국제민사사법공조법」 제4조 및 「국제형사사법 공조법」 제4조, 면세, 즉 영세율에 대한 상호주의의 적용을 규정한 「부가가치세법」 제25조, 전자거래에 있어서 상호주의를 규정한 「전자문서 및 전자거래 기본법」 제40조 등 다수의 법률이 상호주의를 채택하고 있다.

한편 "재한외국인이 대한민국 사회에 적응하여 개인의 능력을 충분히 발휘할 수 있도록 하고, 대한민국 국민과 재한외국인이 서로를 이해하고 존중하는 사회 환경을 만들어 대한민국의 발전과 사회통합에 이바지함을 목적"으로 「재한외국인 처우 기본법」이 2007.5.17. 제정되어 같은 해 7.18.부터 시행되고 있다. 여기서는 재한외국인 등이 인권옹호를 위하여 "국가 및 지방자치단체는 재한외국인 또는 그 자녀에 대한 불합

---

625) 김철수는 방대한 기본권 발전 역사에서 보면 세계 각국의 기본권 규정이 점차 자연권으로 통일되는 경향을 발견할 수 있다고 한다(김철수, 기본권의 발전사, 박영사, 2022의 머리말 참조).

리한 차별 방지 및 인권옹호를 위한 교육·홍보, 그 밖에 필요한 조치를 하기 위하여 노력하여야 한다."(재한외국인 처우 기본법 제10조)고 규정하고 있고, 재한외국인의 사회적응 지원을 위하여 "국가 및 지방자치단체는 재한외국인이 대한민국에서 생활하는 데 필요한 기본적 소양과 지식에 관한 교육·정보제공 및 상담 등의 지원을 할 수 있다"(재한외국인 처우 기본법 제11조)라고 규정하고 있다.

V. 평화통일의 원칙

1. 평화적 통일의 당위성

가. 평화적 '통일'의 당위성

분단은 일제식민지배가 남긴 현재적 문제다. 분단은 한민족의 보다 큰 발전을 가로막는 장애가 되고 있고, 분단의 상처를 끊임없이 재생산하고 있다. 또한 분단은 동북아시아의 평화를 위협하는 요소다.[626] 이로부터 통일의 당위성이 나온다.

나. '평화적' 통일의 당위성

통일의 당위성은 개념 내재적으로 평화적 통일을 요구한다. 폭력적 통일은 통일의 필요성에 대한 의문을 제기하게 되기 때문이다.

헌법 제3조의 영토조항과 제4조의 평화통일조항은 모순되는 것이 아니다. 제3조는 **통일의 당위성**을 설명하고 있고 제4조는 **통일의 방법**을 설명하고 있다.

2. 헌법적 근거

평화적 통일의 근거조항인 헌법의 제4조 평화통일조항은 현행 헌법에서 처음으로 규정되었다. 그 외에 평화적 통일의 원칙은 전문, 제66조 제3항, 제69조, 제72조, 제92조 제1항 등에서 찾아 볼 수 있다.

---

626) 이상 건국대 통일인문학연구단 '코리안의 민족공통성과 통일인문학' 심포지엄, 교수신문, 2012.4.9.자 9면.

3. 규범적 의미

평화통일원칙은 대한민국헌법의 틀을 형성하는 기본원리로 기능한다.

제4항 문화국가원리

I. 의의

문화국가란 '문화에 대한 국가적 보호 · 지원 · 조정 등이 이루어지는 국가'[627] 또는 '문화의 자율성보장을 핵심으로 하면서 문화영역에 있어서 건전한 문화육성과 실질적인 문화향유권의 실현에 책임과 의무를 다하는 국가'[628] 등으로 정의된다.[629]

국가의 형성원리로서 문화국가원리를 이야기 하는 이유는 문화는 인간의 존엄성 실현과 직접적으로 관련되기 때문이다. 특히 개별성 · 고유성 · 다양성으로 표현되는 문화는 사회의 자율영역을 바탕으로 하고, 헌법이 문화국가의 실현을 위해 보장하는 정신적 기본권인 양심과 사상의 자유, 종교의 자유, 언론 · 출판의 자유, 학문과 예술의 자유 등은 견해와 사상의 다양성을 그 본질로 하는 문화국가원리의 불가결의 조건이다.[630]

II. 국가와 문화의 관계

1. 국가의 문화조성 의무

근대이전은 국가종속적 문화였다면 종교개혁과 시민혁명을 거치면서 문화의 자율성이 강조되었다.[631] 이를 문화 자유시장원리라고 한다. 20세기에는 문화식민주의(문화종속현상)가 지배하였고 현대에는 문화식민주의에 대한 자성 · 비판으로 **문화조성적 국가**

627) 권영성, 헌법학원론, 법문사, 2009, 143쪽.
628) 김수갑, 문화국가론, 충북대학교 출판부, 2012, 82쪽.
629) 그 외 다양한 문화국가의 개념 이해에 대해서는 김수갑, 문화국가론, 충북대학교 출판부, 2012, 81쪽 참조.
630) 헌재 2000.4.27. 98헌가16등, 학원의설립 · 운영에관한법률 제22조 제1항 제1호 등 위헌제청(위헌); 2004.5.27. 2003헌가1, 학교보건법 제6조제1항 제2호 위헌제청(위헌, 헌법불합치).
631) 김수갑, 문화국가론, 충북대출판부, 2012, 50쪽 이하 참조.

이념이 탄생하였다. 문화조성적 국가란 문화의 자율성을 최대한으로 존중하면서도 문화에 대한 자유방임정책이 초래한 현대적 모순과 불합리성을 극복하기 위해 능동적으로 문화를 형성하고 보호하는 기능을 하는 국가를 의미한다.[632]

이러한 문화조성적 국가는 오늘날에 와서는 국가가 어떤 문화현상에 대하여도 이를 선호하거나 우대하는 경향을 보이지 않는 불편부당의 원칙이 가장 바람직한 정책으로 보고 있다.[633]

헌법 전문과 제69조의 대통령취임선서 등에서는 국가에 대하여 문화조성 의무를 부과하고 있다. 이는 국가가 직접 일정한 문화를 직접 조성하기보다는 문화가 생겨날 수 있는 문화풍토를 조성하는 데 있다는 의미로 이해된다.[634]

그러나 무엇보다도 제9조에서 국가에 대해 전통문화의 계승·발전의무를 부과하고 있음을 주목하여야 한다.

전통문화와 대한민국헌법이 지향하는 가치가 충돌하는 경우는 어떻게 이해하여야 할 것인가. 헌법재판소는 전통문화를 역사성과 시대성을 지닌 개념으로 이해하고 헌법이 지향하는 가치와 충돌하는 경우에는 **전통문화의 수정이 필요**한 것으로 본다. 오늘날에 있어서 전통문화의 의미를 포착함에 있어서는 ① 헌법이념과 헌법의 가치질서 ② 인류의 보편가치, 정의와 인도의 정신 등을 고려하여야 한다고 하였다.[635]

2. 혼인·가족제도 및 교육제도의 보장

헌법재판소는 혼인과 가족의 보호는 헌법이 지향하는 **자유민주적 문화국가의 필수적 전제조건**이라고 보았고, 교육제도와 관련하여서는 부모가 자녀의 교육에 관하여 스스로 자유롭고 독자적으로 결정할 수 있는 경우에만 가족은 자유민주적 문화국가에서의 자녀의 양육 및 교육이란 과제를 이행할 수 있고, 문화국가가 요구하는 교육의 다양성을 보장할 수 있다고 보았다.[636]

---

632) 이상 김수갑, 문화국가론, 충북대출판부, 2012, 144쪽 이하. 그외 전광석, 한국헌법론, 집현재, 2019, 150쪽 이하; 성낙인, 헌법상 문화국가원리와 문화적 기본권, 유럽헌법연구 제30호, 2019.8., 7쪽 이하도 참조.

633) 헌재 2004.5.27. 2003헌가1등; 2020.12.23. 2017헌마416, 특정 문화예술인 지원사업 배제행위 등 위헌확인[인용(위헌확인), 기타] – 문화예술계 블랙리스트의 작성 등과 지원사업 배제 지시에 관한 위헌소원 사건.

634) 헌재 2004.5.27. 2003헌가1등; 2020.12.23. 2017헌마416.

635) 헌재 2005.2.3. 2001헌가9, 민법 제781조 제1항 본문 후단부분 위헌제청 등(헌법불합치).

636) 헌재 2000.4.27. 98헌가16, 학원의 설립운영에 관한 법률 제22조 제1항 제1호등 위헌제청(위헌).

3. 문화 관련 기본권의 보장

헌법은 문화국가원리에 입각하여 인간의 존엄과 가치, 학문 · 예술 · 사상 · 교육 · 언론 · 출판 등 정신적 기본권, 인간다운 생활을 할 권리를 기본권으로 보장하고 있다. 또한 저작자 · 발명가 · 과학기술자와 예술가의 권리를 법률로 보호하고 있다(제22조 제2항).

제5항 법치국가원리

영미에서는 법의 지배(rule of law)로 알려져 있는 법치국가원리(Rechtsstaatsprinzip)는 용어상으로는 독일헌법으로부터 유래하는 개념이지만 그 내용은 반드시 독일의 것이라고 할 수는 없고, 일반적으로 사람이 아닌 법규범에 의한 국가의 객관적 경영을 의미한다. 따라서 법치국가원리는 헌법상 기본원리이기는 하지만 그 역사는 매우 길고도 깊다. 통치자의 자의에 의한 지배는 많은 국가의사의 왜곡을 낳았고 이에 따라 법에 의한 지배에 대한 염원이 싹텄다. 그러한 대다수 사람들의 염원에도 불구하고 법이란 권력자의 통치수단으로 전락하기도 했다. 이에 18세기 시민혁명을 거치면서 시민의 대표가 제정한 법률에 의한 지배가 자리를 잡게 되었다. 그러나 산업사회로 발전됨에 따라 시민의 대표라고 하는 동료들에 의해 제정된 법률도 시민의 입장에서 볼 때 다수의 정의롭지 못한 경우들이 적지 않다는 사실이 정치현실을 통해 입증되면서, 단순한 법률에 의한 지배를 부정하고 정의로운 법률에 의한 지배여야 한다는 인식으로 제고되었다. 인간의 존엄과 자유, 평등, 사회적 정의를 내용으로 하는 법치국가라야 진정한 법치국가라는 인식을 갖게 되었다. 이로써 진정한 민주공화국으로의 발전을 위한 토대가 되었다. 이러한 현대의 법치국가는 실질적 법치국가, 사회적 법치국가 등으로 불리고 오늘날 법치국가라 함은 마땅히 이 법치국가를 말한다.[637]

대한민국헌법상 법치국가원리를 명시한 규정은 없으나 다수의 헌법규정이 법에 의한 지배를 지향하고 있다는 점에서, 법치국가원리가 대한민국헌법의 기본원리라고 하는 데에 대해서는 다른 생각이 존재하지 않는다. 그러한 헌법규정들로는 제37조 제2항

637) 강학상 단순한 법률에 의한 형식적 지배를 형식적 법치국가(das formelle Rechtsstaatsprinzip)라고 한다.

을 비롯한 많은 법률위임규정들이 있다.

헌법의 역사와 대한민국헌법상 여러 규정들을 종합적으로 살펴보면, 법치국가원리의 내용으로는 기본권보장, 권력의 분립, 사법절차적 권리의 보장, 위헌법률심사제도의 채택, 포괄위임금지, 행정의 합법률성과 사법적 통제, 공권력행사의 예측가능성 보장, 신뢰보호의 원칙, 명확성의 원칙, 책임주의원칙[638] 등을 들 수 있다.

그런데 헌법은 구체적인 경우에 법률로 정하도록 위임하고 있을 뿐만 아니라, 대통령이나 국무총리, 행정각부의 장에게 대통령령, 총리령, 부령을 발할 수 있는 권한을 부여하고 있다(제75조, 제95조). 그러나 헌법이 예정하고 있는 이러한 위임입법의 형식은 예시적인 것으로서 일정한 조건하에서 법률이 입법사항을 행정규칙으로 위임하는 것도 가능한 것으로 이해되므로[639] 법치국가원리에 위배되지 않는다.

법치국가원리의 다양한 내용들은 헌법재판소의 위헌심사기준으로 기능한다. 이 위헌심사기준들은 헌법재판소라는 하드웨어에 장착된 소프트웨어에 해당하므로 이 헌법기본서 시리즈 중 하나인 헌법재판 및 위헌심사기준론[640]에서 상세하게 다룬다. 다만 여기서는 국가의 주요한 조직원리인 권력분립에 대해서만 간략하게 살펴보기로 한다.[641]

법치국가원리와 마찬가지로 대한민국헌법이 권력분립원리에 입각하고 있음을 선언한 명시적인 헌법규정은 없다. 다만, 입법권은 국회에(제40조), 행정권은 정부에(제66조 제4항), 사법권은 법원에(제101조), 헌법재판권은 헌법재판소에(제111조) 분배하여 맡기고 있고 지방자치제도를 실시(제117조)하고 있음을 선언한 규정으로 볼 때, 대한민국헌법이 권력분립원리에 기초해 있음을 부인하는 견해는 없다. 이러한 권력분립은 개인의 기본권보장을 목적으로 한다.[642]

---

638) 법치국가원리에서 도출되는 책임주의원칙이란 누구든지 책임 없는 경우에는 처벌 받지 않는다는 원칙이다. 이러한 책임주의원칙은 헌법재판이 실무에서는 주로 법인과 대표 또는 종업원 간의 양벌조항의 위헌성 여부에서 심사기준이 된다. 책임주의원칙이 적용된 결정 사례는 다수 있으나 최근의 예로는 법인 대표자의 부당노동행위를 법인의 부당노동행위로 보고 처벌하는 것은 법인대표의 행위는 법인의 직접책임에 해당하므로 헌법에 위반되지 않으나, 종업원의 부당노동행위에 대해서 법인의 독자적인 책임에 대해 아무런 규정을 하지 않은 채 법인을 같이 처벌하는 것은 법치국가원리로부터 도출되는 책임주의원칙에 위배된다는 결정이 있다[헌재 2020.4.23. 2019헌가25, 노동조합 및 노동관계조정법 제94조 위헌제청(위헌, 합헌)]. 이 결정에는 반대의견이 없다.

639) 헌재 2004.10.28. 99헌바91.

640) 김대환, 헌법재판 및 위헌심사기준론, 박영사, 2023, 204쪽 이하 참조.

641) 권력분립의 구현에 대한 자세한 설명은 후술 참조.

권력분립의 원칙이라고 하더라도 모든 분쟁을 사법적(司法的)으로 해결하도록 하는 것은 아니다. 따라서 위원회의 보상금 지급결정에 대하여 신청인의 동의가 있는 경우에는 그 결정에 재판상 화해와 같은 효력을 부여하도록 규정[643]하였다고 하더라도 권력분립에 위배된다고 할 수는 없다.[644]

642) "입헌주의적 헌법은 국민의 기본권 보장을 그 이념으로 하고 그것을 위한 권력분립과 법치주의를 그 수단으로 하기 때문에 국가권력은 언제나 헌법의 테두리 안에서 헌법에 규정된 절차에 따라 발동되지 않으면 안 된다."(헌재 1994.6.30. 92헌가18).

643) 예컨대 「특수임무수행자 보상에 관한 법률」(2006.9.22. 법률 제7978호로 개정된 것) 제17조의2 (지급결정 동의의 효력) 이 법에 따른 보상금등의 지급결정은 신청인이 동의한 때에는 특수임무수행 또는 이와 관련한 교육훈련으로 입은 피해에 대하여 「민사소송법」의 규정에 따른 재판상 화해가 성립된 것으로 본다.

644) 헌재 2011.2.24. 2010헌바199, 특수임무수행자보상에관한법률 제17조의2 위헌소원(합헌).

제2장

국가조직 및 기능론

제1절

국가기관 및 국가기관의 구성원리

제1항 국가조직, 국가권력

I. 국가조직

국가는 그 법적 근거의 위상에 따라 다층적인 조직으로 구성되어 있다. 즉, 헌법상 조직이 있고 법률상 조직이 있으며, 그보다 하위규범상 조직도 있을 수 있다. 조직이란 법적으로 표현하면 규범복합체다. 말하자면 규범의 덩어리가 조직을 구성하고 조직이 국가권력을 행사한다.

그러나 여기서 말하는 국가조직은 헌법기관을 포함한 주요 국가기관에 한정한다. 따라서 국가조직론 및 기능론의 주된 내용은 헌법기관 등 주요 국가기관의 구성원리 및 각 기관의 조직과 기능에 관한 것이다.

II. 국가권력

1. 국가권력의 개념

국가권력이란 국가의 영역 안에서 국민에 대하여 행사하는 국가의 유일하고 포괄적이며 원칙적으로 무제한적인 지배권(Herrschaftsmacht)이다.[1] 다시 말하면 국가권력이란 국가를 특징짓는 최고의 지배력이다. 국가권력은 영역 및 국민과 함께 국가의 3요소를 이룬다.[2]

1) Christoph Degenhart, Staatsrecht I - Staatsorganisationsrecht, 23 Aufl., 2007, Rn. 5.
2) 게오르크 옐리네크(김효전 옮김), 일반 국가학, 법문사, 2005, 323쪽 이하 참조.

민주국가에 있어서 국가권력은 국민으로부터 나온다. 대한민국헌법 제1조 제2항은 "… 모든 권력은 국민으로부터 나온다"라고 규정하고 있는데, 여기의 모든 '권력'은 모든 '국가권력'을 의미한다.

법치국가에서 국가권력은 기본적으로 입법권, 집행권, 사법권의 3권으로 나뉜다. 현대적 의미의 최초의 성문헌법인 미국헌법에서도 **삼권분립원칙**을 채택했다. 미국헌법에서는 입법권(Legislative Power)을 제1조에, 제2조에서는 집행권(Executive Power)을, 제3조에서는 사법권(Judicial Power)을 규정하고 있다. 독일기본법 제20조 제2항에서도 "모든 국가권력은 국민으로부터 나온다. 국가권력은 선거와 투표를 통하여 국민에 의해서, 그리고 입법, 집행 그리고 사법의 각 기관에 의해서 행사된다"라고 함으로써 삼권분립원칙을 채택하고 있다. 대한민국헌법에서도 입법권, 집행권, 사법권을 분립하여 규정하고 있다(제40조, 제66조 제4항, 제101조 제1항).[3)]

2. 삼권의 개념

국가권력의 개념은 실질적으로 관념할 수도 있고 형식적으로 관념할 수도 있다. 입법권, 행정권, 사법권을 각 입법부가 행하는 작용, 행정부가 행하는 작용, 사법부가 행하는 작용이라 할 때는 이는 형식적 개념이다. 그러나 실질적으로 관념하면 입법권은 "국가와 국민 및 국민 상호간의 관계를 규율하는 일반적·추상적 법규범을 정립하는 작용"이라고 할 수 있고, 행정권은 "법 아래에서 법의 규제를 받으면서 현실적으로 국가목적의 적극적 실현을 위하여 행해지는 전체로서 통일성을 가진 계속적인 형성적 국가 활동"이라고 할 수 있으며, 사법권은 "실체적인 법률상의 쟁송, 즉 대립하는 소송당사자, 대립하는 실질적 이익, 현실의 논쟁 존재에 대하여 일반적·추상적 법규범을 적용하여 선언하는 것에 의하여 이를 재정(裁定)하는 작용"이라고 대체로 그 개념을 규정할 수 있다.[4)]

이러한 개념은 대체로 각 권력의 특징은 잘 드러내고 있다고 할 수 있으나 완전하다고는 할 수 없다. 삼권의 개념은 상황에 따라 형식적 또는 실질적 개념으로 분리하여

3) 헌법재판을 제4의 국가작용이라고 보는 견해도 있다(허영, 한국헌법론, 박영사, 2011, 847쪽). 그러나 일반적인 견해는 헌법재판이 비록 정치적 성격을 띠지만 사법작용으로 본다. 헌법재판소에서도 헌법재판을 "헌법분쟁 또는 헌법침해의 문제를 헌법규범을 기준으로 유권적으로 해석·결정하는 사법작용"으로 인식하고 있다(헌법재판실무제요 제2개정판, 2015, 22쪽, 96쪽, 123쪽).
4) 자세한 것은 김철수, 헌법과 정치, 진원사, 2012, 192쪽 이하 참조.

사용하는 것이 타당한 것으로 보인다.[5)]

3. 주권과의 구별

주권(sovereignty, Souveränität)은 장 보댕[Jean Bodin: 1530~1596, 공화국론(1576)] 이래로 대체로 **국가에서 최고이고 포괄적이며 무제약적인 권력**으로 이해된다. 주권은 영역과 국민을 지배하는 국가권력이 더 이상 높은 권력자를 가지지 않을 경우에 그리고 국제법상의 주체가 될 때 존재하게 된다. 그러므로 주권은 국가의사를 결정하는 원동력이 된다. 주권은 단일 불가분적 성격을 갖는다.

독일에서는 2차 대전 이후에 외국점령국에 의해 주권이 제한되었기 때문에 주권보다는 국가권력이라는 개념을 많이 사용하였다. 이로부터 주권과 국가권력을 구분하는 입장이 등장하였다. 게오르그 옐리네크(G. Jellinek)도 주권 대신 국가권력을 들고 있다. 그에 따르면 주권은 국가권력의 본질적인 징표는 아니다.[6)] 따라서 주권이 없는 국가도 있다. 그러나 **국가권력 없는 국가는 없다**.

III. 「모든 권력은 국민으로부터 나온다」의 실천적 의미

헌법재판소의 결정에 따르면 국민주권주의는 ① **민주공화국의 본질적인 징표**로서 헌법상 기본원리로 기능하기 때문에, "모든 권력은 국민으로부터 나온다"라고 규정하고 있는 헌법 제1조 제2항은 대한민국에서 **법령해석의 기준, 입법형성권 행사의 한계, 정책결정의 방향제시, 모든 국가기관과 국민이 존중하고 지켜야하는 최고의 가치규범**을 의미한다.[7)] 또한 국민주권은 ② **국민의 합의로 국가권력을 조직한다는 의미**를 갖는다.[8)]

따라서 헌법 제1조 제2항 후문은 모든 국가권력을 국민이 행사하여야 한다는 의미가 아니다. 국민이 국가권력을 직접 행사하는 경우는 헌법이 특별히 예정하고 있다(제72조, 제130조 제2항, 각종 선거권 규정 등). 국가권력은 기본적으로 삼권으로 분립되고 각각의 국가기관이 이를 담당하도록 하고 있다. 그렇기 때문에 국민주권은 **국가기관의 행**

5) 김철수, 헌법학신론, 박영사, 2013, 1537쪽.
6) 게오르크 옐리네크(김효전 옮김), 일반 국가학, 법문사, 2005, 396쪽 참조.
7) 헌재 1989.9.8. 88헌가6, 국회의원선거법 제33조, 제34조의 위헌심판(헌법불합치).
8) 헌재 2009.10.29. 2007헌마1462, 공직선거법 제18조 제1항 제2호 위헌확인(기각).

위가 국민의 행위로 간주된다는 것을 의미한다. 다만, 그러기 위해서는 국가기관의 행위가 선거에서 표출된 국민의 의사와 충분히 밀접한 **정당성연계**(Legitimationszusammenhang) 속에 있을 때에만 그러하다.[9] 이를 위해서 국민은 국가기관에 의한 국가권력의 행사에 효과적으로 영향을 미칠 수 있어야 한다.[10] 국가기관은 원칙적으로 제도적, 기능적 민주적 정당성을 가지고 있지만, 구체적 개별적인 경우에는 인적, 내용적 민주적 정당성 요구는 달라질 수 있다.[11]

제2항 국가기관

국가기관이란 국가권력을 행사하는 기관으로서 국가의 의사를 결정하고 표시하여 집행하는 기관이다.

헌법상 국가기관은 청원권의 의무주체(제26조)로서 그리고 권한쟁의심판의 당사자(제111조)로서 규정되어 있다. 청원권의 의무주체로서 국가기관은 지방자치단체의 기관이나 공공단체의 기관까지 포함되는 것으로 보아야 한다. 이에 따라 「청원법」은 국회·법원·헌법재판소·중앙선거관리위원회, 중앙행정기관(대통령 소속 기관과 국무총리 소속 기관 포함)과 그 소속 기관 외에도 지방자치단체와 그 소속 기관 및 법령에 따라 행정권한을 가지고 있거나 행정권한을 위임 또는 위탁받은 법인·단체 또는 그 기관이나 개인까지 청원기관으로 포함하고 있다(청원법 제4조). 그런데 권한쟁의심판의 당사자로서 국가기관은 헌법에 의하여 설치되고 헌법과 법률에 의하여 독자적인 권한을 부여 받고 있어야 하므로 기본적으로 헌법기관을 의미한다.[12] 이와 같이 헌법상 국가기관의 개념은 일의적으로 사용되고 있지는 않다.

그러나 여기서의 국가기관의 개념은 반드시 권한쟁의심판의 당사자로서 국가기관과 일치하는 것은 아니더라도, 그 설치근거가 헌법이라는 점에서 기본적으로 **헌법기관**

9) Michael Sachs, GG, 2007, Art. 20, Rn. 35.
10) BVerfGE 83, 60, 71 f.; 89, 155, 182; 93, 37, 66 등.
11) 헌재 2007.6.28. 2004헌마644 참조.
12) 헌재 1997.7.16. 96헌라2, 국회의원과 국회의장간의 권한쟁의[인용(권한침해), 기각]. 물론 이에 대해서는 반드시 헌법기관에 한정할 필요가 없다는 반대의견도 있다[헌재 2010.10.28. 2009헌라6, 국가인권위원회와 대통령 간의 권한쟁의(각하)의 조대현, 김종대, 송두환의 반대의견 참조].

을 의미하는 것으로 본다.

제3항 국가기관의 구성원리

Ⅰ. 대의제

1. 대의제의 개념

대의제(代議制, representative democracy)란 주권자인 국민이 직접 국가의 정책결정에 참여하지 않고, 대신 정책결정을 맡을 대의기관을 선거하고 이 대의기관의 정책결정 또는 통치권행사를 여론 내지 주기적 선거를 통해 통제하거나 정당화시킴으로써 국민주권을 실현하는 국가기관의 구성원리를 말한다.[13]

따라서 대의기관의 개념적 징표 내지 본질은 **국민이 기관구성권과 통제권을 가지고 대의기관은 정책결정권과 정책결정에 대해 책임을 진다는 점**에 있다.

2. 대의제의 성립

가. 영국

영국의 하원이 국민을 대표한다는 사상은 14세기경부터 나타나기 시작했으나, 근대적 의미의 대표개념은 17세기경부터 서서히 시작되어 18세기의 버크(Edmund Burke, 1729~1797)와 블랙스톤(William Blackstone, 1723~1780)에 와서 확립되었다.

나. 프랑스

프랑스에서 대표개념은 1789년의 프랑스혁명과 함께 발생하기 시작했다. 1789년 루이 16세가 재정파탄을 극복하고자 과세의 승인을 얻을 목적으로 175년간 소집되지 않았던 3부회를 소집하자 이 3부회가 스스로 근대적인 국민의회로 되면서 루소의 국민주권을 인권선언 제3조[14]에 규정하게 되었다.

---

13) 허영, 한국헌법론, 박영사, 2010, 684쪽.
14) 프랑스 인권선언 제3조: “모든 주권의 근원은 본질적으로 국민에게 있다. 어떠한 단체나 개인도 국

루소는 국민의 일반의지(volonté générale)는 결코 대표될 수 없다고 주장하고 직접 민주제를 주장하였으나, 시에예스(Abbé Sieyès)는 몽테스키외의 이론을 받아들여 대표 민주제를 주장하였고 이것이 1791년의 프랑스헌법에 규정되었다. 국민주권을 규정한 이 헌법 제3부 제1조(Titre III Article 1)는 "주권은 단일 · 불가분 · 불가양 · 불소멸이다. 주권은 국민에 속한다. 어떤 인민의 집단과 개인도 주권의 행사를 자기 것으로 할 수 없다"고 규정하고 있고, 대의제를 규정한 제2조에서는 "유일한 모든 권력의 시원인 국민은 그 권력을 위임(délégation)에 의해서만 행사할 수 있다"고 규정하고 있으며, 제3부 제3장 제1절 제7조(Titre III Chapitre I, Section III, Article 7)에서는 "(왕국을 구성하는 83개의) 도(département)에서 선출된 의원은 도의 대표가 아니라 전체 국민의 대표다. 그리고 그들은 명령을 받지 아니 한다"[15]라고 규정하여 강제위임을 부인하고 있다.

다. 독일

독일도 1850년의 프로이센헌법과 1871년의 비스마르크헌법에서 대의제를 규정하였다. 1949년 독일기본법 제20조 제2항도 "모든 국가권력은 국민으로부터 나온다. 국가권력은 국민에 의하여 선거와 투표를 통해 행사되고, 입법, 집행 및 사법의 특별한 기관을 통해 행사 된다"라고 규정하고 있는데, 국가권력이 투표를 통해서 결정되는 것은 연방영역의 재편성(독일기본법 제29조, 제118조)에 한정되고, 원칙적으로는 입법, 집행, 사법의 기관에 의해 국가권력이 행사된다.

3. 대표관계의 법적 성격

대표와 국민의 관계가 어떤 법적 성격을 가지는가는 결국 대표가 한 결정이 국민의 의사에 반하는 경우에 대표의 책임을 어떻게 볼 것인가의 문제다. 이에 대해서는 법적 책임의 인정여부에 따라 크게 법적 대표관계인정설과 법적 대표관계부인설로 나눌 수 있다.[16] 이를 표로 정리하면 다음과 같다.

민으로부터 명시적으로 유래하지 않는 권리를 행사할 수 없다."

15) Titre III Chapitre I, Section III, Article 7 "Les representants nommes dans les departements, ne seront pas representants d'un departement particulier, mais de la Nation entiere, et il ne pourra leur etre donne aucun mandat."

16) 학설에 대한 자세한 설명은 김철수, 헌법학신론, 박영사, 2013, 1247쪽 이하 참조.

법적 대표관계 인정여부	학설	내용
법적 대표관계 인정	법적 위임관계설	국민주권사상에 기초하여 주권은 국민에게 있고 대표는 국민의 위임에 의한 국민의 법적 대표기관이라고 보는 견해
	법정대표설	국민은 제1차 국가기관이고 대표는 제2차 국가기관으로서 대표의 의사는 국민의 의사로 간주된다는 견해(민법상의 대리이론)[17]
	헌법적 대표설	대표의 권한은 국민의 위임에 의한 것이 아니라 헌법에서 직접 나오는 것이라고 보는 견해[18]
법적 대표관계 부인	정치적 대표설	대표는 국민과 대표간의 관계가 어떤 법적 효과를 가지는 것이 아니라 국민 전체의 정치적 대표일 뿐이라는 견해[19]
	정당대표설	정당국가화 경향으로 대표는 국민의 대표기관이라는 지위에서 물러나고 정당이 국민의 대표기관으로 대두되고 있다는 견해
	사실적 대표설 (사회적 대표설)	대표자의사와 피대표자의사가 사실상의 유사하기 때문에 대표가 되는 것이라고 보는 견해로서, 국민전체의 의사를 대표한다는 고전적 대표관념은 현실적 기초가 결여되어 있다고 보는 견해

오늘날 국민의 대표인 국회의원은 국민과의 대표관계에서 강제위임의 관계에 있지 않고 따라서 법적 책임을 지지 않으며 다만 정치적 책임만을 질뿐이다. 그러나 국회의원의 이러한 국민대표의 권한은 헌법에 의해 부여된 것이라는 점, 헌법 자체가 정치적 성격의 규범성을 가진다는 점을 고려할 때 **헌법적 대표설이 타당**한 것으로 보인다.

4. 대의제의 위기

국민대표에 의한 정치라고 하는 대의제가 일반적인 국가기관의 구성원리로 자리잡은 이래, 대의제도하에서는 주권자인 국민의 의사를 제대로 반영하지 못한다는 인식이 확산되면서 현대에는 대의제의 위기가 논의되고 있다. 대의제의 위기가 거론되는 주된 이유로는 ① 현대국가의 정당국가화 경향, ② 현대국가의 적극국가화·행정국가화 경향, ③ 무기속 위임원칙에 대한 회의, ④ 이익단체의 로비에 의한 민의의 왜곡, ⑤ 대중사회화, 인터넷의 발달, 정보화 사회의 출현 등으로 국민의 직접 정치참여 가능

17) 게오르그 옐리네크(김효전 옮김), 일반 국가학, 법문사, 2005, 475쪽 참조.
18) 김철수, 헌법학신론, 박영사, 2013, 1248쪽; 정재황, 헌법학, 박영사, 2021, 1550쪽.
19) 권영성, 헌법학원론, 법문사, 2009, 735쪽.

성의 증대, ⑥ 지역감정으로 인한 선거의 왜곡 등이 있다.[20]

5. 대의제의 현대적 이해

가. 정당국가화 경향과 대의제의 이해

대의제의 위기가 논의되는 원인들 가운데 현대사회의 발전에 따른 것은 차치하고라도, 헌법제도인 정당제도와 관련하여 보면, 민주적 헌법국가에서 정당의 영향력이 크다는 것은 부인할 수 없는 사실이지만, 그렇다고 대의제의 가치가 결코 경시되거나 부인되어서는 안 된다는 점이다.

이러한 취지의 유력한 견해[21]에 따르면 ① 정당국가화의 경향이 강하게 되었다고 하더라도 정당은 곧 국가는 아니며, 무소속정치인의 선거참여를 제한하거나 차별하는 것은 선거원리에 위반된다는 점 등을 볼 때 정당국가에서의 선거가 반드시 국민투표적 성격만을 갖는 것이라고 할 수는 없고, ② 정당국가에서는 자유위임에 근거한 대의활동이 정당을 통한 집단적인 형태로도 나타날 수 있기 때문에 국회의원의 정당기속과 자유위임관계가 반드시 모순되는 것만은 아니며, ③ 정당국가에서도 정당기속보다는 자유위임관계에 우선적인 효력을 인정하는 것이 타당하다는 점에서 보면, 결국 정당국가화 경향에서 나타나는 정치양상을 대의제도에서 충분히 수용하고 또 정당국가적 경향도 대의이념과 조화될 수 있는 방향으로 정착되어가야 한다고 한다.

나. 직접민주제적 요소의 반영

고전적인 대의제가 국민의 의사를 국정에 충분히 반영하지 못하는 점이 인식됨에 따라 직접 민주제적 요소를 대의제에 접목시키려는 시도들이 이루어지고 있다. 그러나 직접민주제는 국가의사결정이 지연되는 경우에 이를 해결할 수 있는 등의 장점이 있지만, 여론정치, 선동정치로 될 위험성도 존재한다. 이러한 우려에서 많은 국가에서는 대의제와 직접민주제를 혼용하는 방식을 채택하기도 한다. 대의제를 보완하는 직접민주제의 내용은 국민투표(referendum, Volksabstimmung), 국민발안(popular initiative, Volksinitiative),

---

20) 권영성은 특히 다음을 원인으로 지목하고 있다. 대표기관의 대의성 약화, 대중사회화, 국민의 직접참정욕구의 증대, 엘리트정치의 타락, 무기속위임의 원칙에 대한 회의, 공개적 토론의 경시, 정당정치의 발달, 이익집단·압력단체들의 등장, 집단이기주의의 팽배(권영성, 헌법학원론, 법문사, 2009, 735쪽).

21) 허영, 한국헌법론, 박영사, 2009, 662쪽 참조.

국민소환(國民召還, recall, Abruf) 등이 있다.

6. 대한민국헌법상 대의제도의 구현

가. 대의제 원칙의 선언

대한민국헌법에서도 대의제 원칙을 채택하고 있다. 즉, 입법권은 국민이 직접 선출한 국회의원으로 구성된 국회에 속하고(제40조, 제41조), 행정권은 국민이 선출한 대통령을 수반으로 하는 정부에 속한다(제66조 제4항, 제67조). 그 외에도 헌법 제46조 제2항에서는 "국회의원은 국가이익을 우선하여 양심에 따라 직무를 행한다"라고 하여 자유위임을 선언하고 있고, 헌법 제24조와 제25조에서는 각각 선거권과 공무담임권을 규정하고 있다.

헌법재판소에서도 "오늘날 이런 민주국가에서는 대의제에 의한 통치가 불가피한 것으로서 선거야말로 국민의 의사를 체계적으로 결집하고 수렴하고 구체화하는 방법으로 국민의 정치적 의사를 형성하는 가장 합리적인 절차이며, 따라서 국민의 의사가 얼마나 굴절 없이 정당하게 반영되었느냐의 여부가 통치권의 정통성과 정당성을 담보하는 핵심이고 생명이라고 할 수 있는 것이다"[22]라고 판시함으로써 대의제의 정당성을 확인하고 있다.

나. 직접민주제적 요소로서 국민투표제도의 도입

한편 대한민국헌법은 직접민주제적 요소로서 국민투표제도를 도입하고 있다. 그러나 지방자치에 있어서는 좀 더 적극적으로 직접민주제적 제도를 도입하고 있다.

1) 국민투표제도

대한민국헌법이 채택하고 있는 국민투표제도에는 헌법개정안에 대한 국민투표와 국가안위에 관한 중요정책에 대한 국민투표가 있다.

가) 헌법개정안에 대한 국민투표

헌법 개정이 확정되려면 헌법개정안을 국회가 의결한 후 30일 이내에 국민투표에 부쳐 국회의원선거권자 과반수의 투표와 투표자 과반수의 찬성을 얻어야 한다(제130조 제2항).

22) 헌재 1991.3.11. 91헌마21, 지방의회의원선거법 제36조 제1항에 대한 헌법소원(각하).

나) 대통령이 부의한 국가안위에 관한 중요정책에 대한 국민투표

대통령은 필요하다고 인정할 때에는 외교·국방·통일 기타 국가안위에 관한 중요정책을 국민투표에 부칠 수 있다(제72조). 국가의 안위에 관한 중요정책에 대한 국민투표는 대통령의 부의가 있는 경우에 실시된다는 점에서 한계가 있다. 대통령 자신의 재신임은 국가안위에 관한 중요정책에 포함되지 않기 때문에 국민투표에 부칠 수 없다.[23]

2) 지방자치에 있어서 직접민주제적 요소의 가미

지방자치에 있어서도 직접민주제적 요소로서 주민투표제가 도입되어 있다(지방자치법 제18조. 1994년 도입). 이에 따라 「주민투표법」이 2004.1.29. 제정되어 2004.7.30.부터 시행되고 있다.

지방자치에서는 주민투표제도 외에 특히 주민소환제도도 도입되어 있다(지방자치법 제25조[24]). 주민소환이란 주민이 투표를 통하여 선출직 지방공직자의 직을 임기 전에 상실시키는 것을 말한다.[25] 주민소환의 투표 청구권자·청구요건·절차 및 효력 등에 관한 사항을 정한 「주민소환에 관한 법률」이 2006.5.24. 제정되어 2007년부터 시행되고 있다.

「제주특별자치도 설치 및 국제자유도시 조성을 위한 특별법」 제28조 이하에서는 주민투표와 주민소환에 관한 특례가 규정되어 있다.

II. 권력분립원리

1. 개념

권력분립원리란 권력의 집중을 막고 국민의 자유를 보호하기 위해서 국가작용을 나누어 각기 다른 독립된 기관이 담당하게 하고 그 기관 간에 상호 견제·균형하도록 하는 원리를 말한다. 일반적인 형태로는 국가작용을 입법, 집행, 사법으로 나누는 삼권

---

23) 헌재 2004.5.14. 2004헌나1, 대통령(노무현) 탄핵(기각).
24) 지방자치법 제25조(주민소환) ① 주민은 그 지방자치단체의 장 및 지방의회의원(비례대표 지방의회의원은 제외한다)을 소환할 권리를 가진다. ② 주민소환의 투표 청구권자·청구요건·절차 및 효력 등에 관한 사항은 따로 법률로 정한다.
25) 주민소환의 대상은 지방자치단체의 장 및 지방의회의원(비례대표 지방의회의원 제외)이다(지방자치법 제25조 제1항).

분립을 들 수 있다.

권력분립의 원리는 ① 우선 **인간에 대한 회의**(懷疑)에 기초하고 있다. '절대 권력은 절대적으로 부패한다.'(absolute power corrupts absolutely)는 영국의 액튼(John Emerich Edward Dalberg－Acton, 1834~1902) 경의 말[26]은 인간에 대한 불신을 의미한다. ② 두 번째로 권력분립은 이념적으로는 **자유주의의 요소**에 해당하고 민주주의와 반드시 결부되는 것은 아니다. 권력분립을 통하여 인간의 인간에 대한 독재를 제어하기 위한 것이기 때문이다. 헌법재판소도 권력분립을 자유민주적 기본질서의 내용으로 보고 있다.[27] ③ 세 번째로 권력분립은 **법치국가적 요소**다.[28] 권력분립은 따라서 민주주의를 수정하는 기능을 갖는다. 그러므로 법치국가원리와 민주국가원리는 상호 보완적으로 이해하여야 한다.[29] ④ 네 번째로 권력분립은 **국가작용의 분리와 겸직의 금지**를 원칙으로 한다. 각료와 의원직의 겸직이 허용되는 의원내각제의 경우에도 기능면에서는 권력분립이 엄연히 존재한다. ⑤ 다섯 번째로 권력분립은 **기관 간의 견제와 균형**(check and balance)을 본질적인 징표로 한다.

2. 권력분립론의 성립과 내용

존 로크(John Locke, 1632~1704)는 통치론(Two Treatises of Government, 1689)에서 입법권과 집행권의 이권분립을 주장하였다. 몽테스키외(Montesquieu, 1689~1755)는 법의 정신(De l'esprit des lois, 1748)에서 입법권, 집행권, 사법권의 삼권분립을 주장하였다. 이에 대해서 뢰벤슈타인(Karl Loewenstein, 1891~1973, 독일)은 정치권력과 통치과정(Political Power and the Governmental Process, 1957)에서 권력을 정책결정(policy deter－

26) "우리가 다른 사람들과 달리 호의적인 가정을 하면서 교황과 왕이 잘못하지 않았다고 판단한다는 당신의 규칙을 받아들일 수 없습니다. 다른 가정이 존재한다면 그것은 권력의 소유자와는 반대방향으로 권력이 증가함에 따라 증가한다는 것입니다. 법적 책임의 결여를 역사적 책임으로 보충하여야 합니다. **권력은 부패하기 마련이고 절대적 권력은 절대적으로 부패합니다.** 위대한 사람들은 권위가 아니라 영향력을 행사할 때조차도 언제나 악합니다. 권위에 의한 부패의 경향이나 확실성을 더하면 더욱 그렇습니다"(Acton, Essays on freedom and power, 1955, p. 335－366. D. J. Galligan, Administrative Law, 1992, p. 7 Fn. 8에서 재인용).

27) 헌재 1990.4.2. 89헌가113, 국가보안법 제7조에 대한 위헌심판(한정합헌).

28) 야라스(Hans D. Jarass)는 그에 반하여 반드시 법치국가적 요소로만 볼 수는 없다고 한다. 왜냐하면 중앙권력과 지방권력의 기능적 권력분립은 민주적 요소의 반영이기도 하기 때문이라는 것이다. 그럼에도 불구하고 고전적 권력분립은 여전히 자유주의적 법치국가적 요소라고 할 수 있다.

29) 찌펠리우스(김대환 역), 학습과정을 통한 민주주의의 실현, 세계헌법연구 5, 2000, 33쪽 이하 참조.

mination, policy decision), 정책집행(policy execution), 정책통제(policy control)로 기능적으로 구분하였다.[30]

1787년 제정된 미국헌법에서는 국가권력을 입법권, 집행권, 사법권으로 명확히 구분하였고,[31] 1789년의 프랑스 인권선언 제16조에서는 "권리의 보장이 확보되지 않고 권력의 분립이 확립되지 않은 사회는 헌법이 있다고 할 수 없다"고 선언하였다. 이 인권선언은 1791년 최초의 프랑스 헌법에 수록되었다.

3. 권력분립모델의 유형

권력분립은 입법부와 행정부의 관계 그리고 입법부와 사법부의 관계에 따라 다양한 형태로 분류될 수 있다.[32]

입법부와 행정부의 관계에 따라서 보면 입법부 우위형, 행정부 우위형, 권력분립형, 균형형으로 분류할 수 있다. **입법부 우위형**은 입법부와 행정부의 권력분립이 되어 있지 않고 행정부가 입법부에 전적으로 종속되어 있어서 입법부가 행정부를 겸하는 형태로서 의회정부제, 프랑스 혁명시의 국민공회제 등에서 그 예를 찾아 볼 수 있다. **행정부 우위형**은 국가원수가 입법권과 행정권을 모두 가지고 있으며, 다만 이 경우에도 국가원수가 입법권을 행사하는 경우에는 의회의 협력을 인정하는 형태로서 입헌군주제나 신대통령제에서 그 예를 찾을 수 있다. **권력분립형**은 미국헌법에서처럼 입법권, 행정권, 사법권의 삼권을 분립시키고 견제와 균형을 하도록 하는 형태이고, **균형형**은 의원내각제 국가에서 볼 수 있는 형태로서 입법부와 행정부가 분립되어 있으나 상호 의존·협력적 관계로 된 형태를 말한다.

---

30) Karl Loewenstein, Political Power and the Governmental Process, University of Chicago Press, 1957, p. 112. 2년 뒤인 1959년에 이 책을 독일어로 번역한 Verfassungslehre가 출간되었다.

31) Article I. Section 1. All legislative Powers herein granted shall be vested in a Congress of the United States, which shall consist of a Senate and House of Representatives.
Article II. Section 1. The executive Power shall be vested in a President of the United States of America. He shall hold his Office during the Term of four Years, and, together with the Vice President, chosen for the same Term, be elected, as follows: …
Article III. Section 1. The judicial Power of the United States, shall be vested in one supreme Court, and in such inferior Courts as the Congress may from time to time ordain and establish. The Judges, both of the supreme and inferior Courts, shall hold their Offices during good Behaviour, and shall, at stated Times, receive for their Services, a Compensation, which shall not be diminished during their Continuance in Office.

32) 상세한 것은 김철수, 헌법과 정치, 진원사, 2012, 195쪽 이하 참조.

입법부와 사법부의 관계에 따라 보면, 입법부 우위형, 사법부 우위형, 균형형이 있다. **입법부 우위형**은 불문헌법국가에서 찾아 볼 수 있는데, 영국과 같은 불문헌법국가에서는 행정소송만이 허용되고 위헌심사제도가 없기 때문에 입법부 우위형이라고 할 수 있다. 오스트리아헌법과 독일기본법, 1948년 이탈리아헌법과 1978년 스페인헌법에서 찾아 볼 수 있는 **사법부 우위형**은 사법부가 추상적 규범통제권을 가지고 입법을 통제하는 형태다.[33] **균형형**은 미국헌법에서 찾아볼 수가 있는데, 사법부가 위헌심사권을 가지고는 있으나 법률의 일반적 효력을 부인할 수는 없고 구체적 개별적인 사건에 적용을 거부할 수 있을 뿐이다.

4. 권력분립에 관한 현대적 현상과 이해

오늘날 권력분립론에 대해서는 다음과 같은 문제점들이 제기되고 있다.

① 우선 **민주주의원리와의 부조화** 문제가 제기된다. 특히 루소와 같이 주권의 단일불가분성을 주장하는 입장에서는 권력분립은 민주주의와 모순되게 된다.

그러나 권력분립에 비하여 민주주의가 우월적인 가치로 되는 경우에는 다수의 독재가 될 수 있고 소수의 보호라는 가치는 상실될 우려가 있으므로, 의회의 독재를 방지하기 위해서 권력분립은 반드시 필요하다고 할 수 있다. 따라서 권력분립과 민주주의는 보완적 관계로 이해하여야 한다.

② **급부국가적 기능의 확대에 따른 권력분립의 기능적 비효율성** 문제다. 현대국가는 국민의 자유를 침해하지 않는 소극적인 국가에 그치는 것이 아니라 국민생활에 뛰어들고 간섭하는 적극국가로 변모하고 있다. 적극국가에서는 권력의 분립보다는 효율적 행정을 위한 협력이 강조된다. 이와 같이 국가의 기능이 자유의 확보에만 있는 것이 아니라 복지의 증진에도 있다는 점에서 권력분립은 효율성이 떨어지고 있다는 주장이다.

행정에 있어서 장기계획의 수립, 전문성의 확대, 복지정책의 수립 · 집행, 천재 · 지변 · 전쟁 등 국가긴급사태에 효과적으로 대응할 필요성 등으로 국가의 기능 중에서도 집행권의 기능이 확대되는 경향이 있는 것은 사실이나, 집행기능이 강화되고 있는 현실에 대응하여 오히려 집행권의 독주를 막기 위해서라도 권력분립이 필요하다고 보아야 한다.[34]

---

33) 예컨대 독일의 경우는 연방정부, 주정부, 연방의회 의원 4분의 1이 청구권을 갖고 있다(독일 연방헌법재판소법 제76조 제1항).

34) 오늘날 미 · 중 패권다툼도 어떤 의미에서는 권력분립국가와 권력통합국가의 대결이라고도 볼 수

③ **정당국가화 경향에 따른 권력통합의 현상**을 들 수 있다. 현대국가는 입법권, 집행권, 사법권이 정당을 통하여 통합되고 있는 것이 현실이다. 정당은 국회를 구성하는 국회의원들의 결사체이며, 정당이 내세운 후보자가 대통령으로 선출되고, 헌법재판관이나 대법관 등 사법권의 수뇌를 국회의 동의를 얻어 대통령이 임명하는 구조에서는 모든 권력은 정당으로 통한다.

그러나 그렇다고 하여 권력분립이 무의미해진다고 보기 보다는 새로운 권력통제는 오히려 정당간의 통제를 통해 성취될 수 있는 것으로 볼 수 있다. 즉, 정당국가경향에 따른 권력의 통합을 방지하기 위해서라도 권력분립은 필요하다고 할 것이다.[35]

④ **법률에 대한 위헌심사제도는 원칙적으로 입법권에 대한 사법권의 우위로서 권력분립의 모순을 스스로 시인하는 것이라는 주장**이다.

그러나 오늘날 적극국가화 경향으로 입법권과 집행권이 강화되고 있을 뿐만 아니라 두 권력이 정당을 매개로 통합되는 현상을 보이고 있기 때문에, 이러한 권력통합으로부터 부당한 자유와 권리의 침해를 방지하기 위해서는 오히려 위헌심사가 필요하다고 할 수 있다. 위헌심사 자체도 권력분립의 요소이지만, 이를 통하여 권력분립이 준수되고 있는지를 감시함으로써 권력분립을 오히려 보장할 수 있다.[36] 헌법재판은 헌법의 우위(Vorrang der Verfassung)를 확보하는 제도라는 점에서 헌법의 우위를 전제로 하고 있는 권력분립과 모순되지 않는다. 권력분립에서 헌법의 우위가 지켜지지 않는다면 강한 권력기관의 의사만이 국가의 의사로 되고 말 것이다. 이와 같이 헌법재판소의 헌법해석은 헌법의 우위를 유지하는 기능을 하는 것이지만, 사회적 사실관계를 평가하고 규율하는 것은 국회의 임무이기 때문에 헌법재판소가 헌법을 해석함에 있어서는 특히 입법형성의 여지를 보장하도록 하는 것이 또한 헌법의 요청이다. 헌법재판소는 정치적 기관이 헌법의 테두리 내에 머물러 있는지 여부를 심사할 뿐이다.[37]

⑤ 지방자치제도의 발전에 따른 수직적 권력분립이 주요한 기능적 권력분립의 요소로 인정되면서 **고전적 권력분립이 의미를 상실해 가는 것으로 보는 주장**이다. 그러나 지

있다. 권력통합국가가 단기적으로는 효율적일 수 있으나 결국은 권력분립이 인권을 보장할 수 있음을 우리는 역사에서 알 수 있다.

35) 우리나라의 대통령선서에서는 종종 정당의 대표가 아닌 새로운 인물을 정당이 영입하여 대통령후보로 옹립하는 경우들이 있다. 이는 정당에 대한 불신이 나타난 한 현상이라고 볼 수 있을 것이다.
36) 크리스티안 슈타르크, 민주적 헌법국가(김대환 대표편역), 시와진실, 2015, 170쪽 이하 참조.
37) 크리스티안 슈타르크, 민주적 헌법국가(김대환 대표편역), 시와진실, 2015, 181쪽 이하 참조.

방자치제도가 갖는 기능적 권력분립의 현상은 지방자치제도의 발전에 따른 새로운 현상으로 파악될지라도 그것이 고전적 권력분립을 부인하는 것으로는 될 수 없다. 더구나 권력분립의 원리는 지방의회와 지방자치단체의 장 사이에서도 상호견제와 균형의 원리로서 실현되고 있다. 그런데 헌법재판소는 지방자치단체의 장과 지방의회는 정치적 권력기관이기는 하지만 지방자치제도가 본질적으로 훼손되지 않는다면, 중앙·지방간 권력의 수직적 분배라고 하는 지방자치제의 권력분립적 속성상 중앙정부와 국회 사이의 구성 및 관여와는 다른 방법으로 국민주권·민주주의원리가 구현될 수 있다고 본다. 따라서 지방의회와 지방자치단체의 장 사이에서의 권력분립제도에 따른 상호견제와 균형은 현재 우리 사회 내 지방자치의 수준과 특성을 감안하여 국민주권·민주주의원리가 최대한 구현될 수 있도록 하는 효율적이고도 발전적인 방식이 되어야 한다고 판시하고 있다.[38]

5. 대한민국헌법상 권력분립의 구현

가. 권력의 분리

대한민국헌법에서도 국가권력을 기본적으로 입법권, 집행권, 사법권으로 구분하고 있다. 입법권은 국회에 속하고(제40조), 행정권은 대통령을 수반으로 하는 정부에 속하며(제66조 제4항), 사법권은 법관으로 구성된 법원에 속한다(제101조). 그러나 이에 더하여 사법권에서 헌법재판권을 분리하고 있고, 선거관리와 지방자치를 별도로 규정함으로써 기능상의 권력분립을 지향하고 있다.

물론 모든 국가권력은 주권자인 국민으로부터 나오고, 국민은 선거권 등을 행사함으로써 국가기관을 구성한다.

나. 견제와 균형

대한민국헌법은 분립된 국가기관 간 견제를 통하여 힘의 균형이 이루어지도록 설계하고 있다.

1) 집행부와 국회의 견제와 균형

정부와 국회는 각기 다른 민주적 정당성에 기반하고 있다. 따라서 원칙적으로는

38) 헌재 2014.1.28. 2012헌바216, 지방자치법 제91조 제2항 위헌소원(합헌).

상호 독립하여 있지만, 의원내각제적 요소를 다수 도입함으로써 의존적 기반도 중요한 정부형태 구성원리로 작용하고 있다.

가) 정부의 국회에 대한 권한

대통령은 국회에 대하여 임시회소집요구권(제47조), 국회출석발언 및 서한으로 의견을 표시할 권한(제81조), 법률안거부권(제53조), 긴급명령권 및 긴급재정경제명령권(제76조), 계엄선포권(제77조), 헌법개정안발의권(제128조 제1항) 등을 가지며, 국무총리 · 국무위원은 국회출석발언권(제62조)과 국무회의의 구성원으로서 헌법개정안 · 조약안 · 법률안에 대한 심의권, 예산안 · 결산에 관한 중요사항 · 국회의 임시회 집회의 요구, 사면 · 감형과 복권, 정당해산의 제소 등 국회의 심의 · 의결 사항에 대한 심의권을 가진다(제89조). 또 정부는 법률안제출권(제52조)과 예산안편성권(제54조 제2항)을 가진다.

헌법은 대통령의 독재를 막기 위하여 의원내각제적 요소를 도입하고 있다. 그러나 의원내각제적 요소인 법률안제출권이 오히려 대통령의 권한을 강화시켜주고 있다. 복잡다기하게 변화해 가는 현실에 능동적이고 적극적으로 대응해 갈 행정의 필요성을 고려할 때 대통령의 법률안제출권은 정부형태를 불문하고 인정할 필요성이 있을 수 있다. 그러나 대통령의 법률안제출권을 인정하는 경우에는 법률안거부권은 폐지하거나, 법률안거부권을 인정하더라도 여소야대의 경우에만 행사할 수 있도록 하는 것이 바람직하다는 견해[39]가 설득력이 있다.

나) 국회의 정부에 대한 권한

국회는 대통령 등에 대한 탄핵소추권(제65조), 법률안거부권에 대한 재의결(제53조), 국회의장의 법률공포권(제53조 제6항), 긴급명령, 긴급재정경제처분 · 명령에 대한 승인권(제76조), 헌법재판소장 · 국무총리 · 대법원장 · 대법관 · 감사원장 등 임명동의권(제111조 제4항, 제86조 제1항, 제104조, 제98조 제2항), 계엄해제요구권(제77조 제5항), 선전포고 · 국군의 외국파견 · 외국군대주류동의권(제60조 제2항), 일반사면동의권(제79조 제2항), 대통령이 발의한 헌법개정안의 심의 · 부결권(제130조), 중요조약 · 비준동의권(제60조 제1항), 국무총리 등 해임건의권(제63조), 국무총리 등 국회출석발언요구권(제62조 제2항), 정부제출법률안의 부결권(제49조), 행정전반에 걸친 법률제정권(제40조), 정부예산안의 심의 · 의결권(제54조), 정부재정행위에 대한 동의권(제58조), 국정감사 · 조사권(제

39) 김철수, 국회와 정부의 관계에 관한 일고찰, 세계헌법연구 창간호, 1994, 44쪽 참조.

61조) 등을 가지고 정부를 견제한다.

정부와 국회의 관계는 대통령의 비상적 권한으로 말미암아 정부우위의 관계라고 할 수 있다.[40] 그러나 다수당과 대통령을 지지하는 정당이 불일치하는 경우(여소야대)에는 정국이 교착되는 분리된 정부(divided government)가 될 가능성이 있다.[41]

2) 집행부와 법원 및 헌법재판소의 견제와 균형

집행부와 법원은 원칙적으로 상호 독립되어 있다(제66조 제4항, 제101조 제1항). 그러나 대통령과 대법원장은 협력하여 헌법재판관 및 중앙선거관리위원회 위원 각 3인씩을 임명 또는 지명하여 헌법기관을 구성하기도 한다.

가) 정부의 법원·헌법재판소에 대한 권한

대통령은 대법원장과 대법관임명권(제104조), 사면·감형·복권권(제79조), 비상계엄시 법원의 권한에 관한 특별한 조치를 취할 수 있는 권한(제77조 제3항)이 있고, 정부는 법원의 조직과 법관의 자격 및 법관이 적용할 법률 등에 관하여 법률안을 제출할 수 있고 법원의 예산을 편성한다.

헌법재판소에 대하여는 대통령은 헌법재판소의 장·헌법재판관 임명권(제111조 제2항·제4항)을, 정부는 헌법재판소예산안편성권(제54조), 헌법재판소법 등 제·개정안 제출권을 가진다.

나) 법원·헌법재판소의 정부에 대한 권한

법원은 정부의 명령·규칙·처분에 대하여 심사하고(제107조 제2항), 정부제출 법률에 대한 위헌심판청구권(제107조), 선거소송심판권(공직선거법 제222조, 제223조) 등을 갖고 있으며, 헌법재판소는 정부제출 법률의 위헌심사권(제107조)을 가지고 집행부와 견제·균형을 유지하고 있다.

---

40) 권영성, 헌법학원론, 법문사, 2009, 762쪽.

41) 김철수, 국회와 정부의 관계에 대한 일고찰, 세계헌법연구 창간호, 1994, 40쪽. 여소야대는 정치선진국에서도 오히려 그리 드문 일은 아니다. 여소야대가 정부의 집행력을 마비시키는 것은 정당간의 대화와 타협의 전통이 빈약한 우리의 의회풍토가 빚어내는 한 정치적 단면일 수 있다. 여소야대의 정국에 대한 비관론의 입장은 국정감사·조사권의 남용, 행정부의 국회인질화, 행정효율의 저하, 민주화의지의 좌절 등을 우려하고, 낙관론의 입장은 여당의 독주가 어려워짐으로 인한 정도의 정치가 될 것이라고 한다(정종학, 한국에 있어서의 국회와 정부의 관계, 공법연구 17, 1989.10., 203쪽 이하).

3) 국회와 법원 및 헌법재판소의 견제와 균형

가) 국회의 법원 및 헌법재판소에 대한 권한

국회는 법원에 대해서는 대법원장 · 대법관임명동의권(제104조), 법원조직법 등 제 · 개정권(제102조 제3항), 일반사면동의권(제79조 제2항), 법원예산심사의결권(제54조), 법관탄핵소추권(제65조)을 가지고 있다. 헌법재판소에 대해서는 헌법재판소 예산안의결권(제54조), 헌법재판소법 등 제 · 개정권(제113조 제3항), 헌법재판소 재판관 탄핵소추권(제65조) 등을 가지고 있다.

나) 법원 및 헌법재판소의 국회에 대한 권한

법원은 위헌법률심판청구권(제107조 제1항)을, 헌법재판소는 위헌법률심판권, 헌법소원심판권, 국회가 당사자가 되는 권한쟁의심판권(제111조)를 가지고 있다.

4) 법원과 헌법재판소의 견제와 균형

헌법은 제5장에서 법원을 제6장에서 헌법재판소를 분리하여 규정함으로써 견제와 균형을 함께 도모하고 있다. 헌법 제111조 제1항 각 호에서 정하고 있는 헌법재판소의 5가지 관장사항을 제외한 사법권은 법원에 귀속한다. 이러한 점에서 법원과 헌법재판소 사이의 견제와 균형은 원칙적으로 관할을 분리함으로써 상호독립적으로 구조화되어 있으나, 대법원장은 헌법재판소 재판관 중 3인의 지명권(제111조 제3항)을 가지고, 헌법재판소는 대법원규칙에 대한 보충적 헌법소원심판권, 법원의 재판에 대한 예외적 헌법소원심판권 등을 판례를 통하여 확립함으로써 상호 견제 · 균형하고 있다.

이상의 설명을 표로 간략히 정리하면 다음과 같다.

관계 기관	견제 권한 행사 방향	견제 권한의 내용
국회와 정부	국회→정부	탄핵소추권, 법률안거부권에 대한 재의결권, 국회의장의 법률공포권, 긴급명령승인권, 국무총리임명동의권, 계엄해제요구권, 선전포고 · 국군파견 · 외국군주류동의권, 일반사면동의권, 헌법개정안심의의결권, 중요조약체결 · 비준동의권, 국무총리 · 국무위원해임건의권, 국무총리 · 국무위원 · 정부위원출석답변요구권, 정부제출법률안부결권, 행정에 관한 법률제정권, 예산안심의 · 의결권, 정부재정행위동의권, 국정감사 · 조사권
	정부→국회	대통령의 국회임시회집회요구권, 국회출석발언 및 서한으로 의견을 표시할 권

		한, 법률안거부권, 긴급명령 · 긴급재정경제명령권, 계엄선포권, 헌법개정안발의권, 정부의 예산안편성권과 법률안제출권, 국무총리 · 국무위원의 국회출석발언권, 법률안등 국회의 권한과 관련한 사항에 대한 각종 심의권
정부와 법원	정부→법원	대통령의 대법원장 · 대법관임명권, 법원예산편성권, 사면 · 감형 · 복권권, 비상계엄시 법원의 권한에 대한 특별조치권, 법원조직법 등 법원관련 법률의 개정안 제출권
	법원→정부	명령 · 규칙 · 처분심사권, 정부제출법률안위헌심판청구권, 공직선거법상 선거소송 심판권
국회와 법원	국회→법원	대법원장 · 대법관임명동의권, 법원조직법률제 · 개정권, 일반사면동의권, 법원예산심사의결권, 법관탄핵소추권
	법원→국회	위헌법률심판제청권
국회와 헌재	국회→헌재	헌재예산안의결권, 헌법재판소법 등 제 · 개정권, 헌법재판관 탄핵소추권
	헌재→국회	위헌법률심판권, 국회가 당사자가 되는 권한쟁의심판권
정부와 헌재	정부→헌재	헌법재판소의 장 · 헌법재판관 임명권, 헌재예산안편성권, 헌법재판소법 등 제 · 개정안 제출권
	헌재→정부	정부제출 법률의 위헌심판권
법원과 헌재	법원→헌재	헌법재판관 3명 지명권
	헌재→법원	대법원규칙에 대한 보충적 헌법소원심판권, 법원의 재판에 대한 예외적 헌법소원심판권

NOTE **헌법재판소 인사의 독립**

헌법재판소는 국회가 선출하는 3인, 대법원장이 지명하는 3인, 대통령이 임명하는 3인의 재판관으로 구성하고, 소장은 그중에서 대통령이 임명한다. 이와 같이 헌법재판소의 구성권은 입법, 사법, 행정에 나눠져 있다.
그러나 소장은 대통령 자신이 임명하는 3인 중 1인으로 하고, 또 대통령이 국회의 다수당의 대표인 경우에는 국회선출의 3인 중 2인까지도 임명에 영향을 미칠 수 있다. 대법원장이 지명하는 경우도 대법원장은 대통령이 임명하므로 간접적으로 대통령의 영향이 미친다고 볼 수 있다. 그렇게 되면 사실상 헌법재판소는 대통령 1인이 헌법재판소장을 포함하여 5인정도 까지는 직접 임명하는 셈이 될 수 있고, 나머지 4인 중에서도 대법원장이 지명하는 3인에 대하여는 간접적으로 영향을 미칠 수 있다. 따라서 사실상 헌법재판소는 대통령의 정치적 의사에 영향을 받을 가능성이 많은 구조로 되어 있다고 할 수 있다.
헌법재판소제도의 전형을 보유한 독일에서 사법권을 권력의 균형에 개입시키고 있는 것은 무엇보다도 헌법재판이고 이를 통하여 상이한 정치세력들 간의 병존에 기여하는 것으로 평가된다.[42] 이것이 바로 헌법재판이 갖는 정치적 기능이다. 우리나라의 경우도 이와 다르지 않다. 헌법재판이 갖는 이러한 정치 형성적 기능을 고려할 때 헌법재판소 재판관의 구성은 문제가 있는 것으로 보인다. 우선은 파당적 성격을 강하게 띠고 있는 대통령에게 사실상 헌법재판소의 과반수를 구성하게 한다는 것이 문제이고, 둘째는 민주적 정당성을 가진 국회가 제정한 법률을 간접적인 민주적 정당성을 갖는 소수의 헌법재판관들이 위헌선언을 함에 있어서 마찬가지로 간접적 민주적 정당성만을 갖는 대법원장 1인이 재판관 3인을 지명하도록 함으로써 그나마 있는 간접적 민주적 정당성조차도 더욱 악화시키고 있다. 결국 헌법재판관은 독일에서와 같이 모두 국회에서 선출하는 것이 타당하다.[43]

NOTE 고위공직자범죄수사처가 권력분립원칙에 반하는지 여부

수사권 및 공소권을 가진 수사처가 어느 행정부서에도 소속되지 않고 어느 곳에서도 통제받지 않는 형태로 설치되는 것은 권력분립원칙에 반한다고 주장에 대하여 헌법재판소는, 수사처가 중앙행정기관임에도 불구하고 대통령을 비롯하여 기존의 행정조직에 소속되지 않고 이들로부터 구체적인 지휘·감독을 받지 않는 형태로 설치된 것은 수사처 업무의 특수성에서 기인한 것이므로 수사처가 기존의 행정조직에 소속되어 있지 않다는 사정만으로 공수처법상 수사처의 설치가 권력분립원칙에 반한다고 보기 어려울 뿐만 아니라 행정부 내의 법률상 기관에 불과한 수사처와 다른 수사기관 사이에 권한 배분의 문제가 발생한다 하더라도 이를 헌법상의 권력분립원칙의 문제로 볼 수는 없고, 입법정책의 문제일 뿐이라고 하였다.[44]

---

42) K. Hesse, Grundzüge des Verfassungsrechts der Bundesrepublik Deutschland, 1995, Rn. 560.

43) 독일기본법 제94조 ① 연방헌법재판소는 연방법관과 기타의 구성원으로 조직된다. 연방헌법재판소의 구성원은 연방의회와 연방참사원에 의해 각각 반수씩 선출된다. 연방헌법재판소 구성원은 연방의회와 연방참사원 및 연방정부 그리고 이와 상응하는 주의 기관에 소속할 수 없다.
독일연방헌법재판소법 제5조 ① 각 지정재판부(Senat)의 법관들은 연방의회와 연방참사원에 의해 반수씩 선출된다. 제6조 ① 연방의회에 의해서 임명되는 법관은 간접선거로 선출한다. ② 연방의회는 비례선거의 규정에 따라 연방의회의원 12명으로 이루어진 연방헌법재판소 법관 선출위원회를 구성한다. … ⑤ 최소 8표를 획득한 자가 법관으로 선출된다. 제7조 연방참사원에 의해 임명되는 법관은 연방참사원의 3분의 2의 투표로 선출된다.

44) 헌재 2021.1.28. 2020헌마264등, 공수처법 위헌확인 사건(기각, 각하). 이 결정에서는 구 공수처법 제2조, 제3조 제1항 및 제24조 제1항이 권력분립원칙에 위반되어 청구인들의 신체의 자유 등을 침해한다는 3인 재판관(이은애, 이종석, 이영진)의 반대의견이 있다.

III. 대통령 중심의 정부형태

1. 정부형태의 의의

정부란 다양한 의미로 사용될 수 있으나 정부형태에 있어서 정부란 대통령과 행정부를 포함한 집행부를 의미한다. 권력분립의 원리가 국가권력구조에 반영되어 있는 형태로서 정부형태(Regierungssystem)란 **집행부와 국회와의 관계에 관한 법구조적인 모습**을 말한다고 할 수 있다. 일반적으로는 입법부와 집행부의 상호관계를 중심으로 하여 대통령제와 의원내각제 등으로 구분한다.

역사적인 관점에서 보면 군주로부터 국민의 대표기관인 의회로 국가의 정책결정 권한이 서서히 이전되고 이들의 대표가 정부를 구성한 형태가 **의원내각제**다. 그에 반하여 **대통령제**는 정책결정권자인 군주를 국민이 선출한 대표(대통령)로 대체한 의도적인 정부형태다.

대통령제와 의원내각제 사이에는 이들 요소들을 조합한 다양한 정부형태가 존재할 수 있다.[45] 그중의 하나로 **이원정부제**가 논의되고 있다. 이원정부제란 대통령제와 의원내각제가 절충된 형태로서 집행권이 대통령과 국무총리(또는 수상)에게 이원적으로 분산되어 있는 것을 특징으로 한다. 2014년 이후 헌법 개정 논의에서는 **분권형 대통령제**라는 이름으로도 불리고 있다.[46]

2. 정부형태의 유형

가. 의원내각제

1) 의의

의원내각제(parliamentary system, parlamentarisches Regierungssystem)에서 정부는 의회의 다수당을 중심으로 구성되고, 다수당의 당수가 수상이 된다. 물론 절대 다수당이 없는 경우에는 정당 간의 협력을 통한 연립내각이 성립될 수도 있다. 그렇기 때문에 내각은 의회에 대해 책임을 진다[불신임제도(Mißtrauensvotum)]. 이를 두고 책임정치의 실현이 가능하다고 말한다. 물론 그에 대응하여 내각은 의회를 해산할 수 있다. 또한 내각의 각료는 의회 의원이기도 하므로 법률안 제출이 가능하다.

미국의 대통령제는 인위적으로 고안된 제도임에 반하여 의원내각제는 오랜 역사의

45) Jean Blondel, Comparative Government, 2. ed., 1995, p. 226.
46) 국회 헌법개정 자문위원회, 활동결과보고서 I, 2014, 53쪽 이하 참조.

정치과정 속에서 성립된 정부형태로서, 집행부가 대통령(국왕)과 국무총리(수상)로 이원적으로 구성되지만, 실질적 권한은 국무총리(수상)에게 있으면서 **행정부가 입법부와 상호 의존적**으로 존재하는 정부형태를 말한다. 권력분립의 원리에 따라 입법부와 행정부를 분립하였으나, 민주주의의 요청에 따라 행정권을 민주적으로 통제할 수 있도록 한 제도다. 오늘날 세계적으로 채택되고 있는 정부형태이다.

2) 특징

의원내각제는 입법부와 행정부의 상호 의존 및 균형관계와 행정부의 이원적 구조를 특징으로 한다. ① 내각의 성립과 존속이 의회에 의존되어 있다. 의원이 내각의 각료가 되고(겸직허용), 각료는 국회에 출석 발언할 수 있으며, 정부는 법률안제출권이 있다. 국회는 정부에 대하여 불신임의결을 할 수 있고, 정부는 의회를 해산할 수 있다. 이러한 제도적 내용을 바탕으로 입법부와 행정부는 국정운영에 협력적 관계로 나아가게 된다. ② 행정부가 대통령(또는 국왕)과 국무총리(수상)로 이원화되어 있지만, 국가원수로서 대통령(또는 국왕)은 의례적 · 형식적 권한만을 가지고, 행정권은 국회 다수당에 의해 구성되는 내각이 가지고 있다.

3) 장 · 단점

의원내각제에서도 대통령제와 마찬가지로 장 · 단점이 함께 발견된다. 먼저 장점으로는 ① 입법부와 행정부의 일원화로 말미암아 **신속한 국정처리**가 가능하다. ② 입법부와 행정부의 마찰을 피해서 **효율적인 국정수행**이 가능하다. ③ 행정부가 입법부에 대해 책임을 지는 **책임정치의 실현**이 가능하다. ④ 국회의원선거나 지방선거에서 패배하는 경우에는 내각총사퇴를 하고 **새로운 정부를 구성**한다.

그에 반하여 의원내각제는 ① 입법부의 다수인 일당이 행정부를 구성하게 될 경우에는 **일당독재의 가능성**이 있다. ② 다수당이 난립하여 내각이 연립정부로 구성되는 경우에는 **정국이 불안정**해질 수 있다. ③ **입법부가 정권획득의 장소로 변질**하여 건전한 민의의 대변이 어려울 수 있다.

대통령제와 마찬가지로 동일한 구조적 특징이 장점으로 기능할 수도 있고 단점으로 기능할 수도 있으므로, 의원내각제에서 나타나는 장 · 단점의 현실화 문제는 제도 그 자체보다는 제도의 운용의 문제로 보아야 할 것이다.

NOTE 주요국의 의원내각제

① 독일

독일의 의원내각제는 정부가 의회에 우월한 형태로 되어 있다. 대통령은 의례적인 권한만을 갖고, 수상을 수반으로 하는 내각이 행정을 책임지고 집행한다. 독일의원내각제의 가장 큰 특징은 건설적 불신임투표제(Konstruktives Mißtrauensvotum)다. 건설적 불신임투표란 의회가 내각 수상을 불신임하려고 하는 경우에는 신임 수상을 의회에서 선출함으로써만 가능하게 한 제도다.[47] 이를 통하여 의원내각제가 갖는 정국의 불안정요소를 제거하고 있다.

② 영국

영국수상은 일반적으로 총선거에서 승리한 하원다수당의 당수가 된다. 국왕이 하원다수당의 당수를 선택의 여지없이 의례적으로 수상으로 임명하게 되는 것이다. 각료는 국왕의 명목상의 재가를 얻어 수상이 임명한다.

영국에서는 1867년 제2차 선거법 개정으로 선거권이 근로자 등으로 확대되어 유권자가 증대되면서 정당이 대중정당으로 변모하여 유권자의 의사를 내각에 전달하는 역할이 강화되어 내각우위적인 **내각책임제**(cabinet government)로 변모하였다. 1960년 이후에는 국가기능이 행정권으로의 집중되었고 세계대전을 거치면서 수상의 기능이 강화되어 수상의 권한이 강화된 **수상정부제**(prime ministerial government)로 변하게 된다. 따라서 수상은 전형적인 의원내각제의 각료 중의 제1인자(primus inter pares)를 넘어서 내각·하원·정당 간의 관계에 있어서 주도적 위치로 그 지위가 강화되고 있다.

③ 일본

일본의 내각은 총리대신과 국무대신으로 조직한다(일본국헌법 제66조 제1항). 총리대신과 국무대신을 각료라고 한다(일본국헌법 제63조). 일본수상(총리대신)은 국회의원 중에서 국회에서 의결로 지명하고(일본국헌법 제67조),[48] 국왕은 지명된 자를 총리대신으로 임명하도록 되어 있다.[49] 국무대신은 수상이 임명한다(일본국헌법 제68조). 국무대신의 과반수는 의원이어야 한다(일본국헌법 제68조). 이 점은 각료는 모두 의원이어야 하는 영국과 다르다.

일본수상은 행정권을 가진 내각의 수장(일본국헌법 제65조, 제66조제1항)이고, 대외적으로 내각을 대표하고(일본국헌법 제72조) 대내적으로는 내각을 통솔하며 행정각부를 지휘감독하기 때문에,[50] **영국수상과 같이 수상의 주도적 지위가 인정**된다고 할 수 있다. 다만,

---

47) 독일기본법 제67조 ① 연방의회의 연방수상에 대한 불신임은 연방의원의 다수가 신임수상을 선출하고 연방대통령에게 연방수상을 해임할 것을 요구함으로써 할 수 있다. 연방대통령은 그 요구에 응하여야 하고, 선출된 자를 임명하여야 한다.

48) 일본국헌법 제67조 ① 내각 총리대신은 국회의원 중에서 국회의 의결로써 지명한다. 이 지명은 모든 안건에 앞서서 행해진다. ② 중의원과 참의원이 다른 지명의 의결을 할 경우, 법률이 정하는 바에 따라 양의원 협의회를 열어도 의견이 일치하지 않을 경우, 또는 중의원이 지명의결을 한 후 국회 휴회 중의 기간을 제외하고 10일 이내에 참의원이 지명 의결을 하지 않을 경우에는, 중의원의 의결을 국회의 의결로 한다.

49) 일본국헌법 제6조 ① 천황은 국회의 지명에 따라 내각 총리대신을 임명한다.

50) 일본국헌법 제68조 ② 내각 총리대신은 임의로 국무대신을 파면할 수 있다.

현실에 있어서 일본수상은 집권당의 연합적 성격 내지는 파벌적 성격으로 말미암아 정당 장악력은 상대적으로 약하다.

나. 대통령제

1) 의의

대통령제(presidential system, Präsidialsystem)에서 대통령은 의회 의원과는 다른 별도의 선거를 통해 선출된다. 따라서 대통령은 국민에 대해서 책임을 지고 의회에 대해서는 책임을 지지 않으므로 불신임되지 않는다. 그렇기 때문에 의회는 정부를 불신임할 수 없다. 마찬가지로 대통령은 의회를 해산할 수 없다. 정부각료와 의원의 신분은 겸할 수 없고, 정부에게는 법률안거부권만 인정되고 법률안제출권은 인정되지 않는다. 이와 같이 대통령제는 **정부와 의회의 관계가 상호 독립적**이라는 데 특징이 있다.

이와 같이 대통령제는 행정부가 대통령을 중심으로 일원적으로 구성되어 있고, 권력분립이 엄격하게 행해지기 때문에 입법부와 행정부의 상호독립성이 보장되는 정부형태이다. 대통령제의 원형은 미국에서 찾아볼 수 있고, 우리나라를 비롯하여 러시아, 멕시코, 아르헨티나, 필리핀 등에서 채택하고 있다.[51)]

2) 특징

대통령제에 있어서 입법부와 행정부 관계의 특징은 다음과 같이 설명할 수 있다.

가) 입법부와 행정부의 상호 독립 관계

대통령제에서는 국회의원과 장관의 겸직이 금지되고, 입법부와 행정부 상호 간의 간섭은 원칙적으로 허용되지 않는다. 따라서 대통령의 국회해산권, 법률안제출권이 인정되지 않고, 국회의 정부불신임이 허용되지 않는다.

나) 입법부와 행정부의 상호 견제·균형 관계

대통령제에서 대통령은 법률안거부권, 법률안공포권을 가지고, 의회는 조약비준과 고위직공무원임명에 대한 동의권을 가짐으로써 상호 견제·균형의 관계를 이루고 있다.

다) 행정부의 일원성

대통령은 국가원수인 동시에 행정부수반이며, 국무총리(수상)가 없고 부통령이 존

---

51) 이들 각국의 헌법 전문(全文)에 대해서는 국회도서관, 개정판 세계의 헌법 I·II, 2013 참조.

재한다.

3) 장 · 단점

대통령제의 장점으로는 ① **행정부의 안정성**을 들 수 있다. 대통령이 국가의 원수이면서 행정부의 수반이기 때문에 대통령의 임기동안 행정부가 안정되어 국가가 위기에 처할 경우에 신속한 대응이 가능하다. 미국 이외의 국가들이 대통령제를 취하는 것은 주로 이러한 이유에서다. ② 국회의 **졸속입법을 방지**할 수 있다. 대통령은 법률안거부권을 행사함으로써 국회의 졸속적인 입법을 방지하고 소수자를 보호할 수 있다.

대통령제의 단점으로는 ① 무엇보다 **대통령의 독재화** 경향을 들 수 있다. 헌법상 부여된 대통령의 강력한 권한으로 말미암아 대통령이 독재로 흐를 위험성이 있다. 미국에서는 연방제에 의하여 권력이 분산되어 있고, 중간선거를 실시하고, 사법권의 독립성이 보장되어 국정의 비판이 효과적으로 이루어질 수 있도록 함으로써 대통령의 독재를 방지하고 있다. 미국적 정치문화에 익숙하지 않은 제3국의 대통령제는 많은 경우 대통령의 독재로 되고 있다. ② **국정의 통일적 수행에 방해**가 된다. 권력분립으로 말미암아 권력기관 간에 의사가 불일치하는 경우에는 국정의 효율성이 떨어지게 된다. 특히 여소야대의 경우에는 국정이 마비될 수도 있다. 노태우 정부에서 3당 합당[52]을 한 것도 대통령제의 이러한 특징과 무관하지 않다. ③ **대통령의 무책임**이다. 대통령은 국민으로부터 선출되기 때문에 국회에 대해서 책임을 지지 않는다. 대통령의 임기동안에는 탄핵과 같은 극단적인 경우가 아니면 책임추궁이 어렵다. 이를 보완하기 위해서는 미국식의 중간선거를 도입하는 것을 고려해볼 필요가 있다.[53]

결론적으로 보면 대통령제 자체는 장점으로 나타날 수도 있고 단점으로 나타날 수도 있기 때문에, 어느 한 기능만을 부각시켜 대통령제 정부형태로 선택하거나 부인하는 것은 옳지 않다.

---

52) 1990년 1월 22일 민주정의당(노태우), 통일민주당(김영삼), 신민주공화당(김종필)이 민주자유당으로 합당한 것을 말한다. 일종의 보수대연합이다.
53) 특히 2000년대에 들어와서 우리나라와 같이 노골적인 진영정치를 하는 경우에 민심의 향방을 국정에 반영하기 위해서라도 국회의원 중간선거는 필요하다고 본다.

다. 이원정부제

1) 의의

이원정부제(二元政府制, dual or double executive system, zweigeteilte Exekutive)[54]의 구체적인 형태는 일의적으로 말할 수는 없지만, 대통령은 외교와 국방 등에 권한을 가지고, 수상은 내정에 권한을 가지는 **프랑스 제5공화국적인 형태**가 있고, 평상시에는 내각수상이 행정권을 행사하며 하원에 대하여 책임을 지는 의원내각제로 운영되지만 위기시에는 대통령이 행정권을 전적으로 행사하는 **바이마르공화국식의 이원정부제**가 있다.

집행부의 수반이 2원적으로 되어 있다는 점에서는 의원내각제와 동일하나, 의원내각제에서 대통령은 형식적인 지위인데 반하여 이원정부제에서 집행부의 대통령(국왕)과 국무총리(수상)은 실질적 권한을 나누어 행사한다는 점에서 구별된다.

대통령은 직접선거로 선출되고, 의회다수당의 지도자가 수상으로 선출된다. 의회는 내각을 불신임할 수 있으나 대통령은 불신임할 수 없고, 대통령은 수상임면권과 의회해산권을 행사할 수 있다. 따라서 의원내각제적 요소와 대통령제적 요소를 결합하여 가지고 있는 제도다.

대통령제나 의원내각제가 아닌 이원정부제를 채택하게 되는 이유는 지배적인 정치세력이 형성되지 못하여 복수의 정치세력이 권력을 나누어 가지려고 할 경우와 대통령제나 의원내각제의 장점에 포착하여 이를 모두 살려보려고 시도하는 경우에 이원정부제를 채택하게 된다.

NOTE **프랑스 제5공화국헌법과 독일 바이마르공화국헌법의 비교** 

	프랑스 제5공화국헌법(1958)	바이마르헌법(1919)
대통령	국민에 의한 직선(제6조, 제7조) 수상임면, 수상의 제청으로 장관임면(제8조) (총선 후 1년이 경과된 뒤부터) 의회해산 가능(제12조) 법률안 거부권을 가짐(제10조).	국민에 의한 직선. 의회의 제의에 따라 국민투표에 의해서만 해직됨(제41조, 제43조). 수상임면과 수상의 제청에 의한 국무위원의 임면권(제53조) 의회해산권(제25조)

54) 이원집정부제, 준대통령제 또는 반대통령제(semi-presidential system)라고도 하고 우리나라에서는 근래에는 분권형 대통령제라고도 한다.

	국가긴급권을 가짐. 국가긴급 시에는 수상과 국무위원의 부서 없이도 행정권을 행사함(제16조, 제8조).	의회가 의결한 법률을 국민투표에 붙일 수 있음(제73조). 국군통수권(제47조) 비상대권을 가짐(제48조)
수상	의원직을 겸할 수 없음(제23조 제1항). 수상 및 장관은 의회 양원에 출석·발언할 수 있음(제31조 제1항). 정부의 활동을 지도하고, 행정각부를 지휘·감독하고 국방을 책임짐(제21조). 내각은 대통령이 정한 정책을 시행하고 행정 및 군대를 관할하며, 의회에 대해 책임을 짐(제20조 제3항).	의회에 대하여 책임을 짐(제56조) 정부의 의장이 됨(제55조)
의회	의회(하원)와 원로원(상원)으로 구성(제24조) 정부를 불신임할 수 있음(재적과반수)(제49조).	참의원(Reichsrat)과 원(Reichstag)으로 구성 정부불신임권(제54조)

2) 특징

이원정부제는 다음과 같은 특징을 갖는다. ① 먼저, 대통령은 의회에 대해 독립되어 있다. 대통령은 국민이 직선으로 선출하기 때문에 의회에 대해 책임을 지지 않는다. ② 내각은 의회에 대해 책임을 진다. 수상은 의회의 동의를 얻어 대통령이 임명한다. 통상은 다수당의 지도자가 임명된다. 의회는 내각을 불신임할 수 있고, 대통령은 의회를 해산할 수 있다. 내각은 연대책임을 진다. ③ 국가긴급사태 시 대통령이 우위에 서게 된다. 국가위기 때에는 대통령제적으로 움직이기 때문이다. 대통령은 국가긴급권, 의회해산권, 국군통수권 등을 가진다(바이마르공화국 형태). 대통령이 국가긴급권을 가지고, 국가긴급사태 시에는 수상과 국무위원의 부서 없이도 행정권을 행사할 수 있다(프랑스 제5공화국 형태).

3) 장·단점

이원정부제도 장·단점을 모두 가지고 있다. 장점으로는 ① 의원내각제적 장점으로 입법부와 행정부의 대립을 피할 수 있고, ② 대통령제적 장점으로 위기 시에는 신속하고 안정된 국정처리가 가능하다. ③ 여소야대의 경우에는 동거내각을 구성할 수 있어 제도적으로 협치가 가능하다.

단점으로는 바이마르식의 이원정부제하에서는 국가긴급 시 내각과 의회의 견제권이 약하여서 대통령의 독재화가 우려된다. 또 대통령이 위기를 빙자하여 비상권한을 행사하는 경우 국민주권주의에 충실하지 못할 우려가 있다.

라. 정부형태의 선택기준

의원내각제 정부형태와 대통령제 정부형태는 이념형이다. 막스 베버에 의하여 발전된 이 개념은 정부형태의 현실을 이해하기 위하여 이론적인 모델을 끌어내 온 것이다.[55]

이 두 가지 이념형은 거의 모든 국가에서 순수하게 실현되고 있지 않다. 의원내각제의 모국이라고 할 수 있는 영국의 경우 군주국가형태가 의원내각제의 이념형에 맞지 않고, 대통령제의 전형이라고 할 수 있는 미국은 의회에 크게 의존함으로써 대통령제의 전형에 맞지 않다.

많은 국가들이 두 이념형의 혼합적 정부형태를 가지고 있다. 그래서 예컨대 프랑스는 국민에 의해 선출된 대통령 외에도 대통령이 임명하지만 하원(Nationalversam-mlung)에 의하여 불신임될 수 있는 수상(Premierminister)이 있다(프랑스헌법 제8조 · 제49조). 특히 오늘날 유럽연합은 의원내각제 정부형태나 대통령제 정부형태가 아닌 전혀 다른 정부형태도 탄생시켰는데 회원국정부에 전적으로 의존하는 **정부의 정부형태**(Regierungs-Regierungssystem)가 그것이다.

국가의 정부형태라고 하는 것은 국가의 사정에 따라 다르기 마련이다. 어쩌면 순수한 대통령제와 의원내각제는 관념으로만 존재하고 사실상은 무수한 변형이 존재한다고 할 수 있다. 따라서 **어느 정부형태가 좋다거나 나쁘다고 일률적으로 말할 수 없다.** 규정상 확립된 정부형태도 제도의 취지와 완전히 달리 운용될 수도 있으므로 정부형태와 관련한 정치의 성공여부는 그 운용에 달려있는 것으로 보인다. 물론 규정된 정부형태의 취지에 따라 그 실현방법이 달라질 수는 있다.

3. 대한민국헌법의 정부형태

대한민국헌법상 정부형태는 기본적으로 대통령제를 취하면서도 의원내각제적 요

55) Ekkehart Stein, Staatsrecht, 15 Aufl., 1995, S. 54.

소를 가미하고 있다.[56] 헌법에서 찾아 볼 수 있는 대통령제적 요소와 의원내각제적 요소 그리고 이원정부제적 요소는 다음과 같다.

가. 대통령제적 요소

대한민국헌법상 정부형태를 대통령제로 보는 이유는 ① 대통령은 국가원수임과 동시에 행정권을 행사하는 정부의 수반이라는 점(제66조), ② 대통령이 국군의 통수권자라는 점(제74조 제1항),[57] ③ 대통령을 국민이 직접 선출한다는 점(제67조 제1항),[58] ④ 대통령의 임기제와 임기가 보장되는 점(제70조, 탄핵결정에 의하지 아니하고는 파면되지 아니함), ⑤ 탄핵소추에 의하지 아니하고는 대통령은 국회에 대하여 책임을 지지 아니하는 점(제65조), ⑥ 대통령은 국회를 해산할 수 없다는 점, ⑦ 대통령이 법률안거부권이 인정되는 점(제53조), ⑧ 대통령이 대법원장 · 대법관의 임명권을 가진다는 점(제104조) 등이다.[59]

나. 의원내각제적 요소

헌법에서 찾아볼 수 있는 의원내각제적 요소로는 ① 국무총리를 두고 있으며 그 임

56) 우리나라 헌법이 대통령제를 취하고 있으면서 의원내각제적 요소를 상당부분 수용하고 있는 것에 대하여 의원내각제적 요소는 대통령제에 혼합되면 의원내각제로서의 기능을 발휘하지 못하고 대통령제에 흡수되고 말기 때문에 오히려 대통령제에 기여하게 된다는 견해(박규하, 대통령제에 있어서의 의원내각제적 요소와 정치적 경향, 고시연구, 1992.1., 29쪽)도 있고, 역대 대통령이 의원내각제적 요소를 관례적으로 무시하였다거나 그 기능의 정반대로 이용되었다고 해서 의원내각제적 요소의 헌법적 의의가 부정될 수는 없고, 당초 의원내각제적 요소에 기대되었던 대통령 통제기능이라는 의원내각제적요소의 헌법 자체의 객관적 의사를 중심으로 해석되어야 한다고 하는 견해도 있다(김선택, 현행헌법상전의 정부형태에 있어서 의원내각제적 요소의 의의, 법정고시, 1998. 7-8월호 각 5-21쪽, 3-19쪽 참조. 특히 7월호 9쪽 이하 참조).

57) 미국헌법은 다음과 같이 규정하고 있다. 미국헌법 제2조 제2절(Article II. Section. 2) 대통령은 미국 육, 해군의 총사령관, 그리고 각 주의 민병이 미국의 현역에 복무할 때는 그 민병대의 총사령관(Commander in Chief)이 된다.

58) 미국에서는 형식상으로는 대통령을 간선하고 있으나 선거인단이 대통령을 선거할 때는 선거인단 선거의 결과에 사실상 구속을 받으므로 직선제처럼 운용된다. 대통령제에서는 대통령을 간선할 수도 있으나 국민주권국가의 국민의 대표로서 기능하기 위해서는 대통령의 직선을 그 이념으로 한다고 보아야 한다.

59) 독일에서는 연방최고법원, 연방행정법원, 연방재정법원, 연방노동법원 및 연방사회법원의 재판관은 각 분야의 주무 연방장관이 주의 각 분야의 주무장관과 연방의회에서 선출된 동수의 구성원으로 구성되는 법관선출위원회와 공동으로 결정한다(독일기본법 제95조). 연방헌법재판소의 구성원은 연방의회와 연방참사원에 의해 각각 반씩 선출된다(독일기본법 제94조).

명에 국회의 동의를 요한다는 점(제86조), ② 국무총리는 국무위원의 임명을 제청하고 이의 해임을 건의할 수 있다는 점(제63조), ③ 국회의원과 국무위원의 겸직이 허용되는 점[60](국회법 제29조,[61] 헌법에는 겸직을 금지하는 규정이 없음), ④ 정부가 법률안제출권을 가지고 있다는 점(제52조), ⑤ 국무총리 등이 국회에 출석·발언할 수 있고(제62조 제1항), ⑥ 국회도 이들의 국회출석·발언을 요구할 수 있다는 점(제62조 제2항) 등이 있다.

다. 이원정부제적 요소

일반적으로 대한민국헌법이 가지고 있는 **프랑스 제5공화국의 이원정부제적 요소**로는 대통령의 직선, 대통령의 임기보장, 대통령이 국무총리를 임명하고 국무회의의 의장이 되는 점, 대통령이 긴급명령권, 계엄권을 가진다는 점, 대통령이 국군통수권자라는 점, 의회의 불신임동의권과 유사한 국회의 국무총리해임건의권 등을 들고,[62] **바이마르헌법의 이원정부제적 요소**로는 대통령의 직선, 대통령이 국무총리를 임명하고 수상의 제청에 의해 국무위원을 임면하는 점, 국군통수권을 대통령이 갖는 점, 대통령이 긴급명령권 등 국가긴급권을 갖는 점, 정부불신임과 유사한 국회의 국무총리해임건의권 등을 들기도 한다.

그런데 이원정부제는 국가권력을 대통령과 수상이 나누어 갖는다는데 그 특징이 있다고 보면, 대한민국헌법상 국무총리는 대통령의 보좌기관에 불과하기 때문에(제86조 제2항), **실질적으로는 이원정부제적 요소를 가지고 있다고 보기 어렵다**. 다만, 대통령제와 비교할 때, 비록 대통령의 명을 받아서 한다고 하더라도 국무총리가 행정각부를 통할하도록 하고 있다는 점에서는 이원정부제적 요소를 가지고 있다고도 볼 수는 있을 것이다.

---

60) 국회의원들이 장관이 되려고 정부에 대한 통제력을 상실하는 경우가 있다. 이는 국회의 대정부통제권 약화의 원인이 되기도 한다.

61) 국회의원은 **국무총리, 국무위원**(이상 국회법 제29조 제1항 본문) 그리고 ① **공익 목적의 명예직**(제1호), ② **다른 법률에서 의원이 임명·위촉되도록 정한 직**(제2호), ③ **정당법에 따른 정당의 직**(제3호)(이상 국회법 제29조 제1항 단서 및 각 호)의 직 외에는 겸직이 허용되지 않는다. **제1호~제3호 외의 직**을 국회의원 당선 전부터 가진 경우에는 임기개시일 전까지(재선거·보궐선거 등의 경우에는 당선이 결정된 날의 다음 날까지) 그 직을 **휴직하거나 사직**하여야 하고(국회법 제29조 제2항 본문), 공공기관의 운영에 관한 법률 제4조에 따른 공공기관(한국은행을 포함한다)의 임직원, 농업협동조합법, 수산업협동조합법에 따른 조합, 중앙회와 그 자회사(손자회사 포함)의 임직원, 정당법 제22조 제1항에 따라 정당의 당원이 될 수 있는 교원의 경우에는 임기개시일 전까지 그 직을 **사직**하여야 한다(국회법 제29조 제2항 단서 및 각 호).

62) 이상 성낙인, 헌법학, 박영사, 2020, 398쪽 참조.

라. 소결

이상과 같이 대한민국헌법은 다양한 정부형태의 요소를 가지고 있는 혼합형이지만 **기본적인 골격은 대통령제**라고 할 수 있다.

우리나라의 정부형태가 기본적으로 대통령제에 속한다는 것은 대통령이 국회를 해산할 수 없고, 국회의 국무총리 등 해임건의권이 사실상 의원내각제의 불신임과는 다르다는 데서 결정적으로 나타나지만, 부통령을 두지 않고 대통령이 법률안제출권을 갖고 있다는 점 등에서도 미국형대통령제와 크게 구별된다.

현행 헌법상 정부형태는 지난 제5공화국의 권위주의적인 특성이 약화되어 대통령제로 보다 가까워졌다고 할 수 있다. 제5공화국헌법에서 대통령에게 인정된 국회해산권을 없애고, 대통령 선출을 국민의 직접선거로 하였으며, 내각의 연대책임을 없앴다. 이로써 의원내각제적 요소가 다소 완화되었고 지난 제3공화국의 정부형태에 보다 근접하였다고 할 수 있다.[63]

NOTE 우리나라 대통령제와 독일 의원내각제와의 공통점과 차이점

독일의 정부형태는 '약화된 의원내각제'라고 불린다. 약화된 결정적인 단서는 기본법 제67조[64]의 건설적 불신임제도(Konstruktives Mißtrauensvotum)다. 이 제도는 바이마르공화국의 정국혼란이라는 부정적 경험에서 유래한다.

① **공통점**

㉮ 대통령이 외국에 대하여 국가를 대표하는 점
㉯ 국무총리와 수상이 국회에 대하여 책임을 지는 점
㉰ 국회의원과 각료의 겸직이 허용되는 점
㉱ 대통령이 공무원의 임명권을 가진 점 등

② **차이점**

㉮ 독일에서는 연방대통령이 국가의 대표권만 가지고 행정권을 가지지 않은 점
㉯ 행정권은 내각이 연대하여 행사하고 수상이 정책결정권을 가진 점
㉰ 연방제도를 채택하여 양원제도를 두고 있는 점 등

---

63) 김철수, 헌법학개론, 박영사, 2008, 860쪽.

64) 독일기본법 제67조 ① 연방의회는 의원 과반수의 찬성으로 후임 연방수상을 선출하여 연방대통령에게 연방수상을 해임할 것을 요청함으로써만 연방수상을 불신임할 수 있다. 연방대통령은 요청에 응하여 선출된 자를 임명하여야 한다.

제2절

국민

제1항 주권자로서의 국민

민주공화국을 주권을 기준으로 하여 보면 국민주권 또는 주권재민의 국가를 말한다. 국가의 주권이란 대외적으로 독립된 국가만이 가지고 있으며 대내적으로는 최고의 국가권력을 말한다. 대한민국헌법은 이 주권이 국민에게 있다는 것을 선언하고 있는 것이다. **국민주권주의란 국가권력 행사의 최후적 정당성이 국민에게 귀착하게 되는 원리를** 말한다.

대한민국헌법에는 국민주권을 구현하고 있는 많은 제도들이 존재한다. 국민투표권, 대통령선거권, 국회의원선거권, 국민에 봉사하는 공무원, 기본권 보장 등이다.

제2항 주권자로서 국민의 권한

주권자로서 국민의 권한에는 ① 대의기관 선출권(대통령 선출권, 국회의원 선출권) ② 직접참정권으로서 국민투표권(헌법개정국민투표권, 중요국가정책에 대한 국민투표권) 등이 있다.

I. 대의기관 선출권

1. 대통령 선출권

대통령은 국민의 보통·평등·직접·비밀선거에 의하여 선출한다(제67조 제1항).

1948년 헌법 제정 시에는 국회 간선이었으나, 간접선거로는 대통령 당선이 어려울 것으로 예상한 이승만 대통령이 헌법 개정(제1차 개정, 발췌개헌)을 통해 대통령 직선제를 도입한 이래 제3공화국까지 대통령 직선제를 취하고 있었다. 그러나 제4공화국헌법(제7차 개정헌법)에서는 다시 통일주체국민회의에 의한 간선으로 바꾸었고 제5공화국에서도 대통령선거인단에 의한 간접선거를 취하였다. 그러나 1987년 6월 항쟁으로 다시 대통령 직선제가 도입되었다. 당시 대통령 직선제의 쟁취는 단순한 대통령 선출방법의 변경이 아니라 유신헌법 이래 권위주의 정부에 의해 박탈된 주권자로서의 국민의 지위를 되찾아 오는 의미를 가지는 것이었다.

2. 국회의원 선출권

제3절 국회는 국민의 보통·평등·직접·비밀선거에 의하여 선출된 국회의원으로 구성한다"(제41조 제1항). 국민에 의한 국회의원의 직접 선출은 국민주권의 민주공화국에 있어서 당연한 전제이기 때문에 이는 1948년 헌법에서부터 변함이 없이 헌법에 수용되어 왔다.

제1항 그러나 유신헌법에서는 통일주체국민회의가 국회의원의 3분의 1을 선출하였다(제7차 개정헌법 제40조 제1항). 국회의원의 3분의 1은 간접선거로 선출한 것이다. 더구나 이 유정회 국회의원 후보자는 대통령이 일괄하여 추천하며 후보자 전체에 대해 찬성여부를 묻게 되어 있었다(제7차 개정헌법 제40조 제2항). 이는 헌정사상 전무후무한 행정부의 입법부 장악이었고, 이로써 대한민국의 민주주의는 종언을 고하게 되었다.

국회의원 선출권을 규정한 헌법 제41조 제1항이 단순히 국회의원을 국민의 직접선거에 의하여 선출한다는 의미를 넘어 국민의 직접선거에 의하여 국회의 정당(무소속 포함) 간의 의석분포, 즉 국회의 구도를 결정하는 권리(소위 국회구성권)까지 포함하는가?

A 헌법 제41조 제1항의 국민의 국회의원 선출권은 무소속을 포함한 정당 간의 국회의 의석상으로도 허용될 수 없다는 것이 헌법재판소의 결정이다.[65] 무소속 국회의원의 입당이나 분포를 결정하는 권리까지 포함하는 것은 아니다. 그리고 이러한 의미의 국회구성권은 헌법정당소속 국회의원의 탈당과 입당 등이 허용되는 것은 이 때문이다. 다만, 의도된 정계개편으로 국회의 여야구도를 변경하는 것은 국민의 진정한 의사에 부합한다고 보기 어려운 면이 있다. 그러나 이는 정치적인 비난의 대상은 될지언정 헌법위반의 문제로까지 되는 것은 아니다.

Q **헌법 제48조는 국회는 의장 1인과 부의장 2인을 선출하도록 하고 있고, 「국회법」은 그 선출시기를 국회의원총선거 후 첫 집회일로 정하고 있다(국회법 제15조 제2항). 그럼에도 불구하고 국회가 「국회법」이 정한 날로부터 1개월이 경과된 뒤에야 비로소 의장과 부의장을 선출하고 원을 구성하게 되었다면, 이에 대하여 국민이 기본권침해를 이유로 헌법소원을 청구하는 것은 적법한가?**

A 헌법재판소는 행복추구권 등 헌법상 보장된 청구인들의 기본권이 침해받을 여지가 없다고 보아 부적법한 헌법소원으로 판단하였다.[66]

Ⅱ. 직접참정권으로서 국민투표권

1. 헌법개정국민투표권

제2항 주권자로서 국민은 헌법개정국민투표권을 직접 행사한다. 대통령과 국회재적의원 과반수의 발의로 제안된 헌법개정안은 20일 이상 공고하고, 공고된 날로부터 60일 이내에 국회가 의결하여야 하며, 국회의 의결 후 30일 이내에 국민투표에 붙여 국회의원선거권자 과반수의 투표와 투표자 과반수의 찬성을 얻은 경우에 헌법개정은 확정된다(제128조 이하).

Q **2004년 1월 제정된 수도를 충청권의 일부지역으로 이전하는 것을 내용으로 하는 법률(신행정수도의건설을위한특별조치법)은 헌법 제130조의 헌법개정국민투표권을 침해하는가?**

---

65) 헌재 1998.10.29. 96헌마186, 국회구성권 등 침해 위헌확인(각하).
66) 헌재 1996.11.28. 96헌마207, 국회구성의무불이행위헌확인(각하).

A

헌법재판소는 수도 이전 문제는 헌법 개정 사항으로서 이를 법률로 정하는 것은 헌법 제130조에 규정된 헌법개정국민투표권을 침해하여 위헌이라고 보았다.[67]

그런데 수도 이전 문제가 헌법개정사항인지에 대해서 이견이 있을 뿐만 아니라, 실질적인 헌법사항이라도 법률로 규정할 수 없는 것은 아니다. 실질적 헌법사항을 규정한 법률을 실질적 의미의 헌법이라고 한다. 그렇기 때문에 헌법사항을 법률로 규정하는 것은 헌법위반이라고 하는 헌법재판소 결정은 문제가 있다. 헌법의 법원을 성문헌법전에 국한하는 것은 타당하다고 보기 어렵다. 헌법의 법원을 성문헌법전에 한정하지 않는 것은 관습헌법에 대해 헌법적 효력을 부여하는 헌법재판소의 결정에서도 나타나고 있을 뿐만 아니라, 헌법 제37조 제2항의 열거되지 아니한 자유와 권리를 헌법적으로 보장한다는 것은 헌법 스스로가 불문헌법을 인정하고 있다는 의미다.

Q

국무총리를 비롯한 49개 기관(국무총리 및 교육인적자원부를 비롯한 12부, 기획예산처를 비롯한 4처, 국세청을 비롯한 2청)을 충남의 연기·공주지역에 건설될 행정중심복합도시로 이전하는 것을 주요 골자로 하는 신행정수도 후속대책을 위한 연기·공주지역 행정중심복합도시 건설을 위한 특별법(2005.3.18. 법률 제7391호, 2005.7.21. 법률 제7604호로 일부 개정 2006.1.22. 시행)이 헌법 제130조 제2항의 국민투표권을 침해하는가?

A

헌법재판소의 판례에 따르면 행정중심복합도시는 수도가 아니므로 이 법률에 의해 서울의 수도로서의 기능이 해체되지 않고, 국무총리의 소재지에 대한 관습헌법도 존재하지 않으므로 국민투표권의 침해가능성은 존재하지 않는다.[68]

2. 중요국가정책에 대한 국민투표권

대통령은 필요하다고 인정할 때에는 외교·국방·통일 기타 국가안위에 관한 중요정책을 국민투표에 부칠 수 있다(제72조).

Q

2004년 「신행정수도의건설을위한특별조치법」이 헌법 제72조의 국가 중요정책에 대한 국민투표권을 침해한 것은 아닌가?

---

67) 헌재 2004.10.21. 2004헌마554, 신행정수도의건설을위한특별조치법위헌확인(위헌).

68) 헌재 2005.11.24. 2005헌마579, 신행정수도 후속대책을 위한 연기·공주지역 행정중심복합도시 건설을 위한 특별법 위헌확인(각하). 이 사건 심판청구는 국민투표권, 청문권, 평등권, 재산권 등 기본권을 침해할 가능성이 없어 부적법 각하되었다.

A 헌법재판소의 7인의 다수의견은 헌법 제130조의 헌법개정국민투표권을 침해한 것으로는 보았지만, 제72조의 국민투표부의권은 대통령의 재량권이기 때문에, 국민투표에 부의하지 아니하고 특별법을 제정한 행위가 제72조의 중요 국가정책에 대한 국민투표권을 침해한 것으로는 보지 않았다.[69]

Q **2005년 「신행정수도 후속대책을 위한 연기 · 공주지역 행정중심복합도시 건설을 위한 특별법」이 헌법 제72조의 국민투표권을 침해하는가?**

A 헌법재판소는 대통령의 국민투표부의권을 전적인 대통령의 자유재량권으로 보고 있다. 따라서 국민투표에 부치지 아니하였다고 하여 대통령이 헌법을 위반한 것은 아니다.[70]

Ⅲ. 대의기관구성과 국민투표에 있어서 국민의 요건

1. 선거권자 및 투표권자

모든 국민은 법률이 정하는 바에 의하여 선거권을 가진다(제24조). 이에 따라 「공직선거법」에서는 선거일 현재 18세 이상의 국민은 대통령 및 국회의원의 선거권이 있는 것으로 규정하고 있다(공직선거법 제15조 제1항, 제17조). 그런데 법정 선거연령에 이르렀다고 하더라도 지역구국회의원의 선거권은 일정한 요건을 충족하는 자에 대해서만 인정하고 있다(공직선거법 제15조 제1항).[71]

지방자치단체의 의회의원 및 장의 선거권도 18세 이상으로서 일정한 요건이 있는 사람만이 갖는다(공직선거법 제15조 제2항).[72]

선거권자는 성실하게 선거에 참여하여 선거권을 행사할 **의무**가 있다(공직선거법 제6조 제4항). 그러나 이를 위반하는 경우에 제재하는 규정은 없다. 법률 규정으로 선거를

---

69) 헌재 2004.10.21. 2004헌마554, 신행정수도의건설을위한특별조치법위헌확인(위헌). 다만, 김영일 재판관은 별개의견에서 제72조의 국민투표권을 침해한 것으로 판단하고 있다. 그는 제72조의 국민투표권이 대통령의 재량으로 되어 있으나 수도이전문제를 제72조에 따라 국민투표에 부의하지 아니하고 법률제정으로 우회한 것은 제72조의 입법목적과 정신에 반하는 재량을 일탈 · 남용한 것으로 보았다.

70) 헌재 2005.11.24. 2005헌마579, 신행정수도 후속대책을 위한 연기 · 공주지역 행정중심복합도시 건설을 위한 특별법 위헌확인(각하). 이 결정에서는 2005년 3월 10일 김영일 재판관의 퇴임으로 별개의견이 존재하지 않는다.

71) 자세한 내용은 앞의 민주적 선거제도 부분 참조.

72) 자세한 내용은 앞의 민주적 선거제도 부분 참조.

강제할 수 있는지에 대해서는 학설상 논란이 있다.

국민투표와 관련하여서는 현행「국민투표법」은 국민투표일공고일 현재 그 관할 구역 안에 주민등록이 되어 있는 투표권자 및「재외동포의 출입국과 법적 지위에 관한 법률」제2조에 따른 재외국민으로서 같은 법 제6조에 따른 국내거소신고가 되어 있는 자에게 투표권을 인정하고 있다(국민투표법 제14조 제1항). 그런데 이에 대해서는 주민등록이 되어 있지 않거나 국내거소신고도 하지 않은 재외국민의 국민투표권을 침해하는 것으로 보아 2014년에 헌법재판소가 헌법불합치 결정을 하였다.[73]

중앙정부 구성을 위한 모든 공직선거의 연령기준과 국민투표의 연령기준은 헌법적으로 볼 때 동일하여야 하나?

현행 헌법에 따르면 동일하여야 한다. ① 헌법 제130조에 의하면 국회가 의결한 헌법개정안이 국회의원선거권자 과반수의 투표와 투표자 과반수의 찬성을 얻으면 확정된다. 따라서 헌법규정상 헌법개정국민투표권자의 연령은 국회의원선거권자의 연령과 동일하다. ② 헌법상 헌법개정국민투표권자의 연령과 국회의원선거권자의 연령이 동일하고, 이론상 국가 중요정책에 대한 국민투표권자의 연령이 헌법개정투표권자의 연령과 다를 수 없고, 대통령선거권자의 연령이 국회의원선거권자의 연령과 이론상 다를 수 없다고 한다면, 결국 중앙정부 구성을 위한 공직선거의 연령과 국민투표의 연령은 헌법적으로 동일할 수밖에 없다. ③ 판례도 같은 취지다[(헌재 2014.7.24. 2009헌마256등 결정(헌법불합치, 기각, 각하)]. ④ 그런데 현재「공직선거법」제15조와「국민투표법」제7조에서는 각각 18세(2020.1.14. 개정)와 19세 이상의 국민에 대하여 선거권과 투표권을 부여하고 있어 불일치가 있다. 그러나 이는 선거연령을 2020년 국회의원선거에서부터 18세로 인하하면서 생긴 일시적인 불일치이므로「국민투표법」이 곧 개정되어야 한다.

2. 선거권 및 투표권 없는 자

「국민투표법」제9조에서는 "투표일 현재 공직선거법 제18조의 규정에 따라 선거권이 없는 자는 투표권이 없다"고 규정하고 있다.[74] 즉,「공직선거법」과「국민투표법」에 따르면 투표권이 없는 자와 선거권이 없는 자의 요건은 동일하다.

---

73) 헌재 2014.7.24. 2009헌마256등, 공직선거법 제218조의4 제1항 등 위헌확인(헌법불합치, 기각, 각하). 그러나 개정시한을 넘김으로써 위헌으로 되었다. 이 규정은 현재도 개정되지 않고 있으므로 투표인명부를 작성할 수 없어 국민투표는 시행될 수 없는 상태다.

74) 선거권이 없는 자에 대한 자세한 것은 앞의 민주적 선거제도 부분 참조.

제3절

입법부의 조직과 권한

제1항 의회주의

I. 의회주의의 의의

의회주의(parliamentarism, Parlamentarismus)란 민주적으로 선거된 의회라는 합의기관에서 다수결원리로 국가의 중요정책을 결정하고 입법하는 제도를 말한다. 따라서 의회주의의 본질적 징표는 ① 일반국민에 의한 **선거를 통한 의회의 구성**과 ② 의회의 **실질적 입법기관성**에 있다.

의회민주주의원리의 절차적 정당성의 구성요소 중 가장 중요한 2가지는 **다수결원리**와 의사공개의 원칙이다.[75]

II. 의회주의의 위기

1. 의회주의의 위기와 그 원인

국민의 대표로 구성된 국회가 민주 정치의 중심이 되어야 하나, 오늘날 국회는 장외 투쟁, 여론몰이와 같은 원외정치, 소수파에 의한 만성적 의사방해, 선동정치 등으로 의회주의의 위기가 초래되고 있다.

의회주의의 위기가 야기되는 데는 다음과 같은 원인들을 들 수 있다. ① 합의제 기

75) 헌재 2010.12.28. 2008헌라7, 국회의원과 국회의장 등 간의 권한쟁의(각하, 권한침해확인, 기각).

관으로서 의회로 기능하기 위해서는 타협의 정치가 필요하다. 그런데 자신의 정치적 의견만을 절대적 가치를 가지는 것으로 주장하거나 다른 정치적 의견을 인정하지 않는다면 의회주의가 위기에 봉착하게 된다. **정치력 부재로 인한 여야가 비타협으로 일관**할 경우에는 합의기관으로서의 국회의 기능이 마비되고 만다. 특히 오늘날 국회의 모습은 정치 공학적 계산에 따른 분열정치의 길을 걸어가고 있다. ② 국민대표기관으로서 의회의 정당한 성립의 전제가 되는 조건들, 예컨대 **공정한 선거제도가 갖추어지지 않거나 언론·출판·집회·결사의 자유가 억압**되는 경우에 정상적인 의회주의가 기능할 수 없게 된다. 선거의 공정성과 언론의 자유의 보장은 아무리 강조하여도 지나침이 없다. ③ **다수결 원리가** 정당한 민의를 수렴하는 계기가 되는 것이 아니라 당리당략적으로 이용되어 **다수의 폭거의 수단이 되는 경우**에는 다수파의 의견이 권위와 신뢰를 잃음으로써 의회주의의 위기가 초래된다. 그런 의미에서 타협과 합의의 정신이 바탕이 되지 않은 상태에서 선거에서 국회 다수의석의 획득은 새로운 불행의 시작이 될 수 있다.

2. 의회주의 위기의 극복

의회주의의 위기를 극복하기 위한 방안으로는 다양한 의견들이 제시되고 있으나 우선은 ① 왜곡된 선거제도가 있는 경우에는 **선거제도를 개선**할 필요가 있다. 직접선거에 대한 보완적 제도인 비례대표제를 순기능적으로 시행함으로써 국민의 정치적 의사분포가 왜곡되지 않고 국회에 반영되도록 하여야 한다.[76] ② **국회의 의사결정과정을 민주화** 하여야 한다. 국회 의사결정과정을 공개하고, 입법과정의 정당한 절차를 준수함으로써 소수는 다수의견을 존중하고 다수는 소수의견을 보호함으로써 대의정치의 위기를 극복할 수 있다. ③ 의회의 의사결정과정의 민주화를 위해서는 **정당 내부질서의 민주화**가 반드시 필요하다. 일인 또는 소수의 인사들이 지배하는 정당에서 탈피하여 정책정당, 당원중심의 정당으로 변모하고, 정당에 대한 국가의 강화된 지원에 부합하도록 정당에 대한 강화된 헌법적 기능을 요청함으로써 의회주의의 위기를 극복할 수 있다. 그러기 위해서는 우선 국회의원이나 지방의회의원의 공천이 정당의 대표나 소수의 인사

76) 물론 비례대표선거도 직접선거원칙을 위배하여서는 안 된다. 고정명부식에서는 후보자와 그 순위가 전적으로 정당에 의하여 결정되더라도 비례대표후보자명단과 그 순위, 의석배분방식은 선거시에 이미 확정되어 있고, 투표 후 후보자명부의 순위를 변경하는 것과 같은 사후 개입은 허용되지 않아서 선거권자가 종국적인 결정권을 가지고 있으므로 고정명부식을 채택한 것 자체가 직접선거원칙에 위반된다고 할 수는 없다(헌재 2001.7.19. 2000헌마91등 참조).

들에게 좌우되도록 해서는 안 될 것이다. 또한 평상시에 정당 중심의 대안적 정책들이 치밀하게 마련되고 이 정책들이 대통령선거를 비롯한 각종 선거에서 경쟁하는 풍토가 마련되어야 한다. 특히 대통령선거에 있어서 후보자의 개인적인 정책이 정치방향을 좌우하는 것은 바람직하다고 할 수 없다. ④ 의회에서 간접적인 민의의 전달이 왜곡되는 경우에는 **직접민주제를 도입**하여 국민의 의사에 따라 정책의 결정을 함으로써 대의정치를 보완하는 방법도 생각할 수 있다. 이 경우 문제는 국민의 의사를 정확하게 드러내는 일과 대중선동에 의한 여론 형성(populism, 대중영합주의)을 어떻게 방지하느냐가 될 것이다. ⑤ 그러나 종국에는 **국민의 정치적 의식**이 깨어 있지 않고서는 의회주의의 위기가 극복될 수 없다. 국민 개개인은 자신의 합리적 의사결정이 변함없이 그대로 선거에 반영되도록 함으로써 정치인들에게 정치적 행동의 방향을 제시할 수 있다.

제2항 의회의 구성원리로서 양원제와 단원제

I. 양원제와 단원제의 비교

1. 양원제

양원제(bicameral system, Zweikammersystem)란 의회가 2개로 운영되는 제도를 말한다. 몽테스키외(Montesquieu, 1689~1755), 브라이스(James Bryce, 1838~1922, 영국), 해밀튼(Alexander Hamilton, 1755 또는 1757~1804), 블룬출리(Johann Caspar Bluntschuli, 1808~1881, 스위스), 베젓트(Walter Bagehot, 1826~1877, 영국) 등이 주장하였다. 영국, 미국, 독일, 일본, 스페인, 스위스, 이탈리아, 오스트레일리아 등 다수의 국가가 양원제를 채택하고 있다.

양원제의 장점으로는 ① 지방(支邦) 또는 지방(地方)의 이익을 대변할 수 있고, ② 상원을 직능대표로 구성할 수 있으며, ③ 상원이 원로원으로 기능하여 하원의 급진적 개혁이나 과오를 방지할 수 있고, ④ 상원이 하원과 정부의 충돌의 완충지대 역할을 할 수 있다는 점이 일반적으로 언급되고 있다. 그에 반하여 양원제는 ① 의회의 의결지연, ② 과다한 의회유지비용, ③ 상원의 견제로 하원의 대정부견제기능 약화초래, ④ 상원이 지방의 이익을 대변함으로써 국민전체의 의사를 왜곡할 위험이 있다는 점이 단점으로 지적되고 있다.

2. 단원제

단원제(Unicameral system, Einkammersystem)란 의회가 하나로 운영되는 제도를 말한다. 루소(Jean-Jacques Rousseau, 1712~1778), 쉬에예스(Emmanuel Joseph Sieyès, 1748~1836), 벤덤(Jeremy Bentham, 1748~1832), 라스키(Harold Joseph Laski, 1893~1950, 영국), 토그빌(Alexis de Tocqueville, 1805~1859, 프랑스) 등이 주장한 것으로 알려져 있다. 단원제를 채택하고 있는 국가로는 덴마크, 룩셈부르크, 뉴질랜드, 리히텐슈타인 등이 있다.

단원제는 ① 신속한 의회절차, ② 양원제에 비하여 의회유지비용 절약, ③ 단일한 국민 의사의 국정 반영 등이 장점으로 꼽히고 있고, ① 졸속적인 의회절차의 운영, ② 의회 내에서 다수파와 소수파가 충돌할 때 국정이 마비될 가능성이 있다는 점 등이 단점으로 지적되고 있다.

II. 양원제의 유형

양원제의 유형으로는 귀족원·민의원형, 지방원(支邦院)·민의원형(연방국가), 참의원·민의원형(단일국가), 직능대표원·민의원형 등이 있다.

① **귀족원·민의원형**에서 하원은 국민이 선출하고, 상원은 특권계급이 세습하거나 임명된다. 상원은 주로 다액납세자, 귀족, 정부임명의원 등으로 구성되어 하원을 견제하게 된다. 영국의 상원(House of Lords)과 하원(House of Commons)이 대표적이다.

② **지방원·민의원형**에서는 상·하원 모두 국민이 선출한다. 상원은 지방을 대표하고 하원은 국민을 대표한다. 미국의 상원(Senate)과 하원(House of Representatives), 독일의 연방참사원(Bundesrat)과 연방의회(Bundestag), 오스트리아의 연방참사원(Bundesrat)과 국회(Nationalrat), 스위스의 주참사원(Ständerat)과 국회(Nationalrat)가 이 유형에 속한다.

③ **참의원·민의원형**에서는 참의원, 민의원 모두 국민이 선출한다. 참의원은 상원이고

민의원은 하원에 해당한다. 프랑스의 원로원(Sénat)과 국민의회(Assemblée), 이탈리아의 상원(Senato della Repubbblica)과 하원(Camera dei deputati), 일본의 참의원(參議院, House of Councillors)과 중의원(衆議院, House of Representatives),77) 대한민국 제2공화국의 참의원과 민의원이 이 유형에 속한다.

④ **직능대표원 · 민의원형**에서는 상원은 직능별 단체단위로 선출하고, 하원은 국민전체에서 국민이 선출한다. 직능대표원의 대표적인 것으로는 아일랜드의 상원인 쇄너드 에어런(Seanad Éireann)이 있다. 아일랜드의 상원은 60명으로 구성되는데, 지명직 11명은 수상에 의해 임명되고 나머지 선출직 49명 중 3명은 아일랜드국립대학교에서, 3명은 더블린대학교에서, 나머지 43명은 기타 고등교육기관 등 특정한 후보명부에서 선출된다(아일랜드헌법 제18조).

Ⅲ. 양원제에 있어서 양원의 관계

양원제에 있어서 양원의 관계는 권한의 측면과 운영의 측면에서 구분해 볼 수 있다.

권한의 측면에서 양원이 동등한 권한을 가지는 **완전양원제**가 있고, 하원이 우월한 **불완전양원제**가 있다. 전자는 미국과 스위스, 후자는 독일, 영국, 일본 등 의원내각제 국가에서 취하고 있다.

운영의 측면에서 보면, 양원의 의결이 일치하지 않을 경우에는 합동회의나 양원협의회에서 재의결하는 방식으로 관계를 설정하고 있다. 양원은 운영에 있어서 조직독립의 원칙, 의결독립의 원칙, 동시활동의 원칙이 적용된다.

Ⅳ. 국제적 채택 경향

2차 대전 후 신흥국가들이 단원제를 선택함으로써 단원제 국가가 늘어나서 전체적으로 양원제가 차지하는 비율이 줄어들고 있는 추세다. 양원제 채택국가의 비율이 줄어들고 있는 것은 ① **정당국가 경향**으로 동일한 정당구성이 양원을 지배하게 됨으로써 양원의 실질적인 차이가 없어지게 되었고, ② **행정국가화 · 적극국가화 경향**으로 행정권이 강

77) 일본의 참의원과 중의원을 합하여 국회(国會, National Diet)라고 한다(일본국헌법 제4장 참조).

화됨에 따라 신속하고 효율적인 행정집행을 위해서는 단원제가 간편하고 용이하기 때문이다.

V. 우리나라 의회제도의 변천

헌법규정으로 볼 때 우리나라는 제1공화국헌법 및 제2공화국헌법(제1차부터 제4차 개정헌법)에서 양원제를 채택하였고 그 외는 모두 단원제를 채택하여 왔다.

제1차 개정헌법에서 양원제를 채택한 것은 이승만대통령의 재선을 노리면서 대통령직선제를 주장하는 여당이 의원내각제를 주장한 야당의 개헌안을 일부 수용하여 개헌(발췌개헌)을 하였기 때문이다. 그러나 실제에 있어서는 참의원은 구성하지 않았기 때문에 단원제로 운영됐다. 제2공화국헌법은 4·19혁명으로 정권을 잡은 민주세력이 의원내각제로 개헌을 하면서 양원제를 도입하였다. 명칭은 모두 민의원, 참의원이라고 불렀다.

이상의 설명을 표로 나타내면 다음과 같다.

구분	개정헌법	국회의 형태
제1공화국	1948년 헌법	단원제
	제1차·제2차 개정헌법	양원제(민의원, 참의원) 실제에 있어서는 참의원은 구성하지 않고 단원제로 운영
제2공화국	제3차·제4차 개정헌법	양원제(민의원, 참의원)
제3공화국	제5차·제6차 개정헌법	단원제
제4공화국	제7차 개정헌법	단원제 국회의 상위기관으로 국회구성참여권, 국회의결의 헌법개정안확정권을 가진 통일주체국민회의를 두고, 국회의원의 1/3은 대통령이 추천하는 사람을 통일주체국민회의에서 간선함(소위 유정회[78] 국회의원).
제5공화국	제8차 개정헌법	단원제
제6공화국	제9차 개정헌법	단원제

78) 유신정우회(維新政友會)를 말한다. 유신헌법에 따라 대통령의 추천으로 통일주체국민회의에서 선출된 전국구국회의원들이 1973년 구성한 원내교섭단체다.

제3항 국회의 헌법상 지위

국회의 헌법상 지위에 대해서는 헌법에 명문의 규정이 없다. 따라서 이에 대해서는 학설의 대립[79]이 있지만 크게 다른 것은 아니다. 일반적으로 국회가 주권행사기관의 하나라는 점은 당연하지만, 현실적 기능에 착안하여 보면 합의제 대의기관(국민대표기관), 입법기관, 권력통제기관이라는 점이 부각된다.

I. 합의제 대의기관

국회는 헌법의 대의기관 중에서 유일한 합의제 대의기관이다. 헌법재판소도 국회의 국민대표기관성을 인정하고 있다.[80] 합의제이므로 다수결의 원리(Mehrheitsprinzip)가 중요한 운영원리가 된다.

다수결에는 ① 상대다수(relative Mehrheit), ② 절대다수[absolute Mehrheit, 과반수(1/2 초과)], ③ 압도적 다수(qualifizierte Mehrheit 2/3 또는 3/4)가 있다.

다수결원리가 적용되기 위해서는 일정한 전제조건이 필요하다.[81] 다수결 원리는 ① 결정참여자 **상호간에 평등한 지위**가 전제될 때만 그 정당성을 인정받을 수 있다. ② 다수결원칙을 **정책결정의 수단으로 적용하는 데 대한 합의**가 우선 성립되어야 한다. ③ 다수결원칙의 적용에 대한 원칙적인 합의가 성립된 경우라 하더라도 다수결의 결정과정

---

79) 학설로는 국민대표기관으로서의 국회, 입법기관으로서의 국회, 정책결정·통제기관으로서의 국회, 주권행사기관의 하나로서의 국회로 보는 견해(김철수, 헌법학신론, 박영사, 2013, 1303쪽 이하), 국민대표기관으로서의 국회, 입법기관으로서의 국회, 국정통제기관으로서의 국회, 국가의 최고기관의 하나로 보는 견해(권영성, 헌법학신론, 법문사, 2009, 861쪽 이하), 대의기관으로서의 지위, 입법기관으로서의 지위, 국정통제기관으로서의 지위, 합의체의 국가의사결정기관으로서의 지위로 보는 견해(허영, 한국헌법론, 박영사, 2011, 900쪽 이하), 국민대표기관, 입법기관, 정책통제기관으로 보는 견해(양건, 헌법강의, 법문사, 2021, 1111쪽 이하), 주권적 의사의 대표기관으로서의 국회, 입법기관으로서의 국회, 국정통제기관으로 보는 견해(성낙인, 헌법학, 법문사, 2021, 420쪽 이하), 국민주권행사기관, 국민대표기관으로서의 지위, 입법기관으로서의 지위, 국정통제기관으로서의 지위, 최고기관으로 보는 견해(정재황, 헌법학, 박영사, 2021, 1585쪽 이하), 입법부로서의 지위, 대의기관으로서의 지위, 국정통제기관으로서의 지위로 나누는 견해(전광석, 한국헌법론, 집현재, 2021, 627쪽 이하) 등이 있다.

80) 헌재 2006.2.23. 2005헌라6, 국회의원과 국회의장 간의 권한쟁의(기각) 참조.

81) 이에 대해서는 허영, 헌법이론과 헌법, 박영사, 2006, 210쪽 및 Ulich Scheuner, Das Mehrheitsprinzip in der Demokratie, Westdeutscher Verlag, 1973 참조.

에 참여하는 세력 간에 절대로 조정될 수 없는 **근본적인 대립관계가 존재해서는 안 된다.** ③ 다수결원칙은 자유롭고 평등한 토론을 통한 절충과 타협을 필수적인 선행조건으로 하기 때문에, **절충과 타협의 자유분위기가 보장**되어야 한다. ④ 다수결원칙은 **관점의 다양성과 다수관계의 가변성**을 전제로 한다. ⑤ **소수의 존립에 관한 문제는 다수결원칙의 대상이 될 수 없다**(=다수결원칙의 한계).

Q **정당내부에서 국회의원에 대한 사실상의 강제[예컨대 당대표가 당론과 다른 견해를 가진 소속 국회의원을 교섭단체의 필요에 따라 다른 상임위원회로 보임(사·전임)하는 조치를 국회의장에게 요청하여 결재를 얻는 행위] 또는 소속국회의원을 당해 정당으로부터 제명하는 것은 국민대표성을 침해하는 것이라고 할 수 있는가?**

A 헌법재판소의 판례에 따르면 국민대표성을 침해하는 것은 아니다. ① 현대는 순수한 대의제 민주주의에서 정당국가적 민주주의로 변모하고 있고, ② 대의제 민주주의가 기초로 하는 자유위임은 의원으로 하여금 정당이나 교섭단체에 기속시키는 것을 배제하는 근거가 되지 못하기 때문이다.[82)]

Q **정당국가화 경향에 따른 국회의 대의기관성 약화에 대한 대응책은 어떤 것들이 논의될 수 있는가?**

A 적극적 대응책으로는 직접민주정치제도의 채택(국회의원소환제도, 국민발안제도, 국민투표제도)을 들 수 있고, 소극적 대응책으로는 국회입법에 대한 위헌심사를 강화하는 방법 등이 있을 수 있다. 2018년 제안된 문재인정부의 헌법개정안에서는 국민투표 외에도 국민소환과 국민발안을 도입하고 있다(헌법개정안 제45조 제2항 "국민은 국회의원을 소환할 수 있다. 소환의 요건과 절차 등 구체적인 사항은 법률로 정한다", 제56조 "국민은 법률안을 발의할 수 있다. 발의의 요건과 절차 등 구체적인 사항은 법률로 정한다").

II. 입법기관

1. 근거

국회가 입법기관이라는 것은 "입법권은 국회에 속한다"라고 규정한 헌법 제40조에서 찾을 수 있다.

82) 헌재 2003.10.30. 2002헌라1, 국회의원과 국회의장간의 권한쟁의(기각).

2. 헌법 제40조의 의미

헌법 제40조가 갖는 의미에 대해서는 학설에서는 형식적 입법설과 실질적 입법설로 나뉜다. 형식적 입법설은 형식적 의미의 법률의 제정은 국회만이 할 수 있다는 것이고, 실질적 입법설은 국민의 권리·의무에 관한 사항은 국회가 정한다는 견해이다.

이를 구체적으로 보면 헌법 제40조는 다음의 의미를 갖는 것으로 볼 수 있다. ① 법률이라는 형식의 입법은 오로지 국회만이 정립할 수 있다. 따라서 형식적 입법권에 있어서 예외는 존재하지 않는다. 이 점에서 **형식적 입법설이 원칙적으로 타당**하다. ② 그런데 형식적 의미의 법률로 정해지는 사항에는 '국민에게 권리를 부여하고 의무를 부과하는 법규사항과 국가기관의 조직과 권한에 관한 본질적인 사항'은 반드시 포함되어야 한다(**본질성이론**). ③ 본질성이론에 위배되지 않는 한 실질적 의미의 입법권(법규제정권)은 반드시 국회에서만 제정하도록 예정되어 있지 않다.[83)]

NOTE **본질성이론, 의회유보원칙, 법률유보원칙의 관계**

[개념]

본질성이론(Wesentlichkeitstheorie)은 민주국가에서는 국가생활의 모든 분야에 걸쳐 공동생활에 필요한 본질적인 사항에 관한 기본방침의 결정은 원칙적으로 입법권의 기능사항에 속한다는 이론이다(허영, 헌법이론과 헌법, 박영사, 2006, 269쪽). 이를 특히 의회유보(Parlamentsvorbehalt)라고 한다(Wallerath, Maximilian, Öffentliche Bedarfsdeckung und Verfassungsrecht, 1988, S. 417). 의회유보는 이와 같은 본질적 사항에 대해서는 행정부에 위임을 금지함으로써 일종의 강화된 법률유보라고 할 수 있다(K. Stern, Staatsrecht II, 1980, S. 574). 이와 같은 본질성이론, 의회유보원칙, 법률유보원칙의 관계에 대한 설명은 헌법재판소나 대법원도 같다. 헌법재판소는 "헌법 제40조의 의미는 적어도 국민의 권리와 의무의 형성에 관한 사항을 비롯하여 국가의 통치조직과 작용에 관한 기본적이고 본질적인 사항은 반드시 국회가 정하여야 한다는 것이다."[헌재 1998.5.28. 96헌가1, 의료보험법 제33조 제1항 위헌제청(위헌)]라고 판시하고 있고, 대법원은 "법률유보원칙은 단순히 행정작용이 법률에 근거를 두기만 하면 충분한 것이 아니라, 국가공동체와 그 구성원에게 기본적이고도 중요한 의미를 갖는 영역, 특히 국민의 기본권 실현에 관련된 영역에 있어서는 행정에 맡길 것이 아니고 국민의 대표자인 입법자 스스로 그 본질적 사항에 대하여 결정하여야 한다는 요구, 즉 의회유보원칙까지 내포하는 것으로 이해되고 있다."(대법원 2020.9.3. 2016두32992 전원합의체 판결 - 법외노조통보처분취소)고 판시하고 있다.

---

83) 근거조항에 대해서는 아래 참조.

[본질적 사항 해당 여부 판단 기준]
헌법재판소나 대법원 모두 적어도 기본권을 제한하는 경우에는 반드시 법률로 규율하여야 한다는데 의견이 일치하고 있다. 헌법재판소는 어떤 사항이 본질적 사항인가는 일률적으로 획정할 수 없고, 구체적 사례에서 관련된 이익 내지 가치의 중요성, 규제 내지 침해의 정도와 방법 등을 고려하여 개별적으로 결정할 수 있을 뿐이나, 적어도 헌법상 보장된 국민의 자유나 권리를 제한할 때에는 그 제한의 본질적인 사항에 관한 한 입법자가 법률로써 스스로 규율하여야 하는 것으로 본다[헌재 1999.5.27. 98헌바70, 한국방송공사법 제35조 등 위헌소원(합헌, 헌법불합치)]. 대법원도 다음과 같이 판시하고 있다. "어떠한 사안이 국회가 형식적 법률로 스스로 규정하여야 하는 본질적 사항에 해당되는지는, 구체적 사례에서 관련된 이익 내지 가치의 중요성, 규제 또는 침해의 정도와 방법 등을 고려하여 개별적으로 결정하여야 하지만, 규율대상이 국민의 기본권과 관련한 중요성을 가질수록 그리고 그에 관한 공개적 토론의 필요성 또는 상충하는 이익 사이의 조정 필요성이 클수록, 그것이 국회의 법률에 의하여 직접 규율될 필요성은 더 증대된다. 따라서 국민의 권리 · 의무에 관한 기본적이고 본질적인 사항은 국회가 정하여야 하고, 헌법상 보장된 국민의 자유나 권리를 제한할 때에는 적어도 그 제한의 본질적인 사항에 관하여 국회가 법률로써 스스로 규율하여야 한다."(대법원 2020.9.3. 2016두32992 전원합의체 판결 - 법외노조통보처분취소).

3. 국회입법 원칙의 예외

헌법재판소의 판결에서 국회입법 원칙의 예외라는 말이 등장하는데, 형식적 의미의 법률을 제정하는 권한은 국회에 전속하고 예외가 없다. 따라서 국회입법 원칙의 예외라 함은 **실질적 의미의 법률 제정과 관련되는 말**이다. 따라서 본질성이론이 준수되는 범위 내에서 실질적 의미의 입법은 법률이 아닌 다른 형식으로도 입법이 가능하다는 점에서 국회입법의 원칙의 예외라고 할 수 있다.

이러한 국회입법의 원칙의 예외로는 ① 대통령의 긴급재정경제명령권, 긴급명령권(제76조), ② 대통령 · 국무총리 · 행정각부의 장의 행정입법권(제75조, 제95조), ③ 대법원, 헌법재판소, 중앙선거관리위원회의 규칙제정권(제108조, 제113조 제2항, 제114조 제6항), ④ 지방자치단체의 자치입법권(제117조 제1항) 등을 들 수 있다.

4. 국회입법기능의 위기와 그 원인 및 대책

현대는 국회입법기능의 위기가 종종 이야기된다. 현대국가에서 국회입법기능이 저하된 주된 이유는 행정부의 실무에 있어서는 고도화된 전문성이 요구되는 데 반하여,

자유롭게 입후보하여 국민에 의해 선택받는 입법부 구성원의 전문성은 그에 따라가지 못하기 때문이다.

이와 같이 **행정의 전문화 경향과 국회의원의 전문성 부족**으로 말미암아 정부입법이 증가하고 있고, 국회의원의 제안으로 이루어지는 입법도 사실상으로는 행정부가 법률안을 마련하여 다만 국회의원 명의로 제출하는 추세가 많아지고 있다. 이러한 경향은 대통령제나 의원내각제라고 하여 크게 다르지 않다. 이와 더불어 위임입법도 증가하고 있다.

정부입법의 증가경향에 대응하기 위해서는 정부 내에서는 입법전문기관인 법제처나 한국법제연구원의 개입을 통한 법률안 입안과정에서의 전문성 강화가 요청되고, 위임입법의 증가추세에 대해서는 국회나 사법권에 의한 행정입법 통제가 중요한 문제로 되고 있다.

NOTE **위임입법의 통제**

위임입법은 불가피하나 이에 대한 국회의 사전적 통제수단은 전무한 상태이다. 위임입법을 통제하는 방법으로는 우선 법률이 입법위임을 할 경우에는 대통령령, 총리령 또는 부령과 같이 법규명령에 위임함이 타당하고, "보건복지부장관이 정하는 바에 따라"와 같이 법규명령에 위임한 것인지 행정규칙에 위임한 것인지 불분명하게 하는 입법형식은 가능한 한 피하도록 하여야 한다. 그럼에도 불구하고 불분명하게 위임한 경우에는 위헌 · 위법심사 단계에서 엄격하게 통제할 필요가 있다.[84]

특히 헌법의 입법위임의 취지가 '행정규칙으로의 도피'로 되어서는 안 될 것이다. 행정규칙으로의 도피현상의 원인은 ① 「행정절차법」은 법규명령에 대해서는 규제를 하고 있으나 행정규칙의 제정 · 개정 · 폐지에 대해서는 사전통제수단이 없다는 점, ② 법규명령은 법제처의 심사를 거치고 특히 대통령령은 국무회의의 심의대상이면서 반드시 공포하여야 효력이 발생되는 데 반하여, 행정규칙은 법제처의 심사를 거칠 필요도 없을 뿐만 아니라 공포 없이도 효력을 발생하게 되기 때문이다.

5. 입법기관으로서 국회의 현대적 의의

국회입법기능의 위기라는 현상에도 불구하고 국회가 입법기관이라는 점에 대해서

84) 이상 헌재 1998.5.28. 96헌가1, 의료보험법 제33조 제1항 위헌제청(위헌) 참조.

는 이견이 없다. 그것은 국회가 종국적으로는 형식적 의미의 법률을 입법함에 있어서 결정권자로서 기능하기 때문이다. 입법기관으로서의 국회의 위상은 **법의 지배에 있어서 민주적 정당성을 부여**하는 데 있다. 국회는 법치주의의 실현과 민주주의를 담보하는 국민의 대표기관으로서 다양한 이해관계자와 소통하여 대화하고 타협하여 합의하는 민주정치의 장이 되어야 한다.

III. 권력통제기관

사회가 복잡해짐에 따라 입법에도 고도의 전문성이 요구되는 등으로 인하여 입법기관으로서 국회의 기능은 약화되고 있는 반면에, 오히려 권력통제기관으로서 기능은 중요시 되고 있다. 국회의 권력통제는 삼권분립에 착안하여 보면 대정부 통제와 대사법부 통제로 나누어 볼 수 있다.[85]

제4항 국회의원의 선거[86]

I. 국회의원 선거권

헌법은 모든 국민은 법률이 정하는 바에 의하여 선거권을 가진다고 규정하고 있고(제24조), 이에 따라 「공직선거법」은 18세 이상의 국민은 국회의원의 선거권이 있다고 규정하고 있다(공직선거법 제15조 제1항).[87]

1948년 제정헌법에서 제2차 개정헌법에 이르기까지 제1공화국헌법에서는 현재와 같이 선거권 연령을 법률에 위임하고 있었다. 그런데 제3차 개정헌법에서 헌법이 직접 20세 이상으로 규정하기 시작하여 제5공화국헌법에 이르기까지 유지되었다가 현행 헌법에 들어와서는 다시 법률에 위임하고 있다.

85) 자세한 것은 앞의 권력분립에 있어서 견제와 균형 부분 참조.
86) 자세한 것은 앞의 민주적 선거제도 부분 참조.
87) 기존에 20세 이상으로 되어 있던 것을 2005.8.4. 19세 이상으로 개정하였고, 2020.1.14. 다시 18세 이상으로 개정한 것이다.

선거권 연령에 대한 헌법과 법률의 태도 변화를 정리하면 다음과 같다.

역대헌법	헌법 및 법률의 태도	
제1공화국헌법	법률에 위임	21세(1948년 국회의원선거법)
제2공화국헌법~제8차 개정헌법	헌법이 직접 규정	20세
제9차 개정헌법	법률에 위임	19세(2005.8.4. 공직선거법 개정 · 시행)
		18세(2020.1.14. 공직선거법 개정 · 시행)

헌법이 모든 국민이 선거권을 가진다고 규정하고 있음에도 불구하고「공직선거법」이 18세 이상의 국민으로 정하고 있는 것은 헌법 제37조 제2항에 따른 선거권의 제한임과 동시에 연령에 따른 차별이기 때문에 평등권 내지 평등원칙의 침해여부가 문제될 수 있다. 이와 관련하여 헌법재판소는 입법자가 선택한 수단이 **현저하게 불합리하고 불공정한 것이 아닌 한 입법자의 재량에 속한다**고 본다.[88] 이는 선거권연령을 규정한 법률의 위헌심사기준으로서 합리성 심사를 제시하고 있는 것으로 볼 수 있다.

II. 국회의원 피선거권

헌법 제25조에서는 "모든 국민은 법률이 정하는 바에 의하여 공무담임권을 가진다"고 규정하고 있을 뿐 피선거권연령에 대해서는 규정하고 있지 않다. 공직선거법에서는 18세 이상의 국민은 국회의원피선거권이 있는 것으로 규정하고 있다(공직선거법 제16조 제2항). 선거권 연령은 1948년 제정된「국회의원선거법」에서부터 25세로 규정되

88) 지난 1997년, 20세 이상으로 되어 있었던 선거법 규정을 합헌으로 판단한 결정에서 헌법재판소는 다음과 같이 판시하였다. "선거권연령의 구분을 입법자에게 위임하고 있다. 이와 같이 선거권연령의 구분이 입법자의 몫이라 하여도, 선거권연령에 이르지 못한 국민들의 선거권이 제한되고 그들과 선거권연령 이상의 국민들 사이에 차별취급이 발생하므로, 이에 관한 입법은 국민의 기본권을 보장하여야 한다는 헌법의 기본이념과 연령에 의한 선거권제한을 인정하는 보통선거제도의 취지에 따라 합리적인 이유와 근거에 터 잡아 합목적적으로 이루어져야 할 것이며, 그렇지 아니한 자의적 입법은 헌법상 허용될 수 없는 것이다"[헌재 1997.6.26. 96헌마89, 공직선거및선거부정방지법 제15조 위헌확인(기각)]. 이 결정은 9인 재판관 전원의 일치된 의견이지만 4인 재판관은 선거권연령 인하 의견을 개진하기도 하였다.

었는데 2022.1.18. 18세로 「공직선거법」이 개정되었다.

「공직선거법」이 개정되기 이전 피선거권이 선거권에 비하여 연령이 높게 규정되어 있었는데 이에 대해서는 위헌의 주장이 있었다. 헌법재판소는 피선거권연령은 입법자가 정책적으로 결정할 사항이기 때문에 그 기준이 현저히 높다거나 불합리하지 않다면, 이를 두고 헌법에 위반된다고 쉽사리 단정할 것은 아니라고 하면서, 피선거권을 부여하기 위한 연령기준을 정하는 문제는 **국회의원의 헌법상 지위와 권한, 국민의 정치의식과 교육수준, 우리나라 특유의 정치문화와 선거풍토 및 국민경제적 여건과 국민의 법감정 그리고 이와 관련한 세계 주요국가의 입법례 등 여러 가지 요소를 종합적으로 고려**하여 **입법자가 정책적으로 결정할 사항**이라고 보았다.[89]

제5항 국회의 운영

I. 국회 회의의 원칙

헌법과 「국회법」에서 정하고 있는 국회 회의의 주요원칙으로는 ① 의사공개의 원칙(제50조 제1항 본문, 국회법 제75조 제1항), ② 다수결의 원칙(제49조), ③ 회기계속의 원칙(제51조), ④ 일사부재의의 원칙(국회법 제92조)[90] 등이 있다.

1. 의사공개의 원칙

헌법 제50조 제1항은 "국회의 회의는 공개한다. 다만, 출석의원 과반수의 찬성이 있거나 의장이 국가의 안전보장을 위하여 필요하다고 인정할 때에는 공개하지 아니할 수 있다"라고 함으로써 원칙적으로 국회의 회의는 공개하고 있다. 이를 의사공개의 원칙이라고 한다. 이는 국회의 헌법적 기능과 관련된 모든 회의는 원칙적으로 국민에게 공개되어야 함을 천명한 것이다.[91]

---

89) 헌재 2005.4.28. 2004헌마219, 공직선거및선거부정방지법 제16조 제2항 위헌확인(기각). 최근 정치권에서는 피선거권 연령을 철폐하여 선거권연령과 일치시키자는 의견이 주장되고 있다.
90) "부결된 안건은 같은 회기 중에 다시 발의 또는 제출하지 못한다."
91) 헌재 2000.6.29. 98헌마443, 국회예산결산특별위원회 계수조정소위원회 방청허가불허 위헌확인,

헌법재판소는 헌법 제50조 제1항 단서가 정하고 있는 회의의 비공개를 위한 절차나 사유는 그 문언이 매우 구체적이어서 이에 대한 예외도 엄격하게 인정되어야 하고, 특정한 내용의 국회의 회의나 특정 위원회의 회의를 일률적으로 비공개한다고 정하면서 공개의 여지를 차단하는 것은 헌법 제50조 제1항에 부합하지 아니하는 것으로 보았다.[92] 또한 헌법 제50조 제1항 단서에서 정하고 있는 비공개사유는 각 회의마다 충족되어야 하는 요건으로 입법과정에서 재적의원 과반수의 출석과 출석의원 과반수의 찬성으로 의결되었다는 사실만으로 헌법 제50조 제1항 단서의 '출석의원 과반수의 찬성'이라는 요건이 충족되었다고 볼 수도 없다고 판시하고 있다.[93] 또 이러한 의사공개의 원칙에는 방청의 자유, 보도의 자유, 중계방송의 자유, 회의록 열람 공표의 자유 등이 포함된다고 한다.[94] 이는 의사공개의 원칙으로부터 방청의 자유 등이 도출된다는 의미로 이해된다.

이러한 헌법의 정신에 따라 「국회법」은 국회 본회의를 공개하도록 하고 있다. 즉, 의장의 제의 또는 국회의원 10인의 연서에 의한 동의(動議)로 본회의의 의결이 있거나, 의장이 각 교섭단체 대표의원과 협의하여 국가의 안전보장을 위하여 필요하다고 인정할 때에는 공개하지 아니할 수 있다(국회법 제75조 제1항).

헌법의 뜻에 따라 위원회의 회의도 공개하는 것이 원칙이다. 그런데 「국회법」은 "정보위원회의 회의는 공개하지 아니한다. 다만, 공청회 또는 제65조의2에 따른 인사청문회를 실시하는 경우에는 위원회의 의결로 이를 공개할 수 있다."(국회법 제54조의2)라고 규정하고 있다. 이 조항의 본문은 최근에 헌법 제50조 제1항에 위배되고 청구인들의 알권리를 침해한다는 이유로 위헌 결정되었다.[95]

국회상임위원회 방청불허행위 위헌확인 등(일부각하, 일부기각).

92) 헌재 2022.1.27. 2018헌마1162등, 국회법 제54조의2 제1항 본문 위헌확인 등(위헌, 각하). 이 사건의 심판대상인 「국회법」 제54조의2(정보위원회에 대한 특례) 제1항은 "정보위원회의 회의는 공개하지 아니한다. 다만, 공청회 또는 제65조의2에 따른 인사청문회를 실시하는 경우에는 위원회의 의결로 이를 공개할 수 있다."라고 규정하고 있었다.

93) 이 법정의견은 "헌법 제50조 제1항 단서가 정하고 있는 출석의원 과반수의 찬성보다 더 엄격한 본회의 의결(법률안 의결에 필요한 재적의원 과반수의 출석과 출석의원 과반수의 찬성은 제50조 제1항 단서의 출석의원 과반수의 찬성보다 엄격한 요건이라는 의미: 필자 주)을 통해 민주적 정당성을 갖춘 법률의 형식으로 위원회 회의의 비공개를 결정할 수 있다."는 반대의견에 대한 답이다[헌재 2022.1.27. 2018헌마1162등, 국회법 제54조의2 제1항 본문 위헌확인 등(위헌, 각하)].

94) 헌재 2010.12.28. 2008헌라7, 국회의원과 국회의장 등 간의 권한쟁의(각하, 권한침해확인, 기각).

95) 헌재 2022.1.27. 2018헌마1162등, 국회법 제54조의2 제1항 본문 위헌확인 등(위헌, 각하. 2인의 반대의견 있음). 이 결정에서 반대의견은 ① 헌법 제50조 제1항 단서가 정하고 있는 출석의원 과반

소위원회의 회의도 공개하는 것을 원칙으로 한다. 다만 소위원회의 의결로 공개하지 아니할 수 있다(국회법 제57조). 청문회도 공개하는 것을 원칙으로 하되 위원회의 의결로 청문회의 전부 또는 일부를 공개하지 아니할 수도 있다(국회법 제65조).

공개하지 아니한 회의의 내용은 공표되어서는 안 된다(국회법 제118조 제4항). 따라서 회의록이 배부·배포되어서는 안 된다. 그러나 본회의 의결 또는 의장의 결정으로 비밀유지나 국가안전보장을 위하여 필요하다는 사유가 소멸되었다고 판단되는 경우에는 회의록을 공표할 수 있다(국회법 제118조 제4항 단서).

Q **「국회법」 제55조 제1항(의원이 아닌 사람이 위원회를 방청하려면 위원장의 허가를 받아야 한다)에 따라 국회 위원회의 위원장이 행사하는 방청불허권의 한계는?**

A 위원장은 회의장의 장소적 제약으로 불가피한 경우, 회의의 원활한 진행을 위하여 필요한 경우 등에 한하여 방청을 불허하는 결정을 할 수 있다.[96]

2. 다수결의 원칙

헌법 제49조는 "국회는 헌법 또는 법률에 특별한 규정이 없는 한 재적의원 과반수의 출석과 출석의원 과반수의 찬성으로 의결한다. 가부동수인 때에는 부결된 것으로 본다."라고 규정하여 국회의사 결정에 있어서 다수결의 원칙을 채택하고 있다. 「국회법」 제109조에서도 동일하게 규정하고 있다.

다수결의 원칙은 의사형성과정에서 소수파에게 토론에 참가하여 다수파의 견해를 비판하고 반대의견을 밝힐 수 있는 기회를 보장하여, 다수파와 소수파가 공개적이고 합리적인 토론을 거쳐 다수의 의사를 결정한다는 데 그 정당성의 근거가 있다.[97]

그런데 헌법 제49조는 출석정족수와 찬성정족수를 구분하지 않고 한꺼번에 규정하

수의 찬성보다 더 엄격한 본회의 의결을 통해 민주적 정당성을 갖춘 법률의 형식으로 위원회 회의의 비공개를 결정할 수 있다는 점, ② 회의마다 일일이 공개·비공개를 결정하게 하는 것은 비현실적이고, 현재 북한과 휴전 중이라는 특수한 상황을 고려할 때 과도한 제한이라고 볼 수 없다는 점에서 과잉금지원칙에 위배되지 않는다는 점을 그 논거로 하고 있다.

96) 헌재 2000.6.29. 98헌마443, 국회예산결산특별위원회 계수조정소위원회 방청허가불허 위헌확인, 국회상임위원회 방청불허행위 위헌확인 등(일부각하, 일부기각).

97) 헌재 2010.12.28. 2008헌라7, 국회의원과 국회의장 등 간의 권한쟁의(각하, 권한침해확인, 기각).

고 있다. 따라서 표결결과 출석정족수에 미달한 것으로 나타날 경우 재표결 가능한 것으로 보아야 하는지 아니면 부결된 것으로 보아 재표결을 할 수 없는 것으로 보아야 하는지가 문제된다. 더구나 현재와 같이 국회가 전자표결방식을 택하여 표결종료선언에 따라 재석수와 찬성수가 함께 발표되는 경우에는 더욱 문제가 된다. 이 문제에 대해 헌법재판소의 5인의 다수의견은 출석정족수가 미달되거나 출석정족수를 충족하고도 부결된 경우를 구분할 필요 없이 모두 부결된 것으로 보아야 한다고 하였다. 따라서 이 견해는 재표결을 하면 일사부재의원칙의 위배로 본다. 그러나 4인의 반대의견은 재적의원 과반수의 출석이라는 의결정족수에 미달한 경우의 국회의 의결은 유효하게 성립한 국회의 의결로 볼 수 없고, 특히 법률에도 구체적으로 규정되어 있지 않은 전자투표방식을 근거로 헌법과 법률상 규정의 의미를 달리 해석하는 것은 타당하지 않다고 보아서 재표결이 가능하다고 보았다. 따라서 이 견해는 재표결을 하더라도 일사부재의원칙의 위배가 아니라고 본다.[98)]

3. 회기계속의 원칙

헌법 제51조에서는 "국회에 제출된 법률안 기타의 의안은 회기중에 의결되지 못한 이유로 폐기되지 아니한다. 다만, 국회의원의 임기가 만료된 때에는 그러하지 아니하다."라고 규정하여 회기계속의 원칙을 천명하고 있다. 이 회기계속의 원칙은 제5차 개정헌법에서 처음으로 명시된 이래 오늘에 이르고 있다.

회기란 국회가 활동능력을 가지는 일정한 기간을 말한다.[99)] 국회 회기에는 정기회와 임시회가 있다. 정기회는 법률이 정하는 바에 따라 매년 1회 집회하고 100일을 초과할 수 없는데(제47조), 「국회법」은 매년 9월 1일에 집회하는 것으로 하되 9월 1일이 공휴일이면 그 다음 날에 집회하는 것으로 정하고 있다(국회법 제4조). 임시회는 30일을 초과할 수 없다(제47조 제2항). 임시회의 횟수는 제한이 없다. 따라서 국회는 연중 개회할 수 있다.[100)] 국회의 회기는 의결로 정하고 의결로 연장할 수도 있다(국회법 제7조 제1항).

98) 헌재 2009.10.29. 2009헌라8등, 국회의원과 국회의장 등 간의 권한쟁의[인용(권한침해), 기각, 각하]. 이 사건은 방송법 표결과 관련하여 재적 294인, 재석 145인, 찬성 142인, 반대 0인, 기권 3인이라는 투표결과에 대한 판단이다.

99) 법률용어사전, 법전출판사, 2017, '회기' 부분 참조.

100) 제7차·제8차 개정헌법에서는 대통령이 국회의 집회를 요구한 임시회의 일수를 제외하고 정기회·임시회를 합하여 연 150일을 초과하여 개회할 수 없도록 하고 있었다(제7차 개정헌법 제82조 제3항). 더구나 대통령이 요구한 임시회는 대통령이 요구한 기간 동안만 개회하고, 정부가 제출한 의안에

회기계속의 원칙은 이러한 회기가 끝나더라도 법률안 등 의안은 폐기되지 않고 다음 회기에 다시 논의될 수 있다는 원칙이다. 국회가 임기 내에도 불구하고 회기가 끝났다는 이유로 의안이 폐기됨으로써 다시 발의하거나 제출하여야 하는 번거로움을 덜 수 있기 때문이다.

그런데 국회의원의 임기가 종료되면 제출된 의안은 폐기된다. 이는 임기종료 시점에 즈음하여 제출된 법률안 등 의안에 대해서 충분한 논의를 거쳐서 다시 상정할 수 있게 함으로써 졸속입법이 되지 않도록 하려는 것이다.

4. 일사부재의의 원칙

「국회법」 제92조에는 "부결된 안건은 같은 회기 중에 다시 발의하거나 제출할 수 없다"라고 규정하여 일사부재의(一事不再議)의 원칙을 채택하고 있다. 국회의 다수의사가 당해 안건에 대해 부결함이 타당한 것으로 판단하였음에도 불구하고 동일한 안건을 계속적으로 발의 또는 제출하는 것은 불필요한 낭비일 뿐만 아니라 국회의 기능을 저해하는 것이 될 수 있기 때문이다. 일사부재의의 원칙을 위배하여 재표결에 부치는 것은 단순히 「국회법」을 위반한 것에 그치지 않고 국회의원의 헌법상 권한인 표결권을 침해하는 것으로 된다.101)

그러나 이 원칙을 지나치게 엄격하게 적용하면 효율적인 국회운영이라는 일사부재의의 원칙의 목표가 오히려 무색하게 될 수 있으므로 그 적용에는 신중을 기하여야 한다.

II. 정족수

정족수(quorum, Beschlussfähigkeit)란 국회와 같이 합의를 통해 의사를 결집하는 집단에서 회의의 개시와 의결에 요구되는 인원수를 말한다. 정족수에는 의사정족수와 의결정족수가 있다. 의사정족수란 의사를 여는데 필요한 의원의 수를 말하고, 의결정족수란 의결을 하는데 필요한 의원의 수를 말한다.

의사정족수는 「국회법」 제73조에서 규정하고 있다. 이에 따르면 본회의는 재적의원

한하여 처리하도록 규정함으로써(제7차 개정헌법 제82조 제5항), 국회를 대통령 보조기관으로 전락시켰다.

101) 헌재 2009.10.29. 2009헌라8등, 국회의원과 국회의장 등 간의 권한쟁의[인용(권한침해), 기각, 각하].

5분의 1 이상의 출석으로 개의하고(제1항), 의장은 개의 시부터 1시간이 지날 때까지 재적의원 5분의 1 이상의 출석에 미치지 못할 때에는 유회(流會)를 선포할 수 있다(제2항). 회의 중 재적의원 5분의 1 이상의 출석이라는 정족수에 미치지 못할 때에는 의장은 회의의 중지 또는 산회를 선포한다. 다만, 의장은 교섭단체 대표의원이 의사정족수의 충족을 요청하는 경우 외에는 효율적인 의사진행을 위하여 회의를 계속할 수 있다(제3항).

의결정족수는 의결을 유효하게 하기 위한 전제가 된다. 의결정족수는 일반의결정족수와 특별의결정족수가 있다. 헌법상 규정된 의결정족수를 표로 나타내면 다음과 같다.

<table>
<tr><td>일반의결 정족수</td><td colspan="2">헌법 제49조는 "국회는 헌법 또는 법률에 특별한 규정이 없는 한 재적의원 과반수의 출석과 출석의원 과반수의 찬성으로 의결한다"고 하여 의결정족수만 규정하고 있고 의사정족수에 대해서는 규정하고 있지 않다. 이 규정은 「국회법」 제109조에 동일하게 규정되어 있다.</td></tr>
<tr><td rowspan="7">특별의결 정족수</td><td rowspan="3">국회재적의원 2/3 이상의 찬성</td><td>국회의원 제명(제64조 제3항)</td></tr>
<tr><td>대통령 탄핵소추 의결(제65조 제2항)</td></tr>
<tr><td>헌법개정안 의결(제130조 제1항)</td></tr>
<tr><td rowspan="3">국회재적의원 과반수의 찬성(국회재적의원 1/3 이상의 발의)</td><td>국무총리 · 국무위원 해임건의(제63조 제2항)</td></tr>
<tr><td>대통령 이외의 탄핵소추 의결(제65조 제2항)</td></tr>
<tr><td>계엄 해제요구(제77조 제5항)</td></tr>
<tr><td>국회출석의원 2/3 이상의 찬성(국회재적의원 과반수의 출석)</td><td>법률안의 재의(제53조 제4항)</td></tr>
</table>

표결결과가 가부동수인 경우에 헌법은 부결된 것으로 보고 있다(제49조). 제4차 개정헌법까지는 의장에게 표결권과 결정권을 동시에 부여하고 있었는데, 이는 국회의장 1인이 이중으로 의사표시를 하게 되는 문제점이 있었다. 이에 따라 제5차 개정헌법부터는 국회의장의 결정권을 폐지하고 가부동수인 때에는 부결된 것으로 보고 있다.

그런데 현행 헌법 하에서도 의장이 **표결권**을 갖는지는 규정상 여전히 분명하지 않다. 국회의장도 재적의원에 속하므로 표결권을 갖는다고 보는 것이 타당할 것이다. 더욱이 현행 헌법 하에서는 국회의장이 결정권을 갖지 않기 때문에 표결권마저 부인하기는 어려울 것으로 보인다. 국회의장으로 하여금 표결권과 결정권을 모두 갖게 하는 것이 문제라면, 표결권과 결정권 모두를 부인하는 것도 문제다.

NOTE **국회 표결의 종류와 방법**

종류	방법	적용
전자투표에 의한 기록표결	기록표결이란 찬성의원과 반대의원의 성명이 기록되는 표결방법(국회법 제112조 제1항 본문)	원칙적 표결 방법
이의유무표결	의장이 안건에 대한 이의를 물어서 이의가 없다고 인정할 때에 가결되었음을 선포하는 표결방법(국회법 제112조 제3항 본문)	이의가 있을 때에는 전자투표에 의한 기록표결 등의 방법에 의하여야 함(국회법 제112조 제3항 단서).
기립표결	각 찬성의원과 반대의원의 기립 후 그 수를 집계하는 표결방법	투표기기의 고장 등 특별한 사정이 있을 때에 할 수 있음(국회법 제112조 제1항 단서 전단).
기명투표	투표용지에 안건에 대한 가·부 등의 의사표시와 투표의원의 성명을 기재하는 표결방법	- 중요한 안건으로서 의장의 제의 또는 의원의 동의(動議)로 본회의 의결이 있거나 재적의원 5분의 1 이상의 요구가 있을 때(국회법 제112조 제2항) - 헌법개정안(국회법 제112조 제4항)
무기명투표	투표용지에 안건에 대한 가·부 등의 의사표시만 기재하고 투표의원의 성명은 기재하지 않는 표결방법	- 대통령으로부터 환부된 법률안 및 인사에 관한 안건(국회법 제112조 제5항)[102] - 국회에서 행하는 각종 선거(국회법 제112조 제6항) - 국무총리 또는 국무위원 해임건의안(국회법 제112조 제7항) - 탄핵소추안(국회법 제130조)

III. 위원회제도

국회는 소관 상임위원회에서 심사·의결한 내용을 본회의에서는 거의 그대로 통과시키는 이른바 **위원회 중심주의**를 채택하고 있다. 위원회는 국회의원 가운데서 소수의

102) 다만, 겸직으로 인한 의원 사직과 위원장 사임에 대하여 의장이 각 교섭단체 대표의원과 협의한 경우에는 그러하지 아니하다(국회법 제112조 제5항 단서).

위원을 선임하여 구성되는 국회의 내부기관인 동시에 본회의의 심의 전에 회부된 안건을 심사하거나 그 소관에 속하는 의안을 입안하는 국회의 합의제기관이다.[103] 위원회 제도는 의원 전원이 장기간의 회기동안 고도의 기술적이고 복잡 다양한 내용의 방대한 안건을 다루기에는 능력과 시간상의 제약이 따르기 때문에 이를 극복하기 위한 방안으로 만들어진 제도다.

위원회에는 상임위원회, 특별위원회의 두 종류가 있다(국회법 제35조). **상임위원회**는 그 소관에 속하는 의안과 청원 등의 심사, 그 밖에 법률에서 정하는 직무를 수행한다(국회법 제36조).[104] **특별위원회**에는 둘 이상의 상임위원회와 관련된 안건이거나 특히 필요하다고 인정한 안건을 효율적으로 심사하기 위하여 본회의의 의결로 활동기간을 정하여 두는 특별위원회와(국회법 제44조 제1항 · 제2항), 예산결산특별위원회(국회법 제45조), 윤리특별위원회(국회법 제46조),[105] 윤리심사자문위원회(국회법 제46조의2),[106] 인사청문특별위원회(국회법 제46조의3)가 있다.

이 위원회의 종류에는 속하지 않지만 「국회법」은 **전원위원회**(全院委員會) 제도도 두고 있다. 위원회의 심사를 거치거나 위원회가 제안한 의안 중 정부조직에 관한 법률안, 조세 또는 국민에게 부담을 주는 법률안 등 주요 의안의 본회의 상정 전이나 본회의 상정 후에 재적의원 4분의 1 이상이 요구할 때에는 그 심사를 위하여 의원 전원으로 구성되는 전원위원회를 개회할 수 있다. 다만, 의장은 주요 의안의 심의 등 필요하다고 인정하는 경우 각 교섭단체 대표의원의 동의를 받아 전원위원회를 개회하지 아니할 수 있다(국회법 제63조의2). 국회규칙에 따르면 전원위원회는 본회의에서 당해 의안에 대한

---

103) 헌재 2003.10.30. 2002헌라1, 국회의원과 국회의장간의 권한쟁의(기각).

104) 2023.7. 현재 상임위원회는 모두 17개(국회운영위원회, 법제사법위원회, 정무위원회, 기획재정위원회, 교육위원회, 과학기술정보방송통신위원회, 외교통일위원회, 국방위원회, 행정안전위원회, 문화체육관광위원회, 농림축산식품해양수산위원회, 산업통상자원중소벤처기업위원회, 보건복지위원회, 환경노동위원회, 국토교통위원회, 정보위원회, 여성가족위원회)가 있다(국회법 제37조 제1항).

105) 윤리특별위원회는 2018년 「국회법」 개정을 통하여 비상설 특별위원회로 되었다(신 · 구 국회법 각 제46조 제1항 참조).

106) 구 「국회법」에서는 윤리심사자문위원회를 윤리특별위원회에 두었으나(구 국회법 제46조의2), 2021.5.18. 개정되고 2022.5.30. 시행된 「국회법」에서는 국회에 두는 것으로 그 소속을 바꾸었다. 그리고 그 자문대상도 기존의 ① 의원의 겸직 및 영리업무 종사와 관련된 의장의 자문과 ② 의원 징계에 관한 윤리특별위원회의 자문에 ③ 의원의 이해충돌 방지에 관한 사항을 관장사무로 추가하여 확대 개편하였다(국회법 제46조의2). 윤리심사자문위원회는 특별위원회라는 명칭이 붙어 있지 않으나, 「국회법」상 위원회는 상임위원회 외에는 모두 특별위원회로 볼 수 있다.

심사보고 또는 제안설명이 있은 후에 개회한다(전원위원회 운영에 관한 규칙 제5조 제1항).

국회의원은 둘 이상의 상임위원이 될 수 있고, 교섭단체 대표의원은 국회운영위원회의 위원이 된다. 의장은 상임위원이 될 수 없다. 국무총리 또는 국무위원의 직을 겸한 의원은 상임위원을 사임할 수 있다(이상 국회법 제39조). 상임위원의 임기는 2년으로 하되, 국회의원 총선거 후 처음 선임된 위원의 임기는 선임된 날부터 개시하여 의원 임기 개시 후 2년이 되는 날까지로 한다. 보임(補任)되거나 개선(改選)된 상임위원의 임기는 전임자 임기의 남은 기간으로 한다(이상 국회법 제40조). 상임위원의 선임이나 개선은 교섭단체 소속 의원 수의 비율에 따라 각 교섭단체 대표의원의 요청으로 의장이 한다(국회법 제48조 제1항 제1문). 위원이 질병 등 부득이한 사유로 의장의 허가를 받은 경우 외에는 임시회의 경우에는 회기 중에 개선될 수 없고, 정기회의 경우에는 선임 또는 개선 후 30일 이내에는 개선될 수 없다(국회법 제48조 제6항).[107]

상임위원은 소관 상임위원회의 직무와 관련한 영리행위를 하여서는 안 된다(국회법 제40조의2).

NOTE ‘임시회의 경우에는 회기 중’에 개선될 수 없다는 문언의 의미

「국회법」 제48조 제6항의 ‘임시회의 경우에는 회기 중’에 개선될 수 없다는 문언의 의미는 ‘위원이 된(선임 또는 보임된) 임시회의 회기 중’에 개선되는 것을 금지하는 의미라는 것이 헌법재판소의 해석이다. 만일 ‘모든 임시회의 회기 중에 개선하는 것’을 금지한다고 해석하게 되면, ‘선임 또는 개선된 임시회의 회기 중’에는 개선이 금지되었다가 폐회 중에는 개선이 가능해지고, ‘후속 임시회’의 회기가 개시되면 다시 개선이 금지된다는 의미로 되어 불합리하게 된다는 것이다.[108]

위원회를 통하여 시간을 절약하거나 깊이 있는 토의 등을 할 수 있게 됨으로써 능률적인 의사운영과 전문적인 심의가 가능할 수 있다. 그러나 위원회는 각 정부부처와 밀접한 관련성을 갖기 때문에 위원회가 각 부처의 이익을 대표하는 기관으로 되는 경

107) 상임위원회 위원 개선과 관련하여 1994년 신설되었던 “의장과 교섭단체 대표의원은 의원을 상임위원회의 위원으로 선임하는 것이 공정을 기할 수 없는 뚜렷한 사유가 있다고 인정할 때에는 해당 상임위원회의 위원으로 선임하거나 선임을 요청해서는 아니 된다.”는 규정(국회법 제48조 제7항)은 2021.5.18. 개정에서 삭제되었다.

108) 헌재 2003.10.30. 2002헌라1, 국회의원과 국회의장간의 권한쟁의(기각) – 사개특위 위원 개선 사건.

우에는 국회의 국민대표성이 위협을 받을 수 있고, 또 위원회는 소수의 위원으로 구성되기 때문에 이익집단의 활동에 노출되기 쉬우며, 위원회에서 당파 간에 대립하게 되는 경우에는 위원회 운영이 단절되어 국회의 입법기능이 마비될 수가 있다.

Q **「국회법」 제34조 제1항(교섭단체 소속 의원의 입법 활동을 보좌하기 위하여 교섭단체에 정책연구위원을 둔다)이 교섭단체를 이루지 못한 정당인 소수당에 대한 위헌적 차별인지의 여부를 검토하고, 가능한 반대의견의 논거를 제시하시오.**

A 헌법재판소에 따르면 일정 수 이상의 소속의원을 가진 교섭단체가 국회의 입법활동을 주도할 가능성이 높은 상황에서 우선적으로 교섭단체의 전문성을 제고시켜야 하므로, 교섭단체가 필요로 하는 전문인력을 공무원 신분인 정책연구위원으로 임용하여 그 소속의원들의 입법활동을 보좌하도록 할 필요성이 있다고 한다. 따라서 교섭단체에 한하여 정책연구위원을 배정하는 데에는 합리적인 이유가 있다고 판시하고 있다.
그리고 정책연구위원의 배정 문제는 헌법에서 특별히 평등을 요구하고 있는 분야도 아니고 관련 기본권에 중대한 제한을 초래하는 경우도 아니므로 그 위헌 여부의 심사는 합리성 심사로 족하다고 한다.[109] 이에 대해서는 단지 교섭단체 구성 여부만을 유일한 기준으로 삼는 대신에 소수정당을 배려하는 다른 합리적 방안을 강구할 필요가 충분히 있다는 반론이 있다.

제6항 국회의원

I. 국회의원의 헌법상 지위

1. 국민대표기관인 국회의 구성원으로서의 지위

국회의원은 국민대표기관인 국회의 구성원으로서의 지위를 갖는다. 따라서 **국회의원은 개개인이 모두 헌법기관**이다. 지역구국회의원의 경우에도 그 지위는 국민전체를 대표하는 지위를 갖는다(제46조 제2항 참조).

의원은 임기 초에 국회에서 다음의 선서를 한다. “나는 헌법을 준수하고 국민의 자유와 복리의 증진 및 조국의 평화적 통일을 위하여 노력하며, 국가이익을 우선으로 하

109) 헌재 2008.3.27. 2004헌마654, 국회법 제34조 등 위헌확인(기각).

여 국회의원의 직무를 양심에 따라 성실히 수행할 것을 국민 앞에 엄숙히 선서합니다."(국회법 제24조). 이로부터 볼 때도 국회의원과 국민의 관계는 **자유위임관계**다.

2. 정당 소속원으로서의 지위

오늘날 국회의원은 정당 소속원으로서의 지위에 사실상 강하게 기속되어 양심과 헌법과 법률에 따라 독자적으로 기능하지 못하는 경향이 있다. 「공직선거법」과 헌법재판소의 판결은 이러한 정당국가화경향을 지지하고 있다.

국회의원의 지나친 정당 기속을 방지하기 위해서 「국회법」에서는 "의원은 국민의 대표자로서 소속 정당의 의사에 기속되지 아니하고 양심에 따라 투표한다"(국회법 제114조의2)라고 명시하고 있지만 실제에서는 잘 지켜지지 못하고 있다.

국회의원이 소속정당을 이탈하거나 변경한 경우에 의원직을 유지할 수 있는가?

국회의원의 당적변경 등과 의원직 유지에 대해서는 헌법상 규정은 존재하지 않는다. 헌법재판소는 자유위임하의 국회의원의 지위는 그 의원직을 얻은 방법, 즉 전국구로 얻었는가 지역구로 얻었는가에 의하여 차이가 없다고 보아서 비례대표국회의원이 소속정당을 탈당한 경우 우선은 법률의 규정에 따르지만 법률규정이 없는 경우에는 당연상실하는 것은 아니라고 하였다.[110] 그런데 주의할 것은 헌법재판소의 이 결정이 문제된 전국구국회의원의 탈당 시점에는 현행 「공직선거법」 제192조 제4항과 같은 관련 규정이 없었다. 관련 규정(현행 공직선거법 제192조 제4항)은 1994.3.16. 제정·시행된 「공직선거및선거부정방지법」에서 처음으로 규정되었다.
현행 「공직선거법」 제192조 제4항은 "비례대표국회의원 또는 비례대표지방의회의원이 소속정당의 합당·해산 또는 제명외의 사유로 당적을 이탈·변경하거나 2 이상의 당적을 가지고 있는 때에는 「국회법」 제136조(퇴직) 또는 「지방자치법」 제90조(의원의 퇴직)의 규정에 불구하고 퇴직된다. 다만, 비례대표국회의원이 국회의장으로 당선되어 「국회법」 규정에 의하여 당적을 이탈한 경우에는 그러하지 아니하다"고 규정하여, 비례대표국회의원이라고 할지라도 소속정당이 다른 당과 합당하거나 해산하거나 또는 소속정당으로부터 제명된 경우에는 당연 퇴직되지 않고 그 외의 경우에는 퇴직되는 것으로 하고 있다. 위 헌법재판소의 판결처럼 의원직을 얻은 방법에 따른 차이가 없다면 지역구국회의원의 경우도 비례대표국회의원과 마찬가지로 해석된다.그러나 후의 헌법재판소 결정에 따르면, 정당 강제해산의 경우에는 소속 국회의원은 지역구국회의원이든 비례대표국회의원이든 차별이 없이 그

110) 헌재 1994.4.28. 92헌마153, 전국구국회의원 의석계승 미결정 위헌확인(각하).

자격도 함께 상실한다.[111] 그런데「공직선거법」 제192조 제4항은 강제 해산된 정당 소속 비례대표지방의회의원의 퇴직을 규정한 조항이라고 볼 수는 없다는 것이 대법원의 입장이다.[112]

이상의 논리를 정리하면 ① 지역구국회의원이든 비례대표국회의원이든 그 지위는 다르지 않고, ② 강제해산되는 정당의 경우는 지역구국회의원이든 비례대표국회의원이든 모두 의원직을 상실하게 된다.

③ 또 이를 전제로 「공직선거법」 제192조 제4항을 해석하면, 소속정당의 합당·(자진)해산·또는 제명으로 당적 이탈·변경·복수당적이 있게 되면 퇴직하지 아니하고(당적이 없는 경우는 무소속으로 남게 된다), 그 외의 사유로 인한 경우에는 퇴직된다. 그런데 비위행위 등으로 비례대표국회의원이 제명되는 경우에는 의원직을 상실시키도록 법을 개정하여야 한다는 주장도 있다.

당론에 위반되는 정치활동을 한 국회의원에 대한 소속정당의 제재 가능 범위는?

A

헌법재판소는 소속 의원을 다른 상임위원회로 개선(사·보임)하는 것과 같은 정당내부의 사실상의 강제나 정당으로부터의 제명과 같은 것은 헌법상 용인될 수 있는 범위에 속하는 것으로 보고 있다.[113] 이 경우 심사기준으로는 헌법이나 법률을 명백히 위반한 흠이 있는지를 심사하는 것으로 충분하고, 국회의 기능수행을 위하여 필요한 정도와 자유위임원칙을 제한하는 정도를 비교형량하여 판단한다.[114]

3. 국회의원 자격의 발생과 소멸

국회의원의 자격은 선거에서 당선된 후 전임의원의 임기만료일의 다음 날부터 개시된다만, 의원의 임기가 개시된 후에 실시하는 선거에 의한 의원의 임기는 당선이 결정된 때부터 개시되며 전임자 또는 같은 종류의 의원의 잔임기간으로 한다(공직선거법

111) 헌재 2014.12.19. 2013헌다1, 통합진보당 해산[인용(해산)].

112) 대법원 2021.4.29. 2016두39825 판결. 이 판결은 헌법재판소에 의해 강제해산된 통합진보당 소속 비례대표지방의회의원의 의원직을 유지시키고 있는 판결이다.

113) 헌재 2003.10.30. 2002헌라1, 국회의원과 국회의장간의 권한쟁의(기각) – 사개특위 위원 개선 사건.

114) 헌재 2020.5.27. 2019헌라1. 이 사건에서 헌법재판소는 바른미래당 교섭단체 대표의원의 요청으로 국회의장이 바른미래당 소속 사법개혁특별위원회 위원인 청구인을 같은 당 다른 의원으로 개선한 행위는 청구인의 법률안 심의·표결권을 침해한 것은 아니라고 판시하였다. 2002헌라1(2003)에서는 반대의견이 1명이었으나 2019헌라1(2020)에서는 반대의견이 4명의 재판관으로 늘었다는 점에서 향후의 결정이 주목된다.

제14조 제2항).

국회의원은 **임기만료**로 자격을 상실한다. 국회의원의 임기는 4년이다. 국회의원은 **제명**에 의해서도 임기가 소멸된다. 여기서의 제명은 국회의원의 자격을 상실하게 하는 것이므로 소속정당으로부터의 제명[115]과는 다르다. 제명은 공개회의에서의 경고 · 사과, (30일 또는 90일 이내의) 출석정지와 함께 국회의원에 대한 징계의 한 종류다(국회법 제163조). 의원을 제명하려면 국회재적의원 3분의 2 이상의 찬성이 있어야 한다(제64조 제3항). 또한 국회의원은 국회가 하는 **자격심사**에 의해서도 신분이 소멸될 수 있다(제64조 제1항). 의원이 다른 의원의 자격에 대하여 이의가 있을 때에는 30명 이상의 연서로 의장에게 자격심사를 청구할 수 있다. 의원의 자격심사 · 징계에 관한 사항을 심사하기 위하여 윤리특별위원회를 구성한다(국회법 제46조 제1항). 자격심사는 본회의에서 의결로 결정하되, 자격이 없는 것으로 의결할 때에는 재적의원 3분의 2 이상의 찬성으로 결정한다(국회법 제142조 제3항). 자격심사는 의원으로서의 자격을 취득 · 유지하는데 있어서 하자가 있는지 여부를 심사하는 것이므로 그 사유가 광범위하나, 특별한 이유 없이 다수가 특정 의원의 자격을 박탈하기 위한 도구로 남용해서는 안 될 것이다.

징계와 자격심사 및 그에 따른 제명에 대해서는 **법원에 제소할 수 없다**(제64조 제4항). 법원에 제소할 수 없게 한 것은 우선은 국회의 자율성을 보장하기 위한 것이지만 오늘날 날로 격화되는 정치의 사법화 현상을 방지하는 기능도 있다. 이와 관련하여 법원이 아닌 헌법재판소에 제소하는 것은 가능하다는 주장이 있다. 서로 다른 견해가 기반으로 하는 상반되는 관점[116]이 각기 타당성을 가지고 있기 때문에 이론적으로 그 당부를 결정하기 보다는 정치문화적 상황이나 배경을 고려하여 판단하는 것이 타당할 것으로 보인다. 현재의 우리 정치가 타협이나 승복의 정신을 상실하고 쉽게 법적 분쟁에 골몰하는 큰 병폐를 안고 있는 점을 고려할 때, 헌법재판소에 제소할 수 없다고 보는 것이 헌법의 정신에 부합하는 것으로 판단된다.

115) 이 경우는 당헌이 정하는 절차를 거쳐야 하고 소속 국회의원 전원의 2분의 1 이상의 찬성이 있어야 한다(정당법 제33조).

116) 부정설의 국회자율권 존중, 헌법재판소도 사법기관이라는 점, 국회의 통치행위라는 점과 긍정설의 법치주의적 관점, 국회의 자율권에도 한계가 있다는 점, 헌법재판 자체가 정치적 성격을 내포하는 쟁송이라는 점, 통치행위도 한계가 있다는 점 등을 들 수 있다.

II. 국회의원의 특권

1. 불체포특권[117)]

가. 의의 및 내용

국회의원은 현행범인인 경우를 제외하고는 회기중 국회의 동의없이 체포 또는 구금되지 아니한다(제44조 제1항). 국회의원이 회기전에 체포 또는 구금된 때에는 현행범인이 아닌 한 국회의 요구가 있으면 회기중 석방된다(제44조 제2항). 이를 국회의원의 불체포특권(parliamentary privilege of freedom from arrest, Immunität)이라고 한다.

이 불체포특권은 1948년 제정헌법에서부터 규정되어 있었다. 국회는 회기중 휴회도 할 수 있으므로 휴회중에도 불체포특권은 인정된다. 계엄 시행 중에는 현행범인인 경우를 제외하고 회기 중인지 여부를 불문하고 체포·구금되지 않는다(계엄법 제13조).

나. 제도의 목적

국회의원의 불체포특권은 의원 개인의 신체의 자유를 보장하기 위해서라기보다는 국회의 정상적인 기능을 보장하기 위한 것이다. 이는 체포사유가 있더라도 국회의 의사에 지대한 장애가 발생하는 등의 경우에는 체포동의를 하지 않을 수 있다는 것을 의미한다.

다. 체포동의 요청의 절차 및 의결

국회의원을 체포하거나 구금하기 위하여 국회의 동의를 받으려고 할 때에는 관할법원의 판사는 영장을 발부하기 전에 체포동의 요구서를 정부에 제출하여야 하며, 정부는 이를 수리(受理)한 후 지체 없이 그 사본을 첨부하여 국회에 체포동의를 요청하여야 한다(국회법 제26조 제1항). 의장은 체포동의를 요청받은 후 처음 개의하는 본회의에 이를 보고하고, 본회의에 보고된 때부터 24시간 이후 72시간 이내에 표결한다. 다만, 체포동의안이 72시간 이내에 표결되지 아니하는 경우에는 그 이후에 최초로 개의하는 본회의에 상정하여 표결한다.

국회에 제출된 국회의원의 체포동의안에 대한 표결 정족수는 특별한 규정이 없으

117) 자세한 것은 이희훈, 국회의원의 불체포특권에 대한 헌법적 고찰, 세계헌법연구 18-2, 2012, 224쪽 이하 참조.

므로 일반의결정족수에 따라 국회재적의원 과반수의 출석과 출석의원 과반수의 찬성으로 의결한다(제49조, 국회법 제109조).

의원이 체포 또는 구금된 의원의 석방 요구를 발의할 때에는 재적의원 4분의 1 이상의 연서(連書)로 그 이유를 첨부한 요구서를 의장에게 제출하여야 한다(국회법 제28조). 이 석방요구는 국회의 의결을 거쳐 일반의결정족수를 충족하여야 가결된다.

라. 효과

불체포특권은 국회의원의 처벌을 면제하는 것이 아니라 회기중 체포 또는 구금되지 않을 특권일 뿐이라는 점에서 의원의 발언·표결에 대한 면책특권과는 구별된다.

2. 발언·표결에 대한 면책특권

가. 의의 및 내용

1689년 영국의 권리장전에서 처음으로 면책특권이 규정되었고, 우리나라에서도 1948년 제정헌법에서부터 규정하였다. 현행 헌법은 제45조에서 “국회의원은 국회에서 직무상 행한 발언과 표결에 관하여 국회 외에서 책임을 지지 아니한다”라고 규정하고 있다.

면책특권(indemnity, Indemnität)은 국회의원이 국회에서 외부압력에 굴하지 않고 자유롭게 발언할 수 있게 하기 위한 것이다. 따라서 면책특권은 의원에 대한 책임면제특권이다. 이 점에서 불체포특권과는 구별된다.

나. 주체

면책특권을 누리는 주체는 국회의원만이다. 국회의원을 겸직하고 있는 국무위원이나 국무총리의 경우에는 의원으로서 한 발언인지 또는 국무위원으로서 한 발언인지가 불분명할 수는 있으나, 이런 경우에도 면책특권을 인정하는 것이 타당하다.[118] 국회의원의 특권이므로 의원의 발언·표결을 교사·방조한 자에게는 면책특권이 인정되지 않는다.

118) 김철수, 헌법학(하), 박영사, 2008, 1578쪽.

다. 면책범위

1) 면책대상행위

원칙적으로 면책대상이 되는 행위는 의사당 내에서의 직무상 발언·표결을 말한다. 그러나 "면책특권의 대상이 되는 행위는 직무상의 발언과 표결이라는 의사표현행위 자체에 국한되지 아니하고 이에 **통상적으로 부수하여 행하여지는 행위까지 포함**하고, 그와 같은 부수행위인지 여부는 결국 구체적인 행위의 목적, 장소, 태양 등을 종합하여 개별적으로 판단할 수밖에 없다"는 것이 대법원의 판례다.[119)]

발언 내용이 허위라는 점을 인식하지 못하였다면 비록 발언 내용에 다소 근거가 부족하거나 진위 여부를 확인하기 위한 조사를 제대로 하지 않았다고 하더라도, 그것이 직무 수행의 일환으로 이루어진 것인 이상 이는 면책특권의 대상이 된다.[120)] 국회에서의 발언원고를 발언 30분 전에 국회의사당에 있는 기자에게 배포한 행위와 같이 의사당 외에서의 발언·표결도 일정한 경우 면책특권에 포함될 수 있고, 의원의 직무수행에 부수하여 행하여지는 행위도 포함된다.[121)]

2) 면책대상이 아닌 행위

대법원은 직무와는 아무런 관련이 없음이 분명하거나, 명백히 허위임을 알면서도 허위의 사실을 적시하여 타인의 명예를 훼손하는 경우 등까지 면책특권의 대상이 된다고 할 수는 없는 것으로 본다.[122)]

의회 외에서의 발언 등 행위는 비록 국회 내 발언을 그대로 반복하여 발언하거나 발언을 출판하는 경우에도 처벌될 수 있다. 또한 타인을 모욕하거나 사생활을 침해하는 발언도 면책되지 않는다(국회법 제146조). 그러나 국회 공개회의의 의사록을 그대로 공개하는 것은 처벌대상이 되지 않는다.

국회의원의 발언 등이 면책대상에 포함되지 아니하는 경우 형사소추를 위해서는 국회의 자율권을 존중하여 국회의 고발이 필요하다는 견해가 있는 반면에 불필요하다고 하는 견해가 있다.

---

119) 대법원 1992.9.22. 91도3317 판결(검사 상고 기각). 이는 신한민주당 유성환 의원이 통일 국시 발언으로 「국가보안법」의 찬양·고무죄로 기소된 사건이다.
120) 대법원 2007.1.12. 2005다57752 판결.
121) 대법원 1992.9.22. 91도3317 판결.
122) 대법원 2007.1.12. 2005다57752 판결.

라. 효과

국회의원의 면책특권이 적용되는 경우에는 해당 국회의원은 모든 민·형사상의 책임을 면제받는다. 그러나 「국회법」상 징계책임까지 면제되는 것은 아니다. 정치적 책임도 면책특권과는 별개의 문제다.

A는 구 신한민주당 소속 제12대 국회의원으로서 1986.7. 경 제131회 정기국회 본회의에서의 정치분야 대정부 질문자로 내정되어 그 질문 원고를 작성함에 있어 우리나라의 통일정책과 관련하여 '이 나라의 국시는 반공이 아니라 통일이어야 한다.', '통일이나 민족이라는 용어는 공산주의나 자본주의보다 그 위에 있어야 한다.'는 등 통일을 위해서라면 공산화통일도 용인하여야 한다는 취지 등을 담은 원고를 완성하고 비서로 하여금 50부를 복사하게 한 다음, 같은 해 10.13. 13:30 국회의사당 내 기자실에서 비서를 통하여 그중 30부를 국회출입기자들에게 배포함으로써 '반국가단체인 북괴의 활동에 동조하여 이를 이롭게 하였다'는 것을 이유로 검사에 의해 기소되었다.
① A가 배포한 원고의 내용이 공개회의에서 행할 발언내용이고(회의의 공개성), 원고의 배포시기가 당초 발언하기로 예정된 회의시작 30분 전으로 근접되어 있으며(시간적 근접성), 원고배포의 장소 및 대상이 국회의사당 내에 위치한 기자실에서 국회출입기자들만을 상대로 한정적으로 이루어졌고(장소 및 대상의 한정성), 원고배포의 목적이 보도의 편의를 위한 것이라는(목적의 정당성) 등의 사실이 인정된다고 할 경우에 A가 국회 본회의에서 질문한 원고를 위와 같이 사전에 배포한 행위가 국회의원의 면책특권의 대상이 되는지 여부를 검토하시오.
② 면책특권의 대상에 해당한다고 할 경우에 공소를 기각한다면 「형사소송법」의 적용법조는 무엇인가?

① 국회의원의 면책특권의 대상이 되는 행위는 직무상의 발언과 표결이라는 의사표현행위 자체에 국한되지 아니하고 이에 통상적으로 부수하여 행하여지는 행위까지 포함하고, 그와 같은 부수행위인지 여부는 결국 구체적인 행위의 목적, 장소, 태양 등을 종합하여 개별적으로 판단하여야 한다는 대법원의 판결을 기초로 설문의 인정사실을 판단할 때 면책대상의 범위에 속한다고 볼 수 있다.
② 「형사소송법」 제327조에서는 공소기각의 판결을 선고하는 경우를 명시하고 있다. 문제는 국회의원의 면책특권에 속하는 행위에 대하여 공소기각의 판결을 할 경우에 당해 행위가 제1호의 "피고인에 대하여 재판권이 없을 때"에 해당하는 것인지, 제2호의 "공소제기의 절차가 법률의 규정에 위반하여 무효일 때"에 해당하는 것인지가 문제된다.

대법원의 판결에 따르면 제1호를 근거로 하는 것은 국회의원의 면책특권에 해당하는 경우에는 재판권의 일부가 입법부에 속하는 것으로 파악됨을 전제로 한 것이 되어 재판권행사에 관한 현행법체계하에서는 채용할 수 없다고 한다. 말하자면 권력분립에 위배된다고 보는 것이다. 따라서 국회의원의 면책특권의 경우에는 제2호에 따라 공소를 기각하여야 한다

고 하는 것이 대법원의 입장이다.[123)]

Q **국회의원의 면책특권을 남용하여 타인의 명예를 훼손하는 경우가 빈번히 발생했음을 이유로 면책특권을 폐지하자는 주장이 있다. 국회의원 면책특권을 폐지하는 것이 타당한지 여부에 대해 검토하시오.**

A 국회의원의 면책특권은 권력분립에 기여하는 중요한 제도로 파악되므로 이를 폐지하는 것은 바람직하지 않다. 따라서 면책특권이 남용될 우려와 관련하여서는 면책특권에 일정한 한계를 인정하는 것으로 해결이 가능하다. 예컨대 "직무와 관련이 없음이 분명하거나 명백히 허위임을 알면서도 허위 사실을 적시해 타인의 명예를 훼손한 경우"에는 면책특권을 적용하지 않는 것이다.[124)]

Q **구 한나라당 소속 국회의원인 갑은 2003.12.17. 국회 예산결산위원회 회의장에서 ○○○ 법무부장관을 상대로 대정부 질의를 하던 중, 당시 '△△△ 그룹'의 A부회장이 노무현 대통령의 측근에게 대선자금을 제공하였다는 의혹과 관녹취록을 읽어 보셨습니까? …… 거기에 보면 B한테 '1,000만원권 내가 복사해 놓았다, 걱정하지 마라' 거기에는 누가 뭐 하는 것 없습니다. 그 다음에 A가 수감 중에 저 혼자만 당한다고 생각해서 '노 후보 측에 95억원을 주었다, 내가 수표 사본도 갖고 있다, 비서관 원고를 통해서 주었다'(라고 나옵니다). 왜 조사안합니까? …… 여기에 대해서 어떻게 하실 것인지 장관께서 답변해 보십시오. 특검법 관계없이 수사할 거요, 안할 거요?"라는 발언을 하였다. 그 후 위 △△△ 그룹 측이 노무현 대통령 측에 대선자금을 제공하였다는 의혹과 관련하여 '노무현 대통령의 측근 B · C · D 관련 권력형 비리 의혹사건 등의 진상규명을 위한 특별검사'의 수사가 있었으나, 위 특별검사는 2004.3.31. 위 의혹은 사실이 아니며 사설 녹취기관의 부실한 녹취에서 비롯된 오해에 불과한 것으로 보인다고 수사결과를 발표하였다(이상 서울고법 2005.9.9. 2005나19622 판결에 나타난 사실관계임).**

이에 대해 2003년경 청와대 대통령비서실 민정비서관이던 을은 "A가 자신을 통하여 대선자금 95억원을 제공한 사실이 없고 A의 녹취록에도 자신의 이름이 거론되지 않았음에도 불구하고, 갑은 사실 확인도 제대로 하지 않은 채 악의적으로 허위의 발언을 하여 자신의 명예를 훼손하였고, 이와 같이 국회의원이 허위사실을 유포하여 개인의 명예를 훼손하고 정치적 공세를 가하는 행위는 국회의원의 직무와 무관한 것으로 헌법에서 인정하는 면책특권의 범위를 벗어난다. 따라서 피고의 위 발언행위는 원고에 대하여 불법행위가 되므로 피고는 그로 인하여 원고의 사회적 평가가 훼손됨으로써 입은 정신적인 손해를 배상하여야

123) 대법원 1992.9.22. 91도3317 판결.
124) 대법원 2007.1.12. 2005다57752 판결.

한다"라고 주장하면서 서울남부지방법원에 손해배상소송을 제기하였다. 갑의 발언이 국회의원의 면책특권의 보호대상이 되는지 여부를 검토하시오.

A

직무와는 아무런 관련이 없음이 분명하거나, 명백히 허위임을 알면서도 허위의 사실을 적시하여 타인의 명예를 훼손하는 경우 등까지 면책특권의 대상이 된다고 할 수는 없다 할 것이지만, 발언 내용이 허위라는 점을 인식하지 못하였다면 비록 발언 내용에 다소 근거가 부족하거나 진위 여부를 확인하기 위한 조사를 제대로 하지 않았다고 하더라도, 그것이 직무 수행의 일환으로 이루어진 것인 이상 이는 면책특권의 대상이 된다는 것이 대법원의 판례다.[125] 이러한 점에서 면책특권의 보호대상이 되는 것으로 판단된다.

Q

국회의원 갑은 2005.8.18. 오전 10:03 경 개의된 국회 법제사법위원회에 참석하여, 김영삼 정권 시기인 1997.9.경 구 국가안전기획부 내 정보수집팀인 미림팀이 국내 최대 재벌기업인 ○○그룹 부회장과 주요 언론사인 △△일보 사장이 특정 대통령 후보에 대한 자금 제공과 최고위급 검찰 간부들에 대한 뇌물 제공을 논의한 대화내용의 녹음파일과 관련 전·현직 검사 5명의 실명과 2명의 직책을 공개하고 당시 ○○○ 법무부장관에게 특검 및 수사촉구를 주장하였다(소위 X파일 사건). 갑은 이러한 발언내용을 담은 보도자료를 같은 날 9:30경에서 10:00경까지 국회의 국회의원회관에서 국회출입기자들에게 배포하는 동시에 자신의 인터넷 홈페이지에 게재하였다. 이에 전·현직 검사 중 1명이 명예훼손 등의 혐의로 고소하였고, 검찰은 명예훼손죄와 「통신비밀보호법」 제16조 제1항 제2호 위반으로 갑을 기소하였다. 이 사건에서 인터넷 홈페이지에 게재한 갑의 행위가 면책특권의 대상이 되는지 여부를 판단하시오.

인터넷 게시물을 게재하는 것은 면책특권의 장소적 범위를 벗어난 것으로 면책특권의 대상이 되지 아니한다.[126]

III. 국회의원의 권한과 의무

1. 권한

국회의원의 권한은 헌법상 권한과 「국회법」상 권한으로 나누어 볼 수 있다. 먼저 헌법상 권한으로는 ① 법률안 제출권(제52조), ② 법률안 심의·표결권(의회민주주의원리, 제40조, 제41조 제1항), ③ 조약체결·비준 동의안(動議案)에 대한 심의·표결권[127](의

125) 대법원 2007.1.12. 2005다57752 판결.

126) 대법원 2013.2.4. 2011도15315 판결.

127) 조약의 체결·비준에 대한 동의권은 국회의원의 권한이 아니라 국회의 권한임을 주의하여야 한다. 이에 대해서는 후술 국회의 권한 중 중요조약에 대한 체결·비준 동의권 참조.

회민주주의 원리, 제60조 제1항, 제41조 제1항), ④ 헌법개정안의결권(제128조 제1항), ⑤ 탄핵소추발의권(제65조 제1항), ⑥ 규칙제정권(제64조 제1항) 등 자율권, ⑦ 권한쟁의심판청구권,[128] ⑧ 국정감사 · 조사권(제61조) 등이 있다.

「국회법」상 권한으로는 ① 의안발의권(국회법 제79조), ② 질문권(국회법 제122조 이하), ③ 질의권(국회법 제93조), ④ 발언권(국회법 제99조 이하), ⑤ 토론권(국회법 제106조 이하) 등이 있다.

여기에서 특히 문제가 되는 것이 **국회의원의 심의 · 표결권**이다. 이에는 법률안 심의 · 표결권과 조약체결 · 비준 동의안에 대한 심의 · 표결권이 있다. 국회의원의 심의 · 표결권은 헌법상 명문의 규정이 없다. 그러나 헌법재판소의 판례에서는 법률안 심의 · 표결권의 헌법적 근거로는 의회민주주의의 원리, 헌법 제40조, 제41조 제1항, 제49조,[129] 조약체결 · 비준 동의안에 대한 심의 · 표결권은 의회민주주의의 원리, 헌법 제60조 제1항, 제41조 제1항을 들고 있다.[130]

조약체결 · 비준 동의안에 대한 심의 · 표결권과 조약의 체결 · 비준에 대한 동의권의 관계에 관하여 판례는 조약체결 · 비준 동의권은 조약체결 · 비준 동의안에 대한 심의 · 표결권을 포함한다고 한다.[131] 그런데 헌법재판에서는 국회의원의 권한과 국회의 권한을 구분하고 있다. 국회의 권한인데 국회의원이 권한쟁의심판을 청구하는 것은 허용되지 않는다.[132] 헌법재판소의 결정에 따르면 조약체결 · 비준동의권은 국회에 속하고, 조약체결 · 비준동의안에 대한 심의 · 표결권은 국회의원의 권한에 속한다. 그렇기 때문에 소송상으로는 국회의 동의권에 동의안에 대한 심의 · 표결권이 포함된다고 하는 것은 논리상 문제가 있다. 따라서 국회의 동의권은 동의안에 대한 국회의원의 심의 · 표결권을 '포함'한다는 것보다는 '전제'로 하고 있다고 하는 것이 타당하다.

질의 · 토론절차를 부여할 것을 규정한 「국회법」 제93조와 국회의원에게 헌법상 인정되는 법률안 심의 · 표결권의 관계에 대해 설명하시오.

---

128) 헌재 1997.7.16. 96헌라2, 국회의원과 국회의장간의 권한쟁의[인용(권한침해), 기각].
129) 헌재 2012.2.23. 2010헌라6등; 2020.5.27. 2019헌라1, 국회의원과 국회의장 간의 권한쟁의(기각).
130) 헌재 2010.12.28. 2008헌라7, 국회의원과 국회의장 등 간의 권한쟁의[각하, 권한침해확인, 기각].
131) 헌재 2010.12.28. 2008헌라7.
132) 국회의원이 국회를 대신해서 권한쟁의심판을 청구할 수 있기 위해서는 제3자 소송담당이라는 제도가 구비되어 있어야 한다. 그러나 현재는 이러한 제도는 마련되어 있지 않다.

> 국회법 제93조(안건 심의) 본회의는 안건을 심의할 때 그 안건을 심사한 위원장의 심사보고를 듣고 질의·토론을 거쳐 표결한다. 다만, 위원회의 심사를 거치지 아니한 안건에 대해서는 제안자가 그 취지를 설명하여야 하고, 위원회의 심사를 거친 안건에 대해서는 의결로 질의와 토론을 모두 생략하거나 그 중 하나를 생략할 수 있다.

A

헌법재판소는 국회의사 절차를 규정한 「국회법」 제93조를 위배하면 헌법상 심의·표결권을 침해한 것으로 본다.[133] 그러나 이에 대해서는 논의의 여지가 있다. 「국회법」 제93조를 위배한 경우에도 헌법상 심의·표결권까지 침해한 것으로 보기 어려운 경우도 상정해 볼 수 있기 때문이다. 예컨대 국회의장이 국회의원에 대해 질의여부를 묻지 않은 행위는 「국회법」 제93조를 위배한 것으로 볼 수 있지만, 국회의장이 질의여부를 묻지 않았다고 하여 질의가 완전히 봉쇄된 것으로는 볼 수 없는 경우[134]에는 헌법상 심의·표결권을 침해한 것으로 보기는 어려울 것이다.

Q

국회에서 위원회의 심사를 거치지 않은 법률안을 상정한 후 의사진행을 방해하는 소란이 계속되고, 장내에서는 '엉터리야!', '무효, 무효!', '찬성!' 등 고함만이 있었고 질의신청을 하는 의원이 없는 상황에서 국회의장이 법률안 제안자의 취지 설명을 하게 하지 않고 또 질의신청의 유무에 대하여 아무런 언급 없이 "이 안건에 대해서는 토론신청이 없으므로 바로 표결하겠습니다"라고 말하고 표결절차에 들어간 경우 국회의장은 구 「국회법」 제93조를 위반하여 국회의원의 법률안 심의·표결권을 침해한 것으로 볼 수 있을 것인가?

> 구 국회법 제93조(안건심의) 본회의는 안건을 심의함에 있어서 그 안건을 심사한 위원장의 심사보고를 듣고 질의·토론을 거쳐 표결한다. 다만, 위원회의 심사를 거치지 아니한 안건에 대하여는 제안자가 그 취지를 설명하여야 하고, 위원회의 심사를 거친 안건에 대하여는 의결로 질의와 토론 또는 그중의 하나를 생략할 수 있다.

헌법재판소는 의원들로부터 토론신청이 없는 상황에서 국회의장이 질의나 토론절차를 거치지 않았다고 하여서 「국회법」 제93조에 위반하여 청구인들의 심의·표결권을 침해할 정도에 이르렀다고 보기는 어렵다고 판시하고 있다.[135] 이를 반대해석하면 구 「국회법」 제93조를 위반하면 국회의원의 헌법상 심의·표결권을 침해된 것으로 본다는 의미로 이해된다. 이러한 의미는 이후의 2009년 결정(헌재 2009.10.29. 2009헌라8등, 국회의원과 국회의장 등 간의 권한쟁의[인용(권한침해), 기각, 각하)]에서 볼 때도 알 수 있다.

---

133) 헌재 2009.10.29. 2009헌라8등, 국회의원과 국회의장 등 간의 권한쟁의[인용(권한침해), 기각, 각하].

134) 아래 Q 에서 살펴보는 헌재 2008.4.24. 2006헌라2, 국회의원과 국회의장 간의 권한쟁의(기각) 사례 참조.

135) 헌재 2008.4.24. 2006헌라2, 국회의원과 국회의장 간의 권한쟁의(기각).

① 헌법재판소가 제안자의 취지설명은 컴퓨터에 내장되어 제공된 파일을 참조할 수 있다고 보는 점은 수긍할 수 있다.
② 그러나 구 「국회법」 제93조는 안건에 대해서는 질의·토론을 거쳐서 표결을 하도록 되어 있다. 따라서 국회의장으로서는 질의가 있는지 여부를 물었어야 했다. 또 토론신청여부도 확인하지 않은 상태에서 바로 표결에 들어가는 국회의장의 의사진행행위는 구 「국회법」 제93조를 위반한 것으로 볼 수 있다(이는 재판관 김종대, 재판관 이동흡의 반대의견에서 개진되었다). 그럼에도 불구하고 다른 사정을 들어 구 「국회법」 제93조를 위반한 것이 아니라고 하는 것은 이해하기 어렵다.
③ 그러나 국회의장이 질의여부를 묻지 않았다고 해서 질의가 봉쇄된 것으로는 볼 수 없고, 또 질의신청이 현실적으로 없는 상황이었기 때문에, 비록 구 「국회법」 제93조를 위반하였다고 볼 수는 있을지라도 이로써 헌법상 심의·표결권을 침해한 것으로 보기는 어려울 것이다.

Q

국회의장이 의사일정상 5번째로 예정되어 있던 「사립학교법」 개정안 심의를 교섭단체대표의원과 협의 없이 첫 번째로 변경한 행위가 의사일정의 변경에 관한 다음 「국회법」 제77조를 위반하여 국회의원인 청구인들의 법률안 심의·표결권을 침해하였다고 볼 수 있는가?

국회법 제77조(의사일정의 변경) 의원 20인 이상의 연서에 의한 동의로 본회의의 의결이 있거나 의장이 각 교섭단체대표의원과 협의하여 필요하다고 인정할 때에는 의장은 회기 전체 의사일정의 일부를 변경하거나 당일 의사일정의 안건 추가 및 순서 변경을 할 수 있다. 이 경우 의원의 동의에는 이유서를 첨부하여야 하며, 그 동의에 대하여는 토론을 하지 아니하고 표결한다.

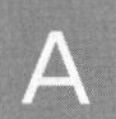

헌법재판소는 「국회법」상 '협의'의 개념은 의견을 교환하고 수렴하는 절차라는 성질상 다양한 방식으로 이루어질 수 있고, 그에 대한 판단과 결정은 종국적으로 국회의장에게 맡겨져 있다고 보면서, 결론적으로 「국회법」 제77조를 명백히 위반한 것도 아니고, 그로 인하여 청구인들의 법률안 심의·표결권을 침해한 것도 아니라고 판시하였다.[136] 그러나 이 결정은 다음과 같은 점에서 검토해 볼 여지가 있다.
① 헌법재판소가 인정하고 있는 바와 같이 교섭단체의 대표의원과 협의를 하지 않았음이 명백함에도 「국회법」 제77조를 위반하지 않은 것으로 본 점이다. 이 점에 대해 살펴보면 의사일정의 변경 또는 안건 추가 및 순서 변경의 요건은 「국회법」 제77조에 따르면 다음의 두 가지의 경우이다. 즉, ㉮ 의원 20인 이상의 연서에 의한 동의로 본회의의 의결이 있는 경우와 ㉯ 의장이 각 교섭단체대표의원과 협의하여 필요하다고 인정할 경우다. 그렇다면 교섭단체 대표의원과 협의 없이 의안 순서를 변경한 것은 명백히 「국회법」 제77조에 위반한 것으로 보아야 할 것이다.

---

136) 헌재 2008.4.24. 2006헌라2.

② 「국회법」 제77조의 협의를 단순한 의견수렴절차 정도로 이해하고, 그에 어떠한 형식으로 협의를 하든, 또는 하지 않든 그것을 국회의장의 재량에 맡겨져 있는 것으로 보고 있는 점이다. 헌법재판소는 교섭단체 대표의원과 협의 없이 의안순서를 변경한 것이 「국회법」 제77조를 위반한 것인지 명확하지 않을 뿐만 아니라 국회의원의 법률안 심의·표결권을 침해한 것도 아니라는 입장이다. 이로 판단하면 「국회법」 제77조의 위반이 국회의원의 심의·표결권을 침해한 것으로 보는지에 대해서는 명백하다고 할 수 없으나, 적어도 교섭단체 대표의원과 협의 없이 의안순서를 변경한 것은 국회의원의 법률안 심의·표결권을 침해한 것은 아니라고 본 점은 분명해 보인다.
생각해보면 교섭단체 대표의원과 협의 없이 의안 순서를 변경한 것은 명백히 「국회법」 제77조를 위반한 것이라고 보이지만, 「국회법」 제77조를 위반한 것이 바로 헌법상 국회의원의 심의·표결권을 침해할 정도의 중대한 위반이라고 보기는 어려울 것이다.

NOTE 질의권·질문권

질의권은 대체로 토론과 함께 안건의 심사를 위한 경우에 행해진다(국회법 제93조 등 참조). 그에 반하여 질문권은 대법원장, 헌법재판소장, 중앙선거관리위원회 위원장, 감사원장 또는 그 대리인에 대해서 행해지기도 하지만 대체로 정부에 대한 것이다. 질문권은 서면질문(국회법 제122조), 대정부질문(국회법 제122조의2), 긴급현안질문(국회법 제122조의3) 등이 있다.

NOTE 무제한토론

무제한토론이란 시간의 제한을 받지 아니하는 토론으로서 「국회법」 제106조의2에 규정되어 있다. 「국회법」상 무제한토론은 영미법상의 합법적인 의사진행방해를 뜻하는 필리버스터(filibuster)의 일종이다. 다수당의 일방적 의안통과를 저지하기 위해서 소수당이 저항하는 방식으로는 무제한토론 외에 **중복질의의 반복, 법안제출의 남발** 등 다양한 방식이 사용되기도 한다. 그러나 해당 법안과 관련한 토론과 관계없는 주제에 대해 토론을 이어가는 경우에는 문제가 있다.
1948년 제정된 「국회법」 제46조 제1문은 "의원의 질의, 토론 기타 발언에 대하여는 특히 국회의 결의가 있는 때 외에는 시간을 제한할 수 없다"라고 규정하여 간접적이지만 무제한토론의 가능성을 열어놓고 있었다. 그런데 1973년에 개정된 「국회법」 제97조 제1항에서는 "의원의 발언시간은 30분을 초과할 수 없다. 다만, 의장은 15분을 초과하지 아니하는 범위 안에서 1회에 한하여 연장을 허가할 수 있다"라고 함으로써 무제한토론이 불가능하게 되었다. 그러다가 2012년 「국회법」 개정(소위 국회선진화법 도입. 국회선진화법이란 국회의장의 본회의 직권상정요건을 강화하고, 안건조정제도, 안건신속처리제도, 필리버스터제 등을 도입한 개정 「국회법」의 내용을 말함)을 계기로 무제한토론이 다시 가능하게 되었다.

무제한토론에 관하여 규정하고 있는 현행 「국회법」 제106조의2에 따르면 의장은 재적의원 3분의 1 이상의 요구가 있는 경우 의원 1명당 1차례에 한하여 본회의 심의 안건에 대하여 시간의 제한을 받지 않고 무제한토론할 수 있다. 무제한토론을 실시하는 본회의는 '1일 1차 회의'의 원칙에도 불구하고 무제한토론 종결 선포 전까지 산회하지 아니한다. ① 무제한토론은 재적의원 3분의 1 이상이 제출한 토론 종결동의를 재적의원 5분의 3 이상의 찬성으로 의결한 경우나 ② 더 이상 토론할 의원이 없는 경우, ③ 무제한토론 중 회기가 종료된 경우에 종결된다. ①과 ②의 경우에는 무제한토론의 종결을 선포한 후 해당 안건을 지체 없이 표결하여야 하고, ③의 경우에는 바로 다음 회기에서 지체 없이 표결하여야 한다. 예산안등과 세입예산안 부수 법률안에 대해서는 무제한토론을 매년 12월 1일까지 적용하고, 실시 중인 무제한토론, 계속 중인 본회의, 제출된 무제한토론의 종결동의에 대한 심의절차 등은 12월 1일 밤 12시에 종료한다.

2. 의무

가. 헌법상 의무

국회의원은 헌법상 청렴의 의무(제46조 제1항), 국익우선의무(제46조 제2항), 지위남용금지의무(제46조 제3항), 겸직금지의무(제43조)가 있다. 해당 조항은 다음과 같다.

청렴의무	국회의원은 청렴의 의무가 있다(제46조 제1항).
국익우선의무	국회의원은 국가이익을 우선하여 양심에 따라 직무를 행한다(제46조 제2항).
지위남용금지의무	국회의원은 그 지위를 남용하여 국가·공공단체 또는 기업체와의 계약이나 그 처분에 의하여 재산상의 권리·이익 또는 직위를 취득하거나 타인을 위하여 그 취득을 알선할 수 없다(제46조 제3항).
겸직금지의무	국회의원은 법률이 정하는 직을 겸할 수 없다(제43조).

국익우선의무란 국가이익을 우선하여 양심에 따라 직무를 행할 의무를 말하고, 지위남용금지의무란 국회의원이 그 지위를 남용하여 국가·공공단체 또는 기업체와의 계약이나 그 처분에 의하여 재산상의 권리·이익 또는 직위를 취득하거나 타인을 위하여 그 취득을 알선해서는 안 되는 의무를 말한다.

특히 겸직금지의무에 대해서는 「국회법」에서 상세하게 규정하고 있다. 이에는 일반적 겸직금지(국회법 제29조)와 영리업무 종사금지(국회법 제29조의2)가 있다.

먼저 「**국회법**」 **제29조**에서는 국회의원은 국무총리, 국무위원의 직과 「국회법」 제29조 제1항 각 호의 직[공익 목적의 명예직(제1호), 다른 법률에서 의원이 임명 · 위촉되도록 정한 직(제2호), 정당법에 따른 정당의 직(제3호)]을 제외하고는 **겸직이 금지**된다. 이 각 호의 직 이외의 직을 국회의원 당선 전부터 가진 경우에는 임기개시일 전까지(재선거 · 보궐선거 등의 경우에는 당선이 결정된 날의 다음 날까지) 그 직을 휴직 또는 사직하여야 하고, 「공공기관의 운영에 관한 법률」 제4조에 따른 공공기관(한국은행을 포함한다)의 임직원, 「농업협동조합법」 · 「수산업협동조합법」에 따른 조합, 중앙회와 그 자회사(손자회사를 포함한다)의 임직원, 「정당법」 제22조 제1항에 따라 정당의 당원이 될 수 있는 교원 중 어느 하나의 직을 가진 경우에는 임기개시일 전까지 그 직을 사직하여야 한다(제2항). 국회의원이 당선 전부터 제1항 제1호와 제2호의 직을 가지고 있는 경우에는 임기개시 후 1개월 이내에, 임기 중에 가지는 경우에는 지체 없이 이를 의장에게 서면으로 신고하여야 한다(제3항). 의장은 신고한 직(본회의 의결 또는 의장의 추천 · 지명 등에 따라 임명 · 위촉된 경우는 제외)이 제1항 제1호와 제2호의 직에 해당하는지 여부를 윤리심사자문위원회(국회법 제46조의2)의 의견을 들어 결정하고 그 결과를 해당 의원에게 통보한다. 이 경우 의장은 윤리심사자문위원회의 의견을 존중하여야 한다(제4항). 윤리심사자문위원회는 의장으로부터 의견제출을 요구받은 날부터 1개월 이내에 그 의견을 의장에게 제출하여야 한다. 다만, 필요한 경우에는 1차에 한정하여 1개월 범위에서 그 기간을 연장할 수 있다(제5항). 국회의원은 의장으로부터 겸하고 있는 직이 제1항 제1호와 제2호의 직에 해당하지 아니한다는 통보를 받은 때에는 통보를 받은 날부터 3개월 이내에 그 직을 휴직 또는 사직하여야 한다(제6항). 국회의장은 의원에게 통보한 날부터 15일 이내(본회의 의결 또는 의장의 추천 · 지명 등에 따라 임명 · 위촉된 경우에는 해당 의원이 신고한 날부터 15일 이내)에 겸직내용을 국회공보 또는 국회 인터넷 홈페이지 등에 게재하는 방법으로 공개하여야 한다(제7항). 국회의원이 제1항 제1호와 제2호의 직을 겸하는 경우에 그에 따른 보수(실비변상은 제외)를 받을 수 없다(제8항).

「**국회법**」 **제29조의2**는 **국회의원의 영리업무 종사**가 사회적으로 문제가 되자 2013년 신설한 조항이다. 이에 따르면 국회의원은 「국회법」 제29조의2 제1항 단서의 업무(의원 본인 소유의 토지 · 건물 등의 재산을 활용한 임대업 등 영리업무를 하는 경우로서 의원의 직무수행에 지장이 없는 경우)를 제외하고는 국회의원으로서의 직무 외에 **영리를 목적으로**

하는 업무에 종사할 수 없다(제1항). 국회의원이 당선 전부터 앞에서 언급한 「국회법」 제29조의2 제1항 단서의 업무 외의 영리업무에 종사하는 경우에는 임기개시 후 6개월 이내에 그 영리업무를 휴업 또는 폐업하여야 한다(제2항). 국회의원이 당선 전부터 허용되는 영리업무(제1항 단서의 영리업무)에 종사하고 있는 경우에는 임기개시 후 1개월 이내에, 임기 중에 종사하는 경우에는 지체 없이 이를 의장에게 서면으로 신고하여야 한다(제3항). 의장은 신고한 영리업무가 제1항 단서의 허용되는 영리업무에 해당하는지 여부를 윤리심사자문위원회의 의견을 들어 결정하고 그 결과를 해당 의원에게 통보한다. 이 경우 의장은 윤리심사자문위원회의 의견을 존중하여야 한다(제4항). 윤리심사자문위원회는 국회의장으로부터 의견제출을 요구받은 날부터 1개월 이내에 그 의견을 의장에게 제출하여야 한다. 다만, 필요한 경우에는 1차에 한정하여 1개월 범위에서 그 기간을 연장할 수 있다(제5항). 국회의원은 의장으로부터 종사하고 있는 영리업무가 허용되는 영리업무(제1항 단서의 영리업무)에 해당하지 아니한다는 통보를 받은 때에는 통보를 받은 날부터 6개월 이내에 그 영리업무를 휴업 또는 폐업하여야 한다(제6항).

한편 국회의 **의장과 부의장**은 특히 법률로 정한 경우를 제외하고는 의원외의 직을 겸할 수 없고, 다른 직을 겸한 의원이 의장 또는 부의장으로 당선된 때에는 당선된 날에 그 직에서 해직된 것으로 본다(국회법 제20조). 의원이 의장으로 당선된 때에는 당선된 다음 날부터 그 직에 있는 동안은 당적을 가질 수 없다. 다만, 국회의원총선거에 있어서 공직선거법 제47조의 규정에 의한 정당추천후보자로 추천을 받고자 하는 경우에는 의원 임기만료일전 90일부터 당적을 가질 수 있고, 당적을 이탈한 의장이 그 임기를 만료한 때에는 당적을 이탈할 당시의 소속정당으로 복귀한다(이상 국회법 제20조의2).

나. 「국회법」상 의무

국회의원에게 부과된 「국회법」상 의무로는 품위유지의무(국회법 제25조), 이해충돌방지의무(국회법 제4장의2), 회의의 질서유지의무(국회법 제145조), 모욕 등 발언의 금지의무(국회법 제146조), 발언방해 등의 금지의무(국회법 제147조), 의장석 또는 위원장석 점거 금지 의무(국회법 제148조의2), 회의장 출입의 방해 금지 의무(국회법 제148조의3) 등이 있다. 이상을 표로 정리하면 다음과 같다.

국회법상 의무의 종류	근거
품위유지의무	제25조(품위유지의 의무) 의원은 의원으로서의 품위를 유지하여야 한다.
이해충돌 방지의무	제32조의2(사적 이해관계의 등록), 제32조의4(이해충돌의 신고), 제32조의5(이해충돌 우려가 있는 안건 등에 대한 회피)
회의의 질서유지의무	제145조(회의의 질서유지) ① 의원이 본회의 또는 위원회의 회의장에서 이 법 또는 국회규칙에 위배하여 회의장의 질서를 문란하게 한 때에는 의장 또는 위원장은 이를 경고 또는 제지할 수 있다. ② 제1항의 조치에 응하지 아니한 의원이 있을 때에는 의장 또는 위원장은 당일의 회의에서 발언함을 금지하거나 퇴장시킬 수 있다. ③ 의장 또는 위원장은 회의장이 소란하여 질서를 유지하기 곤란하다고 인정할 때에는 회의를 중지하거나 산회를 선포할 수 있다.
모욕 등 발언의 금지	제146조(모욕등 발언의 금지) 의원은 본회의 또는 위원회에서 다른 사람을 모욕하거나 다른 사람의 사생활에 대한 발언을 할 수 없다.
발언방해등의 금지	제147조(발언방해등의 금지) 의원은 폭력을 행사하거나 회의 중 함부로 발언 또는 소란한행위를 하여 다른 사람의 발언을 방해할 수 없다.
의장석 또는 위원장석 점거 금지	제148조의2(의장석 또는 위원장석의 점거 금지) 의원은 본회의장 의장석 또는 위원회 회의장 위원장석을 점거하여서는 아니 된다.
회의장 출입의 방해 금지	제148조의3(회의장 출입의 방해 금지) 누구든지 의원이 본회의 또는 위원회에 출석하기 위하여 본회의장 또는 위원회 회의장에 출입하는 것을 방해하여서는 아니 된다.

다. 의무 위반의 효과

국회의원이 헌법이나 법률이 정한 의무를 위반한 경우 제재의 유형으로는 자격심사(제64조, 국회법 제138조 등)와 징계(국회법 제155조)가 있다. 징계로 제명된 경우에는 그로 인하여 궐원된 의원의 보궐선거에서 후보자가 될 수 없다(국회법 제164조).

「정치자금법」 제57조 중 '100만원 이상 벌금형의 선고를 받은 경우 국회의원직에서 퇴직되도록 한 부분'의 위헌여부에 대해 검토하시오.

정치자금법(2005.8.4. 법률 제7682호로 개정된 것) 제57조(정치자금범죄로 인한 공무담임등의 제한) 제45조(정치자금부정수수죄)에 해당하는 범죄로 인하여 징역형의 선고를 받은 자는 그 집행을 받지 아니하기로 확정된 후 또는 그 형의 집행이 종료되거나 면제된 후 10년간, 형의 집행유예의 선고를 받은 자는 그 형이 확정된 후 10년간, 100만원 이상의 벌금형의 선고를 받은 자는 그 형이 확정된 후 5년간 공직선거법 제266조(선거범죄로 인한 공무담임 등의 제한) 제1항 각 호의 어느 하나에 해당하는 직에 취임하거나 임용될 수 없으며, 이미 취임 또는 임용된 자의 경우에는 그 직에서 퇴직된다.

헌법재판소는 공무담임권에 대한 제한은 통상 비례성심사를 하되 그 공익 추구적 특성 때문에 완화된 심사강도에 따라 심사하여야 하나, 설문과 같이 신분 상실이라는 중대한 법익의 침해의 경우에는 **비례성원칙에 따른 엄격한 심사**를 하고 있다. 그리하여 목적의 정당성, 방법의 적절성, 피해의 최소성, 법익의 균형성을 각각 검토한 뒤에 공무담임권을 침해한 것이 아니라고 판시하고 있다. 그리고 다른 일반 범죄로 인한 벌금형과 효과 면에서 볼 때 차별의 목적과 수단사이에 비례성이 없다고 볼 수 없어 평등권도 침해하지 않는다고 판시하고 있다.[137)]

제7항 국회의 권한

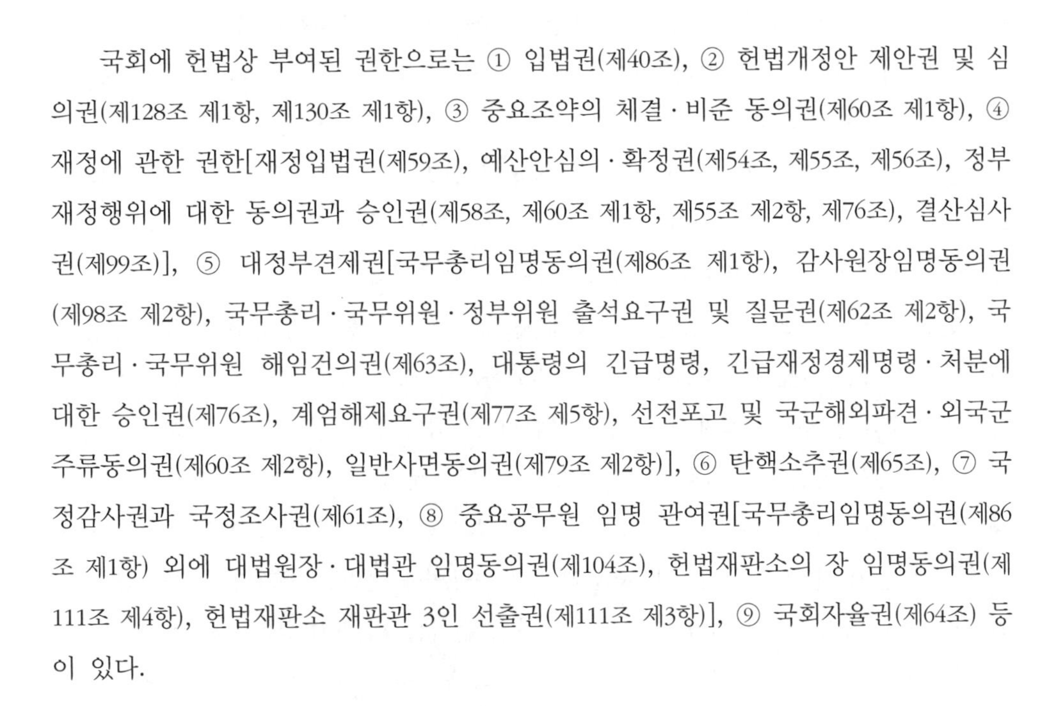

국회에 헌법상 부여된 권한으로는 ① 입법권(제40조), ② 헌법개정안 제안권 및 심의권(제128조 제1항, 제130조 제1항), ③ 중요조약의 체결·비준 동의권(제60조 제1항), ④ 재정에 관한 권한[재정입법권(제59조), 예산안심의·확정권(제54조, 제55조, 제56조), 정부재정행위에 대한 동의권과 승인권(제58조, 제60조 제1항, 제55조 제2항, 제76조), 결산심사권(제99조)], ⑤ 대정부견제권[국무총리임명동의권(제86조 제1항), 감사원장임명동의권(제98조 제2항), 국무총리·국무위원·정부위원 출석요구권 및 질문권(제62조 제2항), 국무총리·국무위원 해임건의권(제63조), 대통령의 긴급명령, 긴급재정경제명령·처분에 대한 승인권(제76조), 계엄해제요구권(제77조 제5항), 선전포고 및 국군해외파견·외국군주류동의권(제60조 제2항), 일반사면동의권(제79조 제2항)], ⑥ 탄핵소추권(제65조), ⑦ 국정감사권과 국정조사권(제61조), ⑧ 중요공무원 임명 관여권[국무총리임명동의권(제86조 제1항) 외에 대법원장·대법관 임명동의권(제104조), 헌법재판소의 장 임명동의권(제111조 제4항), 헌법재판소 재판관 3인 선출권(제111조 제3항)], ⑨ 국회자율권(제64조) 등이 있다.

137) 헌재 2008.1.17. 2006헌마1075, 정치자금법 제57조 등 위헌확인(기각).

I. 입법권

1. 헌법 제40조의 의의

가. 입법권의 의의

헌법 제40조는 입법권은 국회에 속한다고 규정하고 있다. 여기서 입법권이란 법률을 제정하는 권한을 말하기 때문에 입법권 개념은 법률 개념과의 관련성 속에서 이해하여야 한다.

법률은 형식적 의미로 이해할 수도 있고 실질적으로 이해할 수도 있다. 법률이라는 특정형식으로 공포되는 것만을 의미할 때는 **형식적 의미의 법률**을 의미하고, 그 형식에 불문하고 국민의 권리를 제한하거나 국민에게 의무를 부과하는 바의 법규사항을 정하는 것을 법률로 이해할 경우에는 이는 **실질적 의미의 법률**이라고 할 수 있다. 그런데 형식적 의미의 법률과 실질적 의미의 법률은 반드시 일치하지는 않는다. 국민에게 권리를 부여하고 의무를 부과하는 법규사항이 아닌 단순한 조직적 사항도 법률로 정할 수 있고, 법규사항이라고 하더라도 반드시 법률로 정하여지지만은 않고 대통령령 등 행정입법으로도 규정될 수 있다.

법률을 위와 같은 2가지 개념으로 이해하면 헌법 제40조의 입법권은 형식적 의미의 법률을 제정할 권한을 의미하는 것으로 본다. 왜냐하면 실질적 의미의 법률은 행정입법이나 사법입법에 의해서도 제정이 가능하기 때문이다.

한편 헌법 제40조의 입법권을 헌법에 규정된 권한들 중에 법규범의 정립에 관한 권한이라고 보는 견해가 있다.[138] 이는 입법권을 광의로 이해하는 입장이라고 할 수 있다. 이 견해의 장점은 법률제정권 외에 헌법개정안심의·의결권과 같이 국회의 법규범에 관한 권한을 입법권의 개념으로 포섭할 수 있다는데 있다. 그런데 형식적 의미의 법률 제정권 외에 다른 법규범 정립과 관련된 국회의 권한은 별도의 헌법적 근거를 가지고 있기 때문에, 형식적 의미의 법률을 제외한 법규범에 관련된 국회의 권한을 굳이 헌법 제40조의 입법권에 포섭하여야 할 필요가 있는가는 의문이다. 따라서 여기서는 헌법 제40조의 입법권은 형식적 의미의 입법권, 즉 법률제정권을 의미하는 것으로 이해한다. 그렇게 되면 제40조의 '국회에 속한다.'는 문구의 의미는 다음과 같이 이해된다.

---

138) 정재황, 헌법입문, 박영사, 2012, 577쪽 이하.

① 형식적 의미의 법률은 국회만이 제정한다. 이를 **국회중심입법의 원칙** 또는 **국회독점입법의 원칙**[139]이라고 한다. ② 형식적 의미의 법률은 국회가 단독으로 제정한다. 이를 **국회단독입법의 원칙**이라고 한다. 국회단독입법의 원칙에는 예외가 있다. 법률제정절차에 다른 기관이 개입하는 경우가 있다는 의미다. 대통령의 법률안제출권(제52조)과 법률안거부권(제53조 제2항), 법률공포권이 예외에 해당한다.

그런데 학설에서는 국회독점입법의 원칙에도 예외가 있다고 설명하고 있다. 예컨대 실질적 의미의 입법인 긴급명령이나 긴급재정경제명령, 대통령령 등 행정입법권, 헌법기관의 자율권, 지방자치단체의 자치입법권을 예외로 설명한다.[140] 그러나 국회독점입법의 원칙은 '형식적' 법률 제정권을 국회가 독점한다는 의미이므로, 실질적 의미의 입법권을 다른 기관이 행사한다고 하더라도 이를 국회독점입법의 원칙의 예외라고는 할 수 없다.

이와 같이 형식적 의미의 법률을 원칙적으로 국회가 단독으로 독점적으로 정립할 권한이 있다고 하더라도 이에는 본질성이론(Wesentlichkeitstheorie)에 입각한 입법이 되어야 한다는 한계가 있다. 즉, 국가공동체와 그 구성원에게 기본적이고도 중요한 의미를 갖는 영역, 특히 국민의 기본권실현에 관련된 영역에 있어서는 행정에 맡길 것이 아니라 국민의 대표자인 입법자 스스로 그 본질적 사항에 대하여 결정하여야 한다.

NOTE **의회유보원칙과 관련된 사례** 

헌법재판소는 **텔레비전방송수신료 금액의 결정은 국회가 결정할 사항**이라고 보았다. 한국방송공사는 비록 행정기관이 아니라 할지라도 그 설립목적, 조직, 업무 등에 비추어 독자적 행정주체의 하나에 해당하며, 수신료는 특별부담금으로서 국민에게 금전납부의무를 부과하는 것이므로, 공사가 수신료를 부과·징수하는 것은 국민의 재산권에 대한 제한을 가하는 행정작용임에 분명하고, 그중 수신료의 금액은 수신료 납부의무자의 범위, 수신료의 징수절차와 함께 수신료 부과·징수에 있어서 본질적인 요소이기 때문에, 대부분의 가구에서 수상기를 보유하고 있는 현실에서 수신료의 결정행위는 그 금액의 다과를 불문하고 수많은 국민들의 이해관계에 직접 관련되고, 따라서 수신료의 금액은 입법자가 스스로 결정하여야 할 사항이라는 것이다.[141]

반면에 전기요금의 산정기준이나 요금체계는 국회가 직접 결정하여야 할 사항은 아니라고 본다. 전기의 공급 대가인 전기요금을 부과하는 그 자체는 재산권에 대하여 제한을 가하는

139) 성낙인, 헌법학, 법문사, 2018, 419쪽.
140) 성낙인, 헌법학, 법문사, 2018, 419쪽.
141) 헌재 1999.5.27. 98헌바70.

행정작용이 아니라고 보기 때문이다.[142)]

나. 법률의 의미

1) 법률의 일반성, 추상성 - 처분적 법률인지 여부의 판단기준

법률은 수범자가 불특정다수인이라는 점에서 일반적이어야 하고, 규율사항이 불특정이라는 점에서 추상적인 것이어야 한다(**일반적·추상적 법률의 원칙**). 개별적인 사람, 즉 특정인에 대해서 구체적인 명령을 하는 것은 집행행위로서 행정부의 권한이고, 일반적·추상적 법률을 제정하는 것은 입법부의 권한으로 분립되어있기 때문이다(제40조, 제66조 제4항). 따라서 구체적 법집행과 같이 수범자와 규율사항이 특정되는 전형적인 처분성을 갖는 법률은 원칙적으로 허용되지 않는다(**개별적·구체적 법률의 원칙적 부인**).[143)]

「보안관찰법」(1991.11.22. 법률 4396호로 개정된 것) 제6조 제1항 전문은 "보안관찰처분대상자는 출소 후 7일 이내에 그 거주예정지 관할경찰서장에게 출소사실을 신고하여야 한다"고 규정하고 있고, 동법 제27조(벌칙) 제2항에서는 "정당한 이유없이 제6조 제1항·제2항 및 제18조 제1항 내지 제4항의 규정에 의한 신고를 하지 아니하거나 허위의 신고를 한 자 또는 그 신고를 함에 있어서 거주예정지나 주거지를 명시하지 아니한 자는 2년 이하의 징역 또는 100만원 이하의 벌금"에 처하도록 하고 있다.
이에 청구인은 위헌법률심판을 청구하면서 "특정인에게 특정한 의무를 발생시키고 그의 자유를 제한하기 위해서는 사법적 행위 내지 행정적 행위 등 구체적 처분행위가 존재하여야 하는데, 이 사건 조항은 개별·구체적인 사법·행정적 집행행위 없이 보안관찰처분대상자에게 신고의무를 발생시키는 형식을 취하고 있어서 처분적 법률 내지는 개인적 법률에 해당하므로 권력분립의 원칙에 위배된다"고 주장하였다. 이 주장의 인용가능성을 검토하시오.

헌법재판소의 판례에 따르면 법률이 직접 출소 후 신고의무를 부과하고 있다고 하더라도 이 법률조항은 보안관찰처분대상자 모두에게 적용되는 일반적·추상적인 법률규정으로서 처분적 법률 내지 개인적 법률에 해당된다고 볼 수 없고, 따라서 권력분립원칙에 위반되지 아니한다.[144)]

---

142) 헌재 2021.4.29. 2017헌가25, 전기사업법 제16조 제1항 위헌제청(합헌).

143) 그 외에 일반적·구체적 법률과 개별적·추상적 법률이 있을 수 있다. 지방경찰청장이 횡단보도를 설치하여 보행자의 통행방법을 규율하는 것은 앞의 예에 속하고, 갑에 대하여 도로가 빙판이 될 때마다 도로에 모래를 뿌리도록 규율하는 것은 뒤의 예에 속한다(홍정선, 행정법특강, 박영사, 2009, 193, 195쪽 참조). 그런데 이 양자도 법률의 일반성·추상성을 충족시키지 못하고 있다는 점에서 원칙적으로 처분성을 갖는 법률로 보아야 한다.

144) 헌재 2003.6.26. 2001헌가17등, 보안관찰법 제27조 제2항 위헌제청, 보안관찰법 제27조 제2항 등

그러나 보안관찰처분대상자 모두에게 적용되는 것이어서 그 적용대상이 일반적이기는 하나 구체적 신고의무를 부과하고 있으므로 일반처분[145]이라고 할 수 있다. 따라서 결론에 있어서 권력분립의 원칙에 위배된다고 할 수는 없으나, 일반적·추상적 법률로 볼 수 있는지에 대해서는 의문이다.

2) 처분적 법률

가) 처분적 법률의 인정가능성 및 유형

그러나 복잡한 사회·경제적 사정을 보다 적확하게 규율하기 위해서 처분적 법률이 필요한 경우가 있어서 오늘날 처분적 법률도 인정하는 것이 다수설이다. 처분적 법률(Maßnahmengesetz)에는 개인대상법률[개별인적법률(Einzelpersonengesetz)]과 개별사건법률(Einzelfallgesetz)이 있다.

NOTE **private bill(개인의 이익을 위한 법률안)** 

private bill은 public bill에 대응하는 개념으로서 개별적 법률로써 개인의 권리·의무를 규정할 수 있다고 하는 영미의 이론에서 나온 개념이다. private bill로 개인의 귀화허가, 국적회복 등이 이루어지기도 한다. private bill은 유럽대륙법의 처분적 법률개념과 유사하다.

나) 처분적 법률의 한계

처분적 법률은 수범자와 규율사항이 특정되어 적용된다는 점에서 **평등권을 침해할 우려**가 있고, 구체적 집행행위를 기다리지 않고 처분적 효과를 가져 올 뿐만 아니라 그에 벌칙이 부수하는 경우에는 처분적 법률로 행정과 사법을 대신하게 되어서 **권력분립 원칙의 침해가 우려**되기도 한다. 따라서 처분적 법률을 인정한다고 하더라도 그에는 일정한 헌법적 한계가 있다. 헌법재판소는 처분적 법률에 따른 차별적 규율이 합리적인 이유로 정당화되는 경우에는 헌법에 위반되지 않는다고 한다.[146]

위헌소원(일부합헌, 일부기각).

145) 일반처분이란 불특정다수인을 상대방으로 하여 불특정다수인에게 효과를 미치는 행정행위를 말한다(박균성, 행정법강의, 박영사, 2009, 224쪽).

146) 헌재 2008.1.10. 2007헌마1468, 한나라당 대통령후보 이명박의 주가조작 등 범죄혐의의 진상규명을 위한 특별검사의 임명 등에 관한 법률 위헌확인(위헌, 기각).

"한나라당 대통령후보 이명박의 주가조작 등 범죄혐의의 진상규명을 위한 특별검사의 임명 등에 관한 법률"(소위 이명박특검법) 제2조가 처분적 법률인지 여부 및 처분적 법률인 경우에는 그 허용한계는 무엇인가?

한나라당 대통령후보 이명박의 주가조작 등 범죄혐의의 진상규명을 위한 특별검사의 임명 등에 관한 법률(2007. 12. 28. 법률 제8824호로 제정된 것) 제2조(특별검사의 수사대상) 이 법에 따른 특별검사의 수사대상은 다음 각 호의 사건에 한한다.

1. 한나라당 대통령후보 이명박과 재미교포 김경준(미국명 크리스토퍼 김)이 (주)엘케이 이뱅크(LK e-BANK), 비비케이(BBK)투자자문(주), 옵셔널벤쳐스(주) 등을 통하여 행한 주가조작 등「증권거래법」위반 사건 및 역외펀드를 이용한 자금세탁 사건
2. 한나라당 대통령후보 이명박의 제1호 사건과 관련된 횡령 배임 등 재산범죄 사건
3. 한나라당 대통령후보 이명박의 도곡동 소재 땅, (주)다스의 지분 주식과 관련된「공직자윤리법」 위반 사건
4. 한나라당 대통령후보 이명박의 제17대 대통령후보자 허위 재산신고 등 공직선거법 위반 사건
5. 제1호부터 제4호까지의 사건과 관련한 검찰의 피의자 회유 협박 등 편파 왜곡 수사 및 축소 또는 왜곡 발표 등 직무범죄 사건
6. 한나라당 대통령후보 이명박이 서울시장 재직시절인 2002년 국내의 한 부동산업체에 외국기업에만 분양할 수 있는 디지털미디어센터(DMC)부지 일부를 넘겨주고 은행 대출을 도왔다는 의혹 사건
7. 위 각 호 사건과 관련한 진정·고소·고발 사건 및 위 각 호 사건 수사과정에서 인지된 관련사건

헌법재판소의 7인 재판관의 다수의견은, 처분적 법률문제는 결국 차별의 문제가 되는 것으로서 이 법률 제2조는 처분적 법률이지만 합리적 근거가 있어서 위헌이라고 할 수 없다는 결론을 내고 있다. 이에 반하여 2인의 반대의견(김희옥, 이동흡)은 처분적 법률로서 차별을 정당화할 근거가 존재하지 않기 때문에 위헌이라는 의견을 내었다.[147)]

NOTE 처분적 법률의 위헌심사기준

① 위 헌법소원결정에서 처분적 법률로 침해되는 기본권은 평등권이고 심사기준으로서는 합리성심사를 적용하므로 통제의 강도는 명백성 통제다. 그런데 처분적 법률 중 2인의 반대의견이 제시하고 있는 바와 같이 개별인적법률의 경우에는 보다 엄격하게 심사하는 것이 타당하다고 보아야 한다. 그렇다고 한다면 비례성심사를 하여야 할 것이나 반대의견도 여전히 차별에 대한 합리적 이유를 찾고 있다. 이러한 반대의견은 결국 합리성 심사를 하되 보다 엄격하게 심사하여야 한다는 의미로 되어서 모순적이다.

② 결국 처분적 법률 중 개별인적법률로서 개인의 핵심적 자유영역(신체의 자유 등)을 침해하는 경우에는 비례성심사(엄격심사)를 적용하고, 사회·경제정책적 법률인 경우에는 합

147) 헌재 2008.1.10. 2007헌마1468.

리성심사(완화된 심사)를 할 수 있을 것이다.

다) 처분적 법률에 대한 통제

처분적 법률도 위헌법률심판의 대상이 된다. 또 위헌심판제청신청이 기각 또는 각하되는 경우에는 「헌법재판소법」 제68조 제2항에 따라 헌법소원을 제기할 수 있다.

2. 입법권의 범위

개인의 권리 · 의무와 관련되는 법규적 내용(법규사항)은 원칙적으로 법률로써 규율하여야 한다. 이러한 취지는 헌법 제37조 제2항에 명시되어 있다. 따라서 법규사항은 원칙적으로 법률사항이다. 법률사항이란 형식적 의미의 법률로 정하여야 할 사항을 말한다. 따라서 이는 의회유보를 뜻한다.

헌법재판소도 형식적 법률로 스스로 규율하여야 하는 사항이 어떤 것인가는 일률적으로 획정할 수 없고, 구체적 사례에서 관련된 이익 내지 가치의 중요성, 규제 내지 침해의 정도와 방법 등을 고려하여 개별적으로 결정할 수 있을 뿐이나, 적어도 헌법상 보장된 국민의 자유나 권리를 제한할 때에는 그 제한의 본질적인 사항에 관한 한 입법자가 법률로써 스스로 규율하여야 한다고 판시하고 있다(본질성이론).[148]

3. 입법과정

국회 입법과정은 기본적으로 ① 법률안 제출, ② 국회의장의 회부 ③ 상임위원회의 심사 ④ 법제사법위원회의 심사 ⑤ 전원위원회의 심사 ⑥ 본회의의 심의 · 의결 ⑦ 법률안의 정부이송과 공포의 절차를 거치게 된다.

가. 법률안 제출

법률안의 제안 또는 제출은 국회의원 10인 이상 또는 정부가 한다(제52조, 국회법 제79조 제1항). 위원회도 그 소관에 속하는 사항에 관하여 법률안을 제출할 수 있다(국회법 제51조).

정부 제출의 법률안은 국무회의의 심의를 거쳐(제89조 제3호) 대통령이 서명하고

---

148) 헌재 1999.5.27. 98헌바70, 한국방송공사법 제35조 등 위헌소원(합헌, 헌법불합치).

국무총리·관계 국무위원이 부서한다(제82조). 정부는 부득이한 경우를 제외하고는 매년 1월 31일까지 해당 연도에 제출할 법률안에 관한 계획을 국회에 통지하여야 하고, 이 계획을 변경하였을 경우에는 분기별로 주요 사항을 국회에 통지하여야 한다(국회법 제5조의3).

나. 국회의장의 회부

국회의장은 법률안이 제출되었을 때에는 이를 인쇄하거나 전산망에 입력하는 방법으로 의원에게 배부하고 본회의에 보고하며(폐회 또는 휴회 등으로 본회의에 보고할 수 없을 때에는 보고를 생략할 수 있음), 소관 상임위원회에 회부하여 그 심사가 끝난 후 본회의에 부의한다(국회법 제81조 제1항). 안건이 어느 상임위원회의 소관에 속하는지 명백하지 아니할 때에는 국회의장은 국회운영위원회와 협의하여 상임위원회에 회부하되, 협의가 이루어지지 아니할 때에는 국회의장이 소관 상임위원회를 결정한다(국회법 제81조 제2항). 국회의장은 발의되거나 제출된 의안과 직접적인 이해관계가 있는 위원이 소관 상임위원회 재적위원 과반수를 차지하여 그 의안을 공정하게 심사할 수 없다고 인정하는 경우에는 국회운영위원회와 협의하여 그 의안을 다른 위원회에 회부하여 심사하게 할 수 있다(국회법 제81조 제3항). 국회의장은 특히 필요하다고 인정하는 안건에 대해서는 본회의의 의결을 거쳐 특별위원회에 회부한다(국회법 제82조). 국회의장은 소관 위원회에 안건을 회부하는 경우에 그 안건이 다른 위원회의 소관 사항과 관련이 있다고 인정할 때에는 관련위원회에 그 안건을 회부한다. 이때 소관 위원회와 관련위원회를 명시하여야 한다. 국회의장은 안건이 소관 위원회에 회부된 후 다른 위원회로부터 회부 요청이 있는 경우 필요하다고 인정할 때에도 관련위원회를 명시하여 관련위원회에 그 안건을 회부한다(국회법 제83조).

다. 상임위원회의 심사

위원장은 회부된 법률안(체계·자구심사를 위하여 법제사법위원회에 회부된 법률안은 제외)의 입법취지와 주요 내용 등을 국회 공보 또는 국회 인터넷 홈페이지 등에 게재하는 방법 등으로 10일 이상 입법예고하여야 한다. 그러나 긴급히 입법을 하여야 하는 경우 또는 입법 내용의 성질 또는 그 밖의 사유로 입법예고가 필요 없거나 곤란하다고 판단되는 경우에는 위원장이 간사와 협의하여 입법예고를 하지 않을 수 있다(국회법 제82조의2).

상임위원회의 심사는 제안자 취지 설명, 전문위원 검토보고, 대체토론(大體討論),[149] 소위원회의 심사·보고, 축조심사, 찬반토론, 표결의 순서를 거친다(국회법 제58조).

상임위원회는 안건을 심사할 때 소위원회에 회부하여 심사·보고하도록 하고(국회법 제58조 제2항), 이 소위원회에의 회부는 대체토론이 끝난 다음에만 가능하다(국회법 제58조 제3항). 이견을 조정할 필요가 있는 안건은 재적위원 3분의 1 이상의 요구로 안건조정위원회를 구성하고 대체토론이 끝난 다음에 안건조정위원회에 해당 안건을 회부한다(국회법 제57조의2 제1항). 안건조정위원회는 위원장 1명을 포함한 6명의 조정위원으로 구성하고(국회법 제57조의2 제3항), 조정위원 3분의 2 이상의 찬성으로 의결한다(국회법 제57조의2 제6항). 안건조정위원회에서 의결된 안건에 대해서는 소위원회의 심사를 거친 것으로 본다(국회법 제57조의2 제7항).

위원회의 축조심사는 제정법률안과 전부개정법률안을 제외하고는 위원회의 의결로 생략할 수 있다(국회법 제58조 제5항). 제정법률안과 전부개정법률안에 대해서는 공청회 또는 청문회를 개최하여야 하나 위원회의 의결로 생략할 수도 있다(국회법 제58조 제6항). 안건이 예산상의 조치를 수반하는 경우에는 정부의 의견을 들어야 하며, 필요하다고 인정하는 경우에는 의안 시행에 수반될 것으로 예상되는 비용에 관하여 국회예산정책처의 의견을 들을 수 있다(국회법 제58조 제7항).

의안의 상정시기와 관련하여 보면, 예산안, 기금운용계획안 및 임대형 민자사업한도액안을 제외하고, 위원회는 긴급하고 불가피한 사유로 위원회의 의결이 없는 한 일부개정법률안은 15일, 제정법률안·전부개정법률안·폐지법률안은 20일, 체계·자구 심사를 위하여 법제사법위원회에 회부된 법률안은 5일, 법률안 외의 의안은 20일 이내에는 그 의안을 상정할 수 없다(국회법 제59조 각 호).

위원장이 간사와 합의하는 경우를 제외하고는, 위원회에 회부되어 상정되지 아니한 의안(예산안, 기금운용계획안 및 임대형 민자사업 한도액안은 제외) 및 청원은 위의 「국회법」 제59조 각 호의 구분에 따른 기간이 지난 후 30일이 지난 날(청원의 경우에는 위원회에 회부된 후 30일이 지난 날) 이후 처음으로 개회하는 위원회에 상정된 것으로 본다(국회법 제59조의2). 이를 **의안 등의 자동 상정**이라고 한다.

---

149) 안건 전체에 대한 문제점과 당부(當否)에 관한 일반적 토론을 말하며 제안자와의 질의·답변을 포함한다(국회법 제58조 제1항).

소관 위원회는 다른 위원회와 협의하여 연석회의(連席會議)를 열고 의견을 교환할 수 있다. 연석회의에서는 표결은 할 수 없다(국회법 제63조).

위원회에 회부된 안건(체계·자구 심사를 위하여 법제사법위원회에 회부된 안건 포함)을 신속처리대상안건으로 지정하려는 경우 의원은 재적의원 과반수가 서명한 신속처리대상안건 지정요구 동의(動議)를 의장에게 제출하고, 안건의 소관 위원회 소속 위원은 소관 위원회 재적위원 과반수가 서명한 신속처리안건 지정동의를 소관 위원회 위원장에게 제출하여야 한다. 이 경우 의장 또는 안건의 소관 위원회 위원장은 지체 없이 신속처리안건 지정동의를 무기명투표로 표결하되, 재적의원 5분의 3 이상 또는 안건의 소관 위원회 재적위원 5분의 3 이상의 찬성으로 의결한다. 의장은 신속처리안건 지정동의가 가결되었을 때에는 그 안건을 그 지정일부터 180일(법제사법위원회의 신속처리대상안건에 대한 체계·자구 심사는 그 지정일, 「국회법」 제85조의2 제4항에 따라 회부된 것으로 보는 날 또는 「국회법」 제86조 제1항에 따라 회부된 날부터 90일) 이내에 심사를 마쳐야 하는 안건으로 지정하여야 한다. 이 경우 위원회가 신속처리대상안건으로 지정된 안건에 대한 대안을 입안한 경우 그 대안을 신속처리대상안건으로 본다. 법제사법위원회를 제외하고 위원회가 신속처리대상안건을 180일 이내에 심사를 마치지 아니하였을 때에는 그 기간이 끝난 다음 날에 소관 위원회에 심사를 마치고 체계·자구 심사를 위하여 법제사법위원회에 회부된 것으로 본다. 다만, 법률안 및 국회규칙안이 아닌 안건은 바로 본회의에 부의된 것으로 보고, 본회의에 부의된 것으로 보는 날부터 60일 이내에 본회의에 상정되어야 한다(국회법 제85조의2 제6항). 60일 이내에 본회의에 상정되지 아니하였을 때에는 그 기간이 지난 후 처음으로 개의되는 본회의에 상정된다(국회법 제85조의2 제7항). 그런데 국회의장이 각 교섭단체 대표의원과 합의한 경우(아래에서 설명하는 신속처리대상안건에 관한 법제사법위원회에서의 절차 포함)에는 신속처리대상안건에 대하여 「국회법」 제85조의2 제2항부터 제7항까지의 규정을 적용하지 아니한다(국회법 제85조의2 제8항).

라. 법제사법위원회의 심사

위원회에서 법률안의 심사를 마치거나 입안을 하였을 때에는 법제사법위원회에 회부하여 체계와 자구에 대한 심사를 거쳐야 한다(국회법 제86조). 법제사법위원회는 회부된 법률안에 대하여 체계와 자구의 심사 범위를 벗어나 심사하여서는 아니 된다(국회법

제86조 제5항).[150] 법제사법위원회가 신속처리대상안건(체계 · 자구 심사를 위하여 법제사법위원회에 회부되었거나 「국회법」 제85조의2 제4항 본문에 따라 회부된 것으로 보는 신속처리대상안건 포함)에 대하여 90일 이내에 심사를 마치지 아니하였을 때에는 그 기간이 끝난 다음 날에 법제사법위원회에서 심사를 마치고 바로 본회의에 부의된 것으로 보고(국회법 제85조의2 제5항), 본회의에 부의된 것으로 보는 날부터 60일 이내에 본회의에 상정되어야 한다(국회법 제85조의2 제6항).[151] 60일 이내에 본회의에 상정되지 아니하였을 때에는 그 기간이 지난 후 처음으로 개의되는 본회의에 상정된다(국회법 제85조의2 제7항).

마. 전원위원회 심사

국회는 위원회의 심사를 거치거나 위원회가 제안한 의안 중 정부조직에 관한 법률안, 조세 또는 국민에게 부담을 주는 법률안 등 주요 의안의 본회의 상정 전이나 본회의 상정 후에 재적의원 4분의 1 이상이 요구할 때에는 그 심사를 위하여 의원 전원으로 구성되는 전원위원회(全院委員會)를 개회할 수 있다. 다만, 의장은 주요 의안의 심의 등 필요하다고 인정하는 경우 각 교섭단체 대표의원의 동의를 받아 전원위원회를 개회하지 아니할 수 있다(국회법 제63조의2 제1항). 전원위원회는 의안에 대한 수정안을 제출할 수 있다. 이 경우 해당 수정안은 전원위원장[152]이 제안자가 된다(국회법 제63조의2 제2항).

바. 본회의 심의 · 의결

위원회에서 본회의에 부의할 필요가 없다고 결정된 의안은 본회의에 부의하지 아니한다(**의안의 묵살**, Pigeonhole). 다만, 위원회의 결정이 본회의에 보고된 날부터 폐회 또는 휴회 중의 기간을 제외한 7일 이내에 의원 30명 이상의 요구가 있을 때에는 그 의안을 본회의에 부의하여야 하는데(**위원회의 해임**, discharge of committee), 이 요구가 없

150) 2021.9.14. 신설된 조항이다. 김대중 대통령의 국민의 정부 이후 법제사법위원장을 야당이 맡는 관행이 시작되면서 법제사법위원회가 체계 · 자구심사를 하는 것을 빌미로 사실상은 법안의 내용에 대한 심사를 하여 법안의 통과를 지연시키는 일이 반복되었다. 이에 2020.5. 시작된 21대 국회에서 단독으로 177석의 의석을 가진 여당(더불어민주당)이 법제사법위원장을 차지하자 야당인 미래통합당이 강력히 반대했다. 2021년 재보궐선거에서 여당이 참패한 이후 여야는 「국회법」 제86조 제5항을 신설하고 법제사법위원장을 2년씩 나누어 맡기로 합의하였다.

151) 부의란 본회의에서 안건을 심의할 수 있는 상태로 만드는 행위를 말하고, 상정이란 위원회 또는 본회의 단계에서 회부된 안건이나 본회의에 부의된 안건을 당일 회의에서 다룰 수 있도록 하는 행위를 말한다. 따라서 부의는 상정의 전단계가 된다.

152) 전원위원장은 의장이 지명하는 부의장으로 한다(국회법 제63조의2 제3항).

을 경우에는 위원회에서 본회의에 부의할 필요가 없다고 결정된 의안은 폐기된다(국회법 제87조).

의장이 특별한 사유로 각 교섭단체 대표의원과의 협의를 거쳐 정하지 않는 한, 본회의는 위원회가 법률안에 대한 심사를 마치고 의장에게 그 보고서를 제출한 후 1일이 지나지 아니하였을 때에는 그 법률안을 의사일정으로 상정할 수 없다(국회법 제93조의2).

본회의는 안건을 심의할 때 그 안건을 심사한 위원장의 심사보고를 듣고 질의·토론을 거쳐 표결한다. 다만, 위원회의 심사를 거치지 아니한 안건에 대해서는 제안자가 그 취지를 설명하여야 하고, 위원회의 심사를 거친 안건에 대해서는 의결로 질의와 토론을 모두 생략하거나 그 중 하나를 생략할 수 있다(국회법 제93조).

의안에 대한 수정동의(修正動議)는 그 안을 갖추고 이유를 붙여 30명 이상의 찬성 의원과 연서하여 미리 의장에게 제출하여야 한다. 다만, 예산안에 대한 수정동의는 의원 50명 이상의 찬성이 있어야 한다. 위원회에서 심사보고한 수정안은 찬성 없이 의제가 된다. 위원회는 소관 사항 외의 안건에 대해서는 수정안을 제출할 수 없다. 의안에 대한 대안은 위원회에서 그 원안을 심사하는 동안에 제출하여야 하며, 국회의장은 그 대안을 그 위원회에 회부한다. 의장이 각 교섭단체 대표의원과 합의를 하는 경우를 제외하고는 수정동의는 원안 또는 위원회에서 심사보고(국회법 제51조에 따라 위원회에서 제안하는 경우 포함)한 안의 취지 및 내용과 직접 관련이 있어야 한다(국회법 제95조).

같은 의제에 대하여 여러 건의 수정안이 제출되었을 때에는 표결의 순서를 정하는 기준은 다음과 같다. 첫째, 가장 늦게 제출된 수정안부터 먼저 표결한다. 둘째, 의원의 수정안은 위원회의 수정안보다 먼저 표결한다. 셋째, 의원의 수정안이 여러 건 있을 때에는 원안과 차이가 많은 것부터 먼저 표결한다. 넷째, 수정안이 전부 부결되었을 때에는 원안을 표결한다(국회법 제96조).

본회의는 의안이 의결된 후 서로 어긋나는 조항·자구·숫자나 그 밖의 사항에 대한 정리가 필요할 때에는 이를 의장 또는 위원회에 위임할 수 있다(국회법 제97조).

사. 법률안의 정부이송과 공포

국회에서 의결된 의안은 국회의장이 정부에 이송한다(국회법 제98조 제1항). 대통령은 15일 이내에 법률안을 공포한다(제53조 제1항). 법률안에 이의가 있을 때에는 대통령은 이송된 후 15일 이내에 이의서를 붙여 국회로 환부하고 그 재의를 요구할 수 있다(환부거부). 국회가 폐회중인 때에도 마찬가지다(제53조 제2항). 이때 대통령은 법률안의 일부에 대하여 또는 법률안을 수정하여 재의를 요구할 수 없다(제53조 제3항).

대통령의 재의의 요구가 있을 때에는 국회는 재의에 붙이고, 재적의원과반수의 출석과 출석의원 3분의 2 이상의 찬성으로 전과 같은 의결을 하면 그 법률안은 법률로서 확정된다(제53조 제4항).

대통령이 법률안이 국회로부터 이송된 후 15일 이내에 공포나 재의의 요구를 하지 않은 때에는 그 법률안은 법률로서 확정된다(제53조 제5항).

대통령은 확정된 법률안을 지체 없이 공포하여야 한다(제53조 제6항). 정부는 대통령이 법률안을 공포한 경우에는 지체 없이 국회에 통지하여야 한다(국회법 제98조 제2항). 법률안이 국회로부터 이송되고 15일 이내에 대통령이 공포도 재의의 요구도 하지 않아서 법률안이 법률로서 확정된 때 또는 대통령의 재의요구에 따라 국회가 재의결하여서 법률안이 법률로서 확정되어 정부에 이송된 후 5일 이내에 대통령이 공포하지 않은 때에는 국회의장이 법률을 공포한다(제53조 제6항).

4. 국회입법절차에 대한 헌법재판소의 통제

소위 법률안 등의 날치기통과와 같은 입법절차의 하자에 대해서는 국회의원은 국회의장에 대하여 심의·표결권을 침해하였다는 이유로 권한쟁의심판을 제기할 수 있다.[153]

그러나 헌법재판소의 판례에 따르면 국회날치기통과에 대해 국민 개인은 헌법소원을 청구할 수 없다. 그 이유로는 ① 날치기 통과로 국민 개인의 기본권이 현재, 직접적으로 침해받은 것이라고 할 수 없다는 점, ② 입법절차의 하자로 인하여 침해되는 것은 국민 개인의 기본권이 아니라 국회의원의 법률안 심의·표결권 등이라는 점, ③ 입법권은 국회의 권한이고 헌법상 보장된 국민의 권한이 아니라는 점 등이 제시되고 있다.[154]

야당의원들에게 개의일시를 통지하지 않음으로써 출석의 기회를 박탈한 채 본회의를 개의, 법률안을 가결 처리한 경우 야당의원들의 법률안 심의·표결권의 침해 여부를 검토하시오.

153) 헌재 1998.8.27. 97헌마8, 노동조합및노동관계조정법 등 위헌확인(각하).
154) 헌재 1997.7.16. 96헌라2, 국회의원과 국회의장간의 권한쟁의[인용(권한침해), 기각].

A

헌법재판소는 국회의원의 법률안 심의·표결권을 침해한 것으로 보았다. 3인 재판관의 반대의견은 국회의원은 권한쟁의심판의 청구인이 될 수 없다는 기존의 부적법각하의견을 고수한 바 있다.[155)]

Q

국회의 입법절차에 하자가 있는 경우에 헌법재판소는 권한쟁의심판에서 당해 법률을 무효로 할 수 있는지 여부 및 그 판단 근거를 제시하시오.

A

판례가 일관되지 못한 것으로 보인다.

1. 1997년 결정[156)]에서 재판관 6인의 다수의견은 입법절차를 규정한 헌법에 명백히 위반한 흠이 있는 경우에는 무효라는 입장이었다(명백설). ① 3인의 재판관(김용준, 김문희, 이영모)은 입법절차를 규정한 헌법을 명백히 위반한 흠이 있는 경우에는 법률안 가결선포행위는 무효라고 보았다. 여기서 입법절차를 규정한 헌법으로 ㉮ 헌법 제49조의 다수결의 원칙, ㉯ 헌법 제50조의 회의공개의 원칙을 제시하고 있다. 이 견해는 이 사건에서는 명백히 위반한 흠이 없어서 무효가 아니라고 하였다. ② 또 다른 3인의 재판관(이재화, 조승형, 고중석)은 다수결원리를 규정한 헌법 제49조에 명백히 위반되므로 무효라는 의견이었다.
2. 그러나 2010년 결정[157)]에서는 명백설의 입장은 논의되지 않고, 무효선언을 하는데 소극적인 견해와 적극적인 견해로 나뉘었다.[158)] 가) 재판관 6인의 소극설(무효선언을 하는데 소극적인 견해)은 구체적으로는 ① 무효가 원칙이지만 사정변경의 원칙이 유추적용 될 수도 있다는 견해(사정변경에 따른 유효가능설: 김희옥, 민형기, 송두환 재판관 3

155) 헌재 1997.7.16. 96헌라2, 국회의원과 국회의장간의 권한쟁의[인용(권한침해), 기각].

156) 헌재 1997.7.16. 96헌라2.

157) 헌재 2010.12.28. 2008헌라7, 국회의원과 국회의장 등 간의 권한쟁의[인용(권한침해), 기각, 각하] – 한미FTA 비준동의안에 관한 권한쟁의 사건. 이 결정에서는 소극설 6인과 적극설 1인을 제외하고 재판관 이동흡, 목영준 2인은 심판청구의 이익이 없어 부적법하다는 의견을 내었다: "따라서 청구인들이 2008.12.18. 이후의 소위원회 및 전체회의에 참여하여 이 사건 상정 및 소위원회 회부행위의 위와 같은 하자를 시정하도록 요구한 후 그것이 받아들여지지 않아 '안건에 대한 문제점과 당부에 관한 일반적인 토론 및 제안자와의 질의·답변'을 하지 못한 경우에 이 사건 동의안에 대한 상임위원회 심사절차 전체가 청구인들의 심의권을 침해하였다고 다투는 것은 별론으로 하더라도, 이 사건에서와 같이 상임위원회에서의 일련의 심사절차 중 일부인 위 대체토론에 참여하지 못하여 심의권이 침해되었다고 주장하는 경우에는 이를 독립적인 권한쟁의심판의 대상으로 삼아 판단하여야 할 심판청구의 이익이 없다고 할 것이다. 그렇다면 청구인들의 피청구인 외통위 위원장에 대한 이 사건 심판청구는 심판이익이 없어 부적법하므로 각하되어야 한다."

158) 소극설(재판관 6인의 의견), 적극설(재판관 1인의 의견), 부적법 각하의견(2명의 재판관)으로 나뉘었다. 부적법각하의견은 국회의원이 권한쟁의심판의 청구인이 될 수 없다는 의견이 아니고 상임위원회에서의 심의권의 부분적인 침해만을 문제 삼아 제기되는 권한쟁의심판은 허용할 수 없다는 의견이었다. – 이 사건 상정·회부행위의 무효확인을 구하는 청구인들의 심판청구 부분에 대하여는 재판관 조대현의 인용 의견, 재판관 이동흡, 재판관 목영준의 각하 의견이 있는 것을 제외하고, 기각 의견이 재판관 6인의 의견에 달하여 헌법재판소법 제23조 제2항이 정한 권한쟁의심판의 심판정족수를 충족하기 때문에 결론적으로 기각결정이 되었다.

의 기각의견), ② 무효로 하는 것은 자제하여야 한다는 견해(무효확인자제설: 재판관 이강국, 이공현 2인의 기각의견), ③ 무효확인불가능설(김종대 재판관의 의견)로 나뉘었다. 나) 적극설(중대설: 조대현 재판관 1인의 의견)은 헌법의 기본원리인 의회주의를 근본적으로 부정할 정도로 중대한 위반인 경우에는 위헌이라고 보는 견해다.

3. 결론적으로 현재로서는 소극설이 우세한 것으로 보인다. 그러나 헌법규정에 비추어 중대한 흠이 있는 경우에는 무효로 하는 것이 바람직할 것이다(중대설의 입장). 위헌여부를 판단함에는 당해 하자의 헌법적 중대성이 기준이 되어야 할 것이기 때문이다. 다만, 법률을 위헌으로 선언하기 위해서는 6인 이상 재판관의 찬성이 있어야 한다는 점을 고려하여 권한쟁의심판의 경우에도 법률을 위헌으로 선언하기 위해서는 6인 이상의 찬성이 있어야 하는 것으로 해석하는 것이 바람직하다. 심판정족수를 규정한 「헌법재판소법」 제23조 제2항 제1호는 이러한 취지로 개정할 필요가 있다.

Q **국회상임위원회 회의장 출입문을 폐쇄하여 소수당 소속 위원들의 출입을 봉쇄한 상태로 회의를 개의하여 동의안 또는 법안이 상정·회부된 경우 침해되는 헌법규범은?**

A 헌법재판소의 결정[159]에 따르면 이와 같은 경우 침해되는 헌법규범은 다수결의 원리(헌법 제49조), 의사공개의 원칙(헌법 제50조 제1항), 국회의원의 법률안 심의·표결권이다.

5. 국회의 입법형성의 자유

헌법 제40조에 따르면 입법권은 국회에 속한다. 그러나 이러한 입법형성권(입법형성권, 입법재량)[160]은 비례성원칙과 본질적 내용 침해금지 원칙 등 헌법원칙을 충족시키는 범위 안에서의 입법형성권이다. 그런데 비례성원칙의 경우에는 상대적인 기준이기 때문에 심사강도가 다양하게 적용되고 있다. 따라서 헌법재판에서는 사안의 특성에 따를 때 입법자의 형성의 자유가 어느 정도 인정되는가에 따라 비례성원칙의 적용을 신축적으로 하고 있다. 따라서 먼저 입법형성의 자유의 정도가 어떻게 결정되는가가 문제의 관건으로 보인다.

가. 입법자의 예측판단권과 입법형성의 자유

기본권을 제한하는 법률의 위헌여부가 미래에 나타날 법률 효과에 달려 있는 경우, 입법자에게 인정되는 예측판단권은 '**법률을 통하여 달성하고자 하는 공익의 비중 및 침**

---

159) 헌재 2010.12.28. 2008헌라7, 국회의원과 국회의장 등 간의 권한쟁의(각하, 권한침해확인, 기각).
160) 특히 김철수, 헌법학(중), 박영사, 2009, 258-282쪽 참조.

해되는 법익의 의미, 규율영역의 특성, 확실한 판단을 내릴 수 있는 현실적 가능성의 정도' 등에 따라 다르다. 달성하고자 하는 공익의 비중이 클수록, 개인이 기본권의 행사를 통하여 타인과 국가공동체에 영향을 미칠수록, 즉 기본권행사의 사회적 연관성이 클수록 입법자에게는 보다 광범위한 입법형성권이 인정된다. 이 경우에는 입법자의 예측판단이나 평가가 명백히 반박될 수 있는가 아니면 현저하게 잘못되었는가 하는 것만을 심사하게 된다.[161]

즉, 법률이 생명권, 신체의 자유, 직업선택의 자유 등 **개인의 핵심적 자유영역**을 침해하는 경우 이러한 자유에 대한 보호는 더욱 강화되어야 하므로, 입법자는 입법의 동기가 된 구체적 위험이나 공익의 존재 및 법률에 의하여 입법목적이 달성될 수 있다는 구체적 인과관계를 헌법재판소가 납득하게끔 소명·입증해야 할 책임을 지지만, 개인이 기본권의 행사를 통하여 일반적으로 타인과 사회적 연관관계에 놓이는 경제적 활동을 규제하는 **사회·경제정책적 법률**을 제정함에 있어서는 입법자에게 보다 광범위한 형성권이 인정되므로, 이 경우에는 입법자의 예측판단이나 평가가 명백히 반박될 수 있는가 아니면 현저하게 잘못되었는가 하는 것만을 심사하게 된다.[162]

나. 광범위한 입법형성의 자유가 인정되는 경우

1) 시혜적 법률의 제정

국민에게 혜택을 부여하는 시혜적 법률의 경우에 있어서는 국민의 권리를 제한하거나 새로운 의무를 부과하는 법률과는 달리 입법자에게 보다 광범위한 입법형성의 자유가 인정되고 있다. 따라서 입법자는 그 입법의 목적, 수혜자의 상황, 국가예산 내지 보상능력 등 제반사항을 고려하여 그에 합당하다고 스스로 판단하는 내용의 입법을 할 권한이 있다. 시혜적 법률은 그 내용이 현저하게 합리성이 결여되어 있는 것이 아닌 한 헌법에 위반되지 않게 된다.[163]

대법원에서도 특수임무수행자와 그 유족에게 행할 구체적인 보상의 내용이나 범위, 그 방법·시기 등은 사회보장적 성격을 갖는 것으로서 국가의 재정부담 능력과 전체적인 사회보장의 수준, 특수임무수행자에 대한 평가기준 등에 따라 정하여지는 입법

161) 헌재 2002.10.31. 99헌바76등; 2004.8.26. 2002헌가1.
162) 헌재 2002.10.31. 99헌바76등.
163) 헌재 1993.12.23. 89헌마189.

자의 광범위한 입법형성의 자유영역에 속하는 것으로서, 기본적으로는 국가의 입법정책에 달려 있다고 보고 자의금지원칙에 입각하여 평등원칙 위배 여부를 판단하고 있다.[164]

2) 입법목적 달성수단의 선택

헌법재판소는 입법목적을 달성하기 위하여 가능한 여러 수단 가운데 어느 것을 선택할 것인가의 문제는 그 결정이 현저하게 불합리하고 불공정한 것이 아닌 한 입법부의 재량에 속하는 것으로 본다.[165]

3) 형벌

법정형의 종류와 범위의 선택은 그 범죄의 죄질과 보호법익에 대한 고려뿐만 아니라 우리의 역사와 문화, 입법 당시의 시대적 상황, 국민 일반의 가치관 내지 법감정 그리고 범죄예방을 위한 형사정책적 측면 등 여러 가지 요소를 종합적으로 고려하여 입법자가 결정할 사항으로서 광범위한 입법재량 내지 형성의 자유가 인정되어야 할 분야라고 하는 것이 헌법재판소의 확립된 입장이다.[166]

그런데 범죄와 형벌 간의 입법재량과 관련하여서는 2가지 측면이 고려되어야 한다. 우선 당해 **범죄와 그에 대한 형벌의 관계**에서는 비례성원칙에 위배되어서는 안 되고(책임과 형벌간의 비례성), **다른 범죄자와의 관계**에서는 평등의 원칙을 반하여서는 안 된다.[167]

4) 국회의원과 정당의 고유한 권능과 자유

헌법재판소에 따르면 선거운동의 공정이라는 법 목적의 달성을 위하여 국회의원과 정당이 가지는 고유한 권능과 자유를 어느 정도로 제한할 것인가의 여부는 **입법자의 광범위한 형성의 재량에 속하는 사항**이다.

따라서 헌법재판소는 법조항이 국회의원의 의정활동보고나 정당의 각종 집회를 선거운동기간 이전에는 국회의원의 의정활동보고나 정당의 각종 집회를 허용하면서 선거운동기간이 개시된 후에만 금지하거나 제한하고 있다고 하더라도, 청구인들과 같은 국회의원이 아니거나 정당원이 아닌 예비후보자에게는 금지되어 있는 선거운동기간개시

164) 대법원 2008.11.13. 2007두13302 판결.
165) 헌재 1996.2.29. 94헌마213.
166) 헌재 1992.4.28. 90헌바24; 2001.11.29. 2001헌가16; 2002.4.25. 2001헌가27 등 다수.
167) 헌재 2002.4.25. 2001헌가27, 청소년의성보호에관한법률 제2조 제3호 등 위헌제청(합헌); 1995.4.20. 93헌바40; 1995.11.30. 94헌가3.

전의 선거운동을 국회의원이나 정당에게 허용하는 것은 아니기 때문에 이를 일컬어 명백히 자의적인 입법이라고 할 수 없다는 견해다.[168]

II. 헌법개정발의 및 심의권

1. 헌법개정발의권

헌법개정발의는 대통령 외에 국회재적의원 과반수가 할 수 있다(제128조). 즉, 국회재적의원이 300명이면 최소 151명이 찬성하여야 헌법개정안이 발의될 수 있다.

2. 헌법개정심의권

국회는 재적의원 과반수 또는 대통령에 의해 제안된 헌법개정안을 심의할 권한을 가진다. 헌법개정안은 공고된 날로부터 60일 이내에 의결하여야 한다고 규정한 헌법 제130조 제1항은 헌법개정심의권을 전제로 하고 있는 것이다. 헌법개정안의 의결에는 국회재적의원 3분의 2 이상의 찬성을 얻어야 한다. 헌법개정안의 표결은 기명투표로 한다(국회법 제112조 제4항). 제안된 헌법개정안은 공고하게 되므로 국회에서는 의결 여부만이 문제되고 수정하여 통과시킬 수 없다. 헌법개정안은 국민투표로 확정되고, 대통령은 이를 즉시 공포하여야 한다(제130조 제3항).

확정된 헌법의 효력 발생 시기에 대해서는 일반적 규정이 없다. 그런데 1948년 제정헌법과 그동안의 개정헌법들은 부칙에서 '공포한 날로부터' 시행한다고 그 시행일을 명기해 왔다. 다만, 제5차 개정헌법은 '이 헌법에 의한 국회가 처음으로 집회한 날로부터'(부칙 제1조 제1항), 현행 헌법은 "1988년 2월 25일부터"(부칙 제1조) 시행하는 것으로 규정했다.

문제는 아무런 규정을 두지 않는 경우인데, 법률은 특별한 규정이 없는 한 공포한 날로부터 20일을 경과함으로써 효력을 발생하기 때문에(제53조 제7항) 헌법개정안도 확정 후 20일이 경과한 뒤에 효력이 발생한다는 견해가 있으나, 헌법개정안은 국민투표로 확정됨과 동시에 헌법으로서 효력을 발생한다고 보는 것이 타당하다.[169]

---

168) 헌재 1996.3.28. 96헌마18등, 공직선거및선거부정방지법 제111조 등 위헌확인(기각).
169) 개정 전 헌법에는 합치하나 개정 헌법에는 위반되는 행위나 상태에 대해 헌법적 판단을 하여야 하는 경우에는 당연히 확정된 헌법에 따라서 해석하여야 할 것이기 때문이다.

III. 중요조약의 체결 · 비준 동의권

1. 헌법적 근거 및 의의, 대상

국회는 상호원조 또는 안전보장에 관한 조약, 중요한 국제조직에 관한 조약, 우호통상항해조약, 주권의 제약에 관한 조약, 강화조약, 국가나 국민에게 중대한 재정적 부담을 지우는 조약 또는 입법사항에 관한 조약의 체결 · 비준에 대한 동의권을 가진다(제60조 제1항). 이 동의는 필수적이다. 그 밖에 단순한 행정협정(executive agreement, Verwaltungsabkommen)은 동의의 대상이 아니다.

NOTE 행정협정인지 동의를 요하는 조약인지 논란이 된 사례 

1. 대한민국과아메리카합중국간의상호방위조약제4조에의한시설과구역및대한민국에서의합중국군대의지위에관한협정(1967.2.9. 조약 제232호)에 대해서 헌법재판소는 ① 외국군대의 지위에 관한 것이라는 점, ② 국가에게 재정적 부담을 지우는 내용이라는 점, ③ 근로자의 지위, 미군에 대한 형사재판권, 민사청구권 등 입법사항을 포함하기 때문에 국회의 동의를 요하는 조약으로 본다.[170]
2. 다른 한편 헌법재판소는 피청구인 대통령이 피청구인 외교통상부장관에게 위임하여 2006.1.19.경 워싱턴에서 미합중국 국무장관과 발표한 '동맹 동반자 관계를 위한 전략대화 출범에 관한 공동성명'에 대해서는 법적 권리 · 의무를 창설하는 내용을 전혀 포함하고 있지 않기 때문에 조약에 해당하지 않고 따라서 당연히 동의를 요하지 않는다고 보았다.[171]

그런데 조약의 체결 · 비준 동의권은 국회의 권한이고 국회의원의 권한이 아니다. 따라서 제3자소송담당[172]을 허용하는 법률규정이 없는 현 상황에서는 국회의원이 정부를 상대로 권한쟁의심판을 청구할 수는 없다.[173]

---

170) 헌재 1999.4.29. 97헌가14, 대한민국과아메리카합중국간의상호방위조약제4조에의한시설과구역및대한민국에서의합중국군대의지위에관한협정 제2조 제1의 (나)항 위헌제청(합헌).

171) 헌재 2008.3.27. 2006헌라4, 국회의원과 대통령 등 간의 권한쟁의 각하결정(각하).

172) 소송물인 권리 또는 법률관계의 실질적 귀속주체가 아닌 제3자가 그 소송물에 관하여 정당한 당사자로서 소송실시권을 가지고 있는 경우를 말한다. 자세한 것은 송상현 · 박익환, 민사소송법, 박영사, 2008, 137쪽 이하 참조.

173) 헌재 2007.7.26. 2005헌라8, 국회의원과 정부 간의 권한쟁의(각하).

2. 동의의 시기

가. 비준유보조약(批准留保條約)의 경우

비준유보조약은 전권위원이 서명한 후 국회의 동의를 거쳐 대통령의 비준을 거치게 되는데 이때 동의는 사전 동의가 된다.

나. 비준비유보조약(批准非留保條約)의 경우

비준비유보조약은 전권위원(또는 대통령)이 서명하고 국회의 동의를 거치게 되는데, 이 경우 국회의 동의는 사후 동의가 된다. 사후 동의의 경우 조약의 효력은 국회의 동의가 있은 후에 발생한다고 보아야 할 것이다.

3. 조약동의안의 수정가능 여부

조약동의안을 국회에서 수정할 수 있는지에 대해서는 긍정설과 부정설[174]이 대립한다.[175] 사실상은 수정이 어렵겠지만, 국회가 조약에 대해 상대국과의 협의 하에 수정하는 것을 정지조건부로 동의하고, 그 조건이 성취되면 동의된 것으로 보는 것은 가능할 것이다.[176]

4. 동의거부의 효과

국회가 조약의 동의를 거부할 경우 조약의 효력에 대해서는 무효설과 유효설, 국회의 동의를 유효요건으로 보는 조건부 무효설,[177] 국내법의 규정에 명백히 위반한 경우가 아닌 한 무효를 주장할 수 없다고 보는 조건부 유효설[178] 등이 있다.

원칙적으로 조건부 무효설이 타당하나 다자조약의 경우에는 국회의 동의가 없다고

---

174) 권영성, 법문사, 2009, 890쪽; 박종보, 헌법주석[국회, 정부]((사)한국헌법학회 편), 경인문화사, 2018, 322쪽.

175) 학설의 대립에 대해서는 권영성, 법문사, 2009, 890쪽 및 박종보, 헌법주석[국회, 정부]((사)한국헌법학회 편), 경인문화사, 2018, 321쪽 참조.

176) 김철수, 헌법학신론, 박영사, 2013, 1383쪽; 정재황, 신헌법입문, 박영사, 2012, 586쪽.

177) 김철수, 헌법학신론, 박영사, 2013, 1384쪽.

178) 1980.1.27. 조약 제697호로 발효된 조약법에 관한 비엔나협약(Vienna Convention on the Law of Treaties) 제46조 제1항은 이 설에 따르고 있다. 제46조 (조약 체결권에 관한 국내법 규정) ① 조약 체결권에 관한 국내법 규정의 위반이 명백하며 또한 근본적으로 중요한 국내법 규칙에 관련되지 아니하는 한, 국가는 조약에 대한 그 기속적 동의를 부적법화하기 위한 것으로 그 동의가 그 국내법 규정에 위반하여 표시되었다는 사실을 원용할 수 없다. ② 통상의 관행에 의거하고 또한 성실하게 행동하는 어느 국가에 대해서도 위반이 객관적으로 분명한 경우에는 그 위반은 명백한 것이 된다.

하여 당해 조약이 무효로 되지는 않을 것이다. 국회의 동의를 결한 조약의 국내적 효력은 무효로 본다.

Ⅳ. 재정에 관한 권한

1. 재정입법권

헌법 제59조에는 "조세의 종목과 세율은 법률로 정한다."고 하고 있는데, 국가의 재정은 원칙적으로 조세수입으로 충당하므로 이 규정은 국가의 재정입법권은 국회의 권한에 속한다는 것을 선언하고 있는 것이다. 또한 이 규정은 법치국가적 관점에서 보면 조세법률주의를 선언한 규정이다. 조세법률주의는 과세요건을 법률로 명확하게 규정함으로써 국민의 재산권을 보장함과 동시에 국민의 경제생활에 법적 안정성과 예측가능성을 보장하기 위한 것이다.[179)]

조세법률주의는 형식적 개념과 실질적 개념으로 구분할 수 있다. **형식적 조세법률주의**의 핵심은 과세요건 법정주의와 과세요건 명확주의다. 여기서 **'과세요건 법정주의'**란 납세의무를 성립시키는 납세의무자 · 과세물건 · 과세표준 · 과세기간 · 세율 등의 과세요건과 조세의 부과 · 징수절차를 모두 국민의 대표기관인 국회가 제정한 법률로 규정하여야 한다는 것을 의미하고, **'과세요건 명확주의'**란 과세요건을 법률로 정하였다고 하더라도 그 규정내용이 지나치게 추상적이고 불명확하다면 과세관청의 자의적인 해석과 집행을 초래할 염려가 있으므로 그 규정 내용이 명확하고 일의적이어야 한다는 것을 의미한다.[180)] **과세요건 명확주의의 위배여부**는 납세자의 입장에서 어떤 행위가 과세 대상이 되는지를 예견할 수 있는지 여부, 행정관청 입장에서 자의적이고 차별적으로 법률을 적용할 가능성을 부여하는가 등의 기준에 따라 종합적으로 판단하여야 한다.[181)]

---

179) 헌재 2006.7.27. 2006헌바18등; 2016.2.25. 2013헌바175등, 구 법인세법 제93조 제7호 위헌소원(합헌) 등 참조.
180) 헌재 2008.7.31. 2006헌바95, 소득세법 제98조 등 위헌소원(합헌).
181) 헌재 2013.5.30. 2012헌바195; 2016.2.25. 2013헌바175등(합헌) 등 참조.

NOTE **합헌 사례(과세요건 명확주의)** 

「지방세법」 제7조 제2항의 '부동산의 사실상 취득'이라 함은 등기와 같은 소유권 취득의 형식적 요건을 갖추지는 못하였으나 대금의 지급과 같은 소유권 취득의 실질적 요건을 갖춘 경우를 말하고, 매매에 있어서는 사회통념상 대금의 거의 전부가 지급되었다고 볼 만한 정도의 대금지급이 이행된 경우를 의미하는 것임을 충분히 예측할 수 있으므로, 「민법」에 따라 등기를 하지 아니한 경우라도 부동산을 사실상 취득한 경우 그 취득물건의 소유자 또는 양수인을 취득자로 보도록 한 구 「지방세법」 제7조 제2항 본문 중 '부동산의 사실상 취득'에 관한 부분은 과세요건 명확주의에 위배되지 않는다.[182]

나아가 헌법 제59조의 조세법률주의는 **실질적 조세법률주의**를 의미한다. 실질적 조세법률주의에 따르면 과세요건이 비록 법률로 명확히 정해진 것일지라도 그것만으로 충분한 것은 아니고, 조세법의 목적이나 내용이 기본권 보장의 헌법이념과 이를 뒷받침하는 헌법상 요구되는 원칙들에 합치되어야 한다.[183]

또한 과세는 개인의 담세능력에 상응하여 공정하고 평등하게 이루어져야 하고, 합리적인 이유 없이 특정의 납세의무자를 불리하게 차별하거나 우대하는 것은 허용되지 않는다. 이를 **조세평등주의**라고 한다. 조세평등주의는 조세법영역에서의 평등원칙의 표현이다.[184] 조세평등주의는 실질과세원칙으로 구현된다. **실질과세원칙**은 법률상의 형식과 경제적 실질이 서로 부합하지 않는 경우에 그 경제적 실질을 추구하여 그에 따라 과세함으로써 조세를 공평하게 부과하는 원칙이다.[185] 헌법재판소의 판례에 따르면, 입법자가 선택한 세율 체계가 입법목적이나 과세대상의 특징 등에 비추어 현저히 자의적이라고 보기 어려운 경우에는 이를 조세평등주의에 위반된다고 보기 어렵다.[186]

182) 헌재 2022.3.31. 2019헌바107, 지방세법 제7조 제2항 위헌소원(합헌).
183) 헌재 2006.7.27. 2004헌바70, 국세기본법 제25조 제1항 위헌소원(합헌).
184) 헌재 2006.7.27. 2004헌바70.
185) 헌재 2006.7.27. 2004헌바70.
186) 헌재 2017.9.28. 2016헌바143등; 2020.3.26. 2017헌바363등, 지방세법 제11조 제1항 제8호 위헌소원(합헌).

Q

구 「상속세 및 증여세법」은 최대주주 등 보유주식에 내재한 경영권 또는 지배권의 가치를 공정하게 평가하여 적절하게 과세하기 위하여 과세가액 평가 시 일정 비율[평가가액의 100분의 20(중소기업은 100분의 10), 최대주주가 100분의 50을 초과하여 주식을 보유하는 경우에는 100분의 30(중소기업은 100분의 15)]을 가산하도록 하고 있다(경영권 프리미엄에 대한 할증평가). 또한 이 법은 주식이 명의신탁된 경우를 증여로 의제하고 있다(제45조의2 제1항). 최대주주 등이 보유한 주식이 명의신탁된 경우를 실제로 이전된 증여의 경우와 달리 취급하지 않은 것이 조세평등주의를 위반한 것이라는 주장의 당부에 관하여 판단하시오.

A

구 「상속세 및 증여세법」은 명의신탁의 경우에도 조세회피의 목적이 없는 경우에는 증여로 의제하지 않고 있는데, 이 경우에 해당하지 않아서 명의신탁이 증여로 의제된 이상 실제 경영권 등이 이전이 되지 않았다는 점을 들어 단순증여와 구별해야 한다고 보기 어렵다. 따라서 증여로 의제된 이상 명의신탁의 경우를 단순증여와 달리 취급하지 않은 것이 불합리하다고 볼 수 없어 조세평등주의에 반하지 않는다.[187]

Q

6억원 이하인 오피스텔을 유상취득한 자는 주거의 목적으로 해당 오피스텔을 취득하였다 하더라도 6억원 이하인 주택을 유상취득한 경우에 관한 세율(1천분의 10)보다 높은 세율(1천분의 40)에 따른 취득세를 부담하도록 하고 있는 「지방세법」 조항이 조세평등주의에 위배되는지 여부를 판단하시오.

A

주택과 달리 오피스텔의 주기능이 업무에 있기 때문에, 입법자가 오피스텔의 사실상 용도와 관계없이 주택과 오피스텔을 구별하여 그 취득세에 관한 세율 체계를 달리 규정한 것을 두고 비합리적이고 불공정한 조치라 할 수 없으며, 현저히 자의적이라고 보기 어렵다. 심판대상조항이 오피스텔 취득자의 주관적 사용 목적 내지 의사를 고려하지 않았다고 하더라도 그것만을 이유로 조세평등주의에 위배된다고 볼 수는 없다.[188]

Q

일정한 경우에 한하여서만 사실상의 취득가격을 취득세 과세표준으로 하고, 그 외의 신빙성이 상당히 보장된 객관적 자료에 의한 사실상의 취득가격 증명을 허용하지 않고 있는 구 「지방세법」 조항이 조세평등주의원칙에 위배되는지 여부를 판단하시오.

---

187) 헌재 2019.11.28. 2017헌바260, 구 상속세 및 증여세법 제63조 제3항 등 위헌소원(합헌).
188) 헌재 2020.3.26. 2017헌바363등, 지방세법 제11조 제1항 제8호 위헌소원(합헌).

국가나 지방자치단체 등으로부터의 취득, 외국으로부터의 수입에 의한 취득 등 사실상 취득가격조항이 정하고 있는 사유는 모두 특별한 사정이 없는 한 제도적으로 그 신빙성이 상당 정도 보장되어 있는 객관적 자료에 의하여 사실상의 취득가액이 추정될 수 있어 그 확인이 용이한 경우이고, 납세의무자가 신고하는 취득가격에 대해서는 일일이 지방자치단체가 조사하기 어려운 현실을 감안하면 구 「지방세법」 조항은 조세평등주의에 위배된다고 보기 어렵다.[189)]

Q

구 「지방세특례제한법」 제41조 제1항이 취득세 면제를 규정하면서 '「초 · 중등교육법」에 따른 학교를 경영하는 자'라고만 규정하고 있어 「초 · 중등교육법」에 따른 학교설립인가 신청 중에 부동산을 취득한 자를 학교설립인가를 받은 후 부동산을 취득한 자에 비해 합리적인 이유 없이 불리하게 취급하므로 조세평등주의에 위배된다는 주장의 당부

A

학교설립인가를 받은 자는 교육을 위한 제반 요건을 모두 갖추고 부동산 취득 시점에 교육을 담당하고 있는 반면, 향후 학교설립인가를 받을 예정인 자는 그러한 제반 요건을 갖추었는지가 확인되지 않고, 부동산 취득 시점에 교육을 담당하고 있지도 않다. 취득세 면제라는 조세 혜택을 부여함에 있어서는 그 대상자를 결정하는 기준을 명확히 할 필요가 있는데, 학교설립인가라는 시점은 객관적이고 명확한 반면, 입법기술적으로 학교설립인가 이전의 시점 중에서 그와 같은 정도로 객관적이고 명확한 시점을 상정하기는 쉽지 않다. 따라서 심판대상조항이 초 · 중등교육법이 정하는 바에 따라 학교설립인가를 받은 자만 취득세의 면제대상자로 규정한 것은 합리적인 이유가 있으므로 조세평등주의에 위배되지 않는다.[190)]

조세는 국가나 공공단체가 그 경비에 충당하기 위하여 국민으로부터 무상으로 강제적으로 징수하는 재화를 말한다. 따라서 조세라는 명칭이 붙어 있지 않더라도 실질적으로는 국민의 자유의사에 따른 동의에 기초한 것이 아니어서 강제징수의 성질을 가지면 조세로 보아서(이른바 준조세[191)]) 이에는 조세법률주의 등 조세법의 기본원칙이 적용되어야 한다.

실질적 조세의 예로서는 ① 우선, **부담금**을 들 수 있다. 「부담금관리 기본법」 제2조에서는 부담금을 "중앙행정기관의 장, 지방자치단체의 장, 행정권한을 위탁받은 공공

---

189) 헌재 2020.8.28. 2017헌바474, 지방세법 제10조 제2항 단서 등 위헌소원(합헌).

190) 헌재 2020.8.28. 2017헌바389, 지방세특례제한법 제41조 제1항 위헌소원(합헌).

191) 정부는 이하에서 설명하는 부담금은 준조세가 아니라고 본다: "부담금은 부담주체에게 비자발적인 금전적 지출을 하게 하나, 부과주체와 해당 공익사업 사이에 특수한 관계가 있는 경우에 한하여 법률에 따라 부과되고 엄격한 관리제도 아래에서 국민이 필요로 하는 특정한 공공서비스 창출에 사용되므로 '부담금=준조세'와 같은 등식관계 등은 적절하지 않다."(기획재정부, 2012년도 부담금운용종합보고서, 8쪽 참조).

단체 또는 법인의 장 등 법률에 따라 금전적 부담의 부과권한을 부여받은 자가 분담금, 부과금, 기여금, 그 밖의 명칭에도 불구하고 재화 또는 용역의 제공과 관계없이 특정 공익사업과 관련하여 법률에서 정하는 바에 따라 부과하는 조세 외의 금전지급의무(특정한 의무이행을 담보하기 위한 예치금 또는 보증금의 성격을 가진 것은 제외)"라고 정의하고 있다. 부담금은 「부담금관리 기본법」 별표에 규정된 부담금 외에는 설치할 수 없다(부담금관리 기본법 제3조).

NOTE **위헌 결정 사례(부담금)** 

① 헌법재판소는 구 「학교용지확보에관한특례법」상 학교용지부담금은 재정조달목적의 부담금으로서 그 위헌 여부는 조세법률주의(제38조), 평등원칙(제11조 제1항), 국회의 예산심의·확정권에 의한 재정감독권과의 관계에서 오는 한계(제54조 제1항), 비례성원칙 등 조세부과에 경우에 준수되어야 할 원칙들과 함께 의무교육의 무상성과의 관계(제31조 제3항)를 함께 고려하여야 한다고 보았다. 이에 따를 때 **공동주택 수분양자들에게 학교용지부담금을 부과**할 수 있도록 규정한 구 「학교용지확보에관한특례법」 소정의 규정은 의무교육의 무상원칙에 반한다.[192)]

② '회원제로 운영하는 골프장 시설의 입장료에 대한 부가금'은 시설의 이용 대가와 별개의 금전으로서, 회원제로 운영하는 골프장 시설의 이용자라는 특정 부류의 집단에만 강제적·일률적으로 부과된다. 골프장 부가금은 국민체육진흥계정으로 포함되어 국민체육진흥법에서 열거한 용도로 사용되며, 진흥공단은 국민체육진흥계정을 독립된 회계로 관리·운용하여야 한다. 이를 종합하면, 골프장 부가금은 조세와 구별되는 것으로서 부담금에 해당한다.[193)]

그런데 골프장 부가금은 "수영장 등 다른 체육시설의 입장료에 대한 부가금제도를 국민부담 경감 차원에서 폐지하면서 골프장 부가금 제도를 유지한 것은 이른바 고소득 계층이 회원제로 운영하는 골프장을 주로 이용한다는 점이 고려된 것으로 보인다. 하지만 골프 이외에도 많은 비용이 필요한 체육 활동이 적지 않을뿐더러, 체육시설 이용 비용의 다과에 따라 '국민체육의 진흥'이라는 공적 과제에 대한 객관적 근접성의 정도가 달라진다고 단정할 수도 없다. 골프장 부가금 납부의무자와 '국민체육의 진흥'이라는 골프장 부가금의 부과 목적 사이에는 특별히 객관적으로 밀접한 관련성이 인정되지 않는다. **수많은 체육시설 중 유독 골프장 부가금 징수 대상 시설의 이용자만을 국민체육진흥계정 조성에 관한 조세 외적 부담을 져야 할 책임이 있는 집단으로 선정한 것에는 합리성이 결여**되어 있다. 골프장 부가금 등을 재원으로 하여 조성된 국민체육진흥계정의 설치 목적이 국민체육의 진흥에 관한 사항 전반을 아우르고 있다는 점에 비추어 볼 때, 국민 모두를 대상으로 하는 광범위하

192) 헌재 2005.3.31. 2003헌가20, 구 학교용지확보에관한특례법 제2조 제2호 등 위헌제청(위헌).
193) 헌재 2019.12.27. 2017헌가21, 국민체육진흥법 제20조 제1항 제3호 위헌제청(위헌).

고 포괄적인 수준의 효용성을 놓고 부담금의 정당화 요건인 집단적 효용성을 갖추었다고 단정하기도 어렵다. 골프장 부가금 규정은 일반 국민에 비해 특별히 객관적으로 밀접한 관련성을 가진다고 볼 수 없는 골프장 부가금 징수 대상 시설 이용자들을 대상으로 하는 것으로서 합리적 이유가 없는 차별을 초래하므로, 헌법상 평등원칙에 위배된다."[194]

NOTE 합헌 결정 사례(부담금)

헌법재판소의 결정에 따르면 「한강수계 상수원수질개선 및 주민지원 등에 관한 법률」의 물이용부담금도 조세와 구별되는 부담금으로서 제정조달목적 부담금에 해당한다. 부과요율이 과다하다고 볼 수 없어 과잉금지원칙을 위배하여 재산권을 침해한다고 할 수 없고, 한강수질개선이라는 공적과제와 부담금 납부대상자 사이에 특별히 밀접한 관련성을 인정할 수 있으므로 평등원칙에 위배된다고도 볼 수 없다.[195]

부담금 외에 특별부담금(Sonderabgaben)이라는 것이 있다. 부담금과 특별부담금의 관계에 대해서는 명확하지는 않지만, 헌법재판소는 "조세나 부담금과 같은 전통적인 공과금체계로는 현대국가의 새로운 행정수용에 원활하게 대처할 수 없기 때문에 특별부담금이라는 새로운 유형의 공과금을 도입할 필요성이 인정"된다고 하면서 "헌법 제37조 제2항에 의하면 국민의 모든 자유와 권리는 국가안전보장 · 질서유지 또는 공공복리를 위하여 필요한 경우에 한하여 법률로써 제한할 수 있도록 하고 있으므로, 국민의 재산권을 제한하는 특별부담금제도를 도입하는 것 자체는 헌법상 문제가 없다."고 보고 있다.[196] 다만 특별부담금 부과도 재산권에 대한 제한이므로 과잉금지원칙이나 평등원칙 등을 준수하여야 한다.[197]

NOTE 특별부담금

헌법재판소는 이러한 "특별부담금은 조세의 납부의무자인 일반국민들 중 일부가 추가적으로 부담하는 또 하나의 공과금이므로 국민들 사이의 공과금 부담의 형평성 내지 조세평등을 침해하지 않기 위해서는 특별부담금은, 일반인과 구별되는 동질성을 지니어 특정집단이라고 이해할 수 있는 그러한 사람들에게만 부과되어야 하고(집단의 동질성), 특별부담금의

194) 헌재 2019.12.27. 2017헌가21, 국민체육진흥법 제20조 제1항 제3호 위헌제청(위헌).
195) 헌재 2020.8.28. 2018헌바425, 한강수계 상수원수질개선 및 주민지원 등에 관한 법률 제19조 제1항 등 위헌소원(합헌) - 물이용부담금을 부과하는 한강수계법 조항에 관한 위헌소원 사건.
196) 헌재 2003.1.30. 2002헌바5, 관광진흥개발기금법 제2조 제3항 위헌소원(합헌).
197) 헌재 2003.1.30. 2002헌바5.

부과를 통하여 수행하고자 하는 특정한 경제적·사회적 과제와 특별히 객관적으로 밀접한 관련성이 있어야 하고(객관적 근접성), 그리하여 그러한 과제의 수행에 관하여 조세외적 부담을 져야 할 책임이 인정될만한 집단에 대해서만 부과되어야 할 것이며(집단적 책임성), 특별부담금의 수입이 특별부담금 납부의무자의 집단적 이익을 위하여 사용되어야 할 것(집단적 효용성)"이라고 하고 있다.[198]
또 헌법재판소는 일반적으로 특별부담금을 그 성격에 따라 ① 일정한 임무를 수행하기 위하여 재정경비를 조성하기 위한 목적을 가진 **'재정충당 특별부담금'**과, ② 법상의 명령이나 금지와 같은 직접적인 규제수단이 아니라 금전에 의한 간접적인 규제수단에 의하여 일정한 국가목적을 유도하고 조정하는 기능을 하는 **'유도적 특별부담금'**으로 나누고 있다.[199]

특별부담금에 해당하는 것으로서 한국방송공사(KBS) 수신료가 있다. 헌법재판소는 공영방송사업이라는 특정한 공익사업의 경비조달에 충당하기 위하여 수상기를 소지한 특정집단에 대하여 부과되는 특별부담금으로 본다.[200]

Q **TV수신료에 관한 「한국방송공사법」 제36조 제1항("수신료의 금액은 이사회가 심의·결정하고, 공사가 공보처장관의 승인을 얻어 이를 부과·징수한다.")이 헌법 제37조 제2항과 법치주의원리 및 민주주의원리에 위반된다고 할 경우에 그 이유는 무엇인가?**

A 수신료는 특별부담금으로서 재산권에 대한 제한이어서 입법자 스스로 정하여야 하므로, 「한국방송공사법」 제36조 제1항은 법률유보원칙(의회유보원칙)에 위반되고 따라서 법치주의원리 및 민주주의원리에 위반된다.[201]

② 다음으로 **수수료**를 들 수 있다. 반대급부로서 징수하는 요금이라는 점에서 조세와는 구별되며 원칙적으로 법률의 근거를 필요로 하지 않지만,[202] 자유권 행사의 전제

---

198) 헌재 1998.12.24. 98헌가1; 1999.10.21. 97헌바84; 2003.1.30. 2002헌바5; 2003.12.18. 2002헌가2. 다만, 재정충당목적의 특별부담금인 경우 구체적인 사안별로 위와 같은 헌법적 정당화 요건은 일정 부분 완화될 수도 있지만 적어도 객관적 근접성과 집단적 책임성은 특별부담금의 본질적인 허용요건이라고 보아야 할 것이고, 나아가 재정충당목적이 전혀 없는 순전한 유도적 특별부담금인 경우와, 재정충당의 목적과 유도의 목적이 혼재된 특별부담금의 경우에는 구체적인 사안별로 위와 같은 헌법적 정당화 요건은 일정 부분 요청되지 않을 수도 있다고 보고 있다(헌재 2003.12.18. 2002헌가2).
199) 헌재 2003.1.30. 2002헌바5, 관광진흥개발기금법 제2조 제3항 위헌소원(합헌).
200) 헌재 1999.5.27. 98헌바70, 한국방송공사법 제35조 등 위헌소원(합헌, 헌법불합치).
201) 헌재 1999.5.27. 98헌바70.
202) 김철수, 헌법학신론, 박영사, 2013, 1425쪽.

로서 부과되거나 국민이 국가에 대하여 어떤 행위를 요구하는 권리를 가지는 경우에 부과되는 수수료는 국민의 자유와 권리에 대한 제약이므로 반드시 법률의 근거와 그 한계 내에서만 과할 수 있다고 보아야 한다.[203]

③ 공공시설의 이용 또는 재산의 사용에 대하여 징수하는 요금인 **사용료**도 사용에 대한 대가이므로 법률의 근거를 필요로 하지 않는 것이 원칙이지만, 공공시설의 이용 등이 불가피한 것인 경우에는 강제성을 띠게 되므로 이 경우에는 법률상 근거가 필요하다고 보아야 한다. 지방자치단체에 있어서 사용료·수수료·분담금은 조례로 정하도록 하고 있는데(지방자치법 제156조), 조례의 민주적 정당성에 비추어 헌법에 위반되는 것은 아니다.

NOTE **전기요금의 법적 성격**

헌법재판소의 판례에 따르면 전기는 공공재로서 전기 사용의 대가인 전기요금은 「물가안정에 관한 법률」의 적용을 받는 **공공요금**(다른 법률에서 정하는 바에 따라 결정·승인·인가 또는 허가하는 사업이나 물품의 가격 또는 요금)에 해당하고(물가안정에 관한 법률 제4조 제1항), 조세나 부담금과는 구별된다.[204] 따라서 전기요금의 결정에 관한 내용이 전기의 보편적이고 안정적인 공급을 위하여 반드시 입법자 스스로 규율해야 할 본질적인 사항이라고 보기 어려워 의회유보원칙에 위반된다고 할 수 없다.

조세법률주의의 예외로는 행정입법에 의한 과세, 조례에 의한 과세, 긴급재정경제명령에 의한 과세, 조약에 의한 과세 등이 있다. ① 행정입법에 의한 과세에는 포괄위임금지원칙이 적용된다. 포괄위임금지원칙은 조세법규나 처벌법규에 있어서는 보다 엄격하게 적용된다. ② 「지방자치법」에는 지방자치단체는 법률로 정하는 바에 따라 지방세를 부과·징수할 수 있도록 하고 있다(지방자치법 제152조). ③ 대통령이 발하는 법률의 효력을 가지는 재정·경제상의 명령으로 과세가 가능하다(제76조). ④ 조약은 국회의 동의를 얻어서 국내법적 효력을 가지는 것이므로 헌법이 인정한 예외다. 조약 등에 따른 관세감면 등에 관해서 「관세법」이 규정하고 있다.

203) 김철수, 헌법학(중), 박영사, 2009, 358쪽.
204) 헌재 2021.4.29. 2017헌가25, 전기사업법제16조 제1항 위헌제청(합헌) – 전기요금약관의 인가에 관한 전기사업법 조항 사건.

2. 예산안심의 · 확정권

국회는 예산안의 심의 및 확정권을 가진다(제54조, 제55조, 제56조).

가. 예산의 개념

예산이란 1회계연도에 있어서 국가의 세입 · 세출의 예정준칙을 내용으로 하고, 국회의 의결에 의하여 성립하는 하나의 국법행위형식을 말한다. 실질적 예산 개념은 1회계연도에 있어서 국가의 재정행위의 준칙을 말하고, 형식적 예산 개념은 국법형식으로서의 예산을 말한다. 「국가재정법」[205] 제19조에 따르면 예산은 예산총칙 · 세입세출예산 · 계속비 · 명시이월비 및 국고채무부담행위를 총칭한다.

나. 예산의 법적 성격

예산을 법률의 형식으로 하는 경우가 있고, 법률과 달리 특수형식으로 하는 경우가 있는데 우리나라는 후자에 속한다. 이 경우 예산의 법적 성격에 대해서는 훈령설, 승인설, 법형식설(법규범설), 예산법률설 등의 학설이 존재한다. ① 훈령설(예산행정설)은 예산을 행정청에 내리는 국가원수의 훈령으로 보는 견해이고, ② 승인설은 국회가 정부에 대하여 세출의 승인을 함으로써 정부의 지출책임을 해제하는 것으로 보는 견해이다. ③ 법형식설(법규범설)은 예산을 법률과 병립하는 국법의 한 형식으로 보는 견해다. 법규범이기 때문에 국회의 의결을 거쳐서 성립하고, 정부를 구속하게 된다. ④ 예산법률설은 독일이나 일본에서 주장되는 견해로서 예산도 법률의 형식으로 의결되어야 한다는 견해다. 결론적으로 법형식설이 타당하다. 헌법재판소도 같은 견해다.[206]

국회가 의결한 예산 또는 국회의 예산안 의결행위는 국가기관만을 구속하기 때문에 헌법소원의 대상이 되지 않는다.[207]

---

205) 「기금관리기본법」, 「예산회계법」이 폐지되고 「국가재정법」이 2007.1.1.부터 통합 · 시행되고 있다(국가재정법 부칙 제2조).

206) "예산도 일종의 법규범이고 법률과 마찬가지로 국회의 의결을 거쳐 제정되지만 …"[헌재 2006.4.25. 2006헌마409, 서울-춘천 고속도로민간투자시설사업관련 2006년도 예산안 의결위헌확인(각하)].

207) 헌재 2006.4.25. 2006헌마409.

다. 예산과 법률의 구별 및 관계

1) 예산과 법률의 구별

예산과 법률은 형식, 절차, 효력에서 구별된다. ① 먼저 형식적으로 보면 예산은 예산이라는 독자적 형식을 가지고 또 구체적인 데 반하여, 법률은 법률이라는 독자적인 형식을 가지며 일반적이라는 점에서 구별된다. ② 절차상으로는 예산은 정부에만 제출권이 있는 데 반하여 법률은 국회도 제출권이 있고, 예산은 삭감은 가능하나 정부의 동의 없이 증액하거나 새 비목을 설치할 수 없는데(제57조) 반하여, 법률은 정부의 동의 없이 수정·증보가 가능하다는 점, 예산은 관보에 공고함으로써 효력이 발생하나 법률은 공포[208]함으로써 효력을 발생한다는 점, 국회는 예산안을 전면 거부할 권한이 없고, 대통령도 거부권을 행사할 수 없지만, 국회는 법률안을 부결시킬 수 있고, 대통령도 법률안거부권이 있다는 점에서 구별된다. ③ 효력상으로는 예산은 1회계연도에만 효력이 있는 데 반하여 법률은 개폐되지 않는 한 영속적으로 효력이 있다는 점, 예산은 국가기관만을 구속하지만 법률은 일반국민도 구속한다는 점, 예산에 있어서 정부의 수입·지출의 권한과 의무는 별도의 법률로 규정되는 데 반하여, 법률에서는 정부는 법률 그 자체에서 법집행행위의 권한과 의무를 부담하게 된다는 점에서 구별된다.

2) 예산과 법률의 관계

예산과 법률의 관계는 서로 변경할 수 있는지 여부, 예산과 법률이 불일치 시 상호 구속 여부로 구분하여 살펴볼 수 있다.

가) 상호 변경 가능 여부

예산을 법률로 변경하거나 법률을 예산으로 변경할 수 없다. 예산과 법률의 성립 요건을 달리하는 한 예산법률주의를 채택하고 있는 나라의 경우에도 마찬가지이다.

나) 불일치 시 상호 구속 여부

예산이 성립되어 있는 경우에도 지출을 규정한 법률이 없는 경우에는 예산을 집행할 수 없다. 이 경우 국회는 예산의 집행을 위해 법률의 제정에 노력하여야 하나 법적 의무는 없다. 반대로 예산을 필요로 하는 법률은 성립하였으나 예산이 편성되어 있지

---

208) 그러나 법령의 공포도 관보에 게재함으로써 공포하게 된다는 점에서 결국은 같다(법령 등 공포에 관한 법률 제11조 (공포·공고절차) ① 헌법개정·법률·조약·대통령령·총리령 및 부령의 공포와 헌법개정안·예산 및 예산외국고부담계약의 공고는 관보에 게재하여 이를 한다).

않은 경우에는 법률의 집행이 불가능하다. 이 경우 정부는 법률을 집행할 의무를 부담하므로 예산을 편성 · 지출할 법적 의무를 부담하게 된다. 국회가 예산을 필요로 하는 법률을 제정한 경우에는 국회의 예산심의권은 그 법률에 의하여 제한을 받게 된다.

라. 예산의 효력

예산은 1회계연도 내에서만 효력이 있고(시간적 효력), 일반국민을 구속하는 것이 아니라 국가권력만 구속하며(대인적 효력), 세출예산은 지출목적 · 금액 · 시기에 있어서 정부를 법적으로 구속하고, 세입예산은 세입예정표 이상의 효력을 가지지 않는다. 다만, 세입예산에 미리 계상하지 않은 수입은 당해 연도의 세출에 충당할 수 없다(실질적 효력).

마. 예산의 성립절차

예산은 예산안의 편성 · 제출, 예산안 심의 · 수정, 예산안의 확정, 예산안의 공고 절차를 거쳐 성립하게 된다.

Q **한 회계연도의 모든 수입을 세입으로 하고 모든 지출을 세출로 하는 주의를 무엇이라고 하나?**

A 예산총계주의라고 한다. 「국가재정법」 제17조에서 예산총계주의를 규정하고 있다.

Q **임시예산(잠정예산, 준예산)이란?**

A 헌법 제54조 제3항에 따르면 새로운 회계연도가 개시될 때까지 예산안이 의결되지 못한 때에는 정부는 국회에서 예산안이 의결될 때까지 헌법이나 법률에 의하여 설치된 기관 또는 시설의 유지 · 운영, 법률상 지출의무의 이행, 이미 예산으로 승인된 사업의 계속을 위한 경비는 전년도예산에 준하여 집행할 수 있다.

이에 따라 「국가재정법」에서는 정부는 국회에서 부득이한 사유로 회계연도 개시 전까지 예산안이 의결되지 못한 때에는 헌법 제54조 제3항의 규정에 따라 예산을 집행하여야 하고, 이에 따라 집행된 예산은 당해 연도의 예산이 확정된 때에는 그 확정된 예산에 따라 집행된 것으로 보고 있다(국가재정법 제55조 제1항 · 제2항).

Q **계속비란?**

A 완성에 수년이 필요한 공사나 제조 및 연구개발사업은 그 경비의 총액과 연부액(年賦額)을 정하여 미리 국회의 의결을 얻은 범위 안에서 수년도에 걸쳐 지출할 수 있는데 이를 계속비라고 한다(제55조 제1항, 국가재정법 제23조 제1항).

Q **예비비란?**

A 예측할 수 없는 예산 외의 지출 또는 예산초과지출에 충당하기 위하여 일반회계 예산총액의 일정비율의 금액을 세입세출예산에 계상할 수 있는데 이를 예비비라고 한다(국가재정법 제22조 제1항 본문). 예비비는 총액으로 국회의 의결을 얻어야 하고, 예비비의 지출은 차기국회의 승인을 얻어야 한다(제55조 제2항). 「국가재정법」 제22조 제1항에는 정부는 일반회계 예산총액의 100분의 1 이내의 금액을 예비비로 세입세출예산에 계상할 수 있는데, 다만, 예산총칙 등에 따라 미리 사용목적을 지정해 놓은 예비비는 그럼에도 불구하고 별도로 세입세출예산에 계상할 수 있게 하고 있다. 그러나 공무원의 보수 인상을 위한 인건비 충당을 위해서는 예비비의 사용목적을 지정할 수 없다(국가재정법 제22조 제2항).

Q **명시이월비란?**

A 「국가재정법」에서는 세출예산 중 경비의 성질상 연도 내에 지출을 끝내지 못할 것이 예측되는 때에는 그 취지를 세입세출예산에 명시하여 미리 국회의 승인을 얻은 후 다음 연도에 이월하여 사용할 수 있도록 하고 있는데 이를 명시이월비라고 한다(국가재정법 제24조).

Q **국고채무부담행위란?**

A 국가는 법률에 따른 것과 세출예산금액 또는 계속비의 총액의 범위 안의 것 외에 채무를 부담하는 행위를 할 수 있는데 이를 국고채무부담행위라고 한다. 국고채무부담행위는 미리 예산으로써 국회의 의결을 얻어야 한다(국가재정법 제25조 제1항).

Q **성인지(性認知)예산서란?**

A 정부는 예산이 여성과 남성에게 미칠 영향을 미리 분석한 보고서를 작성하여야 하는데 이 보고서를 성인지예산서라고 한다(국가재정법 제26조 제1항).

온실가스감축인지 예산서란?

정부는 예산이 온실가스 감축에 미칠 영향을 미리 분석한 보고서를 작성하여야 하는데 이 보고서를 온실가스감축인지 예산서라고 한다(국가재정법 제27조 제1항).

바. 예산의 변경

정부는 예산에 변경을 가할 필요가 있을 때에는 추가경정예산안을 편성하여 국회에 제출할 수 있다(제56조).

사. 예산안의 본회의 자동부의

위원회는 예산안과 세입예산안에 부수하는 법률안의 심사를 매년 11월 30일까지 마쳐야 하는데, 기한 내에 심사를 마치지 아니한 때에는 국회의장이 각 교섭단체 대표의원과 합의한 경우를 제외하고는 그 다음 날에 위원회에서 심사를 마치고 바로 본회의에 부의된 것으로 본다(국회법 제85조의3 제1항 · 제2항).

3. 정부재정행위에 대한 동의권 · 승인권

국회는 정부의 재정행위에 대한 동의권과 승인권을 가진다. 동의권으로는 기채(起債)동의권(제58조), 예산외의 국가부담이 될 계약체결에 대한 동의권(제58조), 재정적 부담이 있는 조약체결에 대한 동의권(제60조 제1항)이 있고, 승인권으로는 예비비지출에 대한 승인권(제55조 제2항), 긴급재정경제명령 · 처분에 대한 승인권(제76조)이 있다.

그 외 「국가재정법」에서는 기금에 대한 통제를 규정하고 있다. 기금은 국가가 특정한 목적을 위하여 특정한 자금을 신축적으로 운용할 필요가 있을 때에 한정하여 법률로써 설치하도록 하여, 정부의 출연금 또는 법률에 따른 민간부담금을 재원으로 하는 기금은 「고용보험법」 등 「국가재정법」 별표 2에 열거된 71개의 법률에 의하지 아니하고는 설치할 수 없도록 하고 있다(국가재정법 제5조 제1항). 이렇게 하여 설치된 기금은 세입세출예산에 의하지 아니하고 운용할 수 있다(국가재정법 제5조 제1항).

4. 결산심사권

헌법 제99조에는 감사원이 결산심사를 하고 국회에 그 결과를 보고 하도록 하고 있다. 여기서 국회에 대한 보고가 단순한 보고인지 아니면 결산감사에 대해 국회가 심사권을 보유하는지(의결설)가 문제된다. 재정의회주의의 원칙상 결산심사에 대해서는 국회의 의결이 필요하다고 보기 때문에 의결설이 타당하다.[209] 이를 통해 국회는 정부의 재정집행을 통제하게 된다.

국회의 결산심사는 국회의 결산서제출요구, 정부의 결산제출, 감사원의 결산검사, 결산의 국회제출, 국회심의, 결산심사의 결과처리 등의 절차를 거치게 된다(국가재정법, 국회법 등 참조).

V. 대정부견제권

1. 국무총리임명동의권

국무총리는 국회의 동의를 얻어 대통령이 임명한다(제86조). 국무총리를 임명하는 경우에는 인사청문을 실시한다(국회법 제46조의3, 인사청문회법 제2조 등).

2. 국무총리·국무위원 출석요구권 및 질문권

국회나 국회의 위원회는 국무총리·국무위원·정부위원[210]에 대해 국회나 위원회에 출석하여 국정처리상황을 보고하게 하고 답변하게 할 수 있다(제62조 전단). 이 경우 본회의는 의원 20명 이상이 구체적으로 이유를 밝힌 서면으로 하여야 하고 위원회는 의결로 한다(국회법 제121조 제1항·제2항). 출석요구를 받은 국무총리와 국무위원은 국무위원 또는 정부위원으로 하여금 출석·답변하게 할 수 있다(제62조 후단).

3. 국무총리·국무위원 해임건의권

국회는 재적의원 3분의 1 이상의 발의와 재적의원 과반수의 찬성으로 국무총리 또는 국무위원의 해임을 대통령에게 건의할 수 있다(제63조). 해임건의사유는 헌법상 제한이 없다.[211]

---

209) 김철수, 헌법학(중), 박영사, 2009, 414쪽.

210) 정부위원은 국무조정실의 실장 및 차장, 부·처·청의 처장·차관·청장·차장·실장·국장 및 차관보와 과학기술정보통신부·행정안전부 및 산업통상자원부에 두는 본부장을 말한다(정부조직법 제10조).

211) “국회의 해임건의권은 국무총리와 국무위원에 대하여 정치적 책임을 묻기 위한 것으로서, 해임건

대통령제는 국회와 행정부의 상호독립을 그 특징으로 한다. 따라서 양 기관은 서로에 대하여 독립하여 국민에 대하여 직접 책임을 진다. 제7차 및 제8차 개정헌법에서 두었던 대통령의 국회해산권을 삭제한 현행 헌법은 대통령제에 보다 부합하는 것으로 평가된다. 대통령의 국회해산권은 국회의 대정부불신임권과 연계되어 있는 제도다.[212] 즉, 의원내각제에서는 대통령이 의회를 해산할 권한이 있고 의회는 정부를 불신임할 수 있어 서로 의존적 정부형태를 유지하는 것을 특색으로 한다.

대한민국헌법상 해임건의권의 **법적 구속력**에 대하여는 견해가 대립하고 있다. **부정설**은 현행 헌법의 정부형태는 대통령제라는 점, 법적구속력이 있는 해임의결권이 아니라 구속력이 없는 해임건의권이라는 점, 1980년의 제8차 개정헌법에 있었던 "해임의결이 있을 때에는 대통령은 해임하여야 한다."라는 규정을 삭제한 점,[213] 국회는 해임건의권이라는 명문의 규정이 없더라도 얼마든지 해임건의를 할 수 있는 점,[214] 대통령이 갖는 독자적인 정부구성권[215] 등을 그 이유로 든다.[216] 이에 대하여 **긍정설**은 국회의 해임건의권이 법적 구속력이 있다고 보고 특별한 사유가 있는 경우에는 이에 응하지 않을 수 있다고 보고 있다.[217] 긍정설에는 헌법 제49조의 일반 의결정족수(재적의원 과반수의 출석과 출석의원 과반수의 찬성)가 아닌 국회재적의원 과반수의 찬성으로 특별히 정한 이유로 볼 때 긍정설이 타당하다는 주장[218]도 있다. 이에 대하여 국회의 해임건의권이 대통령을 구속하지 않는다고 한다면 이는 법적으로 무의미한 규정이고, 만일 법적 구속력이 있는 것으로 해석한다면 국회해산권이 없는 대통령제와는 조화하기 어려

의의 사유에는 법규범에 대한 위반뿐만 아니라 정치적 무능, 정책결정상의 과오, 부하직원의 과오 등 정치적 책임을 추궁할 수 있는 모든 경우가 포함된다."[헌재 2021.1.28. 2020헌마264등, 고위공직자범죄수사처 설치 및 운영에 관한 법률 위헌확인(기각, 각하) – 공수처법 위헌확인 사건].

212) 제4공화국헌법이 의원내각제적 요소에 해당하는 국회의 국무총리와 국무위원에 대한 해임의결권과 대통령의 국회해산권 사이에 전혀 기능적인 연관관계를 배제한 채 대통령의 국회해산권을 자의로운 권한으로 제도화함으로써 그나마 채택된 해임의결권이 유명무실하게 되어버렸다는 견해로는 허영, 헌법이론과 헌법, 박영사, 2006, 941쪽 참조.

213) 양건, 헌법강의, 법문사, 2021, 1221쪽.

214) 이상 권영성, 헌법학원론, 법문사, 2009, 815쪽 이하.

215) 김선택, 법정고시 98.7., 5–6쪽.

216) 그 외 긍정설로는 전광석, 한국헌법론, 집현재, 2021, 693쪽. 이 견해는 국무총리 해임건의는 단순히 개별적이고 정치적인 통제에 해당하기 때문에 국무총리 해임건의제도가 비체계적이라고 할 수 없다고 본다(692쪽).

217) 김철수, 헌법학개론, 박영사, 2009, 954쪽; 성낙인, 국무총리·국무위원 해임건의권의 재검토, 월간고시, 1988.11., 81쪽 이하; 성낙인 헌법학, 법문사, 2021, 520쪽.

218) 성낙인, 헌법학, 법문사, 2021, 520쪽; 정재황, 헌법학, 박영사, 2021, 1688쪽 이하 참조.

운 제도라고 보는 견해가 있다.[219]

헌법재판소는 국무총리에 대한 국회의 해임의결이 있더라도 대통령은 반드시 이에 구속되지는 않는다고 본다. 해임건의권은 대통령에 대한 정치적 견제권의 하나이고, 대통령에게 국회해산권을 부여하고 있지 않은 현행 헌법상의 권력분립질서와도 조화될 수 없다고 보기 때문이다.[220]

그런데 국무총리에 대한 해임이 국무위원전원에 대한 **연대책임**으로 되는가. 이에 대해서는 연대책임을 긍정하는 견해[221]와 이를 부인하는 견해[222]가 대립하고 있다. 이에 관한 명문의 규정이 없고, 국무총리 외에 개별 국무위원에 대한 해임건의도 규정되어 있으므로 법적으로 연대책임을 지게 하는 것은 어려울 것으로 보인다. 제7차 · 제8차 개정헌법에서는 국무총리와 국무위원에 대한 개별적 해임의결이 가능하도록 하면서 국무총리에 대한 해임의결이 있으면 대통령은 국무총리와 국무위원 전원을 해임하도록 하고 있었지만(제7차 · 제8차 개정헌법 제97조 제1항 · 제3항), 현행 헌법은 단순 해임건의권으로 바꾸면서 전원 해임 조항을 삭제하였다는 점에서도 그러하다.

VI. 긴급재정경제명령 · 처분, 긴급명령에 대한 승인권

대통령은 내우 · 외환 · 천재 · 지변 또는 중대한 재정 · 경제상의 위기에 있어서 국가의 안전보장 또는 공공의 안녕질서를 유지하기 위하여 긴급한 조치가 필요하고 국회의 집회를 기다릴 여유가 없을 때에 한하여 최소한으로 필요한 재정 · 경제상의 처분을 하거나 이에 관하여 법률의 효력을 가지는 명령을 발할 수 있다. 이를 긴급재정경제명령권, 긴급재정경제처분권이라고 한다(제76조 제1항).

또한 대통령은 국가의 안위에 관계되는 중대한 교전상태에 있어서 국가를 보위하

219) 허영, 헌법이론과 헌법, 박영사, 2006, 758쪽.
220) 헌재 2004.5.14. 2004헌나1, 대통령(노무현) 탄핵(기각). 성낙인 헌법학, 법문사, 2021, 520쪽은 국회의 해임건의권에 대응하여 대통령에게는 국회해산권이 부여되어야 한다고 본다. 이에 대해서는 국회해산은 입법부의 교체를 의미하는 데 반하여 국회의 해임의결이 가지는 의미는 예컨대 대통령제에서는 단순한 대통령 보좌기관의 교체만을 의미하는 등 정부형태에 따라 달라지므로 대통령의 국회해산권과 국회의 해임의결권은 상응하는 관계에 있지 않다는 견해[박종보, 헌법주석[국회, 정부]((사)한국헌법학회 편), 경인문화사, 373쪽 이하]도 있다.
221) 성낙인, 헌법학, 법문사, 2021, 521쪽.
222) 전광석, 한국헌법론, 집현재, 2021, 692쪽; 박종보, 헌법주석[국회, 정부]((사)한국헌법학회 편), 경인문화사, 375쪽 이하.

기 위하여 긴급한 조치가 필요하고 국회의 집회가 불가능한 때에 한하여 법률의 효력을 가지는 명령을 발할 수 있다. 이를 긴급명령권이라고 한다(제76조 제2항).

대통령이 긴급재정경제명령권이나 긴급재정경제처분권 또는 긴급명령권을 발동한 때에는 지체 없이 국회에 보고하여 승인을 얻어야 한다. 승인을 얻지 못한 때에는 그 처분 또는 명령은 그때부터 효력을 상실하고, 그 명령에 의하여 개정 또는 폐지되었던 법률은 그 명령이 승인을 얻지 못한 때부터 당연히 효력을 회복한다. 대통령은 이상의 처리과정에서 각각 그 사유를 지체 없이 공포하여야 한다(제76조 제3항 · 제4항 · 제5항).

Ⅶ. 계엄해제요구권

대통령은 전시 · 사변 또는 이에 준하는 국가비상사태에 있어서 병력으로써 군사상의 필요에 응하거나 공공의 안녕질서를 유지할 필요가 있을 때에는 법률이 정하는 바에 의하여 계엄을 선포할 수 있다(제77조 제1항). 이를 대통령의 계엄선포권이라고 한다.

계엄은 비상계엄과 경비계엄으로 나누어진다(제77조 제2항). 비상계엄은 대통령이 전시 · 사변 또는 이에 준하는 국가비상사태 시 적과 교전(交戰) 상태에 있거나 사회질서가 극도로 교란(攪亂)되어 행정 및 사법 기능의 수행이 현저히 곤란한 경우에 군사상 필요에 따르거나 공공의 안녕질서를 유지하기 위하여 선포한다(계엄법 제2조 제2항). 경비계엄은 대통령이 전시 · 사변 또는 이에 준하는 국가비상사태 시 사회질서가 교란되어 일반 행정기관만으로는 치안을 확보할 수 없는 경우에 공공의 안녕질서를 유지하기 위하여 선포한다(계엄법 제2조 제3항). 비상계엄이 선포된 때에는 법률이 정하는 바에 의하여 영장제도, 언론 · 출판 · 집회 · 결사의 자유, 정부나 법원의 권한에 관하여 특별한 조치를 할 수 있다(제77조 제3항).

계엄을 선포한 때에는 대통령은 지체 없이 국회에 통고하여야 한다(제77조 제4항). 이때 국회가 재적의원 과반수의 찬성으로 계엄의 해제를 요구한 때에는 대통령은 이를 해제하여야 한다(제77조 제5항).

Ⅷ. 선전포고 및 국군해외파견 · 외국군주류에 대한 동의권

국회는 선전포고, 국군의 외국 파견 또는 외국군대의 대한민국 주류에 대한 동의권을 가진다(제60조).

Q **'대통령이 2003.10.18. 국군(일반사병)을 이라크에 파견하기로 한 결정에 대하여 국회가 동의를 한 경우 이 국회의 동의가 헌법소원심판의 대상이 될 수 있는가?**[223)]

A 국회의 고도의 정치적 행위에 대해서는 사법적 판단을 자제한다는 것이 헌법재판소의 입장이다.[224)]

Ⅸ. 일반사면 동의권

대통령은 법률이 정하는 바에 의하여 사면 · 감형 또는 복권을 명할 수 있다(제79조). 사면에는 일반사면과 특별사면이 있다. 일반사면은 죄를 범한 자를 대상으로 하고, 특별사면은 형을 선고받은 자를 대상으로 하며, 복권은 형의 선고로 인하여 법령에 따른 자격이 상실되거나 정지된 자를 대상으로 한다(사면법 제3조). 일반사면은 죄의 종류를 정하여 한다(사면법 제8조). 대통령이 일반사면을 명하려면 국회의 동의를 얻어야 한다(제79조 제2항).

Ⅹ. 탄핵소추권

1. 탄핵소추의 의의

탄핵소추는 국회가 탄핵을 발의하여 헌법재판소에 그 파면을 구하는 행위로서 통상의 사법절차로는 소추가 곤란한 중요국가공무원의 파면을 위한 국회의 사전절차다.

223) 이 사건의 심판대상은 대상은 대통령이 2003.10.18. 국군(일반사병)을 이라크에 파견하기로 한 결정의 위헌여부(침략전쟁을 부인한 헌법 제5조, 국가안전보장 및 국방의 의무에 관한 헌법규정 위반 여부)이다. 따라서 직접적으로 국회의 동의가 문제된 사안은 아니다.
224) 헌재 2004.4.29. 2003헌마814, 일반사병 이라크파병 위헌확인(각하).

2. 탄핵소추의 대상자

탄핵소추의 대상자는 대통령, 국무총리, 국무위원, 행정각부의 장, 헌법재판소 재판관, 법관, 중앙선거관리위원회 위원, 감사원장, 감사위원, 기타 법률이 정한 공무원이다(제65조 제1항).

기타 법률이 정한 공무원으로는 검사(검찰청법 제37조), 경찰청장(경찰법 제11조), 방송통신위원회 위원장(방송통신위원회의 설치 및 운영에 관한 법률 제6조), 각급선거관리위원(선거관리위원회법 제9조 제2호) 등을 들 수 있다. 그 외 학설에서는 정부위원, 각군참모총장 등도 포함된다고 하는 견해가 있다.[225]

3. 탄핵소추의 사유

헌법 제65조 제1항에는 탄핵소추의 사유로 "직무를 집행함에 있어서 헌법이나 법률을 위반한 때"라고 규정하고 있다. 여기서 직무란 법제상 소관 직무에 속하는 고유 업무 및 통념상 이와 관련된 업무를 말하는 것이고, 따라서 직무상 행위란 법령·조례 또는 행정관행·관례에 의하여 그 지위의 성질상 필요로 하거나 수반되는 모든 행위나 활동을 의미한다.[226] 그리고 여기의 '헌법'에는 ① 명문의 헌법규정뿐만 아니라 헌법재판소의 결정에 의하여 형성되어 확립된 ② 불문헌법도 포함된다. 또 '법률'이란 ③ 형식적 의미의 법률 및 ④ 그와 등등한 효력을 가지는 국제조약, ⑤ 일반적으로 승인된 국제법규 등을 의미한다.[227]

헌법이나 법률을 위반하였다고 하여 모두 탄핵결정이 되는 것은 아니고, **탄핵심판의 청구가 이유 있는 때**에 파면의 결정을 선고하게 된다. 탄핵심판의 청구가 이유 있는 때란 법위반이 파면에 이를 정도로 중대한 법위반이 있는 때를 말한다.[228]

대통령은 정치적인 공무원이다. 대통령이 정치적 중립의 법적 의무를 위배한 경우에 탄핵소추의 대상이 되는가?

225) 김철수, 헌법학신론, 박영사, 2013, 1393쪽.
226) 헌재 2004.5.14. 2004헌나1, 대통령(노무현) 탄핵(기각).
227) 헌재 2004.5.14. 2004헌나1.
228) 헌재 2004.5.14. 2004헌나1.

헌법재판소는 공직선거에 있어서의 정치적 중립성은 행정부와 사법부의 모든 공직자에게 해당하는 공무원의 기본적 의무이고, 더욱이 대통령은 행정부의 수반으로서 공정한 선거가 실시될 수 있도록 총괄·감독해야 할 의무가 있으므로, 당연히 선거에서의 중립의무를 지는 공직자에 해당하는 것이고, 따라서 「공직선거법」 제9조의 '공무원'에 포함된다고 한다.[229] 「공직선거법」 제9조는 "공무원 기타 정치적 중립을 지켜야 하는 자(기관·단체를 포함한다)는 선거에 대한 부당한 영향력의 행사 기타 선거결과에 영향을 미치는 행위를 하여서는 아니 된다"고 하여 공무원의 중립의무 등을 규정하고 있는데, 대통령이 이 규정을 위반한 경우에는 다른 제재조항이 없고, 다만 탄핵소추의 사유만이 될 수 있다.[230]

4. 탄핵소추의 절차

탄핵소추는 소추발의와 소추의결의 절차를 거치게 된다. 헌법재판소의 판결에 따르면 탄핵소추절차에는 적법절차원칙이 적용되지 않는다. 왜냐하면 적법절차원칙이란 국가공권력이 국민에 대하여 불이익한 결정을 하기에 앞서 국민이 자신의 견해를 진술할 기회를 가짐으로써 절차의 진행과 그 결과에 영향을 미칠 수 있어야 한다는 법원리인데, 국회의 탄핵소추절차는 국회와 헌법기관이나 국가기관 사이의 문제이고, 국회의 탄핵소추의결에 의하여 사인으로서의 기본권이 침해되는 것이 아니라 국가기관으로서의 권한행사가 정지되는 것이기 때문이라고 한다.[231] 그러나 이는 탄핵심판결정을 통해 파면에 이를 경우 결국은 개인의 공무담임권이 제한되는 것이라는 점을 간과한 것이라는 비판이 있다.

가. 탄핵소추의 발의

탄핵소추의 발의는 대통령에 대한 경우에는 국회재적의원 과반수, 그 외의 경우에는 국회재적의원 3분의 1 이상의 찬성으로 한다(제65조 제2항). 탄핵소추가 발의되었을 때에는 국회의장은 발의된 후 처음 개의하는 본회의에 보고하고, 본회의는 의결로 법제사법위원회에 회부하여 조사하게 할 수 있다(국회법 제130조 제1항). 탄핵소추의 발의에는 소추대상자의 성명·직위와 탄핵소추의 사유·증거, 그 밖에 조사에 참고가 될 만한 자료를 제시하여야 한다(국회법 제130조 제3항). 법제사법위원회가 탄핵소추안을 회부 받았을 때에는 지체 없이 조사·보고하여야 하고, 이 조사에 관하여는 「국정감사 및

---

229) 헌재 2004.5.14. 2004헌나1, 대통령(노무현) 탄핵(기각).
230) 헌재 2008.1.17. 2007헌마700, 대통령의 선거중립의무 준수요청 등 조치 취소(기각).
231) 헌재 2004.5.14. 2004헌나1.

조사에 관한 법률」에 따른 조사의 방법 및 주의의무 규정을 준용한다(국회법 제131조). 조사를 받는 국가기관은 그 조사가 신속히 완료될 수 있도록 충분히 협조하여야 한다(국회법 제132조).

나. 탄핵소추의 의결

탄핵소추의 의결은 대통령의 경우는 국회재적의원 3분의 2 이상의 찬성으로, 그 외의 경우는 국회재적의원 과반수의 찬성으로 한다(제65조 제2항).

본회의가 탄핵소추안을 법제사법위원회에 회부하기로 의결하지 아니한 경우에는 본회의에 보고된 때부터 24시간 이후 72시간 이내에 탄핵소추 여부를 무기명투표로 표결한다. 이 기간 내에 표결하지 아니한 탄핵소추안은 폐기된 것으로 본다(국회법 제130조 제2항).

5. 탄핵소추의 효과

탄핵소추의 의결이 있으면 탄핵심판이 있을 때까지 그 권한행사가 정지된다(제65조 제3항). 탄핵소추가 의결되었을 때에 국회의장은 지체 없이 소추의결서 정본을 법제사법위원장인 소추위원에게 송달하고, 그 등본을 헌법재판소와 소추된 사람 그리고 그 소속 기관의 장에게 송달하는데, 소추의결서가 송달되었을 때에는 소추된 사람의 권한행사가 정지된다. 또 임명권자는 소추된 사람의 사직원을 접수하거나 소추된 사람을 해임할 수 없다(이상 국회법 제134조).

탄핵소추 중에 한 직무행위의 효력은?

A

헌법 제65조 제2항에 따르면 탄핵소추의 의결을 받은 자는 탄핵심판이 있을 때까지는 그 권한행사가 정지된다. 따라서 헌법 제65조 제2항에 위반되어 무효라고 보아야 한다.[232)]

---

232) 김철수, 헌법학신론, 박영사, 2013, 1395쪽.

XI. 국정감사권과 국정조사권

1. 의의와 연혁

국정감사와 국정조사는 동일한 목적을 가진 국회의 권한이라는 점에서 공통되지만, 국정감사권은 국정전반에 대하여 감사하여 그 운영의 방향을 제시하는 것인 데 반하여, 국정조사권은 특정사안에 한정된다는 점에서 구별된다. 국정감사권과 조사권은 국정을 감사하거나 특정한 사안에 대하여 조사하여 국민에게 알림으로써 국민의 정치적 판단에 기여하는 기능을 한다.

국정감사권은 1948년 제정헌법에서부터 규정되었다가 제7차 개정헌법에서 폐지된 후 현행 헌법에서 부활하였다. 국정감사권은 우리나라에서만 인정되는 독특한 제도로 알려져 있다.[233] 그에 반하여 국정조사권은 제8차 개정헌법에서 처음으로 신설되어 현재에 이르고 있다.

개정헌법별로 보면 제정헌법에서부터 제6차 개정헌법까지는 국정감사권만 규정되었고, 제7차 개정헌법에서는 남용을 이유로 이마저도 폐지하였으며,[234] 제8차 개정헌법에서는 국정조사권만 도입하였다가 현행 헌법에 와서는 국정감사권도부활하였다. 이를 표로 정리하면 다음과 같다.

구분	제9차 개정헌법	제8차 개정헌법	제7차 개정헌법	제1차~제6차 개정헌법	1948년 헌법
국정감사권	○	×	×	○	○
국정조사권	○	○	×	×	×

2. 본질

국정감사권과 국정조사권이 국회의 독립된 권능인지 보조적 권능인지에 대해서는 의견이 대립하고 있다.

233) 성낙인, 헌법학, 법문사, 2023, 523쪽. 외국의 입법례에 대해서는 김철수 · 정재황 · 김대환 · 이효원, 세계비교헌법, 박영사, 2014, 317쪽 이하 참조.

234) 그러나 당시 학설은 국정조사권은 헌법에 명시되지 않더라도 국회의 권한으로 인정한 것이 일반적인 견해였다고 한다(김철수, 헌법학신론, 박영사, 2013, 1396쪽).

독립적 권능설은 헌법이 국가의 최고기관인 국회에 부여한 독립적 권능으로서 입법권, 예산심의권과 같은 차원의 것이라고 한다. 이에 반하여 **보조적 권능설**은 국회에 부여되어 있는 헌법상 권한을 행사하기 위하여 부여된 보조적 권능이라고 본다.[235] **감사조사분리설**은 국정감사권은 독립적 권능으로 이해하고 국정조사권은 보조적 권능으로 이해하는 견해다.[236] **복합설**은 국정감사와 국정조사 모두 경우에 따라서는 독립적 기능(예컨대 국정통제적 기능)을 하기도 하고 보조적 기능을 하기도 한다고 보는 견해[237]다.

국정감사와 국정조사 모두 권력분립의 원래적 기능인 권력통제기능을 수행한다는 점에서 동일하나, 국정감사는 매년 상시적으로 실시되는 데 반하여 국정조사는 특정한 국정사안의 경우에만 실시하게 된다는 점에서 감사조사분리설이 타당한 것으로 보인다.

3. 주체

헌법 제61조에는 국정감사권과 국정조사권의 주체를 국회로 규정하고 있다. 한편 「국회법」에서는 국정감사와 국정조사에 관하여 「국회법」에서 정한 것을 제외하고는 「국정감사 및 조사에 관한 법률」(이하 "국감국조법")에서 정하는 바에 따르도록 하고 있는데(국회법 제127조), 국감국조법에서는 국정감사에 관해서는 상임위원회를, 국정조사에 관해서는 특별위원회 또는 상임위원회를 주체로 명기하고 있다(국감국조법 제2조 · 제3조 제1항).

4. 범위

국정감사는 국정전반에 대하여, 국정조사는 특정한 국정의 사안에 대한 조사이기 때문에 조사범위에서 차이가 있다.

가. 국정감사 대상기관

국감국조법 제7조에서는 국정감사의 대상기관을 다음과 같이 명시하고 있다. 즉, ① 「정부조직법」, 그 밖의 법률에 따라 설치된 국가기관, ② 지방자치단체 중 특별시 · 광역시 · 도(지방자치단체에 대한 감사범위는 국가위임사무와 국가가 보조금 등 예산을 지원하는 사업에 한정), ③ 「공공기관의 운영에 관한 법률」 제4조에 따른 공공기관, 한국은행,

---

235) 권영성, 헌법학원론, 법문사, 2009, 916쪽; 성낙인, 헌법학, 법문사, 2021, 528쪽.
236) 김철수, 헌법학신론, 박영사, 2013, 1397쪽; 양건, 헌법강의, 법문사, 2021, 1206쪽.
237) 정재황, 헌법학, 박영사, 2021, 1691쪽.

농업협동조합중앙회, 수산업협동조합중앙회, ④ 본회의가 특히 필요하다고 의결한 경우에 한하여 ① ~ ③까지 외의 지방행정기관·지방자치단체,「감사원법」에 따른 감사원의 감사대상기관이 국정감사의 대상기관이다. 그런데 지방자치단체에 대한 감사는 둘 이상의 위원회가 합동으로 반을 구성하여 할 수 있다(국감국조법 제7조의2).

그러나 국정감사·조사대상기관은 국감국조법 제7조에서 정한 기관에 한하지 않는다. 왜냐하면 헌법에 따르면 국회가 국정을 감사할 수 있도록 권한을 부여하면서(제61조 제1항), 특별히 국정을 특정 사안에 한정하고 있지 않기 때문이다. 따라서 헌법에 따라 설치된 기관도 국정감사·조사대상기관이 될 수 있다. 이렇게 해석하는 것이 대한민국헌법상 국가기관의 구성원리인 대의제에 부합한다. 다만 국정감사·조사권에도 일정한 헌법적 한계가 있음은 후술하는 바와 같다.

국정조사는 특정한 국정 사안에 대하여 하는 조사이므로 조사대상기관은 미리 특정되어 있지 않고, 조사위원회가 작성하고 본회의의 승인이 필요한 조사계획서에 조사대상기관이 기재되게 된다(국감국조법 제3조).

나. 감사·조사 사항

국회는 국정을 감사하거나 특정한 국정 사안에 대하여 조사할 수 있다(제61조 제1항 전단). 국정감사사항과 관련하여서는 특히 국감국조법에서는 “국정전반에 관하여”라고 규정하여 국정감사사항이 국정전반임을 명백히 하고 있다(국감국조법 제2조 제1항). 이렇게 보면 국정감사·조사의 대상이 되는 사항은 입법을 위하여 필요한 사항을 조사하는 **입법에 관한 사항**, 정부의 모든 행위가 법률 등을 준수하고 있는지 여부를 조사하는 **행정에 관한 사항**, 법원의 사법행정작용의 법률 등 준수여부를 조사하는 **사법행정에 관한 사항** 및 국회의원의 신분이나 청원의 처리와 같은 **국회 내부의 자율적 사항**, 지방자치단체의 **국가위임사무, 지방행정기관, 감사원의 감사대상기관의 행정에 관한 사항** 등이 있다.[238]

5. 한계

가. 헌법상 한계

① 국정감사·조사권은 국회에 부여된 권한을 수행하기 위한 것에 한정된다. 통상

238) 자세한 것은 김철수, 헌법학신론, 박영사, 2013, 1398쪽 이하 참조.

국회는 입법이나 행정감독을 목적으로 하는 것이기 때문에 국정감사나 조사도 이에 한정된다고 본다. ② 사법권 독립을 침해할 수 없다. 사법부의 독립이나 법관의 신분 또는 재판에 개입하는 것은 허용되지 않는다. 사법권의 독립을 침해하지 않는 경우에는 재판과 관련한 사안에 대해서 국회에 부여된 목적수행의 범위 내에서 감사·조사하는 것은 허용된다. ③ 검찰권도 재판과 밀접한 관련이 있으므로 검찰의 수사나 기소 등에 관여하는 것은 허용되지 않는다. ④ 국정감사·조사라고 하더라도 개인의 기본권을 함부로 침해하는 것도 허용되지 않는다. 국정감사·조사와 기본권의 불가침 사이에는 법률에 근거가 없는 한 헌법적 형량이 요구될 때가 있다. ⑤ 국가의 존립·안전과 같은 중요한 국익을 해칠 가능성이 있는 국정감사·조사는 제한된다. 물론 이 경우에도 감사나 조사의 방법을 달리함으로써 조화로운 길을 모색할 수도 있다. ⑥ 지방자치단체의 자치사무에 대한 감사나 조사도 제한적이라고 보아야 한다. 원칙적으로 지방자치단체의 고유한 사무인 자치사무에 대한 감사·조사는 해당 지방의회가 수행하는 것이 지방자치의 이념에 부합하기 때문이다. 그러나 헌법재판소가 자치사무에 대한 감사원 감사를 합법성 감사에 한하지 않고 합목적성 감사까지 허용하고 있는 것[239]을 볼 때, 자치사무에 대한 국회의 국정감사·조사도 허용하는 것으로 보인다.

이상 ② ~ ⑤까지의 한계는 관련 법률에 구체화되어 있다.

나. 법률상 한계

1) 국감국조법상 한계

감사 또는 조사는 ① 개인의 사생활을 침해하거나 ② 계속(繫屬) 중인 재판에 관여할 목적이나 ③ 수사 중인 사건의 소추에 관여할 목적으로 행사할 수 없다(국감국조법 제8조).[240]

또 앞에서 언급한 바와 같이 지방자치단체에 대한 감사는 특별시·광역시·도에 한하고 그 경우에도 감사범위는 국가위임사무와 국가가 보조금 등 예산을 지원하는 사업에 한하여 감사를 할 수 있도록 하고 있고, 그 외의 지방자치단체에 대해서는 국회

---

239) 헌재 2008.5.29. 2005헌라3, 강남구청 등과 감사원 간의 권한쟁의(기각, 각하, 반대의견 있음).

240) 국정감사권을 규정한 제5차 개정헌법 제57조에 "다만, 재판과 진행 중인 범죄수사·소추에 간섭할 수 없다"라는 단서가 신설되고, 제8차 개정헌법에서는 국정조사권의 단서로 규정되었다가 현재는 법률로 옮겨져 규정되고 있다.

본회의가 특히 필요하다고 의결한 경우로 한정하여 국정감사의 대상으로 하고 있다(국감국조법 제7조). 또 지방자치단체의 고유사무에 대한 국정감사·조사는 허용되지 않는다는 것이 일반적인 견해다.[241]

2) 「국회에서의 증언·감정 등에 관한 법률」상 한계

「국회에서의 증언·감정 등에 관한 법률」(이하 "국회증언감정법")에 따르면 증인은 「형사소송법」 제148조(근친자의 형사책임과 증언거부) 또는 제149조(업무상비밀과 증언거부)의 규정에 해당하는 경우에 소명하고 선서·증언 또는 서류제출을 거부할 수 있다(국회증언감정법 제3조).

또 공무원 또는 공무원이었던 자가 증언의 요구를 받거나, 국가기관이 서류제출을 요구받은 경우에 증언할 사실이나 제출할 서류의 내용이 직무상 비밀에 속한다는 이유로 증언이나 서류제출을 거부할 수 없는 것이 원칙이지만, **군사·외교·대북관계의 국가기밀에 관한 사항으로서** 그 발표로 말미암아 국가안위에 중대한 영향을 미친다는 **주무부장관**(대통령 및 국무총리의 소속기관에서는 당해 관서의 장)의 **소명이 증언 등의 요구를 받은 날로부터 5일 이내에 있는 경우**에는 증언이나 서류제출을 거부할 수 있다(국회증언감정법 제4조). 물론 이 경우 국회가 그 소명을 수락하지 않는 경우에는 본회의의 의결(폐회 중에는 해당위원회의 의결)로 국회가 요구한 증언 또는 서류의 제출이 국가의 중대한 이익을 해친다는 취지의 국무총리의 성명을 요구할 수 있다. 국무총리는 성명의 요구를 받은 날로부터 7일 이내에 성명을 발표하여야 하는데, 그러지 않을 경우에는 증언이나 서류제출을 거부할 수 없도록 하고 있다(국회증언감정법 제4조).

매년 국정감사에서는 검찰과 감사원이 특수활동비에 대한 감사자료를 제출하지 않아 논쟁이 되고 있는 가운데 2011년 국정감사에서 국회 법제사법위원회는 감사원에 대해 특수활동비 내역과 관련서류의 제출을 요구하였다. 이에 대해 특히 감사원은 '직무상 기밀에 해당해 직무수행에 지장을 줄 수 있다'는 이유로 서류제출을 거부했다. 감사원의 행위에 대해 평가하시오.

---

241) 김철수, 헌법학신론, 2013, 1401쪽; 박종보, 헌법주석[국회, 정부]((사)한국헌법학회 편), 경인문화사, 2018, 344쪽 등 참조.

사안과 관련하여 문제되는 조항은 국회증언감정법 제4조이다.

1. 감사원의 주장의 논거는 대체로 다음과 같다.

가. 우선 다른 법률과의 관계와 관련하여

1) 「국회법」 및 국회증언감정법에 따른 서류제출 행위도 그 내재적 한계가 있다고 볼 필요가 있음(법제처 법령해석 2010.8.23. 안건번호 10-0202 등도 일관된 취지

(법제처 법령해석의 취지) 국회증언감정법에 따른 서류제출 행위도 헌법이 보장하는 기본권의 본질적 내용의 침해금지 취지, 각 개별법에서 보호하고자 하는 정보보호 취지, 국감국조법 제8조에서 재판 중 사건에 관여할 목적을 가진 감사를 배제하는 취지 등을 고려할 필요가 있음.

---

2) 국회증언감정법이 다른 모든 법률에 우선하여 타 법률의 입법취지와 목적까지도 침해할 수 있다고 보기는 어렵다는 점

3) 국회증언감정법(제2조 · 제4조)상 국회의 서류제출 요구 시 공무상 비밀에 대해서도 원칙적으로는 서류제출을 거부할 수 없게 되어 있으나 특수활동비 집행내역 등은 국회증언감정법 제4조 단서에 규정한 군사 · 외교 등 관계사항의 정보를 포함하고 있어 예외를 적용할 필요성이 있고, 특수활동비 집행내역 제출은 「국가공무원법」상 비밀엄수의무에 따르는 국가적 보호법익, 「개인정보 보호법」에 따른 보호법익 등 관계 법령의 보호법익의 본질적 내용을 침해할 소지가 있으므로 국회증언감정법에서 원칙적으로 거부할 수 없도록 규정한 국회의 서류제출 요구권도 서류의 내용에 따른 관계법령의 보호법익과의 비교형량 및 법익간의 조화 등의 관점에서 검토할 필요가 있다는 점

4) 「국가재정법」 제21조에서 기획재정부장관이 예산 분류기준 등을 정하도록 한 데 따라 기획재정부장관이 매년 예산안 편성 및 기금 운용계획안 작성지침 등을 통해 "기밀유지가 요구되는 정보 및 사건수사, 기타 이에 준하는 국정수행활동에 직접 소요되는 경비"를 특수활동비로 편성하고 있을 뿐 아니라, 「감사원법」 제25조 및 계산증명규칙(감사원규칙) 제27조 등에서 특수활동비의 성격과 본질을 고려하여 필요시 그 집행내용확인서를 생략할 수 있도록 규정하고 있다는 점을 고려할 때, 「국회법」 및 국회증언감정법에 따른 특수활동비 관련 자료제출은 「국가재정법」, 「감사원법」 등 관계법률의 취지를 종합적으로 고려하여 판단해야 할 것이라는 점

나. 두 번째로 특수활동비의 성격 관련하여서는

1) 특수활동비는 "기밀유지가 요구되는 정보 및 사건수사, 기타 이에 준하는 국정수행활동에 직접 소요되는 경비"로서 다른 예산과 구분하여 편성 · 집행하는 목적 자체가 "기밀성의 확보"에 있으므로 예산 항목의 본질상 공개가 곤란하다는 점

2) 범죄사건 수사, 공직비리 조사, 은밀한 탈세정보 조사 등의 상세 내역을 공개할 경우 당해 기관의 정상적인 업무 수행에 상당한 지장이 초래되는 등 부작용이 예상된다는 점

3) 제보자, 조사대상자 등의 노출로 인해 개인의 명예와 신용에 회복할 수 없는 악영향을 끼칠 소지가 있어 국민 보호를 위해서도 부적절하다는 점

4) 특수활동비 공개로 범죄혐의자, 피조사자 등이 국가기관의 기밀 정보를 이용할 수 있

게 될 경우 국가의 공권력 행사에 차질이 예상된다는 점

5) 사정·수사기관의 수사관련 정보가 노출될 경우 국민으로부터 불필요한 오해와 논란을 유발하고, 이로 인해 국가의 신뢰성에도 악영향을 끼칠 소지가 있어 특수활동비 내역 제출에는 애로가 있다는 점

6) 특수활동비를 편성·집행하는 기관은 국회·법무부(검찰)·감사원·경찰청 등 헌법기관이거나 수사·조사활동 등을 기본업무로 하는 기관으로서 당해 업무의 독립성과 자율성을 최대한 존중할 필요가 있는데, 이러한 맥락에서 국가재정법(제40조·제41조)에서는 독립기관 등의 예산 편성시 자율성을 최대한 존중하는 장치를 부여하고 있으며 이러한 정신과 예산 과정상의 기본 원리는 예산의 집행과 이에 대한 견제 과정에서도 구현되어야 할 것이라는 점

다. 세 번째로 감사원으로서도 특정 사안과 관련된 특수활동비 집행 내용 검사 외에는 특수활동비에 대한 내부통제 시스템을 점검·개선하는데 주력하도록 조치하는 등 우려되는 사항을 제거하기 위해 노력하고 있다는 점 등을 고려할 때 특수활동비에 대한 감사원 감사의 기본적 접근법으로서는 위와 같은 특수활동비의 성격을 고려하여, 감사원 감사에 있어서도 특수활동비에 대한 일괄 자료요구나 집행내역 전반에 대한 감사는 자제하는 것이 타당함.

2. 감사원의 행위는 정당하지 않다는 견해의 논거는 다음과 같다.[242)]

가. 국회증언감정법 제4조는 국가공무원법상 비밀엄수 의무에 대한 특례규정으로 공무원 등의 비밀엄수의무에도 불구하고 서류제출의무를 명시적으로 규정한 것이고, 특수활동비 내역의 경우 법률에서 이를 거부할 수 있도록 규정한 경우 이외에는 원칙적으로 서류제출을 거부할 수 없으며, 다만 개인의 사생활 침해나 재판 중 사건에 관여할 목적을 배제하는 등의 취지에 따른 한계가 있을 뿐이라는 점(법제처의 의견)

나. 감사원의 특수활동비 내역이 군사·외교·대북관계의 국가기밀에 관한 사항이라고 보기 어렵다는 점(대한변협의 의견)

다. 특수활동비 내역 공개시 얻게 될 공익과 훼손될 공익 사이의 비교형량이 필요한 것이기는 하지만 이는 향후 법개정과 관련해 고려되어야 할 요소이지 현행 법률의 집행과 관련해서는 고려될 수 없으므로 특수활동비 내역에 대한 서류제출을 거부한 것은 명백하게 위법한 것이라는 점(한국공법학회)

3. 결론적으로 구체적인 특수활동비의 지출실태를 정확히 파악하지 못하는 한계 내에서 규정을 우선 검토하면 국회증언감정법 제4조 본문의 입법취지는 국회의 기능수행을 위해 필요한 것으로서 정당한 것으로 평가된다. 그러나 일정한 법률의 규정을 집행함에 있어서 국민의 기본권 침해가 우려되는 경우에는 당해 규정은 정당성심사의 유보에 놓이게 된다. 따라서 이 경우에는 국회증언감정법 제4조 본문의 규정에도 불구하고 국정감사를 받는 기관은 자료제출을 거부할 수 있는 헌법적 근거를 획득하게 된다. 결국 이 문제는 규정에도 불구하고 자료제출을 거부할 수 있되 어느 정도까지 거부할 수 있는가가 문제이고, 헌법적으로 정당한 거부인지의 여부는 자료제출을 하기 전까지는 확인할 방법이 없다는 점이 문제다. 그렇다고 한다면 피감기관의 자료제출의무를 어떻게 구체화할 것인

242) 법률신문 2011.10.10.자 2면.

가는 결국 입법을 담당하는 국회의 몫으로 돌아간다. 그 전에는 정치적 해결이 우선되어야 할 것으로 보인다.

6. 행사기간과 행사방법

국회는 소관 상임위원회별로 매년 정기회 집회일 이전에 국정감사 시작일부터 30일 이내의 기간을 정하여 감사를 실시한다. 다만, 본회의 의결로 정기회 기간 중에 감사를 실시할 수 있다(국감국조법 제2조 제1항).

국정조사는 국회 재적의원 4분의 1 이상의 요구가 있는 때에 특정의 국정사안에 관하여 조사를 하게 된다(국감국조법 제3조). 조사위원회의 활동기간은 국회본회의의 승인이 필요한 조사계획서에 기재된다(국감국조법 제3조 제4항). 이 활동기간은 본회의의 의결로 연장할 수 있다(국감국조법 제9조 제1항).

위원회, 소위원회 또는 반은 감사 또는 조사를 위하여 그 의결로 감사 또는 조사와 관련된 보고 또는 서류 등의 제출을 관계인 또는 그 밖의 기관에 요구하고, 증인·감정인·참고인의 출석을 요구하고 검증을 할 수 있다. 요구를 받은 관계인 또는 기관은 국회증언감정법에서 특별히 규정한 경우를 제외하고는 누구든지 이에 따라야 하고, 위원회의 검증이나 그 밖의 활동에 협조하여야 한다. 위원회가 감사 또는 조사와 관련된 서류 등의 제출 요구를 하는 경우에는 재적위원 3분의 1 이상의 요구로 할 수 있다. 위원회 등은 증거의 채택 또는 증거의 조사를 위하여 청문회를 열 수 있다. 감사 또는 조사를 위한 증인·감정인·참고인의 증언·감정 등에 관한 절차는 국회증언감정법에서 정하는 바에 따른다(이상 국감국조법 제10조).

감사 및 조사는 공개를 원칙으로 하되 위원회의 의결로 달리 정할 수 있다(국감국조법 제12조).

감사 또는 조사를 할 때에는 그 대상기관의 기능과 활동이 현저히 저해되거나 기밀이 누설되지 아니하도록 주의하여야 하고, 의원 및 사무보조자는 감사 또는 조사를 통하여 알게 된 비밀을 정당한 사유 없이 누설해서는 아니 된다(국감국조법 제14조).

7. 결과의 처리

국회는 본회의 의결로 감사 또는 조사 결과를 처리한다. 감사 또는 조사 결과 위법하거나 부당한 사항이 있을 때에는 그 정도에 따라 정부 또는 해당 기관에 변상, 징계 조치, 제도개선, 예산조정 등 시정을 요구하고, 정부 또는 해당 기관에서 처리함이 타당하다고 인정되는 사항은 정부 또는 해당 기관에 이송한다. 정부 또는 해당 기관은 이 시정요구나 이송 받은 사항을 지체 없이 처리하고 그 결과를 국회에 보고하여야 하고, 국회는 이 처리결과보고에 대하여 적절한 조치를 취할 수 있다. 소관 위원회의 활동기한 종료 등의 사유로 이 처리결과보고에 대하여 조치할 위원회가 불분명할 경우 국회의장은 각 교섭단체 대표의원과 협의하여 지정하는 위원회로 하여금 이를 대신하게 하여야 한다(이상 국감국조법 제16조).

XII. 중요공무원 임명 관여권

국회에는 중요공무원의 임명에 대해서도 관여하는 권한이 부여되어 있다.

1. 선출권

국회는 3인의 헌법재판소 재판관(제111조 제3항)과 3인의 중앙선거관리위원회 위원(제114조 제2항)을 선출할 권한을 가진다.

2. 임명동의권

국회는 대법원장 및 대법관 임명동의권(제104조), 헌법재판소장 임명동의권(제111조 제4항), 감사원장 임명동의권(제98조 제2항)을 가진다.

3. 인사청문권

가. 인사청문특별위원회의 인사청문

국회 인사청문특별위원회에서는 ① 헌법에 따라 그 임명에 **국회의 동의**가 필요한 대법원장·헌법재판소장·국무총리·감사원장 및 대법관에 대한 임명동의안, ② 헌법에 따라 **국회에서 선출**하는 헌법재판소 재판관 및 중앙선거관리위원회 위원에 대한 선출안을 심사한다. 「대통령직 인수에 관한 법률」 제5조 제2항에 따라 대통령당선인이 국무총리 후보자에 대한 인사청문의 실시를 요청하는 경우에 국회의장은 각 교섭단체 대표의원과 협의하여 그 인사청문을 실시하기 위한 인사청문특별위원회를 따로 둔다(이상 국회법 제46조의3). 인사청문특별위원회의 구성과 운영에 필요한 사항에 대해서는「인사청문회법」이 규정하고 있다.[243]

나. 소관 상임위원회의 인사청문

국회 상임위원회는「국회법」이 정하는 인사청문특별위원회 대상자 외에 다른 법률에 따라 ① 대통령이 임명하는 헌법재판소 재판관, 중앙선거관리위원회 위원, 국무위원, 방송통신위원회 위원장, 국가정보원장, 공정거래위원회 위원장, 금융위원회 위원장, 국가인권위원회 위원장, 국세청장, 검찰총장, 경찰청장, 합동참모의장, 한국은행 총재, 특별감찰관 또는 한국방송공사 사장의 후보자, ② 대통령당선인이「대통령직 인수에 관한 법률」제5조 제1항에 따라 지명하는 국무위원 후보자, ③ 대법원장이 지명하는 헌법재판소 재판관 또는 중앙선거관리위원회 위원의 후보자에 대한 인사청문 요청이 있는 경우, 인사청문을 실시하기 위하여 각각 인사청문회를 연다(국회법 제65조의2 제2항).

상임위원회가 구성되기 전(국회의원 총선거 후 또는 상임위원장의 임기 만료 후에 상임위원장이 선출되기 전)에 위의 공직후보자에 대한 인사청문 요청이 있는 경우에는「국회법」제44조 제1항에 따라 구성되는 특별위원회에서 인사청문을 실시할 수 있다(국회법 제65조의2 제3항 제1문). 이 인사청문은 소관 상임위원회의 인사청문으로 본다(국회법 제65조의2 제4항). 특별위원회의 설치·구성은 의장이 각 교섭단체 대표의원과 협의하여 제의하며, 위원 선임에 관하여는「국회법」을 적용하지 아니하고「인사청문회법」을 준용한다(국회법 제65조의2 제3항 제2문). 헌법재판소 재판관 후보자가 헌법재판소장 후보자를 겸하는 경우에는 상임위원회의 인사청문회가 아닌 인사청문특별위원회의 인사청문회를 연다. 이 인사청문회는 소관 상임위원회의 인사청문회를 겸하는 것으로 본다(이상 국회법 제65조의2 제5항). 인사청문회의 절차 및 운영 등에 필요한 사항은「인사청문회법」이 정하고 있다.

상임위원회의 인사청문회에서는 임명동의안 등이 제출된 날부터 20일 이내에 국회가 인사청문경과보고서를 송부하지 못한 경우에는 대통령·대통령당선인·대법원장은 10일 이내의 기간을 정하여 인사청문경과보고서를 요청할 수 있고, 이 기간 내에도 송

---

243)「인사청문회법」은 그 외 소관상임위원회 및 특별위원회(국회법 제65조의2 제3항)의 인사청문을 포함하여 인사청문회의 절차·운영 등에 관하여 필요한 사항도 함께 규정하고 있다.

부하지 않은 경우에는 대통령 등은 임명·지명을 할 수 있다(인사청문회법 제6조 제4항).

Q **원장은 국회의 인사청문을 거쳐 대통령이 임명한다는 「국가정보원법」 제7조 제1항에 따라 대통령이 국가정보원장에 대한 인사청문을 요청하였고, 이에 「국회법」 제65조의2에 의거해서 인사청문회를 개최하였으나, 인사청문회가 청문대상자에 대해 부적격판정을 한 경우 대통령은 그 판정에 구속되는가?**

A 헌법재판소에 따르면 인사청문회의 결과에 대해 대통령이 구속된다는 헌법상, 법률상 규정이 없기 때문에 비록 인사청문회제도가 마련되어 있다고 하더라도 대통령이 그 결과에 반드시 구속되는 것은 아니다.[244)]

NOTE 국회 상임위원회 인사청문의 정당성 문제

인사청문특별위원회의 인사청문은 국회의 동의나 선출이 필요하기 때문에 그 전단계로서 진행되는 것이라 할 수 있다. 그런데 국회 상임위원회에 의한 인사청문대상자들은 국회의 동의나 선출이 필요하지 않은 공직후보자들이다. 그럼에도 불구하고 인사청문을 하는 것은 고위 공직후보자들을 민주적 정당성을 가진 국회에서 검증함으로써 그들의 도덕성과 능력을 담보한다는 취지로 이해된다. 그러나 인사청문회장이 후보자 및 후보자의 가족의 사생활에 대한 무분별한 폭로와 정쟁의 장소로 전락하고 있고, 청문보고서 없이 임명되는 것이 오히려 관행(!)이 되어 가고 있는 현실을 살피면 이러한 인사청문의 필요성을 의심하게 된다. 인사청문제도는 미국 헌법에서 유래하는데 미국 헌법 제2조 제2절 제2항 제2문은 "대통령은 대사, 그 밖의 공사 및 영사, 연방 대법원 판사 그리고 그 임명에 관하여 본 헌법에 특별 규정이 없으나 이후에 법률로써 정해지는 그 밖의 모든 미국 관리를 지명하여 상원의 권고와 동의를 얻어(by and with the Advice and Consent of the Senate) 임명한다. 다만, 연방 의회는 적당하다고 인정되는 하급관리 임명권을 법률에 의하여 대통령에게만 또는 법원이나 각 부처 장관에게 부여할 수 있다."라고 규정하여 상원의 권고와 동의를 전제로 고위 공직자를 임명하도록 한 것을 근거로 인사청문이 건국초기부터 실시되어 오고 있다. 즉, 상원의 권고와 동의가 필요하여 인사청문을 실시하고 있다.[245)] 이에 비추어 보면 상임위원회에서 실시하는 인사청문회는 그 임명에 국회의 동의가 필요하지 않음에도 실시되는 것이어서 폐지하자는 주장이 있다.[246)]

---

244) 헌재 2004.5.14. 2004헌나1, 대통령(노무현) 탄핵(기각).

245) 미국의 인사청문제도에 대해서는 김일환, 미국 연방헌법상 인사청문회제도, 미국헌법연구 21-3, 2010.12., 205쪽 이하; 김용훈, 인사청문회의 헌법적 의의와 제도적 개선 쟁점, 미국헌법연구 26-2, 2015.8., 1쪽 이하 참조.

246) 황정근, 국회의 인사청문회는 과연 헌법에 합치하는가?, 법률신문 2022.5.12. 10면 참조.

XIII. 국회의 자율권

국회의 자율권이란 국회가 다른 국가기관의 간섭을 받지 아니하고, 헌법과 법률 그리고 국회규칙에 따라 의사와 내부사항을 독자적으로 결정할 수 있는 권한을 말한다.

1. 자율권의 내용

국회는 규칙제정권(제64조 제1항), 의사진행권(헌법·법률 등 규정이 없는 경우에 자율적으로 의사진행), 질서유지권(내부경찰권, 국회가택권. 모두 국회의장의 권한임), 내부조직권(의장 등 선출과 직원 임명 등), 의원의 자격심사, 징계 및 제명(제64조), 청원처리권(국회법 제123조), 집회(국회법 제4조·제5조) 등에 대한 자율권을 갖는다.

2. 자율권의 보장과 그 한계

국회의 자율권은 의사절차나 입법절차에 헌법이나 법률의 규정을 명백히 위반한 흠이 있는 경우가 아닌 한 그 자율권은 권력분립의 원칙이나 국회의 위상과 기능에 비추어 존중되어야 한다는 것이 헌법재판소의 일관된 판단이다.[247] 국회의원의 자격심사, 징계 및 제명의 경우에 법원에 제소할 수 없도록 한 것도 사법부의 개입으로부터 국회의 자율성을 보장하기 위한 것이다.[248]

그러나 국회의 자율성도 일정한 한계가 있을 수밖에 없는데, 그 한계를 일탈한 것인지 여부는 헌법이나 법률의 규정을 명백히 위반한 것인지 여부에 달려 있다.

국회의원의 제명에 대해서는 법원에 제소할 수 없지만 헌법재판소에 심판을 청구할 수 있는지에 대해서는 다툼이 있다. 국회의 자율권도 일정한 한계가 있기는 하지만 명시적으로 법원에 제소할 수 없도록 하고 있는 헌법의 취지 및 국회의원은 별도로 탄핵심판의 대상으로 하고 있지 않다는 점 등에서 볼 때 헌법재판소에 제소할 수 없다고 보는 것이 헌법에 부합하는 것으로 보인다. 이는 정치의 사법화 경향을 방지하기 위해서라도 그러하다.

---

247) 헌재 2008.4.24. 2006헌라2, 국회의원과 국회의장 간의 권한쟁의(기각); 1997.7.16. 96헌라2, 국회의원과 국회의장간의 권한쟁의 [인용(권한침해), 기각] 등 다수의 결정 참조.

248) 물론 이는 법원의 정치화를 막기 위해서도 필요한 것이다.

제4절

집행부의 조직과 권한

공법학에서 정부(Regierung)라는 용어는 다양한 의미로 사용될 수 있지만, 대한민국헌법 제4장의 정부는 대통령을 수반으로 하는 집행부를 의미한다.[249] 집행부는 대통령과 행정부를 포괄하는 개념이다. 위헌정당해산제청권자로서의 정부(제8조 제4항), 법률안제출권자로서의 정부(제52조), 법률안공포권자로서의 정부(제53조 제1항), 예산안편성권자로서의 정부(제54조), 행정권의 주체로서의 정부(제66조) 등 헌법상 많은 규정들이 대통령을 포함하는 집행부를 의미한다.

그러나 대한민국헌법에서는 행정부라는 개념도 사용하고 있다. 헌법 제4장 제2절은 행정부라는 명칭 하에 국무총리, 국무위원, 행정각부, 감사원을 포괄하고 있다. 제77조 제3항의 비상계엄의 특별한 조치대상으로서의 정부는 대통령을 제외한 행정부를 의미한다.

제1항 대통령의 지위와 권한

I. 대통령의 지위

1. 헌법상 지위

학설에서는 대통령의 헌법상 지위를 ① 국가의 원수로서의 지위, 국가의 한 주권행사기관으로서의 지위, 행정권의 수반으로서의 지위, 국가수호자로서의 지위로 구분

249) 헌재 2021.1.28. 2020헌마264등, 고위공직자범죄수사처 설치 및 운영에 관한 법률 위헌확인(기각, 각하).

하거나[250], ② 국민대표기관으로서의 지위, 국가원수로서의 지위, 집행부수반으로서의 지위로 나누거나[251], 혹은 ③ 국가원수로서의 지위, 국정의 최고책임자로서의 지위, 행정부수반으로서의 지위, 대의기관으로서의 지위, 기본권보장기관으로서의 지위[252] 등으로 나누어 설명한다.

어느 견해에 의하든 대통령의 국가원수로서의 지위와 행정부의 수반으로서의 지위를 인정하는 것은 같다. 다만 학설에 따라 주권행사기관으로서의 지위나 국가수호자로서의 지위, 국민대표기관으로서의 지위, 국정의 최고책임자로서의 지위, 대의기관으로서의 지위, 그리고 기본권보장기관으로서의 지위를 고려하거나 혹은 고려하지 않음으로써 차이를 나타내고 있다. 그러나 이러한 차이가 사실상으로도 큰 차이를 드러내는 것은 아니다. 어느 견해에서 보더라도 주권행사기관이라는 개념을 부인하지 않는 한, 대통령의 주권행사기관으로서의 지위를 부인하기는 어려울 것으로 보이며,[253] 마찬가지로 대통령의 국가수호자로서의 지위, 국민대표기관으로서의 지위 내지는 대의기관으로서의 지위, 국정의 최고책임자로서의 지위, 그리고 기본권보장기관으로서의 지위 등도 부인할 수는 없을 것이다. 요컨대 동일하게 이해되는 대통령의 권한 내지는 권능을 어떠한 범주로 나누어 설명하느냐의 차이에 불과하다.

2. 신분상 지위

가. 대통령의 선출기관과 선출방법

1) 선출기관 및 평가

대통령은 국민에 의하여 직접 선출된다(제67조 제1항). 1차 투표에서 최고득표자가 2인 이상일 경우에는 국회에서 선출하도록 되어 있다(제67조 제2항).

1952년 7월 4일의 제1차 개헌(발췌개헌)과 제3공화국헌법에서 대통령직선제가 권위적이고 장기적인 집권에 기여한 바 있고, 또 과거 대통령이 대체로 국회 다수당의 당수였고 다수당의 내부질서가 상명하달식의 중앙집권적으로 형성되어 있는 상태에서 대

250) 김철수, 헌법학개론, 박영사, 2008, 1002–1004쪽.
251) 권영성, 헌법학원론, 법문사, 1997, 843–846쪽.
252) 허영, 한국헌법론, 박영사, 1997, 907–909쪽.
253) 김철수는 주권행사기관으로서의 대통령의 지위는 잘 알려져 있지 않다고 한다. 그리고 국가원수로서의 대통령의 권한행사에 대하여는 견제기관이 없으나, 주권의 한 행사기관으로서의 대통령의 권한행사에 대하여는 다른 주권행사기관(예컨대 국민이라든가 헌법재판소)에 의한 견제가 가능하다고 한다(김철수, 헌법학개론, 박영사, 2008, 1003쪽 각주 2).

통령직선제가 오히려 국회를 대통령에게 종속시킴으로써 사실상 대의제에 심각한 위협을 초래하였던 것은 사실이다. 그러나 대통령의 간선이 국민의 간절한 여망에도 불구하고 대통령이라는 국가기관의 구성에 대하여 국민이 얼마나 무력할 수 있는가를 잘 보여준 제4공화국 및 제5공화국으로부터 비롯되는 헌정사적 경험[254]과 그에 대한 반성에서 쟁취된 것이니 만큼 현행 헌법의 대통령직접선거는 바람직한 것이다.[255] 다만, 비록 경우의 수는 매우 드물다고 하더라도, 1차 투표에서 최고득표자가 2인 이상일 경우 2차 투표를 국회에서 하도록 하는 것은 대통령직선제와 제도적으로 조화되기 어려운 측면이 있다.

NOTE **헌법상 역대 대통령 선출기관 및 선출방법** 

		현행 헌법	제8차 개정헌법	제7차 개정헌법	제5차·제6차 개정헌법	제3차·제4차 개정헌법	제1차·제2차 개정헌법	1948년 헌법
선출기관		국민	대통령 선거인단	통일주체 국민회의	국민	양원 합동회의	국민	국회
선거방법	원칙	직선 후보자가 1인일 경우 득표수가 선거권자 총수의 1/3 이상이어야 당선	간선(무기명투표)	간선(토론없이 무기명투표)	직선 후보자가 1인일 경우 득표수가 선거권자 총수의 1/3 이상이어야 당선	간선	직선1)	간선(무기명투표)
	예외	최고득표자가 2인 이상인 경우 국회에서			최고득표자가 2인 이상인 경우 국회에서			

254) 제4공화국에서는 통일주체국민회의, 제5공화국에서는 대통령선거인단에서 대통령을 선출하였다. 통일주체국민회의나 대통령선거인단은 통치자의 권위주의적인 통치를 위하여 마련된 제도라고 할 수 있다.

255) 물론 대통령제정부형태가 의원내각제로 바뀌는 경우에는 문제는 다르다. 여기서 말하는 것은 정부형태의 취사선택이 아니고 대통령제에서의 대통령의 선출방법에 국한한 얘기다.

		간선2)			간선3)			
					간선(궐위로 인한 선거로서 잔임기간이 2년 미만인 경우).			
간선시 결정방법			재적대통령선거인 과반수의 찬성으로 당선4)	통일주체국민회의 재적의원 과반수 찬성으로 당선5)	궐위로 인한 국회간선시 재적의원 2/3 이상의 찬성으로 당선6)			

1) 1952.7.18. 제정·공포된 「대통령·부통령선거법」 제64조 제1항에서는 후보자가 1인일 경우 득표수가 선거권자 총수의 1/3 이상이어야 당선되는 것으로 규정하고 있음.
2)~3) 재적의원과반수 출석 공개회의, 다수득표자
4)~6) 당선인이 없는 경우에는 2차투표. 또 당선자가 없는 경우에는 1·2위에 대하여(최고득표자가 2인 이상이면 모두에 대하여) 결선투표를 거쳐 다수득표자 당선.

2) 선출방법 및 평가

유효투표의 다수를 얻은 자가 대통령당선인으로 된다(공직선거법 제187조 제1항). 1차 투표에서 최고득표자가 1인일 경우 과반수의 득표를 하지 못한 경우라도 당선자로 확정되는 반면, 1차 투표에서 최고득표자가 2인 이상일 경우에는 국회의 재적의원 과반수가 출석한 공개회의에서 다수표를 얻은 자를 당선자로 한다(제67조 제2항). 대통령후보자가 1인일 경우에는 최소한의 민주적 정당성을 확보하기 위해서 선거권자의 3분의 1 이상의 득표를 하여야 당선된다(제67조 제3항).

이와 같이 국민에 의한 직접선거를 취하고 있지만 유효투표의 다수를 얻은 자를 당선인으로 함으로써 취약한 지지를 받은 자도 대통령으로 당선될 수 있게 하고 있다.[256] 후보자가 1인일 경우는 선거권자 총수의 3분의 1 이상을 획득하여야 한다는 제한 외에는 아무런 제한도 두고 있지 않다. 그러나 대통령직선제에 있어서 대통령의 집권이 확고한 민주적 정당성을 갖추려면 적어도 유효투표 내지는 유권자 과반수의 득표

256) 실제로 노태우 대통령은 유효투표의 32% 정도의 지지밖에 획득하지 못함으로써 3당 합당에도 불구하고 집권기간 내내 약한 정부의 면모를 드러내었다.

를 한 자를 대통령당선인으로 하는 것이 타당하다.[257] 이러한 점에 비추어 볼 때 우리나라의 대통령선출방법도 유권자 내지는 유효투표 과반수득표를 대통령당선의 요건으로 하는 방향으로 개정되는 것이 바람직하다.[258]

그런데 이러한 개정은 「공직선거법」을 개정하는 것으로 충분한가 아니면 헌법 개정이 필요한가가 문제다. 대한민국헌법에는 대통령은 국민의 보통·평등·직접·비밀선거로 선출하고(제67조 제1항), 최고득표자가 2인 이상인 때에는 다시 말하면 1위와 2위 득표자의 득표수가 같을 때에는 국회에서 선출하도록(제67조 제2항) 하고 있을 뿐이다. 대통령 당선인을 절대다수득표자로 할 것인지 아니면 상대다수득표자로 할 것인지에 대해서는 명시적으로 규정하고 있지 않기 때문에 논란이 있을 수 있다. 따라서 현행 헌법체계에서도 「공직선거법」을 개정하여 절대다수득표자를 대통령 당선인으로 하고 1차 선거에서 절대다수득표자가 없을 때에는 결선투표를 하도록 하는 제도를 도입할 수 있다는 주장이 있을 수 있다. 그런데 최고득표자가 2인 이상이면 국회에서 선출하도록 한다는 헌법규정은 절대다수투표제나 결선투표를 부인하는 취지로 해석된다. 최고득표자가 1인이고 그 득표자가 과반수의 지지를 획득하지 못한 경우에는 1위와 2위를 대상으로 결선투표를 도입하는 것을 헌법이 반대하지 않는다는 취지를 이끌어내려면 최고득표자가 2인 이상인 경우에도 헌법해석상 국민에 의한 결선투표로 갈 수 있어야 하는데, 헌법은 오히려 국회에서 선출하도록 하고 명시하고 있기 때문이다. 따라서 현행 헌법은 대통령선거를 상대다수투표제에 의하여 운영하는 것을 전제로 하고 있고 절대다수투표제나 결선투표제를 도입하기 위해서는 헌법을 개정하여야 한다.

우리나라의 대통령선거방법이 갖고 있는 또 하나의 문제점은 2차 투표를 국회에서

---

257) 프랑스에서는 실제로 이러한 제도를 갖추고 있을 뿐 아니라 차득표자와의 결선투표제를 채택하고 있다. 즉 프랑스는 1962년 헌법개정(1958년의 프랑스 제5공화국헌법 제2차 개정)을 통하여 직선의 1차 투표에서 절대다수를 획득한 자가 없는 경우에는 2명의 다수득표자로 결선투표를 한다(1958년 프랑스 제5공화국헌법 제7조 제1항 참조. 보다 상세한 것은 성낙인, 프랑스헌법학, 법문사, 1995, 363쪽 이하 참조). 2008년 개정된 현행 프랑스헌법도 같다.

258) 소수로 구성된 폐쇄된 집단에서 결선투표를 하게 될 경우에는 왜곡된 결과가 나올 수 있다. 예컨대 누구도 과반수를 차지하지 못하는 소수의 그룹으로 구성되어 있는 집단이 대표를 선출하려고 할 경우에 소수그룹 소속의 구성원들이 타협하는 경우에는 극단적으로는 가장 소수그룹의 구성원이 집단의 대표가 될 수도 있다. 그러나 전체국민을 유권자로 하는 대통령선거에서는 과반수의 지지를 획득한 후보자가 없을 경우에 결선투표를 한다고 하여 국민들이 정략적인 타협을 하는 것은 물리적으로도 어려울 뿐만 아니라 국민이 2위 후보자를 결선투표에서 선택하는 경우에도 그것은 국민의 과반수의 지지라고 하는 민주적 정당성을 획득한 것으로서 충분한 가치가 인정될 수 있기 때문이다.

하도록 한 점이다. 대통령선거에서 최고득표자가 2인 이상인 경우는 매우 드물겠지만, 대통령을 국민의 직접선거로 하도록 하면서 최고득표자가 2인 이상이라는 우연에 따라 국회에서 선출하도록 하는 것은 일관성이 없다.[259)]

나. 대통령의 취임

헌법 제69조에 따르면 대통령은 취임함에 있어 "나는 헌법을 준수하고 국가를 보위하며 조국의 평화적 통일과 국민의 자유와 복리의 증진 및 민족문화의 창달에 노력하여 대통령으로서의 직책을 성실히 수행할 것을 국민 앞에 엄숙히 선서합니다"라는 선서를 한다. 헌법 제69조는 단순히 대통령의 취임선서의무만을 규정한 것이 아니라, 헌법 제66조 제2항 및 제3항에 규정된 대통령의 헌법적 책무를 구체화하고 강조하는 실체적 내용을 지닌 규정이다.[260)] 대통령이 취임선서를 거절하는 것은 탄핵사유가 된다고 본다.[261)]

대통령의 임기는 원칙적으로 전직 대통령의 임기만료일이 종료함과 동시에 시작되지만(공직선거법 제14조 제1항 본문), 전임자의 임기가 만료된 후에 실시하는 선거와 궐위로 인한 선거에 의한 대통령의 임기는 당선이 결정된 때부터 개시된다(공직선거법 제14조 제1항 본문). 대통령의 취임절차를 원활히 진행하기 위하여 2003년부터 「대통령직 인수에 관한 법률」이 제정 · 시행되고 있다.

다. 대통령의 임기

대통령의 임기는 5년이고 중임할 수 없다(제70조). 대통령의 임기연장 또는 중임변경을 위한 헌법개정은 그 헌법개정 제안 당시의 대통령에 대하여는 효력이 없다(제128조 제2항). 중임제한규정은 개정을 통하여 바꿀 수 있다. 다만 이 헌법개정도 헌법 제128조 제2항에 의하여 개정 당시의 대통령에 대하여는 효력이 없다. 대통령 중임제한 규정은 우리 헌정사상 초유의 일이지만, 이것은 과거 1인에 의한 장기집권의 시도로

259) 같은 견해로는 김선택, 현행헌법전의 정부형태에 있어서 의원내각제적 요소의 의의, 법정고시, 1998.7.15., 5쪽 이하 참조.
260) 헌재 2004.5.14. 2004헌나1, 대통령(노무현)탄핵(기각).
261) 독일의 경우 대통령의 직무수행은 사실상 취임선서를 함과 동시에 시작한다. 취임선서를 거절하는 것이 직무상실을 의미하지는 않는다. 그러나 이는 대통령의 헌법위반을 의미하고 기본법 제61조의 탄핵소추 사유가 된다. 탄핵에 의한 파면의 경우에도 과거의 직무행위를 소급무효(ex-tunc Wirkung)로 하지는 않는다(Ernst Kern, Art. 56, Rn. 3 in: Bonner Kommentar zum Grundgesetz, 1995).

말미암아 야기된 정치적 혼란 그리고 그로 인한 정치적 부패, 정권의 도덕적 타락, 권위주의적 통치관행을 단절하려는 의지의 표명인 동시에, 평화적 정권교체가 붕괴되었던 우리의 헌정사적 경험에서 비롯된 것이라고 할 수 있다.[262] 그런데 헌법 제128조 제2항 자체를 개정할 수 있다는 법실증주의적 주장이 있을 수 있다. 그러나 이러한 주장은 지난 우리의 헌정사적 경험에 따른 국민적 합의에 반하는 것으로 따를 수 없다. 헌법개정권자의 의도는 법문언적 기술에 의해 종결적으로 실현될 수는 없고, 법문언이 갖는 바의 헌법 규범적 의미를 정당히 이해하려는 노력이 필요하다.

한편, 대통령의 임기가 종결될 시점에 전쟁과 같은 국가긴급사태가 발생한 경우와 관련하여 대한민국헌법에는 아무런 대비가 없다. 당연히 예상할 수 있는 사태이고 그 때조차도 민주적 헌법국가의 기능을 수행하기 위해서는 이를 대비하는 규정을 도입할 필요가 있다. 독일기본법은 연방영역이 무력으로 공격받거나 이러한 공격이 직접적으로 위협받고 있는 경우(방위사태: Verteidigungsfall)를 대비하여 대통령임기는 방위사태가 종료된 때로부터 9개월 후에 끝난다는 특별한 규정을 두고 있다.[263]

라. 대통령의 의무

1) 헌법적 근거

대통령은 국가의 독립 · 영토의 보전 · 국가의 계속성과 헌법을 수호할 책무를 지고(제66조 제2항), 조국의 평화적 통일을 위한 성실한 의무를 진다(제66조 제3항). 대통령은 취임 시에 이러한 취지의 선서를 한다(제69조). 또한 대통령은 국무총리 · 국무위원 · 행정각부의 장 기타 법률이 정하는 공사의 직을 겸할 수 없다(제83조).

2) 의무의 내용

가) 헌법을 준수하고 수호할 의무

대통령에게는 '헌법을 준수하고 수호해야할 의무'(제66조 제2항, 제69조)가 요구된다.

---

262) 권영성, 헌법학원론, 법문사, 2009, 851쪽.

263) 독일기본법 제115h조【방위사태 발생중의 새로운 선출】 ① 방위사태기간 중에 종료한 연방의회 또는 주의회 의회기는 방위사태가 종료된 때로부터 6개월 후에 끝난다. 방위사태기간 중에 종료한 연방대통령의 임기와 그 임기전의 직위종료로 인한 연방참의원의장에 의한 대통령권한의 대행은 방위사태가 종료된 때로부터 9개월 후에 끝난다. 방위사태 중에 만료하는 연방헌법재판소 구성원의 임기는 방위사태의 종료 6개월 후에 끝난다. …③ 방위사태가 지속되는 동안에는 연방의회를 해산할 수 없다.

대통령의 이 의무는 헌법상 법치국가원리가 대통령의 직무집행과 관련하여 구체화된 표현이다. 법치국가원리의 당연한 귀결이지만 이 규정들을 통하여 재차 강조하고 있는 것이다.[264]

대통령이 국민 앞에서 현행법의 정당성과 규범력을 비난하거나 그 유효성을 문제 삼는 것이 헌법적으로 허용되는지 여부를 근거를 들어 설명하시오.

허용되지 않을 뿐만 아니라 위헌적인 행위다. 헌법재판소는 "대통령이 국회에서 의결된 법률안에 대하여 위헌의 의심이나 개선의 여지가 있다면, 법률안을 국회로 환부하여 재의를 요구해야 하며(헌법 제53조 제2항), 대통령이 현행 법률의 합헌성에 대하여 의문을 가진다면, 정부로 하여금 당해 법률의 위헌성여부를 검토케 하고 그 결과에 따라 합헌적인 내용의 법률개정안을 제출하도록 하거나 또는 국회의 지지를 얻어 합헌적으로 법률을 개는 방법(헌법 제52조) 등을 통하여 헌법을 실현해야 할 의무를 이행해야지, 국민 앞에서 법률의 유효성 자체를 문제 삼는 것은 헌법을 수호해야 할 의무를 위반하는 행위"라고 판시하고 있다.[265]

나) 조국의 평화적 통일을 위한 성실의무

대통령은 조국의 평화적 통일을 위한 성실한 의무를 진다(제66조 제3항). 평화적 통일은 이미 헌법 전문에서 선언한 대한국민의 사명이고 헌법 제4조에서 선언하고 있는바 대한민국의 지향점이지만, 특별히 국가원수인 대통령에게 통일을 위한 성실한 의무를 지움으로써 헌법으로 확인된 대한국민의 사명을 하루 속히 완수하고자 함이다.

다) 정치적 중립의무

대통령은 정치적인 공무원으로서 국정에 관하여 다양한 정치적 의사를 표시할 수 있다. 그러나 선거에 있어서는 헌법상 정치적 중립의무가 요구된다. 선거에서의 중립의무는 헌법 제7조 제1항, 제41조 제1항, 제67조 제1항, 제116조 제1항 등을 근거로 한다. 헌법재판소도 다음과 같이 대통령을 「공직선거법」상 선거중립의무가 요구되는 공무원에 포함되는 것으로 본다.

---

264) 헌재 2004.5.14. 2004헌나1, 대통령(노무현)탄핵(기각).
265) 헌재 2004.5.14. 2004헌나1.

대통령이 2004.2.18. 청와대에서 가진 경인지역 6개 언론사와의 기자회견에서 "…개헌저지선까지 무너지면 그 뒤에 어떤 일이 생길지는 저도 정말 말씀드릴 수가 없다"고 발언하였고, 2004.2.24. 전국에 중계된 한국방송기자클럽 초청 대통령 기자회견에서, 'OOO 의장은 100석 정도를 목표로 제시했는데 기대와 달리 소수당으로 남게 된다면 어떻게 정국을 운영할 것인지' 등 총선전망을 묻는 기자의 질문에 대하여, "국민들이 압도적으로 지지를 해 주실 것으로 기대한다.", "대통령이 뭘 잘 해서 (여당인) OOOO당에 표를 줄 수 있는 길이 있으면, 정말 합법적인 모든 것을 다하고 싶다.", "대통령을 노무현 뽑았으면 나머지 4년 일 제대로 하게 해 줄 거냐 아니면 흔들어서 못 견뎌서 내려오게 할거냐라는 선택을 우리 국민들이 분명히 해 주실 것이다"는 등의 발언을 하였다. 이 발언이 대통령의 정치적 중립의무를 위반한 것인지 여부를 판단하시오.

헌법재판소는 ① 대통령도 선거중립의무가 요청되는 공무원에 해당한다는 점, ② 대통령의 발언이 공선법 제9조를 위반했는지의 여부는 발언의 구체적 내용, 그 시기, 빈도수, 구체적 상황 등을 종합적으로 고려할 때, '대통령이 발언을 통하여 공직상 부여되는 정치적 비중과 영향력을 국민 모두에 대하여 봉사하는 그의 지위와 부합하지 않는 방법으로 사용함으로써 선거에 영향을 미쳤는지'의 판단에 달려 있음을 언급하고, 선거에 임박한 시기이기 때문에 공무원의 정치적 중립성이 어느 때보다도 요청되는 때에, 공정한 선거관리의 궁극적 책임을 지는 대통령이 기자회견에서 전 국민을 상대로, 대통령직의 정치적 비중과 영향력을 이용하여 특정 정당을 지지하는 발언을 한 것은, 대통령의 지위를 이용하여 선거에 대한 부당한 영향력을 행사하고 이로써 선거의 결과에 영향을 미치는 행위를 한 것이므로, 선거에서의 중립의무를 위반한 것으로 판단하였다.[266]

---

266) 헌재 2004.5.14. 2004헌나1, 대통령(노무현)탄핵(기각): "선거에서의 공무원의 정치적 중립의무는 공무원의 지위를 규정하는 헌법 제7조 제1항, 자유선거원칙을 규정하는 헌법 제41조 제1항 및 제67조 제1항 및 정당의 기회균등을 보장하는 헌법 제116조 제1항으로부터 나오는 헌법적 요청이다. …… 공선법에서의 '공무원'의 개념은 국회의원 및 지방의회의원을 제외한 모든 정무직 공무원을 포함하는 것으로 해석된다. …… 선거에 있어서의 정치적 중립성은 행정부와 사법부의 모든 공직자에게 해당하는 공무원의 기본적 의무이다. 더욱이 대통령은 행정부의 수반으로서 공정한 선거가 실시될 수 있도록 총괄·감독해야 할 의무가 있으므로, 당연히 선거에서의 중립의무를 지는 공직자에 해당하는 것이고, 이로써 공선법 제9조의 '공무원'에 포함된다. …… 대통령이 정당의 추천과 지원을 통하여 선거에 의하여 선출되는 정무직 공무원이라는 사실, 대통령에게 정치활동과 정당활동이 허용되어 있다는 사실도 선거에서의 대통령의 정당정치적 중립의무를 부인하는 논거가 될 수 없는 것이다. …… 대통령이 사인으로서의 표현의 자유를 행사하고 정당활동을 하는 경우에도 그에게 부과된 대통령직의 원활한 수행과 기능유지, 즉 국민 전체에 대한 봉사자라는 헌법 제7조 제1항의 요청에 부합될 수 있도록 해야 한다. …… 대통령의 발언이 공선법 제9조를 위반했는지의 여부는 발언의 구체적 내용, 그 시기, 빈도수, 구체적 상황 등을 종합적으로 고려할 때, '대통령이 발언을 통하여 공직상 부여되는 정치적 비중과 영향력을 국민 모두에 대하여 봉사하는 그의 지위와 부합하지 않는 방법으로 사용함으로써 선거에 영향을 미쳤는지'의 판단에 달려있다."

Q **대통령 갑은 중앙선거관리위원회로부터 2차에 걸쳐 '선거중립의무 준수 요청' 조치를 받았다. 이에 대통령 갑은 이 조치가 대통령의 개인으로서 가지는 정치적 표현의 자유를 침해하였고 다른 국회의원들과 비교하여 불평등취급을 받은 것이라고 주장하면서 「헌법재판소법」 제68조 제1항에 따라 헌법소원심판을 제기하였다. 대통령 갑은 청구취지에서 '대통령은 근본적으로 광범위한 정치적 활동의 자유를 갖는 최고의 정무직 공무원이므로 선거과정에 있어서도 일정 범위의 정치적 표현의 자유를 행사할 수 있어야 함에도 이를 부정하고 있는 「공직선거법」 제9조 제1항은 위헌이고, 이에 근거한 조치도 위헌이라고 주장하였다. 「공직선거법」 제9조 제1항의 위헌여부를 검토하시오.**

공직선거법 (1994.3.16. 법률 제4739호 구 '공직선거 및 선거부정방지법'으로 제정되었다가 2005.8.4. 법률 제7681호로 법명개정된 것 포함) 제9조(공무원의 중립의무 등) ① 공무원 기타 정치적 중립을 지켜야 하는 자(기관·단체를 포함한다)는 선거에 대한 부당한 영향력의 행사 기타 선거결과에 영향을 미치는 행위를 하여서는 아니 된다.

A 헌법재판소는 다음과 같은 논증을 거쳐 합헌으로 결정하였다.[267] ① 관련 기본권의 도출, ② 심판대상법률조항의 내용 및 성격[주체: 모든 공무원 - 사안과 관련하여서는 특히 대통령, 행위: 선거에 대한 부당한 영향력의 행사, 성격: 구체적 효력규정(≠선언적·주의적 규정)], ③ 명확성의 원칙 위반여부, ④ 표현의 자유의 침해여부, ⑤ 평등원칙 위반여부

참고로, 이 결정의 반대의견의 논거를 보면 다음과 같다.

① 대통령의 발언이 대통령의 지위에서 한 내용과 개인의 지위에서 한 내용이 섞여 있는 경우에는 개인의 표현행위에 대해서는 개인의 기본권으로서 보호되어야 한다(조대현 재판관).

② 대통령은 정치적 중립성이 요구되는 공무원에 해당하지 않는다(조대현 재판관).

③ 심판대상조항은 체계상의 위치, 내용 자체의 추상성, 제재규정의 부존재 등에 비추어 볼 때 선언적 규정이다(송두환 재판관).

④ 「국가공무원법」 제65조 제2항의 '선거에 있어 특정정당 또는 특정인의 지지나 반대를 하기 위하여 …… 행위를 하여서는 아니 된다'고 규정하고 있는 조항에 대해서는 정당 기타 정치단체의 결성에 관여하거나 가입할 수 없는 공무원의 경우에만 의무를 부과하고 있으면서 대통령에게는 의무를 부담시키지 않고 있다. 이와 같이 더 불법성이 중한 국가공무원법 제65조 제2항 각호의 의무는 부담하지 않으면서 보다 포괄적인 심판대상조항에 대해서는 대통령이 의무를 부담하는 것으로 해석하는 것은 심한 체계부조화를 야기시킬 수 있다. 이러한 부조화는 대통령이 심판대상조항의 수범자가 아니라는 것으로 해석할 때 해소될 수 있다(송두환 재판관).

⑤ 선거에 영향을 미친다는 이유로 대통령이 그의 정책과 활동에 대하여 적극적인 반론 기타 의견표명을 할 수 없다면, 실질적인 선거의 공정성이 도모되기 어렵다(송두환 재판관).

---

267) 헌재 2008.1.17. 2007헌마700, 대통령의 선거중립의무 준수요청 등 조치 취소(기각).

라) 겸직금지의무

대통령은 국무총리·국무위원·행정각부의 장 기타 법률이 정하는 공사의 직을 겸할 수 없다(제83조).

그런데 국회의원이 대통령선거에 출마하는 경우는 국회의원직을 사퇴하지 않아도 되기 때문에(공직선거법 제53조 단서), 대통령이 국회의원직을 겸할 수 있는지가 문제될 수 있다. 헌법에는 이에 대한 명문의 근거가 없고 다만 2013.8. 전문 개정된 「국회법」이 국회의원의 겸직을 포괄적으로 금지하고 있는 것을 볼 때 대통령과 국회의원의 겸직은 금지되는 것으로 본다.[268]

NOTE 대통령과 국회의원의 겸직에 관한 규정의 변화

1948년 제정헌법(제53조 제3항)부터 제1차·제2차 개정헌법(각 제53조 제8항)까지는 대통령(부통령)은 국무총리, 국회의원을 겸하지 못하도록 하고 있었다. 제3차·제4차 개정헌법(각 제53조 제3항)에서도 대통령직 외에 공직 또는 사직에 취임할 수 없도록 하고 있었기 때문에 대통령은 국회의원을 겸직할 수 없었다.

제5차 개정헌법에서 현행 헌법까지는 대통령은 국무총리·국무위원·행정각부의 장 기타 법률이 정하는 공사의 직을 겸할 수 없다고 규정하고 있어 법률의 태도가 문제가 되었는데, 1963년의 「국회법」 제30조는 의원은 국가 또는 지방자치단체의 공무원을 겸할 수 없도록 하고 있었으므로 대통령과 국회의원은 겸직이 법률해석상 허용되지 않았다.

그런데 1981년 「국회법」 전부개정을 통하여 국회의원의 대통령 겸직이 명시적으로 금지되었다(국회법 제31조 제1항 제2호). 이러한 「국회법」 규정의 태도는 2013.8.13. 개정 전까지 유지되었다. 2013.8.13. 개정된 「국회법」에서부터 현재에 이르기까지 국회의원은 국무총리, 국무위원 그리고 공익 목적의 명예직(제1호), 다른 법률에서 의원이 임명·위촉되도록 정한 직(제2호), 「정당법」에 따른 정당의 직(제3호)외에 다른 직을 겸할 수 없게 함으로써 대통령의 국회의원 겸직이 금지되고 있다(현행 국회법 제29조 제1항).

대통령의 국회의원 겸직을 금하는 「국회법」의 취지가 삼권분립 등 헌법원리의 실현을 위한 것이라면 이는 헌법에서 직접 금지함이 타당하다.

대통령의 영업종사는 제3차 개정헌법에서부터 금지되었으나 제7차 개정헌법에서부터는 삭제되어 현행 헌법에서는 이에 관한 명시 규정이 없다. 그러나 영업종사가 법률이 정하는 공사의 직에 해당하는 경우에는 이로써 당연히 금지된다.

268) 「국회법」 제29조에 따르면 국회의원은 국무총리 또는 국무위원, 공익 목적의 명예직, 다른 법률에서 의원이 임명·위촉되도록 정한 직, 「정당법」에 따른 정당의 직 외에는 겸할 수 없다. 따라서 대통령 임기가 개시됨과 동시에 의원직은 당연퇴직되는 것으로 보아야 한다.

마. 대통령의 특권

1) 형사상 특권(불소추특권)

대통령은 내란 또는 외환의 죄를 범한 경우를 제외하고는 재직 중 형사상의 소추를 받지 아니한다(제84조). 형사상의 소추를 받지 아니한다 함은 재직 중 피고인으로 뿐만 아니라 증인으로서도 구인당하지 않음을 원칙으로 한다. 이는 제도의 취지가 대통령의 권위를 유지케 하고 그 직무수행을 원활하게 하려는 것이기 때문이다. 퇴임 후에는 형사상의 소추를 받게 될 수 있다.

그런데 내란 또는 외환의 죄가 아닌 대통령의 범죄가 대통령의 재직 중에는 형사상 소추를 받지 않는다면 공소시효는 정지되는가가 문제된다. 헌법재판소는 공소시효가 정지되는 것으로 판단하였다. 그 이유는, **적극적으로는** "국가의 원수로서 외국에 대하여 국가를 대표하는 지위에 있는 대통령이라는 특수한 직책의 원활한 수행을 보장하고, 그 권위를 확보하여 국가의 체면과 권위를 유지하여야 할 실제상의 필요 때문"이고, **소극적으로는** "공소시효의 진행이 대통령의 재직 중에도 정지되지 않는다고 본다면, 대통령은 재직 전이나 재직 중에 범한 대부분의 죄에 관하여 공소시효가 완성되는 특별한 혜택을 받게 되는 결과 일반국민이 누릴 수 없는 특권을 부여받는 셈"이 되기 때문이라고 하였다. 또한 국가가 소추권의 행사를 게을리 하여 오랫동안 형사상의 소추권이 행사되지 않은 것임에도 그 불이익을 오로지 범인만이 감수하여야 한다는 것은 부당하므로 국가가 오랫동안 권리의 행사를 게을리 함으로써 생긴 새로운 사실 상태를 존중하는 것이라는 **공소시효제도의 본질에 비추어 볼 때**, 검사가 법률상의 장애사유로 인하여 소추권을 행사할 수 없는 경우에는 공소시효가 정지되는 것이 타당하다는 결론에 이르고 있다.[269]

대통령이 내란이나 외환의 죄를 범한 경우는 형사소추를 피할 수 없다. 대통령이라 할지라도 국헌을 문란하게 하고 헌정질서를 파괴하는 등의 죄를 범한 경우는 더 이상 대통령의 권위를 유지시킬 필요가 없을 뿐만 아니라, 대통령으로서의 직무수행을 오히려 중지시키는 것이 타당하기 때문이다. 물론 대통령이 직접 내란이나 외환의 죄의 피의자 내지는 피고인의 자격이 인정될 경우에 한한다. 그러나 명백히 소추대상의 죄를 범하였음에도 불구하고 소위 성공한 쿠데타로서 사실상 소추가 불가능한 경우가 있다. 이 경우에도 이론적으로는 공소시효가 정지되어 재직 후 형사소추를 할 수 있다

269) 헌재 1995.1.20. 94헌마246, 불기소처분취소(기각, 각하).

고 보는 것이 타당하다. 「헌정질서 파괴범죄의 공소시효 등에 관한 특례법」(1995.12.21. 제정 · 시행)과 「5 · 18민주화운동 등에 관한 특별법」(1995.12.21. 제정 · 시행)에서는 이를 명백히 하고 있다.[270)]

「5 · 18민주화운동등에관한특별법」(법률 제5029호) 제2조가 공소시효의 정지와 관련하여 헌법에 위반되는지 여부를 검토하시오.

---

5 · 18민주화운동등에관한특별법(법률 제5029호) 제2조(공소시효의 정지) ① 1979년 12월 12일과 1980년 5월 18일을 전후하여 발생한 헌정질서파괴범죄의공소시효등에관한특별법 제2조의 헌정질서파괴범죄행위에 대하여 국가의 소추권행사에 장애사유가 존재한 기간은 공소시효의 진행이 정지된 것으로 본다.

② 제1항에서 "국가의 소추권행사에 장애사유가 존재한 기간"이라 함은 당해 범죄행위의 종료일부터 1993년 2월 24일[271)]까지의 기간을 말한다.

헌법재판소는 헌법에 위반되지 아니한다는 결정을 하였다. 헌법재판소의 결정을 보면 다음의 논증순서에 따르고 있다.[272)]

① 소급효를 가진 법률인지 여부

소급입법에 해당하면 위헌의 문제가 제기될 수 있다. 그런데 헌법재판소 결정에서는 2인의 재판관만이 소급입법(김문희, 황도연)이라는 견해였고, 3인 재판관(김진우, 이재화, 조승형)은 소급입법이 아니라고 보았으며, 4인 재판관(김용준, 정경식, 고중석, 신창언)은 유보적 입장(공소시효의 문제는 법률해석의 문제이므로 법원의 판단에 우선 맡겨야 한다는 견해)이었다.

② 형벌불소급의 원칙에 위배되는지의 여부

형벌불소급의 원칙은 언제부터 어떠한 조건하에서 형사소추가 가능한가의 문제이고, 공소시효의 문제는 얼마동안 형사소추가 가능한가의 문제이므로 양자는 구별되고 따라서 형벌불소급의 원칙에 위배되는 것으로 볼 수 없다.

③ 소급입법에 대한 위헌성 판단

㉮ 법원이 공소시효가 완성되지 않은 것으로 보는 경우

---

270) 「헌정질서 파괴범죄의 공소시효 등에 관한 특례법」 제3조(공소시효의 적용 배제)에서는 헌정질서 파괴범죄(「형법」 제2편 제1장 내란의 죄, 제2장 외환의 죄와 「군형법」 제2편 제1장 반란의 죄, 제2장 이적(利敵)의 죄를 말함)(제1호)와 「형법」 제250조의 죄로서 「집단살해죄의 방지와 처벌에 관한 협약」에 규정된 집단살해에 해당하는 범죄(제2호)에 대해서는 공소시효를 배제하고 있고, 「5 · 18민주화운동 등에 관한 특별법」 제2조(공소시효의 정지)에서는 1979년 12월 12일과 1980년 5월 18일을 전후하여 발생한 「헌정질서 파괴범죄의 공소시효 등에 관한 특례법」 제2조의 헌정질서 파괴범죄와 반인도적 범죄에 대하여 해당 범죄행위의 종료일부터 1993년 2월 24일까지의 기간은 공소시효의 진행이 정지된 것으로 보고 있다.

271) 노태우 대통령의 퇴임일이다.

272) 헌재 1996.2.16. 96헌가2등, 5 · 18민주화운동등에관한특별법 제2조 위헌제청 등(합헌).

- 견해 대립 없이 합헌의견
- 법원이 대상범죄의 공소시효가 완성되지 않은 것으로 보는 경우에는 심판대상조항은 부진정소급효를 가지게 되는데, 신뢰보호원칙에 비추어 보아서 부진정소급효는 헌법적으로 허용될 수 있다고 보았다.

㉯ 법원이 공소시효가 완성된 것으로 보는 경우

- 법원이 대상범죄의 공소시효가 완성된 것으로 보는 경우에는 심판대상조항은 진정소급효를 갖게 되므로 원칙적으로 허용되지 않고 예외적으로 허용될 뿐이다. 즉, "일반적으로 국민이 소급입법을 예상할 수 있었거나 법적 상태가 불확실하고 혼란스러워 보호할 만한 신뢰이익이 적은 경우와 소급입법에 의한 당사자의 손실이 없거나 아주 경미한 경우 그리고 신뢰보호의 요청에 우선하는 심히 중대한 공익상의 사유가 소급입법을 정당화하는 경우 등에는 예외적으로 진정소급입법이 허용된다."
- 4인 재판관의 합헌의견(김진우, 이재화, 조승형, 정경식. 이 견해는 평등원칙과 적법절차원칙에도 위반되지 않는다고 보았다)과 5인 재판관의 한정위헌의견(김용준, 김문희, 황도연, 고중석, 신창언. 이 법률조항이 특별법 시행일 이전에 특별법 소정의 범죄행위에 대한 공소시효가 이미 완성된 경우에도 적용하는 한 헌법에 위반된다)으로 갈리었다.

NOTE 헌법소원심판청구로 공소시효가 정지되는지 여부

헌법재판소는 공소시효가 정지되는 것은 특별히 법률로써 명문의 규정을 둔 경우에 한한다고 본다. 그렇지 않으면 법률상 근거 없이 피의자의 법적 안정성을 침해하거나 헌법 제12조 제1항, 제13조 제1항이 정하는 적법절차주의, 죄형법정주의에 반하게 되고, 헌법재판소가 스스로 사실상의 입법을 하게 되는 결과를 초래하기 때문이다.[273] 따라서 헌법소원심판청구로 공소시효가 정지되지 않는다는 입장이다.

2) 탄핵에 의한 파면 외의 면직금지

대통령은 탄핵결정에 의하지 아니하고는 공직으로부터 파면되지 않는다. 그러나 민·형사상 책임이 면제되는 것은 아니다(제65조 제4항).

바. 대통령 권한대행

대통령이 궐위되거나 사고로 인하여 직무를 수행할 수 없을 때에는 국무총리, 법률이 정한 국무위원의 순서[274]로 그 권한을 대행한다(제71조). 대통령의 **궐위란** 대통령

273) 헌재 1995.1.20. 94헌마246, 불기소처분취소(기각, 각하).

274) 대통령 권한대행은 국무총리, 기획재정부장관이 겸임하는 부총리, 교육부장관이 겸임하는 부총리, 정부조직법 제21조 제1항에 규정된 순서에 따른다(정부조직법 제12조 제2항). 대통령 권한대행 순서는 국무총리 직무대행의 순서와는 다르다. 국무총리에 사고가 있는 경우에는 기획재정부

이 재직하고 있지 아니한 경우로서 ① 대통령의 사망, ② 탄핵결정으로 인한 파면, ③ 판결 기타의 사유로 인하여 자격을 상실한 경우, ④ 사임 등을 들 수 있다. 대통령의 **사고란** 대통령이 재직하면서도 ① 신병, ② 탄핵소추에 의한 권한정지(제65조 제3항, 국회법 제134조 제2항) 등으로 인하여 대통령직을 수행할 수 없을 때를 말한다.

대통령의 직무수행 가능성과 관련하여 최고헌법기관들이 대통령에게 유고가 있다는 것에 대하여 의견이 일치하지 않는 경우에는 문제가 된다. 즉 대통령이 궐위되거나, 대통령 스스로가 그 직무를 수행할 수 없다고 판단한 경우에는 문제가 될 수 없으나, 대통령이 다른 헌법기관에서 반대함에도 불구하고 자기 스스로 직무를 수행할 수 있다고 하는 경우에는 이를 결정하는 것이 필요하다. 독일에서는 기본법 제93조 제1항 제1호(기관소송)와 연방헌법재판소법 제32조(가처분)에 따라 연방헌법재판소에서 이를 확정할 수 있다.[275] 프랑스에서는 헌법위원회(Conseil constitutionnel)가 대통령의 유고나 궐위를 확인하고 선언할 권한을 가지고 있다(프랑스헌법 제7조).[276] 우리나라의 경우도 헌법 제111조 제1항 제4호(권한쟁의심판)와 헌법재판소법 제65조(가처분)에 의하여 해결할 수 있을 것이다.[277]

국무총리를 대통령권한대행의 제1순위자로 하고 있는 것은 우리나라가 대통령제를 취하면서도 부통령을 두고 있지 않은 결과 초래된 현상이다.[278] 그러나 국무총리에게 대통령의 권한을 대행하도록 하는 것은 민주적 정당성의 관점에서 문제가 있다. 우리나라의 통치형태는 간접민주제를 그 기본으로 하고 있지만 적어도 대통령이나 국회

장관이 겸임하는 부총리, 교육부장관이 겸임하는 부총리 순으로 하는 것은 대통령 권한대행과 같으나 부총리가 모두 직무를 수행할 수 없는 경우에는 대통령의 지명이 있는 경우에는 그 지명을 받은 국무위원이 국무총리의 직무를 대행을 하고 대통령의 지명이 없으면 정부조직법 제26조 제1항의 순서에 따른 국무위원이 국무총리의 직무를 대행한다(정부조직법 제22조).

275) 김헌, 의원내각제에 있어서의 국가원수의 지위와 권한에 관한 비교고찰, 한국방송통신대학논문집, 제8집, 1988.7., 145쪽; K. Schlaich, Der Status des Bundespresidenten, in: Handbuch des Staatsrechts(Hrsg. Isensee/Kirchhof) Bd. II, 1987, S. 538－539; 배준상, 서독연방대통령의 헌법상 지위와 권한, 월간고시 1986.1., 40쪽.

276) 프랑스헌법 제7조 ④ 어떠한 이유로 대통령이 궐위된 경우 또는 정부의 요청을 받은 헌법위원회가 위원의 절대과반수로 인정된 장해가 있는 경우, 대통령의 직무는 제11조 및 제12조에서 정해진 것을 제외하고 상원의장이 임시로 이를 행사하며, 상원의장도 직무수행에 장해가 있으면 정부가 이를 행사한다.

277) 대통령의 궐위 내지 사고가 있음을 확인하고 선언하는 헌법기관이 법으로 규정되어 있지 않은 것은 입법의 불비라는 견해로는 권영성, 헌법학원론, 법문사, 2009, 853쪽, 각주 1 참조.

278) 권영성, 헌법학원론, 법문사, 2009, 852쪽. 의원내각제를 취한 제2공화국헌법에서는 참의원의장, 민의원의장, 국무총리의 순으로 되어 있었다(제3차 개정헌법 제52조 참조).

와 같은 기관의 구성권은 국민에게 유보되어 있기 때문에, 비록 과도기적으로 대통령직을 수행한다고 할지라도 대통령 권한 대행자를 국무총리를 비롯한 각료로 하고 있는 것은 민주주의원리와 합치한다고 보기 어렵다. 국무총리는 국회의 출석요구에 응하여야하고 국회는 국무총리의 해임건의권을 갖는다고 하더라도, 국무총리는 자신의 임면이 대통령에게 달려있으므로 우선 대통령에 대해서만 책임을 지게 되기 때문이다. 또한 대통령이 갖는 민주적 정당성이 국무총리에게 승계된다고 보기도 어렵다.

대통령의 권한을 대행하는 사태는 민주적 헌법국가에서는 제도적으로 충분히 예견할 수 있는 것이기 때문에, 사전에 이를 민주주의와 부합하도록 제도를 마련하는 것은 당연한 민주적 헌법국가의 요청이다.

NOTE 미국 대통령직의 승계

미국헌법은 대통령이 면직, 사망, 사직 및 직무를 수행할 능력을 상실한 경우 대통령의 직무는 부통령에 속한다(… devolve on the Vice President)고 규정하고 있다(제2조 제1절 제6항 제1문). 대통령과 부통령 모두 면직 또는 직무수행이 불가능한 경우에는 법률로 불가능이 해소되거나 대통령이 새로 선출될 때까지 대통령 권한대행(… act as President)을 정할 수 있도록 하고 있다(미국헌법 제2조 제1절 제6항 제2문).

그런데 이 규정으로는 부통령이 단순한 권한대행인지 대통령직을 승계하는지에 대해서는 불분명하였다. 이에 1965년 발의되고 1967년 비준된 수정헌법 제25조에서는 부통령이 대통령이 되는 것으로(… shall become President) 보완하였다(제1항). 부통령이 궐위되어 있는 경우에는 대통령이 부통령을 지명하고 양원에서 다수결에 의한 인준으로 부통령에 취임한다(제2항). 또 몇 번의 제정을 거쳐 최종적으로 1947년 제정된 대통령직 승계법(Presidential Succession Act, 2006년 최종 개정)은 하원의장이 하원의장직과 의원의 직을 사임하고 대통령으로 취임하도록 하고 있다. 그 다음으로 대통령직 승계순위는 국무부장관, 재무부장관, 국방부장관, 법무부장관, 체신부장관 등의 순으로 이어진다[3 USC § 19 (d)(1)].

II. 대통령의 권한

헌법상 대통령은 매우 강력한 권한을 가지고 있다. 정부의 수반으로서 행정권을 가질 뿐만 아니라, 국가의 원수로서 국가긴급권과 같은 삼권분립을 초월하는 권한도 가지고 있다. 대통령의 이러한 권한은 여대야소 국회와 결합되는 경우에는 헌법상 권력분립에 대한 실질적 위협이 될 수 있다. 헌법 개정의 필요성이 제기되어 온 가장 큰 이유가 바로 여기에 있다.

1. 국가긴급권

헌법은 1980년 헌법에 규정되었던 대통령의 비상조치권과 국회해산권 등 이른바 대권적 권한들을 삭제하고, 대신 긴급명령권과 긴급재정경제처분·명령권, 계엄선포권 등을 규정하고 있다.

국가비상사태의 경우 국가에 따라 그 대처방안은 다르더라도 헌법적으로 이를 미리 강구하는 것은 민주적 헌법국가의 당연한 요청이다. 대한민국헌법에서는 사실상 비상적 권한들이 대통령에게 전적으로 위임되어 있기 때문에 이에 대한 국회의 엄격한 통제가 필요하다. 그에 따라 헌법은 국회가 재적과반수의 찬성으로 계엄의 해제를 요구할 경우 대통령은 그에 구속되도록 하고 있다(제77조 제5항).

Q **제7차 개정헌법 제53조 제1항과 제2항의 긴급조치는 기본권을 잠정적으로 정지할 수 있고 정부나 법원의 권한에 관하여 긴급조치를 할 수 있도록 하고 있었음에도 불구하고 제4항에서는 사법심사의 대상이 되지 않는 것으로 규정하고 있었다.[279] 이 긴급조치의 효력 내지 법적 성격을 설명하고, 긴급조치의 위헌여부를 판단하는 기관이 대법원인지 헌법재판소인지를 판단하시오.**

A 긴급조치의 효력에 대해서는 헌법재판소와 대법원이 상반된 판시를 하고 있다. 헌법재판소의 심판의 대상이 되는 법률의 요건과 관련하여 **국회승인설**을 취하는 대법원은, 긴급조치는 국회의 승인 등 국회의 입법권 행사라는 실질을 가지고 있지 못하기 때문에 법률적 성격을 가지는 것은 아니어서 긴급조치의 위헌여부 심판권은 최종적으로 대법원에 속하는 것이라고 하였다.[280] 그에 반하여 헌법재판소는 **효력설**을 취하면서 긴급조치의 효력은 최소한 법률과 동일한 효력을 가지기 때문에 긴급조치의 위헌여부 심판권은 당연히 헌법재판소의 전속적 관할이 된다고 판시하였다.[281]

---

279) 후술하는 NOTE 연혁상 긴급명령, 긴급재정경제명령, 긴급제정경제처분의 요건 비교 참조.
280) 대법원 2010.12.16. 2010도5986 전원합의체 판결.
281) 헌재 2013.3.21. 2010헌바132, 구 헌법 제53조 등 위헌소원(위헌).

NOTE 긴급조치의 효력과 사법심사대상성 인정 근거

위 대법원의 판결에 대해서는 긴급조치는 사실상 법률에 해당한다는 유력한 견해들이 반론으로 제기되고 있다.[282] 제7차 개정헌법에 대한 당시의 유력한 해설서에서는 동 헌법 제53조 제1항의 긴급조치는 법률적 효력을 가지고, 동조 제2항의 긴급조치는 헌법률적 효력을 갖는다고 설명하고 있다.[283] 또 다른 견해는 대통령의 긴급조치는 일반·추상적인 명령의 형태로 나타날 수도 있고 개별적인 처분의 형식을 띨 수도 있으며 경우에 따라서는 직접적인 사실행위의 형식을 띨 수도 있는 것으로 보고, 설령 대통령의 긴급조치가 일반추상적인 명령의 형식을 띠었다고 하여 그것이 법률적 효력을 가지는 (긴급)명령을 의미하지는 않는다고 한다.[284] 그러나 이 견해에 의하더라도 효력상으로는 긴급조치는 그 형식에 불문하고 분명 법률적 통제를 받지 아니한다는 점에서 최소한 법률적 효력을 가지는 것으로 보게 된다. 그런데 형식적 의미의 법률에는 헌법보다 하위이면서 다른 형식의 규범에 비해서 우월한 효력이 실질적으로 부여되어 있다. 따라서 형식적 법률은 그 효력이라고 하는 실질적 측면이 동시에 고려되지 않으면 형식적 법률개념을 정확하게 파악한 것으로 볼 수 없다. 법률이라는 형식을 취하지 않으면서 법률의 효력을 가지는 어떤 국가작용에 대해 법률에 대한 것보다 미약한 통제절차를 거치도록 하는 것은 실질적 정의에 부합하지 않는다. 따라서 결론적으로는 규범의 효력을 기준으로 형식적 법률과 동일한 효력을 가지는 규범은 다른 형식으로 취하고 있더라도 위헌법률심판의 대상이 되어야 하고 따라서 헌법재판소의 관할이 된다고 본다(효력설).

이런 관점에서 보면 제7차 개정헌법 제53조 제1항은 그 형식이야 어쨌건 내정·외교·경제·재정·사법 등 국정전반에 걸쳐 효력을 미치는 긴급조치를 취할 수 있도록 하고 있고, 같은 조 제2항에서는 기본권을 잠정적으로 정지하는 긴급조치나 정부나 법원의 권한에 관하여 긴급조치를 할 수 있도록 하고 있기 때문에, 이러한 긴급조치는 최소한 형식적 의미의 법률이 갖는 효력을 갖는다고 보지 않을 수 없다. 그렇다면 긴급조치는 헌법재판소의 위헌법률심판의 대상이 되는 것으로 보아야 하고 따라서 대법원의 재판관할에 속하지 않는다.

그런데 여기서 주의할 것은 형식적 의미의 법률이 갖는 효력을 가지면서도 법률의 형식을 취하지 않는 경우란 현대 민주적 헌법국가에서는 원칙적으로 헌법이 스스로 정한 경우 외에는 인정할 수 없다는 점이다. 형식적 의미의 법률 제정권이 국회에 전속해 있음에도 불구하고, 형식적 법률과 동일한 효력을 갖는 다른 형식의 규범을 인정하는 것은 헌법 외에서 정하는 것은 곤란하기 때문이다.

한편, 긴급조치가 헌법적 효력을 갖는 것이라고 주장하면서 헌법재판소의 위헌법률심판의 대상이 되지 않는다는 견해도 있을 수 있다(물론 헌법재판소의 원칙적 입장[285]에 따를 때

---

282) 허영, 김선택, 정태호 등, 법률신문 2011.10.17.자 1-2면 참조.
283) 김철수, 현대헌법론, 박영사, 1979, 654쪽.
284) 한태연, 헌법학, 법문사, 1983, 982쪽.
285) 헌법재판소는 구체적 사건에서는 예컨대 혐연권을 흡연권에 대하여 우선하는 기본권으로 결정을

도 헌법조항 간에는 효력에 있어서 차이가 없다고 보기 때문에 헌법적 효력을 갖는 긴급조치는 위헌법률심판의 대상이 되지 않는다는 결론에 이르게 된다). 그러나 이러한 주장은 긴급조치의 법적 성격에 대해서는 (헌법적) 효력에 입각한 실질적 관점에 서서 판단하면서, 위헌법률심사의 대상을 판단할 때는 헌법전에 규정되어 있으면 다툴 수 없다고 하는 형식적 관점에 입각한 것으로서 일관성이 없게 된다는 문제점이 있다. 또 헌법조항 간의 효력에 따른 차이를 인정하는 관점에 서면 헌법적 효력을 갖는 경우라고 하더라도 위헌심사의 대상이 될 수 있게 된다.

또 다른 문제로는 유신헌법 제53조 제4항은 긴급조치는 사법심사의 대상이 되지 않는 것으로 못 박고 있다. 그럼에도 위헌법률심판의 대상으로 할 수 있는가가 문제된다. 이와 관련하여 헌법재판소는 " …… 유신헌법 제53조 제4항은 '긴급조치는 사법적 심사의 대상이 되지 아니한다'라고 규정하고 있었다. 그러나 비록 고도의 정치적 결단에 의하여 행해지는 국가긴급권의 행사라고 할지라도 그것이 국민의 기본권 침해와 직접 관련되는 경우에는 헌법재판소의 심판대상이 될 수 있고, 이러한 사법심사 배제조항은 근대입헌주의에 대한 중대한 예외로 기본권보장 규정이나 위헌법률심판제도에 관한 규정 등 다른 헌법 조항들과 정면으로 모순·충돌되며, 현행헌법이 반성적 견지에서 긴급재정경제명령·긴급명령에 관한 제76조에서 사법심사 배제 규정을 삭제하여 제소금지조항을 승계하지 아니하였으므로, 이 사건에서 유신헌법 제53조 제4항의 적용은 배제되고, 현행헌법에 따라 이 사건 긴급조치들의 위헌성을 다툴 수 있다."는 판시를 하고 있다.[286)]

이 판시는 ① 국가긴급권이라도 기본권침해이거나, ② 다른 헌법 조항들과 정면으로 모순되거나 충돌되는 경우에는 심판의 대상이 되는 것으로 보고 있는 점에서 문제가 있다. 우선 ①에 관해 보면 예컨대 헌법재판소가 기본권 침해적 통치행위를 원칙적으로 허용하지 않는 것은 통치행위가 강학상 개념이기 때문에 그 개념을 정립하는 것은 헌법재판소나 법원의 고유한 권한에 속하는 데 반하여, 동 긴급조치사안은 (구) '헌법'이 명시적으로 사법심사에서 배제하고 있는 것을 헌법재판소가 부인하는 것이기 때문에 서로 다르다. 헌법조항이 해석을 통해서 달라질 수 없을 정도로 일의적인 경우에 그 효력을 부인하려면 먼저 헌법조항 상호간에 위계질서를 인정하지 않으면 안 된다. 다음으로 ②에 대해 보면 그런 논리적 결론을 의식하였음인지 헌법재판소는 다른 헌법 조항들과의 모순·충돌을 효력부인의 근거로 삼고 있는데 이는 헌법규범 간에는 위계질서를 인정하지 않는 헌법재판소의 원칙적 태도와 배치되는 문제가 있다.

결론적으로 긴급조치를 사법심사에서 배제하고 있는 헌법조항의 효력이 부인되어야 하는 이유는 당해 조항이 현행 헌법의 가치와 모순되기 때문이다. 이는 위헌심사의 기준은 언제나 현행 헌법이어야 한다는 논지와 상통한다.[287)] 이렇게 보면 위 헌법재판소의 판시근거에

한 경우가 있지만 원칙적으로는 헌법조항간의 효력 상의 차이는 부인하고 있다[헌재 1995.12.28. 95헌바3, 국가배상법 제2조 제1항 등 위헌소원(합헌) 등 다수의 결정 참조. 혐연권과 흡연권에 대해서는 헌재 2004.8.26. 2003헌마457, 국민건강증진법시행규칙 제7조 위헌확인(기각) 참조].

286) 헌재 2013.3.21. 2010헌바132, 구 헌법 제53조 등 위헌소원(위헌).

서 살아남게 되는 것은 "현행헌법이 반성적 견지에서 긴급재정경제명령 · 긴급명령에 관한 규정(제76조)에서 사법심사 배제 규정을 삭제하여 제소금지조항을 승계하지 아니 하였다" 고 하는 논거뿐이다.

가. 긴급재정경제처분 · 명령, 긴급명령(제76조)

대통령은 내우 · 외환 · 천재 · 지변 또는 중대한 재정 · 경제상의 위기에 있어서 국가의 안전보장 또는 공공의 안녕질서를 유지하기 위하여 긴급한 조치가 필요하고 국회의 집회를 기다릴 여유가 없을 때에 한하여 최소한으로 필요한 재정 · 경제상의 처분(긴급재정경제처분)을 하거나 이에 관하여 법률의 효력을 가지는 명령(긴급재정경제명령)을 발할 수 있다(제76조 제1항). 긴급재정경제처분은 긴급한 재정경제상의 구체적 사실에 관한 법집행이라는 점에서 규범의 형태로 정립되는 긴급재정경제명령이나 긴급명령과 구분된다.[288]

긴급재정경제명령은 정상적인 재정 및 경제 운용이 불가능한 중대한 재정 · 경제상의 위기가 현실적으로 발생하여, 긴급한 조치가 필요함에도 국회가 폐회 등으로 현실적으로 집회될 수 없고 국회의 집회를 기다려서는 그 목적을 달할 수 없는 경우에, 이를 사후적으로 수습함으로써 기존질서를 유지 · 회복하기 위하여, 위기의 직접적 원인의 제거에 필수불가결한 최소의 한도 내에서 헌법이 정한 절차에 따라 행사되어야 한다.[289] 따라서 위기가 발생할 우려가 있다는 이유로 **사전적 · 예방적으로 발하거나, 공공복리의 증진과 같은 적극적 목적을 위하여 발할 수 없다.**[290] 이는 긴급명령의 경우에도 마찬가지다.

한편 대통령은 국가의 안위에 관계되는 중대한 교전상태에 있어서 국가를 보위하기 위하여 긴급한 조치가 필요하고 국회의 집회가 불가능한 때에 한하여 법률의 효력을 가지는 명령을 발할 수 있다(제76조 제2항). 이를 긴급명령이라고 한다. 긴급재정경제명령과 긴급명령은 법규범의 형식을 취하게 된다는 점에서 유사한 면이 있다. 그러나 양자는 발동요건에 있어서는 차이가 있다. 주의할 것은 긴급재정경제명령 · 처분이

---

287) 이에 대해서는 김대환, 헌법재판 및 위헌심사기준론, 박영사, 2023, 67쪽 이하 및 206쪽 이하 참조.
288) 긴급재정경제명령은 대통령긴급재정경제명령 제○호라는 형식으로 제정된다. 예컨대 1993.8.12. 제정 · 시행된 「금융실명거래및비밀보장에관한긴급재정경제명령」이 있다. 이 긴급재정경제명령의 시행령으로는 「금융실명거래및비밀보장에관한긴급재정경제명령의시행을위한대통령령」이 시행된 바 있다.
289) 헌재 1996.2.29. 93헌마186, 긴급재정명령 등 위헌확인(기각, 각하).
290) 헌재 1996.2.29. 93헌마186.

나 긴급명령이나 모두 국회의 집회를 기다릴 여유가 없을 때 또는 국회의 집회가 불가능한 때에 발할 수 있는 것이라는 점에서 입법을 대체하는 것이 아니라 **입법을 보완하는 것**이라는 점이다.

대통령은 이상의 긴급명령, 긴급재정경제명령, 긴급재정경제처분을 한 때에는 지체 없이 국회에 보고하여 그 승인을 얻어야 한다(제76조 제3항). 국회의 승인을 얻지 못한 때에는 그 처분 또는 명령은 그때부터 효력을 상실하고, 처분·명령에 의하여 개정 또는 폐지되었던 법률은 명령이 승인을 얻지 못한 때부터 당연히 효력을 회복한다(제76조 제4항). 긴급명령 등이 갖는 효력은 국회의 승인에 의해 비로소 주어지는 것이 아니라 승인 이전에 이미 헌법에 의해서 직접 부여되어 있다(제76조 제1항·제2항 참조). 국회의 승인을 얻은 때 그리고 승인을 얻지 못하여 효력을 상실한 때에는 대통령은 이를 지체 없이 공포하여야 한다(제76조 제5항).

승인에 필요한 정족수에 대해서는 명문의 규정이 없다. 이와 관련하여 계엄해제에 있어서 국회의 의결정족수를 정한 헌법 제77조 제5항에서는 재적의원 과반수의 찬성으로 한다고 규정하고 있으므로 계엄해제의 요구와의 균형을 고려하여 재적의원 과반수를 승인의 요건으로 보는 견해[291]가 있다. 그런데 헌법 제49조에는 헌법 또는 법률에 특별한 규정이 없는 한 재적의원 과반수의 출석과 출석의원 과반수의 찬성으로 의결하도록 하고 있으므로, 긴급명령, 긴급재정경제명령 또는 긴급재정경제처분에 대한 국회 승인에 필요한 정족수는 이 일반의결정족수라고 보는 것이 타당하다. 계엄은 전시·사변 또는 이에 준하는 국가비상사태에 있어서 병력으로써 군사상의 필요에 응하거나 공공의 안녕질서를 유지할 필요가 있을 때 선포하는 것이고, 긴급재정경제명령은 내우·외환·천재·지변 또는 중대한 재정·경제상의 위기에 있어서 국가의 안전보장 또는 공공의 안녕질서를 유지하기 위한 경우에, 긴급명령은 국가의 안위에 관계되는 중대한 교전상태에 있어서 국가를 보위하기 위하여 긴급한 조치가 필요한 경우에 발하는 명령이다. 이러한 발동요건상의 차이를 고려하면 반드시 계엄과 동일한 의결정족수를 가져야 한다고 보기 어렵고, 또 헌법의 명문의 규정에 따라 보더라도 재적의원 과반수의 출석과 출석의원 과반수의 찬성으로 승인을 얻는 것으로 이해하는 것이 타당할 것이다.

긴급명령이나 긴급재정경제명령이 지속적으로 시행될 필요가 있을 때에는 이를 대

291) 권영성, 헌법학원론, 법문사, 2009, 972쪽.

체하는 법률을 제정하여 시행하는 것이 법적 안정성의 측면에서 타당하다. 지난 1993년 시행된 「금융실명거래및비밀보장에관한긴급재정경제명령」이 1997년 「금융실명거래및비밀보장에관한법률」로 대체된 바 있다. 이와 같이 긴급명령 등을 폐지할 경우에는 대체입법에서 이를 폐지하면 된다. 대체입법을 마련하지 않고 폐지하는 경우에는 폐지입법을 통하여 폐지하는 것이 바람직하다.

NOTE 긴급조치, 비상조치, 긴급명령, 긴급재정경제명령 · 처분의 비교

긴급재정경제명령 및 긴급재정경제처분은 1948년 제정헌법에서부터 지속적으로 규정되어 있었다. 여기에 제3공화국헌법에서 긴급명령권이 추가로 규정되었다(제3공화국헌법 제73조 제2항).

그런데 1972년 유신헌법에서는 긴급재정경제명령 · 처분권과 긴급명령권이 긴급조치라는 이름으로 통합되었다. 이 긴급조치는 국정전반에 걸쳐 가능할 뿐만 아니라 헌법상 자유와 권리를 잠정적으로 정지할 수 있었고 정부나 법원의 권한에 관하여도 긴급조치가 가능하도록 하였다. 특히 이러한 긴급조치는 사법심사의 대상이 되지 않는다고 규정하고 있었다(이상 제4공화국헌법 제53조). 유신헌법의 긴급조치는 제5공화국헌법에서는 비상조치라는 이름으로 규정되었다(제5공화국헌법 제51조). 비상조치는 유신시대의 긴급조치와 거의 유사하였으나, 사법심사의 대상이 되지 않는다는 규정은 삭제하였다.

현행 헌법	제5공화국헌법	제4공화국헌법
긴급명령, 긴급재정경제명령 · 처분	비상조치	긴급조치
제76조 ① 대통령은 내우 · 외환 · 천재 · 지변 또는 중대한 재정 · 경제상의 위기에 있어서 국가의 안전보장 또는 공공의 안녕질서를 유지하기 위하여 긴급한 조치가 필요하고 국회의 집회를 기다릴 여유가 없을 때에 한하여 최소한으로 필요한 재정 · 경제상의 처분을 하거나 이에 관하여 법률의 효력을 가지는 명령을 발할 수 있다.	제51조 ① 대통령은 천재 · 지변 또는 중대한 재정 · 경제상의 위기에 처하거나, 국가의 안전을 위협하는 교전상태나 그에 준하는 중대한 비상사태에 처하여 국가를 보위하기 위하여 급속한 조치를 할 필요가 있다고 판단할 때에는 내정 · 외교 · 국방 · 경제 · 재정 · 사법 등 국정전반에 걸쳐 필요한 비상조치를 할 수 있다.	제53조 ① 대통령은 천재 · 지변 또는 중대한 재정 · 경제상의 위기에 처하거나, 국가의 안전보장 또는 공공의 안녕질서가 중대한 위협을 받거나 받을 우려가 있어, 신속한 조치를 할 필요가 있다고 판단할 때에는 내정 · 외교 · 국방 · 경제 · 재정 · 사법 등 국정전반에 걸쳐 필요한 긴급조치를 할 수 있다.

② 대통령은 국가의 안위에 관계되는 중대한 교전상태에 있어서 국가를 보위하기 위하여 긴급한 조치가 필요하고 국회의 집회가 불가능한 때에 한하여 법률의 효력을 가지는 명령을 발할 수 있다.	② 대통령은 제1항의 경우에 필요하다고 인정할 때에는 헌법에 규정되어 있는 국민의 자유와 권리를 잠정적으로 정지할 수 있고, 정부나 법원의 권한에 관하여 특별한 조치를 할 수 있다.	② 대통령은 제1항의 경우에 필요하다고 인정할 때에는 이 헌법에 규정되어 있는 국민의 자유와 권리를 잠정적으로 정지하는 긴급조치를 할 수 있고, 정부나 법원의 권한에 관하여 긴급조치를 할 수 있다.
③ 대통령은 제1항과 제2항의 처분 또는 명령을 한 때에는 지체 없이 국회에 보고하여 그 승인을 얻어야 한다.	③ 제1항과 제2항의 조치를 한 때에는 대통령은 지체 없이 국회에 통고하여 승인을 얻어야 하며, 승인을 얻지 못한 때에는 그때부터 그 조치는 효력을 상실한다.	③ 제1항과 제2항의 긴급조치를 한 때에는 대통령은 지체 없이 국회에 통고하여야 한다.
		④ 제1항과 제2항의 긴급조치는 사법적 심사의 대상이 되지 아니한다.
④ 제3항의 승인을 얻지 못한 때에는 그 처분 또는 명령은 그때부터 효력을 상실한다. 이 경우 그 명령에 의하여 개정 또는 폐지되었던 법률은 그 명령이 승인을 얻지 못한 때부터 당연히 효력을 회복한다.	④ 제1항과 제2항의 조치는 그 목적을 달성할 수 있는 최단기간내에 한정되어야 하고, 그 원인이 소멸한 때에는 대통령은 지체 없이 이를 해제하여야 한다.	⑤ 긴급조치의 원인이 소멸한 때에는 대통령은 지체 없이 이를 해제하여야 한다.
	⑤ 국회가 재적의원 과반수의 찬성으로 비상조치의 해제를 요구한 때에는 대통령은 이를 해제하여야 한다.	⑥ 국회는 재적의원 과반수의 찬성으로 긴급조치의 해제를 대통령에게 건의할 수 있으며, 대통령은 특별한 사유가 없는 한 이에 응하여야 한다.
⑤ 대통령은 제3항과 제4항의 사유를 지체 없이 공포하여야 한다.		

나. 계엄권(제77조)

1) 선포권자

대통령은 전시·사변 또는 이에 준하는 국가비상사태에 있어서 **병력으로써** 군사상의 필요에 응하거나 공공의 안녕질서를 유지할 필요가 있을 때에는 법률이 정하는 바에 의하여 계엄을 선포할 수 있다(제77조 제1항).

2) 계엄의 종류

계엄은 비상계엄과 경비계엄으로 구분된다(제77조 제2항). 「계엄법」에 따르면 **비상계엄**은 대통령이 전시·사변 또는 이에 준하는 국가비상사태시 적과 교전 상태에 있거나 사회질서가 극도로 교란(攪亂)되어 행정 및 사법 기능의 수행이 현저히 곤란한 경우에 군사상 필요에 따르거나 공공의 안녕질서를 유지하기 위하여 선포하는 계엄을 말하고(계엄법 제2조 제2항), **경비계엄**은 대통령이 전시·사변 또는 이에 준하는 국가비상사태 시 사회질서가 교란되어 일반 행정기관만으로는 치안을 확보할 수 없는 경우에 공공의 안녕질서를 유지하기 위하여 선포하는 계엄을 말한다(계엄법 제2조 제3항).

3) 계엄선포와 해제의 절차

계엄을 선포하거나 변경하고자 할 때에는 국무회의의 심의를 거쳐야 한다(제89조 제5호, 계엄법 제2조 제5항). 국방부장관 또는 행정안전부장관은 비상계엄 또는 경비계엄에 해당하는 사유가 발생한 경우에는 국무총리를 거쳐 대통령에게 계엄의 선포를 건의할 수 있다(계엄법 제2조 제6항). 대통령이 계엄을 선포할 때에는 그 이유, 종류, 시행일시, 시행지역 및 계엄사령관을 공고하여야 한다(계엄법 제3조). 계엄사령관은 현역 장성급(將星級) 장교 중에서 국방부장관이 추천한 사람을 국무회의의 심의를 거쳐 대통령이 임명한다(계엄법 제5조 제1항). 계엄사령관은 계엄의 시행에 관하여 국방부장관의 지휘·감독을 받는다. 다만, 전국을 계엄지역으로 하는 경우와 대통령이 직접 지휘·감독을 할 필요가 있는 경우에는 대통령의 지휘·감독을 받는다(계엄법 제6조 제1항). 국방부장관이나 대통령이 계엄사령관을 지휘·감독할 때 국가 정책에 관계되는 사항은 국무회의의 심의를 거쳐야 한다(계엄법 제6조 제2항). 계엄을 선포한 때에는 대통령은 지체 없이 국회에 통고하여야 하고(제77조 제4항, 계엄법 제4조 제1항), 국회가 폐회 중일 때에는 대통령은 지체 없이 국회에 집회(集會)를 요구하여야 한다(계엄법 제4조 제2항). 국회가 재적의원 과반수의 찬성으로 계엄의 해제를 요구한 때에는 대통령은 이를 해제하여야 한다(제77조 제5항).

4) 계엄사령관의 권한과 기본권 제한

계엄사령관의 권한은 계엄의 종류에 따라 다르다. 비상계엄 시에는 계엄사령관은 계엄지역의 모든 행정사무와 사법사무를 관장하는 데 반하여(계엄법 제7조 제1항), 경비계엄 시에 계엄사령관은 계엄지역의 군사에 관한 행정사무와 사법사무를 관장한다(계엄법 제7조 제2항).

비상계엄이 선포된 때에는 법률이 정하는 바에 의하여 영장제도, 언론·출판·집회·결사의 자유, 정부나 법원의 권한에 관하여 특별한 조치를 할 수 있다(제77조 제3항). 이에 따라 「계엄법」 제9조에서는 계엄사령관은 군사상 필요할 때에는 그 조치내용을 미리 공고한 가운데 체포·구금·압수·수색·거주·이전·언론·출판·집회·결사 또는 단체행동에 대하여 특별한 조치를 할 수 있고(제1항), 법률에서 정하는 바에 따라 동원 또는 징발을 할 수 있으며, 필요한 경우에는 군수로 제공할 물품의 조사·등록과 반출금지를 명할 수 있으며(제2항), 작전상 부득이한 경우에는 국민의 재산을 파괴 또는 소각할 수 있음을 규정하고 있다(제3항). 국민의 재산을 파괴 또는 소각하려는 경우에는 미리 그 사유, 지역, 대상 등 필요한 사항을 그 재산의 소재지를 관할하는 행정기관과 그 재산의 소유자, 점유자 또는 관리자에게 통보하거나 공고하여야 한다(계엄법 제9조 제4항). 그리고 이에 따라 발생한 손실에 대하여는 교전상태에서 발생한 경우를 제외하고는 정당한 보상을 하여야 한다(계엄법 제9조의2 제1항). 손실보상은 다른 법률에 특별한 규정이 있는 경우를 제외하고는 현금으로 지급하여야 한다(계엄법 제9조의3 제1항).

그런데 이 「계엄법」 제9조 제1항에서는 헌법 제76조 제3항에서 정한 사항 외에 거주·이전에 대해서도 특별한 조치를 할 수 있음을 규정하고 있다. 이에 대해서는 위헌의견이 있다. 비상계엄의 목적을 달성하기 위해서는 당연히 거주·이전의 자유의 제한이 필요할 경우가 많다. 따라서 비록 헌법에 명시되어 있지 않으나 거주·이전의 자유에 대한 특별한 조치도 가능한 것으로 보아야 할 것이다. 이를 명확히 하기 위해서는 헌법 개정 때에 반영하는 것이 바람직하다.

NOTE 계엄규정의 변천

헌법상 계엄규정의 변천에 관한 아래의 표를 보면 사실상 현행 계엄규정은 제5차 개정헌법의 규정을 기본 틀로 하고 있음을 알 수 있다.

현행 헌법	제8차 개정헌법	제7차 개정헌법	제5·6차 개정헌법	제3·4차 개정헌법	제2차 개정헌법까지
제77조 ① 우동	제52조 ① 대통령은 전시·사변 또는 이에 준하는 국가비상사태에 있어서 병력으로써 군사상의 필요에 응하거나 공공의 안녕질서를 유지할 필요가 있을 때에는 법률이 정하는 바에 의하여 계엄을 선포할 수 있다.	제54조 ① 우동	제75조 ① 대통령은 전시·사변 또는 이에 준하는 국가비상사태에 있어서 병력으로써 군사상의 필요 또는 공공의 안녕질서를 유지할 필요가 있을 때에는 법률이 정하는 바에 의하여 계엄을 선포할 수 있다.	제64조 대통령은 국무회의의 의결에 의하여 계엄을 선포한다.	제64조 대통령은 법률의 정하는 바에 의하여 계엄을 선포한다.
② 우동	② 우동	② 우동	② 계엄은 비상계엄과 경비계엄으로 한다.		
				계엄의 선포가 부당하다고 인정될 때에는 대통령은 국무회의의 의결에 불구하고 그 선포를 거부할 수 있다.	
③ 우동	③ 우동	③ 우동	③ 계엄이 선포된 때에는 법률이 정	계엄이 선포되었을 때에는 법	

			하는 바에 의하여 련상제도, 언론·출판·집회·결사의 자유, 정부나 법원의 권한에 관하여 특별한 조치를 할 수 있다.	률의 정하는 바에 의하여 국민의 권리와 행정기관이나 법원의 권한에 관하여 특별한 조치를 할 수 있다. [전문개정 1960. 6.15]	
④ 우동	④ 우동	④ 우동	④ 계엄을 선포한 때에는 대통령은 지체 없이 국회에 통고하여야 한다.		
⑤ 우동	⑤ 우동	⑤ 국회가 재적의원 과반수의 찬성으로 계엄의 해제를 요구한 때에는 대통령은 이를 해제하여야 한다.	⑤ 국회가 계엄의 해제를 요구한 때에는 대통령은 이를 해제하여야 한다.		

NOTE 국가긴급권 발동 요건 및 절차 비교

구분	긴급재정경제명령	긴급명령	계엄
요건	내우·외환·천재·지변 또는 중대한 재정·경제상의 위기에 있어서 국가의 안전보장 또는 공공의 안녕질서를 유지하기 위하여 긴급한 조치가 필요하고	국가의 안위에 관계되는 중대한 교전상태에 있어서 국가를 보위하기 위하여 긴급한 조치가 필요하고	전시·사변 또는 이에 준하는 국가비상사태에 있어서 병력으로써 군사상의 필요에 응하거나 공공의 안녕질서를 유지할 필요가 있을 때
	국회의 집회를 기다릴 여유가 없을 때에 한함.	국회의 집회가 불가능한 때에 한함.	
효력	최소한으로 필요한 재정·경제상의 처분을 하거나 이에 관하여 법률의 효력	법률의 효력을 가지는 명령을 발할 수 있음.	- 법률이 정하는 바에 의하여 계엄을 선포할 수 있음. - 비상계엄이 선포된 때에는 법률이 정하

	을 가지는 명령을 발할 수 있음.		는 바에 의하여 영장제도, 언론·출판·집회·결사의 자유, 정부나 법원의 권한에 관하여 특별한 조치를 할 수 있음.
승인, 해제	지체없이 국회에 보고하여 승인을 얻어야 함(의결정족수는 규정 없음).	지체없이 국회에 보고하여 승인을 얻어야 함 (의결정족수는 규정 없음).	- 계엄을 선포한 때에는 대통령은 지체없이 국회에 통고하여야 함. - 국회가 재적의원 과반수의 찬성으로 계엄의 해제를 요구한 때에는 대통령은 이를 해제하여야 함.

2. 헌법개정과 국민투표에 관한 권한

가. 헌법개정안제안권

헌법개정은 국회재적의원 과반수가 발의할 수 있는 외에 대통령도 발의할 수 있다(제128조 제1항). 제3공화국헌법(제5차·제6차 개정헌법)을 제외하고는 역대 모든 헌법이 대통령의 헌법개정제안권을 인정하여 왔다.[292)]

나. 국민투표부의권

대통령은 필요하다고 인정할 때에는 외교·국방·통일 기타 국가안위에 관한 중요정책을 국민투표에 붙일 수 있다(제72조). 대통령의 국민투표부의권 행사여부는 대통령의 재량행위에 속한다.[293)] 대통령의 국민투표부의권은 제7차 개정헌법에서 처음으로 도입되었다.

정치적 입장을 떠나서 대통령이 판단할 때 해당 중요정책 사안에 대해 국민의 의사를 물을 필요가 있을 경우에 국민투표에 부의하게 될 것이지만, 여소야대의 국회에서 대통령의 의사와 반하는 입법이 이루어지는 경우에 이를 저지하기 위하여 대통령이 따로 만든 법률안이나 다수 야당이 제출한 법률안에 대한 찬반을 국민투표에 붙일 수 있는가가 문제가 될 수 있다. 헌법상 입법권은 국회에 속한다(제40조). 헌법은 국민투표제도를 입법권을 대체하는 제도로 명시하고 있지 않을 뿐만 아니라, 국민투표를 통하여 권력분립의 구도를 무력화시키는 방향으로 해석하는 것은 바람직하지 않을 뿐만 아

---

292) 제5차 및 제6차 개정헌법 제119조 제1항은 다음과 같이 규정하고 있었다. “헌법개정의 제안은 국회의 재적의원 3분의 1 이상 또는 국회의원선거권자 50만인 이상의 찬성으로써 한다.”

293) 헌재 2004.10.21. 2004헌마554, 신행정수도의건설을위한특별조치법위헌확인(위헌).

니라 대의제를 기본으로 하는 대한민국헌법의 기본원리에도 부합한다고 보기 어렵다.

NOTE **국민투표제도의 연혁**

대한민국헌법사에서 **국가중요정책에 대한 국민투표제도**를 보면, 국가의 안위에 관한 중대사항에 대한 국민투표제도가 제2차 개정헌법에서 도입되어 제4차 개정헌법 때까지 규정된 바 있다. 즉, 1954년 제2차 개정헌법 제7조의2[294]에서는 대한민국의 주권의 제약 또는 영토의 변경을 가져올 국가안위에 관한 중대사항은 국회의 의결을 거친 후에 최종적으로 국민투표에 의하여 확정되도록 하였다. 이것이 우리나라 헌법에서 처음으로 국민투표제도를 도입한 것이다. 그러나 이는 주권의 제약, 영토의 변경을 가져올 국가안위에 관한 중대사항을 국회의 의결을 거친 후 국민투표에 부치는 것으로서 대통령에게 국민투표부의권을 부여한 것은 아니었다.[295] 제7차 개정헌법 제49조에서는 이 조항을 폐지하고 대신 대통령에게 국가중요정책에 대한 국민투표부의권을 신설하여 오늘에 이르고 있다. 특히 제7차 개정헌법 제1조 제2항에서는 국민은 그 대표자나 국민투표에 의하여 주권을 행사함을 명기하고 있었다.

한편, **헌법개정안에 대한 국민투표제도**는 제5차 개정헌법(제121조)에서 처음으로 도입되어 현재에 이르고 있다. 1948년 제정헌법에서부터 제4차 개정헌법까지는 국민투표 없이 국회의 3분의 2 이상의 찬성으로 헌법개정안이 의결되었다(1948년 헌법 제98조 등 참조). 그런데 제7차 개정헌법 제124조 이하에서는 대통령이 제안한 헌법 개정의 경우에는 바로 국민투표로 확정되도록 하였고, 국회의원이 제안한 헌법 개정의 경우에는 국회의 의결을 거쳐 통일주체국민회의에서 의결하여 확정되도록 함으로써 제안자에 따라 국민투표의 확정절차를 달리하고 있었다. 대통령이 직접 국민의 지지를 업고 국회의 절차를 거치지 아니한 채 헌법 개정을 할 수 있는 길을 열어 두고자 했던 것이다.

국민의 뜻에 따라 임기 전에 의원을 파면시키는 **국민소환제도**와 일정수의 국민이 법률안을 제안할 수 있도록 하는 **국민발안제도**는 대한민국헌법사에서 채택된 바가 없다. 다만,

294) 1954년 제2차 개정헌법 제7조의2 ① 대한민국의 주권의 제약 또는 영토의 변경을 가져올 국가안위에 관한 중대사항은 국회의 가결을 거친 후에 국민투표에 부하여 민의원의원선거권자 3분지 2 이상의 투표와 유효투표 3분지2 이상의 찬성을 얻어야한다. ② 전항의 국민투표의 발의는 국회의 가결이 있은 후 1개월 이내에 민의원의원선거권자 50만인 이상의 찬성으로써 한다. ③ 국민투표에서 찬성을 얻지 못한 때에는 제1항의 국회의 가결사항은 소급하여 효력을 상실한다. ④ 국민투표의 절차에 관한 사항은 법률로써 정한다. [본조신설1954.11.29.]

295) 제2차 개정 헌법 제7조의2 ① 대한민국의 주권의 제약 또는 영토의 변경을 가져올 국가안위에 관한 중대사항은 국회의 가결을 거친 후에 국민투표에 부하여 민의원의원선거권자 3분지 2 이상의 투표와 유효투표 3분지 2 이상의 찬성을 얻어야한다. ② 전항의 국민투표의 발의는 국회의 가결이 있은 후 1개월 이내에 민의원의원선거권자 50만인 이상의 찬성으로써 한다. ③ 국민투표에서 찬성을 얻지 못한 때에는 제1항의 국회의 가결사항은 소급하여 효력을 상실한다. ④ 국민투표의 절차에 관한 사항은 법률로써 정한다. [본조신설1954.11.29]

2018.3.26. 문재인대통령이 제안한 헌법개정안에는 국민투표 외에도 국민소환[296]과 국민발안제도[297]를 규정하여 도입을 시도한 바는 있다. 이는 박근혜 대통령 탄핵정국에서 표출된 국민의 정치참여의지가 반영된 것으로 보인다.

충남 연기·공주지역을 법률을 제정하여 행정중심복합도시로 건설하려 했던 것을 교육과학중심의 경제도시로 성격을 변경시켜서 개발하려고 한 정책(2010년 이명박 정부의 정책으로서 이를 담은 법률안 수정안이 국회에 제출되었으나 2010.6.29. 부결되었음)을 국민투표로 처리하는 것은 가능한가?

쟁점: ① 대의제도가 국민의 자주성과 자결능력에 대한 회의에서 비롯되었다면 국민투표는 대의제도의 부정이 되는 것은 아닌가?

② 법률개정의 문제를 국민투표로 결정하면 국회의 기능에 대한 훼손이 되는가?

신행정수도 후속대책을 위한 연기·공주지역 행정중심복합도시 건설을 위한 특별법 [시행 2010.3.10] [법률 제9763호, 2009.6.9, 타법개정]

제2조(정의) 이 법에서 사용하는 용어의 정의는 다음과 같다.

1. "행정중심복합도시"라 함은 제16조의 규정에 의한 이전계획에 따라 중앙행정기관 및 그 소속기관(대통령을 제외하며, 이하 "중앙행정기관등"이라 한다)이 이전하여 행정기능이 중심이 되는 복합도시로 새로이 건설되는 도시로서 제2호 및 제3호의 규정에 의한 예정지역 및 주변지역으로 이루어지는 지역을 말한다. 다만, 제5조의 규정에 의하여 법률로 행정구역이 정하여지는 경우에는 그 지역을 말한다.

제16조(중앙행정기관등의 이전계획)

① 행정안전부장관은 중앙행정기관등을 행정중심복합도시로 이전하는 계획(이하 "이전계획"이라 한다)을 수립하여 대통령의 승인을 얻어야 한다. 〈개정 2008.2.29〉

② 다음 각호의 부는 이전대상에서 제외한다. 〈개정 2008.2.29, 2010.1.18[298]〉

1. 외교통상부
2. 통일부
3. 법무부
4. 국방부
5. 행정안전부
6. 여성가족부

③ 이전계획에는 다음 각호의 사항이 포함되어야 한다. 〈개정 2008.2.29〉

1. 이전대상 중앙행정기관등
2. 이전방법 및 시기
3. 이전에 소요되는 비용의 추정치
4. 중앙행정기관등의 이전에 따른 행정능률 제고방안

---

296) 제45조 ① 국회의원의 임기는 4년으로 한다. ② 국민은 국회의원을 소환할 수 있다. 소환의 요건과 절차 등 구체적인 사항은 법률로 정한다.

297) 제56조 국민은 법률안을 발의할 수 있다. 발의의 요건과 절차 등 구체적인 사항은 법률로 정한다.

5. 그 밖에 중앙행정기관등의 원활한 이전을 위하여 행정안전부장관이 필요하다고 인정하는 사항

세종시 원안·발전방안 종합비교(2010.1.11.)

구분	원안	발전방안
도시성격	행정중심복합도시	교육과학중심의 경제도시
자족용지	6.7%(486만㎡)	20.7%(1,058만㎡)
주요기능	행정기능(+복합기능)	산업·대학·연구기능
투자유치	9부 2처 2청	과학벨트, 삼성, 한화, 웅진, 롯데, SSF 사 등
투자규모	8.5조원(재정)	16.5조원(재정 8조원+과학벨트 3.5조원+민간기업 4.5조원)
고용인구	8.4만명	24.6만명(원안의 약3배)
총인구	17만명	50만명
인센티브	없음	맞춤형 부지공급, 세제지원, 규제완화 등
도시인프라	2030년까지 단계적 개발	2020년까지 집중개발

이에 대해서는 찬반의 견해가 대립될 수 있다.

[반대론의 논거]

① 법률은 국회에서 제정하도록 되어 있는데, 세종시 문제는 법률개정의 성격이므로 이를 국민투표에 붙이는 것은 대의제에 반한다.

② 국민투표로써 법률개정안에 대한 국회의 의결에 갈음하거나 적어도 국민투표의 결과대로 국회의 법률개정안에 대한 의결이 이루어지도록 강제력을 가지도록 하는 것을 의미한다면 이는 헌법 제40조에 위반되는 것이다.[299]

③ 대통령이 재량으로 국민투표에 부칠 수 있는 것으로 기재된 헌법 제72조는 국회의 입법권한에 대한 제한 특히 입법권한의 본질적 내용인 법률개정안에 대한 의결에 갈음하거나, 법률개정에 대한 의결의 내용을 강제하는 국민투표에 부칠 수 있다는 것, 즉 국회 권한에 대한 제한을 창설한 것으로 해석될 수 없다.[300]

[찬성론의 논거]

① 대의제는 직접민주정에 대한 회의 내지 기술적 수단의 부재로 탄생한 제도이다. 직접민주정의 결함을 대체하는 제도로서 대의제가 시행되었다고 하지만, 대의제 또한 현대적인 문제를 낳고 있다. 따라서 대의제를 원칙으로 하되 직접민주적인 제도로 대의제를 보완할 필요성이 있다.

② 법률의 개정에 방점이 있는 것이 아니고, 개정될 법에 담길 중요정책이 국민투표에 부의되는 것이므로, 헌법상 법률개정절차를 우회하는 것으로서 헌법 파괴적이라는 주장은

298) 여성부에서 여성가족부로 명칭변경.
299) 신봉철, 법률개정과 국민투표, 법률신문 2010.3.11., 15면.
300) 신봉철, 법률개정과 국민투표, 법률신문 2010.3.11., 15면.

타당성이 없다.

③ 따라서 반드시 법률개정절차를 거쳐야 한다는 주장은 지나치게 형식적 관점이다. 실질적으로는 정책의 선택 문제이다. 어떤 의미에서 법치국가에서 모든 정책은 법률제정 내지 개정을 거쳐 집행되는 것이라는 점을 주의하여야 한다. 제정될 법률에 담겨질 내용이라면 국민투표가 가능하고 개정될 법률에 담겨질 내용은 반드시 법률개정절차를 거쳐야 한다는 것은 타당한 것으로 보기 어렵다.

④ 중앙행정기관을 포함하여 다수의 국가기관을 이전하여 신행정수도를 건설하는 것은 헌법 제72조의 외교·국방·통일 기타 국가안위에 관한 중요정책에 해당할 수 있다. 그로 인한 정치적 파국이 클수록 중요정책임이 드러나는 것이다.

⑤ 제72조의 국민투표에도 불구하고 헌법 제40조는 입법권을 국회에 귀속시키고 있기 때문에 이를 존중하여야 하는 것은 타당하다. 그러나 국민투표는 비단 국회의 입법권과의 관계성 속에서 존립하는 것이 아니고 국회를 포함한 대의제도의 보완적 제도라는 점을 고려하여야 한다. 불행한 헌정사적 경험에도 불구하고 국민투표가 현행 헌법 속에 존재하는 것은 국민투표의 그러한 순기능적 측면을 고려한 것으로 볼 수 있다. 국회나 대통령 등 대의기관에 의한 정치적 타협이 도저히 불가능한 것으로 보이고, 그것이 국가의 중요정책에 해당한다면(정치적 타협이 불가하여 정치과정이 정상적으로 되지 않는 그 자체가 이미 관련 사안이 중요한 정책임을 말하는 것이다), 대한민국헌법은 어떤 헌법적 해결방안을 강구하고 있는가? 국민투표제도가 없다면 국민이 대의기관을 통제할 수 있는 방법은 선거제도밖에 없게 되는데, 선거가 실시되기 전에는 어떤 방법이 존재하는가? 이에 착안하여 정치적 해결방안을 헌법적으로 제시한 것이 국민투표라고 볼 수 있는 것이다.

3. 헌법기관구성권

대통령은 국가원수로서 헌법재판소 재판관을 임명하고 국회의 동의를 얻어 재판관 중에서 헌법재판소의 장을 임명한다. 다만 3인은 국회가 선출한 자를 3인은 대법원장이 지명한 자를 임명한다(제111조 제2항·제3항·제4항). 또 국회의 동의를 얻어 대법원장을 임명하고, 대법원장의 제청으로 국회의 동의를 얻어 대법관을 임명한다(제104조 제1항·제2항).

또한 중앙선거관리위원회 9인의 위원 중 3인을 임명하고(제114조 제2항),[301] 국회의 동의를 얻어 감사원장을 임명하고 감사원장의 제청으로 감사위원을 임명한다(제98조 제2항·제3항).

301) 나머지 3인은 국회가 선출하고, 3인은 대법원장이 지명하며, 위원장은 위원중에서 호선한다(제114조 제2항). 헌법재판소장이나 헌법재판관, 대법원장이나 대법관, 감사원장이나 감사위원은 모두 대통령이 임명하지만, 중앙선거관리위원회는 국회선출 3인과 대법원장 지명 3인을 별도로 대통령이 임명하는 절차는 없다는 점에서 구별된다.

4. 집행에 관한 권한

헌법 제66조 제4항이 행정권은 대통령을 수반으로 하는 정부에 속한다고 규정하여 헌법에 특별한 다른 규정이 없는 한 실질적 집행권을 대통령에게 부여하고 있다. 따라서 대통령은 집행에 관한 최고결정권과 최고지휘권을 가지고 국회가 제정한 법률을 공포하고 집행한다.

또한 대통령은 국가의 원수로서 외국에 대하여 국가를 대표한다(제66조 제1항). 이러한 지위에서 대통령은 조약체결권(제73조), 외교사절의 파견 · 접수권(73조), 선전포고 · 강화권(제60조 제1항 · 제2항), 국군의 해외파견권(제60조 제2항), 외국군대의 국내주류허용권(제60조 제2항) 등을 갖고, 그리고 정부구성권과 공무원임명권(제86조 제1항, 제87조 제1항, 제78조), 국군통수권(제74조), 영전수여권(제80조) 등을 가진다.

대통령은 국무총리와 국무위원의 임명에 있어서 국회의 동의나 국무총리의 제청이 필요하지만, 그동안은 사실상 대통령에 의해 전적으로 좌우되어 왔다고 할 수 있다. 신임대통령의 국정수행 공백을 최소화하기 위해서 대통령당선인인 때에 국무총리후보자를 지명하고 인사청문회를 요구할 수 있게 하고 있다(대통령직 인수에 관한 법률 제5조).

행정입법과 관련하여서는 대통령령 제 · 개정권을 가진다. 헌법 제75조는 대통령은 법률에서 구체적으로 범위를 정하여 위임받은 사항과 법률을 집행하기 위하여 필요한 사항에 관하여 대통령령을 발할 수 있다고 규정하고 있다. 전자를 위임명령이라고 하고 후자를 집행명령이라고 한다.

대통령은 위헌정당해산제소권을 가지고 있다. 헌법 제8조 제4항은 정당의 목적이나 활동이 민주적 기본질서에 위배될 때에는 정부는 헌법재판소에 그 해산을 제소할 수 있다고 규정하고 있다. 정부의 수반은 대통령이므로(제66조 제4항) 대통령에게 위헌정당해산제소권이 인정된다고 할 수 있다. 정당해산제도는 투쟁적 또는 방어적 민주주의의 이념에서 나온 제도이다. 민주주의는 내부로부터 민주주의적 가치를 파괴하려는 적에 대하여도 단호한 태도를 취함으로써만이 스스로 보존될 수 있다는 생각이다.

또한 대통령은 예산을 비롯한 재정에 관한 권한들을 가진다.

5. 국회와 입법에 관한 권한

가. 국회임시회 소집 요구권

대통령은 국회임시회의 소집을 요구할 수 있다(제47조 제1항). 대통령이 국회임시회의 집회를 요구할 때에는 국무회의의 심의를 거쳐야 하고 기간과 집회요구의 이유를 명시하여야 한다. 특히 대통령이 긴급재정경제명령 · 처분이나 긴급명령을 발한 경우 또는 계엄을 선포한 경우에 이를 지체 없이 보고(제76조 제3항) 또는 통고(제77조 제4항) 하여야 하는데, 국회가 휴회중이면 국회회의의 재개(국회법 제8조 제2항)를, 폐회중이면 지체 없이 국회임시회의 소집을 요구하여야 한다(계엄법 제4조 제2항).[302]

나. 법률제정에 관한 권한

정부는 국무회의의 심의를 거쳐서 법률안을 제출할 수 있으며(제52조, 제89조 제3호), 대통령은 법률안을 거부할 수 있고(제53조) 국회에서 의결된 법률안을 이송 받아 공포한다(제53조 제1항). 이 법률안은 15일 이내에 공포한다.[303]

대통령과 의회가 상호 독립하여 견제하고 균형을 이루는 대통령제 정부형태에서는 법률안거부권을 제도적 특징으로 한다. 대통령도 민주적 정당성을 갖는 독립된 헌법기관으로서 의회다수당의 횡포를 방지한다는 의미가 있다. 정부와 의회가 상호 의존적인 관계인 의원내각제 정부형태에서는 오히려 법률안 제출권을 그 제도적 특징으로 한다. 그런데 우리나라와 같이 기본적으로 대통령제 정부형태를 취하면서 대통령에게 법률안 거부권과 법률안제출권을 동시에 인정하는 것은 권력분립의 원칙상 문제가 있다. 따라

302) 긴급재정경제처분 · 명령이나 긴급명령의 경우에는 국회임시회 소집요구의무가 규정되어 있지 않으나 헌법 제76조 제3항의 취지로 볼 때 대통령에게 국회임시회 소집요구의무를 인정할 수 있을 것이다.

303) 법령등 공포에 관한 법률 제11조에 따르면 법률(헌법개정 · 조약 · 대통령령 · 총리령 및 부령 포함)의 공포와 헌법개정안 · 예산 및 예산 외 국고부담계약의 공고는 관보(官報)에 게재함으로써 하도록 하고 있고, 제12조에서는 법령 등의 공포일 또는 공고일은 해당 법령 등을 게재한 관보 또는 신문이 발행된 날로 하고 있기 때문에 대통령의 법률안 공포는 관보에 게재하는 것을 말하고 게재일이 공포일이다. 그런데 공포(promulgation)와 공고(publication)는 엄연히 다른 개념이다. 법률은 특별한 규정이 없는 한 공포한 날로부터 20일을 경과함으로써 효력을 발생하므로 공포는 법률의 효력발생요건이다. 일반적으로 공포문에 대통령이 서명함으로써 공포가 완성되지만, 이를 관보에 게재하는 공고와는 구별된다(이에 대한 자세한 설명은 김동훈, 법률공포에 관한 우리의 오래된 오해, 법률신문 2019.9.19.자 11면 및 거기에 인용된 소준섭, 각국 법률상 공포 개념 고찰을 통한 우리나라 공포 규정의 개선방안, 입법과 정책 3−1, 2011, 25−44쪽 참조).

서 제도운용의 묘로서는 대통령은 법률안거부권행사를 남용하여서는 안 될 것이다.

법률안거부에는 환부거부(還付拒否, direct veto)와 보류거부(pocket veto)가 있다. 법률안거부권을 규정한 헌법 제53조 제2항은 '환부'라고 명시적으로 규정하고 있다. 국회의 폐회 중에도 환부거부를 하도록 규정하고 있는데(제53조 제2항 제2문), 그렇게 하여야 회기계속의 원칙(제51조)과도 부합하기 때문이다. 그런데 국회의원의 임기가 만료된 때에는 회기계속의 원칙이 적용되지 않기 때문에(제51조 단서), 대통령이 공포나 재의를 요구하여야 하는 15일 이내의 기간 안에 대통령이 공포나 재의를 요구하지 않은 채 국회의원의 임기가 만료되면 법률안은 당연히 폐기된다.

법률안거부권 행사 요건에 대해서는 명문의 규정이 없다. 그러나 이를 대통령의 재량으로만 보는 것은 곤란하고 정당한 사유와 필요성이 존재하여야 할 것이다. 그러나 실제에 있어서는 대통령이 정치적 책임을 질 뿐 이의서에 기재된 내용에 따라 대통령의 거부권이 부인될 수 있는 것은 아니다.

법률안거부권을 행사한 경우에 국회는 재의에 붙여 다시 법률로 확정할 수 있다. 환부된 법률안을 재의결 할 때에는 무기명투표로 한다(국회법 제112조 제5항 본문). 정치적 쟁점이 되는 법률안에 대해 개별 국회의원의 자율적 판단이 가능하도록 하려는 것으로 보인다. 대통령은 국회의 재의결로 확정된 법률은 지체 없이 공포하여야 하며, 확정법률이 정부에 이송된 후 5일 이내에 대통령이 공포하지 않을 경우에는 국회의장이 이를 공포한다(제53조 제6항). 공포하지도 않고 재의도 요구하지 않은 경우에는 당해 법률안은 정부에 이송된 후 15일이 경과함으로써 법률로서 확정되고(제53조 제5항), 확정법률이 정부에 이송된 후 5일 이내에 대통령이 공포하지 아니할 때에는 국회의장이 공포한다(제53조 제6항).

법률은 특별한 규정이 있는 경우를 제외하고는 원칙적으로 공포한 날로부터 20일을 경과하면 효력을 발생하게 된다(제53조 제7항).

6. 사법에 관한 권한

가. 헌법재판소의 장 및 재판관 임명권

대통령은 국회에서 선출하는 3인의 재판관과 대법원장이 지명하는 3인의 재판관을 포함하여 모두 9명의 헌법재판소 재판관 임명권을 가진다(제111조 제2항). 헌법재판소의 장은 헌법재판관 중에서 국회의 동의를 얻어 대통령이 임명한다(제111조 제2항 · 제3항 · 제4항).

나. 대법원장 및 대법관 임명권

대통령은 국회의 동의를 얻어 대법원장을 임명하고(제104조 제1항), 대법원장의 제청으로 국회의 동의를 얻어 대법관을 임명한다(제104조 제2항). 대법원장을 포함하여 현재 대법관의 수는 14명이다(법원조직법 제4조 제2항). 대법관의 임명에는 국회의 동의를 요건으로 하고 있다는 점에서 헌법재판관의 경우와는 다르다.

다. 사면권

1) 개념 및 의의

대통령에게는 헌법에 의하여 사면권이 주어져 있다(제79조). 이는 정치적 분열 등을 방지하고 국가의 통합과 국내외적 평화를 이루기 위해서 대통령에게 인정되는 권한이라고 할 수 있다. 따라서 대통령의 사면권은 대통령의 국가원수로서의 지위에서 나오는 것으로 일반적으로 권력분립의 예외로 이해된다.

사면권과 관련하여서는 헌법규정상 다음의 몇 가지가 정리될 필요가 있다.

① 사면권은 헌법상 대통령에게 부여된 권한이지만, 사면 · 감형 및 복권에 관한 사항은 법률로 정하고(제79조 제3항), 대통령은 '법률이 정하는 바에 의하여' 사면 · 감형 · 복권을 명할 수 있을 뿐이다(제79조 제1항). 따라서 사면의 종류, 대상, 범위, 절차, 효과 등은 범죄의 죄질과 보호법익, 일반국민의 가치관 내지 법감정, 국가이익과 국민화합의 필요성, 권력분립의 원칙과의 관계 등 제반사항을 종합하여 입법자가 결정할 사항으로서 입법자에게 광범위한 입법재량 내지 형성의 자유가 부여되어 있고, 특별사면의 대상을 "형"으로 규정할 것인지, "사람"으로 규정할 것인지는 입법재량사항에 속한다 할 것이다.[304]

그러나 사면권을 법률로 형성함에 있어서 국회의 입법형성권에도 일정한 한계가 있다고 보아야 한다. 적어도 대통령 사면권의 헌법적 기능을 무력하게 하는 정도의 입법형성은 헌법에 위반된다고 보아야 한다. 그런 점에서 사면권은 제도적 보장으로 파

---

304) 헌재 2000.6.1. 97헌바74, 사면법 제5조 제1항 제2호 위헌소원(합헌). 자세한 것은 이하 설명하는 특별사면 참조.

악할 수 있다.

② 헌법 제79조 제1항은 사면 · 감형 · 복권으로 규정되어 문언상 사면은 감형이나 복권과는 다른 것으로 규정되어 있다. 그러나 헌법이론적으로 넓은 의미의 사면이라는 개념에는 감형이나 복권을 모두 포함하는 것으로 이해된다. 「사면법」도 제1조에서 "이 법은 사면, 감형 및 복권에 관한 사항을 규정한다"고 하여 광의의 사면내용을 포괄하고 있다. 이렇게 보면 사면은 감형 · 복권을 포함하는 광의의 사면과 그를 제외한 협의의 사면으로 구분할 수 있다. 헌법 제79조의 사면과 제89조 제9호의 사면은 협의의 사면을 의미한다.

대통령이 사면(사면 · 감형 · 복권)을 할 때에는 국무회의의 심의를 거쳐야 한다(제89조 제9호). 사면과 관련하여서는 「사면법」이 제정되어 있다.

2) 협의의 사면

협의의 사면은 일반사면과 특별사면으로 구분된다(사면법 제2조).

가) 일반사면

일반사면은 죄를 범한 자를 대상으로 하고(사면법 제3조), 사면이 되면 특별한 규정이 있는 경우를 제외하고는 형 선고의 효력이 상실되며, 형을 선고받지 아니한 자에 대하여는 공소권이 상실된다(사면법 제5조). 일반사면은 죄의 종류를 정하여 대통령령으로 한다(사면법 제8조). 일반사면은 죄를 범한 자를 대상으로 광범위하게 일어나므로 대통령령으로 함으로써 절차적 통제를 강화하려는 의도가 있다.[305] 일반사면은 국회의 동의를 요한다(제79조 제2항)는 점에서도 특별사면과 구별된다.

나) 특별사면

특별사면은 형을 선고받은 자를 대상으로 하고(사면법 제3조), 사면이 되면 형의 집행이 면제된다. 다만, 특별한 사정이 있을 때에는 이후 형 선고의 효력을 상실하게 할 수 있다(사면법 제5조 제1항 제2호). 형의 집행유예를 선고받은 자에 대하여는 형 선고의 효력을 상실하게 하는 특별사면을 할 수 있다(사면법 제7조). 특정한 사람을 대상으로 한다는 점에서 일반사면과 구별된다. 특별사면은 일반사면과 달리 대통령령으로 하지 않고 대통령이 한다(사면법 제9조). 대통령이 한다는 의미는 대통령의 명(命)으로 한다는

---

305) 이영주 · 승재현 · 김성배 · 서보권, 사면권 행사 방법의 문제점과 개선 방향, 한국형사정책연구원, 2014, 46쪽 참조.

의미다. 사면심사위원회[306]의 심사를 거쳐 법무부장관이 상신한다(사면법 제10조). 검찰총장은 직권으로 또는 형의 집행을 지휘한 검찰청 검사의 보고 또는 수형자가 수감되어 있는 교정시설의 장의 보고에 의하여 법무부장관에게 특별사면을 상신할 것을 신청할 수 있다(사면법 제11조).

3) 감형

감형은 형을 선고받은 자를 대상으로 한다(사면법 제3조 제2호). 일반에 대한 감형은 특별한 규정이 없는 경우에는 형을 변경하고, 특정한 자에 대한 감형은 형의 집행을 경감하되, 특별한 사정이 있을 때에는 형을 변경할 수 있다(사면법 제5조 제1항 제3호 · 제4호). 특정한 자에 대한 감형은 사면심사위원회의 심사를 거쳐 법무부장관이 대통령에게 상신한다. 검찰총장은 직권으로 또는 형의 집행을 지휘한 검찰청 검사의 보고 또는 수형자가 수감되어 있는 교정시설의 장의 보고에 의하여 법무부장관에게 특정한 자에 대한 감형을 상신할 것을 신청할 수 있다(사면법 제11조). 죄 또는 형의 종류를 정하여 하는 감형은 대통령령으로 한다(사면법 제8조). 특정한 자에 대한 감형은 대통령이 한다(사면법 제9조). 대통령이 한다는 의미는 특별사면에서와 같다.

4) 복권

복권은 형의 선고로 인하여 법령에 따른 자격이 상실되거나 정지된 자를 대상으로 한다(사면법 제3조). 복권으로 형 선고의 효력으로 인하여 상실되거나 정지된 자격을 회복한다(사면법 제5조 제1항 제5호). 복권은 형의 집행이 끝나지 아니한 자 또는 집행이 면제되지 아니한 자에 대하여는 하지 아니한다(사면법 제6조). 일반에 대한 복권은 대통령령으로 한다(사면법 제8조). 특정한 자에 대한 복권은 사면심사위원회를 거쳐 법무부장관이 대통령에게 상신한다(사면법 제10조). 검찰총장은 직권으로 또는 형의 집행을 지휘한 검찰청 검사의 보고 또는 사건 본인의 출원(出願)에 의하여 법무부장관에게 특정한 자에 대한 복권을 상신할 것을 신청할 수 있다(사면법 제15조 제1항). 그러나 이 신청은 형의 집행이 끝난 날 또는 집행이 면제된 날부터 3년이 지나지 아니하면 하지 못한

---

306) 사면심사위원회는 특별사면, 특정한 자에 대한 감형 및 복권 상신의 적정성을 심사하기 위하여 법무부장관 소속으로 두는 위원회다. 위원회는 위원장 1명을 포함하여 9명의 위원으로 구성한다. 위원장은 법무부장관이 되고, 위원은 법무부장관이 임명하거나 위촉하되 공무원이 아닌 위원을 4명 이상 위촉하여야 한다. 공무원이 아닌 위원의 임기는 2년으로 하고 한 차례만 연임이 가능하다(이상 사면법 제10조의2 참조).

다(사면법 제15조 제2항). 특정한 자에 대한 복권은 대통령이 한다(사면법 제9조).

5) 「사면법」의 준용

행정법규 위반에 대한 범칙 또는 과벌의 면제와 징계법규에 따른 징계 또는 징벌의 면제에 관하여는 「사면법」의 사면에 관한 규정을 준용한다(사면법 제4조).

군사법원(「군사법원법」 제11조에 따라 군사법원에 재판권이 있는 사건을 심판하는 고등법원 포함)에서 형을 선고받은 자에 대하여는 「사면법」에 따른 법무부장관의 직무는 국방부장관이 수행하고, 검찰총장과 검사의 직무는 형을 선고한 군사법원에서 군검사의 직무를 수행한 군법무관이 수행한다(사면법 제27조).

6) 사면 · 감형 · 복권의 효과와 관리

사면 · 감형 · 복권이 있더라도 형의 선고에 따른 기성의 효과는 변경되지 않는다(사면법 제5조 제2항). 사면 · 감형 · 복권이 있을 때에는 형의 집행을 지휘한 검찰청의 검사는 판결원본에 그 사유를 덧붙여 적어야 하고 특별사면, 특정한 자에 대한 감형 및 복권에 관한 서류는 소송기록에 철한다(사면법 제25조).

7) 사면권의 한계

사면권의 한계에 대해서는 명문의 규정이 없다. 그러나 대통령의 사면은 사법권에 대한 위협으로 될 수도 있으므로 권력분립원칙에 따른 일정한 한계가 있다고 보아야 한다. 학설상 거론되는 사면권 행사의 한계로는 ① 사법의 본질적 내용을 침해하지 않을 것, ② 국가의 이익과 국민의 화합을 위한 것일 것, ③ 국회의 탄핵소추권을 소멸시킬 수 없고, ④ 국회는 일반사면 동의에서 대통령이 제안하지 않은 죄의 종류를 추가할 수 없으며, ⑤ 일반사면의 경우 보편타당한 평등의 원리에 입각할 것 등이 제시되고 있다.[307)]

8) 사면권의 통제

가) 절차적 통제

일반사면은 국회의 동의를 거쳐야 하고, 특별사면과 특정한 자에 대한 감형 및 복권을 할 때에는 사면심사위원회의 심사를 거쳐야 한다.

---

307) 성낙인 헌법학, 법문사, 2018, 590쪽 참조. 사면권의 한계에 관한 자세한 내용은 특히 김민우, “대통령 사면권 행사의 한계와 법치주의”, 공법학연구 17－4, 2016, 98쪽 이하 참조.

나) 사법심사가능 여부

사면권의 행사는 헌법에서 인정하는 대통령의 권한으로서 「사면법」 등 법률에서 정한 절차와 범위에서 이루어지는 한 사법심사가 되지 않는다고 보는 것이 대통령에게 사면권을 부여한 헌법취지에 부합한다. 그러나 탄핵사건과 전범 · 반인륜범죄 · 테러범죄에 대해서는 사면을 배제할 필요성이 있다는 주장[308]이 설득력 있게 제기되고 있다.

헌법재판소는 일반국민이 전두환 · 노태우 전 대통령에 대한 특별사면에 대하여 권력분립의 원칙상 사법권의 본질적 내용을 훼손한 것이라고 주장하면서 제기한 헌법소원심판과, 무기형으로 복역 중인 자가 일부 정치인에 대한 특별사면이 평등권침해라고 주장하면서 제기한 헌법소원심판[309]에서, 대통령의 특별사면에 관하여 일반국민의 지위에서 사실상의 또는 간접적인 이해관계를 가진다고 할 수는 있으나, 대통령의 특별사면으로 인하여 일반국민이 법적 이익 또는 권리를 직접적으로 침해당한 피해자라고는 볼 수 없어 자기관련성, 직접성이 결여되어 부적법한 심판청구라고 각하한 바 있다.[310]

중한 형의 사면을 하면서 경한 형의 사면을 하지 않는 것은 가능한가.

사면은 국가원수인 대통령이 형의 집행을 면제하거나 선고의 효력을 상실케 하는 시혜적 조치로 이해되므로 중한 형의 사면을 하면서 경한 형의 사면을 하지 않는 것도 가능하다고 보아야 한다.[311]

7. 대통령 권한 행사의 방법

대통령의 국법상의 행위는 반드시 문서로써 하여야 하고, 그 문서에는 국무총리와 관계국무위원의 부서가 있어야 한다(제82조). 다수설은 부서 없는 행위는 무효라고 본다(효력요건설).[312] 그러나 국무총리나 국무위원의 부서를 대통령의 전제를 막고 국무위원의 책임을 명백히 하려는 데 있다면 우리나라와 같이 국무총리 및 국무위원의 임면이 사실상 전적으로 대통령에 달려있는 경우에는 부서의 실효성은 매우 미약하다고 하

308) 성낙인, 헌법학, 법문사, 2018, 591쪽.
309) 헌재 2000.4.27. 99헌마499, 특별사면 위헌확인(각하).
310) 헌재 1998.9.30. 97헌마404, 전두환, 노태우 전대통령에 대한 특별사면 위헌확인(각하).
311) 헌재 2000.6.1. 97헌바74, 사면법 제5조 제1항 제2호 위헌소원(합헌).
312) 이에 반하여 부서는 적법요건으로서 부서 없는 경우는 위법성의 문제가 남는다고 하는 견해(적법요건설)도 있다(권영성, 헌법학원론, 법문사, 2009, 1016쪽).

지 않을 수 없다.[313)]

또 헌법 제89조에 열거된 사항에 관한 권한을 행사함에는 사전에 국무회의의 심의를 거쳐야 하고, 국가원로자문회의, 민주평화통일자문회의, 국민경제자문회의, 국가안전보장회의, 국가과학기술자문회의 등의 자문을 구할 수 있다. 이중 특히 국가안전보장회의는 헌법상 필수기구로서 대통령이 국가안전보장에 관련된 대외정책 · 군사정책 · 국내정책 등을 수립함에 있어서 자문한다. 그러나 대통령은 이 회의의 결정에 구속되지 않는다. 또 일정한 권한을 행사함에는 국회의 동의나 승인을 얻어야 하는 경우도 있다.

8. 대통령 자문기관

헌법상 대통령의 국정수행에 자문하기 위해서 국가원로자문회의, 국가안전보장회의, 민주평화통일자문회의, 국민경제자문회의를 두거나 둘 수 있게 하고 있다. 국가안전보장회의는 필수적 자문기관이나 나머지 자문기관들은 임의적인 자문기관이다.

그 밖에 헌법 제127조 제3항에 따라 대통령이 두고 있는 국가과학기술자문회의가 있다. 이 자문회의는 헌법이 직접 설치를 명하거나 설치할 수 있도록 한 것은 아니고 「국가과학기술자문회의법」에 의하여 설치된 기관이다.

가. 국가원로자문회의

국정의 중요한 사항에 관한 대통령의 자문에 응하기 위하여 국가원로로 구성되는 국가원로자문회의를 둘 수 있다. 국가원로자문회의의 설치근거는 제5공화국헌법에서 신설되었다(제5공화국헌법 제66조 제1항). 국가원로자문회의의 의장은 직전 대통령이 된다. 직전 대통령이 없을 때에는 대통령이 지명한다. 국가원로자문회의의 조직 · 직무범위 기타 필요한 사항은 법률로 정한다(제90조). 「국가원로자문회의법」이 1988년 제정되었다가 이듬해 폐지되었다.[314)]

---

313) 물론 국무총리나 국무위원들이 해임을 감수하고서라도 자신의 주장을 굽히지 않고 부서를 거부할 수 있을 것이다. 그렇게 함으로써 대통령의 부서 없는 국법상의 행위를 무효화시키고 일정한 정치적 부담을 지울 수 있다.

314) 국가원로자문회의는 전두환 대통령이 퇴임 후를 염두에 두고 만든 것으로 알려졌으나 설치된 적이 없다. 전두환 대통령은 퇴임 후 1988.11.23.~1990.12.30.까지 강원도 백담사에 은거했다.

나. 국가안전보장회의

국가안전보장에 관련되는 대외정책 · 군사정책과 국내정책의 수립에 관하여 국무회의의 심의에 앞서 대통령의 자문에 응하기 위하여 국가안전보장회의를 둔다(제91조 제1항). 국가안전보장회의는 제5차 개정헌법에서 처음으로 도입되었다(제5차 개정헌법 제87조). 다른 자문기관과는 달리 "… 둔다."라고 하고 있으므로 **필수적 자문기구**라고 할 수 있다. 국가안전보장회의는 대통령이 주재한다(제91조 제2항). 대통령은 국가안전보장회의의 의장이다(국가안전보장회의법 제2조 제2항).

국가안전보장회의의 조직 · 직무범위 기타 필요한 사항은 법률로 정하도록 위임하고 있는데(제91조 제3항), 이에 따라 「국가안전보장회의법」이 제정되어 있다. 국가안전보장회의는 대통령, 국무총리, 외교부장관, 통일부장관, 국방부장관 및 국가정보원장과 대통령령으로 정하는 위원으로 구성한다. 대통령령인 국가안전보장회의의 운영 등에 관한 규정에서는 행정안전부장관, 대통령비서실장, 국가안보실장, 국가안전보장회의사무처장, 국가안보실 제2차장[315]을 위원으로 하고 있다(국가안전보장회의의 운영 등에 관한 규정 제2조).

「국가안전보장회의법」에 따르면 회의에서 위임한 사항을 처리하기 위하여 상임위원회를 두는데, 상임위원회의 위원장은 국가안보실장이고 위원은 외교부장관, 통일부장관, 국방부장관, 대통령비서실장, 국가안전보장회의 사무처장, 국가안보실 제2차장으로 하고 있다(국가안전보장회의의 운영 등에 관한 규정 제8조).

다. 민주평화통일자문회의

평화통일정책의 수립에 관한 대통령의 자문에 응하기 위하여 민주평화통일자문회의를 둘 수 있다(제92조 제1항). 민주평화통일자문회의는 평화통일정책자문회의라는 명칭으로 제5공화국 헌법에서 처음으로 도입되었다. 민주평화통일자문회의의 조직 · 직무범위 기타 필요한 사항은 법률로 정한다(제92조 제2항). 이에 따라 「민주평화통일자문회

---

315) 국가안보실은 국가안보에 관한 대통령의 직무를 보좌하는 기구다(국가안보실 직제 제2조). 국가안보실에는 국가안보실장, 제1차장, 제2차장을 둔다. 국가안보실장은 대통령의 명을 받아 국가안보실의 사무를 처리하고 소속 공무원을 지휘 · 감독하고, 제1차장은 안보국방전략비서관 · 신기술사이버안보비서관 및 정보융합비서관의 소관 업무에 관하여 국가안보실장을 보좌하고, 제2차장은 평화기획비서관 · 외교정책비서관 및 통일정책비서관의 소관 업무에 관하여 국가안보실장을 보좌한다(국가안보실 직제 제3조 · 제4조).

의법」이 제정되어 있다. 대통령은 자문회의의 의장이 된다(민주평화통일자문회의법 제6조).

민주평화통일자문회의는 조국의 민주적 평화통일을 지향하는 민족의 염원을 받들어 주민이 선출한 지역대표와 정당·직능단체·주요사회단체 등의 직능 분야 대표급 인사로서 국민의 통일 의지를 성실히 대변하여 대통령에게 건의하고 대통령의 자문에 응할 수 있는 인사 중에서 대통령이 위촉하는 7천명 이상의 자문위원으로 구성한다(민주평화통일자문회의법 제3조).

민주평화통일자문회의에서 위임한 사항과 의장이 명한 사항을 처리하기 위하여 상임위원회를 둔다(민주평화통일자문회의법 제18조 제1항). 상임위원회는 위원 중에서 출신지역과 직능을 고려하여 의장이 임명하는 300명 이상 500명 이하의 상임위원으로 구성한다(민주평화통일자문회의법 제18조 제2항). 민주평화통일자문회의의 사무를 처리하기 위하여 민주평화통일자문회의사무처를 둔다(민주평화통일자문회의법 제9조 제1항).

라. 국민경제자문회의

국민경제의 발전을 위한 중요정책의 수립에 관하여 대통령의 자문에 응하기 위하여 국민경제자문회의를 둘 수 있다(제93조 제1항). 현행 헌법에서 신설된 회의체다.

자문회의는 의장 1명, 부의장 1명, 당연직위원 5명 이내, 위촉위원 30명 이내 및 지명위원으로 구성한다(국민경제자문회의법 제3조 제1항). 의장은 대통령이 된다(국민경제자문회의법 제3조 제2항). 부의장은 의장이 위촉위원 중에서 지명하고(국민경제자문회의법 제3조 제2항), 위촉위원은 국민경제발전에 이바지할 수 있는 학식과 경험이 풍부한 사람 중에서 대통령이 위촉한다(국민경제자문회의법 제4조 제1항). 당연직위원은 기획재정부장관과 대통령비서실의 경제 업무를 보좌하는 정무직 비서관, 그 밖에 대통령령으로 정하는 사람이 된다(국민경제자문회의법 제3조 제3항). 그 밖에 대통령령으로 정하는 사람은 미래창조과학부장관, 대통령비서실장, 대통령비서실의 정책조정업무를 보좌하는 정무직 비서관이다(국민경제자문회의 운영에 관한 규정 제2조 제1항 각 호). 지명위원은 자문회의에 상정된 의안과 관련하여 중앙행정기관의 장과 정부출연구기관의 장, 그 밖에 대통령령으로 정하는 사람 중에서 회의 때마다 대통령이 지명하는 사람을 말한다(국민경제자문회의법 제3조 제5항). 여기서 그 밖에 대통령령으로 정하는 사람이란 관계행정기관의 장, 「국회법」에 따른 교섭단체의 정책을 심의·입안하는 자, 대통령비서실의 정무직인 비서관, 외국기업(외국인투자 촉진법 제2조 제1항 제6호에 따른 외국인투자기업을 말함) 또는 국내에 소재하는 외국인단체의 임원 또는 이에 상당하는 직에 있는 사람, 그 밖에 의장이 상정된 의안과 관련하여 필요하다고 인정하는 사람을 말한다(국민경제자문회의 운영에 관한 규정 제2조 제2항 각 호).

마. 국가과학기술자문회의

헌법은 국가에 대하여 과학기술의 혁신과 정보 및 인력의 개발을 통하여 국민경제의 발전에 노력할 의무를 부여하고 있다(제127조 제1항). 이 목적을 달성하기 위하여 대통령은 필요한 자문기구를 둘 수 있다(제127조 제3항). 국가과학기술자문회의는 이에 근거하여 설치된 **법률상 자문회의**다. 국가과학기술자문회의와 유사한 제도는 제5차 개정 헌법에서 경제 · 과학심의회의가 있었다(제5차개정 헌법 제118조). 이 당시는 필수적 헌법기관이었다.

그런데 과학기술의 혁신과 정보 및 인력의 개발 그 자체가 목적이 아니고 국민경제의 발전을 위한 수단으로 규정하고 있는 것은 문제다. 순수과학의 발전을 위한 국가의 노력의무가 경시되는 것으로 오해되거나, 경제논리에 따른 과학기술진흥정책이 이루어질 수 있기 때문이다. 「국가과학기술자문회의법」에서는 국가과학기술자문회의를 설치하는 목적으로 국민경제발전을 언급하지 않고 과학기술의 혁신 등으로 정하고 있고(국가과학기술자문회의법 제1조), 국가과학기술자문회의의 기능(국가과학기술자문회의법 제2조)에서는 과학기술을 이용한 경제발전이 아니라 과학기술의 발전 그 자체에 초점이 맞추어져 있는 것은 그나마 다행한 일이라고 할 수 있다.

국가과학기술자문회의의 기능은 크게 보면 ① 헌법 제127조 제1항 및 제3항에 따른 국가과학기술의 혁신과 정보 및 인력의 개발을 위한 과학기술 발전 전략 및 주요 정책방향에 관한 사항, 국가과학기술 분야의 제도 개선 및 정책에 관한 사항, 그 밖에 과학기술 분야의 발전을 위하여 필요하다고 인정하여 대통령이 과학기술자문회의에 부치는 사항에 관한 자문기능(제1호), ② 과학기술 주요 정책 · 과학기술혁신 등에 관련된 국가과학기술자문회의법 제2조 제2호에서 규정한 다양한 사항에 관하여 심의하는 기능(제2호)을 수행한다(국가과학기술자문회의법 제2조).

국가과학기술자문회의는 의장 1명, 부의장 1명을 포함한 30명 이내의 위원으로 구성한다(국가과학기술자문회의법 제3조 제1항). 의장은 대통령이 되고, 부의장은 과학기술 또는 정치·경제·인문·사회·문화 분야에 관하여 학식과 경험이 풍부한 전문가로서 의장이 위촉한 위원 중에서 의장이 지명한다(국가과학기술자문회의법 제3조 제2항). 위원은 과학기술 또는 정치·경제·인문·사회·문화 분야에 관하여 학식과 경험이 풍부한 전문가 중에서 의장이 위촉한 사람(제1호)과 대통령령으로 정하는 중앙행정기관의 장 및 정무직 공무원(제2호)으로 구성한다(국가과학기술자문회의법 제3조 제3항).

국가과학기술자문회의는 전원회의와 자문회의, 심의회의로 구분한다. 전원회의는 위원 전원으로 구성한다(이상 국가과학기술자문회의법 제5조 제1항·제2항). 자문회의는 「국가과학기술자문회의법」 제3조 제3항 제1호의 위원 중 의장이 지명하는 20명 이하의 위원으로 구성하고, 위에서 살펴본 국가과학기술자문회의법 제2조 제1호의 기능을 수행한다. 심의회의는 「국가과학기술자문회의법」 제3조 제3항 제1호의 위원 중 의장이 지명하는 위원과 제3조 제3항 제2호의 위원 중 20명 이하로 구성하고, 「국가과학기술자문회의법」 제2조 제2호의 기능을 수행한다(국가과학기술자문회의법 제5조 제3항, 제2조 제2호).

9. 대통령의 권한행사에 대한 통제

가. 내부적 통제

대통령의 권한행사에 대한 정부 내부에서의 통제 방법으로는 국무회의 심의, 국무총리와 관계 장관의 부서제도,[316] 자문기관의 자문, 국무총리의 국무위원 임명제청 및 해임건의권 등을 들 수 있다.

나. 외부적 통제

대통령에 대한 외부적 통제로는 국민에 의한 통제, 국회에 의한 통제, 법원에 의한 통제, 헌법재판소에 의한 통제로 나누어 볼 수 있다.

316) 대통령은 부서를 거부하는 국무위원을 언제든지 해임할 수 있으므로 사실은 정부 내의 통제라고 하는 것은 무의미한 것일 수 있다. 하지만 현대 미디어 사회와 같이 여론이 정치풍향을 좌우할 수 있는 곳에서는 정부 내의 통제도 완전히 무의미하다고 볼 수는 없을 것이다.

1) 국민에 의한 통제

대통령은 국민의 직접선거에 의해서 선출되므로 국민의 여론에 민감하다. 따라서 국민은 언론 등을 통한 여론의 형성으로 대통령의 국정수행에 영향을 미칠 수 있는데 이는 비록 간접적이지만 강한 통제적 수단이 될 수 있다. 특히 현재는 각종 사회관계망 서비스(SNS)의 발달로 개인의 의사표현이 매우 용이해지고 경우에 따라서는 그 파급효과도 매우 크기 때문에 과거 어느 때보다도 강력한 통제수단이 될 수 있다. 또 국민은 선거권과 국민투표권의 행사와 나아가서는 시민불복종이나 저항권 행사를 통하여 대통령을 통제할 수 있다.

2) 국회에 의한 통제

국회는 자신에게 부여된 각종 권한을 행사함으로써 대통령을 통제할 수 있다. 우선 국회는 정부의 행위에 대해서 각종 동의권을 가지고 있다. 이러한 동의권에는 조약의 체결 · 비준 동의권(제60조), 선전포고 · 국군해외파견 · 외국군대 국내주류 동의권, 일반사면 동의권, 국무총리 · 감사원장 · 대법원장 · 대법관 · 헌법재판소장 임명 동의권 등이 있다. 국회의 동의권은 원칙적으로 사전적인 동의를 의미한다.

사후적인 승인을 요하는 경우로는 예비비의 지출 및 국가긴급권에 대한 승인권이 있다.

국회는 국무총리와 국무위원의 해임건의권을 가지고 있고, 대정부질문권, 대통령에 대한 탄핵소추 등을 발동함으로써 통제할 수 있다.

국회의 대통령에 대한 가장 효과적인 수단 중의 하나로 특히 국정조사 및 감사를 들 수 있다.

3) 법원에 의한 통제

법원은 대통령령에 대한 위헌 · 위법심사권을 가진다. 또 행정소송을 통하여 대통령이 행한 처분을 심사할 수 있고, 대통령과 관련된 선거소송을 관할한다.

4) 헌법재판소에 의한 통제

헌법재판소는 대통령에 대한 탄핵심판권, 정부제출 법률에 대한 위헌법률심판권, 대통령의 공권력 행사에 대한 헌법소원심판권, 대통령이 당사자가 된 권한쟁의심판권 등을 행사함으로써 대통령을 통제할 수 있다.

10. 우리나라 정부형태에 관한 몇 가지 문제

가. 정당정치 풍토의 문제점

미국과 같이 의원이 소속정당의 기강이나 기율에 얽매이지 않고 교차투표(cross-voting)하는 나라에서는 여소야대 국회의 경우에도 완전한 분리정부(divided government)로는 되지 않을 수 있는데 반해서, 우리나라는 정당의 기강과 기율이 강하여 당의 결정에 따라 표결하기 때문에 여소야대의 경우에 정국이 어렵게 된다. 따라서 대통령이 국회의 다수당을 대표할 경우에는 대통령의 독재가 되기 쉽고, 반대의 경우는 분리된 정부가 되어 혼란이 가중될 우려가 있다.

분리된 정부를 막는 방법으로는 대통령이 중립내각을 수립하여 통치하는 방법이 있고(예컨대 노태우 정부 말기의 중립선거내각), 당내민주화를 실현하여 교차투표 할 수 있게 하는 방법이 있다.[317] 그러나 현재 우리나라의 정치적 상황은 두 가지 모두 기대하기 어렵다.

나. 대통령 중임제 도입문제

대통령의 책임을 묻기 위하여 대통령 중임제를 도입해야 한다는 견해가 있다.[318] 그러나 우리의 헌정사적 경험에서 볼 때 중임허용이 오히려 대통령의 독재를 가져왔다는 점을 잊어서는 안 된다. 또 정치 분야에 있어서 신속한 세대교체를 위해서도 당분간은 단임이 불가피한 것으로 보인다.

다. 대통령 독재의 방지문제

대통령의 독재를 방지한다는 차원에서 보면 대통령에게 법률안 거부권 외에 추가적으로 인정하고 있는 법률안제출권을 폐지하는 것을 생각해 볼 수 있다.

---

317) 한태연은 여소야대의 경우 대통령이 취할 방법으로 ① 라틴아메리카에서와 같이 무정부 상태와 독재와의 갈림길에서 쿠데타로써 의회를 해산하는 방법, ② 야당의 어느 하나와 명목상의 연정을 구성하는 방법, 그리고 ③ 야당 전체와 거국내각을 구성하는 방법이 있다고 한다. 이 중 제1의 방법은 초헌법적, 독재적 방법이고, 연정을 구성하는 방법은 연정에 참가하는 야당에 아무런 실익이 없으므로 탁상공론의 방법에 불과하다고 보고, 제3의 방법은 국무총리는 야당이 차지하고 또한 대통령의 국무위원임명에 있어서는 헌법의 규정 그대로 국무총리의 제청에 의해서만 그것을 임명한다는 전제하에서만 유용하다고 한다(한태연, 한국헌법에 있어서의 대통령제의 실상(하), 고시연구 1993.9., 65쪽 참조).

318) 허영, 한국헌법론, 박영사, 2010, 762쪽 참조. 2018년 문재인 정부의 헌법개정안에서도 4년 임기의 1차에 한하여 중임할 수 있도록 하는 안을 택하고 있다(안 제74조).

다음으로 대통령의 국가긴급권으로 인하여 대통령이 국회에 우위를 점하게 되어 대통령 독재의 한 원인이 되어 왔다. 따라서 대통령의 긴급권에 대한 국회나 법원 내지 헌법재판소의 통제가 실효적으로 작동될 수 있어야 한다. 위기정부가 민주적 헌법국가의 당연한 제도적 요청이라면 그 부작용은 반드시 최소화하도록 하여야 할 것이다.[319]

라. 대통령에 대한 국회출석답변의무의 부과

국회의 대통령 견제권을 강화하는 방법으로서 대통령에 대한 국회출석답변을 국회가 요구할 수 있게 하는 방법이 있을 수 있다. 이는 대통령의 정치적 책임을 추궁할 수 있는 자리를 제공하는 것으로서 의원내각제적 요소를 보다 철저히 도입하는 방법이다.

마. 대통령 비서실의 법적 통제 문제

역대 정권에서 대통령 비서실의 권한이 막강하여 그로 인한 부작용도 적지 않아 왔음에도 불구하고 대통령 비서실의 직제 등을 대통령령으로 정하고 있으므로 대통령 비서실은 사실상 민주적 통제의 밖에 있다. 대통령의 효율적인 직무수행을 보좌하기 위해서 마련된 비서실(정부조직법 제14조 제1항 참조)이 경우에 따라서는 대통령과 행정부의 소통에 오히려 장애가 될 수 있다는 점을 생각할 때, 대통령 비서실에 대한 최소한의 민주적 통제는 필요할 것으로 판단된다.

제2항 행정부의 조직과 권한

I. 국무총리[320]

1. 제도적 의의

헌법재판소에 따르면 국무총리제의 의의는 부통령제를 두지 않은 상황에서 대통령

319) 독일의 경우에는 국가긴급권을 국회가 행사하도록 하고 있는데, 의회민주주의가 제대로 자리를 잡게 되면 검토해볼 만한 제도다.

320) 이하의 설명은 (사)한국헌법학회 편, 헌법주석, 경인문화사, 2018에서 필자가 집필한 755쪽 이하의 내용을 일부 수정·편집하여 기술한다.

유고시 ① 대통령 권한대행자가 필요하고, ② 대통령제의 기능과 능률을 높이고, 대통령의 의견을 받아 정부를 통할·조정하는 보좌기관이 필요하다는데 있다.[321]

이러한 국무총리제도는 미국식 대통령제에서는 없는 제도이기 때문에 대통령중심제로 평가되는 현행 헌법의 정부제도[322] 하에서는 비정상적인 제도[323]나 거의 무의미한 것[324]으로 평가되기도 하지만, 1948년 헌법에서부터 규정되어 왔을 뿐만 아니라,[325] 1919년 대한민국임시정부헌법에서도 찾아 볼 수 있고, 멀리는 왕조시대의 재상제도에까지 연결될 수 있는 역사적 기원을 가진 제도라는 점은 부인할 수 없다.[326]

비교법적으로는 국무총리가 대통령 유고시 제1의 권한대행자라는 점에서 미국식 대통령제의 부통령과 유사하나, 부통령은 상원의결에 있어서 가부동수일 경우 가부를 결정할 수 있는 권한 외에는 아무런 권한도 없다는 점(미국헌법 제1조 제3절)과 비교할 때 행정각부를 통할하고(제86조 제2항), 국무위원과 행정각부의 장의 임명제청권(제94조), 국무회의에서의 심의·의결권(제88조 제3항, 제89조), 부서권(제82조), 총리령발령권(제95조), 국회출석발언권(제62조 제1항) 등을 가지는 대한민국헌법의 국무총리와는 다르다. 또 대통령이나 국왕 다음 가는 정부의 제2인자라는 점에서 의원내각제나 이원정부제에서의 수상과 유사하나, 수상은 실질적 집행권을 행사하는 데 반하여,[327] 국무총리는 행정에 관하여 독자적인 권한을 가지지 못하고 대통령의 명을 받아 행정각부를 통할하는 대통령의 보좌기관으로서 이해된다는 점(제86조 제2항)에서 구별된다.[328]

---

321) 헌재 1994.4.28. 89헌마221.

322) 헌재 1994.4.28. 89헌마221.

323) 정종섭, "한국 헌법상 대통령제의 과제", 헌법학연구 5-1, 1999, 20쪽; 이관희, 한국민주헌법론 Ⅱ, 박영사, 2008, 387쪽.

324) 조정관, "국무총리(수상)의 정치적 역할에 관한 비교연구: 필리핀과 태국의 정당정치 비교", 한국정당학회보 5-2, 2006, 152쪽.

325) 물론 제2차 개정헌법인 1954년 헌법에서 국무총리제도가 잠시 폐지된 적은 있다.

326) 명재진, "국무총리제의 합리적 운용의 한계와 개헌필요성", 헌법학연구 13-1, 2007.3., 165쪽. 국무총리제도의 연원에 대한 보다 상세한 연구로는 정종섭, "한국헌법사에 등장한 국무총리제도의 연원", 서울대학교 법학 45-4, 2004.12., 432-465쪽 및 이재원, 대한민국의 국무총리, 나남, 2007, 29쪽 이하 참조.

327) 김철수, 헌법학(하), 박영사, 2008, 1756쪽. 이원정부제의 3가지 모습에 대해서는 명재진, "국무총리제의 합리적 운용의 한계와 개헌필요성", 헌법학연구 13-1, 2007.3., 159쪽 참조.

328) 정종섭, "한국 헌법상 대통령제의 과제", 헌법학연구 5-1, 1999, 21쪽; 조정관, "국무총리의 정치적 역할에 관한 비교연구: 권력구조에 따른 차이를 중심으로", 2002년 한국정치학회 연말학술대회, 151쪽; 심경수, "우리나라 헌법상 국무총리의 지위", 헌법학연구 4-3, 1998.11., 80쪽. 기타 정부형태에 따른 국무총리제도의 개괄적인 소개는 서주실, "국무총리의 헌법상 지위", 고시계 1987.8., 40쪽 이하; 장석권, "현행헌법상 국무총리제의 활용방안에 대한 고찰", 고시계 1993.2.,

이와 같은 국무총리의 헌법 제도적 의의는 헌법이 취하는 정부형태(권력구조)에 따라 달라질 수 있지만, 다른 한편 국무총리제도 자체 또는 그 내용형성이 정부형태를 결정하는 요인으로 되기도 한다.

2. 헌법상 지위

현행 헌법상 국무총리는 제1의 대통령권한대행자이며(제71조), 대통령을 보좌하고(제86조 제2항), 대통령의 국법행위문서에 부서할 권한과 의무를 가지며(제82조), 행정에 관하여 대통령의 명을 받아 행정각부를 통할한다(제86조 제2항). 국무위원제청권(제87조 제1항)과 해임건의권(제87조 제3항)을 갖고, 심의기관인 국무회의(제88조 제1항)의 부의장이 된다(제88조 제3항).

국무총리의 헌법상 지위는 대통령과 기타 국무위원 및 행정각부의 장에 대한 관계, 국무회의에서의 위상, 그리고 국무총리의 권한과 의무와 관련하여 다음과 같이 구분해 볼 수 있다.

대통령과의 관계에서 볼 때 ① 제1의 대통령권한대행자로서의 지위[329]와 ② 대통령의 제1의 보좌기관으로서의 지위[330]를 갖고, 행정각부를 통할하거나 행정각부의 장의 임명제청권을 가짐으로써 대통령 다음 가는 ③ 제2의 국가행정기관으로서의 지위를 갖는다. 국무회의와 관련하여서는 국무회의의 부의장으로서 국무위원의 임명제청권과 해임건의권 등을 가지는 ④ 국무회의의 제2인자로서의 지위를 가진다.

가. 대통령보좌기관으로서의 국무총리

국무총리는 대통령의 보좌기관이다(제86조 제2항 전단). 보좌업무에 있어서는 한계가 없다. 대통령은 국가의 원수이며, 행정권을 담당하는 정부의 수반이기 때문에(제66조), 국무총리는 국가의 원수로서 그리고 정부수반으로서 대통령의 국무수행 전반에 있어서 대통령을 보좌하여야 하고 또 보좌권한이 있다. 단순한 수동적 보조기구가 아니라 헌법상 인정된 보좌기관으로서의 기능에 적합한 권한과 의무가 부여되어 있다. 보

32쪽 이하; 조정관, "국무총리(수상)의 정치적 역할에 관한 비교연구: 필리핀과 태국의 정당정치 비교", 한국정당학회보 5-2, 2006, 128쪽 이하 참조.

329) 국무총리가 대통령의 제1의 권한대행자가 되는 것은 민주적 정당성의 관점에서 문제될 수 있다.

330) 헌재 1994.4.28. 89헌마221. 이 점에서 대통령과 정부기능을 분장하고 있는 이원정부제의 총리와 구별된다(장영수, 헌법학, 홍문사, 2008, 1200쪽).

좌기관으로서 국무총리는 정부의 권한에 속하는 중요한 정책을 심의하는 국무회의의 부의장으로서 의장인 대통령을 보좌하고(제88조), 군사에 대한 것을 포함하여 대통령의 국법상 행위 문서에 부서를 한다(제82조). 또 행정에 관하여 대통령의 명을 받아 행정각부를 통할하고(제86조 후문), 행정각부가 아닌 중앙행정기관의 장도 대통령의 명을 받아 지휘·감독한다(정부조직법 제18조 제1항). 국무위원의 임명제청(제87조 제1항)과 해임건의(제87조 제3항)도 대통령의 보좌기관으로서의 기능의 수행이다. 대통령의 보좌기관이라는 점에서는 기타 국무위원과 같다(제87조 제2항 참조).[331] 따라서 대통령의 보좌기관과 정부의 제2인자로서의 지위는 구별된다.

나. 행정각부의 통할기관으로서의 국무총리

1) 행정각부 통할의 의의

국무총리는 대통령의 명을 받아 행정각부를 통할한다(제86조 후문). 통할의 사전적 의미는 '모두 거느려 다스림'을 말한다. 따라서 국무총리는 훈령·지시·통첩 등의 형식으로 행정각부의 장을 지시·조정 및 감독을 할 수 있다.[332] 이에 따라 「정부조직법」은 국무총리는 대통령의 명을 받아 각 중앙행정기관의 장을 지휘·감독하고, 중앙행정기관의 장의 명령이나 처분이 위법 또는 부당하다고 인정될 경우에는 대통령의 승인을 받아 이를 중지 또는 취소할 수 있도록 하고 있다(정부조직법 제18조). 국무총리의 행정각부통할권은 행정각부의 장의 임명제청권 및 해임건의권 등과 더불어 국무총리를 대통령 다음 가는 제2의 국가행정기관의 지위에 서게 한다. 그러나 국무총리의 행정각부 통할권은 어디까지나 대통령의 명을 받아서 할 수 있을 뿐이기 때문에[333] 의원내각제에 있어서의 수상과는 구별된다.[334] 예컨대 의원내각제를 취하고 있는 독일에서 연방수상은 독자적으로 책임을 지고 연방정부를 이끌고 있다.[335]

---

331) 물론 제1의 보좌기관이라는 점에서 구별된다.
332) 권영성, 헌법학원론, 법문사, 2009, 1028쪽.
333) 따라서 행정권 행사에 대한 최후의 결정권자는 대통령이다(헌재 1994.4.28. 89헌마221).
334) 김철수, 헌법학(하), 박영사, 2008, 1768쪽.
335) 김대환, "우리나라와 독일의 정부제도에 대한 비교고찰", 한국헌법학의 현황과 과제: 금랑 김철수 교수 정년기념논문집, 박영사, 1998, 736쪽.

Q **1948년 헌법과 1952년의 제1차 개정헌법에서는 행정각부의 통할권 외에도 행정각부에 분담되지 아니한 행정사무를 국무총리가 담임하는 것으로 하고 있었는데(각 헌법 제73조 제2항), 현행 헌법 하에서도 국무총리에게 행정각부의 통할이라는 업무 외에 고유한 업무영역을 인정할 수 있는가?**

A 학설이 대립하고 있다.

1설: 국무총리는 오로지 대통령의 명을 받아 행정각부를 통할할 수 있을 뿐 국무총리에게 고유임무는 인정되지 않는다고 하는 견해.[336] 이 견해는 법제처, 국가보훈처의 업무는 행정부에 속하는 업무 가운데 행정각부의 소관으로 정하지 않은 업무들로서 이 업무들도 국무총리의 고유업무로 할 것이 아니라 행정각부의 소관사항으로 하여야 한다고 한다.[337]

2설: 행정각부의 통할사무, 즉 행정각부의 사무의 조정업무와 성질상 어느 한 부에 관장시키는 것이 불합리한 성질의 사무는 고유업무로 보는 견해[338]

소결: 1948년 헌법 등에서의 취지는 행정각부에 분담되지 않은 행정사무가 존재하는 경우에도 이를 처리하지 않을 수 없기 때문에 이 경우 그 담임기관을 국무총리로 한 것이고, 이 규정을 삭제하였다고 하여 국무총리의 모든 고유업무를 부인하는 것으로 해석하는 것은 지나친 것으로 보인다. 이것은 헌법이 국무총리의 소관사무에 관하여 총리령을 발할 수 있도록 규정하고 있는 것으로 볼 때 미루어 짐작할 수 있다.[339]

2) 통할대상기관

국무총리의 통할을 받는 기관은 행정각부다. 행정각부가 어느 기관을 의미하는지는 헌법에 명시되어 있지 않다. 행정각부의 설치 · 조직과 직무범위는 법률에 위임되어 있다(제96조). 따라서 「정부조직법」에서는 기획재정부 등 19개의 부를 두고 각각의 조직과 직무범위를 정하고 있다(정부조직법 제26조 이하 참조).

헌법재판소의 판례에 의하면 행정각부는 ① 정부의 구성단위인 중앙행정기관이어야 하고, ② 당해 기관의 장이 국무위원이어야 하며, ③ 부령을 발할 수 있는 권한이 있어야 한다.[340] 헌법과 법률에 따를 때에도 행정각부는 중앙행정기관이고(정부조직법 제2조 제2항), 당해 기관의 장은 국무위원으로서(제94조), 부령을 발할 수 있다(제95조). 그 외 「정부조직법」상 처 · 청 그리고 방송통신위원회 등 「정부조직법」 제2조 제2항 각 호의 법률에 따라 설치된 행정기관은 중앙행정기관이기는 하지만 행정각부는 아니다.

---

336) 정종섭, 헌법학원론, 박영사, 2008, 1157쪽 이하.
337) 정종섭, 헌법학원론, 박영사, 2010, 1282쪽.
338) 김철수, 헌법학(하), 박영사, 2008, 1768쪽.
339) 같은 견해로는 박윤흔, "국무총리의 지위", 사법행정, 1965.4., 22쪽.
340) 헌재 1994.4.28. 89헌마221; 1994.4.28. 89헌마86.

행정각부에 속하지 아니하는 중앙행정기관은 대통령직속기관으로 할 수 있고,[341] 동시에 국무총리의 통할을 받지 아니한다.[342] 헌법재판소에 의해 국무총리의 통할을 받는 행정각부에 속하지 않는 기관으로 인정된 것은 대통령 직속의 특별보좌기관인 국가정보원(정부조직법 제17조)이 있다.[343]

NOTE **국무총리의 헌법상 지위의 변천**

① 1948년 헌법

대한민국 최초의 헌법인 1948년 헌법은 부통령을 둔 대통령제를 취하면서도 국무총리제도를 두고 있었다(제52조, 제53조, 제68조). 원래 대통령제에서는 국무총리제도는 생소한 것이지만, 국무총리는 부통령 다음 가는 제2의 대통령권한대행자로 예정되어 있었고(제52조), 대통령 및 다른 국무위원들과 함께 합의체 의결기관인 국무원의 구성원이 되었다(제68조). 이 국무원은 의원내각제에 있어서 내각과 유사한 것으로 행정의 최고의결기관이었다.[344] 국무회의의 부의장으로서 대통령을 보좌하고(제70조 제2항) 부재 시 국무회의에서 의장의 권한을 대행하지만, 의결에 있어서는 다수결에 따르기 때문에(제71조) 다른 구성원과 동등한 지위를 가질 뿐이다. 그리고 제1차 개정헌법이나 현행 헌법과는 달리 다른 국무위원의 임명제청권도 규정되지 않았다(제69조 참조). 고유한 권한으로서는 행정각부장관을 통리감독할 수는 없으나, 대통령보좌기관으로서 대통령의 명을 승하여 행정각부의 장관을 통리감독하고, 다른 행정각부에 분담되지 아니한 행정사무를 담임하며(제73조 제2항), 대통령의 국무행위문서에는 부서하였다(제66조).

---

341) 헌법재판소는 대통령직속기관의 설치원리로서 자유민주적 통치구조의 기본이념과 원리를 제시하고 있다. 그 헌법적 최소설치기준으로 ① 법률의 형식, ② 목적 · 기능의 헌법적합성, ③ 기본권적 가치실현을 위한 권한행사의 제도화, ④ 통제장치의 구비를 제시하고 있다(헌재 1994.4.28. 89헌마221).

342) 따라서 국무총리의 통할을 받는 행정각부에 모든 행정기관이 포함되는 것은 아니다(헌재 1994.4.28. 89헌마221). 그러나 행정각부에 속하지 아니하는 중앙행정기관의 업무에 속하는 사항이라도 국무총리는 대통령의 보좌기관으로서는 대통령의 지시에 따라 간여가 가능하다(제86조 제2항 참조). 이에 따라 「정부조직법」에서는 국무총리는 대통령의 명을 받아 각 중앙행정기관의 장을 지휘 · 감독하고, 중앙행정기관의 장의 명령이나 처분이 위법 또는 부당하다고 인정될 경우에는 대통령의 승인을 받아 이를 중지 또는 취소할 수 있다고 규정하고 있다(정부조직법 제18조).

343) 헌재 1994.4.28. 89헌마221; 1994.4.28. 89헌마86. 국가정보원은 국가안정보장에 관련되는 정보 · 보안 및 범죄수사에 관한 사무를 담당하고 있지만(정부조직법 제17조 제1항), 2020.12.15. 개정되고 2024.1.1. 시행예정인 정부조직법에서는 범죄수사에 관한 사무는 직무범위에서 제외하고 있다(개정된 정부조직법 제17조 제1항).

344) 유진오, 신고 헌법해의, 일조각, 1953, 211쪽. 물론 국무원이 의원내각제의 내각과 전적으로 동일하지는 않다(같은 책, 212쪽 참조).

② 1952년 헌법(제1차 개정헌법)

일명 발췌개헌이라는 제1차 헌법개정을 통하여 여당의 대통령직선제(제53조)와 국회의 양원제(제31조) 그리고 야당의 국무원불신임제(제70조의2)가 각각 발췌되어 수용된 1952년 헌법에서도 국무총리제도는 비슷하게 유지되었다. 부통령 다음의 대통령권한대행자로서 국무총리는 여전히 대통령의 국무행위문서에 부서하고(제66조), 대통령을 보좌하며 국무회의의 부의장이었고(제70조 제2항), 대통령의 명을 승하여 행정각부장관을 통리감독하며 행정각부에 분담되지 아니한 행정사무를 담임하였다(제73조 제2항). 의결기관으로서의 국무원제도도 그대로 유지되었다(제68조). 다만 국무위원과 함께 국무총리의 국회에 대한 책임이 강화되어 국무원의 권한에 속하는 일반국무에 관하여는 연대책임을 지고 각자의 행위에 관하여는 개별책임을 지도록 하였고(제70조 제3항), 이에 따라 국무총리의 국무위원임면제청권을 규정함으로써 국무위원에 대한 국무총리의 사실상의 우월적 지위를 강화하였다(제69조 제4항).[345)]

③ 1954년 헌법(제2차 개정헌법)

국무총리제도와 국무원제도를 폐지함으로써 순수한 미국식 대통령제를 채택한 1952년 헌법은 부결된 개정안에 대해서 2일 후 부당한 사사오입방식을 도입하여 다시 의결하여 통과시켰을 뿐만 아니라, 헌법개정당시의 대통령에 대해서는 2차중임금지규정을 적용하지 않도록 부칙에 정한 위헌적 헌법개정이었다.[346)]

④ 1960년 6월 헌법(제3차 개정헌법) · 1960년 11월 헌법(제4차 개정헌법)

1960년 4 · 19혁명으로 이승만 정부가 물러가고 의원내각제의 정부형태를 채택한 1960년 6월 헌법이 압도적인 찬성으로 국회를 통과하였다. 이 헌법에 의하여 국무원제도와 국무총리제도가 다시 부활되었다. 의원내각제의 이념에 따라 국무원은 민의원에 대하여 연대책임을 졌고(제68조 제3항), 국무총리는 국무회의를 소집하고 그 의장이 되었으며(제70조), 국무원을 대표하여 의안을 국회에 제출하고 행정각부를 지휘감독하는 기관이 되었고(제70조 제3항), 국무위원을 임면하였다(제69조 제5항). 또 국무총리는 참의원의장, 민의원의장에 이어 제3의 대통령권한대행자가 되었고(제52조), 대통령의 국무행위문서에도 반드시 국무총리의 부서가 요구되었다(제66조). 즉, 국무총리는 의원내각제의 수상과 같은 기능을 수행하였다. 의결기관으로서의 국무원[347)]은 행정권을 담당하는 집행기관이었다(제68조).

1960년 11월 헌법(제4차 개정 헌법)에서는 반민주행위자의 공민권제한특별법과 부정축재

---

345) 대통령이 국무총리의 제청이 없는 자를 임명하거나 해임할 수는 없지만, 국무총리의 제청이 있는 경우에는 임명하거나 해임하여야 하는지에 대해서는 규정으로서는 불명한 점이 있다. 유진오는 국무총리가 내각통일의 책임을 지기 위해서는 국무총리의 임명제청에는 기속되지 않을 수 있지만, 파면을 제청한 경우에는 대통령이 기속되는 것으로 해석한다(유진오, 신고 헌법해의, 일조각, 1953, 220쪽).

346) 김철수, 헌법학(상), 박영사, 2008, 115－116쪽.

347) 1954년 헌법(제68조 참조)까지 유지되어온 국무원이 의결기관이라는 명시적인 규정은 없어졌지만, 의원내각제 하에서는 행정권을 담당하는 국무원이 의결기관인 것은 당연하다. 명문상으로도 1960년 헌법 제72조에서는 국무회의의 의결을 거쳐야할 사항들을 규정하고 있다.

자처리를 위한 특별법의 근거를 부칙에 신설하는 것 외에 국무총리 및 국무위원에 대해서는 아무런 개정이 없었다.

⑤ 1962년 헌법(제5차 개정헌법) · 1969년 헌법(제6차 개정헌법)

1961년 5·16군사쿠데타로 집권한 군부는 같은 해 6월 6일 국가재건비상조치법을 제정하였다. 이 법률 제24조에서는 헌법의 규정 중 비상조치법에 저촉되는 경우에는 비상조치법을 적용하도록 규정함으로써, 헌법을 배제한 사실상 헌법적 효력을 가지는 법률이었다. 이 법률에 따라 국무원은 내각수반과 각원(閣員)으로 조직되는 내각으로 대체되었고(제14조), 헌법상 국무원의 권한은 국가재건최고회의의 지시와 통제하에 내각이 행하되, 내각은 국가재건최고회의에 대해 연대책임을 지도록 하였다(제13조).

국가재건비상조치법의 개정형식을 통하여 만들어진 1962년 헌법은 삼권분립에 입각한 대통령중심제를 택하였기 때문에 의결기관으로서 국무원제도는 폐지되었고, 국무회의는 심의기관으로 변경되었다(제83조 제1항). 국무총리는 1948년 헌법과 1952년 헌법으로 돌아가 다시 대통령의 보좌기관과 국무회의의 부의장이 되었고(제85조 제2항), 대통령권한대행에 있어서는 부통령제도를 두지 않음으로 인하여 제1순위가 되었다(제70조). 대통령의 국법상 행위인 문서에 국무총리의 부서가 필요한 것도 마찬가지였다(제80조). 국무총리의 이러한 제1의 대통령권한대행자로서의 지위는 이후의 헌법개정에서는 변함이 없이 오늘날에 이르고 있다. 1948년 헌법과 달리 국무총리가 국무위원임명제청권을 가짐으로써 1952년 헌법으로 되돌아갔다(제84조 제1항). 다만, 1952년 헌법에서는 임면제청권을 규정하여 임명과 해임을 동시에 규정하였던 것을, 1962년 헌법에서는 해임건의권을 임명제청권과 구분하여 별도로 규정하였다(제84조 제3항).[348] 국무총리가 행정에 관하여 대통령의 명을 받아 행정각부를 통할하도록 한 것(제89조)은 대통령제를 취한 1948년 헌법과 1952년 헌법과 동일하지만, 이 두 헌법이 행정각부에 분담되지 아니한 행정사무를 국무총리가 담임하도록 한 규정(각 제73조 제2항)은 두지 않았다.

제6차 헌법개정은 1962년 헌법 제69조 제3항에서 대통령은 1차에 한하여 중임할 수 있게 하였던 것을 3기까지 계속 재임을 허용하는 것(제69조 제3항)을 주요내용으로 하였기 때문에 국무총리와 국무위원에 관한 규정에 있어서는 아무런 변화가 없었다.

⑥ 1972년 헌법(제7차 개정헌법) · 1980년 헌법(제8차 개정헌법) · 1987년 헌법(제9차 개정헌법)

유신헌법이라고도 불리는 1972년 헌법개정은 대통령의 장기집권을 도모하기 위해 단행된 개정이다.[349] 제1의 대통령권한대행자로서 국무총리(제48조)는 이전 헌법과 같이 여전히 국무회의의 부의장이었고(제65조 제3항), 대통령을 보좌하고 행정에 관하여 대통령의 명을 받아 행정각부를 통할하도록 되어 있었다(제63조 제2항). 대통령의 국법행위문서에는 국무총리의 부서가 요구되었다(제60조). 국무회의도 이전과 같이 심의기관에 머물렀다(제65조 제1항).

---

348) 현행 헌법의 동일조항 해석과 관련하여 대통령은 국무총리의 해임건의권에 구속되지 않는다고 하는 견해가 다수의 입장이다(김철수, 헌법학(하), 박영사, 2008, 1765쪽 참조).

349) 김철수, 헌법과 정치, 진원사, 2012, 121쪽.

그러나 국회는 국무총리를 해임 의결할 수 있고, 이 경우 대통령은 국무총리와 함께 국무위원 전원을 해임하지 않으면 안 되었다는 점(제97조 제3항)에서 국회에 대해 책임이 강화되어 있으므로 1962년 헌법 및 1969년 헌법과 비교하여 볼 때 국무총리의 헌법적 지위가 높아졌다고 볼 수 있다.[350] 이러한 1972년 헌법의 국무총리와 국무회의에 대한 규정은 1980년 헌법(제8차 개정헌법)을 거쳐 현재의 1987년 헌법(제9차 개정헌법)에도 그대로 유지되고 있다.[351]

3. 임명

가. 국무총리의 임명방식

현행 헌법의 국무총리 임명방식은 기본적으로 유신헌법과 동일하다.[352] 대통령은 국회의 동의를 얻어 국무총리를 임명한다(제86조 제1항). 재적의원 과반수의 출석과 출석의원 과반수의 찬성으로 동의안은 가결된다(제49조). 그러나 국회의 국무총리해임에 관한 권한은 1962년 제5차 개정헌법과 동일하게 해임건의권으로 약화시키고 있다(제63조 제1항). 이 해임건의권은 대통령을 구속하지 않는다. 이것은 대통령의 국회해산권을 인정하지 않는 것에 대응한 것이다. 국회의 선출이나 해임의결이 아닌 임명동의와 해임건의[353]라고 하는 국무총리의 임면에 관한 국회의 독특한 관여방식은 대통령이나 국회 중 어느 일방이 비타협적인 태도로 일관하는 경우에는 헌정은 교착상태에 빠질 수 있고, 후술하는 바의 국무총리서리와 같은 비정상적인 헌정기관이 출현하는 하나의 원인이 될 수 있다.[354]

나. 국회 임명동의의 법적 성격과 국무총리'서리'제도의 위헌성

1) 임명동의의 법적 성격 및 효력

국무총리를 임명하기 위해 필요한 국회의 동의는 사전적 동의를 의미한다.[355] 이

---

350) 김철수, 현대헌법론, 박영사, 1979, 625쪽.

351) 간단한 자구 수정과 국무위원의 숫자에 대한 변경 정도만이 있었다(1980년 헌법 제62조와 제63조).

352) 자세한 설명은 후술 참조.

353) 국회의 국무총리해임 건의는 대통령을 법적으로 구속하지 못한다는 것이 헌재의 입장이다(헌재 2004.5.14. 2004헌나1).

354) 조정관, "국무총리(수상)의 정치적 역할에 관한 비교연구: 필리핀과 태국의 정당정치 비교", 한국정당학회보 5−2, 2006, 140−141쪽 참조.

355) 권영성, 헌법학원론, 법문사, 2008, 904쪽; 허영, 한국헌법론, 박영사, 2008, 916쪽; 최대권, 헌법학강의, 박영사, 2001, 116쪽; 김문현, 사례연구 헌법, 법원사, 2000, 389쪽; 정종섭, "대통령의 국

것은 문언의 의미상 명백하고 또 동의제도를 둔 취지에 부합한다. 대통령의 헌법기관 구성에 있어서 국회의 동의제도는 소극적으로는 대통령에 대한 견제의 의미를 가질 뿐 아니라, 적극적으로는 국무총리가 국회의 신임 하에 행정을 할 수 있도록 하려는 것이다.[356] 이러한 동의제도의 취지로 볼 때 국무총리의 임명에 대한 국회의 동의는 대통령의 단독행위에 국회가 단순히 부수적으로 협력하는 것에 그치지 아니하고 **국회가 대통령과 공동으로 임명에 관여하는 것**이라고 보는 것이 타당하다.[357] 따라서 국회의 동의 없는 국무총리의 임명은 위헌무효다.

2) 국무총리'서리'제도의 위헌성[358]

국회의 동의 없는 국무총리의 임명이 위헌이라면 대통령이 국무총리의 직무를 대행할 자, 즉 국무총리서리를 임명하는 행위도 원칙적으로 허용되지 않는다. 왜냐하면 국무총리'서리'(署理)라는 이름 아래 국무총리의 권한을 행사하는 실질적인 국무총리를 국회의 동의 없이 임명한 것으로 보이기 때문이다.[359] 그러나 이 문제는 비단 동의의 헌법적 성격과 효력만을 가지고 논의할 성질의 것만은 아니다.

국무총리서리제도는 헌법에 의해 명문으로 인정되는 제도가 아니다. 국무총리서리와 관련하여 헌법사를 돌이켜 보면, 1948년 헌법과 1952년 헌법에서 대통령의 임명 후 사후승인규정을 두었었는데,[360] 이 문언에 따르면 국무총리서리의 신분이 존재할 수 있는 것처럼 보인다. 그러나 사후승인 전이든 사전동의 전이든 문제의 본질은 국회에

무총리 임명에 대한 국회의 동의", 헌법학연구 4-2, 1998.10., 403쪽; 장영수, 헌법학, 홍문사, 2008, 1201쪽.

356) 김철수, 헌법학(하), 박영사, 2008, 1762쪽. 따라서 국무총리도 국회에 대하여 책임을 진다. 이러한 책임은 국회의 해임건의권으로 구체화되어 있다.

357) 헌재 1998.7.14. 98헌라1의 3인의 반대의견(위헌의견) 및 권영성, 헌법학원론, 법문사, 2009, 904쪽 참조. 이에 반해 단순한 통제권의 행사로 보는 견해로는 정태호, "국무총리서리 임명의 적법성과 국가기관간 권한쟁의심판의 적법성", 고시연구 2003.8., 163쪽; 곽순근, "국회의 동의를 얻지 않은 국무총리임명의 효력", 고시연구 1999.7., 95쪽; 남복현, "현행헌법상 권력구조의 개편필요성에 관한 검토", 공법연구 26-3, 1998.6., 284쪽.

358) 헌재 1998.7.14. 98헌라1, 대통령과 국회의원간의 권한쟁의(각하) 사건은 관여재판관의 과반수인 5인이 이유를 달리하나 결론에 있어 각하의견이어서 심판청구를 각하한 사례다.

359) 헌재 1998.7.14. 98헌라1, 10-2, 26쪽 참조.

360) 1948년 헌법 제69조 제1항 국무총리는 대통령이 임명하고 국회의 승인을 얻어야 한다. 국회의원총선거후 신국회가 개회되었을 때에는 국무총리임명에 대한 승인을 다시 얻어야 한다. 1952년 헌법 제69조 ① 국무총리는 대통령이 임명하고 국회의 승인을 얻어야 한다. ② 민의원의원총선거후 신국회가 개회되었을 때에는 국무총리임명에 대한 승인을 다시 얻어야 한다. ③ 국무총리가 궐위된 때에는 10일이내에 전항의 승인을 요구하여야 한다.

의해 대통령의 행위가 완성되기 전에 한 피승인자(또는 피지명자)의 국무행위의 법적 효력의 여부이기 때문에, 용어가 지명이냐 임명이냐는 문제되지 않는다.[361] 아무튼 이승만 정부 시대에는 5인의 국무총리서리가 존재하였다. 제2차 개정헌법인 1954년 헌법에서는 국무총리제를 폐지하였고, 1960년의 제3차 개정헌법과 제4차 개정헌법에서는 국무총리를 대통령이 지명하고 민의원의 동의를 얻도록 하고 있었으나(각 헌법 제69조 제1항 본문), 대통령이 국무총리를 지명한 때에는 지명 후 24시간에서 48시간 이내에 동의안을 처리하도록 되어 있었고(각 헌법 제69조 제3항), 2차에 걸쳐 동의안이 부결되면 민의원에서 직접 선거하도록 되어 있었기 때문에(각 헌법 제69조 제1항 단서) 국무총리서리의 문제는 발생하지 않았다. 제5차 개정헌법인 1962년 헌법에서는 국회의 국무총리 동의제도를 두지 않고 대통령이 임명하는 것으로 그쳤기 때문에 더더욱 국무총리서리문제는 발생하지 않았다. 1972년 헌법부터 현재와 같이 국회의 사전동의를 요하게 되었다. 이때부터 수립된 정부마다 모두 국무총리서리를 둔 바 있다.[362] 이로부터 국무총리서리제도라는 헌법적 관행이 성립된 것으로 볼 여지가 있다.[363] 그러나 헌법재판소의 반대의견(위헌의견)[364]이 밝힌 바와 같이, 그것은 헌법의 규정에 명백히 위반되는 정치적 선례에 불과한 것으로 보아야 한다.

다른 한편 국무총리가 궐위된 경우에는 국무총리서리의 임명이 가능하다는 주장이 있다.[365] 이러한 궐위는 신임대통령이 취임하여 처음으로 국무총리를 임명하는 경우에만 발생할 수 있는데, 왜냐하면 국무총리가 일단 정상적으로 임명된 이후에 국무총리가 사고로 직무를 수행할 수 없는 경우에는 「정부조직법」이 정한 국무총리 직무대행자가 국무총리의 직무를 수행하면 될 것이기 때문이다.[366] 이 견해에 따르면 신임대통령이 국무총리임명동의안을 국회에 회부하였으나 국회가 동의안을 처리할 수 없는 특수한 상황에서 「정부조직법」에 의한 권한대행자도 없는 경우는 헌법이 예견하지 못한 헌법의 흠결 내지 헌법의 틈이기 때문에 해석으로 국무총리서리의 필요성을 인정할 수

361) 유진오는 제1공화국헌법상 대통령의 임명을 지명으로 약화시켜 이해하였다.
362) 자세한 것은 정종섭, "대통령의 국무총리 임명에 대한 국회의 동의", 헌법학연구 4－2, 1998.10., 408쪽 이하 참조.
363) 헌재 1998.7.14. 98헌라1 사건에서의 피청구인(대통령)의 주장, 헌재판례집 10－1, 14쪽 참조.
364) 헌재 1998.7.14. 98헌라1, 대통령과 국회의원간의 권한쟁의(각하) 결정의 재판관 김문희 · 이재화 · 한대현의 의견 참조.
365) 헌재 1998.7.14. 98헌라1 결정의 재판관 이영모의 반대견해(합헌견해).
366) 정부조직법(2007.5.11. 법 제8417호) 제22조 참조.

있을 것이라고 한다.[367] 그러나 국무총리의 직무대행에 대해 규정하고 있는 「정부조직법」 제22조의 사고[368]의 개념을 넓게 이해하여 궐위도 포함하는 것으로 해석하면 굳이 국무총리서리를 두지 않고서도 국무총리 직무대행자를 임명할 수 있을 것이고,[369] 앞선 특수한 예외적인 경우에도 종래의 국무총리가 직무를 계속 수행하거나 국무총리직무대행자가 국무총리의 직무를 수행하는 상태에서 대통령이 정치적으로 국회의 동의를 얻어내거나 다른 적합한 인물을 국무총리로 국회에 임명동의 요청하는 것이 타당하다는 반대견해가 있다.[370]

또 다른 견해로서 대통령이 국무총리서리에게 자신의 권한을 위임하여 국무총리서리의 직무를 수행하도록 하는 것이 무조건 위헌이라고 보기는 어렵기 때문에, 국무총리서리제도 자체는 합헌으로 보면서 서리의 권한은 어디까지나 대통령에게서 위임받은 권한에 한정된다고 보는 견해가 있다.[371] 이 견해에 따르면 부서권, 국무위원임명제청권, 해임건의권 등은 서리가 행사할 수 없다고 하는데, 이러한 정도의 서리라면 애초부터 문제가 되지 않았을 것이다.

결국 국무총리서리문제와 관련하여서는 어느 주장의 경우나 일면의 논거가 없는 것은 아니다. 다만, ① 헌법의 문언이 국무총리의 임명에 있어서는 국회의 사전동의를 얻도록 하고 있음이 명백하기 때문에 이의가 있을 수 없고, ② 「정부조직법」상 문언을 엄격하게 해석하여 헌법이 예정하고 있지 않고 있는 — 해석에 따라서는 오히려 명백히 부인하고 있는 것으로 볼 수 있는 — 어떤 제도를 만들어 낸다는 것은 허용할 수 없으며, ③ 과거 존재한 관례라고 하여 반드시 모두 정당한 것으로 평가할 수 없음을

367) 김문현, 사례연구 헌법, 법원사, 2000, 389쪽; 김문현, "국무총리의 지위", 고시계 1998.5., 36쪽 이하; 1998.7.14. 98헌라1, 대통령과 국회의원간의 권한쟁의(각하) 결정의 재판관 이영모의 반대견해(합헌견해). 정태호, "국무총리서리 임명의 적법성과 국가기관간 권한쟁의심판의 적법성", 고시연구 2003.8., 167쪽. 동조하는 견해로는 성낙인, 헌법학, 법문사, 2008, 1038쪽.

368) 정부조직법 제22조(국무총리의 직무대행) "국무총리가 **사고**로 직무를 수행할 수 없는 경우에는 기획재정부장관이 겸임하는 부총리, 교육부장관이 겸임하는 부총리의 순으로 직무를 대행하고, 국무총리와 부총리가 모두 사고로 직무를 수행할 수 없는 경우에는 대통령의 지명이 있으면 그 지명을 받은 국무위원이, 지명이 없는 경우에는 제26조 제1항에 규정된 순서에 따른 국무위원이 그 직무를 대행한다."

369) 헌재 1998.7.14. 98헌라1, 결정의 3인의 반대의견(위헌의견). 비슷하게는 이관희, 한국민주헌법론 Ⅱ, 박영사, 2008, 390쪽.

370) 정종섭, "대통령의 국무총리 임명에 대한 국회의 동의", 헌법학연구 4-2, 1998.10., 424쪽. 이러한 반대견해에 대해서는 전임대통령이 임명한 국무총리가 예컨대 새로운 정부의 국무위원을 제청하게 하는 것은 타당하지 않다는 재반론이 있다(김문현, 사례연구 헌법, 법원사, 2000, 390쪽).

371) 장영수, 헌법학, 홍문사, 2008, 1201-1202쪽.

고려하면 **국무총리서리의 임명은 헌법에 위반된다**고 보는 것이 타당할 것이다.[372] 새로운 대통령의 취임과 관련하여 언제든지 다시 등장할지도 모르는 국무총리서리를 임명하는 사태를 예방하기 위하여 「대통령직인수에관한법률」이 2003년 제정되었다. 현행 「대통령직 인수에 관한 법률」에 따르면 대통령당선인은 대통령임기 개시 전에 국회의 인사청문 절차를 거치게 하기 위하여 국무총리후보자를 지명할 수 있고, 대통령이 일단 국무총리후보자를 지명한 경우에는 대통령은 국회의장에게 인사청문의 실시를 요청하여야 한다고 규정하고 있다(대통령직 인수에 관한 법률 제5조).

3) 국무총리의 임명과 인사청문회제도

대통령이 국회 다수당의 당수인 경우에는 특히 국회의 동의라고 하더라도 형식적인 동의에 그쳐 사실상 대통령의 독단적 국무총리 임명이 되기 쉽다. 이때 학연, 지연 등에 의한 정실인사가 이루어지는 경우는 자칫 자격미달의 인사가 국무총리로 임명됨으로써 행정부의 효율적이고 효과적인 업무수행이 어렵게 되고, 국정운영의 책임을 묻게 되는 일이 자주 발생하게 되어 국정의 일관성과 효율성이 훼손될 가능성이 있고, 결국 국정전반에 걸친 정치과정에 대한 불신으로 이어질 가능성이 있다.[373] 이에 따라 2000년 2월 국무총리의 임명절차에 인사청문회제도가 도입되었다.[374] 인사청문회제도는 대통령이 객관적 능력과 자격을 기준으로 삼아 국무총리 후보자를 선택할 가능성을 높이고, 잘못된 인사에서 파생되는 여러 가지 국정운영상 문제를 사전에 예방할 수 있으며, 그렇게 하여 임명된 국무총리의 신뢰가 높아짐에 따라 보다 뛰어난 국정수행이 가능하게 될 수 있다는 긍정적인 기능을 한다.[375] 그러나 인사청문회제도의 그러한 긍정적인 기능의 실현은 제도 자체에 당연히 수반되는 것이라기보다는 제도를 어떻게 운영하느냐에 따라 달라질 수 있는 것으로 보인다.[376]

---

372) 이것이 다수의 견해다.

373) 최준영 · 조진만 · 가상준 · 손병권, "국무총리 인사청문회에 나타난 행정부-국회 관계분석: 회의록에 대한 내용분석으로 중심으로", 한국정치학회보 42-2, 2008.6., 155쪽.

374) 2000.2.16. 개정된 「국회법」 제46조의3 참조.

375) 최준영 · 조진만 · 가상준 · 손병권, "국무총리 인사청문회에 나타난 행정부-국회 관계분석: 회의록에 대한 내용분석으로 중심으로", 한국정치학회보 42-2, 2008.6., 155쪽.

376) 최준영 · 조진만 · 가상준 · 손병권, "국무총리 인사청문회에 나타난 행정부-국회 관계분석: 회의록에 대한 내용분석으로 중심으로", 한국정치학회보 42-2, 2008.6., 156쪽에 따르면 그동안의 인사청문회에 대한 언론보도에 의거할 때 실제로 내정자에 대한 인신공격이나 정부를 비판하는 성토장이 되어 버린 경우가 인사청문회의 주된 특징이었다고 한다. 이 논문에서는 그동안 실시된 국무총리 인사청문회에서 국회의원들의 행동방식이 견제와 균형에 입각한 비정당 양식이나 교차정

4. 문민통제(제86조 제3항)

가. 연혁

군인은 현역을 면한 후가 아니면 국무총리에 임명될 수 없도록 한 헌법규정은 국무총리제를 폐지한 1954년의 제2차 개정헌법과 의원내각제를 채택한 1960년의 제3차 및 제4차 개정헌법을 제외하고는 언제나 헌법에 규정되어 있었다. 다만, 1972년 헌법부터는 헌법제정 당시와는 달리 국무총리와 국무위원이 구분되어 별도의 조문에 규정되었다.

나. 의의 및 내용

군인은 현역을 면한 후가 아니면 국무총리에 임명될 수 없도록 하고 있는 헌법 제86조 제3항은 국무위원에 대한 마찬가지의 규정인 헌법 제87조 제4항과 대통령의 국군통수권행사에 관하여 국회의 동의를 얻도록 하고 있는 헌법 제60조 제2항, 군사에 관한 중요사항은 국무회의의 심의를 거치게 하고 있는 헌법 제89조, 대통령의 군사에 관한 행위에 대하여 국무총리와 관계국무위원이 부서를 하도록 한 헌법 제82조와 더불어 헌법이 문민통제의 원칙 또는 문민우위의 원칙을 규정한 것으로 이해된다.[377] 문민통제(civilian control)란 군사에 관한 최고결정권자는 군인이 아니라 민간정치인인 문민이어야 하고 군은 문민에 의한 국가정책결정에 복종해야 할 뿐만 아니라 군사에 관한 사항도 문민에 의하여 통제되어야 함을 의미한다.[378] 그러나 지난 우리의 역사 속에서 소위 군사정권이라고 비판된 박정희 정부나 전두환 정부 그리고 노태우 정부도 헌법규정의 형식적 의미에서는 문민통제의 원칙이 지켜진 것으로 이해된다. 따라서 이 규정만으로 문민통제가 완전히 이루어진 것이라고 볼 수 없다.[379] 정치문화가 군사문화화 하지 않도록 하는 노력에 의해 진정한 의미의 문민통제가 이루어질 수 있다.

이 규정에서 '군인'이라 함은 전시와 평시를 막론하고 군에 복무하는 자를 말한다(국군조직법 제4조 제1항). '현역'은 병역의 일종으로서 징집 또는 지원에 의하여 입영한

당 양식이 아니라 정당 양식이 지배적인 양식이 되어왔다고 분석하고 있다. 정당 양식이란 인사청문회 위원인 국회의원들이 소속정당에 따라 완전히 다르게 인사청문회에 임하고 있다는 것을 의미한다. 이와 같은 문제의 원인은 소속 정당에 대한 국회의원의 자율성이 상대적으로 매우 낮기 때문이라고 분석하고 있다(163쪽 이하 참조).

377) 권영성, 헌법학원론, 법문사, 2009, 258쪽.

378) 권영성, 헌법학원론, 법문사, 2009, 258쪽.

379) 구병삭, "문민통제", 고시계 1981.9., 40쪽.

병과 병역법 또는 군인사법에 의하여 현역으로 임용된 장교·준사관·부사관 및 군간부후보생을 의미한다(병역법 제5조 제1항 제1호). 현역을 면하는 경우는 전역하여 예비역에 편입되거나(군인사법 제42조) 제적되거나(군인사법 제40조. 예컨대 파면의 경우) 및 퇴역(군인사법 제41조)하는 경우가 있다. 법령상 전역하여 예비역에 편입되는 경우로는 병에 있어서는 현역복무기간의 만료, 장교·준사관·하사관에 있어서는 원에 의한 전역(군인사법 제35조), 정년전역(군인사법 제36조), 각군 전역심사위원회의 심의에 따른 강제전역(군인사법 제37조) 등이 있다.

5. 국무총리제도의 개정 필요성 논의[380]

가. 국무총리제도의 문제점

대한민국헌법의 국무총리제도는 ① 국무총리 임명 시에 국회의 동의를 요하는 것은 민주적 정당성이 강한 대통령의 지위를 크게 약화시키고, 여소야대의 경우 대통령과 국회가 갈등으로 극한적 대립의 우려가 있으며, 임명동의가 늦은 경우 행정부의 공백이 생길 수 있으며, ② 국회의 동의를 받은 국무총리의 지위를 단순한 보좌기관으로 제한하는 것은 국무총리의 헌법제도적인 정당성이 문제될 수 있고, ③ 대통령과 국무총리의 위계질서로 인하여 국무총리의 국무위원임명제청권과 해임건의권이 유명무실해질 우려가 있다. 또 ④ 국무총리의 해임을 대통령에게 맡기는 것은 임명에 있어서 국회동의요건과 조화되기 어려운 면이 있는 등의 문제점이 지적되고 있다.[381] 이와 같은 문제점들과 관련하여 국무총리제도에 대해서는 이를 폐지하자는 견해와 현행 규정을 적극적으로 해석하려는 견해가 있다.[382]

나. 국무총리제도 폐지론과 논의되는 개정방향

1) 폐지론의 논거

국무총리제도를 폐지하자는 견해가 들고 있는 논거로는 다음과 같은 것들이 있다.

---

380) 이에 대한 공법학자를 대상으로 한 설문조사연구로는 도회근, “헌법개정의 쟁점과 과제 – 공법학자 설문조사 결과분석 –”, 공법연구 34–1, 2005.11., 55쪽 이하.

381) 이상 명재진, “국무총리제의 합리적 운용의 한계와 개헌필요성”, 헌법학연구 13–1, 2007.3., 169–170쪽.

382) 김용복, “한국 국무총리제도의 문제점과 개선방안: 권력구조개혁과 총리제도”, 2002년 한국정치학회 연말학술대회, 205–226쪽 참조.

① 대한민국헌정사에 있어서 국무총리제도는 대통령직을 성역화해서 대통령직을 격상시키기 위한 권위주의적인 대통령관의 그릇된 역사적인 유물이다.[383] ② 국무총리로 하여금 대통령의 궐위 시 권한을 대행하게 하는 것은 대통령의 궐위로 야기되는 정치적 혼란을 제대로 수습하기에는 국무총리의 민주적 정당성의 기반이 너무나 약하다.[384] ③ 대통령에 의해 임명되고 대통령의 보좌기관에 지나지 않는 국무총리직에 대통령의 권한을 대행하는 권한을 부여하거나 국무위원 및 행정각부의 장의 임명제청권과 국무위원해임건의권을 부여하는 것은 대통령제의 정부형태와 체계상 부합하지 않는다.[385] ④ 미국식 대통령제와는 달리 대통령의 권한행사는 내각을 통해서 하게 되고, 내각의 구성원은 수시로 국회의 출석요구에 응해야 하기 때문에 국회가 여소야대로 구성되는 경우에는 국정이 마비되고, 대통령은 국민의 의사와 관계없이 국회에서 여당이 다수당을 형성하도록 정계개편을 하게 되고 따라서 야당은 항상 소수당으로 전락하게 됨으로써 야당에 의한 평화적 정권교체는 불가능하게 되기 때문에 의원내각제적 요소로서의 국무총리제는 사족적인 장애요소가 된다.[386]

2) 논의되는 개정방향

가) 부통령제 도입론[387]

국무총리제도가 갖는 이상과 같은 문제점들을 극복하는 한 방안으로서 미국식 대통령제에 충실하여 부통령제를 도입하자는 견해가 있다.[388] 부통령제 도입론은 대통령의 임기를 4년으로 해서 국회의원의 임기와 일치시킴으로써 잦은 선거로 인한 국력의 낭비를 방지하고자 하는 입장에서도 주장된다. 즉, 대통령의 궐위 시에 국무총리가 권한대행을 하고 대통령을 새로 선출하면 국회의원과 대통령의 임기가 다시 어긋나게 되므로 국무총리제를 폐지하고 부통령제를 도입하여야 한다는 것이다.[389]

---

383) 허영, 한국헌법론, 박영사, 2011, 964쪽. 같은 의견으로는 정종섭, "한국 헌법상 대통령제의 과제", 헌법학연구 5-1, 1999, 20-22쪽; 명재진, "국무총리제의 합리적 운용의 한계와 개헌필요성", 헌법학연구 13-1, 2007.3., 170쪽.

384) 허영, 헌법이론과 헌법, 박영사, 2006, 757쪽.

385) 정종섭, "한국 헌법상 대통령제의 과제", 헌법학연구 5-1, 1999, 20-22쪽.

386) 장석권, "현행헌법상 국무총리제의 활용방안에 대한 고찰", 고시계, 1993.2., 42쪽 이하 참조.

387) 부통령제 도입 시 고려해야 할 사항에 대해서는 정재황·송석윤, "헌법개정과 정부형태", 공법연구 34-4(2), 2006.6., 175쪽 이하; 박상철, 한국정치법학론, 리북, 2008, 106-108쪽 참조.

388) 허영, 한국헌법론, 박영사, 2011, 965쪽; 조재현, "책임총리제 실현을 위한 개헌 및 선거법 개정", 연세법학 9-2, 2003, 43쪽.

389) 정재황·송석윤, "헌법개정과 정부형태", 공법연구 34-4(2), 2006.6., 168쪽 참조.

이러한 방향의 개정론에 대해서는 대통령직을 승계하는 데 적합한 인물보다는 지역적 안배가 우선시 될 수 있기 때문에 대통령 궐위 시 국정운영을 제대로 할 수 있을지 의문이고, 순수한 대통령제의 도입[390]으로 현재의 제왕적 대통령제를 변화시키기는커녕 오히려 대통령의 권한강화로 귀결될 수 있다는 지적이 있다.[391]

나) 의원내각제로의 개헌론

의원내각제 정부형태의 장·단점을 떠나서 국무총리제도와 관련하여 의원내각제로의 개헌이 주장되기도 한다. 이 견해는 국무총리의 현행 헌법상 위상은 미약하고, 합리적인 운용에 한계가 있으므로 국무총리가 의회의 신임 속에서 강력한 리더십을 행사할 수 있는 의원내각제로의 개헌이 요구된다고 한다.[392]

이에 대하여는 안정적인 정당제도의 확립 없이는 안정적인 의원내각제 역시 있을 수 없다는 전제 하에 선거 때만 다가오면 탈당·분당·창당이 끊이지 않는 연약한 정당구조 하에서는 의원내각제의 도입에 의문이 제기되기도 한다.[393]

다) 국회선출로의 개헌론

지난 2018년 4월에 제안된 문재인대통령 헌법개정안에 대한 논의에서 양당이 주장한 견해로 국무총리를 국회에서 선출하는 방법도 생각할 수 있다.

그런데 이 문제는 앞서 우리나라의 정당내부질서와 연결하여 이해하여야 한다. 우리나라 정당은 사실상 인물정당이요 1인 정당이다. 따라서 그 1인과 맞지 아니하면 탈당하여 분당하거나 다른 당으로 당적을 옮기고 있다. 이렇게 정당내부질서가 민주화되지 않은 풍토에서는 국무총리를 국회에서 선출하게 하는 것이 대통령의 견제에 효과적인 것일 수 있다. 특히 여당이 국회의 다수당을 점하지 못하는 경우에는 강력한 대통령 견제수단이 될 것이다. 그러나 다수의 야당이 선출한 국무총리가 대통령과 충돌할 경우에는 국정의 혼란이 초래될 수 있다.

---

390) 부통령제를 도입하는 것을 이렇게 표현한 것으로 이해된다.
391) 명재진, "국무총리제의 합리적 운용의 한계와 개헌필요성", 헌법학연구 13-1, 2007.3., 175쪽 이하.
392) 명재진, "국무총리제의 합리적 운용의 한계와 개헌필요성", 헌법학연구 13-1, 2007.3., 182쪽.
393) 조재현, "책임총리제 실현을 위한 개헌 및 선거법 개정", 연세법학 9-2, 2003, 41쪽; 신우철, 헌법과학, 동현출판사, 2002, 171-173쪽.

다. 현행 제도의 적극적 해석론

1) 이원정부제적 운용의 가능성론

이 견해는 국무총리를 대통령에 종속된 지위에 머무르는 것으로 해석하는 것은 대통령주의제적 헌법현실에만 매달린 편협한 해석이라고 비판하고, 국무총리는 대통령의 신임에 기초하여 있을 뿐만 아니라 국회로부터의 신임에도 기초하고 있음을 강조한다. 다시 말하면 국회의 동의에 해석의 무게를 두는 입장이다. 이를 통하여 간접적으로나마 국민적 정당성을 확보하고 있는 것으로 이해한다. 특히 단일 야당이 국회의원의 절대과반수를 차지하는 가운데 국회의 동의를 얻어 임명된 경우에는 대통령에 종속된 것으로만 이해할 수 없다고 한다. 이 견해는 결국 대한민국헌법을 이원정부제적(또는 책임총리제적: 필자) 운용할 수 있다는 입장이다.[394)]

이 견해에 대하여는 ① 국무총리는 기본적으로 대통령의 보좌기능을 하는 데 그치므로 국무총리에게 실질적으로 행정을 통할하는 권한을 부여하더라도 이러한 권한은 언제나 회수될 수 있다는 점과 국회의 국무총리임명동의를 행정부구성의 제도적인 수단으로 이해하는 것은 대통령중심제의 특징적인 요소인 국회와 행정부의 조직상 및 기능상의 독립성이 침해되는 것이기 때문에 헌법제정권자의 의사에 정면으로 반한다는 점,[395)] ② 국무총리가 국회의 신임에 기초하지 않고 대통령에 의해 임면되는 헌법제도하에서 우리 정부형태가 이원정부제로 운영될 수 있다는 주장은 조문해석의 범위를 넘는 것이라는 점,[396)] ③ 현행 헌법상 행정의 궁극적인 책임은 대통령이 지기 때문에 책임총리제의 도입으로 국무총리가 국정의 일정부분에 대해 책임을 진다는 것은 행정권은 대통령을 수반으로 한 정부에 속한다고 한 헌법 제66조 제4항과 합치하지 않고,[397)] ④ 대통령의 보좌기관이자 권한대행자인 총리를 대통령과 정파를 달리하는 다수파 중에서 임명한다는 것은 정국의 혼란만 가져올 뿐이라고 하는 점 등이 비판으로 제기되

---

394) 성낙인, 헌법학, 법문사, 2014, 1033쪽. 같은 견해로는 김광선, “국무총리의 국무위원 제청권과 행정각부 통할권에 관한 연구”, 중앙법학 6−3, 2004, 17쪽 참조. 국무총리제의 취지를 살리면서 내각제 요소의 적극적 해석이 필요하다고 보는 견해로는 심경수, “우리나라 헌법상 국무총리의 지위”, 헌법학연구 4−3, 1998. 11., 82−83쪽; 함성득, “새로운 국무총리의 역할과 국무회의의 기능: 내각제 개헌논의와 관련하여”, 한국행정연구 7−2, 1998 여름, 151−152쪽; 이관희, 한국민주헌법론 Ⅱ, 박영사, 2008, 388쪽. 이원정부제적 발전 가능성을 부정적으로 보는 견해로는 최대권, 헌법학강의, 박영사, 2001, 345−346쪽 참조.

395) 전광석, 한국헌법론, 법문사, 2007, 588쪽.

396) 명재진, “국무총리제의 합리적 운용의 한계와 개헌필요성”, 헌법학연구 13−1, 2007.3., 181쪽.

397) 조재현, “책임총리제 실현을 위한 개헌 및 선거법 개정”, 연세법학 9−2, 2003, 36쪽 이하.

고 있다.[398]

2) 다양한 정부형태로의 운용 가능성론

이 견해는 현행 헌법을 개정하는 것이 가장 바람직하지만 개헌을 전제로 하지 않는 경우에는 현행 헌법 하에서도 앞의 견해와 같이 대통령은 국방, 외교, 안보 통일 등 주로 외치를 담당하고, 국무총리는 국내정책 중심의 내치를 담당하게 하는 이원정부제적인 운용이 가능할 뿐만 아니라, 현행 헌법상 국무총리의 역할은 대통령의 명에 의해 이루어지도록 되어있기 때문에 순수한 대통령제와 유사하게 국정을 운영하는 것은 법률적인 문제가 없다고 한다. 그러나 가장 현실적인 방안으로서는 현재의 제왕적 대통령제의 점증적 완화방안으로서 대통령은 장기적, 전략적 기획에 집중하고 국무총리는 계층제적, 미시적 감독에 집중하는 것도 가능하다고 한다.[399]

6. 국무총리의 권한

국무총리는 헌법상 대통령 권한대행권(제71조), 대통령 보좌권(제86조 제2항), 국무위원 및 행정각부의 장 임명제청권(제87조 제1항, 제94조), 국무회의의 심의 · 의결 참여권(제88조 제2항 · 제3항), 대통령의 국법상 행위에 대한 부서권(제82조), 행정각부 통할권(제86조 제2항), 총리령발령권(제95조), 국회 출석 · 발언권(제62조 제1항) 등의 권한을 가진다.

II. 국무위원[400]

1. 제도적 의의

국무위원제도는 미국식 대통령제에는 없는 제도로서 형식적으로는 의원내각제의

---

398) 조재현, "책임총리제 실현을 위한 개헌 및 선거법 개정", 연세법학 9-2, 2003, 39, 44쪽. 이 견해는 책임총리제의 도입은 이원정부제로의 개헌을 통해서만 가능하다고 한다. 그러나 이원정부제의 운용은 관용 · 인내 · 타협에 의한 정치문화가 수반되어야 하는데, 현재의 정치현실을 고려할 때 이원정부제로의 개헌에 대해서는 회의적이다(39-40쪽).

399) 정용덕 · 김근세, "한국의 핵심행정부 기구: 제도화와 개혁방향", 2002년 한국정치학회 연말학술대회, 198쪽 이하.

400) 이하의 설명은 (사)한국헌법학회 편, 헌법주석, 경인문화사, 2018에서 필자가 집필한 786쪽 이하의 내용을 일부 수정 · 보완하여 그대로 인용한 것이다.

각료와 유사한 성격을 갖는다고 할 수 있지만, 의원내각제에서의 각료는 의결기관인 각료회의의 구성원임에 반하여, 대한민국헌법상 국무위원은 심의기관인 국무회의의 구성원이라는 점(제88조 제1항)에서 구별된다. 그러나 헌법 제89조에서는 다양하고도 중요한 국정사항에 대하여 필요적으로 국무회의의 심의를 거치게 함으로써 순화된 정책의 수립을 가능하게 하는 법적 토대를 마련하고 있는 것으로 평가할 수 있다.

NOTE 국무위원 관련 헌법 규정의 연혁 

1948년의 제정헌법에서는 국무위원에 대한 대통령의 임명권의 근거와 문민원칙만을 두고 있었다(제69조 제2항 · 제4항). 1952년의 제1차 개정헌법에서는 임명 시 국무총리 제청권의 근거를 마련하였고(제69조 제4항), 특히 국회에 대하여 국무위원의 개별적 책임과 함께 국무총리과의 연대책임규정(제70조)을 신설하였다. 국무총리제도가 폐지된 1954년의 제2차 개정헌법에서는 다시 1948년 헌법과 동일한 규정으로 회귀하였다가, 의원내각제를 채택한 1960년의 제3차 개정헌법에서는 의원내각제에 맞도록 국무총리가 국무위원을 임면하고, 국무원은 민의원에 대하여 연대책임을 지도록 하였다(제68조 제3항). 순수대통령제에 가까운 1962년의 제5차 개정헌법에서는 국무총리가 국무위원 임명제청권과 해임건의권을 가지는 것으로 규정하였다(제84조 제1항 · 제3항). 국회에 대한 연대책임규정은 삭제되었다. 권위주의적 대통령제를 규정한 1972년의 제7차 개정헌법(유신헌법)은 국무위원이 대통령의 보좌기관임을 명백히 하였다(제64조 제1항). 현행 헌법은 기본적으로 제7차 개정헌법과 동일하다(제87조). 이와 같이 국무위원의 연혁은 1948년의 제정헌법까지 거슬러 올라갈 수 있고, 그 대체적인 원형은 그대로 유지되고 있는 것으로 평가할 수 있다.

2. 헌법상 지위

가. 대통령보좌기관으로서의 국무위원

국무위원은 대통령의 보좌기관이다(제87조 제2항 전문). 국무위원이 대통령의 보좌기관인 점은 1972년 헌법(제64조 제2항) 이후 명문으로 규정되었다. 대통령의 보좌기관으로서 국무위원은 부서를 하는 것으로 이해된다(1987년 헌법 제82조).[401] 그런데 대통령의 국무행위문서에 국무위원의 부서가 있어야 한다는 규정은 헌법 제정 이래로 지금까지 변함없이 헌법에 명기되어 있다. 따라서 대통령의 보좌기관으로서 국무위원의 지위는 명문규정의 유무에 불구하고 인정되는 것으로 이해할 수 있다.

401) 김철수, 헌법학(하), 박영사, 2008, 1770쪽.

대통령보좌기관이라는 점에서 국무위원은 국무총리와 동일하나 국무총리는 행정각부의 장인 국무위원을 통할하고, 국무회의의 부의장이라는 점에서 국무위원에 우월한 대통령보좌기관이다. 문언상으로는 국무위원은 '국정에 관하여' 대통령을 보좌하는 점에서 아무런 제한 없이 대통령을 보좌하는 것으로 규정하고 있는 국무총리에 대한 규정과 구별되지만, 이러한 문언의 차이가 특별한 의미를 갖는 것으로는 보이지 않는다. 국무위원의 보좌영역이 제한되는 것은 당해 국무위원이 특정 행정부처의 장이거나 대통령으로부터 특별한 업무를 위임받았기 때문이고, 국무위원 자체는 모든 국정영역에 대해 대통령을 보좌할 수 있는 것으로 보아야 한다.[402]

나. 국무회의 구성원으로서의 국무위원

국무위원은 심의기관인 국무회의의 구성원으로서 국정을 심의한다(제87조 제2항 후문). 국무위원이 국무회의에 출석하여 심의에 참여하는 것은 국무위원에 주어진 헌법상 권리이자 의무이다. 국무총리제도가 폐지된 제2차 개정헌법(1954년 헌법)을 포함하여 헌법 제정 이후 현재에 이르기까지 국무위원은 줄곧 국무회의의 구성원이었다. 따라서 국무위원의 헌법적 지위는 국무회의(또는 국무원)의 헌법적 성격에 따라 달라질 수 있다.[403] 1948년 헌법과 1952년 헌법 그리고 1954년 헌법에서는 의원내각제의 내각에 해당하는 조직으로서 국무원이 있었고, 내각의 각의에 해당하는 국무회의가 있었다. 국무원은 대통령, 국무총리[404] 기타 국무위원으로 구성되는 합의체였고, 대통령의 권한에 속한 중요국책을 의결하는 의결기관이었다(각 개정헌법 제68조). 의원내각제가 도입된 제3차 개정헌법과 제4차 개정헌법에서도 국무위원은 여전히 국무회의의 구성원이었다. 다시 대통령제로 회귀한 1962년 헌법부터 현재의 헌법에 이르기까지 조직으로서 국무원은 폐지되었고 회의체로서 국무회의는 심의기관으로 약화되었다. 따라서 국무회의의 구성원인 국무위원의 위상도 그만큼 약화된 것으로 이해할 수 있다.

국무회의에서 국무위원은 심의사항의 심의에 관한 한 대통령이나 국무총리와 동등하게 심의권을 가진다고 할 수 있다.[405] 그러나 실제에 있어서는 결정권자인 대통령이

402) 권영성, 헌법학원론, 법문사, 2009, 1034쪽.
403) 김철수, 헌법학(하), 박영사, 2008, 1770쪽.
404) 물론 1954년 헌법에서는 국무총리제도가 없었기 때문에 국무총리는 국무회의의 구성원이 아니었다.
405) 홍성방, 헌법학, 현암사, 2007, 855쪽.

나 제2의 국가행정기관인 국무총리와 동등한 지위를 가진다고 보기는 어려울 것이다.[406]

또 국무위원은 국무회의에 의안을 제출할 수 있고(제89조 제17호), 대통령에게 국무회의의 소집을 요구할 수도 있다(정부조직법 제12조 제3항).

3. 임면

가. 국무총리의 임명제청권

1) 제청 없는 임명의 효력

대통령이 국무총리의 제청 없이 국무위원을 임명한 경우에 임명의 효력에 대해서는 유효설과 무효설이 대립한다. 유효설의 입장에서도 국무총리의 임명제청은 대통령의 국무위원임명의 (효력요건이 아닌) 적법요건이기 때문에 대통령의 임명은 그 자체로서 효력이 있고, 다만 부적법하여 위헌이므로 탄핵사유가 될 뿐이라고 하는 견해,[407] 국무총리의 국무위원임명제청권은 국무총리의 헌법상 지위의 연장선상에서 보아야 하는데, 국무총리는 대통령의 포괄적인 보좌기관에 불과하므로 그 제청권을 침해한 대통령의 임명행위가 당연히 무효가 되는 것은 아니라고 하는 견해[408] 등이 있다. 이에 반하여 무효설의 입장에서는 국무총리제도를 둔 취지로 보아 국무총리의 제청권을 충분히 존중하여야 하기 때문에 제청 없이 이루어진 임명은 무효라고 보는 견해,[409] 헌법의 명시적인 권한을 명목적인 권한이라고 할 수 없기 때문에 무효라고 하는 견해,[410] 유효설은 헌법상 절차를 무시한 대통령의 전횡에 대하여 면죄부를 주는 결과를 초래할 수 있고, 임명제청권이 지극히 형식적이고 실효성이 없다는 주장은 대통령주의제적인 헌법현실에 집착한 견해로서 대통령과 국무총리의 권력분점이 현실화 되면 이러한 해석은 자칫 헌법규범의 정확한 자리 매김에 혼란을 초래할 수도 있기 때문에 헌법규정상 명백한 부분은 헌법규범대로 해석하여야 한다는 견해[411] 등이 있다.

국무총리의 임명제청 없는 대통령의 국무위원 임명의 효력유무와 관련하여서는 국무총리의 제청권이 현실적으로 어떻게 운용되고 있느냐와 어떻게 운용하는 것이 마땅

---

406) 김철수, 헌법학(하), 박영사, 2008, 1770쪽 각주 1.
407) 권영성, 헌법학원론, 법문사, 2008, 1027쪽; 문광삼, "국무총리의 지위와 권한 – 그 권한회복을 위하여 –", 고시계 1997.5., 46쪽 참조.
408) 허영, 한국헌법론, 박영사, 2008, 967쪽.
409) 김철수, 헌법학(하), 박영사, 2008, 1764–1765쪽.
410) 정종섭, 헌법학원론, 박영사, 2008, 1165쪽.
411) 성낙인, 헌법학, 법문사, 2008, 1040쪽.

한가를 구분하지 않으면 안 된다. 어떻게 운용되고 있는가를 보면 유효설도 부당한 것은 아니다. 그러나 국무총리의 제청없는 대통령의 국무위원 임명의 효력유무는 당위적 측면에서 보는 것이 타당한 것으로 보인다. 헌법이 의원내각제적인 요소를 접목한 취지와 국무총리제도의 긍정적 측면 등이 극대화될 수 있도록 해석하는 것이 마땅하기 때문에 무효설이 보다 설득력이 있는 것으로 보인다.[412]

2) 임명제청의 구속력

국무총리의 임명제청에 대통령이 구속되는지 여부에 대해서는 구속되지 않는다고 하는 견해가 일반적이다. 그 근거로서는, 현행 헌법이 취하고 있는 대통령제의 원칙에 입각할 때 대통령은 국무총리의 임명제청에 구속되지 않는다거나,[413] 국무총리는 대통령의 제1차적 보좌기관에 지나지 않기 때문이라거나,[414] 구속한다는 명문의 규정이 없다거나[415] 또는 구속되는 것으로 볼 경우 대통령의 임명권은 형식적인 것이 되고 국무총리가 실질적인 임명권을 가지는 결과가 되기 때문이라는[416] 등의 이유가 제시되고 있다.

이 문제에 대한 헌법태도 여하는 규정의 해석문제로 귀착한다. 헌법 제87조 제1항으로부터 해석으로 도출할 수 있는 내용은 대통령에 의해 임명된 국무위원은 반드시 국무총리의 제청이라는 사전절차를 거쳐야 한다는 것 외에 다른 내용이 내포되어 있지 않다. 그렇다면 이 규정이 의도하는 바는 오히려 국무총리의 제청권에 대통령이 구속되지 않는 것이라고 볼 수 있다. 입법의도가 구속설에 입각하는 것이었다면 규정은 이러한 문언의 형태를 취하지 않았을 것으로 보는 것이다. 이렇게 이해하면 국무총리의 제청 없는 임명을 무효로 보는 것과 모순되는 것처럼 보일 수도 있다. 그러나 두 규정을 종합적으로 보면 국무총리의 국무위원 임명 제청 자체는 대통령을 구속하지 않도록 함으로써 국무위원의 실질적 임명권은 국무총리가 아닌 대통령이 갖도록 하되, 제청절차를 거치지 않은 국무위원의 임명은 위헌무효가 된다는 취지로 이해할 수 있을 것이다.[417]

---

412) 대통령직 인수에 관한 법률 제5조 제1항에서는 "대통령당선인은 대통령 임기 시작 전에 국회의 인사청문 절차를 거치게 하기 위하여 국무총리 및 국무위원 후보자를 지명할 수 있다. 이 경우 국무위원 후보자에 대하여는 국무총리 후보자의 추천이 있어야 한다."라고 규정하고 있다. 여기서 국무총리 후보자의 추천은 헌법 제87조 제1항의 국무총리의 제청으로 볼 수 있을 것이다.

413) 김철수, 헌법학(하), 박영사, 2008, 1765쪽.

414) 권영성, 헌법학원론, 법문사, 2009, 1027－1028쪽; 홍성방, 헌법학(하), 박영사, 2010, 854쪽.

415) 성낙인, 헌법학, 법문사, 2018, 1040－1041쪽.

416) 문광삼, "국무총리의 지위와 권한 － 그 권한회복을 위하여 －", 고시계 1997.5., 47쪽.

417) 현행 헌법 제86조 제1항이 동의를 얻어야 함을 명백히 하고 있는 것과는 구분된다. 문언의 의미

NOTE 국무위원 임면방식의 변천

대한민국헌법에서 국무위원의 임명권자는 의원내각제가 도입되었던 1960년의 두 헌법(제3차·제4차 개정헌법)을 제외하고는 모두 대통령이다.[418] 의원내각제 하에서는 국무총리가 임면하였고 대통령은 단지 이를 확인만 하는 것이었다(각 헌법 제69조 제5항). 현행 헌법과 같이 국무위원의 대통령보좌기관으로서의 성격이 명시되어 있는 경우에는 특히 대통령이 임명하는 것과 비교하여 체계적으로 일관성이 있는 것으로 보인다.

그런데 국무위원의 임명에 대한 국무총리의 관여에 있어서는 다소간의 변화가 있어왔다. 헌법 제정당시에는 국무총리는 대통령이 국무위원을 임명하는데 관여근거가 없었다. 물론 국회의 다수의 지지를 얻기위해서는 사실상 국무총리의 의사를 무시하는 것은 곤란하다는 견해도 있었다.[419]

대통령직선제와 국무원불신임이 절충된 1952년의 1차 개정 헌법에서는 대통령이 국무위원을 임면할 때에는 국무총리의 제청에 의하도록 하고 있었다(제69조 제4항). 문언상으로는 국무위원의 임명뿐만 아니라 해임의 경우에도 국무총리의 제청이 요구된다. 이것은 국무총리와 국무위원이 일반국무에 관하여 국회에 대해 연대책임을 지도록 하고 있는 것과 연결된다(제70조). 따라서 소극적으로는 국무총리의 임명이나 해임의 제청이 없는 경우에는 대통령은 국무위원을 임면할 수 없고, 적극적으로는 국무총리의 해임제청이 있을 경우에는 대통령은 이에 구속된다. 국무총리의 임명제청에 대한 대통령의 구속여부와 관련하여서는 문언상으로는 구속된다고 보아야 하지만, 당시의 유력한 견해는 구속되지 않는 것으로 해석하였다.[420]

의원내각제가 채택된 1960년의 두 헌법에서는 대통령은 사후 확인권만 가지고 있었고, 국무총리가 국무위원의 임면권을 가졌다(각 헌법 제69조 제5항). 그러나 1962년 헌법 이후로는 언제나 대통령의 국무위원 임명에 대해서는 제청권을, 해임에 대해서는 건의권을 가지고 국무위원의 임면에 관여하고 있다. 2005년 7월「국회법」개정을 통하여 국무위원도 인사청문의 대상으로 하고 있다(국회법 제65조의2).[421]

를 보다 분명히 하기 위해서 헌법상 국가기관의 구성에 있어 사용된 제청이라는 용어를 협의 등으로 교체할 것을 주장하는 견해로는 남복현, "현행헌법상 권력구조의 개편필요성에 관한 검토", 공법연구 26-3, 1998.6., 294쪽.

418) 1948년 헌법 제69조 제2항, 1952년 헌법 제69조 제4항, 1954년 헌법 제69조, 1962년 헌법 제84조 제1항, 1969년 헌법 제84조 제1항, 1972년 헌법 제64조 제1항, 1980년 헌법 제63조 제1항, 현행헌법 제87조 제1항 참조.

419) 유진오, 헌법해의, 명세당, 1949, 155쪽.

420) 그러나 장래 의원내각제가 확립된 이후에는 이 해석은 사실상 통용되지 않는 날도 올 것이라고 예견하고 있다(유진오, 헌법해의, 명세당, 1954, 220쪽).

421) 국무위원 인사청문에 대해서는 최준영·이동윤, "국무위원 인사청문회 제도의 문제점: 게임이론을 통한 분석을 중심으로", 신아세아 13-3, 2006 가을, 93-116쪽 참조.

나. 국무총리의 국무위원 해임건의권

국무총리는 국무위원 전부나 일부에 대해 대통령에게 해임을 건의할 수 있다(제87조 제3항). 이와 같은 국무총리의 국무위원 해임건의권은 두 가지 점에서 문제가 될 수 있다.

첫째는 대통령이 국무위원을 해임함에 있어서 국무총리의 해임건의가 필수적인가라는 점이다. 일반적인 견해는 국무총리의 해임건의 없이도 대통령은 국무위원을 해임할 수 있는 것으로 본다.[422] 헌법규정은 "… 해임을 … 건의할 수 있다."라고 하고 있으므로, 국무총리의 이와 같은 임의적 결정에 대통령의 국무위원 해임권 행사를 종속시키는 것은 대통령을 행정부수반으로 하고 국무회의의 의장으로 하고 있는 대통령제의 기본적 구상과 일치하지 않는다. 오히려 헌법의 취지는 국무회의의 부의장이고, 제2의 국가행정기관이며, 대통령의 제1의 보좌기관으로서 대통령의 명을 받아 행정각부를 통할하여야 할 지위에 있는 국무총리에게 국무위원의 해임을 경우에 따라서는 대통령에게 건의'할 수 있는' 판단의 여지를 부여한 것이라고 보아야 한다.

두 번째는 국무총리의 해임건의가 있으면 대통령은 반드시 해임하여야 하는가라는 점이다. 국무총리의 해임건의에 대통령이 구속되도록 해석하는 것이 반드시 현행 헌법의 채택한 기본적 정부제도와 충돌하는 것은 아니나, 헌법이 채택하고 있는 '건의'라는 문언의 의미로 볼 때 대통령을 구속하지 않으려는 헌법의 태도는 분명한 것으로 보인다.[423] 즉, 국무총리는 국무위원의 해임을 건의할 수 있을 뿐 해임을 결정하고 대통령에게 통보하는 권한을 갖는 것이 아니다. 건의가 갖는 이러한 문언의 의미는 정치적 상황에 따라 국무총리에 대한 국회의 해임과 관련한 규정에 있어서 건의와 의결이 구분되는 것에서도 알 수 있다. "국무위원은 국무총리의 제청에 의하여 대통령이 임면한다"라고 규정한 제1차 개정헌법 제69조 제4항의 해석과 관련하여 유진오는 대통령은 국무총리의 해임제청 없이는 국무위원을 해임할 수 없다고 해석하였다.[424] 유진오의 이러한 해석은 현행 헌법의 해석과 결과에 있어서는 다르지만 논리에 있어서는 모순되지 않는다는 것은 사용된 용어(건의)와 기술된 문장의 표현상의 차이로 볼 때 명백하다.

---

422) 김철수, 헌법학(하), 박영사, 2008, 1765쪽; 권영성, 헌법학원론, 법문사, 2009, 1027－1028쪽; 정종섭, 헌법학원론, 박영사, 2010, 1165쪽.

423) 이것이 다수의 견해이다(성낙인, 헌법학, 법문사, 2018, 1041쪽; 전광석, 한국헌법론, 법문사, 2007, 592쪽).

424) 유진오, 신고 헌법해의, 일조각, 1954, 220쪽.

4. 문민통제

군인은 현역을 면한 후가 아니면 국무위원으로 임명될 수 없다(제87조 제4항). 이것은 문민통제의 원칙을 규정한 것으로 이해된다. 국무위원의 문민원칙은 헌법 제정이래로 대한민국헌법에 예외 없이 규정되어 왔다. 다만, 1972년 헌법에서부터는 국무총리의 문민원칙과 분리되어 규정되어 왔다.[425]

5. 국무위원의 권한

국무위원은 헌법상 국무총리 다음으로 법률이 정한 순서에 따라 대통령의 권한을 대행할 권한이 있고(제71조), 대통령의 국법상 행위에 대해 부서할 권한이 있으며(제82조), 국무회의의 심의·의결 참여권(제88조 제2항), 국회 출석·발언권(제62조 제1항) 등이 있다.

그 외 법률상으로는 국무회의에 의안을 제출하고 회의의 소집을 요구할 수 있는 권한(제12조 제3항)과 국무총리의 직무대행권(정부조직법 제22조) 등이 있다.

III. 국무회의

1. 헌법상 지위

국무회의는 정부의 필수적인 최고의 합의제 정책심의기관이다(제88조, 제89조).

가. 필수적 심의기관

국무회의는 정부의 권한에 속하는 중요한 정책을 심의하고(제88조 제1항), 필수적 심의사항은 헌법에 명시되어 있다(제89조).

나. 정부 내 최고의 심의기관

국무회의는 정부에서 최고의 정책심의기관이다. 국무회의가 최고의 심의기관인 것은 대통령이 그 의장으로서 정부의 권한에 속하는 중요한 정책을 심의하기 때문이다(제88조 제1항). 국무회의가 의결기관은 아니지만 그렇다고 단순한 자문기관도 아닌 심

---

425) 기타 자세한 것은 전술한 국무총리의 해당부분 참조.

의기관이라는 것은 헌법의 문언상 명백하다(제88조 제1항, 제89조). 심의기관이라는 것은 의사결정과정에 대한 통제를 위한 것이기 때문에 그 심의의결에 대해서는 정책결정기관이 반드시 법적으로 구속을 받는 것은 아니다.[426] 필요적 심의사항임에도 심의를 거치지 않은 경우에는 법적·정치적 책임을 부담하게 된다.

다. 합의제 기관

국무회의는 대통령과 국무총리를 포함하여 국무위원으로 구성되기 때문에(제88조 제2항) 합의제 방식에 의해 심의하는 기관이다. 물론 대통령이 의장이고 국무총리가 부의장이기는 하지만, 국가의 중요정책을 심의함에 있어서는 동등한 발언권을 가지는 것으로 보아야 한다. 헌법에 국무회의라는 심의기관을 둔 취지에 비추어 볼 때 국무회의에 참여하는 구성원은 자유로운 토론과 의견발표가 보장되지 않고서는 중요정책이 미치는 다각적인 영향에 대한 심도 있는 검토가 불가능하기 때문이다.

이에 따라 국무회의의 운영에 관하여 정하고 있는 대통령령인 「국무회의 규정」에서도 "국무회의는 국가의 중요 정책이 전 정부적 차원에서 충분히 심의될 수 있도록 운영되어야 한다."(국무회의 규정 제2조 제1항)라고 회의 운영의 원칙을 정하고 있고, 구성원 과반수의 출석으로 개의하고 출석구성원 3분의 2 이상의 찬성으로 의결한다고 정하고 있다(국무회의 규정 제6조 제1항).

2. 국무회의의 구성

국무회의는 의장인 대통령, 부의장인 국무총리와 15인 이상 30인 이하의 국무위원으로 구성한다. 행정각부의 장은 국무위원 중에서 임명하므로(제94조) 모든 장관은 국무위원이지만 국무위원이면서 장관이 아닌 경우도 헌법상 허용된다.

국무회의에는 대통령비서실장, 국가안보실장, 대통령비서실 정책실장, 국무조정실장, 인사혁신처장, 법제처장, 식품의약품안전처장, 공정거래위원회위원장, 금융위원회위원장, 과학기술혁신본부장, 통상교섭본부장 및 서울특별시장이 배석한다(국무회의 규정 제8조 제1항). 의장이 필요하다고 인정하는 경우에는 중요 직위에 있는 공무원도 배

---

426) 따라서 국무회의의 심의의결 행위는 공권력의 행사에 해당하지 않는다[헌재 2008.12.18. 2003헌마225, 이라크전쟁파견동의안의결 위헌확인(각하) 참조].

석하게 할 수 있고(국무회의 규정 제8조 제1항 단서), 중앙행정기관인 청(廳)의 장으로 하여금 소관 사무와 관련하여 국무회의에 출석하여 발언하게 하거나 관계 전문가를 참석하게 하여 의견을 들을 수 있다(국무회의 규정 제8조 제2항).

3. 국무회의 심의사항

헌법이 정한 국무회의의 필요적 심의사항(제89조 참조)은 다음과 같다. 필요적 심의사항을 국무회의의 심의를 거치지 않으면 절차적 하자가 발생하게 되고 위헌이 된다.

1. 국정의 기본계획과 정부의 일반정책
2. 선전·강화 기타 중요한 대외정책
3. 헌법개정안·국민투표안·조약안·법률안 및 대통령령안
4. 예산안·결산·국유재산처분의 기본계획·국가의 부담이 될 계약 기타 재정에 관한 중요사항
5. 대통령의 긴급명령·긴급재정경제처분 및 명령 또는 계엄과 그 해제
6. 군사에 관한 중요사항
7. 국회의 임시회 집회의 요구
8. 영전수여
9. 사면·감형과 복권
10. 행정각부간의 권한의 획정
11. 정부안의 권한의 위임 또는 배정에 관한 기본계획
12. 국정처리상황의 평가·분석
13. 행정각부의 중요한 정책의 수립과 조정
14. 정당해산의 제소
15. 정부에 제출 또는 회부된 정부의 정책에 관계되는 청원의 심사
16. 검찰총장·합동참모의장·각군참모총장·국립대학교총장·대사 기타 법률이 정한 공무원과 국영기업체관리자의 임명
17. 기타 대통령·국무총리 또는 국무위원이 제출한 사항

4. 국무회의의 운영

대통령은 국무회의를 소집하고 주재하며 의장이 국무회의를 주재할 수 없을 때에는 부의장, 기획재정부장관이 겸임하는 부총리, 교육부장관이 겸임하는 부총리, 「정부조직법」이 정하는 순서에 따른 국무위원 순으로 그 직무를 대행한다(정부조직법 제12조).[427]

대통령 · 국무총리 또는 국무위원은 국무회의 심의사항을 의안으로 제출한다(국무회의 규정 제3조). 의안은 의결사항과 보고사항으로 구분하여 늦어도 그 의안을 상정할 차관회의의 개회일 3일전까지 행정안전부에 제출하여야 하고, 행정안전부장관은 차관회의의 심의를 거친 의안을 국무회의 개회일 2일전까지 의사일정과 함께 대통령, 국무총리, 국무위원 및 배석자에게 배부한다(국무회의 규정 제3조).

국무회의에 상정할 의안으로서 2개 이상의 부 · 처에 관련되는 의안은 사전에 관계 부 · 처간의 협의를 얻어서 제출하여야 한다. 합의를 얻지 못한 경우에는 그 사유를 분명히 밝혀서 국무회의에 상정할 수 있다(국무회의 규정 제4조). 국무회의에 제출된 의안은 긴급한 의안을 제외하고는 먼저 차관회의의 심의를 거쳐야 한다(국무회의 규정 제5조).

국무회의는 구성원 과반수의 출석으로 개의하고 출석구성원 3분의 2 이상의 찬성으로 의결한다(국무회의 규정 제6조 제1항). 국무회의는 원격영상회의 방식으로 할 수 있다(국무회의 규정 제6조 제2항).

Ⅳ. 행정각부

1. 의의

행정각부가 무엇인가에 대해서는 헌법에 규정되어 있지 않다. 행정각부에 관한 헌법재판소의 판례를 참조하여 행정각부의 개념을 정의해 보면 다음과 같다.

① 행정각부는 중앙행정기관이다. 중앙행정기관이란 국가행정사무의 체계적 · 능률적인 수행을 위하여 설치한 국가행정기관이다(정부조직법 제1조). 대통령령인 「행정기관의 조직과 정원에 관한 통칙」 제2조 제1호에서는 이를 구체적으로 규정하여 "중앙행정

---

427) 국무총리 직무대행 순서와의 차이는, 국무총리 직무대행은 부총리가 하고 부총리가 모두 사고로 직무를 대행할 수 없는 경우에는 대통령의 지명이 있으면 그 지명을 받은 국무위원이 직무를 대행하고 지명이 없는 경우에 「정부조직법」 제26조 제1항의 순서에 따른 국무위원이 직무를 대행한다는 점에 있다(정부조직법 제12조 제2항).

기관이라 함은 국가의 행정사무를 담당하기 위하여 설치된 행정기관으로서 그 관할권의 범위가 전국에 미치는 행정기관을 말한다. 다만, 그 관할권의 범위가 전국에 미치더라도 다른 행정기관에 부속하여 이를 지원하는 행정기관은 제외한다."라고 하고 있다. 국가행정기관은 대통령·국무총리, 부·처·청으로 구성된 중앙행정기관, 특별지방행정기관,[428] 부속기관,[429] 합의제행정기관(위원회)[430]을 말한다.

중앙행정기관의 설치와 직무범위는 법률로 정하도록 하고 있다(정부조직법 제2조 제1항). 그런데 2020.6.9. 개정된 「정부조직법」에 따르면 「정부조직법」에 따라 설치된 부·처·청과 방송통신위원회, 공정거래위원회, 국민권익위원회, 금융위원회, 개인정보 보호위원회, 원자력안전위원회, 행정중심복합도시건설청, 새만금개발청(이상 법 제2조 제2항 각 호)을 중앙행정기관으로 하고 있고, 그 외 「정부조직법」과 「정부조직법」 제2조 제2항 각 호의 법률에 따르지 아니하고는 중앙행정기관을 설치할 수 없도록 하고 있다(정부조직법 제2조 제1항·제2항). 그러나 개정 「정부조직법」의 명시적인 규정에도 불구하고 헌법재판소는 "어떤 행정기관이 중앙행정기관에 해당하는지 여부는 기관 설치의 형식이 아니라 해당 기관이 실질적으로 수행하는 기능에 따라 결정되어야 한다. 또한 「정부조직법」은 국가행정기관의 설치와 조직에 관한 일반법으로서 「고위공직자범죄수사처 설치 및 운영에 관한 법률」보다 상위의 법이라 할 수 없고, 「정부조직법」의 2020.6.9.자 개정도 정부조직 관리의 통일성을 확보하고 정부 구성에 대한 국민의 알 권리를 보장하기 위하여 중앙행정기관을 명시하는 일반원칙을 규정하기 위한 것으로 볼 수 있다. 따라서 개정된 「정부조직법」 제2조 제2항을 들어 「정부조직법」에서 정하지 않은 중앙행정기관을 다른 법률로 설치하는 것이 헌법상 금지된다고 보기는 어렵다."고 판시하고 있다.[431] 이 결정에서는 헌법재판소는 고위공직자범죄수사처를 「정부조직법」에도 불구

---

428) 중앙행정기관의 소관사무를 수행하기 위하여 중앙행정기관에 법률 또는 대통령령으로 둔 지방행정기관을 말한다(정부조직법 제3조, 행정기관의 조직과 정원에 관한 통칙 제2조 제2호). 예컨대 지방국세청, 지방관세청, 지방경찰청, 지방검찰청, 우체국, 출입국관리사무소, 교도소 등이다.

429) 행정기관에 그 소관사무의 범위에서 필요한 경우에 두는 시험연구기관·교육훈련기관·의료기관·제조기관·자문기관 등을 말한다(정부조직법 제4조). 예컨대 국립보건원, 국립과학수사연구원, 교육원, 국립중앙극장, 경찰병원 등을 말한다.

430) 행정기관에 그 소관사무의 일부를 독립하여 수행할 필요가 있는 때에 법률로 정하는 바에 따라 둔 합의제행정기관을 말한다(정부조직법 제5조). 예컨대 국민권익위원회, 금융위원회, 공정거래위원회 등을 말한다. 합의제 행정기관은 소속에 따라 헌법상 설치기관, 대통령·총리소속 기관, 각 부처 소속기관으로 분류할 수 있다.

431) 헌재 2021.1.28. 2020헌마264등, 공수처법 위헌확인 사건(기각, 각하). 이 결정에 따르면 중앙행

하고 중앙행정기관으로 보고 있다.[432]

② 행정각부의 장은 반드시 국무위원이어야 한다(제94조). 따라서 그 기관의 장이 국무위원이 아닌 경우에는 중앙행정기관이라고 하더라도 행정각부라고 할 수 없다.

③ 기관의 장이 국무위원이라고 하더라도 그 소관사무에 관하여 부령을 발할 권한이 있어야 한다(제95조). 따라서 대통령의 소속기관인 국가안전보장회의를 비롯한 각종 자문회의, 국무총리 소속기관인 인사혁신처, 법제처, 식품의약품안전처, 공정거래위원회, 금융위원회, 국민권익위원회, 개인정보보호위원회, 원자력안전위원회 등은 행정각부가 아니다.

행정각부의 종류는 법률에 위임되어 있다(제96조). 이를 정한 「정부조직법」에 따르면 행정각부는 기획재정부, 교육부, 과학기술정보통신부, 외교부, 통일부, 법무부, 국방부, 행정안전부, 국가보훈부, 문화체육관광부, 농림축산식품부, 산업통상자원부, 보건복지부, 환경부, 고용노동부, 여성가족부, 국토교통부, 해양수산부, 중소벤처기업부의 19개가 있다(정부조직법 제26조 제1항).

행정각부에는 장관 1명과 원칙적으로 차관 1명을 두는데,[433] 행정각부의 장은 국무위원 중에서 국무총리의 제청으로 대통령이 임명한다(제94조, 정부조직법 제26조 제2항).

행정각부를 통할하는 것은 대통령이다(정부조직법 제26조 제1항). 국무총리는 '대통령의 명을 받아' 행정각부를 통할한다(제86조 제2항).

2. 행정각부의 장의 지위

행정각부의 장은 **중앙행정기관**으로서의 지위와 함께 국무회의의 구성원인 **국무위원**으로서의 지위를 동시에 가진다.

중앙행정기관으로서 행정각부의 장은 소관사무에 관하여 법률이나 대통령령의 위임 또는 직권으로 부령을 발할 수 있다(제95조). 행정각부의 장은 소관사무를 통할하고 소속공무원을 지휘·감독한다(정부조직법 제7조 제1항). 소관사무에 관하여 지방행정의

정기관이라는 개념이 헌법 개념이라는 의미인데 타당한지 의문이다.

432) 헌법재판소는 공수처법의 입법과정에 따라 볼 때도 입법자의 의도는 수사처를 행정부 소속으로 두는데 있음을 알 수 있다고 한다[헌재 2021.1.28. 2020헌마264등, 공수처법 위헌확인 사건(기각, 각하)].

433) 예외적으로 기획재정부·과학기술정보통신부·외교부·문화체육관광부·산업통상자원부·보건복지부·국토교통부에는 차관 2명을 둔다(정부조직법 제26조 제2항 단서).

장도 지휘 · 감독한다(정부조직법 제26조 제3항). 소속청에 대하여는 중요정책수립에 관하여 그 청의 장을 직접 지휘할 수 있다(정부조직법 제7조 제4항). 소관사무의 효율적 추진을 위하여 필요한 경우에는 국무총리에게 소관사무와 관련되는 다른 행정기관의 사무에 대한 조정을 요청할 수 있다(정부조직법 제7조 제5항). 법령으로 정하는 바에 따라 그 소관사무의 일부를 보조기관[434] 또는 하급행정기관에 위임하거나 다른 행정기관 · 지방자치단체 또는 그 기관에 위탁 또는 위임할 수 있다(정부조직법 제6조 제1항). 법령으로 정하는 바에 따라 그 소관사무 중 조사 · 검사 · 감정 · 관리 업무 등 국민의 권리 · 의무와 직접 관계되지 아니하는 사무를 지방자치단체가 아닌 법인 · 단체 또는 그 기관이나 개인에게 위탁할 수 있다(정부조직법 제6조 제3항).

434) 보조기관이란 행정기관의 의사 또는 판단의 결정이나 표시를 보조함으로써 행정기관의 목적달성에 공헌하는 기관을 말한다. 따라서 행정기관이 그 기능을 원활하게 수행할 수 있도록 그 기관장이나 보조기관을 보좌함으로써 행정기관의 목적달성에 공헌하는 기관인 보좌기관과 구별된다(행정기관의 조직과 정원에 관한 통칙 제2조 제6호 · 제7호).

정부조직도435)

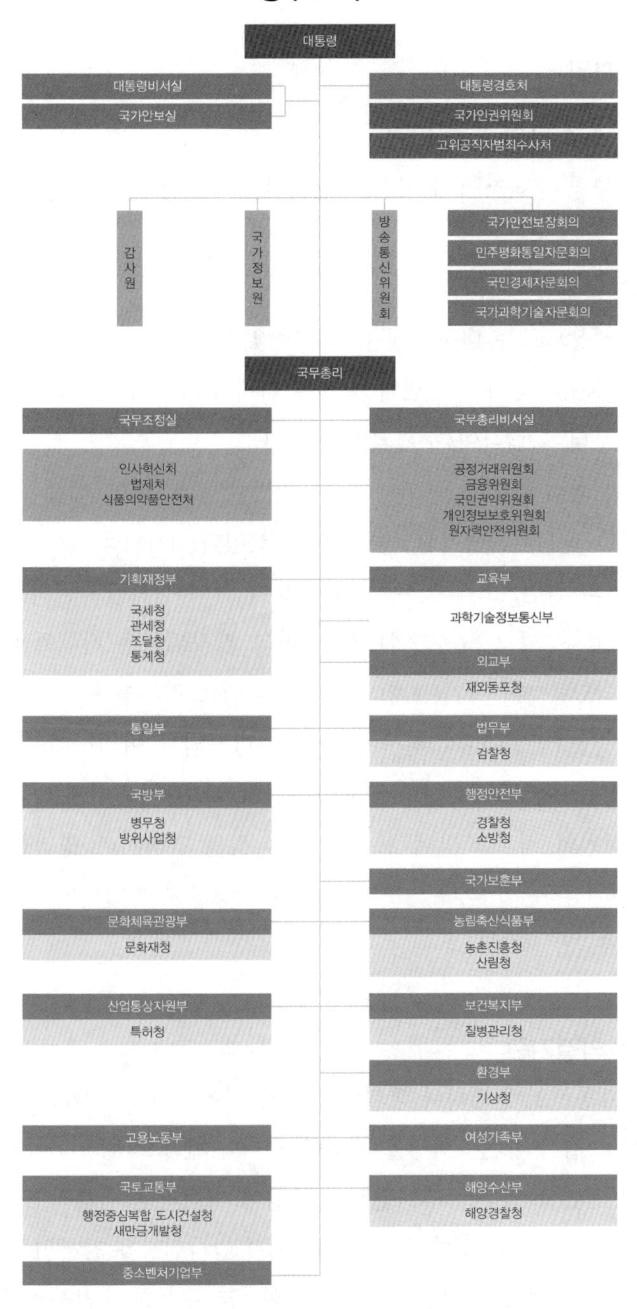

435) 출처: 정부24. 2023.3.4. 개정되고 2023.6.5. 시행된 「정부조직법」에 따르면 국가보훈처가 국가보훈부로 승격 · 신설되었다. 따라서 국무위원의 수는 1명이 늘어 19명이 되었다. 또 외교부 산하에 외청으로 재외동포청이 신설되어, 정부조직은 19부 · 3처 · 19청 · 6위원회로 되었다.

V. 감사원

1. 헌법상 지위

가. 대통령 소속하의 헌법기관

감사원은 대통령 소속하에 설치하는 헌법기관이다(제97조, 감사원법 제2조 제1항).

나. 직무상 독립된 기관

감사원은 편제상으로는 대통령에 소속되어 있지만, 회계검사와 직무감찰이라는 감사업무의 성질상 불편부당하게 헌법과 법률에 따라 공정하게 수행되어야 하므로 그 직무는 대통령으로부터 독립하여 수행되어야 한다.

제5절 이러한 헌법적 기초에 따라 「감사원법」은 감사원에 대해 그 직무에 관하여는 독립의 지위를 가지는 독립기관임을 선언하고 있다(감사원법 제2조 제1항). 따라서 감사원 소속 공무원의 임면, 조직 및 예산의 편성에 있어서는 감사원의 독립성이 최대한 존중되어야 한다(감사원법 제2조 제2항). 이에 따라 감사위원은 탄핵결정이나 금고 이상의 형의 선고를 받았을 때, 장기(長期)의 심신쇠약으로 직무를 수행할 수 없게 된 때에 해당하는 경우가 아니면 본인의 의사에 반하여 면직되지 아니하며(감사원법 제8조 제1항), 국회의원, 지방의회의원, 행정부서의 공무원의 직, 감사원법에 따라 감사의 대상이 되는 단체의 임직원의 직, 그 밖에 보수를 받는 직을 겸하거나 영리를 목적으로 하는 사업을 할 수 없다(감사원법 제9조). 또 감사위원은 정당에 가입하거나 정치운동에 관여할 수도 없다(감사원법 제10조).

다. 합의제 의결기관

감사원장은 대통령이 임명하나 국회의 동의가 있어야 하고(제98조 제2항), 감사위원은 대통령이 임명하고 감사원장은 임명을 제청할 뿐이다(제98조 제3항). 이러한 헌법의 규정 취지는 감사원의 헌법상 업무는 감사원장의 독임이 아니라 합의제적으로 운영되어야 함을 전제로 한 것이라고 할 수 있다. 「감사원법」에서 감사원장을 감사위원 중의 한 사람으로 보고(감사원법 제6조 제2항 단서), 감사위원 전원으로 구성되는 감사위원회는 재적 감사위원 과반수의 찬성으로 의결하도록 하고 있는 것(감사원법 제11조 제2항)도 그 때문이다.

2. 감사원의 구성

감사원은 원장을 포함하여 5인 이상 11인 이하의 감사위원으로 구성한다(제98조 제1항). 감사원장은 국회의 동의를 얻어 대통령이 임명하고, 그 임기는 4년으로 하며, 1차에 한하여 중임할 수 있다(제98조 제2항). 감사원장은 인사청문특별위원회의 인사청문대상자이다(국회법 제46조의3 제1항 제1호). 감사원장의 정년은 70세다(감사원법 제6조 제2항 단서).

감사위원은 감사원장의 제청[436]으로 대통령이 임명[437]하고 그 임기는 4년으로 하며, 1차에 한하여 중임할 수 있다(제98조 제3항). 감사위원의 정년은 65세다(감사원법 제6조 제2항 본문). 감사위원은 인사청문대상자가 아니다.

감사원의 조직 · 직무범위 · 감사위원의 자격 · 감사대상공무원의 범위 기타 필요한 사항은 법률로 정한다(제100조).

3. 감사원의 기능

감사원은 국가의 세입 · 세출의 결산, 국가 및 법률이 정한 단체의 회계검사와 행정기관 및 공무원의 직무에 관한 감찰을 주요기능으로 한다(제97조).

가. 국가의 세입 · 세출의 결산 · 보고 및 회계검사

감사원은 국가의 세입 · 세출의 결산을 매년 검사하여 대통령과 차년도국회에 그 결과를 보고하여야 한다(제99조). 「감사원법」에 따르면 이 검사보고에는 국가의 세입 · 세출의 결산의 확인(제1호), 국가의 세입 · 세출의 결산금액과 한국은행이 제출하는 결산서의 금액과의 부합 여부(제2호), 회계검사의 결과 법령 또는 예산에 위배된 사항 및 부당사항의 유무(제3호), 예비비의 지출로서 국회의 승인을 받지 아니한 것의 유무(제4호), 유책(有責) 판정과 그 집행 상황(제5호), 징계 또는 문책 처분을 요구한 사항 및 그 결과(제6호), 시정을 요구한 사항 및 그 결과(제7호), 개선을 요구한 사항 및 그 결과(제8호),

---

436) 실질적 제청권으로서 대통령에 대한 통제권으로 기능한다고 보아야 한다[같은 견해로는 김종철, 헌법주석[국회, 정부]((사)한국헌법학회 편), 경인문화사, 2018, 914쪽 이하].

437) 그러나 대통령이 해임할 수는 없다고 본다. 헌법재판소장, 대법원장, 헌법재판관, 대법관, 중앙선거관리위원회 위원 등을 대통령이 임명하지만 해임할 수 없는 것과 같은 이치다[같은 견해로는 김종철, 헌법주석[국회, 정부]((사)한국헌법학회 편), 경인문화사, 2018, 915쪽].

권고 또는 통보한 사항 및 그 결과(제9호), 그 밖에 감사원이 필요하다고 인정한 사항(제10호)을 적어야 한다(감사원법 제41조 각 호).

국회 본회의나 위원회는 특정한 사안에 대하여 질문하기 위하여 감사원장 또는 그 대리인의 출석을 요구할 수 있다(국회법 제121조 제5항). 국회는 또한 그 의결로 감사원에 대하여 「감사원법」에 따른 감사원의 직무범위에 속하는 사항 중 사안을 특정하여 감사를 요구할 수 있고, 감사원은 감사 요구를 받은 날부터 3개월 이내에 감사 결과를 국회에 보고하여야 한다(국회법 제127조의2 제1항). 감사원의 요청으로 국회의장은 감사기간을 2개월의 범위에서 연장할 수 있다(제127조의2 제2항). 감사원의 소관에 속하는 사항은 국회 법제사법위원회의 소관사항이다(국회법 제37조 제1항).

그 외에 감사 결과 중요하다고 인정되는 사항과 감사원의 중요한 처분 요구에 대하여 두 번 이상 독촉을 받고도 이를 집행하지 아니한 사항은 수시로 대통령에게 보고하도록 되어 있다(감사원법 제42조 제1항). 이 "중요 감사 결과 등 보고" 제도 운영에 필요한 사항을 명확히 정하고 제도운영의 투명성을 확보하며 감사결과 집행의 실효성을 높이기 위해 「중요 감사 결과 등 보고의 운영에 관한 규칙」(감사원규칙)이 마련되어 있다.

국가의 회계, 지방자치단체의 회계, 한국은행의 회계와 국가 또는 지방자치단체가 자본금의 2분의 1 이상을 출자한 법인의 회계, 다른 법률에 따라 감사원의 회계검사를 받도록 규정된 단체 등의 회계는 필요적 회계검사사항이다(감사원법 제22조 제1항). 그 외 「감사원법」은 선택적 회계검사사항(감사원법 제23조)도 규정하고 있다.

나. 직무감찰

감사원의 또 다른 주요한 기능은 행정기관과 공무원의 직무에 관한 감찰을 하는 것이다(제97조).

「감사원법」에 따르면 감사원의 직무감찰 사항은 「정부조직법」 및 그 밖의 법률에 따라 설치된 행정기관[438]의 사무와 그에 소속한 공무원[439]의 직무(제1호), 지방자치단체의 사무와 그에 소속한 지방공무원의 직무(제2호), 「감사원법」 제22조 제1항 제3호

---

438) 이 행정기관에는 군기관과 교육기관을 포함한다. 다만, 군기관에는 소장급 이하의 장교가 지휘하는 전투를 주된 임무로 하는 부대 및 중령급 이하의 장교가 지휘하는 부대는 제외한다(감사원법 제24조 제2항).

439) 이 공무원에는 국회·법원 및 헌법재판소에 소속한 공무원은 제외한다(감사원법 제24조 제3항). 감사원은 대통령 소속기관이기 때문에 이는 당연한 것을 규정한 것이다.

(한국은행의 회계와 국가 또는 지방자치단체가 자본금의 2분의 1 이상을 출자한 법인의 회계) 및 「감사원법」 제23조 제7호(민법 또는 상법 외의 다른 법률에 따라 설립되고 그 임원의 전부 또는 일부나 대표자가 국가 또는 지방자치단체에 의하여 임명되거나 임명 승인되는 단체 등의 회계)에 규정된 자의 사무와 그에 소속한 임원 및 감사원의 검사대상이 되는 회계사무와 직접 또는 간접으로 관련이 있는 직원의 직무(제3호), 법령에 따라 국가 또는 지방자치단체가 위탁하거나 대행하게 한 사무와 그 밖의 법령에 따라 공무원의 신분을 가지거나 공무원에 준하는 자의 직무(제4호)가 있다(감사원법 제24조 제1항 각 호).

그러나 국무총리로부터 국가기밀에 속한다는 소명이 있는 사항, 국방부장관으로부터 군기밀이거나 작전상 지장이 있다는 소명이 있는 사항에 대해서는 감찰할 수 없다(감사원법 제24조 제4항).

NOTE 감사원이 중앙선거관리위원회를 직무감찰할 수 있는지 여부

감사원은 국가의 회계를 검사하므로(감사원법 제22조 제1항 제1호) 선거관리위원회의 회계검사는 감사원의 검사대상이 된다. 그런데 감사원이 선거관리위원회를 직무감찰할 수 있는지는 문제가 된다. 「국가공무원법」 제17조 제2항은 "국회 · 법원 · 헌법재판소 및 선거관리위원회 소속 공무원의 인사 사무에 대한 감사는 국회의장, 대법원장, 헌법재판소장 또는 중앙선거관리위원회위원장의 명을 받아 국회사무총장, 법원행정처장, 헌법재판소사무처장 및 중앙선거관리위원회사무총장이 각각 실시한다."라고 규정하고 있어서 선거관리위원회 소속 공무원의 인사 사무에 대한 감사는 중앙선거관리위원회위원장의 명을 받아 중앙선거관리위원회사무총장이 실시하므로 선거관리위원회에 대한 감사원의 직무감찰은 불가능한 것처럼 보인다. 그러나 「감사원법」 제24조 제3항은 감사대상 제외 기관을 규정하면서 선거관리위원회는 열거하지 않고 있어서 반대해석하면 감사대상이 되는 것으로 볼 수 있어 선거관리위원회가 감사원의 직무감찰대상에서 제외되는지가 논쟁이 되고 있다.

선거관리위원회는 헌법기관이기 때문에 선거관리위원회가 감사원의 직무감찰의 대상이 되는지 여부는 법률 규정에도 불구하고 원칙적으로 헌법해석의 문제로 보인다. 이러한 관점에서 보면 ① 선거와 국민투표의 공정한 관리 및 정당에 관한 사무의 처리라고 하는 헌법적 기능을 수행하기 위해 선거관리위원회가 구성된 점(제114조 제1항), ② 중앙선거관리위원회는 헌법재판소의 구성방식과 유사하게 그 독립성을 보장하여 구성된다는 점(제114조 제2항), ③ 선거관리위원회의 조직과 구성 등은 「정부조직법」이 아닌 별개의 「선거관리위원회법」으로 구체화되어 있다는 점, ④ 위에서 살펴본 바와 같이 「감사원법」에서는 명확히 중앙선거관리위원회 소속 공무원에 대한 감찰은 제외하고 있는 점 등을 볼 때, 선거관리위원회에 대한 감사원의 직무감찰은 어려울 것으로 보인다.

4. 감사원규칙

감사원은 감사에 관한 절차, 감사원의 내부규율과 감사사무 처리에 관한 규칙을 제정할 수 있다(감사원법 제52조). 감사원규칙은 헌법에 근거가 없고 「감사원법」에 근거한다.

감사원규칙이 법규명령[440]인가 행정규칙[441]인가에 대해서 학설이 대립한다. 법규명령설은 헌법이 예정하고 있는 대통령령, 총리령, 부령 등의 법규명령의 형식은 예시에 불과하므로 다른 형식의 법규명령을 금지하는 것이라고 볼 수 없고, 법률의 위임에 의하여 법규적 명령을 정립하는 것은 국회입법의 원칙에 위배되지 않는다는 것을 논거로 한다.[442]

그러나 감사원규칙을 제정할 수 있는 권한은 헌법상 권한이 아니라 법률상 권한에 불과하다. 법률상 근거를 갖는 감사원규칙이 법규사항을 정할 수 있는지가 문제된다. 헌법은 기본적으로 법규명령의 형식을 대통령령, 총리령, 부령과 자율입법인 국회규칙, 대법원규칙, 헌법재판소규칙, 중앙선거관리위원회규칙을 예정하고 있으므로 원칙적으로 법규사항은 규정할 수 있는 것은 여기에 한한다고 보는 것이 타당하다. 나아가서 국민의 자유와 권리를 제한하는 것은 법률로써 하거나 아니면 적어도 법률에 근거를 가져야 하며 포괄적인 위임을 하여서는 안 된다(제75조, 제95조). 그런데 「감사원법」에서는 감사원규칙의 근거만을 두고 있을 뿐 포괄적으로 위임하고 있으므로 이를 법규명령으로 보기는 곤란하다. 따라서 행정규칙으로 보는 것이 타당할 것이다. 물론 감사원규칙도 법률보충규칙으로 기능하는 경우에는 법규명령으로 볼 수 있다.

NOTE 헌법상 각종 규칙제정권의 근거

국회규칙	제64조 ① 국회는 법률에 저촉되지 아니하는 범위 안에서 의사와 내부규율에 관한 규칙을 제정할 수 있다.

440) 홍정선, 행정법특강, 박영사, 2009, 133쪽. 그 외 김남진, 박윤흔, 이상규, 석종현.
441) 성낙인, 헌법학, 법문사, 2021, 677쪽; 권영성, 헌법학원론, 법문사, 2009, 1051쪽; 김학성, 헌법학원론, 피앤씨미디어, 2014, 962쪽; 정종섭, 헌법학원론, 박영사, 2010, 1318쪽. 헌법학자들은 대체로 행정규칙설을 지지하는 것으로 보인다.
442) 홍정선, 행정법특강, 박영사, 2009, 133쪽.

대법원규칙	제108조 대법원은 법률에 저촉되지 아니하는 범위 안에서 소송에 관한 절차, 법원의 내부규율과 사무 처리에 관한 규칙을 제정할 수 있다.
헌법재판소규칙	제113조 ② 헌법재판소는 법률에 저촉되지 아니하는 범위 안에서 심판에 관한 절차, 내부규율과 사무 처리에 관한 규칙을 제정할 수 있다.
중앙선거관리 위원회규칙	제114조 ⑥ 중앙선거관리위원회는 법령의 범위 안에서 선거관리·국민투표관리 또는 정당사무에 관한 규칙을 제정할 수 있으며, 법률에 저촉되지 아니하는 범위 안에서 내부규율에 관한 규칙을 제정할 수 있다.
지방자치단체	제117조 주민의 복리에 관한 사무를 처리하고 재산을 관리하며, 법령의 범위 안에서 자치에 관한 규정을 제정할 수 있다.

제3항 집행권의 내용과 행사

I. 집행권의 내용

집행권(executive power)이란 입법권과 사법권에 대응하여 삼권분립의 한 축으로 인정되는 헌법상 정부의 권한(제66조 제4항)으로서 행정권, 대통령의 통치행위 등을 포괄하는 개념이다. 오늘날 사회가 급속도로 변화하여 전문화하고 있고, 기본권생활의 영역이 자유권에서 생존권·사회권으로 확산되는 경향을 보이는 등을 이유로 집행권의 기능 강화가 요청되고 있다.

집행권 중에서도 행정권의 개념을 어떻게 정의할 것인가에 대해서는 논의가 분분하다. 입법과 사법을 제외하면 거의가 행정이라고 할 수 있기 때문에[공제설(控除說)] 행정권을 일의적으로 정의하는 것은 쉽지가 않다. 실질적으로 보면, “법 아래에서 법의 규제를 받으면서 현실적으로 국가목적의 적극적 실현을 향하여 행하여지는 전체로서 통일성을 갖는 적극적인 형성적 국가활동”[443]이라고 정의할 수 있지만, 한마디로 법을 집행하는 권력을 행정권이라고 할 수 있다. 대통령의 통치행위는 사법심사 여부와 관련되는 것이 주된 쟁점이므로 사법부의 독립 부분에서 살펴본다.

443) 홍정선, 행정법특강, 박영사, 2009, 3쪽; 박균성, 행정법강의, 박영사, 2011, 4쪽.

II. 집행권의 행사와 한계

행정권은 광범위한 영역에서 다양한 형식으로 행사될 수 있기 때문에 입법권이나 사법권에 비하여 매우 복잡한 구조를 띠고 있다. 법규명령이나 행정규칙과 같은 행정입법, 행정계획, 행정행위, 공법상 계약, 비권력행정, 공법상 사실행위, 행정지도 등이 대표적인 행정의 행위형식이다. 이러한 다양한 행위형식은 경제, 사회복지, 문화 · 교육, 선거, 지방자치 등 모든 분야에 걸쳐서 일어난다.

오늘날에는 행정권의 강화 경향과 함께 특히 그에 대한 통제도 점점 더 문제가 되고 있다. 행정권과 관련하여서는 법치행정, 즉 "행정의 법률구속의 원칙"(또는 행정의 법률적합성의 원칙)이 준수되어야 한다는 점을 유의하여야 한다. 오토 마이어(Otto Mayer)에 따르면 이 원칙은 법률의 법규창조력, 법률의 우위, 법률의 유보를 내용으로 한다.[444] 법치행정을 담보하기 위하여 헌법에서는 직업공무원제도를 보장하고 있다(제7조). 행정권에 대해서는 국민, 국회, 법원, 헌법재판소 등에 의한 다양한 통제방법이 제도화되어 있다. 행정권 행사에 대한 법적 통제의 문제는 법치국가원리 실현의 문제인데, 헌법 영역에서는 주로 헌법재판을 통하여 이루어진다.[445]

III. 집행권의 행사로서 행정입법의 문제

이하에서는 헌법 제75조 및 제95조와 관련한 행정입법의 문제에 대해서 살펴본다.[446]

1. 행정입법의 유형

행정입법의 유형에는 법규명령(Rechtsverordnung)과 행정명령 또는 행정규칙(Verwal-tungsvorschrift)이 있다. 법규명령은 국민의 권리를 제약하고 의무를 부여하는 규범을 말하고, 행정규칙은 행정기관 내부적 규율을 목적으로 하는 규범을 말한다.

---

444) 이에 대해서는 Otto Mayer, Deutsches Verwaltungsrecht, 3. Aufl., 1924, S. 64, 특히 S. 65 참조.

445) 행정권의 통제와 관련된 개별적 · 구체적인 검토는 김대환, 헌법재판 및 위헌심사기준론, 박영사, 2023, 152쪽 이하 참조.

446) 헌법재판의 위헌심사기준으로서 포괄위임금지원칙은 김대환, 헌법재판 및 위헌심사기준론, 박영사, 2023, 262쪽 이하 참조.

2. 행정입법과 위임의 근거

헌법 제75조 및 제95조에 따르면 상위규범은 하위규범에 구체적으로 범위를 정하여 위임할 수 있다. 위임입법의 경우에 상위규범에 근거가 있어야 하고 그 위임은 구체적이어야 한다.

그러나 특히 위임입법의 근거와 관련하여 보면, ① 모법의 해석상 가능한 것을 명시한 것에 지나지 아니하거나 모법 조항의 취지에 근거하여 이를 구체화하기 위한 것인 때에는 모법에 직접 위임규정을 두지 않았더라도 무효라고 볼 수 없다.[447] ② 단순히 법률을 집행하기 위해 필요한 사항을 정한 집행명령(제75조)은 헌법규정상 허용되기 때문에 위임이 없더라도 위헌·무효라고 할 수 없다.[448] 또 국무총리나 행정각부의 장이 소관사무에 관하여 직권으로 발하는 직권명령(제95조)도 상위규범의 위임을 요하지 않는다. 그런데 국민의 모든 자유와 권리는 법률로써만 제한이 가능하므로(제37조 제2항) 국민에게 권리를 제한하고 의무를 부과하는 것은 법률의 위임에 근거한 위임명령으로만 할 수 있고 집행명령이나 직권명령으로는 할 수 없다.[449]

3. 수임기관 및 위임형식의 특정문제

법률이 위임한 기관이 아닌 기관이 위임명령을 제정하거나, 법규명령으로 정하도

447) "법률의 시행령이나 시행규칙은 그 법률에 의한 위임이 없으면 개인의 권리·의무에 관한 내용을 변경·보충하거나 법률이 규정하지 아니한 새로운 내용을 정할 수는 없지만, 법률의 시행령이나 시행규칙의 내용이 모법의 입법 취지와 관련 조항 전체를 유기적·체계적으로 살펴보아 모법의 해석상 가능한 것을 명시한 것에 지나지 아니하거나 모법 조항의 취지에 근거하여 이를 구체화하기 위한 것인 때에는 모법의 규율 범위를 벗어난 것으로 볼 수 없으므로, 모법에 이에 관하여 직접 위임하는 규정을 두지 아니하였다고 하더라도 이를 무효라고 볼 수는 없다."(대법원 2014.8.20. 2012두19526 판결; 2009.6.11. 2008두13637 판결 참조). 판결은 시교육감이 '중학교 입학자격 검정고시 규칙'에 근거하여 만 12세 이상인 자를 대상으로 하는 '중학교 입학자격 검정고시 시행계획'을 공고하였는데, 초등학교에 재학하다가 취학의무를 유예받아 정원 외로 관리되던 만 9세인 갑이 응시원서를 제출하였다가 응시자격이 없다는 이유로 반려처분을 받은 사안에서, 중학교 입학자격 검정고시 응시자격을 만 12세 이상인 자로 응시연령을 제한하고 있는 위 '중학교 입학자격 검정고시 규칙' 제14조 제2호가 초등학교 취학의무 대상 연령대의 아동에 대하여 중학교 입학자격 검정고시 응시자격을 제한한 것은 구 초·중등교육법(2012.1.26. 법률 제11219호로 개정되기 전의 것) 및 구 초·중등교육법 시행령(2012.10.29. 대통령령 24148호로 개정되기 전의 것, 이하 '구 초·중등교육법 시행령'이라 한다)의 해석상 가능한 내용을 구체화한 것으로 볼 수 있으므로, 구 초·중등교육법 시행령 제96조 제2항의 위임 범위에서 벗어났다고 볼 수 없다고 한 사례다.

448) 대법원 2007.1.11. 2004두10432 판결.

449) 대법원 2020.9.3. 2016두32992 전원합의체 판결 - 법외노조통보처분취소.

록 한 것을 행정규칙으로 정하는 것은 허용되지 않는다.[450)]

그러나 어떤 법령이 특정 행정기관에 그 법령내용의 구체적 사항을 정할 수 있는 권한을 부여하면서 그 권한행사의 구체적인 절차나 방법을 특정하고 있지 않은 관계로 수임 행정기관이 그 법령의 내용이 될 사항을 행정규칙으로 구체적으로 규정한 경우가 문제된다. 이 경우 대법원은 그 행정규칙은 당해 법률 및 그 시행령의 위임한계를 벗어나지 아니하는 한 그와 결합하여 대외적으로 구속력이 있는 법규명령으로서 효력을 가지고 그 내용이 관계 법령의 목적이나 근본 취지에 명백히 배치되거나 서로 모순되는 등의 특별한 사정이 없는 한 효력을 부인할 수 없다는 입장이다.[451)]

헌법재판소도 대법원과 같은 입장이다. 즉, 법령의 직접적인 위임에 따라 수임행정기관이 그 법령을 시행하는데 필요한 구체적인 사항을 정한 것이면, 그 제정형식은 비록 법규명령이 아닌 고시, 훈령, 예규 등과 같은 행정규칙이더라도 그것이 상위법령의 위임한계를 벗어나지 않는 한 상위법령과 결합하여 대외적 구속력을 갖는 법규명령으로서 기능하게 된다고 보아야 한다고 하였다.[452)] 나아가서 헌법재판소는 "오늘날 의회의 입법독점주의에서 입법중심주의로 전환하여 일정한 범위 내에서 행정입법을 허용하게 된 동기가 사회적 변화에 대응한 입법수요의 급증과 종래의 형식적 권력분립주의로는 현대사회에 대응할 수 없다는 기능적 권력분립론에 있다는 점 등을 감안하여 헌법 제40조와 헌법 제75조, 제95조의 의미를 살펴보면, 입법기관이 아닌 제2의 국가기관인 행정기관은 국회에서 법률 등으로 구체적인 범위를 정하여 위임한 사항에 관하여 법정립의 권한을 갖게 되고, 입법자가 규율의 형식을 선택할 수도 있다 할 것이다. 따라서 헌법이 인정하고 있는 **위임입법의 형식은 예시적인 것**으로 보아야 할 것이고, 법률이 어떤 사항을 행정규칙에 위임하는 경우에 그 행정규칙은 위임된 사항만을 규율할 수 있는 것이므로, 국회입법의 원칙과 상치되지 않는다. 다만 행정규칙은 법규명령과 같은 엄격한 제정 및 개정절차를 요하지 아니하므로, 재산권 등과 같은 기본권을 제한하는 작용을 하는 법률이 입법위임을 할 때에는 대통령령, 총리령, 부령 등 법규명령에 위임함이 바람직하고, 고시와 같은 형식으로 입법위임을 할 때에는 적어도 「행정규제기본

450) 전학선, 위임범위 일탈에 대한 통제기준 모색 연구, 국회의 행정입법 통제에 관한 연구(국회 · 유럽헌법학회 학술대회 발제문), 2009.4.14., 44쪽.
451) 대법원 2002.9.27. 2000두7933 판결; 2003.9.26. 2003두2274 판결; 2004.4.9. 2003두1592 판결.
452) 헌재 1992.6.26. 91헌마25; 2003.12.28. 2001헌마543; 2006.7.27. 2004헌마924.

법」 제4조 제2항 단서에서 정한 바와 같이 법령이 전문적 · 기술적 사항이나 경미한 사항으로서 업무의 성질상 위임이 불가피한 사항에 한정된다 할 것이고, 그러한 사항이라 하더라도 포괄위임금지의 원칙상 법률의 위임은 반드시 구체적 · 개별적으로 한정된 사항에 대하여 행하여져야 할 것이다."[453]라고 판시하고 있다.

4. 행정입법이 한계를 준수하고 있는지 여부의 판단기준

모법의 위임을 받은 행정입법이 그 한계를 준수하고 있는지 여부를 판단할 때에는 당해 법률 규정의 입법 목적과 규정 내용, 규정의 체계, 다른 규정과의 관계 등을 종합적으로 살펴야 한다.[454] 그리하여 ① 법률의 위임 규정 자체가 그 의미 내용을 정확하게 알 수 있는 용어를 사용하여 위임의 한계를 분명히 하고 있는데도 시행령이 그 문언적 의미의 한계를 벗어났다든지, ② 위임 규정에서 사용하고 있는 용어의 의미를 넘어 그 범위를 확장하거나 축소함으로써 위임 내용을 구체화하는 단계를 벗어나 새로운 입법을 한 것으로 평가할 수 있다면, 이는 위임의 한계를 일탈한 것으로서 허용되지 않는다.[455]

5. 재위임의 한계

헌법재판소에 따르면 법률에서 위임받은 사항을 전혀 규정하지 않고 모두 재위임하는 것은 '위임받은 권한을 그대로 다시 위임할 수 없다'는 복위임금지의 법리에 반할 뿐 아니라 수권법의 내용변경을 초래하는 것이 되고, 대통령령 이외의 법규명령의 제정 · 개정절차가 대통령령에 비하여 보다 용이한 점을 고려할 때 하위의 법규명령에 대한 재위임의 경우에도 대통령령에의 위임에 가해지는 헌법상 제한이 적용된다고 한다. 따라서 법률에서 위임받은 사항을 전혀 규정하지 아니하고 그대로 하위의 법규명령에

---

453) 헌재 2008.7.31. 2005헌마667등, 약사법 제21조 제7항 등 위헌확인(기각, 각하). 이 결정의 반대의견(김종대, 목영준 재판관)의 논거는 다음과 같다. "우리헌법은 경성헌법이므로 법률을 포함한 일체의 국가의사가 헌법의 문언에 저촉되어서는 유효하게 존립될 수 없고 헌법에 명문으로 규정된 원칙에 대해서는 예외를 인정할 수 없다. 그러므로 우리 **헌법이 법규명령의 형식을 문언상으로 확정**하면서 그 명령의 구체적 종류 · 발령주체 · 위임범위 · 요건 등에 관한 명시적인 규정을 두고 있는 이상, 법률로써 헌법문언에 정해두지 않은 다른 종류의 법규명령을 창설할 수 없고, 더구나 그러한 법규사항을 행정규칙에 위임하여서는 아니 된다 할 것이다."

454) 대법원 2012.12.20. 2011두30878 판결(전원합의체).

455) 대법원 2012.12.20. 2011두30878 판결; 2010.4.29. 2009두17797 판결 참조.

재위임하는 것은 허용되지 않으며 위임받은 사항에 관하여 대강을 정하고 그중의 특정사항을 범위를 정하여 하위의 법규명령에 다시 위임하는 경우에만 재위임이 허용된다.[456]

6. 행정입법의 통제

가. 국회에 의한 통제

1) 간접적 통제

국회에 의한 간접적 통제는 국회의 집행부에 대한 국정감시권을 활용하는 방법이다. 국정감사 및 조사권(제61조), 질문권(제62조), 국무총리 또는 국무위원의 해임건의권 및 탄핵소추권(제63조, 제65조) 등을 행사함으로써 행정입법에 대하여 간접적으로 통제할 수 있다.

2) 직접적 통제

가) 법률의 제·개정을 통한 통제

직접적으로는 국회는 법률을 제정하거나 개정함으로써 입법취지를 명확히 함으로써 법률에 반하는 행정입법을 통제할 수 있다.

나) 절차적 통제

절차상으로도 국회는 행정입법을 통제할 수 있다. 중앙행정기관의 장은 법률에서 위임한 사항이나 법률을 집행하기 위하여 필요한 사항을 규정한 대통령령·총리령·부령·훈령·예규·고시 등이 제정·개정 또는 폐지된 때에는 10일 이내에 이를 국회 소관상임위원회에 제출하도록 되어 있다(국회법 제98조의2 제1항). 대통령령의 경우에는 입법예고를 할 때(입법예고를 생략하는 경우에는 법제처장에게 심사를 요청할 때)에도 그 입법예고안을 10일 이내에 제출하여야 한다(국회법 제98조의2 제1항 단서). 행정절차법에서도 행정청이 대통령령을 입법예고하는 경우에는 대통령령을 국회 소관 상임위원회에 제출하도록 규정하고 있다(행정절차법 제42조 제2항).

상임위원회는 위원회 또는 상설소위원회를 정기적으로 개회하여 그 소관 중앙행정기관이 제출한 대통령령·총리령 및 부령에 대하여 법률 위반 여부 등을 검토하여야 하고(국회법 제98조의2 제3항), 당해 대통령령 또는 총리령이 법률의 취지 또는 내용에 합치

456) 헌재 1996.2.29. 94헌마13; 2002.10.31. 2001헌라1; 대법원 2006.4.14. 2004두14793 판결.

되지 아니한다고 판단되는 경우에는 검토의 경과와 처리 의견 등을 기재한 검토결과보고서를 의장에게 제출하여야 한다(국회법 제98조의2 제4항). 의장은 제출된 검토결과보고서를 본회의에 보고하고, 국회는 본회의 의결로 이를 처리하여 정부에 송부하고, 정부는 송부받은 검토결과에 대한 처리 여부를 검토하고 그 처리결과(송부받은 검토결과에 따르지 못하는 경우 그 사유를 포함)를 국회에 제출하여야 한다(국회법 제98조의2 제5항 · 제6항).

특히 법률의 취지 또는 내용에 합치되지 아니한다고 판단되는 것이 부령인 경우에는 상임위원회는 검토결과보고서를 의장에게 제출하여 절차를 진행하는 외에 소관 중앙행정기관의 장에게 그 내용을 통보할 수도 있다(국회법 제98조의2 제7항). 이때 검토내용을 통보받은 중앙행정기관의 장은 통보받은 내용에 대한 처리 계획과 그 결과를 지체 없이 소관 상임위원회에 보고하여야 한다(국회법 제98조의2 제8항).[457]

나. 법원에 의한 통제

행정입법에 대한 직접적이고도 강력한 통제는 법원이 보유하고 있다. 법원은 명령 · 규칙에 대한 심사권을 갖는다(제107조 제2항). 대법원 판결에 의하여 명령 · 규칙이 헌법 또는 법률에 위반된다는 것이 확정된 경우에는 대법원은 지체 없이 그 사유를 행정안전부장관에게 통보하여야 하고, 행정안전부장관은 지체 없이 이를 관보에 게재하여야 한다(행정소송법 제6조).

다. 헌법재판소에 의한 통제

헌법재판소도 명령이나 조례, 행정규칙이 직접 기본권을 침해하는 경우에는 헌법소원심판을 통하여 이를 통제할 수 있다. 명령 등이 직접 기본권을 침해하는 경우는 보충성 원칙의 예외로 인정되어 법원의 소송을 거칠 필요가 없다.

---

457) 국회가 행정입법에 대해서 직접적으로 개정요구를 할 수 있는지가 문제된다. 오늘날 행정입법은 더 이상 국회입법의 예외적인 것이 아니고 집행권의 한 실행방법으로 헌법(제75조, 제95조)이 실질적 입법권을 집행부에 부여한 것으로 보아야 한다. 따라서 행정입법에 대해서 국회가 직접적으로 통제하는 것은 권력분립의 원칙상 문제가 있을 수 있으므로, 헌법이나 법률에 위배되는 행정입법은 법원의 명령 · 규칙심사권이나 헌법소원심판 등을 헌법이 예정하고 있는 다른 수단에 의해 통제될 수밖에 없다.

라. 행정부 내부적 통제

행정입법에 대해서는 상급행정청이 지휘 · 감독권을 행사함으로써 내부적으로도 통제가 된다. 예컨대 대통령은 정부의 수반으로서 법령에 따라 모든 중앙행정기관의 장을 지휘 · 감독하는데, 이때 대통령은 국무총리와 중앙행정기관의 장의 명령이나 처분이 위법 또는 부당하다고 인정하면 이를 중지 또는 취소할 수 있다(정부조직법 제11조 제2항).

행정내부적인 절차에서의 통제도 가능하다. 예컨대 대통령령에 대해서 반드시 국무회의의 심의를 거치도록 하고 있는 것(제89조 제3호), 대통령령의 공포에는 국무총리와 관계국무장관이 부서하도록 하고 있는 것(제82조), 행정절차에서 입법예고제를 도입한 것(행정절차법 제41조) 등을 들 수 있다.

제5절

사법부의 조직과 권한

제1항 사법권의 의의와 본질

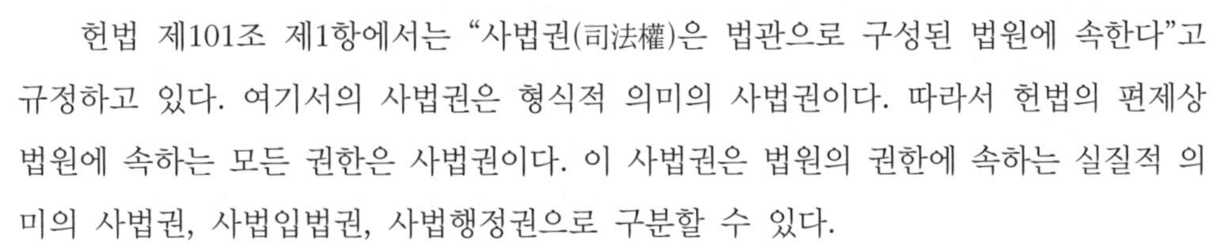

헌법 제101조 제1항에서는 "사법권(司法權)은 법관으로 구성된 법원에 속한다"고 규정하고 있다. 여기서의 사법권은 형식적 의미의 사법권이다. 따라서 헌법의 편제상 법원에 속하는 모든 권한은 사법권이다. 이 사법권은 법원의 권한에 속하는 실질적 의미의 사법권, 사법입법권, 사법행정권으로 구분할 수 있다.

헌법재판소의 판결에 따르면 법원의 권한에 속하는 사법의 본질은 법 또는 권리에 관한 다툼이 있거나 법이 침해된 경우에 독립적인 법원이 원칙적으로 직접 조사한 증거를 통한 객관적 사실인정을 바탕으로 법을 해석·적용하여 유권적인 판단을 내리는 작용이다.[458] 사법절차란 법원이 이러한 사법권을 행사하여 분쟁을 해결하는 절차이고, ① 판단기관의 독립성·공정성, ② 대심적(對審的) 심리구조, ③ 당사자의 절차적 권리보장 등을 주요 특징적 요소로 한다.[459]

458) 헌재 1996.1.25. 95헌가5, 반국가행위자의처벌에관한특별조치법 제2조 제1항 제2호 등 위헌제청(위헌); 2001.3.15. 2001헌가1, 공적자금관리특별법 제20조 중 파산관재인관련부분 등 위헌제청(합헌).

459) 헌재 2000.6.1. 98헌바8; 2001.3.15. 2001헌가1.

제2항 사법권의 독립

I. 개념과 헌법적 의의

사법권의 독립(judicial independence, independence of the judicial branch)이란 법관 및 법원이 다른 모든 권력으로부터 간섭을 받지 않고 독립적으로 재판을 행하는 것을 말한다.

사법권은 분립된 3권의 국가권력 중 하나다. 사법권이 헌법과 법률에 의해서 집행될 때 권력분립은 균형을 이루게 된다. 특히 사법권은 헌법이 보장한 개인의 자유와 권리가 부당하게 침해되는 것을 방지함으로써 법치국가원리라고 하는 현대 민주적 헌법국가의 구조적 원리를 담보함으로써 소수를 보호하는 기능을 하게 된다. 말하자면 국가권력의 행사는 민주적으로 정당하여야 할 뿐만 아니라 법적으로도 정당한 것으로 평가되지 않으면 안 되는데, 사법권은 국가권력의 법적 정당성을 확보하는 기능을 수행한다. 그러므로 사법권은 헌법과 법률과 법관의 양심 이외에 어떠한 국가권력에게도 구속되어서는 안 되는 것이다. 그를 위해서 사법권은 독립하여 행사되지 않으면 안 된다.

II. 연혁과 입법례

몽테스키외의 법의 정신에서 처음으로 고찰된 사법권의 독립은 프랑스헌법[460]은 물론, 미국헌법[461]와 독일기본법,[462] 일본헌법[463] 등 모든 현대 민주적 헌법국가에서 보장하고 있다.

---

460) 프랑스헌법 제64조 ① 대통령은 사법권의 독립(l'indépendance de l'autorité judiciaire)을 보장한다.

461) 미국헌법 제3조 대법원과 그 하급법원의 판사는 선량하게 직무를 수행하는 한 그 직을 보유하며 그 복무에 대하여 일정한 보수를 받고, 이 보수는 그 직을 계속적으로 보유하는 한 삭감되지 않는다.

462) 독일기본법 제97조 ① 법관은 독립이며 법률에만 따른다. ② 전임으로 그리고 계획에 따라 종국적으로 임용된 법관은 법원의 판결에 의해서 법률에 규정된 이유와 방식에 의해서만 그 의사에 반하여 임기 전에 면직되거나 계속적 또는 일시적으로 정직되거나 전보 혹은 퇴직시킬 수 있다. 법률로 정년을 정할 수 있고 정년에 달한 종신법관을 퇴직시킬 수 있다. 법원의 조직이나 구역이 변경될 경우에는 법관은 다른 법원에 전속되거나 퇴직될 수 있지만 봉급의 전액이 지급되어야 한다.

463) 일본국헌법 제76조 제3항 모든 법관은 그 양심에 따라 독립하여 그 직권을 행하며, 이 헌법 및 법률에만 구속된다.

Ⅲ. 사법권 독립의 침해유형

국가권력은 사법권이 자신에게 유리하게 행사되도록 지속적으로 노력한다. 따라서 사법권 독립을 침해하게 되는 유형도 국가권력의 유형에 따라 행정부에 의한 침해, 입법부에 의한 침해, 사법행정기관에 의한 침해, 헌법재판소에 의한 침해 등으로 구분해 볼 수 있다. 그 외에 사법권은 사회세력과 소송당사자에 의해서도 침해될 수 있다.

1. 행정부에 의한 침해

가. 행정심판의 전치

구 「행정소송법」 제18조 제1항은 "취소소송은 법령의 규정에 의하여 당해 처분에 대한 행정심판을 제기할 수 있는 경우에는 이에 대한 재결을 거치지 아니하면 이를 제기할 수 없다."라고 규정[464]함으로써 행정소송 전에 반드시 행정심판을 거치게 하는 필요적 행정심판전치주의가 운용되었다. 행정심판을 거치지 않으면 소송을 제기할 수 없는 것은 사법권에 대한 침해가 될 수 있다.

개정 「행정소송법」(1994.7.27. 개정, 1998.3.1. 시행)에서는 "취소소송은 법령의 규정에 의하여 당해 처분에 대한 행정심판을 제기할 수 있는 경우에도 이를 거치지 아니하고 제기할 수 있다. 다만, 다른 법률에 당해 처분에 대한 행정심판의 재결을 거치지 아니하면 취소소송을 제기할 수 없다는 규정이 있는 때에는 그러하지 아니하다"(행정소송법 제18조 제1항 단서)라고 규정함으로써 행정심판을 임의적인 것으로 하였다(**임의적 행정심판전치주의**).[465]

나. 대법원장 · 대법관 임명권의 부당한 행사에 의한 침해

대통령은 대법원장과 대법관을 임명할 권한을 가지고 있다. 대통령의 대법원장 · 대법관 임명권의 부당한 행사는 경우에 따라서는 사법권에 대한 침해로 될 수 있을 것이다.

---

464) 이 조항은 부작위위법확인소송에도 준용되었다. 그 외 무효등확인소송, 당사자소송 등에서는 준용되지 않았다(구 행정소송법 제38조). 무효등확인소송에서 행정심판전치가 준용되지 않은 것은 무효는 하자가 중대 · 명백한 경우이므로 행정심판을 거치게 하는 것은 부당하기 때문이다.

465) 이 조항은 부작위위법확인소송에 준용한다(행정소송법 제38조 제2항).

다. 대통령의 사면권 남용

대통령이 사면권을 부당하게 행사함으로써 사법권을 침해할 수 있다. 사면권이 헌법상 대통령에게 부여된 권한이라고 하더라도 사면권의 행사가 사법정의를 훼손하는 정도에 이르면 사법권 독립의 침해가 될 수 있다.

2. 입법부에 의한 침해

입법부는 「법원조직법」의 개정을 통하여 법원조직에 관하여 부당한 간섭을 할 수 있다. 또 법원예산심의권의 행사, 국정감사 · 조사권의 행사, 법원행정처장에 대한 출석요구권의 행사, 법관에 대한 탄핵소추권의 행사 등을 통하여 사법권의 독립을 훼손할 수 있다.

3. 사법행정기관에 의한 침해

사법권의 독립은 사법부 외부의 힘에 의해서만 침해될 수 있는 것이 아니라 사법부 내부기관에 의해서도 침해될 수 있다. 예컨대 대법원장의 사법인사권의 행사라든가 사법행정기관에 의한 법관의 평가와 인사 등을 통한 법관의 신분보장의 침해, 재판에 대한 사실상의 개입 등을 통하여 사법권의 독립을 위협할 수 있다.

4. 헌법재판소에 의한 침해

헌법재판소는 헌법보장기관임에도 불구하고 사법권의 독립을 침해할 수 있다. 법원의 위헌심사제청에 대한 기각결정, 법관에 대한 탄핵심판결정 등을 통해 사법부의 독립을 침해할 수 있다. 그러나 법원의 재판은 원칙적으로 헌법소원의 대상이 되지 않으므로 헌법재판소가 사법권의 독립을 해칠 가능성은 매우 제한적이다.

5. 사회세력과 소송당사자에 의한 침해

비정형적인 것이기는 사회세력이나 소송당사자에 의해서도 사법권의 독립은 훼손될 수 있다. 이에는 재판에 대한 항의시위, 언론 · 출판을 이용한 재판에 대한 의견표명, 변호인에 대한 전관예우 등을 들 수 있다.

Ⅳ. 사법권 독립의 내용

사법권 독립의 내용은 크게 법원의 독립(=사법부의 독립)과 법관의 독립으로 나눌 수 있고, 법관의 독립은 법관의 신분상 독립(인적 독립), 법관의 재판상 독립(물적 독립)으로 나누어 볼 수 있다.

1. 법원의 독립(=사법부의 독립)

가. 입법부로부터의 독립

입법부는 사법부에 대해서 국정감사·조사권, 대법원장과 대법관에 대한 임명동의권, 법원예산심의·확정권, 법관탄핵소추권을 갖고, 사법부는 입법부에 대해서 위헌법률심사제청권을 가짐으로써 상호 견제와 균형을 하고 있다.

사법부의 입법부로부터의 독립과 관련하여서 특히 문제가 되는 것은 국회의 국정감사다. 국정감사는 경우에 따라서는 사법부의 독립에 대한 심각한 훼손으로 될 수 있다. 이를 방지하기 위해서「국정감사 및 조사에 관한 법률」제8조에서는 감사 또는 조사는 계속 중인 재판에 관여할 목적으로 행사되어서는 아니 된다고 규정하고 있다.

입법부로부터의 독립을 위하여 대법원에 법률안제출권을 보장하여야 한다는 주장이 있다.[466] 현재는 의견제출권(법원조직법 제9조 제3항)을 두고 있기 때문에 의견제출의 형식으로 법률안을 국회에 제출할 수 있다.

나. 집행부로부터의 독립

무엇보다 집행부에 대한 사법권의 독립이 중요하다. 집행부는 사법권에 대하여 사법부예산의 편성권, 일반사면권, 특별사면권, 대법원장과 대법관 임명권[467] 등을 가지고 사법권의 독립을 침해할 수 있다. 그에 대응하여 사법권은 행정부에 대해서 행정재판권과 명령규칙심사권을 가지고 있다.

집행부가 사법부에 대해 갖는 예산편성권을 행사하는 경우에는 사법부의 독립성과 자율성이 존중되도록 하여야 한다. 이에 따라「법원조직법」에서는 "법원의 예산을 편성할 때에는 사법부의 독립성과 자율성을 존중하여야 한다."라고 규정하고 있고(법원조

466) 법률신문 2023.7.10.자 1면, 6면에 소개된 안철상 대법관의 주제발표 내용 참조.
467) 특히 제4공화국헌법에서는 비록 대법원장의 제청이 있어야 하기는 하나 모든 법관에 대해 대통령이 임명권을 가졌다(제4공화국헌법 제103조 제2항).

직법 제82조 제2항), 「국가재정법」에서는 "정부는 독립기관의 예산을 편성할 때 해당 독립기관의 장의 의견을 최대한 존중하여야 하며, 국가재정상황 등에 따라 조정이 필요한 때에는 해당 독립기관의 장과 미리 협의하여야 한다."고 규정하고 있다(국가재정법 제40조 제1항). 견해에 따라서는 사법부독립을 위해 사법부에 예산편성권을 부여하자는 주장이 있다.[468] 그러나 사법부가 예산편성권을 가지면 국회와 정치적 절충을 벌여야 하기 때문에 사법부의 독립성이 오히려 침해될 수 있음을 유의하여야 한다.

집행부로부터의 사법권의 독립과 관련하여 쟁점이 되는 것은 사법심사의 대상이 되지 않는 통치행위를 인정할 것인가의 문제다. 통치행위란 고도의 정치적 행위로서 사법심사에서 제외되는 국가행위를 말한다. 국회에 의해서도 행사될 수 있지만[469] 대체로는 대통령에 의한 것이 문제된다. 프랑스에서는 정부행위(acte de gouvernement)라고 개념하고 정부의 국제관계사항, 정부의 대의회 관계 행위, 전쟁 등을 이에 포섭하고 있고, 독일에서는 재판에서 자유로운 고권행위(justizfreie Hoheitskakte) 또는 통치행위(Regierungsakte)라고 개념하고 연방수상 선출, 예산확정 등을 예로 든다. 미국에서는 정치문제(political questions)라고 하고 전쟁, 국가의 승인, 조약의 해석 등과 관련된 문제로 이해한다. 영국에서는 대권행위 또는 국가행위(prerogative, acts of state)라고 개념하고 국가의 승인, 선전포고, 강화조약체결, 의원의 징계, 의회소집 등을 포함한다. 일본에서도 통치행위라는 개념을 인정하고 있다.

통치행위의 인정여부와 관련하여 우리나라에서는 **통치행위부인설**(사법심사의 개괄주의와 관련됨)과 **통치행위인정설**이 대립하고 있다. 통치행위인정설로는 재량행위설, 내재적 제약설(권력분립설), 사법자제설, 통치행위독자성설 등이 주장되고 있다. 재량행위는 재량을 일탈하지 않으면 위법의 문제는 없는 것이지만, 통치행위는 위법하더라도 사법심사의 대상으로 삼지 않는 것이므로 양자는 다르다는 점에서 재량행위설의 한계가 있다. 내재적 제약설 또는 권력분립설은 왜 다른 기관의 행위를 심사하지 못하는 것인지에 대하여 설명하지 못하는 문제가 있다. 사법자제설은 사법부의 정치화를 막기 위해 주장되는 학설이다. 그러나 과도한 자제는 사법부의 임무 해태가 될 수 있다. 통치행위

468) 법률신문 2023.7.10.자 1면, 6면에 소개된 안철상 대법관의 주제발표 내용 참조.
469) Black's Law Dictionary의 "political questions"항목 참조. 헌재 1994.6.30. 91헌마162, 경찰법 등에 대한 헌법소원(각하)에서 피청구인인 국회의장은 국회가 입법권을 행사하는 주체로서 어떤 법안을 의결하는 행위는 통치행위이거나 고도의 정치행위 또는 국회의 자율권에 속하는 것이므로 헌법소원의 대상이 될 수 없다고 주장한 바가 있다.

독자성설은 통치행위 자체가 고도의 정치성을 가지므로 그 본질상 사법심사가 배제된다는 설이다. 그러나 정치적이라는 것의 의미는 상대적인 것이어서 오늘 정치적인 것이 내일 비정치적인 것이 될 수 있고 오늘 비정치적인 것이 내일 정치적인 것이 될 수 있다는 점에서 비판의 여지가 있다.

실질적 법치주의와 행정소송 대상의 개괄주의 등을 고려하면 논리적으로는 통치행위부인설이 타당하다. 그러나 현실적으로는 비록 제한적으로나마 통치행위의 필요성을 인정할 수밖에 없을 것이다.

통치행위의 범위에 관하여서는 국회의 자율에 관한 사항(국회의 의결, 국회 내 선거의 효력, 정족수, 투표의 계산, 국회의 의사, 의원의 징계, 국무총리 등 해임건의, 국회의 조직행위 등), 집행부내부사항(국무위원의 임면 등), 대통령의 국가승인, 정부승인 등 외교문제, 선전포고, 계엄령의 선포와 해제 시기, 영전수여, 특별사면, 국민투표회부, 긴급명령 등이 통치행위가 인정될 수 있는 범주에 속한다고 볼 수 있다.

판례도 통치행위인정설의 입장이다. 대법원은 통치행위를 인정하지만 법원의 책무를 태만히 하거나 포기하는 것으로 되어서는 안 된다는 점을 강조하고, 대통령의 통치행위라 할지라도 헌법과 법률에 위배되어서는 안 된다고 한다.[470] 헌법재판소도 통치행위를 인정하는 입장이지만, 기본권침해와 관련되는 경우에는 헌법재판소의 심판의 대상이 된다고 한다.[471] 헌법재판소가 통치행위로 인정하고 있는 것으로는 대통령의 긴급재정경제명령,[472] 대통령의 사면행위,[473] 대통령의 파병결정[474] 등이 있다. 그러나 한미연합 군사훈련의 일환으로 2007년 전시증원연습을 하기로 한 대통령의 결정은 연례행사로서, 사법자제가 요구되는 통치행위에 해당되는 것으로 볼 수 없다고 하였다.[475] 그러나 2016년 2월에 내려진 대통령 결단에서 비롯된 개성공단 전면중단 조치는 북한의 핵무기 개발로 인한 위기에 대처하기 위한 조치로서 국가안보와 관련된 대통령의 의사 결정을 포함하고 그러한 의사 결정이 고도의 정치적 결단을 요하는 문제이기는 하나, 그 의사 결정에 따른 조치 결과 투자기업인 청구인들의 영업의 자유 등

470) 대법원 2010.12.16. 2010도5986 판결(전원합의체).
471) 헌재 1996.2.29. 93헌마186, 긴급재정명령 등 위헌확인(기각, 각하) 등 다수의 결정 참조.
472) 헌재 1996.2.29. 93헌마186.
473) 헌재 2000.6.1. 97헌바74, 사면법 제5조 제1항 제2호 위헌소원(합헌).
474) 헌재 2004.4.29. 2003헌마814, 일반사병 이라크파병 위헌확인(각하).
475) 헌재 2009.5.28. 2007헌마369, 2007년 전시증원연습 등 위헌확인(각하).

기본권에 제한이 발생하였기 때문에 헌법소원심판의 대상이 될 수 있다고 보았다.[476] 이 결정은 통치행위의 기본권침해여부를 판단함에 있어서는 명백하게 재량의 한계를 유월하거나 선택된 정책이 현저히 합리성을 결여한 것인지를 살피는 완화된 심사기준을 적용하고 있다.

통치행위를 인정한다고 하더라도 통치행위가 무제한적으로 인정된다고 할 수는 없다. 즉 통치행위도 합목적성이나 정의의 원칙 등에 비추어 타당하여야 한다. 또한 정치적 분쟁이 되는 문제만 통치행위로 인정될 수 있다. 따라서 정치적 법률분쟁은 사법심사의 대상이 된다. 통치행위인지 여부는 최종적으로는 대통령이나 국회가 아닌 법원이나 헌법재판소가 판단하게 된다. 법원이나 헌법재판소에 의해 통치행위로 인정되면 당해 행위는 사법심사에서 배제되므로 그에 대해서는 국가배상청구가 인용되기 어렵다. 물론 통치행위에 대해서도 국민의 저항권 행사는 여전히 가능할 뿐만 아니라, 앞에서 살펴본 바와 같이 기본권을 제한하는 경우에는 사법적 판단이 가능하다.

2. 법관의 인적 독립(신분상 독립)

가. 목적

법관의 인적 독립 또는 법관의 신분상 독립은 물적 독립을 확보하기 위한 것이다.

나. 내용

1) 법관인사의 독립

대법원장은 대통령이 임명하되 국회의 동의를 얻어야 한다(제104조 제1항). 대법관은 대법원장의 제청으로 대통령이 임명하되 마찬가지로 국회의 동의를 얻어야 한다(제104조 제2항). 대법원장과 대법관이 아닌 일반 법관[477]은 대법관회의[478]의 동의를 얻어

---

476) 헌재 2022.1.27. 2016헌마364, 개성공단 전면중단 조치 위헌확인(기각, 각하. 전원일치). 이 결정에서 헌법재판소는 대통령의 결단에 따른 통일부장관의 조치 등은 헌법과 법률에 따른 조치이고, 국무회의 심의가 이루어지지는 않았으나 국가안전보장회의 상임위원회의 협의를 거쳤다는 점에서 적법절차에 위배되지 않고, 그 외 영업의 자유와 재산권 침해여부와 관련하여 과잉금지원칙과 신뢰보호원칙에도 위배되지 않는다고 보았다. 이 결정과 관련하여 법률로 중단조치의 요건과 절차, 보상규정, 재개절차 등을 명확히 규정하는 방안을 논의할 것을 제안하고 있는 견해로는 권은민, 개성공단 추자기업, 개성공단 전면중단조치 심판청구에 대한 판례평석, 법률신문 2022.4.4.자 13면 참조.

477) 이를 판사라고 한다. 따라서 법관은 대법원장, 대법관, 판사로 이루어져 있다(법원조직법 제5조 제1항 참조).

478) 대법관회의는 의결기관이다(법원조직법 제16조 제1항).

대법원장이 임명한다(제104조 제3항). 이와 같이 대법원장과 대법관인사에 있어서 국회를 개입시킴으로써 그 독립성의 기초를 확보하고 있다.

2) 법관의 자격, 임명, 보직과 인사위원회 및 근무평정

법관의 자격은 법으로 정한다(제101조 제3항). 대법원장과 대법관은 통산하여 20년 이상 판사 · 검사 · 변호사(제1호), 변호사 자격이 있는 사람으로서 국가기관, 지방자치단체, 「공공기관의 운영에 관한 법률」 제4조에 따른 공공기관, 그 밖의 법인에서 법률에 관한 사무에 종사한 사람(제2호), 변호사 자격이 있는 사람으로서 공인된 대학의 법률학 조교수 이상으로 재직한 사람(제3호)의 직에 있던 45세 이상의 사람 중에서 임용한다(법원조직법 제42조 제1항 · 제3항).

일반법관의 임명은 대법원장이 대법관회의의 동의를 얻어 임명한다(제104조 제3항). 판사의 보직은 대법원장이 행하되, 사법연수원장, 고등법원장, 특허법원장, 법원행정처차장, 지방법원장, 가정법원장, 행정법원장, 회생법원장은 통산하여 15년 이상 위 각 호의 직에 있던 사람 중에서 보한다(법원조직법 제44조, 제42조 제3항). 판사는 10년 이상 위 각 호의 직에 있던 사람 중에서 임용한다(법원조직법 제42조 제2항 제1문).[479] 판사의 임용에는 성별, 연령, 법조경력의 종류 및 기간, 전문분야 등 국민의 다양한 기대와 요청에 부응하

479) 판사 임용을 위한 재직연수에 관한 경과조치를 규정한 「법원조직법」 부칙(2011.7.18.) 제2조는 한 차례 헌법재판소의 한정위헌 결정을 거쳐 다음과 같이 개정되어 현재에 이르고 있다.

<table>
<tr><th>재직연수
개정일자</th><th>3년 이상</th><th>5년 이상</th><th>7년 이상</th></tr>
<tr><td>2011.7.18.</td><td>2013년 1월 1일부터
2017년 12월 31일까지
판사를 임용하는 경우</td><td>2018년 1월 1일부터
2019년 12월 31일까지
판사를 임용하는 경우</td><td>2020년 1월 1일부터
2021년 12월 31일까지
판사를 임용하는 경우</td></tr>
<tr><td colspan="4">2011.7.18. 당시 사법연수생의 신분을 가지고 있었던 자가 사법연수원을 수료하는 해의 판사 임용에 지원하는 경우에 적용되는 한 헌법에 위반된다(헌재 2012.11.29. 2011헌마786등, 법원조직법 부칙 사건).</td></tr>
<tr><td>2014.1.7.</td><td>2013년 1월 1일부터
2017년 12월 31일까지
판사를 임용하는 경우</td><td>2018년 1월 1일부터
2021년 12월 31일까지
판사를 임용하는 경우</td><td>2022년 1월 1일부터
2025년 12월 31일까지
판사를 임용하는 경우</td></tr>
<tr><td>2021.12.21.</td><td>2013년 1월 1일부터
2017년 12월 31일까지
판사를 임용하는 경우</td><td>2018년 1월 1일부터
2024년 12월 31일까지
판사를 임용하는 경우</td><td>2025년 1월 1일부터
2028년 12월 31일까지
판사를 임용하는 경우</td></tr>
</table>

기 위한 사항을 적극 반영하여야 한다(법원조직법 제42조 제2항 제2문).

3) 법관의 임기와 정년제

법관의 인사에 관한 중요 사항을 심의하기 위하여 대법원에 법관인사위원회를 둔다(법원조직법 제25조의2). 대법원장은 판사에 대한 근무성적과 자질을 평정하기 위하여 공정한 평정기준을 마련하여(법원조직법 제44조의2 제1항) 그에 따라 평정을 실시하고 그 결과를 연임, 보직 및 전보 등의 인사관리에 반영한다(법원조직법 제44조의2 제3항).[480)]

법관의 보수화를 막기 위해 법관 임기제를 두고 있다. 대법원장의 임기는 6년이고 중임할 수 없다(제105조 제1항). 대법관의 임기도 6년이지만 법률이 정하는 바에 의하여 연임할 수 있다(제105조 제2항, 법원조직법 제45조 제2항). 대법원장과 대법관이 아닌 법관의 임기는 10년이고 법률이 정하는 바에 의하여 연임할 수 있다(제105조 제3항, 법원조직법 제45조 제3항). 법관의 정년은 법률로 정한다(제105조 제4항). 법률에서는 대법원장과 대법관의 정년은 70세, 판사의 정년은 65세로 하고 있다(법원조직법 제45조 제4항). 판사는 그 정년에 이른 날이 2월에서 7월 사이에 있는 경우에는 7월 31일에, 8월에서 다음 해 1월 사이에 있는 경우에는 다음 해 1월 31일에 각각 당연히 퇴직한다(법원조직법 제45조 제5항). 그런데 법관의 정년제를 규정한「법원조직법」제45조 제4항이 법관의 신분보장을 규정한 헌법 제106조에 합치하는가라는 의문이 제기되곤 한다. 헌법재판소는 법관의 정년을 둘 것인지 종신제로 할 것인지는 사법권 독립, 사법의 민주화, 사법의 보수화·관료화·노쇠화 방지 등을 비교 형량한 헌법정책 내지 입법정책의 문제라고 보고 있다.[481)]

---

480) 이와 관련하여 법관 부동성(不動性)의 원칙이 논의된다. 이는 본인의 동의 없이는 승진이나 전보되지 않는다는 원칙을 말한다. 대법원장에게 인사권이 집중되어 있는 현실에서 이 원칙을 도입하자는 견해가 있다(김종민, 사법부 독립가 대법원장의 인사권, 법률신문 2022.12.5.자 15면). 이에 대해서는 그 폐해를 지적하면서 반대하는 의견도 있다(주기동, 사법부 독립과 법관 부동성 원칙, 법률신문 2022.12.26.자 12면).

481) 헌재 2002.10.31. 2001헌마557, 법원조직법 제45조 제4항 위헌확인(기각). 이 사건에서 법관정년제가 법관의 신분보장을 규정한 헌법 제106조에 위반된다는 논거로 청구인은 다음과 같이 주장했다. "분쟁해결을 위하여 오랜 사회적 경험과 연륜을 필요로 하고 진보적이고 개혁적이기보다는 오히려 기존 법질서의 유지를 본연의 임무로 하고 있는 법관에 대하여, 그 임기에 의한 근무기간의 제한을 두고 다시 정년에 의한 근무기간의 제한을 두고 있는 것은 법관의 신분과 사법권의 독립을 보장하는 것이 아니라, 오히려 이를 저해하는 결과를 초래하고 있다고 할 것이다. 또한 헌법기관 가운데, 대통령, 국회의장 그리고 국무총리 등에 대하여는 정년에 관한 규정이 없는데도 대법원장에게는 정년이 있어야 하는 합리적 헌법질서상 근거가 없고, 선거직 공무원 또는 선출직 공무원과 달리 임명직 공무원에 대하여는 정년이 있어야 하는 헌법상의 합리적인 이유도 없는 것

Q

법관 및 법원공무원 명예퇴직수당 등 지급규칙(대법원규칙)에 따르면 명예퇴직수당지급액은 정년이 많이 남을수록 유리한 구조로 되어 있다. 그런데 이 규칙 제3조 제5항은 "정년잔여기간의 계산은 법관의 경우에는 정년퇴직일 전에 임기만료일이 먼저 도래하는 경우에는 임기만료일을 정년퇴직일로 본다. ⋯⋯(단서생략)"라고 규정하여 임기제에 의한 임기가 정년보다 먼저 도래하는 경우에는 임기만료일을 정년퇴직일로 보게 되어 정년퇴직일을 기준으로 산정한 명예퇴직수당보다 줄어들 수 있게 된다. 이는 검사 등 다른 경력직 공무원과 비교하여 부당한 차별이라는 주장에 대하여 검토하시오.

A

법관의 임기제·연임제 등의 취지를 고려할 때 10년마다 연임절차를 거쳐야 정년까지 근무할 수 있는 법관과 그러한 절차 없이도 정년까지 근무할 수 있는 다른 경력직 공무원과 동일하다고 볼 수 없고, 명예퇴직은 자진퇴직을 요건으로 하므로 퇴직시점을 스스로 정할 수 있는 점, 최근의 평생법관제 정착을 위한 노력을 고려할 때 명예퇴직제도의 수혜범위를 확대할 필요성이 상대적으로 크지 않다는 점 등을 고려할 때 자의적인 차별이라고 할 수 없다.[482)]

4) 법관의 신분보장

가) 법관으로 임용될 수 없는 사람

다른 법령에 따라 공무원으로 임용하지 못하는 사람, 금고 이상의 형을 선고받은 사람, 탄핵으로 파면된 후 5년이 지나지 아니한 사람, 대통령비서실 소속의 공무원으로서 퇴직 후 3년이 지나지 아니한 사람, 「정당법」 제22조에 따른 정당의 당원 또는 당원의 신분을 상실한 날부터 3년이 경과되지 아니한 사람, 「공직선거법」 제2조에 따른 선거에 후보자(예비후보자 포함)로 등록한 날부터 5년이 경과되지 아니한 사람, 「공직선거법」 제2조에 따른 대통령선거에서 후보자의 당선을 위하여 자문이나 고문의 역할을 한 날부터 3년이 경과되지 아니한 사람[483)]은 법관으로 임용할 수 없다(법원조직법 제43조).

이러한 법관으로서의 결격자를 법정한 것은 법관을 보다 독립성이 보장되는 신분으로 보장하려는 입법의도가 있다.

이다."

482) 헌재 2020.4.23. 2017헌마321, 법관 및 법원공무원 명예퇴직수당 등 지급규칙 제3조 제5항 위헌확인(기각) – 법관의 명예퇴직수당 정년잔여기간 산정방식 사건. 이 결정에는 평등권 침해라는 4인 재판관의 반대의견이 있다.

483) 자문이나 고문의 역할을 한 사람의 구체적인 범위는 대법원규칙으로 정한다(법원조직법 제43조 제2항).

나) 법관의 파면

법관은 탄핵 또는 금고 이상의 형의 선고에 의하지 아니하고는 파면되지 아니한다(제106조 제1항 전단). 그렇게 함으로써 법관의 신분을 최대한 보장할 수 있게 된다는 것이 입법자의 판단이다.

법관에 대한 탄핵에서는 사법권 독립의 차원에서 특히 신중을 기하여야 한다. 즉, 헌법 105조와 106조가 보장하는 법관의 신분보장의 취지를 고려하여 법위반 행위가 헌법질서에 심각한 위해를 가한 경우에만 예외적으로 파면결정이 이루어져야 한다. 따라서 법관이 법치국가원리의 중요 구성 요소인 사법권의 독립이나 법관의 재판상 독립에 위협이 되는 행위를 하여 사법과 재판에 대한 신뢰를 훼손함으로써 사법기능에 심각한 장애를 초래한 경우는 중대한 법위반으로 볼 수 있다.[484)]

다) 법관의 징계처분

법관은 징계처분에 의하지 아니하고는 정직·감봉 기타 불리한 처분을 받지 아니한다(제106조 제1항 후단). 법관은 징계에 의해서만 정직 등 불리한 처분을 받을 수 있을 뿐이고 또 징계에 의하더라도 해임과 파면은 불가능하게 하고 있다.

대법원에 법관징계위원회를 둔다(법원조직법 제48조 제1항). 법관 징계에 관한 사항은 따로 법률로 정하는데(법원조직법 제48조 제2항), 이 법률이 「법관징계법」이다. 법관징계법정주의를 취하고 법관징계위원회를 두는 이유는 공정한 징계를 함으로써 법관의 신분을 보장하기 위한 것이다.

「법관징계법」상 법관징계위원회는 법관 징계사건을 심의·결정하는 의결기구다(법관징계법 제4조 제1항). 법관징계위원회는 위원장 1명과 위원 6명으로 구성하고, 예비위원 3명을 둔다(법관징계법 제4조 제2항). 위원장은 대법관 중에서 대법원장이 임명하고, 위원은 법관 3명과 변호사 1명, 법학교수 1명, 그 밖에 학식과 경험이 풍부한 사람 1명을 대법원장이 각각 임명하거나 위촉[485)]한다(법관징계법 제5조 제1항).

법관의 징계사유는 법관이 직무상 의무를 위반하거나 직무를 게을리한 경우, 법관

---

484) 헌재 2021.10.28. 2021헌나1, 법관(임성근)탄핵(각하)의 재판관 3인의 반대의견(인용의견)의 설시 참조.

485) 표준국어대사전에 따르면 임명은 일정한 지위와 임무를 남에게 맡기는 것이고, 위촉은 어떤 일을 남에게 부탁하여 맡게 하는 것을 말한다. 일반적으로 임명은 일을 어떤 "사람"에게 맡기는 것을 말할 때 주로 사용하고, 위촉은 기관이나 단체도 그 대상으로 하는 점에서 구별될 수 있다. 또 임명은 서열의 의미가 내포되어 있다는 점에서도 위촉과 구분되는 것으로 보인다.

이 그 품위를 손상하거나 법원의 위신을 떨어뜨린 경우다(법관징계법 제2조). 징계처분의 종류로는 정직 · 감봉 · 견책의 세 종류가 있고(파면 · 해임 · 면직은 없음), 정직은 1개월 이상 1년 이하의 기간 동안 직무집행을 정지하고 그 기간 동안 보수를 지급하지 아니하며, 감봉은 1개월 이상 1년 이하의 기간 동안 보수의 3분의 1 이하를 줄이고, 견책은 징계 사유에 관하여 서면으로 훈계한다(법관징계법 제3조). 법관에 대한 징계처분 취소청구는 징계등 처분이 있음을 안 날부터 14일 이내에 하여야 하고 대법원의 단심재판으로 한다(법관징계법 제27조). 이 단심재판조항에 대해서는 다른 전문직 종사자와 비교할 때 차별적 취급이라는 주장이 있었으나 헌법재판소는 법관에 대한 징계의 심의 · 결정이 준사법절차(법관징계법 제14조, 제16조)를 거쳐서 이루어지는 점, 법관에 대한 징계의 경우 파면 · 해임 · 면직 등 신분관계 자체를 변경시키는 중한 징계처분이 존재하지 않는 점, 법관은 독립적으로 사법권을 행사하는 자로서 그 지위를 조속히 안정시킬 필요가 있는 점, 법관에 대한 징계처분 취소청구소송은 피징계자와 동일한 지위를 가진 법관에 의하여 이루어질 수밖에 없는 점 등을 논거로 합헌으로 결정하였다.[486)]

라) 법관의 정치적 중립성

헌법상 명문의 규정은 없지만 사법적 판단은 엄정한 중립적 관점에서 사실관계에 입각하여 헌법과 법률 그리고 법관의 양심에 따라서 판단하여야 하므로 법관에게는 정치적 중립성이 당연히 요구되는 것으로 이해된다. 이에 따라 「법원조직법」에서는 법관에게 국회 또는 지방의회의 의원이 되는 일, 행정부서의 공무원이 되는 일, 정치운동에 관여하는 일을 금지하고 있다(법원조직법 제49조 제1호~제3호).

마) 법관의 퇴직

제3항 법관이 중대한 심신상의 장해[487)]로 직무를 수행할 수 없을 때에는 법률이 정하는 바에 의하여 퇴직하게 할 수 있다(제106조 제2항). 이에 따라 「법원조직법」 제47조에서는 “법관이 중대한 신체상 또는 정신상의 장해로 직무를 수행할 수 없을 때에는, 대법관인 경우에는 대법원장의 제청으로 대통령이 퇴직을 명할 수 있고, 판사인 경우

486) 헌재 2012.2.23. 2009헌바34, 법관징계법 제2조 제2호 등 위헌소원(합헌).

487) 표준국어대사전에 따르면 장해는 하고자 하는 일을 막아서 방해하는 것을 말하고, 장애는 어떤 사물의 진행을 거치적거리게 하거나 충분한 기능을 하지 못하게 하는 것을 말한다. 청각장애, 호흡장애, 심신장애와 같이 신체상의 기능이나 정신적 결함에는 통상 장애를 사용한다. 일의 수행을 방해하는 요인이 의도적이라는 느낌을 줄 때에는 장애보다는 장해가 더 적합한 용어다. 따라서 헌법 제106조 제2항의 심신상의 장해는 심신상의 장애로 개정하는 것이 좋을 것으로 보인다.

에는 인사위원회의 심의를 거쳐 대법원장이 퇴직을 명할 수 있다"고 규정하고 있다.

바) 법관의 겸직금지 · 파견근무 · 휴직 · 겸임

사법권의 독립을 위해서 법관에게는 겸직금지가 요구된다. 「법원조직법」에 따르면 법관에게는 대법원장의 허가 없이 보수를 받는 직무에 종사하는 일, 금전상의 이익을 목적으로 하는 업무에 종사하는 일, 대법원장의 허가를 받지 아니하고 보수의 유무에 상관없이 국가기관 외의 법인 · 단체 등의 고문, 임원, 직원 등의 직위에 취임하는 일, 그 밖에 대법원규칙으로 정하는 일 등에 종사하는 것이 금지된다(법원조직법 제49조 제4호~제7호).

대법원장은 다른 국가기관으로부터 법관의 파견근무 요청을 받은 경우에 업무의 성질상 법관을 파견하는 것이 타당하다고 인정되고 해당 법관이 파견근무에 동의하는 경우에는 그 기간을 정하여 이를 허가할 수 있다(법원조직법 제50조).

대법원장은 법관이 「병역법」에 따른 병역복무를 위하여 징집 · 소집된 경우나, 국내외 법률연구기관 · 대학 등에서의 법률연수나 본인의 질병 요양 등을 위하여 휴직을 청원하는 경우로서 그 청원 내용이 충분한 이유가 있다고 인정되는 경우 2년 이내의 범위에서 기간을 정하여(병역복무의 경우는 그 복무기간이 끝날 때까지) 휴직을 허가할 수 있다(법원조직법 제51조 제1항). 휴직기간 중의 보수 지급에 관한 사항은 대법원규칙으로 정한다(법원조직법 제51조 제2항).

대법원장은 법관을 사건의 심판 외의 직(재판연구관 포함)에 보하거나 그 직을 겸임하게 할 수 있다(법원조직법 제52조 제1항).

사) 법관의 보수

법관의 보수는 직무와 품위에 상응하도록 따로 법률로 정한다(법원조직법 제46조). 이에 따라 「법관의 보수에 관한 법률」이 제정되어 있으나 실제로는 「법관의 보수에 관한 규칙」(대법원규칙)에 따르고 있다.

아) 대법원장의 법관인사권

법관의 인사권은 대법원장이 독점하고 있으나 법관인사위원회, 대법관회의, 국회 등에 의한 견제장치가 마련되어 있다.

법관의 인사에 관한 중요 사항을 심의하기 위하여 대법원에 법관인사위원회를 둔다. 법관인사위원회는 인사에 관한 기본계획의 수립에 관한 사항, 판사의 임명 · 연임 ·

퇴직에 관한 사항, 그 밖에 대법원장이 중요하다고 인정하여 회의에 부치는 사항을 심의한다. 인사위원회는 위원장 1명을 포함한 11명의 위원으로 구성한다(법원조직법 제25조의2 제1항 · 제2항).

대법관회의는 대법관으로 구성되며, 대법원장이 그 의장이 된다. 대법관회의는 대법관 전원의 3분의 2 이상의 출석과 출석인원 과반수의 찬성으로 의결한다. 의장은 의결에서 표결권을 가지며, 가부동수일 때에는 결정권을 가진다(법원조직법 제16조). 대법관회의의 의결사항은 판사의 임명 및 연임에 대한 동의, 대법원규칙의 제정과 개정 등에 관한 사항, 판례의 수집 · 간행에 관한 사항, 예산 요구, 예비금 지출과 결산에 관한 사항, 다른 법령에 따라 대법관회의의 권한에 속하는 사항, 특히 중요하다고 인정되는 사항으로서 대법원장이 회의에 부친 사항이다(법원조직법 제17조). 임기가 끝난 판사는 대법관회의의 동의를 얻어 대법원장의 연임발령으로 연임한다(법원조직법 제45조의2 제1항).

국회는 국정감사나 조사 등을 통하여 대법원장의 법관인사권에 대해 견제할 수 있다.

3. 법관의 물적 독립(재판상 독립)

헌법 제103조는 “법관은 헌법과 법률에 의하여 그 양심에 따라 독립하여 심판한다.”고 하여 법관의 재판상 독립을 규정하고 있다. 이를 법관의 물적 독립이라고도 한다. 법관의 재판상 독립은 사법권 독립의 본질적인 요소다.

법관의 재판상 독립이 이루어지려면 소송당사자, 배심원, 상급심법원, 기타 국가권력이나 사회세력으로부터의 독립이 이루어져야 하고, 법관은 헌법과 법률에 구속되며 양심에 따라 직무를 행사하여야 한다. 이를 나누어 설명하면 다음과 같다.

가. 소송당사자, 배심원, 상급심법원, 기타 국가권력이나 사회세력으로부터의 독립

1) 소송당사자와 배심원으로부터의 독립

법관은 검사나 소송당사자인 국가기관으로부터 독립되어야 하고 배심원 등으로부터 독립이 되어야 한다. 이에 따라 「국민의 형사재판 참여에 관한 법률」 제46조 제5항에서는 배심원의 평결과 의견은 법원을 기속하지 아니한다고 규정하고 있다.

2) 상급심법원으로부터의 독립

법관은 재판권행사에 있어서 상급심법원의 지휘·감독을 받지 않는다.

「상고심절차에관한특례법」 제4조 제1항이 제3호에서 대법원판례 위반을 상고기각 사유로 삼은 것이 헌법에 위반되는지 여부를 검토하시오.

상고심절차에관한특례법 제4조(심리의 불속행) ① 대법원은 상고이유에 관한 주장이 다음 각 호의 1의 사유를 포함하지 아니한다고 인정되는 때에는 더 나아가 심리를 하지 아니하고 판결로 상고를 기각한다.

1. 원심판결이 헌법에 위반하거나 헌법을 부당하게 해석한 때
2. 원심판결이 명령·규칙 또는 처분의 법률위반 여부에 대하여 부당하게 판단한 때
3. 원심판결이 법률·명령·규칙 또는 처분에 대하여 대법원판례와 상반되게 해석한 때
4. 법률·명령·규칙 또는 처분에 대한 해석에 관하여 대법원판례가 없거나 대법원판례를 변경할 필요가 있는 때
5. 제1호 내지 제4호 외에 중대한 법령위반에 관한 사항이 있는 때
6. 민사소송법 제394조 제1항 제1호 내지 제5호의 사유가 있는 때

헌법에 위반되지 아니한다. 개별적 사건에서의 권리구제보다 법령해석의 통일을 더 우위에 둔 입법자의 판단에 따라 상고심 재판을 받을 수 있는 객관적인 기준에 대법원판례 위반 여부를 한 요소로 삼은 것은 그 합리성이 인정될 뿐만 아니라, 판례의 법원성을 인정하지 않는 대륙법계 국가라는 이유로 실체법이 아닌 절차법인 이 사건 법률조항의 일부로 편입하여 대법원판례 위반을 심리불속행의 예외사유의 하나로 규정할 수 없는 것이 아니고, 또한 이로 인하여 새로운 권리침해가 발생하는 것도 아니다. 따라서 입법형성의 자유가 인정되는 부분으로서 헌법재판소가 취하고 있는 위헌심사기준은 합리성심사다.[488]

3) 기타 국가권력 및 사회세력으로부터의 독립

가) 국회로부터의 독립

국회는 국정감사 또는 조사를 하는 경우에도 계속(繫屬)중인 재판 또는 수사 중인 사건의 소추에 관여할 목적으로 행사되어서는 아니 된다(국정감사 및 조사에 관한 법률 제8조). 법관에 대한 탄핵소추사유도 직무상 의무위반, 현저한 품위손상 등으로 매우 제한적으로 해석하여야 할 것이다.

488) 헌재 2002.6.27. 2002헌마18, 상고심절차에관한특례법 제4조 제1항 위헌확인(기각).

나) 집행부로부터의 독립

대통령의 사면권은 헌법에서 인정하고 있는 것이므로 위헌은 아니다. 그리고 사면권은 판결의 효력 자체를 침해하는 것은 아니다. 그러나 사면권의 남용은 결과적으로 사법적 정의에 혼란을 초래할 수 있으므로 무제한 인정될 수는 없다. 따라서 국회는 일반사면에 대한 동의권을 가진다(제79조 제2항). 또 「사면법」에서는 법무부장관이 특별사면이나 특정한 자에 대한 감형 및 복권을 대통령에게 상신할 때에는 사면심사위원회의 심사를 거치도록 하고 있다(사면법 제10조).

다) 사회세력으로부터의 독립

법관은 여론으로부터도 독립하여 재판한다. 재판에 대한 비판은 재판진행의 전후에 영향을 주지 않는 한도 내에서 가능할 뿐이다. 그러나 국민적 관심사가 된 사건에 있어서 언론의 지나친 관심은 법관의 독립을 사실상 침해하는 것으로 작용할 수 있다.

나. 헌법과 법률에의 구속

법관이 재판을 함에 있어서 헌법과 법률에 구속된다는 것은 헌법과 법률에 의하여 판결한다는 의미다. 여기의 법률은 실질적 의미의 법률이다. 따라서 법률 이외에도 긴급명령, 법규명령, 규칙 등에도 구속된다. 그런데 법관은 헌법에 합치하는 법률에만 구속된다. 따라서 헌법에 위반되는 것으로 판단되는 법률에 대해서는 위헌법률심판을 제청할 수 있고, 헌법이나 법률에 위반되는 것으로 판단되는 명령·규칙에 대해서는 명령·규칙심사권을 행사할 수 있다.

NOTE **법원의 합헌해석권**

사건이 계속 중인 당해 법원에 대하여 당사자가 위헌법률심판제청을 신청하였으나 법원이 이를 받아들이지 않고 기각 결정하는 경우, 이는 당해 법률 또는 법률의 조항에 대한 법원의 합헌결정을 의미한다. 그런데 신청인은 이 결정에 대해서 「헌법재판소법」 제68조 제2항에 따라 헌법소원을 청구할 수 있다. 따라서 법원에 합헌결정권이 있는지 여부를 다투는 것은 실익이 없다.

1980년의 제8차 개정헌법 제108조에서 '법률이 헌법에 위반되는 여부가 재판의 전제가 된 경우에 법원은 법률이 헌법에 위반되는 것으로 인정할 때에' 헌법위원회에 제청하도록 하였던 것을, 현행 헌법에서는 이 문구를 삭제하고 단순히 '법률이 헌법에 위반되는 여부가 재판의 전제가 된 경우에' 제청하도록 하고 있지만, 이러한 개정이 법률의 합헌여부에 대한

법원의 권한을 부인하는 것으로 이해하는 견해[489]는 설득력이 약하다. 왜냐하면 헌법전의 규정형식에 불구하고, 법률의 위헌여부가 재판의 전제가 되어 법원이 헌법재판소에 그 위헌여부를 제청하는 경우에는 법원이 적어도 위헌의 의심을 갖는 경우이고, 그렇지 않은 경우에는 위헌의 의심의 여지가 없거나 합헌으로 보는 것으로 볼 수 있기 때문이다.
그리고 이러한 법원의 결정에 대해서는 당사자는 헌법소원으로 다툴 수 있도록 되어 있으므로 법원에 합헌결정권을 인정한다고 하더라도 문제가 되지 않는다.[490] 물론 법원의 합헌판단은 헌법재판소의 결정에 의해 뒤집어질 가능성을 가지고 있기 때문에, 법원의 합헌판단은 최종적인 판단으로는 될 수 없다.

다. 양심에 따른 재판

법관은 양심에 따라 심판한다(제103조). 이 양심에 대해서는 법관으로서의 양심으로 보는 **객관적 양심설**과 재판관 개인의 주관적 양심, 즉 사상·세계관·인생관을 의미한다는 **주관적 양심설**, 원칙적으로는 주관적 양심을 의미하나 이것이 표출될 때에는 헌법과 법률에 구속되는 그러한 양심, 즉 헌법과 법률의 가치체계에 합치하는 입장을 취하도록 내면적으로 요청되는 양심이라는 **절충설**이 있다. 일반적 견해는 객관적 양심설이다. 양심에 따라 심판한다는 것은 법관이 재판과정에서 법을 해석함에 있어서 법관으로서 자주적인 판단에 따라 심판하여야 한다는 것을 의미하고, **독립하여 심판한다는 것과 같은 의미**로 이해된다.

라. 재판의 독립 침해 판단 기준

헌법과 법률의 해석을 주로 하는 전문적인 법관이 재판상 독립하여 공정하게 재판을 하는지는 외부에서 확인하거나 검증하기가 쉽지 않다. 그러나 우선은 법관의 재판상 독립을 침해하였는지 여부의 판단은 법관이 구체적으로 형상한 외부적으로 나타난 재판과정을 면밀히 관찰함으로써 판단할 수 있다. 예컨대 법관이 다른 법관의 재판에 개입하거나 간섭하는 행위를 한 것이 명백한 경우에는 헌법 제103조에 위반되는 것으로 볼 수 있을 것이다.[491]

---

489) 이시윤, 헌법재판제도개관(상), 판례월보, 1989.5., 16쪽 이하 참조.
490) 기타 합헌판단권에 대한 자세한 논거는 유남석, 법원의 법률해석권한과 위헌심판제청, 재판자료 제76집, 1997, 280쪽 이하 참조.
491) 헌재 2021.10.28. 2021헌나1, 법관(임성근)탄핵(각하) 결정의 반대의견(유남석, 이석태, 김기영의 인용의견) 참조.

마. 기타 법관의 물적 독립과 관련된 사안

1) 법관의 양형결정권

양형결정권은 법관의 고유한 권한으로서 법관의 재판상 독립의 중요한 구성부분이다. 그러나 법관의 자의적인 양형을 배제하고 국민의 건전한 상식을 반영하고 국민이 신뢰할 수 있는 공정하고 객관적인 양형을 실현하기 위하여 대법원에 양형위원회를 설치하고 있다(법원조직법 제81조의2 제1항). 양형위원회는 그 권한에 속하는 업무를 독립하여 수행하고(법원조직법 제81조의2 제3항), 법관이 합리적인 양형을 도출하는 데 참고할 수 있는 구체적이고 객관적인 양형기준을 설정하거나 변경한다(법원조직법 제81조의6 제1항). 이 양형기준은 공개하여야 한다(법원조직법 제81조의6 제4항).

양형위원회가 제시한 양형기준은 법적 구속력을 갖지 않는다는 점에서 법관의 독립을 해치는 것으로 보기는 어렵다. 이와 같이 양형기준은 법적 구속력은 갖지 않지만 법관이 형의 종류를 선택하고 형량을 정할 때 양형기준을 존중하여야 하고, 법원이 양형기준을 벗어난 판결을 하는 경우에는 약식절차나 즉결심판절차에 따라 심판하는 경우를 제외하고는 판결서에 양형의 이유를 적어야 한다(법원조직법 제81조의7).

양형위원회는 위원장 1명을 포함한 13명의 위원으로 구성하고 위원장은 15년 이상 판사, 검사, 변호사나 국가, 지방자치단체, 국영·공영기업체, 공공기관의 운영에 관한 법률상 공공기관, 그 밖의 법인에서 법률에 관한 사무에 종사한 사람 또는 공인된 대학의 법학 조교수 이상의 교수의 직에 있던 사람 중에서 대법원장이 임명하거나 위촉한다. 위원은 법관 4명, 법무부장관이 추천하는 검사 2명, 대한변호사협회장이 추천하는 변호사 2명, 법학 교수 2명, 학식과 경험이 있는 사람 2명으로 구성하되 대법원장이 임명하거나 위촉한다(이상 법원조직법 제81조의3 제1항·제2항·제3항). 위원장은 위원회의 회의를 소집하며, 그 의장이 되고, 위원회는 재적위원 과반수의 찬성으로 의결한다(법원조직법 제81조의5).

다음 특가법 제5조의3 제2항 제1호의 위헌성 여부에 대하여 판단하시오.

특정범죄가중처벌등에관한법률 제5조의3 (도주차량운전자의 가중처벌) ② 사고운전자가 피해자를 사고장소로부터 옮겨 유기하고 도주한 때에는 다음의 구분에 따라 가중처벌한다.

1. 피해자를 치사하고 도주하거나 도주 후에 피해자가 사망한 때에는 사형·무기 또는 10년 이상의 징역에 처한다.

그 죄질의 형태와 정상(情狀)의 폭이 넓어 탄력적으로 운용하여야 할 성질의 것인데 법관의 양형판단권을 극도로 제한하여 헌법에 위반된다.[492]

이 조항은 헌법재판소의 결정 취지에 따라 2010년 전문개정되었고, 이후 일부 개정된 현행 규정은 다음과 같다.

「특정범죄 가중처벌 등에 관한 법률」 제5조의3(도주차량 운전자의 가중처벌) ①「도로교통법」 제2조에 규정된 자동차·원동기장치자전거 또는「건설기계관리법」 제26조제1항 단서에 따른 건설기계 외의 건설기계(이하 "자동차등"이라 한다)의 교통으로 인하여「형법」 제268조의 죄를 범한 해당 자동차등의 운전자(이하 "사고운전자"라 한다)가 피해자를 구호하는 등「도로교통법」 제54조제1항에 따른 조치를 하지 아니하고 도주한 경우에는 다음 각 호의 구분에 따라 가중처벌한다. 〈개정 2022. 12. 27.〉

1. 피해자를 사망에 이르게 하고 도주하거나, 도주 후에 피해자가 사망한 경우에는 무기 또는 5년 이상의 징역에 처한다.

필요적 병과를 규정한「특정범죄가중처벌등에관한법률」 제8조 제2항(1990. 12.31. 법률 제4291호로 개정된 것)이 법관의 양형결정권을 침해한 것인지 여부에 대해 검토하시오.

특정범죄가중처벌등에관한법률 제8조(조세포탈의 가중처벌) ① 조세범처벌법 제9조 제1항에 규정된 죄를 범한 자(사기 기타 부정한 행위로써 조세를 포탈하거나 조세의 환급·공제를 받은 자)는 다음의 구분에 따라 가중처벌한다.

1. 포탈하거나 환급 받은 세액 또는 징수하지 아니하거나 납부하지 아니한 세액(이하 "포탈세액등"이라 한다)이 연간 5억 원 이상인 때에는 무기 또는 5년 이상의 징역에 처한다.
2. 포탈세액등이 연간 2억 원 이상 5억 원 미만인 때에는 3년 이상의 유기징역에 처한다.

② 제1항의 경우에는 그 포탈세액 등의 2배 이상 5배 이하에 상당하는 벌금을 병과한다.

범죄의 보호법익과 죄질에 비추어 범죄와 형벌 간의 비례의 원칙상 수긍할 수 있을 정도의 합리성이 있다면 위헌이라고 할 수 없다. 일정액 이상의 조세포탈범에 대하여 그 위법성과 비난가능성의 정도를 높게 평가하여 징벌의 강도를 높이고자 한 입법자의 결단이라 보아야 할 것이고, 이러한 입법자의 결단이 입법재량의 한계를 벗어난 자의적인 것이라고는 보기 어렵다.[493]

---

492) 헌재 1992.4.28. 90헌바24, 특정범죄가중처벌등에관한법률 제5조의3 제2항 제1호에 대한 헌법소원(위헌).

493) 헌재 2005.7.21. 2003헌바98, 특정범죄가중처벌등에관한법률 제8조 제2항 위헌소원(합헌).

2) 헌법재판소 결정의 제청법원 기속

헌법상 구체적 규범통제제도 하에서는 위헌법률심판의 제청법원은 헌법재판소의 위헌여부결정에 기속된다.[494] 한정합헌결정, 한정위헌결정 등 변형결정과 관련하여도 마찬가지이다. 그러나 대법원은 특히 헌법재판소의 한정위헌결정에 대해 위헌결정으로서의 효력을 인정하지 않고 있다.

3) 법원 · 검찰청의 분리원칙과 형사재판의 독립성

법원과 검찰청은 국가사법권을 수행하지만 기본적으로 사법부와 행정부에 소속하여 분리가 원칙이다. 이에 따라 형사재판은 독립적으로 이루어진다.

소송기록 송부절차를 규정한 다음의 규정이 법원의 독립성을 해치는 것인지 여부에 대해 판단하시오.

형사소송법 제361조(소송기록과 증거물의 송부) ① 전조의 경우 외에는 원심법원은 항소장을 받은 날로부터 14일 이내에 소송기록과 증거물을 그 법원에 대응한 검찰청검사에게 송부하고 그 검사는 그 송부를 받은 날로부터 7일 이내에 항소법원에 대응한 검찰청검사에게 송부하여야 한다.

② 항소법원에 대응한 검찰청검사는 전항의 소송기록과 증거물을 받은 날로부터 5일 이내에 항소법원에 송부하여야 한다.

신속 · 공정한 재판을 받을 권리(제27조 제1항 및 제3항)를 침해하고 재판상 독립에 영향을 주는 것으로서, 신속 · 공정한 재판을 받을 권리를 침해하여 위헌이다. 심사기준은 엄격심사로서 비례성원칙이 적용된다.[495]

이 결정으로 1995년 「형사소송법」이 다음과 같이 개정되어 현재에 이르고 있다. 「형사소송법」 제361조(소송기록과 증거물의 송부) 제360조의 경우를 제외하고는 원심법원은 항소장을 받은 날부터 14일이내에 소송기록과 증거물을 항소법원에 송부하여야 한다. [전문개정 1995.12.29.]

---

494) 물론 우리나라는 헌법상 구체적 규범통제제도를 취하고 있으면서도 위헌결정에 대해 일반효를 부여하고 있고(헌법재판소법 제47조 제2항), 법원 등 국가기관에 대한 기속력도 인정하고 있다(헌법재판소법 제47조 제1항).

495) 헌재 1995.11.30. 92헌마44, 소송기록송부지연 등에 대한 헌법소원(위헌).

제3항 법원의 조직과 권한

I. 대법원의 헌법상 지위

헌법상 대법원은 주권행사기관의 하나로서의 지위, 최고기관의 하나로서의 지위, 국민의 기본권보장기관으로서의 지위, 최고최종심법원으로서의 지위, 위헌법률심판제청기관으로서의 지위, 최고사법행정기관으로서의 지위 등을 갖는다.

II. 대법원의 조직

최고법원인 대법원은 대법원장과 대법관으로 구성한다. 대법원장은 국회의 동의를 얻어 대통령이 임명한다. 대법관은 대법원장의 제청으로 대통령이 임명한다. 그런데 「대법관후보추천위원회 규칙」에 따르면 대법원장은 대법관 제청대상자로 적합하다고 생각하는 사람을 추천위원회에 심사대상자로 제시하도록 하고 있는데 이로써 사실상 대법관후보추천위원회는 명목상의 위원회가 될 위험이 있어 문제로 보인다(대법관후보추천위원회 규칙 제7조).

대법원에는 의결기관으로 대법관회의를 두고(법원조직법 제16조 제1항), 사법행정사무를 관장하기 위하여 법원행정처를(법원조직법 제19조), 판사의 연수와 사법연수생의 수습에 관한 사무를 관장하기 위하여 사법연수원을(법원조직법 제20조), 사법제도 및 재판제도의 개선에 관한 연구를 하기 위하여 사법정책연구원을(법원조직법 제20조의2), 법원직원·집행관 등의 연수 및 양성에 관한 사무를 관장하기 위하여 법원공무원교육원을(법원조직법 제21조), 재판사무의 지원 및 법률문화의 창달을 위한 판례·법령·문헌·사료 등 정보를 조사·수집·편찬하고 이를 관리·제공하기 위하여 법원도서관을(법원조직법 제22조) 둔다.

III. 대법원의 권한

1. 사법권

대법원은 고등법원 또는 항소법원·특허법원의 판결에 대한 상고사건, 항고법원·고등법원 또는 항소법원·특허법원의 결정·명령에 대한 재항고사건, 다른 법률에 따라 대법원의 권한에 속하는 사건을 종심으로 심판한다(법원조직법 제14조). 다른 법률에 따라 대법원의 권한에 속하는 사건으로는 위헌·위법 명령·규칙 최종심사, 위헌법률심판제청, 선거소송재판, 상고심재판 등이 있다.

부보(附保)금융기관[496] 파산 시 법원으로 하여금 예금보험공사나 그 임직원을 의무적으로 파산관재인으로 선임하도록 하고, 예금보험공사가 파산관재인으로 선임된 경우 「파산법」상의 파산관재인에 대한 법원의 해임권(제157조), 감사위원의 동의권(제187조), 법원의 허가권(제188조) 적용을 배제하고, 부보금융기관의 파산절차가 진행 중인 경우 추가로 예금보험공사 또는 그 임직원을 파산관재인으로 선임하도록 한 「공적자금관리특별법」 제20조 및 부칙 제3조 중 각 파산관재인 부분이 사법권을 침해하는지 여부를 검토하시오.

공적자금관리특별법(2000.12.20. 법률 제6281호) 제20조(파산절차의 특례) ① 법원은 예금자보호법에 의한 보험금지급 등 공적자금이 지원되는 부보금융기관(금융산업구조개선에관한법률에 의하여 계약이전이 결정된 부보금융기관을 포함한다)이 해산 또는 파산한 경우 공적자금의 효율적인 회수가 필요한 때에는 상법 제531조 또는 파산법 제147조 또는 파산관재인의선임에관한관련법률의 규정에 불구하고 예금보험공사 또는 그 임직원을 청산인 또는 파산관재인으로 선임하여야 한다.
② 제1항의 규정에 의하여 예금보험공사가 청산인 또는 파산관재인인 경우에는 상법 제539조 제2항 및 파산법 제157조·제187조·제188조의 규정을 적용하지 아니한다.
공적자금관리특별법(2000.12.20. 법률 제6281호) 부칙 제3조(파산절차등의 특례에 관한 경과규정) 법원은 공적자금의 효율적인 회수를 위하여 필요한 때에는 이 법 시행당시 청산 또는 파산절차가 진행 중인 부보금융기관에 대하여 이 법 시행일부터 3월 이내에 예금보험공사 또는 그 임직원을 청산인 또는 파산관재인으로 추가 선임하여야 한다.
예금자보호법 제2조(정의) 이 법에서 사용하는 용어의 정의는 다음과 같다.
1. "부보금융기관"이라 함은 이 법에 의한 예금보험의 적용대상 기관으로서 다음 각목의 1에 해당하는 금융기관을 말한다.
가. 은행법 제8조 제1항에 의하여 인가를 받은 금융기관
나. 한국산업은행법에 의하여 설립된 한국산업은행
다.~하. …… (생략)

496) 예금보험공사에 예금보험료를 납부하는 동시에 보험보장을 받는 금융기관을 말한다. 은행·증권사·보험사·종합금융사·상호저축은행 등 5개 금융업권이 이에 해당된다.

헌법재판소는 사법권을 침해하지 않는다고 판결하였다. '파산관재인의 선임 및 직무감독에 관한 사항'은 대립당사자간의 법적 분쟁을 사법적 절차를 통하여 해결하는 사법권의 본질에 속하는 사항이 아니다. 따라서 입법자는 폭넓은 입법형성의 자유를 가진다. 위헌심사기준으로서는 자의금지원칙이 적용된다. 즉 입법은 명백히 자의적이거나 비합리적인 것이 아닌 한 존중되어야 한다.[497]

이 결정의 의의는 입법에 의한 사법권의 침해여부의 판단기준은 사법권의 본질적 내용을 침해하지 않는 한 자의금지원칙이 적용된다는 것을 확인한 것이다.

2. 사법입법권

대법원이 헌법상 향유하는 사법입법권으로서는 대법원규칙제정권(제108조)이 있다. 법률상으로도 사법입법권을 규정하고 있는데, 예를 들면 양형기준제정권(법원조직법 제81조의6, 제81조의7)을 들 수 있다. 그 외 국회에 대한 사법부의 권한으로는 법률제정·개정에 대한 의견제출권(법원조직법 제9조 제3항) 등을 들 수 있다.

3. 사법행정권

사법행정권이란 재판권의 행사나 재판제도를 운영·관리하기 위하여 필요한 일체의 행정작용을 말한다. 예컨대 법관 등의 인사행정, 법원의 조직·구성 등의 운영·관리, 청사 등 시설관리, 회계·예산·보수 등 재무관리 등이 이에 속한다.

대법원의 사법행정기구로는 대법원장, 법원행정처 등이 있다. 대법원장은 사법행정사무를 총괄하며 사법행정사무에 관하여 공무원을 지휘·감독한다(법원조직법 제9조 제1항). 대법원장은 사법행정사무의 지휘·감독권의 일부를 법률이나 대법원규칙으로 정하는 바에 따라 또는 대법원장의 명으로 법원행정처장이나 각급 법원의 장, 사법연수원장, 법원공무원교육원장 또는 법원도서관장에게 위임할 수 있다(법원조직법 제9조 제2항). 사법행정사무를 관장하기 위하여 대법원에 **법원행정처**를 둔다(법원조직법 제19조 제1항)

대법원에는 의결기구로서 **대법관회의**가 있다. 대법관회의는 대법관으로 구성되며, 대법원장이 그 의장이 된다. 대법관회의는 대법관 전원의 3분의 2 이상의 출석과 출석인원 과반수의 찬성으로 의결한다. 의장은 의결에서 표결권을 가지며, 가부동수일 때에는 결정권을 가진다(이상 법원조직법 제16조). 대법관회의의 의결사항은 판사의 임명 및 연임에 대한 동의, 대법원규칙의 제정과 개정 등에 관한 사항, 판례의 수집·간행에 관

---

497) 헌재 2001.3.15. 2001헌가1, 공적자금관리특별법 제20조 중 파산관재인관련부분 등 위헌제청(합헌).

한 사항, 예산 요구, 예비금 지출과 결산에 관한 사항, 다른 법령에 따라 대법관회의의 권한에 속하는 사항, 특히 중요하다고 인정되는 사항으로서 대법원장이 회의에 부친 사항이다(법원조직법 제17조).

대법원에 심의기구로서 **법관인사위원회**를 둔다. 법관인사위원회는 법관의 인사에 관한 중요 사항, 즉 인사에 관한 기본계획의 수립에 관한 사항, 판사의 임명 · 연임 · 퇴직에 관한 사항, 그 밖에 대법원장이 중요하다고 인정하여 회의에 부치는 사항을 심의한다. 인사위원회는 위원장 1명을 포함한 11명의 위원으로 구성하는데, 위원장은 위원 중에서 대법원장이 임명하거나 위촉한다. 위원은 법관 3명, 법무부장관이 추천하는 검사 2명(판사의 신규 임명에 관한 심의에만 참여한다), 대한변호사협회장이 추천하는 변호사 2명, 사단법인 한국법학교수회 회장과 사단법인 법학전문대학원협의회 이사장이 각각 1명씩 추천하는 법학교수 2명, 학식과 덕망이 있고 각계 전문 분야에서 경험이 풍부한 사람으로서 변호사의 자격이 없는 사람 2명(이 경우 1명 이상은 여성이어야 한다)을 대법원장이 임명하거나 위촉한다. 기타 법관인사위원회의 구성과 운영 등에 필요한 사항은 대법원규칙으로 정한다(이상 법원조직법 제25조의2). 대법원규칙인 「법관인사위원회규칙」 제2조 제3항은 인사위원회 위원의 임기는 매년 4.1.부터 다음해 3.31.까지로 하되 연임할 수 있도록 하고 있고, 위원의 임기 중 해임이나 해촉으로 새로이 임명 또는 위촉된 위원의 임기는 전임 위원의 잔여 임기로 하고 있다.

고등법원 · 특허법원 · 지방법원 · 가정법원 · 행정법원 및 회생법원과 대법원규칙으로 정하는 지원에 사법행정에 관한 자문기관으로 **판사회의**를 둔다. 판사회의는 판사로 구성하되, 그 조직과 운영에 필요한 사항은 대법원규칙으로 정한다(법원조직법 제9조의 2). 이 대법원규칙이 「판사회의의 설치 및 운영에 관한 규칙」이다.

Ⅳ. 하급법원의 조직과 권한

1. 고등법원의 조직과 권한

고등법원에 고등법원장을 둔다. 고등법원장은 판사로 보한다(법원조직법 제26조 제1항 · 제2항). 고등법원에 부(部)를 둔다(법원조직법 제27조 제1항). 과거 고등법원에 부장판사제도가 있었으나 2020년 개정된 「법원조직법」에서는 2021.2.9.부터 부의 구성원 중

1인이 그 부의 재판에서 재판장이 되며, 고등법원장의 지휘에 따라 그 부의 사무를 감독하도록 하고 있다(법원조직법 제27조 제3항). 이는 부장판사를 둔 고등법원 이하 모든 법원에 대해서도 마찬가지다.

고등법원은 특허법원의 권한에 속하는 사건은 제외하고, 지방법원 합의부, 가정법원 합의부, 회생법원 합의부 또는 행정법원의 제1심 판결 · 심판 · 결정 · 명령에 대한 항소 또는 항고사건(제1호), 지방법원단독판사, 가정법원단독판사의 제1심 판결 · 심판 · 결정 · 명령에 대한 항소 또는 항고사건으로서 형사사건을 제외한 사건 중 대법원규칙으로 정하는 사건(제2호), 다른 법률에 따라 고등법원의 권한에 속하는 사건(제3호)을 심판한다(법원조직법 제28조).

2. 특허법원의 조직과 권한

특허법원에 특허법원장을 둔다. 특허법원장은 판사로 보한다. 특허법원장은 그 법원의 사법행정사무를 관장하며, 소속 공무원을 지휘 · 감독한다(이상 법원조직법 제28조의2). 특허법원에 부(部)를 둔다(법원조직법 제28조의3). 특허법원은 고등법원급의 특수법원이다.

특허법원은 「특허법」 제186조 제1항, 「실용신안법」 제33조, 「디자인보호법」 제166조 제1항 및 「상표법」 제162조에서 정하는 제1심사건(제1호), 「민사소송법」 제24조 제2항 및 제3항에 따른 사건의 항소사건(제2호), 다른 법률에 따라 특허법원의 권한에 속하는 사건(제3호)을 심판한다(법원조직법 제28조의4).

특허심판원의 특허취소결정 또는 심결에 대한 소 및 특허취소신청서 · 심판청구서 · 재심청구서의 각하결정에 대한 소는 특허법원의 전속관할로 한다. 이에 따른 특허법원의 판결에 대해서는 대법원에 상고할 수 있다(특허법 제186조 제1항 · 제8항). 따라서 특허에 대한 소송은 2심제로 운영되고 있다.

특허청의 항고심판절차에 의한 항고심결에 대하여 불복이 있는 경우에도 법관에 의한 사실확정 및 법률적용의 기회를 주지 아니하고 단지 그 심결이 법령에 위반된 것을 이유로 하는 경우에 한하여 곧바로 법률심인 대법원에 상고할 수 있도록 하는 구 「특허법」 제186조 제1항이 헌법에 위반되는지 여부를 검토하시오.

구 특허법(1995.1.5. 법률 제4892호로 개정되기 전의 것) 제186조 (상고대상 등) ① 항고심판의 심결을 받은 자 또는 제170조 제1항의 규정에 의하여 준용되는 제51조 제1항의 규정에 의한 각하결정을 받은 자가 불복이 있는 때에는 그 심결이나 결정이 법령에 위반된 것을 이유로 하는 경우에 한하여 심결 또는 결정등본을 송달받은 날부터 30일 이내에 대법원에 상고할 수 있다.

법관에 의한 사실확정이라고 할 수 없으므로 헌법에 위반된다.[498] 이 결정 선고 9개월 전인 1995.1.5. 일부개정(1998.3.1. 시행)된 「특허법」 제186조 제1항은 "심결에 대한 소와 제170조 제1항의 규정(제184조의 규정에 의하여 준용되는 경우를 포함한다)에 의하여 준용되는 제51조 제1항의 규정에 의한 각하결정 및 심판청구서나 재심청구서의 각하결정에 대한 소는 특허법원의 전속관할로 한다."로 개정되어 특허법원의 전속관할로 변경하였다. 이 「특허법」 제186조 제1항은 일부 수정하여 현재에 이르고 있다. 현행 조항은 "특허취소결정 또는 심결에 대한 소 및 특허취소신청서 · 심판청구서 · 재심청구서의 각하결정에 대한 소는 특허법원의 전속관할로 한다."로 되어 있다.

3. 지방법원의 조직과 권한

지방법원에 지방법원장을 둔다. 지방법원장은 판사로 보한다(법원조직법 제29조 제1항 · 제2항). 지방법원에 부(部)를 둔다(법원조직법 제30조 제1항). 지방법원의 지원과 가정지원에 지원장을 둔다. 지원장은 판사로 보한다(법원조직법 제31조 제1항 · 제2항). 지방법원과 그 지원의 합의부는 합의부에서 심판할 것으로 합의부가 결정한 사건, 민사사건에 관하여는 대법원규칙으로 정하는 사건, 법원조직법이 정한 일정한 사건을 제외하고 사형, 무기 또는 단기 1년 이상의 징역 또는 금고에 해당하는 사건[499] 및 이와 동시에 심판할 공범사건, 지방법원판사에 대한 제척 · 기피사건, 다른 법률에 따라 지방법원 합의부의 권한에 속하는 사건을 제1심으로 심판한다(법원조직법 제32조 제1항 각호). 대법원장은 지방법원 또는 그 지원 소속 판사 중에서 그 관할구역에 있는 시 · 군법원의 판사를 지명하여 시 · 군법원의 관할사건을 심판하게 한다(법원조직법 제33조 제1항 본문).

---

498) 헌재 1995.9.28. 92헌가11, 특허법 제186조 제1항 등 위헌제청(헌법불합치).

499) 이 사건의 종류는 가목부터 아목까지 해당 법률 조항이 열거되어 있다. 「중대재해 처벌 등에 관한 법률」 제6조 제1항 · 제3항 및 제10조 제1항에 해당하는 사건이 여기에 포함되어 있다.

4. 가정법원의 조직과 권한

가정법원에 가정법원장을 둔다. 가정법원장은 판사로 보한다(법원조직법 제37조 제1항·제2항). 가정법원에 부(部)를 둔다(법원조직법 제38조 제1항). 가정법원 및 가정법원 지원의 합의부는 가사소송법에서 정한 가사소송과 마류(類) 가사비송사건(家事非訟事件) 중 대법원규칙[500]으로 정하는 사건, 가정법원판사에 대한 제척·기피사건, 다른 법률에 따라 가정법원 합의부의 권한에 속하는 사건을 제1심으로 심판한다(법원조직법 제40조 제1항). 가정법원 본원 합의부 및 춘천가정법원 강릉지원 합의부는 일정한 경우에는 제2심으로 심판하기도 한다(법원조직법 제40조 제2항).

5. 행정법원의 조직과 권한

행정법원에 행정법원장을 둔다. 행정법원장은 판사로 보한다(법원조직법 제40조의2 제1항·제2항). 행정법원에 부를 둔다(법원조직법 제40조의3 제1항). 행정법원은 「행정소송법」에서 정한 행정사건과 다른 법률에 따라 행정법원의 권한에 속하는 사건을 제1심으로 심판한다(법원조직법 제40조의4).

6. 회생법원의 조직과 권한

회생법원에 회생법원장을 둔다. 회생법원장은 판사로 보한다(법원조직법 제40조의5 제1항·제2항). 회생법원에 부를 둔다(법원조직법 제40조의6 제1항). 회생법원의 합의부는 「채무자 회생 및 파산에 관한 법률」에 따라 회생법원 합의부의 권한에 속하는 사건, 합의부에서 심판할 것으로 합의부가 결정한 사건, 회생법원판사에 대한 제척·기피사건 및 「채무자 회생 및 파산에 관한 법률」 제16조에 따른 관리위원에 대한 기피사건, 다른 법률에 따라 회생법원 합의부의 권한에 속하는 사건을 제1심으로 심판하고, 회생법원 합의부는 회생법원단독판사의 판결·결정·명령에 대한 항소 또는 항고사건을 제2심으로 심판한다(법원조직법 제40조의7).

7. 군사법원의 조직과 권한

군사재판을 관할하기 위하여 특별법원으로서 군사법원을 둘 수 있다(제110조 제1

---

500) 「민사 및 가사소송의 사물관할에 관한 규칙」을 말한다.

항). 특별법원이란 그 권한의 제한이나 관할대상의 특수성, 법원존립의 임시성 등에 그 특징이 있는 것이 아니고, 그 재판에 대한 최고법원에의 상고가 인정되지 않거나 또는 헌법이 규정하는 법관의 자격 내지 일반법원의 독립성에 관련되는 규정들이 인정되지 아니하는 점에 그 특징을 가지고 있다는 점에서 특별법원이라는 의미다. 따라서 예외법원인 특별법원은 헌법상 군사법원 외에는 존재하지 않기 때문에 법률로써 더 창설하는 것은 허용되지 않는다. 법원의 기능에 착안한 특수법원과 구별된다. 현행법상 특수법원은 가정법원, 행정법원, 특허법원, 회생법원이 있다.

군사법원의 설치가 헌법에 근거를 두고 있다고 하여 군사법원의 설치에는 아무런 한계가 없는 것은 아니다. 헌법재판소는 아무리 군사법원의 조직 권한 및 재판관의 자격을 일반법원과 달리 정할 수 있다고 하여도 그것이 아무런 한계 없이 입법자의 자의에 맡겨 질 수는 없는 것이고 사법권의 독립 등 헌법의 근본원리에 위반되거나 헌법 제27조 제1항의 재판청구권, 헌법 제11조 제1항의 평등권, 헌법 제12조의 신체의 자유 등 기본권의 본질적 내용을 침해하여서는 안 될 헌법적 한계가 있다고 판시하고 있다.[501]

군사법원의 상고심은 대법원에서 관할한다(제110조 제2항). 군사법원의 조직·권한 및 재판관의 자격은 법률로 정한다(제110조 제3항). 군사재판을 관할할 군사법원의 조직, 권한, 재판관의 자격 및 심판절차와 군검찰의 조직, 권한 및 수사절차를 정하기 위하여 「군사법원법」이 제정되어 있다. 그 동안 군사법원은 국방부와 각 군 산하에 설치된 보통군사법원이 1심을, 국방부에 설치된 고등군사법원이 2심을 담당했으나, 2021.9.24. 개정된 「군사법원법」(2022.7.1. 시행)에서는 전국을 5개의 관할구역으로 나누어 중앙지역군사법원과 제1지역군사법원 내지 제4지역군사법원의 모두 5개의 군사법원을 설치하여 국방부장관 소속으로 두면서(군사법원법 제6조) 1심을 담당하게 하고 있다(군사법원법 제11조). 2심은 기존의 고등군사법원을 폐지하고 서울고등법원에 두는 고등법원이 담당한다(군사법원법 제10조). 그러나 성폭력범죄, 군인 등의 사망사건의 원인이 되는 범죄 및 군인 등이 그 신분을 취득하기 전에 저지른 범죄는 군사법원의 재판권에서 제외하였다(군사법원법 제2조 제2항). 또 개정 전 「군사법원법」에서는 군판사가 아닌 영관급 이상의 장교가 관할관의 임명에 따라 심판관으로서 군판사와 함께 재판관이 되도록 하였던 것을 폐지하고, 15년(군사법원장) 또는 10년 이상(군판사) 군법무관으로 복무한 영관급 이

501) 헌재 1996.10.31. 93헌바25, 군사법원법 제6조 등 위헌소원(합헌).

상의 장교로 구성하도록 함으로써(군사법원법 제22조 · 제24조), 민간 법원의 조직구성과 유사하게 변경하였다.

비상계엄하의 군사재판은 군인 · 군무원의 범죄나 군사에 관한 간첩죄의 경우와 초병 · 초소 · 유독음식물공급 · 포로에 관한 죄중 법률이 정한 경우에 한하여 단심으로 할 수 있다. 다만, 사형을 선고한 경우에는 그러하지 아니하다(제110조 제4항). 「군사법원법」에서는 헌법의 이 규정을 구체화하여 규정하고 있다(군사법원법 제534조).

그러나 전시 · 사변 또는 이에 준하는 국가비상사태 시의 군사법원으로는 여전히 고등군사법원과 보통군사법원의 두 종류로 하고 있다(군사법원법 제534조의2). 이 고등군사법원은 국방부에 설치하고 보통군사법원은 장성급 장교가 지휘하는 부대 또는 기관에 설치할 수 있도록 하고 있다(군사법원법 제534조의3). 전시 군사법원의 행정사무를 관장하는 관할관을 두되, 고등군사법원의 관할관은 국방부장관으로 하고, 보통군사법원의 관할관은 그 설치되는 부대와 지역의 사령관, 장 또는 책임지휘관으로 한다. 국방부에도 보통군사법원을 설치할 수 있는데, 이때 관할관은 국방부장관이 된다(군사법원법 제534조의4 제3항 단서).

Q **군사법경찰관에 의한 구속기간의 연장을 허용하는 구 「군사법원법」 제242조 제1항 중 제239조 부분이 헌법에 위반되는지 여부를 검토하시오.**

군사법원법 제242조(구속기간의 연장) ① 보통군사법원 군판사는 검찰관 또는 군사법경찰관의 신청에 의하여 수사를 계속함에 상당한 이유가 있다고 인정한 때에는 10일을 초과하지 아니하는 한도에서 제239조 또는 제240조의 구속기간의 연장을 각각 1차에 한하여 허가할 수 있다.
군사법원법 제239조(군사법경찰관의 구속기간) 군사법경찰관이 피의자를 구속한 때에는 10일 이내에 피의자를 검찰관에게 인치하지 아니하는 한 석방하여야 한다.

A 무죄추정의 원칙 및 과잉금지의 원칙을 위반함으로써 청구인의 신체의 자유, 신속한 재판을 받을 권리 및 평등권을 침해하므로 헌법에 위반된다.[502]

Q **현역병의 군대 입대 전 범죄에 대하여 군사법원이 재판권을 가지는 것으로 규정한 구 「군사법원법」은 헌법에 위반되는가?**

---

502) 헌재 2003.11.27. 2002헌마193, 군사법원법 제242조 제1항 등 위헌확인(위헌).

구 군사법원법 제2조(신분적 재판권) ② 군사법원은 제1항 제1호에 해당하는 자가 그 신분취득 전에 범한 죄에 대하여 재판권을 가진다.
[참조조문] 군사법원법 제2조(신분적 재판권) ① 군사법원은 다음 각 호의 1에 해당하는 자가 범한 죄에 대하여 재판권을 가진다.
1. 군형법 제1조 제1항 내지 제4항에 규정된 자
군형법 제1조(피적용자) ① 이 법은 대한민국의 영역 내외를 불문하고 이 법에 규정된 죄를 범한 대한민국군인에게 적용한다. ② 전항에서 군인이라 함은 현역에 복무하는 장교, 준사관, 부사관 및 병을 말한다. 다만, 전환 복무 중인 병은 제외한다.

헌법에 위반되지 않는다. 현역병으로 입대한 군인이 그 신분취득 전 저지른 범죄에 대하여도 군사법원의 재판을 받도록 하는 것은 군사법원을 두는 취지 및 군사법원이 '신분적인 재판권'을 가지는 점을 고려할 때, 군 입대 전 저지른 범죄를 입대 후 저지른 범죄와 달리 볼 이유가 없다는 판단에 따른 것으로서, 이러한 입법형성은 다음에서 보는 바와 같은 이유로 입법재량의 범위를 일탈해 합리성원칙 내지 자의금지원칙에 위배된 것이라고 볼 수 없다. 즉, 헌법재판소는 재판청구권 등 절차적 기본권의 침해여부에 대한 위헌심사기준으로 합리성원칙 내지 자의금지원칙을 들고 있다.[503]

제4항 사법절차와 운영

I. 심급제

현행법상 3심제도는 일반적으로는 인정되고 있다. 민·형사사건은 지방법원합의부-고등법원-대법원, 소액사건은 지방법원(지원)단독판사-지방법원(본원)항소(합의)부-대법원, 행정사건(서울)은 행정법원-고등법원-대법원, 군사법원은 지역군사법원-고등법원(서울고등법원에 둠)-대법원의 재판과정을 거치게 된다.

3심제도의 예외는 특허소송의 2심제(특허법 제186조 제8항), 선거소송의 단심제(공직선거법 제222조), 비상계엄하의 군사법원의 단심제(제110조 제4항)가 있다.

그런데 3심제는 헌법에 의해 보장되는 제도가 아니고 입법정책의 문제이다. 헌법재판소의 판례에 따르면 헌법이 재판청구권의 내용으로 요구하는 것은 법관에 의하여 사실적 측면과 법률적 측면에서 포괄하여 한 차례의 심리 기회가 보장되는 것이라고

503) 헌재 2009.7.30. 2008헌바162, 군사법원법 제2조 제2항 위헌소원 등(합헌, 각하).

한다.504) 즉, 사실심과 법률심 각 한 차례의 심리를 요구하는 것이 아니라 포괄하여 적어도 하나의 심급을 요구하는 것이다.505) 따라서 3심제의 최종심으로서 대법원의 재판을 받을 권리는 재판청구권으로부터 보장되는 내용에 속하지 않고 입법형성의 자유에 속하게 된다.506)

상고이유 제한 및 상고허가제를 규정한 구 「소송촉진등에관한특례법」(1990.1.13. 법률 제4203호로 개정되기 전의 것) 제11조 및 제12조가 재판청구권을 침해하는 것인지 여부에 대해 검토하시오.

구 소송촉진등에관한특례법(1990.1.13. 법률 제4203호로 개정되기 전의 것) 제11조 (상고이유의 제한) ① 민사소송법 제393조 및 제394조의 규정에 불구하고 상고는 판결에 영향을 미친 다음 각 호의 1에 해당하는 사유가 있음을 이유로 하는 때에 한하여 이를 할 수 있다.
1. 헌법에 위반하거나 헌법의 해석이 부당한 때
2. 명령·규칙 또는 처분의 법률위반 여부에 대한 판단이 부당한 때
3. 법률·명령·규칙 또는 처분에 대한 해석이 대법원판례와 상반된 때
② 제1항 제3호에 규정(規定)된 사유가 있는 경우에 대법원이 종전의 대법원판례를 변경하여 원심판결을 유지함이 상당하다고 인정할 때에는 상고를 기각하여야 한다.
구 소송촉진등에관한특례법 (1990.1.13. 법률 제4203호로 개정되기 전의 것) 제12조 (허가에 의한 상고) ① 대법원은 제11조에 규정된 상고이유가 없는 경우에도 법령의 해석에 관한 중요한 사항을 포함하는 것으로 인정되는 사건에 관하여는 그 판결확정 전에 당사자의 신청이 있는 때에 한하여 대법원규칙이 정하는 바에 따라 상고를 허가할 수 있다.
② 제1항의 규정에 의하여 상고가 허가된 경우에 대법원은 원심판결을 파기하지 아니하면 현저히 정의와 형평에 반한다고 인정할만한 중대한 법령 위반이 있을 때에는 원심판결을 파기하여야 한다.

상고제도의 목적을 법질서의 통일과 법발전 또는 법창조에 관한 공익의 추구에 둘 것인지, 아니면 구체적 사건의 적정한 판단에 의한 당사자의 권리구제에 둘 것인지, 아니면 양자를 다 같이 고려할 것인지는 역시 입법자의 형성의 자유에 속하는 사항이고, 그중 어느 하나를 더 우위에 두었다 하여 헌법에 위반되는 것은 아니다.507)

504) 헌재 1992.6.26. 90헌바25, 소액사건심판법 제3조에 대한 헌법소원(합헌).
505) 헌재 2005.3.31. 2003헌바34, 형사소송법 제361조의4 제1항 위헌소원(합헌).
506) 헌재 1995.1.20. 90헌바1, 소송촉진등에관한특례법 제11조 및 제12조의 위헌여부에 관한 헌법소원(합헌).
507) 헌재 1995.1.20. 90헌바1.

Q

상고심리불속행제도를 규정하고 있는 「상고심절차에관한특례법」 제4조 제1항 및 제3항과 제5조 제1항 및 제2항은 헌법에 합치하는가?[508]

상고심절차에관한특례법 제4조(심리의 불속행) ① 대법원은 상고이유에 관한 주장이 다음 각 호의 1의 사유를 포함하지 아니한다고 인정되는 때에는 더 나아가 심리를 하지 아니하고 판결로 상고를 기각한다.

1. 원심판결이 헌법에 위반하거나 헌법을 부당하게 해석한 때
2. 원심판결이 명령·규칙 또는 처분의 법률위반 여부에 대하여 부당하게 판단한 때
3. 원심판결이 법률·명령·규칙 또는 처분에 대하여 대법원판례와 상반되게 해석한 때
4. 법률·명령·규칙 또는 처분에 대한 해석에 관하여 대법원판례가 없거나 대법원 판례를 변경할 필요가 있는 때
5. 제1호 내지 제4호 외에 중대한 법령위반에 관한 사항이 있는 때
6. 민사소송법 제394조 제1항 제1호 내지 제5호의 사유가 있는 때

헌법재판소의 결정에 따르면 헌법에 합치한다. 만일 법이 심리불속행의 사유(또는 그 예외사유)를 재판부의 업무부담 등 예측할 수 없는 사정을 그 기준으로 규정하였다면 이는 법치국가에서 용인될 수 없는 법적 불안을 야기시키는 것이고 평등의 원칙에도 위배된다고 할 것이나, 법 제4조 제1항 각호에서 심리불속행의 예외사유를 객관적이고 구체적으로 규정하여 구체적 사건의 상고이유와 관계없는 우연한 사정이나 법원의 자의에 의한 결정을 배제하고 있다.[509]

Q

항소심 재판은 헌법상 필수적인 것인가?(=소송기록접수통지를 받은 후 일정한 기간 내 항소이유서를 제출하지 아니한 경우 항소기각결정을 하도록 규정하고 있는 「형사소송법」 제361조의4 제1항이 헌법 제27조 제1항의 재판을 받을 권리를 침해하는지 여부)

형사소송법(1961.9.1. 법률 제705호로 개정된 것) 제361조의4(항소기각의 결정) 항소인이나 변호인이 전조제1항의 기간내에 항소이유서를 제출하지 아니한 때에는 결정으로 항소를 기각하여야 한다. 단, 직권조사사유가 있거나 항소장에 항소이유의 기재가 있는 때에는 예외로 한다.

항소심 재판은 헌법상 필수적인 것이 아니다. 다만 과잉금지원칙의 위배 여부가 문제될 뿐이다.[510]

---

508) 구 「소송촉진등에관한특례법」의 상고이유제한제도는 90년에 폐지되고, 「상고심절차에관한특례법」(1994.9.1. 시행, 1994.7.27. 제정)에서 다시 상고심리불속행제도가 도입되었다.

509) 헌재 1997.10.30. 97헌바37등, 상고심절차에관한특례법 제4조 위헌소원 등(합헌).

510) 헌재 2005.3.31. 2003헌바34, 형사소송법 제361조의4 제1항 위헌소원(합헌).

Q

특별항고제도는 통상의 방법에 의해서는 불복할 수 없어 확정된 결정 또는 명령에 대하여 법이 정하는 특별한 이유가 있는 경우에 대법원에 불복을 신청할 수 있도록 마련된 비상적인 불복수단이다. 특별항고사유를 한정하고 있는 「민사소송법」 제449조 제1항은 재판청구권을 침해하는가?

민사소송법 제449조(특별항고) ① 불복할 수 없는 결정이나 명령에 대하여는 재판에 영향을 미친 헌법위반이 있거나, 재판의 전제가 된 명령·규칙·처분의 헌법 또는 법률의 위반여부에 대한 판단이 부당하다는 것을 이유로 하는 때에만 대법원에 특별항고를 할 수 있다.

합리성원칙에 비추어 재판청구권을 침해한다고 할 수 없다. 어떤 사유를 특별항고사유로 정하여 특별항고를 허용할 것인가는 기본적으로 입법자가 법적 안정성과 법원의 업무부담 등을 고려하여 결정하여야 할 입법정책의 문제라고 할 것이다. 다만, 합리성원칙은 준수하여야 한다고 하는 것이 헌법재판소의 결정이다.[511]

II. 재판의 공개

재판의 심리와 판결은 공개한다. 다만, 심리는 국가의 안전보장 또는 안녕질서를 방해하거나 선량한 풍속을 해할 염려가 있을 때에는 법원의 결정으로 공개하지 않을 수 있다(제109조, 법원조직법 제57조 제1항). 헌법 제27조 제3항 제2문에서는 "형사피고인은 상당한 이유가 없는 한 지체 없이 공개재판을 받을 권리를 가진다."고 함으로써 재판의 공개를 규정하고 있다. 재판의 공개는 바로 심리와 판결을 공개하는 것을 말한다. 공개재판을 받을 권리를 헌법 제27조는 형사피고인의 권리로 규정하고 있지만, 형사피고인에게만 인정되는 것은 아니고 모든 일반인에게 인정되는 권리로 보아야 한다. 재판을 공개하게 하는 것은 재판의 공개를 통해 재판의 객관성과 공정성을 확보하려는데 있다.

III. 신속하고 공정한 재판(=사법절차의 적정성)

1. 신속한 재판

헌법 제27조 제3항 제1문에서는 "모든 국민은 신속한 재판을 받을 권리를 가진다."라고 규정하고 있다. 헌법재판소는 신속한 재판을 받을 권리의 헌법적 의의에 대하

511) 헌재 2007.11.29. 2005헌바12, 회사정리법 제240조 제2항 위헌소원 등(각하, 기각).

여 "주로 피고인의 이익을 보호하기 위하여 인정된 기본권이지만 동시에 실체적 진실발견, 소송경제, 재판에 대한 국민의 신뢰와 형벌목적의 달성과 같은 공공의 이익에도 근거가 있기 때문에 어느 면에서는 **이중적인 성격**을 갖고 있다고 할 수 있어, 형사사법체제 자체를 위하여서도 아주 중요한 의미를 갖는 기본권이다"라고 판시하고 있다.[512)]

「헌법재판소법」에서는 일반심판절차에 관한 규정에서 "심판사건을 접수한 날부터 180일 이내에 종국결정의 선고를 하여야 한다"라고 규정하고 있다(헌법재판소법 제38조 본문). 그러나 실제에는 잘 지켜지고 있지 않다. 이러한 심판기간이 준수될 수 있으려면 심판사tai건을 담당할 인력을 충분히 확보하는 것이 중요하다.

2. 공정한 재판

모든 국민은 공정한 재판을 받을 권리를 가진다. 이는 헌법에 명문의 근거는 없지만, 헌법재판소는 기본권으로 인정하고 있다. 헌법재판소의 결정에 따르면 "'공정한 재판'이란 헌법과 법률이 정한 자격이 있고 헌법 제104조 내지 제106조에 정한 절차에 의하여 임명되고 신분이 보장되어 독립하여 심판하는 법관으로부터 헌법과 법률에 의하여 그 양심에 따라 적법절차에 의하여 이루어지는 재판을 의미하며, 공개된 법정의 법관의 면전에서 모든 증거자료가 조사 · 진술되고, 이에 대하여 검사와 피고인이 서로 공격 · 방어할 수 있는 공평한 기회가 보장되는 재판을 받을 권리도 그로부터 파생되어 나온다."라고 한다.[513)]

Ⅳ. 국민의 사법참여

1. 국민참여재판

2008.1.1. 「국민의 형사재판참여에 관한 법률」(이하 "국민참여재판법")이 시행되었다. 국민참여재판의 대상이 되는 사건은 모든 형사사건이 아니라 국민참여재판법 제5조 제1항에 법정되어 있는 사건이다. 이에 따르면 대상사건은 ① 합의부 관할 사건(법원조직법 제32조 제1항. 민사사건에 관하여 대법원규칙으로 정하는 사건과 지방법원판사에 대한 제척 · 기피사건은 제외)(제1호), ② 제1호에 해당하는 사건의 미수죄 · 교사죄 · 방조죄 · 예

512) 헌재 1995.11.30. 92헌마44, 소송기록송부지연 등에 대한 헌법소원(위헌).
513) 헌재 2001.8.30. 99헌마496, 검찰공권력남용 위헌확인[인용(위헌확인), 기각].

비죄 · 음모죄에 해당하는 사건, ③ 제1호 또는 제2호에 해당하는 사건과 형사소송법 제11조에 따른 관련 사건으로서 병합하여 심리하는 사건이다(국민참여재판법 제5조 제1항). 그러나 피고인이 국민참여재판을 원하지 아니하거나 일정한 요건에 해당하여 법원의 배제결정(국민참여재판법 제9조 제1항)이 있는 경우는 국민참여재판을 하지 아니한다(국민참여재판법 제5조 제2항). 배심원은 만 20세 이상의 대한민국 국민 중에서 이 법으로 정하는 바에 따라 선정된다(국민참여재판법 제16조).

국민참여재판에서 배심원의 평결과 의견은 법원을 기속하지 아니한다(국민참여재판법 제46조 제5항).

2. 피해자의 재판참여

형사피해자는 법률이 정하는 바에 의하여 당해 사건의 재판절차에서 진술할 수 있다(제27조 제5항). 이를 헌법상 보장되는 피해자의 재판절차진술권이라고 한다.

이에 따라 「형사소송법」에서는 "법원은 범죄로 인한 피해자 또는 그 법정대리인(피해자가 사망한 경우에는 배우자 · 직계친족 · 형제자매를 포함한다)의 신청이 있는 때에는 그 피해자등을 증인으로 신문하여야 한다.", "법원은 … 피해자등을 신문하는 경우 피해의 정도 및 결과, 피고인의 처벌에 관한 의견, 그 밖에 당해 사건에 관한 의견을 진술할 기회를 주어야 한다."(형사소송법 제294조의2 제1항 본문, 제2항)고 규정하고 있다. 그리고 "법원은 범죄로 인한 피해자를 증인으로 신문하는 경우 당해 피해자 · 법정대리인 또는 검사의 신청에 따라 피해자의 사생활의 비밀이나 신변보호를 위하여 필요하다고 인정하는 때에는 결정으로 심리를 공개하지 아니할 수 있"고(형사소송법 제294조의3 제1항), "소송계속 중인 사건의 피해자(피해자가 사망하거나 그 심신에 중대한 장애가 있는 경우에는 그 배우자 · 직계친족 및 형제자매를 포함한다), 피해자 본인의 법정대리인 또는 이들로부터 위임을 받은 피해자 본인의 배우자 · 직계친족 · 형제자매 · 변호사는 소송기록의 열람 또는 등사를 재판장에게 신청할 수 있다."(형사소송법 제294조의4 제1항)라고 규정하고 있다.

3. 전문심리위원의 재판참여

형사소송에서 법원은 소송관계를 분명하게 하거나 소송절차를 원활하게 진행하기 위하여 필요한 경우에는 직권으로 또는 검사, 피고인 또는 변호인의 신청에 의하여 결정으로 전문적인 지식에 의한 설명 또는 의견을 기재한 서면을 제출하거나 기일에 전문적인 지식에 의하여 설명이나 의견을 진술하는 전문심리위원을 지정하여 공판준비 및 공판기일 등 소송절차에 참여하게 할 수 있다(형사소송법 제279조의2). 전문심리위원은 재판의 합의에는 참여할 수 없다(형사소송법 제279조의2 제2항 단서).

V. 사법보좌관

대법원과 각급 법원에 사법보좌관을 둘 수 있다(법원조직법 제54조 제1항). 사법보좌관제도는 사법 인력을 보다 효율적으로 운용하고자 판사로 하여금 실질적 쟁송에 관한 업무에 집중하도록 하고, 그 외 부수적인 업무는 일정한 자격 요건을 갖춘 법원 일반직 공무원이 처리하도록 하는 데 그 취지가 있다.[514)]

사법보좌관은 법원사무관 또는 등기사무관 이상 직급으로 5년 이상 근무한 사람, 법원주사보 또는 등기주사보 이상 직급으로 10년 이상 근무한 사람 중 대법원규칙으로 정하는 사람으로 한다.

사법보좌관은 「법원조직법」 제54조 제2항에서 정하는 업무 중 대법원규칙으로 정하는 업무를 할 수 있다. 법률이 정한 사법보좌관이 할 수 있는 업무는 소송비용액·집행비용액 확정결정절차 등에서의 법원의 사무, 채무불이행자명부 등 등재절차 등에서의 법원의 사무, 임차권등기명령절차에서의 법원의 사무, 한정승인·포기 신고의 수리절차 등에서의 가정법원의 사무, 미성년 자녀가 없는 당사자 사이의 협의이혼절차에서의 가정법원의 사무 등이다(법원조직법 제54조 제2항).

사법보좌관에 의한 소송비용액 확정결정절차를 규정한 「법원조직법」(2005.3.24. 법률 제7402호로 개정된 것) 제54조 제2항 제1호 중 "민사소송법(동법이 준용되는 경우를 포함한다)상의 소송비용액 확정결정절차에서의 법원의 사무" 부분(이하 '이 사건 조항')이 재판청구권을 규정한 헌법 제27조 제1항에 위반되는지 여부를 검토하시오.

514) 헌재 2009.2.26. 2007헌바8, 법원조직법 제54조 위헌소원(합헌).

헌법에 위반되지 아니한다. 판단의 쟁점은 소송비용액 확정결정절차에 있어서 법관과 사법보좌관 사이의 업무분장 등과 관련된 문제인데, 헌법재판소는 이는 광범위한 입법형성의 영역에 속하는 것이므로 입법재량을 현저히 불합리하게 또는 자의적으로 행사하였는지 여부를 기준으로 판단하고 있다. 이에 따라 헌법재판소는 "사법보좌관제도는 이의절차 등에 의하여 법관이 사법보좌관의 소송비용액 확정결정절차를 처리할 수 있는 장치를 마련함으로써 적정한 업무처리를 도모함과 아울러 사법보좌관의 처분에 대하여 법관에 의한 사실확정과 법률의 해석적용의 기회를 보장하고 있는바, 이는 한정된 사법 인력을 실질적 쟁송에 집중하도록 하면서 궁극적으로 국민의 재판받을 권리를 실질적으로 보장한다는 입법목적 달성에 기여하는 적절한 수단임을 인정할 수 있다. 따라서 사법보좌관에게 소송비용액 확정결정절차를 처리하도록 한 이 사건 조항이 그 입법재량권을 현저히 불합리하게 또는 자의적으로 행사하였다고 단정할 수 없으므로 헌법 제27조 제1항에 위반된다고 할 수 없다"고 판시하고 있다.[515]

VI. 법정질서의 유지

1. 보도의 자유의 제한

재판의 보도는 원칙적으로 허용되나 무제한 허용되는 것은 아니다. 법정 안에서 녹화·촬영·중계방송 등의 행위를 하려면 재판장의 허가를 얻어야 한다(법원조직법 제59조). 법원 내외에서 이를 위반하는 경우에는 법원은 직권에 따른 결정으로 20일 이내의 감치(監置)에 처하거나 100만원 이하의 과태료를 부과할 수 있다. 이 경우 감치와 과태료는 병과할 수 있다(법원조직법 제61조 제1항). 법정보도를 제한하는 것은 피해자 등의 인격권의 침해를 방지하기 위한 것이다.

특히 「가사소송법」에서는 가정법원에서 처리 중이거나 처리한 사건에 관하여는 성명·연령·직업 및 용모 등을 볼 때 본인이 누구인지 미루어 짐작할 수 있는 정도의 사실이나 사진을 신문, 잡지, 그 밖의 출판물에 게재하거나 방송할 수 없도록 하고 있다(가사소송법 제10조).

2. 재판비판의 허용 정도

언론의 자유의 일환인 재판비판의 허용 정도는 사법권의 독립과 언론의 자유의 상관관계에서 결정될 문제다. 원칙적으로 보면 재판비판은 허용되나, 사법권의 독립을 해

515) 헌재 2009.2.26. 2007헌바8, 법원조직법 제54조 위헌소원(합헌).

칠 정도에 이르러서는 안 될 것이다.

3. 재판장의 법정질서유지권

법정의 질서유지는 재판장이 담당한다. 재판장은 법정의 존엄과 질서를 해칠 우려가 있는 사람의 입정 금지 또는 퇴정을 명할 수 있고, 그 밖에 법정의 질서유지에 필요한 명령을 할 수 있다(법원조직법 제58조). 이를 위반하거나 폭언, 소란 등의 행위로 법원의 심리를 방해하거나 재판의 위신을 현저하게 훼손한 사람에 대하여 법원은 직권에 따른 결정으로 20일 이내의 감치에 처하거나 100만원 이하의 과태료를 부과할 수 있다. 이 경우 감치와 과태료는 병과할 수 있다(법원조직법 제61조 제1항).

재판장은 법정에서의 질서유지를 위하여 필요하다고 인정할 때에는 개정 전후에 상관없이 관할 경찰서장에게 경찰공무원의 파견을 요구할 수 있고, 이에 따라 파견된 경찰공무원은 법정 내외의 질서유지에 관하여 재판장의 지휘를 받는다(법원조직법 제60조).

제5항 사법권의 범위와 한계

I. 사법권의 개념

사법권을 실질적으로 이해하면 법선언작용 또는 법인식작용이라고 할 수 있으나, 형식적으로 이해하면 헌법 편제상 사법부에 속하는 권한이라고 할 수 있다. 헌법 제101조의 사법권은 원칙적으로 형식설에 따라 이해하는 것이 타당하다. 사법권을 형식적으로 이해하면 사법권은 사법재판권 뿐만 아니라 사법입법권, 사법행정권 모두를 포함하는 개념이다.

그러나 일반적으로 사법권을 말할 때는 실질설에 따라 이해하는 것이 타당한 경우가 많다. 헌법재판소는 사법절차를 특징짓는 요소로 판단기관의 독립성 · 공정성 · 대심적 심리구조 · 당사자의 절차적 권리보장 등을 들 수 있다고 한 바 있는데,[516] 이는 실질적 의미의 사법권을 설명한 것이다.

516) 헌재 2000.6.1. 98헌바8; 2001.3.15. 2001헌가1, 공적자금관리특별법 제20조 중 파산관재인관련부분 등 위헌제청(합헌).

Ⅱ. 사법권의 내용

사법권을 넓게 이해하면 사법부가 행하는 모든 영역에서의 사법작용을 포함한다. 그러나 좁게 이해하면 재판작용만을 말한다. 좁은 의미의 사법권에는 민사소송, 가사소송, 형사소송, 군형사소송, 행정소송, 특허소송, 선거소송이 포함된다. 그러나 헌법소송은 포함되지 않는다고 보는 것이 타당하다. 헌법소송에 대해서는 제5장 법원이 아닌 제6장 헌법재판소에서 별도로 규정하고 있기 때문이다.

이러한 사법의 본질은 구체적 쟁송이라는 사건을 전제로 하고, 법률의 적용에 의해 종국적으로 해결이 가능한 법률상의 쟁송이라는 데 있다.

Ⅲ. 사법의 기능

사법은 국가권력이나 권리의 행사에 대한 통제기능, 개인의 권리를 보호하는 기능, 법관에 의한 법창조기능, 사회적 긴장관계를 해소하는 기능 등을 수행한다.

Ⅳ. 사법권의 한계

헌법 제101조 제1항의 사법권의 한계는 헌법상 한계, 국제법상 한계, 사법본질적 한계, 정책적 한계 또는 현실적 한계로 나누어 설명할 수 있다.

1. 헌법상 한계

헌법은 일정한 재판의 경우에는 헌법재판소의 관장사항으로 하고 있으므로 헌법재판소의 관장사항에 속하는 사항은 좁은 의미의 사법권에서 제외된다. 또 국회자율권으로서 국회가 하는 국회의원의 자격심사나 징계, 제명 등에 대해서는 법원에 제소할 수 없다(제64조 제4항). 비상계엄하에서 이루어지는 군사재판으로서 사형을 선고하는 경우를 제외하고는 군인·군무원의 범죄나 군사에 관한 간첩죄의 경우와 초병·초소·유독음식물공급·포로에 관한 죄중 법률이 정한 경우에 한하여 단심으로 할 수 있다(제110조 제4항).

2. 국제법상 한계

국제법상 치외법권자로서의 지위를 누리는 자에 대해서는 사법심사를 할 수 없다. 또 법률의 효력을 가지는 조약은 법원이 위헌·위법심사를 할 수 없고 헌법재판소의 관장사항에 속한다. 행정협정과 같은 조약은 법원에 의한 위헌·위법심사가 가능하다.

3. 사법본질적 한계

재판작용이 일어나려면 당사자적격이 있어야 하고, 사건의 성숙성, 소의 이익 등의 요건이 갖추어져야 한다. 이러한 적법요건을 갖추지 못한 재판의 청구는 각하된다.

4. 정책적 한계 또는 현실적 한계

가. 훈시규정 또는 방침규정

훈시규정[517] 또는 단순한 희망사항이나 프로그램을 규정한 것에 불과한 방침규정 등의 경우에는 재판의 준거로 삼을 수 없는 한계가 있다.

나. 사법의 소극성

사법은 적극적으로 그 작용을 일으킬 수 없다. 제소를 기다려서 비로소 발동될 뿐이다. 그런 점에서 사법권의 소극성이 드러난다.

다. 특수신분관계

법치주의가 적용되지 않는 영역으로 이해된 기존의 특별권력관계는 오늘날은 부인하는 것이 일반적이다. 그러나 일반권력관계와 구별되는 법적 관계들을 전적으로 부인할 수는 없기 때문에(예컨대, 군인과 국가, 공무원과 국가), 이를 특수신분관계, 특별행정법관계 또는 소위 특별권력관계라는 명칭으로 개념하고 있다.

---

517) 각종의 절차를 정한 규정 가운데서 법원이나 행정부에 대한 명령의 성질을 가진 규정이다. 강행규정이 아니므로 이에 위반하여도 그 효력에는 영향이 없다. 「민사소송법」상 훈시규정으로 인정되는 것으로는 판결의 선고기일(제207조 제1항), 판결서 송달의 기일(제210조), 변론기일의 지정(제258조 제2항), 항소기록의 송부기일(제400조) 등이 있다. 판례는 「행정절차법」이나 「민원 처리에 관한 법률」상 처분·민원의 처리기간에 관한 규정도 훈시규정으로 본다(대법원 2019.12.13. 2018두41907 판결). 그러나 육아휴직급여 신청기간을 정한 구 「고용보험법」 제70조 제2항은 훈시규정으로 보지 않는다[대법원 2021.3.18. 2018두47264 판결(전원합의체)].

그러나 특수신분관계라고 하더라도 법치주의가 전적으로 배제되는 것은 아니고 신분상 일정한 법적 제약이 따르는 것으로 이해된다.

5. 통치행위

통치행위는 고도의 정치적 행위로서 사법심사가 적용되지 않는 국가의 행위를 말한다. 현대의 민주적 헌법국가에서는 통치행위는 부인하는 것이 원칙이지만 현실적으로는 전적으로 부인할 수는 없을 것이기 때문에 최소한으로 인정하는 것이 일반적이다. 다만, 통치행위라는 이름으로 개인의 기본권을 침해하는 경우는 통치행위로 인정될 수 없고 헌법재판의 대상이 된다.[518)]

6. 단체의 내부사항에 관한 행위(부분사회론)

순수하게 단체 내부적인 사항인 경우에는 단체의 자주성을 존중하여 사법심사를 자제하여야 한다는 견해가 있다. 예컨대 대학의 학점불인정, 정당의 제명, 종교단체의 간부선출방법 등이 이에 해당한다.[519)] 타당한 일면이 있다. 그러나 구체적인 권리 또는 법률관계를 둘러싼 분쟁의 경우에는 사법권의 개입이 가능하다고 보아야 할 것이다.

V. 부당한 사법권의 행사와 그 통제

특정 정치적·종교적 신념에 따른 재판, 전관예우에 따른 재판, 인기 영합적 재판 등이 전형적으로 부당한 사법권의 행사에 해당한다. 이러한 경우 사법권은 다양한 측면에서 통제가 이루어지고 있다.

---

518) 헌재 1996.2.29. 93헌마186, 긴급재정명령 등 위헌확인(기각, 각하). 이 결정은 대통령의 긴급재정경제명령은 통치행위에 해당하나 헌법소원의 대상이 된다고 본 사례다. 외국으로 국군을 파견하는 대통령의 결정도 통치행위에 해당한다[헌재 2004.4.29. 2003헌마814, 일반사병 이라크파병 위헌확인(각하)]. 그러나 한미연합 군사훈련은 통치행위로 보지 않았다[헌재 2009.5.28. 2007헌마369, 2007년 전시증원연습 등 위헌확인(각하)].

519) 그러나 정당과 같은 경우에는 그 목적·조직과 활동이 민주적이어야 하고 헌법상 보호되고 국가의 보조를 받기 때문에(제8조 제2항·제3항) 그 내부질서는 민주적이어야 할 뿐만 아니라 이는 법적으로 강제될 수 있다. 정당공천의 문제도 전적으로 정당의 자유영역으로만 보아서는 곤란하고 사법적으로도 절차적 정당성이 통제 가능한 것으로 이해되어야 할 것이다.

1. 국회에 의한 통제

국회는 사법부에 대하여 예산안심의·확정권, 인사청문권, 국정감사·조사권, 탄핵소추권 등을 행사함으로써 사법권의 부당한 행사를 통제할 수 있다.

2. 행정부에 의한 통제

행정부는 사법부에 대하여 법원의 예산편성권, 대통령의 대법원장 및 대법관 임명권을 적절히 행사함으로써 사법부를 통제할 수 있다.

3. 헌법재판소에 의한 통제

헌법재판소는 법관에 대한 탄핵심판권을 보유하고 있다.[520] 또 대법원규칙이 직접 기본권을 침해하는 경우에는 보충성원칙의 예외로서 헌법소원심판을 통하여 위헌선언을 할 수 있다. 그러나 헌법소원에서는 법원의 재판을 제외하고 있어서 법원에 대한 본격적인 통제는 사실상 불가능한 상황이다. 법원의 재판의 준거가 되는 법률에 대해 위헌심사를 함으로써 헌법재판소의 해석에 따른 재판이 가능하게 할 수 있다는 점에서 위헌법률심판권도 간접적으로는 통제수단이 될 수 있다.

4. 국민에 의한 통제

국민참여재판 등 재판에 부분적으로 국민이 참여함으로써, 그리고 여론형성을 통하여 사법권의 행사에 국민의 의사를 전달할 수 있다. 그러나 국민이 재판에 영향을 미치는 것은 간접적인 것이며 그것도 매우 제한적이다. 과도한 여론에 의한 재판의 통제는 재판의 독립성에 대한 침해가 될 수 있다.

---

520) 헌재 2021.10.28. 2021헌나1, 법관(임성근)탄핵(각하) 결정 참조. 이 결정은 탄핵심판 계속 중 피청구인이 임기만료로 퇴직한 경우, 탄핵심판청구가 부적법하게 되어 각하한 사례다.

제6항 사법작용

I. 위헌법률심판제청

법률이 헌법에 위반되는 여부가 재판의 전제가 된 경우에 당해 법원은 직권으로 또는 당사자의 신청에 의한 결정으로 헌법재판소에 위헌법률심판을 제청할 수 있다(제107조 제1항, 헌법재판소법 제41조 제1항). 모든 법원이 제청법원이 될 수 있으나 대법원이 아닌 법원이 제청을 할 때에는 제청의 신청은 대법원을 거치도록 되어 있다(헌법재판소법 제41조 제5항). 대법원을 거치도록 하는 것은 대법원이 제청결정권을 가진다는 의미는 아니고 단순한 사법행정적인 절차에 불과하다.

위헌법률심판제청의 대상은 형식적 의미의 법률과 이와 같은 효력을 갖는 것으로 헌법이 예정하고 있는 긴급명령, 긴급재정경제명령, 조약 등이다.

위헌법률심판제청을 하려면 당해 사건에 있어서 재판의 전제성, 권리보호이익, 당사자 적격 등 소송의 적법성이 인정되어야 한다.

법원은 위헌의 확신에 이르지 않더라도 위헌의 의심이 있는 경우는 위헌심판을 제청할 수 있다.[521]

법원의 위헌심판제청에 의해 당해 재판은 헌법재판소의 위헌결정이 있기까지 정지된다(헌법재판소법 제42조 제1항).

II. 명령 · 규칙심사

명령 · 규칙 또는 처분이 헌법이나 법률에 위반되는 여부가 재판의 전제가 된 경우에는 대법원은 이를 최종적으로 심사할 권한을 가진다(제107조 제1항). 대법원은 최종적으로 심사할 권한을 가지므로, 각급 법원도 명령 · 규칙 · 처분에 대한 심사권을 가지는 것으로 해석된다.

---

521) 헌재 2001.2.22. 99헌마461, 헌법재판소법 제68조 제1항 위헌확인 등(기각, 각하) 결정 외 다수의 결정 참조. 독일에서는 위헌이 확실한 경우에만 할 수 있다(BVerfGE 78, 104, 117; 80, 54, 59; 86, 52, 57).

여기서 명령 또는 규칙이라 함은 국가와 국민에 대하여 일반적 구속력을 가지는 이른바 법규로서의 성질을 가지는 명령 또는 규칙을 의미한다.522) 이러한 명령은 대통령령(시행령), 총리령·부령(시행규칙) 등을 말하고, 규칙은 국회규칙, 대법원규칙, 중앙선거관리위원회규칙, 헌법재판소규칙, 지방자치단체의 규칙과 조례와 같은 자치규정(제117조 제1항) 등을 말한다. 이를 합쳐서 강학상으로는 법규명령이라고 한다. 따라서 여기의 규칙에는 원칙적으로 행정규칙은 포함되지 않는다. 그러나 여기의 법규명령은 실질적 의미의 법규명령으로 이해되기 때문에 그 법형식으로만 판단할 문제는 아니다.

아래에서 설명하는 바와 같이 명령 또는 규칙이 헌법 또는 법률에 위반될 경우, 종전에 대법원에서 판시한 헌법·법률·명령 또는 규칙의 해석 적용에 관한 의견을 변경할 필요가 있다고 인정하는 경우에는 대법원장이 재판장이 되는 대법관전원의 3분의 2 이상의 합의체에서 판단하지만(법원조직법 제7조 제1항), 행정기관 내부의 행정사무처리기준을 정한 것 등에 불과한 행정규칙은 대법관 3인 이상으로 구성된 부에서 무효로 할 수 있다.523)

명령·규칙심사는 구체적 규범통제제도로서 재판의 전제로서 심사할 뿐이다. 명령·규칙은 당해 재판의 근거규범으로 사용되는 것이므로 법원은 직권으로 그 합헌 또는 위헌여부를 판단할 권한이 있을 뿐만 아니라, 당사자가 소송에서 당해 명령·규칙의 위헌·위법을 주장할 수도 있다.

헌법 제107조 제1항의 명령·규칙심사는 재판의 전제로서 하는 심사이므로 위헌 또는 위법으로 결정된 명령·규칙은 원칙적으로 당해 재판에서 적용되지 않는데 그쳐야 하나 대법원은 무효를 선언하기도 한다.524) "재판의 전제"라는 의미가 단순히 명령·규칙을 심사하는 계기를 제공하는 것에 불과하다고 보는 경우에는, 위헌 또는 위법으로 결정된 명령·규칙을 반드시 당해 사건에 적용하는데 그쳐야 한다는 논리적 귀결에 도달하는 것은 아니므로, 대법원의 일반적 무효선언이 틀린 것으로 볼 수만은 없다. 더구나 「행정소송법」에는 위헌·위법한 명령·규칙에 대해서는 행정안전부장관에게 통보하여 그러한 사실을 공고하도록 하고 있다는 점(행정소송법 제6조 제2항)을 고려하면 일반적 무효를 예정하고 있다고도 볼 수 있다. 위헌법률심판도 구체적 규범통제임에도 불

522) 대법원 1990.2.27. 88재누55 판결.
523) 대법원 1988.2.9. 86누579 판결; 1990.2.27. 88재누55 판결.
524) 예컨대 대법원 1983.7.12. 82누148 판결; 1982.3.23. 80누195 판결 등 참조.

구하고 「헌법재판소법」에서는 법률의 위헌여부를 결정하도록 하고 위헌 선언된 법률은 형벌에 관한 것을 제외하고는 원칙적으로 장래적으로 무효로 규정하여 일반효를 부여하고 있다는 점도 고려할 필요가 있다(헌법재판소법 제45조 · 제47조). 그러나 이와 같이 대법원이 위헌 · 위법인 명령 · 규칙을 일반적으로 무효 선언하는 것이 법리적으로 문제가 있는 것이 아니라면, 이에 대한 명시적인 법상 근거를 마련하는 것이 타당할 것이다.

명령 · 규칙심사의 준거가 되는 규범은 헌법과 법률이다. 여기서 헌법과 법률은 실질적 의미로 이해된다.

III. 행정처분심사

행정청의 처분은 그 자체가 행정소송의 대상일 뿐이므로(행정소송법 제4조 참조), 다른 재판의 전제가 된다고 규정한 것은 잘못으로 보인다.[525]

행정심판과 행정소송의 관계에 있어서는 「행정소송법」은 임의적 행정심판전치주의를 취하고 있다. 즉, 다른 법률에 당해 처분에 대한 행정심판의 재결을 거치지 아니하면 취소소송을 제기할 수 없다고 규정하고 있는 경우를 제외하고는 법률의 규정에 의하여 당해 처분에 대한 행정심판을 제기할 수 있는 경우에도 행정심판을 거치지 않고 취소소송을 제기할 수 있다(행정소송법 제18조). 부작위위법확인소송도 마찬가지다(행정소송법 제38조 제2항).

취소소송의 제1심관할법원은 피고의 소재지를 관할하는 행정법원으로 하는 것을 원칙으로 한다. 중앙행정기관, 중앙행정기관의 부속기관과 합의제행정기관 또는 그 장과 국가의 사무를 위임 또는 위탁받은 공공단체 또는 그 장이 피고인 경우에는 대법원소재지를 관할하는 행정법원(현재는 서울행정법원)에 제기할 수 있다(행정소송법 제9조).

서울특별시를 관할하는 행정소송의 1심으로 서울행정법원이 설치되어 있고, 기타

525) 2018년 대통령제안 헌법개정안에서는 명령 · 규칙만을 규정하고 처분은 삭제하고 있다(안 제107조 제2항 "명령 · 규칙 · 조례 또는 자치규칙이 헌법이나 법률에 위반되는지가 재판의 전제가 된 경우 대법원은 이를 최종적으로 심사할 권한을 가진다."). 물론 이를 민 · 형사소송에서 행정처분에 대한 선결문제로 이해하는 견해가 없는 것은 아니나, 선결문제는 이 규정으로부터 나오는 것이 아니고 행정소송의 판결을 민 · 형사법원에서 임의로 무효로 할 수 없다는 이론적 문제로 보아야 한다.

지방에서는 당해 지방법원이 담당한다.

Ⅳ. 사법입법권(대법원규칙 제정권)

대법원은 법률에 저촉되지 아니하는 범위안에서 소송에 관한 절차, 법원의 내부규율과 사무처리에 관한 규칙을 제정할 수 있다(제108조). 이 규정의 의미는 헌법에 직접 근거를 두고 있으므로 법률의 위임이 없어도 대법원규칙으로 법규사항을 규정할 수 있다는데 있다. 대법원규칙은 법률에 저촉될 수 없으므로 법률이 우위에 있다.

대법원규칙의 제정 범위와 관련하여 헌법 제108조에 규정된 것은 예시로 보아야 한다.

대법원규칙의 위헌·위법여부가 재판의 전제가 된 경우에 법원은 위헌·위법심사권을 가진다. 왜냐하면 법원은 헌법에 의하여 명령·규칙심사권을 향유하기 때문이다. 그러나 최고법원이 제정한 대법원규칙을 하급법원에서 위헌·위법으로 선언한다는 것은 기대하기 어렵다. 따라서 대법원규칙의 위헌·위법에 대해서는 헌법재판소가 심판권을 가지도록 하는 것을 고려할 필요가 있다.

대법원규칙이 집행이라는 매개행위 없이도 직접 기본권을 침해하는 경우, 즉 기본권 침해의 처분성을 가지는 경우에는 헌법소원심판의 대상이 된다. 그러나 이에 대해서는 헌법 제107조 제1항이 재판의 전제가 된 경우로 규정하였다고 하여 반드시 규칙 직접적 기본권 침해의 경우에는 법원이 심판할 수 없다는 것을 규정한 취지는 아니라고 하는 견해[526)]가 있다.

---

526) 윤정인, 법원의 명령·규칙에 대한 사법심사 – 실무현황과 항고소송을 통한 본안적 규범통제소송의 가능성 –, 인권과정의 457, 68쪽 이하 참조.

사항색인

ㄴ

ㄷ

ㅁ

ㅂ

판례색인

저자 소개

김대환(金大煥, Kim Dai Whan)

서울시립내학교 법학전문대학원 교수

연세대학교 법과대학 법학과 졸업(법학사)

서울대학교 대학원 법학과 졸업(법학석사, 법학박사)

서울시립대학교 법학전문대학원장 역임

서울시립대학교 입학처장, 언론사주간 역임

경성대학교 법학과 교수 역임

탐라대학교 경찰행정학부 교수 역임

사단법인 한국공법학회 고문

사단법인 한국헌법학회 고문

사단법인 한국공법학회 회장 역임

사단법인 한국헌법학회 부회장 역임

사단법인 한국비교공법학회, 유럽헌법학회 부회장 역임

감사원 정책자문위원회 위원

국가인권위원회 정책자문위원회 위원

헌법재판연구원 헌법재판연구 편집위원회 위원 역임

중앙행정심판위원회 위원 역임

법제처 법령해석심의위원회 위원 역임

국회 헌법개정자문위원회 위원 역임

대법원 사실심 충실화 사법제도개선위원회 위원 역임

국가평생교육진흥원 독학사운영위원회 위원 역임

변호사시험 출제위원

입법고시 출제위원

헌법총론 · 국가조직 및 기능론

초판발행 2023년 8월 30일

지은이 김대환
펴낸이 안종만 · 안상준

편 집 장유나
기획/마케팅 손준호
표지디자인 이수빈
제 작 고철민 · 조영환

펴낸곳 (주) 박영사
서울특별시 금천구 가산디지털2로 53, 210호(가산동, 한라시그마밸리)
등록 1959. 3. 11. 제300-1959-1호(倫)
전 화 02)733-6771
f a x 02)736-4818
e-mail pys@pybook.co.kr
homepage www.pybook.co.kr
ISBN 979-11-303-4513-0 93360

정 가 33,000원